트라우마와 표현예술치료

Cathy A. Malchiodi 저
임나영 역

뇌, 신체, 창조적 이미지를 잇는 회복의 여정

Trauma And Expressive Arts Therapy
Brain, Body, And Imagination In The Healing Process

학지사

Trauma and Expressive Arts Therapy:
Brain, Body, and Imagination in the Healing Process
by Cathy A. Malchiodi

역자 서문

국가의 축이 흔들리는 혼돈 속에서 우리가 접하는 많은 매체가 전하는 비극적인 사건은 개인의 삶을 무너뜨리고 사회 전체에 깊은 상처를 남겼다. 역사로 기록되어질 국가가 입은 상처는 결코 단순하지 않고, 우리 모두의 고통이자 치유해야 할 과제로 우리 앞에 놓여 있다. 이러한 사태 속에서 예술은 트라우마로 인한 혼란과 상실을 감당해야 할 우리의 마음과 신체를 다시 연결하고 회복으로 나아가는 길을 제시한다.

표현예술치료 분야에서 선구적인 역할을 해온 Cathy A. Malchiodi의 책을 번역하게 된 것은 나에게 큰 영광이며, 얼마나 가슴이 벅차고 설레는 일인지 모른다. 이 책의 출간 소식을 접했을 때, 너무나도 기쁜 나머지 저자에게 직접 연락드려 우리나라에 소개하고 싶다는 마음을 전했던 기억이 난다. 저자가 흔쾌히 허락해 준 후, 이 책이 한국 독자들과 만날 날을 상상하며 기뻤으나, 개인적인 사정으로 한국어판 출간이 다소 늦어진 점이 아쉬울 따름이다. 하지만 지금 이 시기야말로 이 책이 예술치료 학도들에게 꼭 필요한 적기로 보인다.

Cathy A. Malchiodi는 트라우마기반 표현예술치료연구소를 운영하며, 미술치료 분야의 발전을 위해 전 세계를 대상으로 500회 이상의 강연과 발표, 다수의 논문과 저서를 통해 정신건강 및 의료전문가들을 교육했다. 또한 재난구호와 인도적 지원 활동을 돕는 트라우마 회복 전문가이자, 예술이 건강에 미치는 긍정적 역할을 알리고자 힘쓰는 예술치료계의 어머니라해도 과언이 아니다.

『트라우마와 표현예술치료: 뇌, 신체, 창조적 이미지로 잇는 회복의 여정』은 트라우마와 뇌에 관한 최신 연구를 종합하여 그 이론적 기반을 예술치료의 관점에서 집약한 책이다. 트라우마에 특화된 임상 실무의 핵심 원칙을 명확히 설명하며, 트라우마가 신체에 남긴 고통과 상흔을 다룰 수 있는 방법을 제시한다. 특히 표현예술이 신체와 감정에 어떻게 상호작용하여 치유해 가는지 근거를 제시하며 순차적으로 짚어 간다. 이러한 과정을 통해 표현예술치료만의 고유한 접근법이 트라우마 치료에 어떻게 기여할 수 있는지 보여 준다. 또한 혁신적이고 다각적인 치료 방식을 소개함으로써 더 나은 상담과 예술치료를 실현하는 데 실제적인 도움을 제공하고자 기획되었다.

Cathy A. Malchiodi는 신경생물학적 과정이 개인의 트라우마 반응에 미치는 영향을 강조하며, '상향식 접근법'에 대해 강조한다. 고통스러운 감정과 기억을 안전하게 다룰 수 있는 움직임, 소리, 놀이, 미술, 연극과 같은 감각 기반의 특성을 활용한 다양한 방법을 제시한다. 다양한 배경을 가진 임상 사례들은 예술 기반 개입이 언어로 표현하기 어려운 경험을 드러내고, 삶의 활력을 되찾고 새로운 미래를 상상하도록 돕는 트라우마 회복의 핵심과정을 보여 준다. 또한 트라우마 생존자를 만나는 정신건강 관련 종사자들이 적용할 수 있는 재사용 가능한 가이드 자료가 수록되어 있고, 웹사이트에서 다운로드 가능한 경로도 제시해 놓았다. 이는 트라우마와 관련된 많은 사람이 자기 삶의 통찰과 희망을 가지는 데 반드시 도움이 되리라 믿는 Cathy A. Malchiodi의 섬세한 배려와 열정이며, 이에 깊은 감사를 드린다.

책의 각 장은 트라우마와 표현예술치료에 대한 체계적이고 실용적인 접근을 제공한다. 트라우마로 인해 분리된 몸과 마음을 다시 연결하기 위해 신체의 감각을 활용하는 방법을 구체적으로 소개한다. 이는 단순히 예술적 표현을 넘어서는 것으로써, 신체의 리듬과 감각에 근거한 상상력과 창의성 속에서 더 깊은 회복체험을 가능케 한다.

제1장에서는 이 책의 주요 주제에 대한 기본 틀과 표현예술치료의 개념적 기초를 제시하며, 트라우마의 회복과 치료에서 감각통합적 접근의 중요성을 피력한다. 언어로는 다룰 수 없는 깊은 감정과 상처를 다룰 수 있는 도구로서의 언어를 초월한 표현예술의 치유적 역할을 강조한다.

제2장에서는 트라우마의 역사적, 사회적 맥락을 조명하며, 표현예술치료가 사회 정의와 문화적 관점에서 어떤 역할을 할 수 있는지 살펴본다.

제3장에서는 뇌와 신체의 통합적 프레임워크로서 트라우마를 다루는 다양한 표현예술치료연속체(ETC)에 대한 전략을 제안한다.

제4장에서는 신체와 감각을 중심으로 한 표현예술치료의 역할을 심도 있게 다루며, 관계에서의 조율이 회복에 얼마나 중요한 자원이 되는지 구체적으로 설명한다.

제5장에서는 표현예술치료의 치료적 기초로써 안정화 기법들과 안전을 위한 전반적

고려사항에 대해 다룬다.

제6장에서는 트라우마 반응과 자기 조절의 중요성을 강조하며, 표현예술을 매개로 한 감각사용의 실제적 연습에 대한 내용을 담고 있다.

제7장에서는 언어의 한계를 넘어서는 표현들 즉, 동작, 이미지, 신체적 감각을 통한 표현 방식을 통해 트라우마를 다루는 방안을 제시하며, 치료 과정의 다양성과 창의성을 강조한다.

제8장에서는 트라우마 속 삶의 경험 이야기를 다층적 표현예술을 통해 드러내고 통합해 가는 구체적인 과정을 탐구하며, 예술적 접근의 독창성을 다룬다.

제9장에서는 개인과 공동체 모두에게 표현예술치료가 회복탄력성을 어떻게 조형해 가는지, 회복과 성장의 도구로써의 의미와 가치, 특히 사회적 연대와 연결의 힘을 강조한다.

제10장에서는 표현예술치료가 트라우마 회복을 넘어 삶의 의미와 목적에 어떻게 기여할 수 있는지 결론지으며, 성장과 변화를 위한 실천적 방향을 제시한다.

이 책은 표현예술치료의 이론과 실천을 통합적으로 이해할 수 있는 훌륭한 안내서이자 표현예술치료 분야에서 반드시 읽어야 할 필독서로 자리 잡을 만한 가치가 있다. 또한 현장에서 예술치료 실무를 수행하는 각 영역의 예술치료전문가, 심리치료전문가와 생존자의 삶의 여정에 효과적인 치료법을 연구 중인 관련 분야 전문가들에게 가뭄의 단비와도 같은 선물이라고 감히 주장해 본다. 다양한 예술치료 분야의 발전을 위해 『트라우마와 표현예술치료: 뇌, 신체, 창조적 이미지로 잇는 회복의 여정』은 단단한 기반이자 학계의 중요한 이정표가 될 것이고, 트라우마는 회복이 가능한 것임을 더 깊은 신뢰로 뿌리내리게 할 것이다. 한국에서 이 책이 출간되는 것은 매우 의미 있는 일이다. 대화 중심의 하향식 접근의 치료가 우세하고, 효과가 검증된 근거기반치료가 대세인 현재, 트라우마의 회복에 예술치료의 가치가 중추적 역할이자 치료효과의 근거로 증명할 수 있는 지금, 이 책은 우리 사회가 대면해야 하는 트라우마를 이해하고 극복하는 데 귀중한 지침서가 될 것이다. 이 책이 단순히 학문적 지식에 머무르지 않고, 트라우마로 고통받는 이들에게 실제적인 도움과 희망을 주는 통로가 되기를 바란다. 예술과 신체, 그리고 회복의 여정을 통해 우리 모두가 새로운 방식의 변화를 경험할 수 있기를 기대하며, 이 책이 독자들에게 큰 울림으로 다가가기를 소망한다. Cathy A. Malchiodi의 소중한 지혜를 저자의 의도대로 전하려 하였으나 혹여 부족한 부분들이 있다면, 독자들의 지혜와 통찰력으로 이해해 주기를 당부한다.

끝으로 많은 역할을 감당해야 하는 나의 삶, 오랜 시간 옆에서 지지하며 지켜봐 준 남편과 딸 수림에게 감사를 표하며 이 책이 나올 수 있도록 기다려 주시고 많은 도움을 주신 학지사 김진환 사장님과 한승희 부장님 그리고 박지아 대리님 및 편집팀께 깊은 감사의 말씀을 드린다.

2025년 3월

역자 임나영

저자 서문

내 어린 시절 기억 중 하나는 예술과 상상력을 통한 회복에 관한 것이다. 외할머니의 죽음은 내가 처음으로 사랑하는 가족을 잃는 경험이었다. 아버지는 어린 딸이 상실감을 치유하는 데 위로 이상의 무언가가 필요하다는 것을 본능적으로 느꼈다. 아버지는 사용하고 남은 페인트와 미완성된 지하실 벽을 이용해 내가 원하는 것을 만들 수 있도록 허락했다. 나는 페인트를 사용해 코네티컷(Connecticut) 집 뒤편의 새, 동물, 울창한 숲의 이미지로 지하실 벽을 덮었다. 때로는 라디오에서 흘러나오는 음악에 맞춰 리드미컬하게 페인트칠을 하며 그림을 그리던 기억이 난다. 매일 방과 후와 주말에는 좋아하는 노래에 맞춰 춤을 추면서 감정을 표현하는 캔버스가 된 그 공간에서 혼자만의 시간을 보내고 싶어 했다.

나는 어린 시절과 청소년기에 예술이 가진 치유 능력과 관련된 많은 경험을 결코 잊을 수 없었다. 나는 괴로움이나 상실감을 경험할 때마다 그리기, 춤, 연극, 음악 등을 통해 감정을 해소하고 생동감을 되찾았다. 이러한 경험이 결국 나에게 예술가라는 꿈을 갖게 했고, 대학에서 시각 예술과 연극을 공부하는 발판이 되었다. 더불어 나는 항상 예술이 전시회, 리사이틀, 공연 그 이상의 힘을 지니고 있다는 믿음이 있었고, 나는 상상력과 놀이가 보이는 것 이외의 또 다른 더 큰 목적을 지니고 있음을 깨달았다. 왜냐하면 창조적인 경험을 할 때 위기를 더 쉽게 극복할 수 있다는 것을 알고 있었기 때문이다.

이후 심리학 박사 과정에 진학하여 나는 예술과 상상력이 치료에 어떠한 영향을 미치는지 이해하고 싶어졌다. 나는 대학원에서 트라우마 스트레스를 치료하는 주요 방법으로 '언어를 매개로 사용하는 치료법'이 가장 지배적이고 보편적으로 사용된다는 것을 알게 되었고, 이에 난관에 부딪쳤다. 물론 언어는 일상생활에서 필수적인 의사소통 수단이지만, 고통과 트라우마를 표현하는 경우, 한계가 있다고 생각했다. 궁극적으로 말은 뇌와 몸이 어떻게 트라우마를 경험하는지 전혀 전달하지 못한다. 해결되지 않은 트라우마의 여파와 함께 따라오는 불안, 공포, 해리, 삶의 즐거움, 상실 등 감정과 감각을 표현하는 데 말의 전달력은 필연적으로 한계가 있다. 언어를 중심에 둔 치료법이 화두가 되기 훨씬 전부터 인간은 위기, 비극, 또는 상실과 맞닥뜨렸을 때 어려움을 변형시키는 방법으로 예술적 표현을 이용하였다. 우리는 수천 년 동안 예술의 치료적 리듬과 조화를 통해 고통을 마주하고 감정을 해결해 왔다. 이러한 행동은 개인적인 형태의 회복뿐만 아니라 타인 및 집단과의 연결을 이용한 사회적 참여를 통해 나타난다. 최근 몇 년 동안, 트라우마 스트레스를 다루는 데 있어 효과적이고 인정받는 방법으로 트라우마에 대한 신체의 반응을 강조하는 것을 비롯하여 비언어적 접근이 등장했다. 뉴로피드백(neurofeedback) 및 재처리 프로토콜과 같은 일부 접근 방식은 트라우마 기억 및 반응에 대한 뇌의 인식과 반응을 바꾸는 데에 중점을 둔다. 또 다른 접근법들은 신체를 중심으로 하여, 트라우마에 대한 신체 반응을 인식하고 이를 변화시키는 데 중점을 둔다.

트라우마 치료에서 비언어적이고 암묵적인 의사소통의 역할에 대한 인식이 확대되었지만, 표현예술치료(동작, 음악, 소리, 예술, 즉흥 연극, 창작 쓰기 및 놀이의 통합 사용)는 트라우마 스트레스에 대한 심리치료적 접근법의 주류에서 종종 배제되었다. 그 이유 중 하나는 현대 사회에서 예술 자체가 소외되고 있기 때문이다. 예술이 삶의 질, 정신 건강 및 전반적인 건강에 미치는 영향은 종종 잘못 이해되거나 평가절하된다. 그러나 과학은 이제 인간이 오랫동안 알고 있었던 것에 대한 증거를 제공하고 있으며, 트라우마 스트레스를 해결하는 데 있어서 표현예술만의 특별한 효과를 발휘하는 이유를 점점 더 명료하게 설명하고 있다.

작업에 표현예술을 포함하는 이유는 무엇인가

이 책은 트라우마에 대한 작업에서 표현예술치료의 이점을 기술한다. 또한 모든 실무자가 충격에 대한 반응을 적극적으로 해결하고, 건강과 웰빙을 위한 예술, 놀이, 상상력을 활용하도록 돕기 위해 트라우마를 겪은 내담자와 함께 작업할 때 적용할 수 있는 주요 틀과 접근법을 설명한다.

아동, 성인 및 가족에게 표현예술치료를 적용하는 방법을 청중에게 설명할 때 나는 종종 다음 질문을 고려하도록 한다. "트라우마 스트레스를 가진 사람들을 돕기 위해 현재의 치료 방법을 개선해서 효과적으로 돕는 것이 가능하다면 어떨까요? 자기 조절을 지원하고 트라우마에 대한 신체의 반응을 안전한 방식으로 경험하는 데 도움이 되는 접근법을 소개할 수 있다면 어떨까요? 내담자가 이러한 기술을 재미있고 생동감 있는 방식으로 배우고 연습하도록 도울 수 있다면 어떨까요? 그리고 아이들이 상상력을 사용하여 몸과 마음의 트라우마 기억을 변형시키는 새롭고 회복적인 이야기를 만들 수 있도록 도와준다면 어떨까요?"

표현예술치료는 예술 기반 방법론과 동작, 음악 및 소리, 시각 예술, 연극적 재연 및 기타 형태의 창의적 의사 소통의 감각 기반 특성을 활용하는 '상향식' 접근 방식(bottom up)에 기반한 형태의 심리치료이다. 그러나 표현예술치료는 기존의 효과적인 치료 방법과 결합될 때 더 큰 효과를 나타낸다. 여기에는 언어 중심의 심리치료, 신체 기반 모델, 마음챙김 연습, 그리고 재처리 및 뉴로피드백과 관련된 뇌 기반 방법들이 포함된다. 이 책은 심리치료사들에게 그림, 동작, 음악, 창의적 글쓰기, 즉흥 연주 및 놀이를 작업에 통합하도록 권장하며, 이를 통해 내담자와의 관계를 강화하고 감정 조절과 안전감을 지원하는 감각 기반 접근법을 가르친다. 또한 이러한 접근 방식은 아동과 성인 모두가 고통에 대한 신체의 반응을 식별하고, 트라우마가 있는 이야기를 회복력 있는 이야기로 변형하고, 기쁨과 살아 있음을 다시 한번 경험하는 방법을 다시 배우도록 하는 데 도움이 될 것이다. 예술에 대한 경험이 거의 없다 하더라도, 이러한 접근 방식이 트라우마 스트레스에 대한 뇌에 새겨진 트라우마의 명확한 흔적뿐 아니라, 말로는 쉽게 표현되지 않는 신체의 내재적 경험을 담아내는 강력한 의사 소통 수단이라는 것을 확신하기를 바란다.

미술치료사, 무용/동작치료사, 음악치료사 또는 연극치료사라면 이미 이 책에서 설명하는 많은 기초 기술을 갖추고 있을 것이다. 그러나 그림, 동작, 소리, 즉흥 연주, 놀이 및 스토리텔링과 같이 다른 예술 형식을 전략적으로 작업에 포함하는 등의 접근 방식을 강화하는 방안을 고려하지 않았을 수 있다. 이러한 통합적 경험은 트라우마 스트레스를 보다 빠르고 효과적으로 처리하고 치유 과정에 참여하는 내담자의 능력에 차이를 만들 수 있다. 표현예술치료사들이 이 책을 통해 신경생물학뿐만 아니라 예술이라는 독창적 영역에서만 찾을 수 있는 문화적으로 적합한 치유법에 대한 더 나은 이해를 얻을 수 있기를 희망한다. 이를 바탕으로 이 책은 트라우마 스트레스에 대한 예술 기반 접근의 틀이 되어 줄 것이다.

책의 구성

이 책의 첫 세 장은 주요 개념과 이론적 틀에 대한 개요를 제시한다. 제1장에서는 표현예술치료의 기원과 트라우마 회복 및 통합의 한 형태로서의 오랜 역사를 설명하고, 심리치료에서 표현적 접근법을 통합해야 하는 8가지 주요 이유를 제시한다. 제2장에서는 부정적 사건, 역사적 및 세대 간 트라우마, 그리고 사회적 정의의 역할을 포함한 트라우마 기반 체계를 검토하며, 트라우마 기반 표현예술치료의 기본 원칙과 문화적으로 적절한 예술치료 모델을 네 가지로 나누어 소개한다. 제3장에서는 표현예술을 사용하여 뇌-신체 틀을 통해 트라우마를 다루는 방법과 트라우마 개입에서 '상향식(bottom up)' 또는 '하향식(top-down)' 접근 방식을 적용하는 방법을 설명한다.

이어지는 장에서는 표현예술치료를 아동, 성인, 가족 및 집단을 대상으로 심리치료에 통합하는 방법을 설명한다. 표현예술은 트라우마 작업에 고유한 역동성을 더하기 때문에 제4장에서는 이 치료가 어떻게 안전하고 공감적이며 회복적인 관계를 형성하고 지원하는 데 활용될 수 있는지를 다룬다. 제5장과 제6장에서는 예술 기반 접근이 내면의 안전감을 형성하고, 트라우마 반응을 자기 조절하며, 이를 통해 안정화하는 능력을 어떻게 향상시킬 수 있는지를 설명한다. 제7장에서는 신체와 작업하는 다양한 전략을 제시하며, 내담자가 신체의 트라우마 스트레스를 안전하게 식별하도록 돕는 여러 전략을 제공한다. 트라우마 내러티브를 풀기 위한 전략은 제8장에 자세히 설명되어 있다. 여기에는 이야기가 언어적 의사소통뿐만 아니라 동작, 이미지 및 기타 예술 기반 표현을 통해 전달되는 방식이 포함된다. 제9장에서는 트라우마 작업에서 회복력이 어떻게 작용하는지와 표현예술을 통해 고통을 극복하는 데 필요한 내적 감각과 역량을 지원하는 독특한 방식을 다룬다. 마지막으로 제10장에서는 트라우마 회복의 중요한 요소인 의미 만들기라는 주제를 다루며, 표현예술치료가 치료 과정에서 어떻게 상상력을 발전시키고 지원하는지 설명한다.

트라우마를 겪은 아동, 성인, 가족 또는 공동체와 함께 작업한다면, 당신의 기관이나 실무에서 만나는 내담자가 종종 대화만으로 자신의 경험을 전달하는 데 어려움을 겪는다는 것을 알고 있을 것이다. 당신은 또한 내담자가 과활성화(immobilizing hyperactivation) 또는 해리 및 트라우마 문제를 다루는 행동 지향적이고 참여적이며 안전한 경험이 필요하다는 것을 인식할 수 있다. 효과적인 치료사는 내담자의 의사소통 스타일과 심리치료 관계 내에서 내담자의 최선을 이끌어 내는 전략을 높이 평가하고 지원한다. 이 책에 설명된 개념과 사례를 통해 내담자가 안전하게 자신의 삶에 미친 트라우마의 영향을 표현하고, 보상, 복원 및 회복을 위해 적극적으로 자원을 활용할 수 있기를 기대한다.

차례

제5장 안전: 치료의 필수적인 기반 • 159

제6장 자기 조절: 안정화의 기본 원칙 • 199

제7장 신체 감각을 통한 트라우마 치료 • 241

제8장
트라우마 내러티브: 이야기로 풀어내는 다층적 표현 • 287

제9장
회복탄력성: 역량과 숙련의 강화 및 체화 • 333

제10장
의미 만들기: 뇌와 신체를 통한 삶의 새로운 방향 모색 • 379

이 책의 구매자는 www.guilford.com/malchiodi8-materials에서 일부 그림을 컬러로 볼 수 있고 부록의 확대본을 다운로드하여 개인용 또는 개별 고객과 함께 사용할 수 있습니다.

제 1 장
표현예술치료, 언어의 한계를 넘어서

정신적 트라우마는 개인의 건강과 행복에 지대한 악영향을 미칠 수 있다. 트라우마는 인간의 정신과 신체에 예측 불가능하며 다각적인 방향으로 영향을 끼친다. 이는 극도로 주관적인 경험이기 때문에 말로 형용하는 것이 매우 어렵고 때로는 불가능하다. 또한 트라우마는 인간의 신체에 매우 다양한 방식으로 영향을 끼치며, 이는 기억력, 사회활동, 삶의 질에 복합적인 영향을 미친다.

대다수의 사람들은 장기적인 후유증 없이 트라우마를 극복하지만, 또 한편으로는 극복하지 못하는 사람들도 많다. 때때로 트라우마의 영향은 대다수의 생존자가 보고하는 감각적 경험을 다루는 접근 방식을 필요로 한다. 미술, 음악, 춤/움직임, 연극적 재연(dramatic enactment), 창의적 글쓰기, 상상극을 목표지향적으로 적용하는 표현예술치료는 감정과 인식을 비언어적인 수단으로 표현할 수 있게 한다. 특히 이 접근법은 언어로 표현하거나 논리적으로 다루기 어려운 암묵적이고 체화된 트라우마 경험에 자연스럽게 접근한다는 점에서 중요하다.

1980년 가을, 나는 정신적 트라우마를 지닌 환자와 첫 대면(work)을 했다. 당시 나는 미술치료 석사 학위를 막 취득하고 가정 학대에 노출된 아이들과 엄마들을 대상으로 지역 보호소(community shelter)에서 미술 및 놀이치료를 했다. 나는 새로 취득한 학위로 일을 할 수 있게 되었다는 사실에 몹시 기뻤다. 미술치료는 당시에 선행 연구 사례가 많지 않고 학계에서 신선한 접근법으로 소개되었기에 더욱 흥분했다. 해당 포지션에 대해 인터뷰를 했을 때 많은 직원은 나의 경험과 교육에 대해 예상외로 열광했다. 인터뷰 후 직원들이 시설을 구경시켜 주던 도중, 한 방 앞에서 걸음을 멈췄다. 그 방은 사회복지사가 아이들을 돌보는 방이었다. 방 안 테이블에는 가족으로 보이는 인형들이 목이 잘린 채 놓여 있었다. 내가 인형에 대해 물어보았을 때, 한 직원은 "사회복지사들은 아이들이 말로 표현하게 하는 데 어려움을 겪는 경우가 많아요. 이번 달에 파괴된 두 번째 인형 세트예요."라고 설명해 주었다. 이를 통해 나는 아이들이 그들의 경험과 감정을 목소리로 표현하기보다 비언어적인 수단을 통해 표출한다는 것을 알게 되었다. 비록 나는 폭력을 목격한 아동 및 당시 '폭행당하는 여성(battered woman)'이라고 불린 사람들에 대해 거의 알지 못했지만, 이 첫인상은 트라우마 사건이 우리에게 어떤 영향을 미치는지, 왜 비언어적인 접근이 트라우마에서 중요한지 이해하기 위한 개인적인 여정의 출발점이 되었다(Malchiodi, 1990).

부푼 기대감과 긴장감에 출근한 첫 주, 나는 과거 2년 동안 갈고닦으며 배웠던 것에 대한 회의감을 느꼈다. 그동안 수업을 통해 익혀 왔던 모든 전문 지식이 이곳에 머무르고 있는 아동과 성인에게는 적용되지 않는 느낌이었다. 기존에 배운 미술치료는 대개 정신분석학 이론을 기반으로 하여 정서적 갈등을 통찰하고 해소하기 위해 예술 표현을 해석하는 일이라 알고 있었다. 특히 아동에게 미술치료는 성격이나 방어기제를 식별하는 방법으로서 상징적인 내용을 평가하거나, 단순히 발달 기준(developmental benchmarks)에 초점을 맞춘 특수 미술 교육의 일환이었다. 하지만 현실에서 이와 같은 접근법은 전혀 효과가 없다고 느꼈으며, 특히 대학원에서 공부했던 시절 나는 대상에 따라 접근하는 방식을 바꿔야 한다는 것을 깨우쳤다. 일례로 환자의 상태에 따라 게슈탈트 치료, Carl Rogers의 인간 중심적이고 휴머니즘적인 접근법, Eugene Gendlin의 '체화된 감각(felt sense)' 방식이 있다. 더불어 심리치료적 맥락에서 미술치료의 과정을 살펴볼 때 치료 목적 혹은 이미지의 해석이 주된 치료와 변화의 틀이 아니라는 생각을 거듭하게 되었다. 심리치료사로서 첫 몇 년 동안 배운 것은 개개인이 트라우마에 어떻게 반응하고 대처하는지를 경험할 수 있게 한 귀중한 경험이었으며, 추후 이 책을 집필하는 데 매우 중요한 밑바탕이 되었다.

트라우마 치료법은 매우 다양한 접근법이 존재하며, 이는 실무자들에게 언제나 큰 골칫거리 중 하나였다. 첫 번째 장에서는 정신적 트라우마 맥락에서 표현예술치료(expressive art therapy)의 이해도를 높인 나의 과거 임상 경험들에 대해 다룰 것이다. 또한 트라우마 개입과 관련된 미술치료의 입문과 표현예술의 전반적인 내용도 포함될 예정이다.

◇◇◇◇◇

말하지 않고 전하기

Sandra와 그녀의 9살짜리 딸 Sally, 5살 꼬마 남자아이 Mike는 내가 치료사로서 처음 맞이한 가족이었다. 그들이 쉼터(shelter)를 처음 방문한 것은 지속적인 폭력에 노출되어 있었을 때며, Sandra의 몸에는 여러 군데 멍 자국이 있었고 눈이 부어 있는 상태였다. 나는 남편의 지속적인 폭력에서 도망쳐 이곳으로 온 전형적인 사례라는 것을 즉각 인지했다. Sally는 종종 엄마의 구원자 역할을 자처하였으며, 폭력이 다시금 발생할 때면 911에 신고하여 "저희 집에 다시 와 주세요."라고 말하며 담당관을 호출하였다. 또한 Mike도 엄마와 아빠 사이에 말다툼이 벌어지면 '폭력범'을 저지하기 위해 장난감 칼로 아빠를 때리고 찌르는 시늉을 하였다. 가장 최근에 Mike는 의자 뒤에 숨어 두려움에 떨고 있었고, Sally는 911 대원에게 가족의 현재 위치를 소리치며 도움을 요청했다.

내가 Sandra에게 집에서 있었던 상황을 설명해 달라 요청하자 이내 그녀는 대답하기 시작하였으나 얼마 지나지 않아 침묵으로 일관하였다. 상황을 설명할수록 그녀가 매우 고통스러워했기 때문에 나는 그저 고개를 끄덕이며 그녀의 말에 공감할 뿐 대화를 강요하지 않았다. 수년간 시설에서 일하며 다수의 폭력 피해 여성들을 치료하면서 나는 그들이 자신의 상황을 말로 설명하기 매우 힘들어한다는 사실을 알게 되었다. 더불어 쉼터의 직원들이 피해 여성과 아이들을 쭉 관찰한 결과, 피해자들이 처한 상황을 말하기 꺼려하는 이유는 다시 가해자와 같은 공간에서 지내야 할 경우 보복에 대한 두려움이 가장 크다는 것을 알게 되었다. 또한 민감한 정보 제공이 보호서비스 조사와 양육권 박탈로 이어질 수 있기 때문에 매우 예민하게 반응하는 것을 알 수 있었다. 이들의 침묵은 나름 합당한 이유가 있는 것처럼 느껴졌지만, 한편으로는 그 이상의 무언가가 언어적 의사소통을 방해한다고 생각했다. Sandra를 비롯한 시설을 방문한 대다수 여성은 자신과 가족들이 겪은 피해 상황에 대해 설명하려 하지만, 그 순간마다 무언가에 목이 막혀 말을 못하는 것처럼 느껴졌다.

Mike 또한 이상하리만큼 조용했다. 그가 처음으로 엄마, 누나와 함께 시설에 도착하였을 때, Mike는 조용할 뿐 아니라 위축된 모습으로 멀리 떨어져 있었다. 추후 처음 미술, 놀이치료를 진행할 때 Mike는 마치 내가 그곳에 존재하지 않는 것처럼 행동했다. Mike는 곧바로 모래 상자로 다가서더니 선반 위에 올려져 있던 미니어처들을 하나씩 모래 상자로 옮기기 시작했다. Mike는 모래에서 장난감을 가지고 놀면서 기쁨과 웃음을 찾는 다른 미취학 아동들과는 정반대였다. Mike는 미니어처들을 모래 위에서 재배치할 때마다 더욱 불안해하고 우울해 보였다. 그리고 내가 먼저 대화를 시도하기 전까지는 나와 일절 교류하려 하지 않았다. 첫 시간에는 전혀 말을 하지 않았지만, 그다음 주에 나는 Mike에게 모래 상자에 있는 미니어처들에 대한 설명을 조금 들을 수 있었다. Mike는 고릴라 미니어처(괴물)와 경찰 피규어, 여러 대의 자동차, 구급차(구조대원)를 통해 "모두를 해치는 나쁜 괴물을 잡으러 경찰이 왔다."는 이야기를 해 주었다. 수많은 구조대원(responder)이 있었지만, 그 누구도 고릴라를 완벽하게 제압할 수 없었다. 고릴라는 모래 상자 밖으로 도망갔으며 가는 길에 있는 수많은 조형물들을 부수며 지나갔다. 이와 같은 스토리는 Mike가 상담치료를 받을 때마다 반복적으로 나타났으며, Mike는 모형들을 모래 상자에서 움직일 뿐, 부연 설명을 거의 하지 않았다. Mike는 자신이 겪었던 트라우마 경험을 반복적으로 이야기하고 있었던 것 같지만, 그 이야기를 반복해서 재현하는 것이 그에게 아무런 평안과 위로를 주지 않는 듯 보였다.

Mike와 반대로 Sally는 꽤 적극적이었으며 열린 마음으로 다가와 나와 소통했다. 그녀는 적극적으로 종종 '치료실을 사용할 다른 아이들'을 위해 미술 물품, 인형, 장난감 정리를 도와주었다. 내가 조금 지치고 힘든 내색을 할 때면 Sally는 곧바로 나의 상태를 알아차리고 쉼터 부엌에서 간식을 내오거나, 나에게 앉아서 쉬라고 강조하였다. 그녀의 침착함과 긍정적인 영향력은 나로서는 이해하기 쉽지 않았다. 특히 그녀가 집에서 여러 번 겪은 끔찍한 일을 생각하였을 때는 더욱 납득하기 어려웠다. 하지만 Sally의 그림은 그녀의 행동과는 전혀 다른 이야기를 내포하고 있었다. Sally와 비슷한 나이 또래의 아동에게는 한 번도 본 적 없는 형태의 그림이었다. 미술치료 수업마다 Sally는 의도적으로 그림이나 사물의 중앙에 검정색을 그렸다([그림 1-1], [그림 1-2] 참조).

나는 아이들의 그림을 해석할 때 획일화된 보편적 기준을 적용하지 않는다(Malchiodi, 1998). 그러나 Sally의 그림은 독특하고 기이했으며, 동시에 흥미로움과 걱정을 함께 불러일으켰다. 정신분석학적 관점에서는 이 그림이 단순히 Sally의 감정을 반복적으로 묘사한 것에 불과하다고 해석할 수 있다. 그러나 나는 그녀가 자신의 감정을 표현하는 것 이상의 메시지를 전달하려는 것은 아닌지 의문을 품었다. 마치 그녀의 몸이 만성적인 폭력에 반복적으로 노출된 결과, 자동적으로 반응하는 무언가를 보여 주는 듯했다.

특히 몇 가지 요소가 그러한 의심을 뒷받침했다. 첫째, Sally는 자신의 과거 경험을 묘사하거나 설명할 때 대개 말을 돌리거나 무심히 대답을 흘려보냈다. 그녀가 공개하기 힘들고 고통스러운 경험일수록 대화 주제를 회피하고, 다른 이야기로 넘어가곤 했다. 둘

[그림 1-1] **Sally의 자화상**

Cathy A. Malchiodi의 컬렉션 중(작가의 허가없이 재사용 및 무단복제 금지)

[그림 1-2] **Sally가 묘사한 "섬 위의 심장"**

Cathy A. Malchiodi의 컬렉션 중(작가의 허가없이 재사용 및 무단복제 금지)

째, 나는 Sally가 단순히 폭력을 목격한 것을 넘어 직접적인 폭력을 당하고 있는 것은 아닌지 의심했다. 당시 나는 인근 대학교에서 사회복지 관련 수업을 듣고 있었으며, 그 과정에서 스트레스가 신체 건강에 미치는 영향을 처음으로 규명한 Hans Selye(1976)와 다른 연구자들의 작업에 대해 배울 기회가 있었다. 그러나 당시만 해도 만성 스트레스가 어린이들에게 미치는 영향이나 어린이 트라우마에 대한 연구는 거의 이루어지지 않았고, 구체적인 사례에 대한 논의도 부족한 실정이었다.

Sally의 그림은 내게 기존 쉼터를 방문하던 아이들에 대한 관점을 바꾸는 계기가 되었다. 놀랍게도 Sally는 심각한 십이지장 궤양을 앓고 있었으며, 그녀를 진찰한 의사는 Sally가 매일 극심한 고통을 겪으면서도 어떠한 불평이나 고통의 내색조차 하지 않았다는 점에 크게 놀랐다.

Sally의 사례를 경험한 후 나는 쉼터를 방문하는 모든 아이와 어머니들에게 신체적으로 아픈 곳이 있는지를 묻기 시작했다. 대부분의 어머니들은 대답을 꺼리거나 답변이 느렸지만, 아이들은 즉각적으로 고통을 호소했다. 아이들은 두통, 복통, 어지럼증, 일반적인 몸살 증상을 나에게 털어놓았다. 이러한 신체적 감각들은 대개 미술 표현에서 나타났으며, "오늘 몸 상태는 어때?"라는 질문을 통해 가장 잘 드러났다([그림 1-3] 참조).

[그림 1-3] "오늘 몸 상태는 어때?"라는 질문을 받고 그림을 그린 아동

Cathy A. Malchiodi의 컬렉션 중(작가의 허가없이 재사용 및 무단복제 금지)

내가 일을 하며 깨달은 중요한 사실은, 표현예술을 통해 가정폭력 생존자들이 '말하지 않고도 전하기'를 할 수 있다는 점이었다. 이는 그들이 경험하는 스트레스를 비언어적인 방식으로 표현할 수 있는 새로운 개념의 토대를 마련해 주었다.

◇◇◇◇◇

침묵 깨기

내가 쉼터에서 경험한 많은 가족 중 첫해에 만난 한 환자는 만성 트라우마가 여러 번 반복될 때 나타나는 반응들에 대해 깊이 이해할 수 있게 해 준 사례였다. Joelle(29세)과 그녀의 11살 딸 Christa, 8살 아들 Joey는 쉼터에 방문하기 전까지 매우 복잡하고 어려운 과거를 지니고 있었다. Joelle은 남편이 가족 구성원 모두에게 폭력을 행사하고 있다고 신고하며 쉼터를 찾았다. 그러나 그녀는 당시의 상황을 설명하는 데 매우 소극적이고 방어적인 태도를 보였으며, 구체적인 정보를 제공하기를 꺼려 했다.

Christa는 대체로 침묵으로 일관하며 스스로 집단에서 소외되려는 모습을 보였다. 그녀는 나와 쉼터 직원들의 질문에 간단한 답변만 할 뿐, 더 이상의 대화를 이어 가려 하지 않았다. 반면, Joey는 에너지가 넘치며 활발한 모습을 보였다. 그는 사무실 책상 위로 기어오르거나, 연필과 공책으로 장난을 치는 등 호기심 어린 행동을 자주 했다. 심지어는 나의 무릎에 올라와 앉기도 했다. Joey는 즉흥적이고 말이 많으며 사랑스러운 아이였다. 하지만 그의 행동은 신체 나이에 비해 훨씬 어린, 마치 네다섯 살 아이처럼 보였다.

이 가족이 쉼터에 약 한 달간 머무는 동안 나는 Christa와 Joey를 주 2~3회씩 만나며 총 10회가량의 회기를 진행했다. 그러나 나의 노력에도 불구하고 Christa는 미술치료에 거의 반응을 보이지 않았다. 그녀는 종종 가만히 앉아 Joey가 미술 활동을 하며 노는 모습을 조용히 지켜보았다. 반면, Joey의 행동과 미술작품을 통해 나는 그가 뚜렷한 발달장애를 겪고 있다는 사실을 알게 되었다. Joey는 명백한 언어장애가 있었으며, 운동능력에서도 눈에 띄는 어려움을 보였다. 그는 종종 이유 없이 탁자에서 떨어지거나 서 있을 때 균형을 잃고 비틀거리기도 했다. 그럼에도 불구하고, Joey는 항상 열정적으로 수업에 참여하며 나와 끊임없이 교감했다.

Christa는 나에게 쉽게 마음을 열지 않았고, 마치 다른 시간과 공간에 있는 사람처럼 행동했다. 그녀를 회기에 참여하게 하는 유일한 방법은 Joey에게 동화책을 읽어 주는 것이었다. 내가 과장된 목소리로 동화책을 읽으며 페이지를 넘길 때면, Christa는 내 옆에 바싹 붙어 앉아 고개를 끄덕이며 미소를 지었다. Christa 역시 신체 나이에 비해 정신적으로 매우 어린 아이처럼 느껴졌고, 나의 차분하고 운율적인 목소리에 어린아이처럼 안도감을 느끼는 듯했다.

Christa는 가정폭력 생존자일 뿐 아니라, 어린 시절 신체적 · 성적 폭력에 노출된 사람들에게서 관찰되는 비슷한 반응을 보였다. 드라마 수업을 진행하는 남성 치료사를 소개하던 날, Christa는 꼼짝도 하지 못한 채 얼어붙었고, 나에게 대답조차 하지 못했다. 얼마 지나지 않아 그녀는 조용히 흐느끼기 시작했다. 나는 그녀를 안정시킬 수 없었고, 결국 그녀에게 심리적 안정감을 줄 수 있는 동료 직원에게 맡길 수밖에 없었다. 온화하고 세심한 동료조차도 Christa의 반응에 당황했지만, 우리는 그 원인이 남성 치료사에게 있다는 것을 분명히 알고 있었다.

이듬해, 그녀와 가족은 다시 쉼터를 방문했다. Joelle은 남편과 이혼한 뒤 새로운 남자친구와 동거하던 중 또다시 가정폭력에 노출되었다고 진술했다. Joey는 첫 3일 동안 이전과 마찬가지로 빠르게 적응하는 듯 보였지만, 회복의 조짐은 전혀 나타나지 않았다. 상주 직원은 Joelle로부터 이번 동거남이 아이들에게 신체적 폭력을 가했으며, Christa가 성폭력을 당했을 가능성이 있다는 사실을 전해 들었다. 아동보호서비스가 즉시 개입되었고, 진술은 모두 사실로 밝혀졌다. 이후 폭행 용의자에 대한 법적 조치가 진행되었다.

Joey에게 가해진 신체적 · 정신적 학대는 그의 삶에 엄청난 악영향을 끼쳤다. 내가 학회 참석으로 자리를 비운 어느 날, Joey는 쉼터 2층 창문에서 뛰어내리려 했다. 그날 아침 Joelle은 거주지 밖에서 미팅을 하고 있어 부재 중이었다. 쉼터는 즉시 나에게 연락해 복귀를 요청했다. Joey가 뛰어내리기 전, "Cathy 박사님에게 당장 이곳으로 와 달라고 전해 주세요."라고 말했기 때문이다. 이 극단적인 자살 시도는 나에게 심각한 불안을 불러일으켰고, 나는 급히 쉼터로 돌아갔다. 다행히 Joey는 내가 도착하자 창문에서 내려와 나에게 뛰어와 안겼다. 그 순간 나는 이 아이가 얼마나 극심한 고통에 시달렸는지, 동시에 괴로울 때 도움을 요청할 줄 아는 본능을 잃지 않았다는 사실에 안도했다.

Joey의 자살 시도 이후 나는 아동이 극단적인 행동 뒤에 자신의 이야기를 꺼낼 수 있도록 돕는 적절한 기술이 나에게 부족하다는 점을 절감했다. 그러나 Joey는 자신의 감정을 그림으로 표현하는 데 기꺼이 응했다([그림 1-4] 참조). 그는 긴 머리카락과 슬픈 표정을 가진 얼굴을 그렸다. 내가 몸통도 그려 보라고 제안했으나 Joey는 거절하며 "이 모습이 맞아요."라고 말했다. 자신의 그림을 바라보던 Joey는 깊이 동요하며 이렇게 말했다. "엄마는 결국 내가 죽어서 슬퍼할 거예요." 그는 자신의 극단적 선택이 엄마에게 가장 강

[그림 1-4] "지금 기분이 어떻니?"라는 질문에 그림을 그린 Joey

Cathy A. Malchiodi의 컬렉션 중(작가의 허가없이 재사용 및 무단복제 금지)

력한 죄책감을 줄 수 있는 방법이라고 생각하는 듯했다.

물리적으로 몸을 움직이는 것이 부동화(immobilization)를 치료하는 직접적인 방법은 아니지만, 나는 Joey의 사고와 시선을 전환할 필요가 있다고 직감했다. 나는 그를 쉼터 내 체육관으로 데려가 함께 뛰었다. 중간에 팔 벌려 뛰기와 장난스러운 가라테 동작을 섞어 활동적인 시간을 만들었다. 이후 미술놀이치료실로 돌아온 Joey는 나와 함께 장난감 드럼으로 비트를 맞추며 비언어적 대화를 나눴고, 이전에 내가 읽어 줬던 동화책 속 캐릭터들을 즉흥적으로 묘사하기도 했다. 이러한 신체적 활동과 나와의 교감은 Joey를 한 시간 전의 자살 시도에서 벗어나 훨씬 편안하고 안정적인 상태로 만들어 주었다.

얼마 후 Joey는 한 번도 그려 본 적 없는 자신의 가족 그림([그림 1-5] 참조)을 나에게 그려 주고 싶다고 말했다. Christa와 달리 Joey는 언어장애를 겪고 있었음에도 불구하고, 자신이 바라보는 가족이라는 집단에 대해 매우 상세하고 면밀하게 설명했다. Joey의 그림은 그가 경험한 가정폭력이 그의 눈에 어떻게 비쳤는지를 생생히 보여 주고 있었다.

Joelle은 머리가 매우 크게 묘사되었고, 입을 벌리고 화난 표정으로 다른 가족 구성원들을 향해 고함을 치고 있었다. Joey는 자신이 항상 이러한 언어 폭력의 최전선에 있다

[그림 1-5] Joey가 그린 가족 그림
Cathy A. Malchiodi 컬렉션에서(저자의 허가 없이 복제할 수 없음)

고 느꼈기 때문에 자신을 Joelle 옆에 그렸다. '아빠(Joelle의 현 동거남)'는 Joey의 바로 옆에, Christa는 가장 왼쪽에 그려져 있었다. 내가 그림에 대해 더 설명해 달라고 요청하자, Joey는 엄마를 "소리를 지르는 사람"이라고 표현했고, Christa는 "웃으며 지켜보는 구경꾼"이라고 설명했다. 그림의 하단에는 텔레비전이 그려져 있었는데, Joey는 이를 "집안 분위기가 긴장되거나 폭력적으로 변할 때 쳐다볼 무언가"라고 말했다.

Joey의 그림을 보며 그를 어떻게 도와야 할지 깊이 고민하던 나는, 동시에 Christa를 괴롭히는 것이 무엇인지 더 궁금해졌다. Christa는 여전히 굳어 있었고, 때때로 입을 열 때는 분노와 우울이 뒤섞인 감정을 표현하거나 억지웃음을 짓곤 했다. 또 어떤 때는 나에게 매달리거나 내 어깨에 기대 잠들기도 했다. 쉼터에서 머무는 동안 나는 마침내 Christa와 함께 그림을 그리는 표현 활동을 할 수 있었다([그림 1-6] 참조).

[그림 1-6] Christa가 그린 사람 "동굴 여인(cavewoman)"

Cathy A. Malchiodi의 컬렉션 중(작가의 허가없이 재사용 및 무단복제 금지)

내가 그림에 대해 설명해 달라고 요청하자, Christa는 단지 "동굴 여인(Cavewoman)"이라고만 답했다. 그녀가 그린 그림은 나를 놀라게 했다. 그 이유는 그림이 무척 기이한 느낌을 주었고, 또래 아이들의 그림에서 본 적 없는 형체였기 때문이었다. 그림 속 몸통은 일그러져 있었으며, 특정 신체 부위는 아예 그려지지 않았다. 그러나 하나 확실한 것은 Christa가 얼굴을 매우 뚜렷하게 그렸다는 점이었다. 특히 수업 중 자주 목격했던, 갈 곳을 잃은 듯한 눈빛이 포함되어 있었다.

상담을 몇 차례 더 진행하면서 Christa는 그녀의 잔혹했던 경험을 그림과 말로 조금씩 풀어내기 시작했다. 아동보호서비스팀의 조사에 따르면, Christa는 집에 드나들던 여러 남성들에게 지속적으로 성폭력을 당한 것으로 확인되었다. 추가 조사에서는 그녀가 어머니와 여러 알선자들에 의해 시작된 인신매매의 피해자가 되었다는 사실도 밝혀졌다. Christa와 Joey는 Joelle의 양육권에서 분리되어 독립적인 정신치료센터로 이송되었다. 그곳에서 두 아이는 장기간 거주하며 보호를 받는 동시에 전문적인 치료를 받을 수 있었다.

◇◇◇◇◇

사례개념화

내가 Christa와 Joey와 비슷한 사례에 대해 처음 글을 쓰기 시작했을 무렵, "장기적인 트라우마는 개인의 인지능력을 변화시키고, 예술 표현의 내용과 스타일도 바꿀 수 있다."(Malchiodi, 1990, p. 152)는 사실을 알게 되었다. 또한 "어린 시절부터 만성적으로 학대를 당한 아이들"(p. 152)은 단발적인 트라우마 사건을 경험한 아이들과는 전혀 다른 정신치료적 접근과 관찰이 필요하다는 사실도 깨달았다. 반복적인 폭력에 노출된 아이들의 미술과 놀이 기반 표현은 단발성 가정폭력에 노출된 아이들과는 상당히 다른 양상을 보인다.

Christa와 Joey는 추후 발달 트라우마(developmental trauma; Spinazzola, van der Kolk, & Ford, 2018; van der Kolk, 2005)로 알려진 사례의 초기 예였던 것으로 보인다. 그러나 내가 처음 쉼터에서 일할 당시에는 발달 트라우마에 대한 기초적인 정의나 세밀한 치료 전략조차 확립되지 않은 상태였다. 당시 우리 쉼터의 동료들은 여러 방면으로 그 복잡한 상황을 실험적으로 다루며, 그에 따른 의학적 자료들을 취합하고 정리하며 이 영역의 발전에 기여하고자 했다.

결론적으로 Sally, Mike, Christa, Joey와 같은 아이들은 트라우마 치료에 표현예술 전략이 효과적이라는 이론과 가설을 입증해 준 귀중한 사례가 되었다. 특히 Sally의 경우, 트라우마가 신체 건강에 미치는 영향을 통해 나의 관점을 바꾸어 놓았다. 그녀가 불안, 두려움, 다른 감정들을 내면화하며 신체적 증상(somatic symptoms)을 겪고 있었다는 사실이 이를 잘 보여 준다(Malchiodi, 1990, p. 30).

Mike는 놀이를 통해 표현 매체와 장난감과의 반복적인 관계를 맺으며, 외상 후 놀이(Terr, 1981)라고 불리는 현상을 보여 주었다. 그러나 이러한 놀이가 긍정적인 변화를 가져오거나 고통을 해결하지는 못했다. Christa와 Joey는 지속적인 트라우마로 인해 현재 "얼어붙기 반응(freeze response)"으로 알려진 행동을 나타냈다. 이들의 사례는 내가 표현예술치료에 두 가지 방안을 초점화할 수 있는 근거를 마련해 주었다.

그 첫째는 극심한 스트레스를 받은 아이들에게는 신체를 움직일 수 있도록 도와주며, 항상 그들의 몸짓과 감각에 주의를 기울일 것, 둘째는 미술과 놀이뿐 아니라 음악, 소리, 움직임, 연극적 재연 등을 활용해 그들이 트라우마에 대해 느끼는 체화된 감각(felt sense)을 표현하도록 돕는 것이다.

어린 시절 성적 학대를 당한 여성들을 통해 나는 성인을 대상으로 심리치료를 진행할 때 어떤 방식으로 접근해야 하는지도 배울 수 있었다. 이 여성들은 가정폭력을 겪은 어린아이들과 비슷한 반응을 보였다. 이들 대부분은 어린 시절과 청소년기에 반복적으로 폭력, 비난, 유기, 방임을 경험하며 부동화(immobilization)와 과다 각성(hyperarousal) 상태를 겪고 있었다. 내 치료실과 외래 환자 그룹에 의뢰된 여성들의 대부분은 어떤 식으로든 개인적으로 회복할 수 있는 미술이나 글쓰기 활동을 하고 있었기 때문에 나를 찾아왔다. 일부는 트라우마나 과다 각성에 대한 기억이 압도적으로 떠오를 때 간단한 그림을 그리거나 잡지에서 오려 낸 이미지를 붙이는 것이 자신을 진정시키는 유일한 방법이라고 설명했다. 또 어떤 이들은 자신의 그림이 초보적일지라도 어린 시절의 실제 이야기를 담고 있다고 말했으며, 또 다른 일부는 자신의 그림을 침묵했던 어린 시절의 목소리라고 설명했다([그림 1-7] 참조). 생존자들은 낙서, 콜라주, 페인팅 등을 통해 트라우마 기억으로 인한 과활성화(hyperactivation)와 기타 신체적 고통을 완화했다고 보고했다.

가정폭력을 겪은 어린아이들을 치료했던 방식과 마찬가지로, 나는 성폭행에서 벗어난 성인 여성들 또한 단순한 언어 상담(talk-only)만을 통한 치료를 넘어 움직임(movement), 소리(sound), 음악(music), 즉흥 연기(improvisation), 연극적 재연(dramatic enactment), 창의적 글쓰기(creative writing)와 같은 다양한 치료법을 통해 자기 조절과 위안을 얻을 수 있도록 돕기 시작했다. 이를 통해 내가 깨달은 것은 표현예술의 실천 중심적 특성이 많은 트라우마 생존자가 정기적으로 경험하는 해리현상과 같은 트라우마로 인한 일시적인 기억상실을 다루는 데 도움이 될 수 있는 방법이라는 점이었다. 대다수 생존자들은 자신의 그림이 어린 시절 겪었던 학대와 폭력을 묘사한다고 생각하지만, 사실 이는 사건에 대한 구체적이고 시간 순서에 맞는 기억은 아니다. 다만, 그 사건이 주었던 체화된 감각(felt sense)은 여전히 현실적으로 느껴지는 '느낌'으로 강렬히 존재하며, 이는 그들의 그림, 콜라주, 움직임 그리고 다른 비언어적 표현을 통해 지속적으로 담겨 있었다.

◇◇◇◇◇

심리치료에서의 예술

표현예술이 어떻게 효과적인 변화의 도구가 될 수 있으며 트라우마 해결을 위한 현재 전략을 어떻게 보완하는지 정확히 이해하려면, 심리치료에서 예술의 활용과 정서적 회복 과정에서 예술의 고유한 역할을 아는 것이 중요하다.

인간은 오랜 세월 동안 자아 표현, 자기 조절, 보상, 기념의 수단으로 예술을 사용해 왔다. 의학, 인류학, 예술 전반에 걸친 연구에서는 이러한 형태의 커뮤니케이션이 초기 치유 과정에 적용되었다는 여러 증거가 발견된다(Malchiodi, 2007). 인간은 경험과 사건을 특별하게 만들고, 상실(address loss), 재난(disaster), 트라우마 사건(traumatic events)을 다루기 위해 이미지 메이킹(image making), 의식(ritual), 움직임(movement), 연극적 재연(dramatic enactment), 상상 놀이(imaginative play), 스토리텔링(storytelling) 같은 방법을 활용해 왔다. 이러한 활동은 예방적이며 회복을 위한 치료(reparative treatment)의 한 형태로 여겨진다(Dissanayake, 1995).

Perry(2015)는 이러한 사회문화적 결과를 신경생물학적 관점에서 다음과 같이 설명했다.

> 현재 학문적 가치를 인정받으려면 '증거기반 연구'여야 한다는 압박이 있으나, 우리는 수천 세대에 걸친 수백 개의 각기 다른 문화권에서부터 활용된 리듬(rhythm), 손길(touch), 스토리텔링(storytelling), 공동체와의 재결합(reconnection to community)이 트라우마에 대응하고 치료하기 위한 핵심적인 요소로 작용하고 있으며, 이것이 가장 강력한 증거라는 사실을 알아야 한다. (p. xii)

[그림 1-7] 세션 참가자의 "어린 시절 나 그리고 가해자의 목소리, 이를 그만 듣기 위해서 어떻게 해야 하는지"에 대한 그림.
Cathy A. Malchiodi의 컬렉션 중(작가의 허가없이 재사용 및 무단복제 금지)

마찬가지로 Botton과 Armstrong(2013)은 예술이 인간의 심리적 결함을 중재하고, 균형을 회복시키며, 종종 말로 표현하기 어려운 자아의 한 측면을 회복하는 데 지속적인 역할을 한다고 설명했다.

심리치료에서 예술(시각 예술, 음악, 댄스, 연극적 재연, 창의적 글쓰기)이 공식적으로 활용되기 시작한 것은 20세기 이후로, 다양한 이론적 · 방법론적 기틀이 마련된 후였다. 이 중 몇 가지 방식은 기존 예술 형식과는 전혀 다른 독특한 방법으로 발전했으며, 일부는 정신의학과 예술이 혼합된 형태로 나타났다. 이러한 접근법들은 학제 간 연구를 중심으로 발전해 왔으며, 예술 기반의 방법론과 연구뿐만 아니라 심리학 이론, 사회문화적 개념, 교육 그리고 최근에는 신경생물학 분야에까지 영향을 미쳤다. 결국 이와 같이 예술을 치료의 한 형태로 적용하는 것을 통칭하여 창의적예술치료라고 부르게 되었으며, 다양한 심리치료의 틀 안에서 미술치료, 음악치료, 무용/동작(movement)치료, 연극치료,

시(poetry)치료의 세부 항목으로 나뉘게 되었다(Malchiodi, 2006). 이 다섯 가지 주요 영역에 대한 설명은 다음과 같다.

미술치료

미술치료란 개입, 상담(counseling), 심리치료, 재활치료(rehabilitation)에 분명한 목적을 갖고 시각 미술과 미디어를 활용하는 것으로, 모든 연령대의 개인, 가족, 그룹을 대상으로 할 수 있다. 미술치료의 활용은 '치료로서의 미술(Art As therapy, 인간의 삶을 개선하고 치유하는 활동으로서의 미술 제작)'에서부터 '미술 심리치료(Artpsychotherapy, 다양한 심리치료 및 상담 접근법에서 미술 기반 개입의 의도적이고 통합적인 적용)'에 이른다(Malchiodi, 2006; McNiff, 2009). 많은 연구자는 정신분석학(psychoanalytic), 융 심리학(Jungian), 인본주의(humanistic), 인지행동론(cognitive-behavioral), 가족 치료(family system) 등과 같은 다양한 심리치료적 틀을 통합하여 '치료로서의 미술(art as therapy)'과 '미술 심리치료(art psychotherapy)'를 결합하여 사용한다(Malchiodi, 2012c). 더불어 많은 연구자는 미술 표현을 통해 그림을 그린 사람의 성격, 지각, 발달 및 인지적 특성을 이해하는 데 도움이 된다고 믿는다. 미술치료는 언어적 소통을 보완하는 강력한 도구로, 치료자와 내담자 간의 의사소통을 더욱 효과적이고 이해하기 쉽게 만들어 준다.

음악치료

음악치료란 신체적, 행동적, 사회적, 정서적, 교육적 문제를 겪는 개인에게 음악 인식, 창작(production), 재창작하는 과정을 통해 정신적, 신체적, 인지적, 사회적 기능을 향상시키는 것이다[미국음악치료학회(AMTA), 2019; Wheeler, 2016]. Bruscia(1998)는 음악치료를 "치료사가 음악 경험과 그로 인해 발전하는 관계를 통해 내담자의 건강 증진과 사회성 촉진에 도움을 주는 체계적 활동"(p. 20)이라고 하였다. 음악치료는 다양한 장애나 어려움에서의 재활과 회복 과정에서 감정을 외부로 표현하도록 돕고, 심리적 안정감을 제공하며, 내담자와 치료자 간의 건강한 애착관계를 통해 내담자의 감각과 감정을 조율하고, 자기 조절을 증진하며, 정서적 균형을 유지하도록 한다(Ghetti & Whitehead-Pleaux, 2015). 특히 음악치료는 음악이 전반적인 건강관리의 일부로 사용되는 두 가지 방법으로 크게 나눌 수 있다. 첫째는 음악 의학(music medicine, 개인의 생리적 상태와 전반적인 웰빙을 위해 음악을 사용)

이고, 둘째는 신경음악학(neuromusicology, 음악에 대한 반응을 연구하여 심리치료에 적용하는 방식; Wheeler, 2016)이다.

연극치료

연극치료란 스토리텔링, 투사적인 연극(projective play), 목적성 있는 즉흥창작과 퍼포먼스(purposeful improvision and performance)를 통해 변화를 촉진하는 적극적이고 실험적 접근이다[Johnson, 2009b; 미국연극치료협회(NDTA), 2019]. 연극치료는 몸을 매개로 하며, 목소리, 운율, 표정, 제스처를 이용하여 본인의 이야기를 풀어낸다. 이를 통해 내담자가 직면한 문제를 해결하고, 카타르시스를 경험하며, 내적 경험의 깊이를 확장하고, 자신과 타인을 이해하는 능력을 강화하도록 돕는다(NDTA, 2019). 비록 연극치료가 체계적인 교육과 명확한 이론적 개념을 기반으로 발전해 왔지만, 사이코드라마(Dayton & Moreno, 2004), 심미적 거리두기(aesthetic distancing), 모방 유도(mimetic induction) 등의 연극 기법(Ali & Wolfert, 2019)을 활용한 다양한 방식으로 확장되었다. 연극치료에서 창의적인 연극은 어린아이들에게 치료 목적에 맞는 의미 있는 경험을 제공하는 데 효과적이다. 다른 접근법으로는 이야기치료(Denborough, 2016; White & Epston 1990)가 있으며, 이 또한 드라마틱한 스토리텔링을 통해 내담자의 경험과 심리적 과정을 연결시키는 심리치료 기법 중 하나이다. 특히 최근에는 van der Kolk(Interlandi, 2014)의 롤플레잉 기법을 통해 내담자의 내면세계를 3차원의 공간으로 시각화하여 연기하도록 하는 방법도 주목받고 있다.

무용/동작치료

무용/동작치료란 몸과 마음은 서로 연결되어 있다는 개념을 바탕으로 내담자의 정서적, 인지적, 신체적 통합을 촉진하고 감정, 인지, 신체 기능 및 행동의 변화에 심리치료적 움직임을 활용하는 치료법이다[미국무용치료협회(ADTA), 2019; Gray, 2015]. 이 치료는 움직임이 뇌 가소성을 지원한다는 이론을 기반으로(Perry, 2015), 내담자의 학습, 재활, 웰빙을 향상시키는 데 효과적이다. 해당 기법은 정서적, 신체적 회복을 위한 접근법으로 창의적 예술치료의 한 종류일 뿐 아니라 신체적 심리치료(somatic psychotherapy)의 중요한 부분을 담당하고 있다(Gray, 2015). 무용/동작치료는 아니지만 유사한 방식으로 사용되는 다양한 무용, 움직임, 신체 활동 중심의 접근법도 있다. 예를 들어, 요가는 '트라우마에 민감한' 이들에게 자기 조절 및 스트레스 완화 수단으로서 자리매김하였고(van der Kolk, 2014), 감각운동 심리치료(sensorimotor psychotherapy®; Ogden & Fisher, 2015)도 앞서 설명한 무용/동작치료와 상당히 많은 요소가 유사한 면을 포함하며, 신체 중심의 심리치료로 주목받고 있다.

시치료 및 독서치료

시치료 혹은 독서치료는 대개 시 혹은 다른 형태의 문학작품을 활용해 인간의 내면을 치유하고 성장을 돕는다는 의미로 교차 이용된다(전미문학치료학회, 2019). 또한 문학치료에는 창의적 글쓰기 혹은 '일기 쓰기(journaling)'라 불리는 더욱 큰 범주들이 존재하는데(Progoff, 1992), 두 방법 모두 감정치료 영역에서는 아주 긴 역사를 지니고 있다. 일례로 일기나 서사 형식(written narrative)의 창의적이고 표현적인 글쓰기는 트라우마 혹은 질병을 경험한 사람들에게 접근하는 매우 좋은 방법 중 하나로 손꼽힌다(Pennebaker & Chung, 2011).

놀이치료

놀이치료는 창의적인 예술이라고 정의되지는 않지만, 상상력을 표현의 원천으로 삼고, 예술과 공통점이 많다는 점에서 표현적 의사소통의 한 수단으로 볼 수 있다. 놀이치료란 내담자가 심리사회적 어려움을 해소하고 최적의 성장과 발전을 할 수 있도록 돕기 위해 놀이를 체계적으로 활용하는 것을 말한다. 더불어 아동 중심(child-centered), 융 심리학(Jungian), 아들러 심리학(Adlerian), 인지행동(cognitive-behavioral) 등 다양한 이론적 지향을 활용한다(Crenshaw & Stewart, 2016). 놀이치료는 심리치료 분야만큼이나 오랜 역사를 가지고 있으며, 주로 아이들을 대상으로 진행되지만, 경우에 따라 가족에게도 적용된다(Gil, 2016). 놀이치료사들은 다양한 창의적 중재 방법을 활용하여 치료를 진행한다. 대개 장난감, 소품, 게임, 모래 등 여러 가지 표현적 예술 재료들을 사용하는데, 이와 같은 형태는 기존 미술기반의 치료사들이 사용하는 창의적 개입 형식과 매우 유사하다. 예를 들어, 놀이치료사는 아이들에게 그림을 그리게 하거나, 점토를 이용하여 역할극 혹은 스토리텔링을 촉진하며, 이때 인형이나 소품들을 추가 제공하여 모래 위에서 직접 만지며 놀 수 있는 시간을 마련하기도 한다.

◇◇◇◇◇

표현예술치료: 모든 감각의 통합

인간은 예로부터 재연(enactment), 의식(ceremony), 공연(performance) 및 의례(ritual)의 맥락에서 매우 통합적인 방식으로 예술을 활용해 왔다. 하지만 시간이 지남에 따라 각각의 예술치료들은 본연의 특색을 극대화하여 발전하며 각기 다른 '독립적 저장고(silos)'를 구축하였다. 각각의 창의적 예술치료가 독립적인 분야와 교육 기준으로 고유 영역을 구축하였기 때문에 각자의 접근법 간에 실습, 교육 및 연구 측면에서 상대적으로 상호 교류가 거의 없었다. 그러나 실제 접근에서는 서로 상호보완하는 강점들이 존재하며, 예술 기반 트라우마 치료법에 효과적으로 적용하는 데 필요한 중요한 공통점이 많다. 나는 대부분의 아동, 성인, 가족, 집단, 커뮤니티의 트라우마 스트레스를 해결하는 데 필요한 것은 고유한 문화적 전통과 현재의 트라우마에 대한 정보를 바탕으로 한 예술의 통합적 시너지라고 생각한다.

표현예술치료는 20세기 후반 처음 등장한 치료법이다. 기존 다른 치료법들과 달리 앞서 다룬 특정 치료법들의 단독 활용에 그치지 않고, 여러 방식을 혼합하고 순차적으로 이용하여 개인과 그룹의 최종 목표에 더욱 효과적으로 다가설 수 있게 한다. 즉, 특정 치료에 한 가지 치료법이 주를 이룰 수도 있지만, 치료의 형태가 동시에 도입될 수 있다. 즉, 표현예술치료는 아동, 성인, 가족, 그룹 치료에 단일예술형태가 아닌 다양한 형태의 예술을 통합하여 사용하는 방식으로 이해할 수 있다. 최근 정신 건강과 건강 증진(health care) 의료가 통합적 치료 접근으로 바뀌어 감에 따라 표현예술치료는 감각을 활용하고, 신체 기반의(sensory based, action oriented) 치료를 적용하려는 치료사들에게 더욱 관심을 얻게 되었다. 특히 보건의료 분야에서 병원 내 표현예술치료의 역할을 강조하며, 현재 모든 예술과 심리치료의 통합이 환자 진료에 사용되는 핵심 전략 중 하나라고 언급하였다[National Organization for Arts in Health; 전국보건예술단체(NOAH), 2019]. 표현예술치료의 대가 중 한 명으로 꼽히는 Shaun McNiff(2009)는 "예술과 심리치료가 하나로 뭉치면, 각각의 범위와 깊이가 확장될 것이며, 그 둘이 함께할 때 인류의 치유 역사의 연속성과 연결된다."(p. 259)고 하였다. 다시 말해, 그는 심리치료에서 표현예술의 활용에 내재한 두 가지 기본 원칙에 대해 언급하고 있다. 첫째로, 예술은 치료의 과정을 보완할 뿐 아니라 변화, 보상, 성장의 가치와 가능성을 조명하고 확장할 수 있는 자기 표현의 중요한 형태로 작용한다는 것이다. 둘째로, 트라우마 개선을 포함하여 건강과 웰빙을 위한 예술의 역할은 새로운 것이 아니다. 역사적으로 미술, 음악, 소리, 춤과 움직임, 연극적 재연 등 다양한 형태로 상상력을 자극하고 사용하는 것은 트라우마와 상실을 치료하는 데에 효과적이었다.

Estrella(2006)는 현대 표현예술치료에 대한 가장 명확한 정의를 내린 사람으로, 치료법으로서 예술과 심리치료적 관점에서의 상호관계를 강조하였다. 그녀는 "표현예술치료사들은 다양한 접근법을 활용한다. 때로는 다양한 예술 기법을 순차적으로 활용하고, 다른 경우는 동시에 여러 기법을 활용하며, 또 다른 때에는 천천히 시간을 두고 한 기법에서 다른 기법으로 전환한다."(p. 183)고 하였다. Estrella는 표현예술치료가 매체-중심의 표현법이 아니고, 오히려 감각-중심의 표현법이며, 미학[아름다움, 조화, 리듬, 공명(resonance), 역동적 긴장(dynamic tension) 및 균형]과 창작 과정 자체와 더 깊은 연관이 있다고 강조했다. 같은 맥락에서 이는 다양한 심리치료 간 공통적인 치유요인을 중시하는 통합적 심리치료사(integrative psychotherapists)의 접근법과 유사하다. Estrella에 따르면, 이는 개인 혹은 집단 치료를 시행할 때 어떠한 방식으로 다양한 예술 형태를 도입하고 통합할지 결정하는 데 중요한 기준이 되었다.

표현예술치료 발전에 기여한 여러 주요 인물들이 있지만, 그중 특히 이론과 실제에 가장 큰 영향을 준 세 사람이 있다. 첫 번째는 심리치료의 인본주의적 형태로서 표현예술의 초창기 지지자인 Natalie Rogers(1993)이다. 그녀는 표현예술치료를 "움직임, 소조, 그림, 조각, 음악, 글쓰기, 소리와 즉흥 연주와 같은 다양한 예술 기법을 활용하여 성장과 치유를 촉진하는 것"이라고 설명하였다. 더불어 Rogers는 "예쁜 그림을 그리는 것이 아니고 무대를 위한 춤을 준비하는 것이 아니며, 완벽한 시를 위해 쓰고 다시 고쳐 쓰기를 반복하는 것이 아니다."(pp. 1-2)라고 언급하였다. 또한 Rogers는 예술 간의 창의적인 연결(creative connection)에 대해 설명하며, 이는 개별 혹은 통합으로서 다양한 매체를 통한 직관적 표현이라 하였다. 진단을 위한 과정과 달리, 표현예술치료는 인본주의적 접근으로서 예술에 내재된 상상력과 통합적인 요소들을 모두 활용하는 창작의 영역을 포함한다. 이들의 최종 목표는 예술 기반의 경험을 통해 내담자의 자아 성찰을 돕고, 스스로와 '연결'될 수 있도록 하는 것이다.

표현예술치료에 대한 Rogers의 접근은 그녀의 아버지로부터 많은 영향을 받았다. 그녀의 아버지 Carl Rogers는 심리치료사가 지녀야 하는 기본 자질인 공감, 열린 마음, 존중, 보살핌, 일치성을 강조한 인간 중심 상담으로 널리 알려진 인물이다. 인간 중심 철학은 모든 내담자가 성장하고, 인생에 큰 잠재력을 최대한 발휘할 수 있는 타고난 능력이 있다는 것을 전제로 한다. 그렇기에 인간 중심 표현예술은 Natalie Rogers의 치료법을 단순히 요약하는 것에 그치지 않고 예술을 통한 개인적 경험과 그녀가 아버지로부터 물려받은 철학이 녹아 있다. 종합하면, 그녀는 감정의 치유와 나아가 개인의 건강과 웰빙을 위하여 다양한 예술 기반 매체들이 어떻게 상호작용해야 하는지에 대해 표현예술치료, 심리치료, 상담 분야 간의 대화의 장을 열었다.

Paolo Knil은 상호매체 표현치료(intermodal espressive therapy)를 처음 개념화한 인물이다(Knill, Barba, & Fuchs, 1995). 그는 처음 음악가와 엔지니어로 훈련을 받았고, 그 이후에는 미국과 유럽의 고등교육기관에서 교수로 재직하며 표현예술치료에 대한 연구 활동을 지속하였다. 다른 여러 활동들이 있지만, 그중 특히 주목받는 기여는 그가 창시한 상호매체 전이(intermodal transfer, 하나의 예술 형식에서 다른 예술 형식으로의 전환)와 저숙련–고감도(low skill-high sensitivity, 예술적 재능과 트레이닝과 관계없이 누구나 스스로를 표현할 수 있는 능력) 개념의 확립이다(Knill et al., 1995, pp. 147-153). 또한 결정화(crystallization)라는 개념도 Knill의 교육과 작업에서 나왔다. 요약하자면 표현예술치료 과정을 통해 다양한 감각적 경험이 예술 표현으로 구체화될 수 있다는 것이다. 예를 들어, 소리는 음악이 되고 이미지는 드로잉(drawing), 회화(painting) 혹은 조각이 될 수 있으며, 움직임은 댄스가 될 수 있다.

끝으로, McNiff(2009)는 "예술의 모든 것(all of the arts)"이라는 개념을 창시한 것으로 알려져 있다. 이는 "치료 과정에 전인(whole person)"을 참여시키는 통합적인 방법으로 의미 있고 효과적인 치료법으로 널리 인정받고 있다(p. 3). 수십 년에 걸쳐 그는 이 분야에서 현대적인 교육 방식의 기초를 마련하였다. McNiff는 주로 시각예술가이자 미술치료 교육자로서 심리치료에서 예술의 연결성이 인간의 성장과 웰빙에 필수적인 역할을 제공한다고 하였다. 특히 신체의 움직임, 이미지, 소리, 단어, 연기와 같은 모든 감각을 총체적으로 다루는 것에 중점을 두며, 이를 통해 보다 더 정확하게 인간의 감각 전체를 포괄한다고 강조한다. 결론적으로, 여러 창작 과정을 통해 어느 부분에서 본인들이 치유받는지 알게 된다. 치료사들은 치료 시 단일 예술 형식을 적용할 수 있지만, McNiff, Knill, Natalie Rogers는 심리치료에서 표현예술의 상호작용을 통해 더욱 완성도 높고 진실된 감정을 표현할 수 있는 기회를 제공한다고 강조하였다.

◇◇◇◇◇

표현예술치료의 '근거'

새롭게 등장하는 다양한 치료법들과 마찬가지로, 표현예술치료, 표현예술 및 창의적 예술치료의 타당한 근거는 아직 혼재되어 있다. 신뢰할 수 있고 타당한 근거를 확립하기까지는 아직 갈 길이 멀다. 마사지나 요가와 같은 새로운 접근법과 마찬가지로 대규모 연구들을 수행하는 데 필요한 연구 자금을 지원하는 곳은 제한적이다. 하지만 더욱 큰 문제는 치유에 관련된 정확한 조사와 측정은 매우 어렵고, 예술 기반 연구에서의 실제 구성 요소[언어, 관계적 역동(relational dynamics) 그리고 특정 심리치료 체계]가 아직 적절하게 정의되지 않았다는 점이다. 또한 표현예술치료와 창의적 예술치료 학계에서 지난 50년간 수많은 논문과 업적이 있지만, 명확하게 문서화되거나 표준화된 내용은 여전히 부족하다. 이로 인해 치료법의 효용성을 검증하기 매우 어려울 뿐 아니라 특정한 결과를 얻기 위해 필요한 사전 조치를 명확히 파악하는 것이 어려운 상황이다. 표현예술치료 문헌의 대부분은 매우 철학적인 내용을 내포하고 있고, 일화적 설명과 1인칭 관찰을 통해 예술의 통합적 사용을 설명한다. 나아가 일부 치료사들은 예술이 가지고 있는 고유의 특성 때문에 예술치료는 양적 측정이 불가하고 계량하기 어렵다고 주장하며 저항하기도 한다.

작은 규모의 연구가 대부분을 차지하지만, 다행히 특정 예술 기법에서의 무작위 대조 연구의 건수가 증가하고 있다. 이러한 연구들은 효과적인 기법들을 다수 밝히고 있지만, 적절한 통제 집단의 부재, 작은 모집단의 크기, 데이터 측정에 사용되는 도구 또는 절차의 신뢰성 부재 등으로 인해 가설 입증이 기각되고는 한다. 특히 가장 큰 문제 중 하나로 손꼽히는 것은 각 구성 요소들의 정의 혼동이다. 예를 들어, 창의적 예술치료 혹은 표현예술치료에서 사용되는 용어들의 정의와 기존의 순수 미술 행위에서의 용어들의 정의가 혼용되어 사용되기 쉽다. 즉, 치료적 가치가 있는 예술 기반 경험과 표현예술치료의 구체적인 차이점이 불분명한 경우가 많다.

현재 예술 기반의 접근법에서 널리 통용되는 세 가지 데이터 수집법이 있다. (1) 회복 메커니즘(reparative mechanisms)을 식별하기 위해 데이터를 종합하는 메타분석법이 있으며, (2) 증거기반의 접근법과 예술 기반의 접근법을 결합하여 기존 증거기반 접근법에 추가적으로 어떤 영향을 미치는지 설명하는 "추가적 효과연구"가 있고, 마지막으로 (3) 예술 기반의 접근법으로 행해진 치료 과정의 영향을 평가하는 개인의 의견을 수집하는 개별 피드백이 있다. 이러한 방법들은 완벽하다고 평가되지는 않더라도, 현재 무엇을 알고 있는지, 앞으로 향후 연구에 있어 어떠한 점을 보완해야 하는지에 대한 이정표를 제시하는 역할을 한다.

메타분석

현재까지 대부분의 연구는 다양한 형태의 메타분석을 통해 최선의 예술치료법을 선별하는 데 초점을 맞추고 있다. 예를 들어, Landis-Shack, Heinz 그리고 Bonn-Miller(2017)는 기존 음악치료 문헌을 통해 사회적, 인지적, 신경생물학적 메커니즘(커뮤니티 구축, 감정 조절, 행복감 증가, 불안 완화)을 포함하여 외상 후 스트레스의 치료법이 얼마나 효과적인지 검증하는 시도를 하였다. 결론적으로 그들은 음악치료가 트라우마에 노출된 사람들과 외상 후 스트레스를 가진 사람들의 증상을 완화하고 기능을 향상시킬 수 있다는 사실을 입증하였다. 이와 유사하게 한 연구팀은 트라우마 혹은 외상 후 스트레스를 가진 사람들과 함께 일해 온 소수의 무용/동작치료사들을 인터뷰하여 무용/동작치료가 트라우마 개선에 대한 효과적인 개입이 될 수 있다는 사실을 확인했다. 그들은 트라우마 중재에 무용/동작치료를 적용하는 핵심전략 몇 가지를 도출했으며, 여기에는 단계적 모델[페이즈 모델(phase model)은 먼저 워밍업으로 준비하게 하고, 이 과정에서 나타난 움직임 주제를 바탕으로 치료가 진행되며, 마지막에는 언어를 통한 치료를 통해 회기에서 일어난 일들을 명확히 하는 것]이 포함된다. 음악, 소품, 미러링, 호흡, 안정화 작업을 통해 해당 트라우마가 신체 어느 부분에 직접적으로 관여가 되어 있는지를 알 수 있다. 더불어 치료를 받는 대부분의 성인들은 개인 치료보다는 집단이 더욱 효과적일 수 있다고 설명하였다.

미술치료 분야에서는 다음과 같은 특정 미술치료 전략이 주로 참전 용사들 혹은 군인들을 대상으로 진행되었다. 해당 프로젝트는 나와 미술치료사 Kate Collie, Amy Backos, 정신과의사 David Spiege로 구성된 연구팀에 의해 수행되었다(Spiegel, Malchiodi, Backos, & Collie, 2006). 기존 문헌을 메타분석한 결과, 우리 팀은 미술치료가 외상 후 스트레스장애(PTSD)를 겪고 있는 군인들에게 심적 완화, 안전감, 긍정적 분위기 조성, 정서 조절, 결속력 증대 효과를 불러일으키는 것을 알게 되었다. 또한 그들은 미술 기반 접근법이 단편적이고 파열되고 감각적인 트라우마 기억을 통합하는 데 도움이 될 수 있다고 설명하였다. 이 분석이 발표된 이후 몇 가지 후속 연구들이 진행되었지만, 새로운 연구를 확립하는 과정은 더디게 이루어지고 있다(Jones, Walker, Drass, & Kaimal, 2018).

스트레스 관리 및 예방에 초점을 맞춘 창의적 예술치료 연구에 대한 포괄적인 메타분석은 예술 기반 접근법이 트라우마를 가진 개인의 심신에 영향을 준다는 매우 강력한 근거를 제시하고 있다. 기존의 통합적이고 구체화된 스트레스 이론(Payne, Levine, & Crane-Godreau, 2015)을 기반으로 Martin과 동료들(2018)은 어떤 창의적 예술치료 기법(미술, 음악, 무용/움직임, 연극)이 스트레스 예방과 개선에 가장 효과적인지 확인하고자 했다. 그들이 조사한 37개 연구 중 73%는 무작위 대조군 실험이었으며, 그중 81%는 앞서 말한 네 가지의 예술 기법 중 하나로 인해 참가자의 스트레스가 상당 부분 감소했다고 보고하였다. 연구진은 각 연구의 신뢰성을 평가하였는데, 미술, 음악, 무용치료는 타당한 수준의 신뢰성을 충족했지만, 연극치료만은 그렇지 못하였다. 또한 미술, 음악, 및 무용치료는 기존 창작 예술치료법보다 높은 수준의 스트레스 감소와 개선을 보이며 탁월한 신뢰성을 보여 주었다. 그중 음악치료는 예술 기반의 접근법 중 유일하게 근거기반의 효과성을 검증(evidence of efficacy)받을 수준까지 도달하였다. Martin과 동료들의 연구는 창의적 예술 접근에 대해 더 심도 있는 통찰을 제공했으며, 기존의 창의적 예술치료라고 국한되던 많은 의문점에 대해 예술 기반 개입의 (미술, 음악, 무용) 장점들을 강조하고 밝혀냈다. 그에 반해 창의적 글쓰기는 트라우마 치료와는 연관성이 적기에 해당 연구에서는 제외되었다. 그러나 많은 연구에서 창의적 글쓰기가 트라우마 개선보다는 증상을 명확히 하고, 내담자의 건강과 웰빙을 향상시키는 데 긍정적인 효과를 줄 수 있다고 보고하였다(Pennebaker & Smyth, 2016).

'추가 효과' 연구

예술 기반 접근법이 트라우마 개선에 어떻게 도움을 주는지 알아보기 위해서는 '추가 효과(Value-added)' 전략을 살펴볼 필요가 있다. 기존에 행해지던 증거기반의 치료 프로토콜에 특정 예술 기반 접근법이 더해진다면 과연 치료를 촉진시킬 수 있는지 확인하는 것이다. 마음챙김 미술치료(Mindfulness-based art therapy: MBAT; Monti et al., 2006)가 그 대표적인 예시로 암 환자들을 대상으로 명상, 요가, 미술치료를 결합하여 진행한 사례다. 다중 모델 설계란 자기 조절 이론과 마음챙김 기반의 스트레스 감소(MBSR; Kabat-Zinn, Lipworth, & Burney, 1985)를 토대로 건강 증진 기술을 통해 스트레스 감소와 삶의 질 향상을 꾀하는 것이다. MBSR은 암 환자들의 스트레스 감소에 매우 성공적인 지표를 드러냈으며(Carlson, Speca, Patel, & Goodey, 2004), 현 의학계에서 집중력 향상과 자기수용을 통해 자기 조절력을 얻는 방법으로서 소개되고 있다. 해당 연구에서 미술치료의 개입은 개인적 감정의 탐구와 '추가적 효과'를 제공하는 동시에 전략적으로 선별된 미술의 창작 경험을 활용하여 내담자의 자기 조절력을 기를 수 있도록 돕는 역할을 했다고 설명했다.

개별 피드백

마지막으로 트라우마 치료를 받는 대상자들에게 어떤 치료법이 효과가 있다고 느꼈는지, 무엇이 꾸준히 참여할 수 있게 했는지 등을 물어보는 것만으로도 '효과가 있는 치료법'이 무엇인지를 알 수 있다. 다시 말하면, 치료가 필요한 사람들에게 가장 효율적인 방법을 알 수 있다는 것이다. 특히 개인의 트라우마가 너무 심하거나 일반적인 방법, 예를 들어 인지적행동치료(CBT) 혹은 지속노출치료(prolonged exposure therapy)가 통용되지 않은 환자들에게도 효과적인 방법은 무엇일까? 다행히도 많은 연구진과 치료 시설은 해당 질문에 답을 하기 위한 연구를 지속적으로 하고 있으며, 다양한 예술 기반 치료의 효과를 개인 수준에서 확인하고자 하는 노력을 하고 있다. 대표적인 예로, 2012~2014년 National Intrepid Center of Excellence(NICoE)의 설문을 보면, 치료를 받았던 군 전역자들을 상대로 어떤 기법 혹은 치료법이 회복에 가장 큰 도움을 주었는지 질문한 결과, 5개의 기법 중 효과적인 치료는 예술치료기법이라는 답변이었다(Creative Forces, 2018). 또한 유사하게, 연구진들은 더욱더 전문적이고 주류적인 치료법을 원하는 환자들이 대개 음악치료를 선호한다는 것을 밝혀냈다(Bronson, Vaudreuil, & Bradt, 2018). 이러한 설문들을 통해 어떤 치료법이 트라우마 관련 반응을 제일 효과적으로 억제하고 감소시키는지 검증할 수는 없지만, 이 결과로 환자들의 치료에 대한 신뢰도를 높이는 방법에 대해서는 알 수 있으며, 이는 더 나아가 환자가 심리치료를 포기하지 않고 다시금 병원 혹은 치료 시설로 돌아갈 수 있도록 만드는 데 기여할 수 있다.

비록 누적된 자료들이 표현예술치료 혹은 창의예술치료의 효과성에 관한 결과를 강하게 뒷받침해 줄 수는 없더라도, 우리는 이와 같은 치료법이 적어도 트라우마 개선에는 어느 정도 유의미한 결과를 내었다는 것을 알고 있다. 작은 규모의 연구들과 그로 인한 발견은 이 책의 뒷부분을 통해 자세히 설명할 것이며, 예술 기반 치료법이 어떻게 트라우마 개선에 영향을 미치는지 설명할 것이다. 현재까지 밝혀진 사실들과 데이터를 더해 트라우마와 관련하여 회복적이고 통합적인 과정을 지원할 수 있는 가설과 메커니즘을 수립할 수 있을 것이다.

◇◇◇◇◇

표현예술의 8가지 주요 강점

많은 연구가 왜 표현예술치료와 창의예술치료가 트라우마 개선에 효과적인지를 설명하고 있으며, 임상 문헌들 또한 새롭게 등장한 해당 분야에 관련 내용들을 입증하고 있다. 국제외상스트레스학회(The International Society for Traumatic Stress Studies: ISTSS; Foa, Keane, Friedman, & Cohen, 2009)는 트라우마 치료에 관한 기초적인 가이드라인을 수립하였는데, 이는 예술 기반의 전략들, 즉 미술치료, 음악치료, 무용/동작치료, 다양한 형태의 치료 목적의 글쓰기, 연극치료에 대한 내용을 다수 포함하고 있다. 이 ISTSS의 가이드라인은 창의예술치료가 트라우마를 다루는 데 있어 어떻게 상상력 노출, 인지 재구성, 자기 조절의 형태를 포함하는지 강조하고 있으며(Johnson, Lahad, & Gray, 2009), 언어를 매개로 하는 치료법에 사용되는 스트레스 관리 및 인지 행동 방법과 유사한 기술을 포함한다. 일부 전문가들은 이러한 ISTSS 가이드라인 내에서 트라우마를 다루기 위해 하나의 특정 예술 치료기법에 초점을 맞추고 있으며, 또 다른 이들은 목표 달성을 위해 하나 이상의 접근법(예: 미술치료, 연극적 재연, 창의적 글쓰기 등)을 복합적으로 사용하기도 한다. 비록 표현예술치료가 한 가지 이상의 예술 기반 접근법을 사용하는 것이 일반적이지만, 특정 환자에게는 복합적인 방법보다 한 가지 형태의 예술 기법이 더욱 효과적일 수 있다.

이러한 가이드라인이 발표된 이후 단순한 인지적 재구성, 노출치료, 스트레스 관리보다는 뇌-신체 접근법으로 통합하려는 움직임이 있었다. 기존 증거 기반의 접근법과 새로 도입된 뇌-신체 접근법을 기반으로 하여 표현예술이 트라우마 개선에 효과적이라는 8개의 주요 이유가 존재한다. (1) 감각으로 본인의 이야기를 풀어낼 수 있게 한다, (2) 내담자의 신체와 마음을 안정시킨다, (3) 몸을 활용할 수 있게 한다, (4) 비언어적 소통을 강화한다, (5) 자기효능감을 회복한다, (6) 트라우마 당시의 이야기를 재구성한다, (7) 새로운 의미를 떠올린다, (8) 생명력를 회복한다. 8가지 이유에 대한 각각의 설명은 다음 장에 자세히 하고자 한다.

감각을 통해 이야기 끌어내기

신경생물학 연구는 전문가들에게 효과적인 트라우마 치료법을 개발하기 위해서는

"감각에 충실할(come to our senses)" 필요가 있다는 것을 가르쳐 주었다. 트라우마 반응은 단지 괴로운 생각과 감정의 연속이 아니며 마음과 신체의 다양한 감각 수준에서 경험된다. 또한 이것은 트라우마 전문가들의 다채로운 이론과 접근법으로 이해할 수 있다. 1990년대 초기 정신과의학자 Lenore Terr는 개인의 트라우마 기억은 외현적(explicit)이거나 서술적(declarative)이기보다는 감각적이고 암묵적(implicit)이며 지각적인 것이라고 설명하였다. 덧붙여 몇 년 후 van der Kolk(1994)는 트라우마 경험이 항상 외현적 기억으로 인지되지 않고 비언어적 혹은 감각적인 단편으로 저장될 수 있다고 설명하였다. 최근 많은 트라우마 전문가는 "몸은 기억한다(body keeps the score)."(van der Kolk, 1994, 2014)라는 개념을 받아들였다. 이러한 접근법들은 트라우마 기억에 대한 암묵적 상태(implicit nature)의 이해도를 넓혔으며, 더불어 고통스러운 경험으로 인한 신체조절장애(body's dysregulation)에 대한 감각 중심(Ogden, Minton, & Pain, 2006), 신체 중심(Levine, 1997), 뇌 중심(Badenoch, 2008) 방안들이 고안되었다.

트라우마 치료에 표현예술이 사용되는 주된 이유는 예술 자체가 가진 고유의 감각적인 특징 때문이다. 관련 특성으로는 시각, 촉각, 후각, 청각, 평형감각(vestibular), 고유수용감각을 포함한다. 이와 같은 특성들은 주로 우뇌와 암묵적 기억이 관련이 높은 것으로 알려져 있는데(Johnson et al., 2009), 이는 우반구 기능과 관련된 이미지, 소리, 촉각과 움직임 경험을 포함한 다양한 감각 기반 경험이 포함되어 있기 때문이다. 현재 트라우마와 관련해서 밝혀진 사실들은 트라우마가 감각적 현실(sensory reality)의 한 형태로 부호화된다는 생각을 지지하며(Rothschild, 2000), 암묵적 기억에 대한 표현과 기억처리가 트라우마 해결에 중요한 역할을 한다는 생각을 강조한다. 예술 표현 기법에서 보이는 특성은 말로 표현하기 어려운 충격적인 경험을 "이야기로 전하는" 잠재력을 깨워, 기억을 활성화하고, 감각을 통해 암묵적인 소통의 수단이 되도록 한다(Malchiodi, 2012b, 2012c; Steel & Malchiodi, 2011). 몇몇 트라우마 전문가들은 표현예술에서 발견되는 감각적 표현이 트라우마와 관련된 내용을 점진적으로 노출하게 하여, 이 과정을 내담자가 보다 견디기 쉽게 만들어 내담자의 회피를 극복하도록 돕고, 치료 과정에서 상대적으로 더 효과적인 개입을 할 수 있게 한다고 강조하였다(Spiegel et al., 2006).

두뇌와 신체 안정시키기

대인관계 폭력에 노출된 아이들을 치료하며 처음으로 깨달은 점은 아이들이 예술과 놀이 활동을 통해 더 많이 신체적 반응을 보인다는 것이다. 어린 환자들은 종종 치료기간 동안 과도하게 경계하거나 치료에서 이탈하는 모습을 보일 때도 있지만, 이들은 또한 적극적으로 자신을 진정시키는 방법도 배우게 된다. 이를 우리는 흔히 '자기 조절'이라고 부른다. 어떤 아이들은 단순히 물이 가득 찬 유리병에 물감이 퍼지는 모습을 보는 것만으로도 안도감을 느꼈으며, 다른 아이들은 직접 그림을 그리거나 반복된 패턴으로 낙서를 하며 안정을 찾았다. 이를 통해 우리는 표현예술 및 놀이가 아이들을 불안이나 두려움으로부터 잠시나마 분리시켜 주는 역할을 한다는 것을 알게 되었다. 또한 대부분의 경우 아이들은 리듬감 있는 운동기능(rhythmic kinesthetic)과 감각 기반의 경험을 통해 안식처와 피난처를 마련하는 모습을 확인하였다.

적합한 표현예술의 적용은 내담자의 자기 조절에 긍정적인 영향을 미치며, 이러한 이유로 아동과 성인이 트라우마로 인한 과잉 활동과 스트레스 반응을 줄이는 데 사용된다. 대개 표현예술은 기존 다른 치료법과 병행되어 사용될 수 있는데, 예를 들어 미술치료와 마음챙김 기반 치료법이 함께 적용되어 심신 안정과 이완을 유도하기도 한다(Monti et al., 2006; Rappaport, 2015). 비슷하게, 포커싱 치료(focusing-oriented) 표현예술은 정신적 충격을 겪은 내담자가 다시금 행복감을 경험할 수 있도록 돕기 위해 호흡, 마음챙김, 움직임, 포커싱 기술 및 감각 기반의 경험을 제공한다(Rappaport, 2009). 그리고 음악치료는 심박수 및 교감 신경계 반응과 같은 측정 가능한 생리 반응을 포함하여 과각성 감소에 매우 효과적인 성공을 거두었다(Getti & Whitehead-Pleaux, 2015). 이와 관련된 연구에서는 음악, 소리, 리듬이 감각을 자극하여 우울증과 불안감을 중재하고 회복탄력성을 높이는 데 중요한 역할을 한다고 강조하였다(Fancourt et al., 2016; Wheeler, 2016).

다시 말해, 대부분 표현예술치료 회기에서는 특히 트라우마를 경험한 환자들과 함께 작업할 때 리듬감 있는 호흡, 마음챙김 연습(mindfulness-related practices) 및 기타 진정과 이완을 돕는 기법들이 전체 치료 과정에 통합된다(Johnson et al., 2009).

치료를 받는 환자들은 대개 표현예술이 가진 구조적, 기초적, 고유의 특성이 그들을 "말로 표현하는 것보다 편안하게" 한다고 서술하였다. 기존에 구두로 서술하는 방식은 내담자가 기억하기 싫은 사건들을 다시 끄집어내는 반면, 표현예술적 개입은 트라우마 사건들로부터 감정적 거리감을 조성하고 이로써 내담자의 심신 안정과 건강을 최우선으로 하기 때문이다. 예를 들어, 연극적 재연이나 창의적 놀이 같은 경우 환자들의 아픔 혹은 문제점을 직접적으로 표현하기보다 간접적이고 은유적인 방식으로 이를 풀어낸다. 단순한 그림의 경우에도 내담자가 처한 상황과 감정을 철저히 분리시켜 더욱 감정적 접근이 가능하다. 다시 정리하자면, 창의적 접근은 내담자의 자기 조절을 강화하고, 즐겁고 새로운 창의적 경험을 통해 가슴속 깊이 자리 잡은 아픔에 직접적으로 끄집어내는 것이 아니라 우회적인 방식으로 접근한다.

신체 참여시키기

일부 치료사들은 신체 기반 기술을 치료의 유용한 보조 수단이라 여겼으나 이제 많은 사람은 신체를 트라우마 회복 과정의 중심에 두고 있다. 1970년대 Pat Ogden(Ogden et al., 2006)은 내담자의 신체와 감정의 분리에 대해 연구하기 시작하여 소매틱 반응(정신적 장애로부터 신체적 장애로 이어지는)으로 인한 신체 마비와 운동 제한과 같은 점을 연구하며 감각 운동심리치료(Sensorimotor Psychotherapy)를 개발하였다. 이와 유사하게 Levine(1997) 또한 트라우마에 대한 신체의 반응이 궁극적으로 트라우마 치료와 개입에 매우 중요한 열쇠라는 사실을 밝혀냈다.

표현예술치료는 신체의 적극적인 개입을 통해 트라우마를 개선하는 몇 안 되는 접근법 중 하나이다. 무용과 연극적 재연은 당연히 신체의 움직임을 극대화하는 방식이며, 그림을 그릴 때도 신체를 사용한다. 또 악기를 연주하고, 창의적 글쓰기에 참여하고, 심지어 박물관에서 예술 작품을 보거나, 음악을 듣거나, 강력한 메시지를 주는 시를 읽을 때도 신체 기능이 사용된다. Kossak(2015)는 이와 같은 현상을 '체화된 지능(embodied intelligence)'이라고 명명하며, 이는 표현예술치료의 기반이 되었다. 여기서 '체화된(embodied)'의 의미는 '신체 중심의 체계'를 뜻하며 개인이 주변 환경을 경험할 때 작용한다. 트라우마를 경험한 사람들, 특히 지속적인 트라우마 사건을 겪은 사람들은 말 그대로 자신의 몸과 단절되어 있거나 자신의 몸이 주변 환경과 어떻게 소통하고 감지하는지를 잘 인식하지 못한다. 즉, Kossak의 체화된 지능 개념이 바로 이런 점을 다룬다. Gardner(1993)는 비슷한 사례로 신체 운동 지능(body kinesthetic intelligence)을 연구하였고, 무용/동작치료사인 Whitehouse(1995)는 신체가 기억 저장 능력을 지니고 있으며 개인과 세상을 연결하는 매개체라고 설명하였다.

앞 절에서 다뤘던 내용 또한 표현예술이 가지는 본질적인 특성들과 체화된 지능과의 관련이 깊다. 특히 개인의 신체가 감정과 트라우마에 어떻게 반응하는지에 관련된 내용이다. 이러한 신체 기반의 경험들은 다양한 순간에 '앵커링(anchoring, 배에서 닻을 내리는 것처럼 현실에 접촉하는 것)' 역할을 하는데, 성취 혹은 경험에서 절정의 순간들, 혹은 지속적인 경험의 순간에 살아 있음을 자각하고 인지하는 데 영향을 끼친다. 표현예술의 조율 경험을 연구한 Kossak(2008)은 표현예술의 조율 경험을 조사하는 과정에서 많은 참가자가 인지적, 정서적 인식뿐만 아니라 신체적 감각에서도 지각 가능한 변화를 느꼈다는 사실을 발견했다. 간단히 말해 표현예술치료는 개인을 '마음속'에서 '몸'으로 자연스럽게 이동시킨다. 해결되지 않은 트라우마로 인해 움직이지 못하는 경우, 압도적인 기억이나 반응 또는 감각으로 인해 몸이 얼어붙었을 때 몸과 다시 연결될 수 있는 안전한 통로는 바로 예술 기반 방법이라 할 수 있다.

비언어적 소통 강화하기

심리치료는 역사적으로 말을 통해 정신적 스트레스를 완화하는 역할을 해 왔다. 이러한 전통은 Freud와 그의 동료들의 연구에서 시작된다. 그들은 트라우마를 치료하는 가장 효과적인 방법으로 환자가 스스로 본인의 아픔과 힘듦을 말로 설명하고 되새기는 과정에서 스트레스를 이완할 수 있다고 설명하였다. 하지만 실제 트라우마를 겪은 환자들에게서 발견되는 공통점은 말로 설명하는 데 한계가 있다는 것이다. 그들은 "만일 내가 말로서 해당 사건을 설명해야 한다면, 어떻게 표현해야 할지 모르겠다." 혹은 "말로는 내가 말하고자 하는 것을 전부 설명하지 못한다."라고 말했다. 특히 증상이 심한 경우 트라우마 사건에 대해 기억하고 설명할 때 몸이 굳고 말을 제대로 하지 못하는 경우도 있었다. 이전 절에서 다뤘던 Sandra의 경우가 해당 상황에 제일 적합한 예시가 될 수 있다. Van der Kolk(2014)는 외상 후 스트레스가 뇌의 언어적 기능을 저하시킨다는 것을 밝혀냈고, 트라우마 사건으로 인한 버거웠던 과거를 회상하는 것이 언어장애를 유발할 수 있다고 설명했다.

만일 내담자의 과거를 이야기할 때 그 사건이 수치심과 죄책감을 유발한다면 당사자는 사건을 회상하며 더욱더 모멸감을 느낀다. 예를 들어, 전투에서 동료를 구하지 못한 군인이나 자신의 행동이 폭력을 불러일으켰다고 생각하는 아이들의 경우, 혹은 자연재해로부터 살아남은 사람들은 감정을 제대로 통제하지 못하는 경우가 자주 발생한다.

과거 일을 다시 재연하는 것은 자아 개선에 긍정적 영향을 미치기보다는 두려움을 불러일으키거나 심지어 본인에게 책임이 없더라도 그 이야기를 듣는 타인의 반응에서 수치심을 느낄 수 있다. 트라우마를 직접적인 언어로 서술하는 것은 말하는 이뿐 아니라 듣는 사람에게도 불편한 경험이 될 수 있다.

이 장의 앞부분에서 강조한 바와 같이 표현예술치료의 특장점 중 하나는 언어로 표현하지 못하는 부분에 대안책을 제시하고 새로운 표현의 창구를 마련한다는 것이다. 이러한 점에 있어 해당 접근법은 언어적 기능을 제외한 상태에서 내면의 경험을 외적으로 표면화하는 작업이라 할 수 있다. 창의적 표현은 비언어적 기능을 수반하는데, "침묵 깨기"(Malchiodi, 1990, 1997), "말하지 않고 전하기"(Malchiodi, 2008) 등과 같은 행동을 통해 외적으로 본인의 말을 전달하기 어려워하는 이들에게 효과적이다. Herman(1992)은 『트라우마(Trauma and Recovery)』에서 내담자는 부정적 감정에 동요되지 않기 위해서 자신의 이야기를 밖으로 표출해야 한다고 했고, 이를 표출하는 과정에서 자신이 속한 집단 중 더 크고 영향력 있는 집단에 이야기해야 한다고 말했다. 나는 가정폭력에 시달린 성인 환자들과 대면하면서 미술이 앞서 Herman이 설명한 '말하지 않고 전하기'에 매우 특화되어 있다는 것을 알게 되었다. 유사하게 미국 전역에는 참전 용사들이 미술 기반의 커뮤니티에 포함되어 있으며, 그곳에서 자신이 과거에 행했던 잔혹한 행동들을 감추기보다 "숨기기 거부하며"(Herman, 1992, p. 1) 표현하는 것을 목격했다. 비록 이러한 접근법이 여타 기존의 치료 접근법과 상이한 점이 많이 있지만, 앞서 말한 예시들은 인간의 기본 욕구인 "무슨 일이 일어났는지" 말하고 싶어 하고, 소통하고 싶어 하는 점에 대해 '말'이 유일한 창구는 아니라는 점을 강조하고 있다.

아이들을 치료할 때면 종종 발달 상태와 트라우마로 인한 충격으로 언어적 소통이 불가능할 때가 있다. 가정폭력에 노출된 아이들과 수년간 일을 하면서 깨우치게 된 점은 어떠한 방식으로든 본인의 감정과 경험을 언어 외적인 방식으로 표출할 수 있게 해 줘야 한다는 것이다. 이때 그들이 발달적 혹은 다른 이유로 말하는 것이 어려울 수 있기에 안정감 조성은 필수적으로 수반되어야 한다. 예를 들어, 앞서 설명한 Christa와 Sally의 경우 그들이 자신의 경험을 말할 때, 다시 가해자의 표적이 될 수 있음을 인지한다면 말하기를 어려워할 것이다. 그러므로 안전한 환경을 조성하는 것은 자신의 경험에 대해 세세한 내용을 말할 때 매우 중요하게 작용한다. 이런 상황에서 대인관계 폭력에 대한 상징적 예술표현이나 놀이와 같은 비언어 표현은 경험을 전달하는 유일한 수단이었다.

표현예술이 기억과 내면 감정들의 비언어적 외현화를 돕는 방법은 여러 가지가 있다. 예를 들어, 트라우마 기억은 특정 이미지나 사물을 만드는 창의적 과정에서 발현되기도 한다. 또한 창의적 활동이 언어 활동을 촉진한다는 선행연구도 있다. 예를 들면, 그림 그리기는 아이들의 긴장을 완화하고, 치료사와 더 편안한 분위기를 만들며, 기억력을 향상시키고, 서술적 표현에 더 능하게 하며, 언어적 표현보다 더욱 세밀하게 디테일한 표현까지 할 수 있게 해 준다(Gross & Haynes, 1998; Lev-Weisel & Liraz, 2007). 요약하자면, 트라우마 경험으로 인해 언어적 소통이 제한될 때는 인지행동치료와 같은 언어적 중심의 치료 외에 다른 형태의 외현화를 돕는 도구가 필요할 수 있다(Malchiodi, 2015b).

자기효능감 회복하기

트라우마 치료에서 가장 중요한 목표는 과거에 일어난 일과 당시의 감정을 현재의 시점에서 통합하도록 돕는 것이다(Ogden et al., 2006). 트라우마가 개인의 효능감, 즐거움, 삶의 자신감까지 빼앗는 데는 그럴 만한 이유가 있다. 과거 '무슨 일이 일어났는지'에 대해 말할 수 없는 경우, 자기효능감을 상실하고, 무력감이 커질 수 있다. 이는 특히 대인관계 폭력이나 만성적인 트라우마가 있을 때 더욱 두드러진다. 트라우마가 개인에게서 앗아 갈 수 있는 것은 단순히 현재의 감정 상태뿐 아니라 미래의 모습이기도 하다. 트라우마는 본인의 현재 모습에 더해 우리가 미래에 성취할 즐거움까지 빼앗아 가기 때문에 자아에 대한 권한을 강화하고, 자기 통제력을 회복하는 것이 필요하다. 이는 회복탄력성을 높여 새로운 도전에 성공적으로 대처할 수 있다는 믿음을 강화하고 내면의 통제력을 높이는 데 중요한 역할을 한다(Malchiodi, 2015a).

나는 창의적이고 효과적인 개입이 내담자가 활력을 되찾고 자기효능감을 회복하는 데 도움이 된다고 생각한다. 다른 말로 하면, 효과적인 개입은 내담자의 삶에서의 행복감과 성취감(sense of mastery)을 회복할 수 있도록 돕는 것이다. 표현예술은 행동 지향적이며, 실험적 접근으로서 비언어적 소통뿐 아니라 행동 참여에 영향을 끼친다. 예를 들어, 미술 작품을 만드는 과정은 간단한 의미에서 배열하기, 만지기, 붙이기, 만들기, 그림 그리기 등 다양한 활동들을 포함한다. 음악의 경우 단순히 듣는 것뿐 아니라 소리 만들기, 노래하기, 악기 연주하기도 포함된다. 무용, 연기와 거의 모든 형태의 놀이는 움직임, 신체적 관여, 소품, 환경 등 내담자들과의 적극적 관계를 형성한다. 연극적 재연과 관련하여 Haen(2015)에 따르면 개인의 감정 표현에 서투르던 아이들은 "주어진 역할에 몰입해 연기할 때 비로소 말을 하기 시작하였으며, 과거의 트라우마로 말하기를 주저했던 아이들은……. 본인의 감정을 역할극으로 표현하였다."(p. 249)라고 설명한다. 같은 의미에서 놀이치료는 아이들에게 장난감, 소품, 게임 혹은 기타 여러 창의적 용품과 매체를 통해 경험을 제공한다. 특히 이러한 특성은 외상 후 놀이에서 중요한 측면으로 강조되며(Gil, 2017), 놀이치료 환경에서 장난감을 이용해 참여하는 것은 매우 중요한 이점 중 하나라고 언급된다. 이는 공동체를 포함한 더 큰 사회적 맥락뿐 아니라 개인의 자기효능감을 설명하는 데 사용되는 주체성 강화의 경험(experiences of empowerment)을 잘 보여 준다(Herman, 1992).

트라우마 이야기 재구성하기

결론적으로, 트라우마에 대한 설명을 수정하고 '재구성'하는 것은 대부분 트라우마 치료의 가장 중요한 요소 중 하나이다. Johnson과 동료들(2009)은 인지 재구성은 트라우마 처치의 핵심 요소이며, 인지 재처리 및 재구성이 "치료 기술의 필수 요소"라고 강조하였다(p. 480). 대부분 표현예술과 놀이치료의 목적은 사건, 인식, 기억 측면에서 전반적인 재구성 작업을 통해 트라우마의 이야기를 새롭게 바꾸도록 돕는 것이다. 예를 들어, 아이들을 상대로 하는 예술과 놀이치료는 이미지, 장난감, 인형 및 기타 소품을 사용하여 내담자에게 맞는 이야기를 만들고 탐구할 수 있도록 돕는다. 치료사의 지도 아래 아이들은 서서히 트라우마 관련 내용을 재구성하고 수정한다. 비슷하게 연극치료 또한 다양한 역할들을 경험하고 연기하며, 새로운 시각에서 문제를 바라볼 수 있는 능력을 함양한다. 이로써 문제에 대한 보다 거시적인 시각을 갖게 하고, 문제 해결을 더욱 용이하게 만든다.

더불어 표현예술은 본질적으로 행동 지향적 접근방식이며, 자발성, 유연성 및 문제 해결 능력을 강조하는 접근이다. 따라서 모든 표현예술의 치료 과정은 상상력을 자극하는 방식으로 진행된다. 많은 전문가가 '창의적'이라는 단어로 표현예술치료를 정의하지만, 실상은 이론과 실제에 영향을 주는 것은 상상력의 활용이다. 정의상, 창의력은 자아 표현이 완전히 형성되어 참신하고 미적인 가치를 달성할 때 발생한다. 그에 반해 상상력은 모든 예술 기반의 회기에 주된 요소로 분류된다. 모든 참가자가 매번 그림을 그리거나 음악을 만들고 특정 움직임을 가져갈 때마다 창의적인 형태로 행동하는 것은 아니지만, 그들은 최대한 상상력을 발휘해 연극적 재연 혹은 놀이에 참여하도록 권장된다. 이러한 방식으로 내담자는 언어적으로 트라우마를 서술할 수 있을 뿐 아니라, 새로운 행동과 교정 경험을 통해서 적극적으로 치료에 임할 수 있다.

새로운 의미의 발견하기

사람들은 대체로 무의미하고 무작위로 보이는 트라우마 사건을 포함하여 자신의 경험에 의미를 부여하고 싶어 한다. 갤러리에서 사진을 보거나 하늘에 있는 구름을 바라볼 때도 우리는 즉각적으로 주제나 숨겨진 의미를 연관시키거나 해석하고 싶어 하는 경향이 있다. 이러한 행동들은 내담자의 세상을 바라보는 시각과 생각이 어떻게 작용하는지를 보여 준다. 하지만 트라우마 기억을 통합하는 과정에서 의미를 찾는 것은 또 다른 중요한 의미를 가진다. 이는 고통스럽고 무의미한 많은 사건과 경험을 하나로 묶는 과정이다. 이러한 경험은 종종 트라우마에 대한 기억이 흐려지며, 몸과 마음이 더 이상 고통스러운 사건에 의해 휘둘리지 않을 때 이루어진다.

표현예술치료는 더 이상 현재의 치료적 접근법들이 효과를 발휘하지 않을 때 더욱 돋보이며, 새로운 가능성을 제시한다. 이는 트라우마 사건의 전말을 재구성할 수 있을 뿐 아니라, 구체적이고 감각적인 표현들로 사건을 변형시킬 수 있는 기회를 제공한다(Malchiodi, 2016). 새로운 의미가 성공적으로 만들어질 때 이와 같은 현상은 트라우마 이후의 정체성에 대해 창조적인 표현 방식으로 드러나는 경우가 많다. 이는 또한 트라우마로 인해 삶이 변화했지만, 결코 무너지지 않았다는 새로운 영감을 주기도 한다. 특정 내담자에게 있어 그림 그리기, 음악 창작 또는 무용이나 드라마와 같은 예술 형태는 기존 치료실 내에서 행하여지던 치료의 경계를 넘어 타인에게 공유되는 경험이며, 삶의 재조명을 통해 트라우마 통합의 마지막 단계인 공동체로의 복귀를 의미한다(Herman, 1992).

생명력 회복하기

표현예술과 관련하여 McNiff(2004)은 "예술과 치유 경험 안에서 일어나는 에너지의 선순환이 우리가 하는 일에서 가장 효과적이고 실용적인 특징이다."라고 서술하였다(p. 212). 우리가 행하는 모든 치료와 처치의 목적은 트라우마를 경험한 내담자가 스스로 '살아 있음'을 다시금 느끼게 하는 것이다. 살아 있음을 느낀다는 것은 단순히 존재하고 살아남는 것이 아니라 활력, 즐거움, 유대감을 지닌 삶을 사는 것이다. 하지만 대개 트라우마를 겪은 사람들은 앞서 말한 특징의 전혀 반대되는 경험을 한다. 발달적 트라우마(developmental trauma)를 통해 경직(freeze response)과 해리(dissociation)를 경험한 환자들은 다른 사람들과 그들의 환경에서 단절되어 본질적인 기쁨과 생명력을 느끼지 못한다. 또 다른 경우는 과잉 경계, 공황 또는 분노가 지배적으로 작용하여 즐거움을 경험할 수 있는 능력이 차단되기도 한다. 만일 이와 같은 사람이 극도의 긴장감을 느껴 몸이 마비되는 현상을 경험한다면, 역시 살아 있음을 느끼지 못하는 경우가 다반사이다.

Joseph Campbell(2011)은 "사람들은 삶의 의미를 찾기보다는 살아 있음을 느끼기 위한 경험을 더 중시한다."고 하였다(p. 150). 여기서 Campbell이 말하는 것은 에너지와 생명력에 관한 내용이며, 문화권에 따라 기(chi, 氣) 혹은 생명 에너지 '프라나(prana)'라고 부르기도 한다. 만일 이 생명 에너지가 파괴되거나 부족하면, 몸에 이상이 생기며 병이 날 수 있고, 특별한 처치를 통해 다시 에너지를 보충해야 한다고 한다. 나는 트라우마 환자들을 치료할 때 이외에도, 직접적인 나 자신의 신체 기반 경험으로부터 살아 있음을 느끼는 것이 중요하다고 생각하였다. 많은 사람이 그렇듯, 어떤 음악은 몇 번을 들어도 항상 온몸을 소름끼치게 하는데 나에게 이러한 경험은 대개 라이브 공연을 볼 때 나타난다. 이와 비슷한 감정을 대개 그림 그리기, 다 같이 노래하기, 파트너와 춤추기, 여러 사람과 놀기, 공연에 참여하기 등을 할 때 경험한다.

대다수 트라우마 전문가와 마찬가지로, 나 역시 특정한 노래를 듣거나, 창의적 활동을 할 때, 혹은 강렬한 무용이나 드라마를 시청할 때, 뇌의 편도체가 자극되어 심장 박동수가 증가하고, 숨이 가빠지며, 몸에 전율이 느껴진다는 것을 알고 있다(Levitan, 2006; Sacks, 2007). 신경과학자들은 주로 생동감과 관련된 각성의 검증에 대해 논의하고 있지만, 예술에 종사하는 사람들은 초월, 연결성, 삶의 긍정 및 에너지의 흐름에 대해 훨씬 더 많은 관심을 가진다. 이러한 것들은 내면의 감정과 생기, 활력, 열정에 대해 설명하며 이는 삶의 긍정적 측면들을 부각시킨다.

표현예술은 트라우마를 경험한 환자들의 삶에 생동감을 다시 불러일으킨다는 측면에서 매우 독특한 역할을 한다. 왜냐하면 생동감과 살아 있음을 모두 '말로 설명하기'에 어려운 부분이 있기 때문이다. 대신 이러한 경험은 신체 감각수준(somatosensory level)의 영역에서 신체와 마음에서 동시에 반응하는 것이다. 하지만 우리는 아직 표현예술에서 생동감을 어떻게 불러일으키는지, 개인–집단–사회 간 연관성이 어떻게 작용하는지, 그리고 그것들을 적절히 묘사하고 평가하는 방법에 대해 정확히 알지 못한다. 여러 예술 기법을 통해 생동감을 느낄 수 있지만, 구성원들 간의 집단 에너지는 표현예술을 통해 가장 뚜렷하게 경험된다. 이러한 집단 에너지는 노래, 무용, 공연, 예술 만들기, 심지어 함께 웃고 떠드는 과정에서 발견되는 에너지 순환의 한 형태이다. 이것은 다른 사람과의 연결이 선수의 성과에 영향을 미치는 팀 스포츠에서 보이는 대인관계 모멘텀과 매우 유사하다. 예술에서의 개인은 주로 집단 에너지에 영향을 받으며, 혼자서는 가능하지 않을 수 있는 창의성, 상상력, 놀이가 가능하다. 이는 독자적 개인이 이루기에는 쉽지 않다. 이것은 하나의 표현적인 움직임, 몸짓, 이미지 또는 소리가 자연스럽게 다른 사람에게 전이되는 등 타인과 함께 펼칠 때 작용하는 시너지 효과이다.

◇◇◇◇◇

트라우마 생존자를 위한 창의력과 상상력의 활용

창의력과 상상력은 표현예술치료에 중요한 요소이며, 예술 기반의 접근법으로 트라우마를 치료하는 데에도 매우 중추적인 역할을 한다. 표현예술치료사인 Stephen Levine(1992)은 "치유는 개인의 상상력을 회복하는 것으로 이해되어야 한다."(p. 41)고 했다. 표현예술치료는 특별한 집단에만 가능한 게 아니라 모든 인간의 창의력과 상상력을 활용해 치유와 회복을 가능케 한다. 표현예술의 핵심 목표 중 하나는 내담자의 창의력과 상상력을 회복시켜 정신 건강과 신체적 행복을 증진시키는 것이다.

Winnicott(1971)은 성공적인 치료를 하기 위해서는 환자가 스스로 상상력을 자극하는 놀이에 참여할 수 있게 해야 한다고 강조하였다. 비슷하게 표현예술치료사인 Natalie Rogers(1993)는 내담자가 "창의적 연결"을 통해 감정적 고통을 치유하고, 인간의 잠재력을 발휘할 수 있다고 말했다. Marks-Tarlow(2018)와 같은 현대 심리치료사들은 창의력과 상상력을 활용한 치료에 환자를 참여시키기 위해서는 먼저 생각과 감정의 긍정적 변화를 유도하고, 이를 통해 궁극적으로 어려운 삶을 극복할 수 있는 발판을 마련해야 한다고 제안한다.

트라우마 치료의 선두주자들 또한 상상력과 창의력이 트라우마 개선에 미치는 영향에 대해 강조하고 있다. Van der Kolk(2014)는 트라우마 치료에 있어 상상력의 역할을 다음과 같이 기술하였다.

> 상상력은 개인의 삶의 질에 지대한 영향을 끼친다. 우리의 상상력은 매일 반복되는 삶에서 벗어나게 해 주는 원동력이 되며, 여행, 음식, 성행위, 사랑에 빠지는 것 등 삶을 흥미롭게 만드는 모든 과정에서 중요한 역할을 한다.
>
> 상상력은 또한 새로운 기회를 포착할 때 유용하다. 평소 지니고 있던 희망과 꿈이 현실로 바뀌는 과정에서 필수적이다. 상상력은 창의력을 불러일으키며, 지루함을 해소하고, 고통을 완화하며, 행복감을 증대시키고, 대인관계를 개선하는 데 매우 효과적이다. (p. 17)

이러한 내용을 종합하면, 창의력과 상상력은 트라우마 치료에서 매우 중요한 요소임을 알 수 있다. 따라서 치료사들은 표현예술을 통해 트라우마 치료를 할 때 이러한 요소들을 어떻게 녹여 낼지 매번 고민한다. 왜냐하면 아직 상상력과 창의력 사이의 연관성에 여전히 모호한 부분이 존재하며, 특히 트라우마 치료의 맥락에서는 밝혀지지 않은 부분이 많기 때문이다.

지속적인 트라우마를 경험하고 있는 환자들의 경우, 치료 초기 단계에서 창의력과 상상력을 끄집어내는 것이 항상 쉬운 일은 아니다. 또한 상상력과 창의력을 발휘하는 일은 개인의 역량에 따라 다르며, 가시적인 결과 뒤에 있는 무언가를 생각해 내는 것은 개인차가 많이 발생한다. 특히 트라우마 병력이나 초기 애착 문제를 가진 사람일수록 정신적, 감정적 반응이 강하게 나타나 상상력과 창의력의 결합이 더욱 어려울 수 있다.

아이들과 성인 모두에게 이러한 반응은 혼란스럽고, 흥분되어 있는 상태에서부터 감정적으로 무감각해지거나 위축되고 경직된 반응에 이르기까지 다양하며, 이는 안정감과 상상력 및 예술적 표현에 필요한 집중력을 방해한다. 고통받는 일부 아이들은 트라우마에 대처하기 위해 다른 놀이와 같은 형태를 활용할 수 있지만, 앞서 설명한 Mike같이 지속적이고 반복적인 트라우마를 경험한 아이들은 고통스러운 감각이 고착되어 쉽게 변하지 않는 고집스러운 서사를 형성하기도 한다. Mike는 자기효능감과 자신의 반응에 대한 조절이 가능할 때까지 꽤 오랜 시간이 소요되었고, 모래를 가지고 놀 때 혹은 다른 표현예술 활동에 있어 가정폭력과 신체적 학대의 반복적인 외상에 대한 이야기를 분리하기 어려워하였다.

트라우마를 경험한 이들은 지속적인 두려움을 느끼며, 이는 상상력과 창의적 표현을 제한하는 요소가 될 수 있다. 내가 과거 미술을 전공하던 학생 시절, 교수님은 종종 두려움이 예술로 승화될 수 있다는 점을 강조하셨다. 두려움에 맞서 창작하는 것은 종종 다수의 예술 관련 학과에서 가르치는 공통주제인데, 이는 예술 작품을 만드는 용기가 있는 예술가와 그러지 못한 예술가를 구분하는 기준이 되기도 한다(Bayles & Orland, 2001). 하지만 극심한 공포감 혹은 트라우마를 통해 발현된 지배적인 두려움은 창의적 결과물을 만들어 낼 수 없게 하며, 일부 개인에게는 더 큰 좌절감을, 심지어 스트레스를 안길 수 있다.

어릴 적부터 반복적으로 노출된 트라우마는 상상력을 펼칠 때 몇 가지 특수 요인으로 작용한다. 한 선행연구(Thomson & Jaque, 2017)에서는 4회 이상의 어린 시절 트라우마 경험(학대, 방치, 가정 문제 등)이 있는 성인은 부정적인 사건을 덜 경험한 성인보다 더 많은 창의적 활동과 환상을 가질 가능성이 높다고 했다. 대개 누적된 트라우마는 불안과 내면의 수치심을 유발하여 부정적 심리 상태를 초래하지만, 창작 과정에서는 의외의 결과를 보였다. 이에 따른 많은 추가 연구가 진행되어야 하지만, 해당 결과는 어린 시절 다수의 트라우마를 극복한 사람들은 예술 기반의 경험을 통해 창의적인 회복력을 지닌다는 것을 알 수 있었다.

외상 후 성장과 관련하여(제10장 참조) 창의적 능력은 실제 트라우마를 겪은 후 발달될 수 있으며, 부정적인 삶을 변화시키고 역경에 대처하는 과정에서 창의력을 기를 수 있음을 시사한다. 뿐만 아니라 부정적 경험이 창의력 성장과 연관성이 있다는 증거는 추가로 존재한다. Forgeard(2013)는 해당 연구 문제를 측정하기 위해 외상 후 성장과 관련된 변인들을 측정하였다. 두 가지 측정법이 사용되었는데, (1) 외상 후 성장과 가치평가가 저하됨(depreciation)에 대한 측정, (2) 역경 이후 창의성에 대한 자기 평가 측정으로 나뉜다. Foregeard의 연구는 역경으로 인한 고통은 실제로 스스로 인지하는 창의성을 높이고 발전시키는 데 도움이 될 수 있다는 점을 보여 주었지만, 이 과정에는 몇 가지 중요한 조건들이 따른다고 결론지었다. 트라우마 경험에서 내담자가 문제 해결보다는 증상에 더 초점을 두는 현상인 '침습적 반추(intrusive rumination)'는 외상 후 스트레스를 악화시키는 것으로 나타났다. 대조적으로 문제 해결 가능성에 대한 성찰인 '의도적 반추(deliberate rumination)'는 개인이 외상 후 성장과 후속 창의성을 발현하는 강력한 요소로 작용하였다. 더불어 두 개의 흥미로운 사실이 또 밝혀졌다. 트라우마 경험 이후 더 고립감을 느낀 사람들은 더 창의적이라고 보고됐고, 또한 신체적 폭행을 경험한 사람들은 성폭력 혹은 다른 트라우마를 경험한 사람들보다 창의력이 가장 크게 증가한 것으로 나타났다.

반대로, 지난 수십 년간의 예술 기반 접근법을 다룬 학술지와 서적들은 개인의 창의성과 상상력을 활용한 경험이 트라우마와 관련된 지속적인 신체적 반응이나 반복적인 생각으로부터 주의를 분산시키는 데 있어 효과적이고 도움이 된다고 보고해 왔다. 앞으로 상상력과 창의성 그리고 트라우마에 대한 보다 심도 깊은 연관성이 점점 더 밝혀짐에 따라 표현예술과 접목하여 상상력과 창의성이 결여된 내담자들을 돕기 위한 예술적 전략을 어떻게 마련할지 고민해야 할 것이다.

◇◇◇◇◇

결론

지난 수십 년간의 나의 발자취를 돌아보면, 나는 아동, 성인, 가족, 집단을 상대할 때 나의 심리치료 접근 방식에 대해 '창의적(creative)'이라는 단어보다 '표현적(expressive)'이라는 단어를 더 자주 사용하여 설명해 왔다. 창의적이란 특히 성인들에게 다소 부담스러운 단어이다. 성인에게 표현예술을 접목시켰을 때 첫 반응은 대개 "저는 창의적인 사람이 아니에요." 혹은 "저는 그림을 그리지 못해요(음악, 노래, 댄스 포함)." 등의 반응을 보이지만(May, 1994), 아동들은 다수의 트라우마 경험을 하였음에도 표현예술에 참여하는 데 더 적극성을 보인다. 그래서 나는 사람들에게 창의력 혹은 상상력을 요하는 작업을 요청할 때면, 그들에게 우리 모두의 능력은 차이가 있지만, 자신을 표현하는 데 정답은 없다는 점을 항상 강조하여 설명하곤 한다. 표현예술치료에서 가장 중요한 요소는 사람들이 스스로를 표현하는 방식을 함께 탐구하고, 자기 조절과 경험을 설명하는 데 도움을 주는 것이다. 또한 이런 과정들 속에서 치유의 효과를 경험하고 궁극적으로 회복을 돕는 데 목적이 있다. 더욱 자세한 내용은 뒷장에서 이야기하겠다.

제2장

표현예술치료와 트라우마 기반 치료를 위한 체계

아동과 성인의 트라우마를 다루는 일은 획일화된 접근 방식으로 해결할 수 있는 문제가 아니다. 그들이 경험한 급성 또는 만성적인 사건뿐만 아니라, 그들의 인식 및 트라우마와 관련된 반응의 맥락을 형성하는 대인관계, 문화, 사회, 생태학적 요인들을 통해 한 개인을 바라보고 개입하는 것이 효과적이다. 이러한 틀 작업은 트라우마를 다루는 여러 영역에 중요한 지침을 제공하는 데 도움이 되며, 표현예술을 실제적으로 적용하는 전문가를 포함한 치료사들에게 내담자의 트라우마 경험에 미치는 다양한 요인을 고려한 최선의 실천 방안을 제시하여 보다 효과적으로 작업하도록 돕는다.

미국의 심리학자인 James Hillman(2013)은 "새로운 아이디어나 문제를 보는 새로운 시각이 생기기 전까지 아무것도 바꿀 수 없다."라고 하였다(p. 11). 트라우마 기반 치료(Trauma-informed practice)의 개념은 트라우마가 신경생물학과 발달에 미치는 영향에 대한 이해가 높아짐에 따라 '몇 가지 참신한 아이디어'를 공식적으로 도입했다. 이는 의료인들이 치료 시 내담자를 바라보는 시각과 시설 및 기관이 치료를 제공하는 방식을 현저히 변화시켰다. 트라우마 기반 치료는, 내담자의 고통스러운 반응을 종종 악화시키고, 트라우마 경험의 다양성과 치료관점의 다양성을 다루지 않은 구식 모델에 의존하는 기존의 트라우마 방식에 대응하여 등장하였고, 문화적 민감성, 개인의 자율성과 선택권 존중, 병리화되지 않은 언어 사용, 치료 과정에서의 권한 공유, 통합적 돌봄에 대한 필요성 인식이 증가한 것도 트라우마 기반 원칙의 확장에 기여했다. 간단히 말해서, 트라우마 기반 접근법은 아동, 청소년, 성인, 가족, 지역사회가 존중받고 권한을 부여받도록 하며,

트라우마와 그에 대한 신체 반응 사이의 상호 연관성에 대해 충분히 이해하고 치료 과정에 적극적인 협력자로 참여하도록 권장한다(Steele & Malchiodi, 2011).

이번 장은 현재 받아들여지고 있는 원칙들을 세우는 데 도움이 된 선행 모델을 포함하여 트라우마 기반 치료를 위한 체계의 기본을 제시한다. 트라우마 기반 치료는 아직도 진화 중인 개념이므로 트라우마 사건의 결과로 내담자의 인식과 반응에 영향을 미치는 문화적, 사회적 정의 문제의 중요성을 강조하기 위해 '치유를 중심으로 한 관계맺기'라는 새로운 개념이 포함되었다. 마지막으로, 포현예술치료와 트라우마에 기반한 원리와 예술에 기반한 치료를 위한 문화 기반 모델의 통합을 통해 다음 장에서 개념을 소개한다.

◇◇◇◇◇

트라우마 기반 치료의 선행 모델

트라우마 기반 치료는 현재 공인된 개념에 기여한 많은 중요한 모델을 수십 년에 걸쳐 받아들이며 만들어졌다. 지난 수십 년 동안 이러한 선구자적 개념들은 이용할 수 있는 몇 안 되는 체계 중 일부였으며, 특히 대인관계 폭력과 만성 트라우마로 어려움을 겪는 생존자들을 대상으로 하는 미술, 놀이치료를 제공했던 방식의 중심이었다. 트라우마에 대한 지식이 급격하게 확장되고, 다양한 접근법이 등장했음에도 불구하고 초기 모델에서 발견되는 기본 개념은 개인의 고통을 해결하기 위한 현대의 다양한 방법론 및 목표와 여전히 일관성을 가진다.

이제는 널리 알려진 책이 된 『트라우마(Trauma and Recovery)』에서 Judith Herman (1992)은 대인관계 폭력 및 관련 형태의 트라우마를 겪은 내담자를 위한 회복 과정의 단계 기반 트라우마 통합 모델을 소개하였다. 현대에는 뇌와 몸이 트라우마에 어떻게 반응하는지에 대해 이 모델에 일부 의문을 제기하기도 하지만, 치료사들은 여전히 이 모델을 사용하여 치료에 개입하고 있으며, 그 개념들은 현대의 치료에 여전히 적용되고 있다. Herman의 트라우마 회복 모델은 다음과 같이 요약된다.

- Stage 1: 안전과 안정화 그리고 조절 장애 극복

  이 초기 단계는 내담자가 일반적인 증상과 저항하기 힘든 신체 감각, 거슬리는 감정, 왜곡된 인지 패턴 등을 포함하여 트라우마의 영향을 이해하도록 돕는 심리교육이 포함된다. 안전과 안정화는 비폭력적인 환경, 안전한 생활 여건과 적절한 사회적

지원을 모두 제공하는 환경을 구축하여 달성된다. 여기에서의 안전한 생활 여건과 적절한 사회적 지원은 자해 금지를 포함한 신체적 안전의 지원과 자기 조절(신체를 진정시키고, 스스로를 달래며 트라우마 반응을 관리하는 능력)을 촉진하는 것이다.

- Stage 2: 추모와 애도

  Herman은 자기 조절을 통한 안전 및 안정화의 기반이 탄탄히 구축되면, 고통스러운 기억을 떠올리고 말하는 것이 가능해진다고 하였다. 초점은 트라우마의 두려움을 극복하고 통합의 과정을 시작하는 것이다. 일반적으로 과거에는 이 과정에서 구두 상담을 했지만, 현재 트라우마는 신체에 기반을 둔 경험으로 여겨지기 때문에 안구 운동 둔감화 및 재처리(eye movement desensitization and reprocessing: EMDR)와 정신–신체 기술과 같은 접근법이 적용된다. 이 단계에서 매우 고통스러운 감정이 나타나 내담자를 압도할 가능성에 대한 치료사의 민감도와 함께 속도 조절이 특히 중요하다.

- Stage 3: 재연결과 통합

  Herman 모델의 마지막 단계는 내담자의 자아 재창조이며, 일어난 일에 새로운 의미를 부여하고 미래에 대한 비전을 세우는 데 초점을 둔다. 이 단계에서 트라우마는 더 이상 내담자의 삶을 정의하지 않고 더 큰 삶의 일부가 된다. 즉, 트라우마가 자신을 규정하지 않는다는 사실을 인지하고 과거의 일에 대한 결론을 내리고, 어느 정도 매듭을 지을 수 있게 된다. 자신이 속한 공동체에 다시 참여하고 자신의 꿈과 포부를 다시 부활시키거나 비슷한 역경을 경험하는 타인을 돕는 시기이기도 하다. Herman(1992)은 이렇게 요약한다. "트라우마 사건은 개인과 공동체 사이 지속해 왔던 연결을 파괴한다……. 집단의 연대는 공포와 절망으로부터 가장 강력한 보호책이었고, 충격적인 경험에 가장 강력한 해독제를 제공한다." (p. 214)

대부분 트라우마 개입 관련 모델들과 마찬가지로 Herman의 체계는 항상 선형적이지는 않다. 사실 내담자가 단계별로 왔다 갔다 하며 각각의 단계 속에서 선형적 완성을 경험하지 않을 가능성이 더 높다. 개인마다 각각의 단계에서 보내는 시간 또한 다양하다. Bessel A. van der Kolk(2005)가 제안한 두 번째 모델은 Herman의 단계 모델과 유사하나 특히 발달 트라우마를 다룰 때의 필수 영역을 강조한다. 이 모델은 젊은 내담자를 중심으로 하지만, 복잡한 트라우마 이력이 있는 성인에게도 쉽게 적용할 수 있다. Herman의 단계 모델과 마찬가지로, 이 세 가지 부분의 체계도 반드시 선형적일 필요가 없고, 치료 중인 아동에 의해 나타나는 다양한 문제는 여러 시점에서 주의를 필요로 할 수 있기 때문에 더 순환적이라 할 수 있다. 각각의 영역은 다음과 같이 치료를 위한 목표와 고유한 역동에서 명확한 초점을 갖고 있다.

- 안전 의식 및 역량 확립

  발달 트라우마를 가진 젊은 내담자에게서 자주 보이는 습관적인 투쟁 반응, 도피 반응, 경직 반응이 개입의 초기 관점이다. 아동이 조절에 장애를 겪지 않고 즐거운 경험에 집중할 수 있는 능력을 키워야만 타인과 성공적인 관계를 맺고 트라우마의 더 복잡한 측면을 다룰 수 있다. 이것은 그들에게 트라우마 관련 유발 요인을 상기시키지 않고 숙달감을 제공하는 활동으로 주의를 돌리는 것을 포함한다.

- 트라우마 재현 시 대처

  아동은 공포 반응, 공격성, 성적 행동, 통제 불가능한 감정 반응, 회피 등 다양한 방식으로 트라우마를 재현할 수 있다. 또한 그들은 치료사, 선생님 또는 다른 조력자들을 자신에게 해를 입히고 상처를 줄 가능성이 있는 가해자로 인식할 수도 있다. 중요한 것은 아동이 스스로 트라우마에 대한 반응을 인지하도록 돕는 것이다. 트라우마에 대한 반응이 학대와 방임의 기억을 계속해서 상기시키기 때문이다.

- 신체에 대한 주시: 통합과 숙달

  이 마지막 영역은 숙달, 책임감, 차분함 그리고 자신을 위해 설정한 목표에 집중하는 것을 강조한다. 발달 트라우마가 있는 아동은 과각성–무감각을 경험하기 때문에 긴장을 풀지 못하거나 굳은 상태가 되거나 크게 괴로워하는 경우가 많다. 이에 아동은 호기심을 경험하고 즐거운 활동과 신체적인 게임을 통해 스트레스를 줄이고 자신감을 키우면서 주변 환경을 안전하게 탐구할 기회를 가질 필요가 있다.

◇◇◇◇◇

트라우마 기반 치료의 기초

트라우마 기반 치료는 치료를 원하는 대부분 사람이 그들의 삶의 어떤 시점에서 중요한 트라우마 사건을 경험했다는 생각을 기반에 두고 진행된다(물질남용및정신건강서비스관리국, Substance Abuse and Mental Health Services Administration: SAMHSA, 2019). 국가트라우마정보센터(National Center for Trauma-Informed Care: NCTIC, 2019)의 발전은 2011년에 보건의료서비스 전반에서 심리적 외상의 영향력과 그에 대한 인식이 증가하고 있음을 보여 주었다. 트라우마 기반 치료를 제공하는 실무진과 기관은 사람들이 그들의 과거 경험을 현재의 건강 문제와 연결하여 생각할 수 있도록 도와주며 그들의 반응과 행동이 과거 경험에 대응하기 위한 시도 그 자체였음을 알 수 있도록 재구성하게 돕는다. 간단히 말하면, 트라우마 기반 모델은 의료인들이 트라우마 경험이 평생 동안 사람들에게 어떤 영향을 미칠 수 있는지, 이러한 경험이 다양한 감정, 신체적, 인지적 문제에 어떤 원인으로 작용할 수 있는지 그리고 트라우마 반응을 현재 겪고 있는 경우 최근 모범 사례를 통해 그러한 반응을 줄이는 방법을 고려하도록 장려한다.

트라우마 기반 치료는 일반적으로 조직 또는 기관이 심리적 트라우마를 경험했거나 위험이 있는 개인, 가족 또는 그룹을 인식하고 대응하는 프로그램 접근 방식이다. 트라우마 기반 치료는 조직 문화 자체가 트라우마의 영향과 정신적, 신체적 육체적 건강에서의 트라우마의 역할에 대한 현재 지식을 이해하고 통합하는 방식과 트라우마 사건을 복구하고 회복하는 다양한 방법을 정의한다. Sanctuary Model®(Bloom, 2016)은 치료와 회복에 있어 개인의 효능, 협업 및 문화적 조언을 강조하는 조직적이고 시스템 전반에 걸친 트라우마 기반 프로그램의 한 예이다. 최근에는 점차 많은 기관이 트라우마로 광범위한 영향을 받고 있다는 점을 인정하고, 이에 대한 유사한 트라우마 관련 비전을 채택하여 특정 절차, 정책, 관행 및 내담자 치료로 대응하고 있다.

◇◇◇◇◇

트라우마 기반 치료의 5가지 주요 원칙

현재 트라우마 기반 치료에 관한 정의와 정보에 의하면(NCTIC, 2019; SAMHSA, 2019), 다음 5가지 원칙은 아동, 성인, 가족 및 그룹을 위한 개입과 프로그램을 설계할 때 필수적이다. 이 책의 나머지 부분 전체에 걸쳐 제시된 개입과 접근 방식을 이해하고 구현하기 위한 기초는 다음과 같다.

1. **트라우마는 모든 연령대의 사람들이 겪을 수 있는 장애와 어려움의 일부이다.** 트라우마 기반 관점은 트라우마와 트라우마의 잠재적 결과(예: 약물 남용, 섭식장애, 우울증, 불안증) 사이에 상관관계가 있음을 인식한다. 일생 동안 겪는 트라우마 사건들이 정서적, 신체적 육체적 건강과 전반적인 삶의 질에 어떻게 영향을 미치는지 이해하는 것은 중요하다. 트라우마에는 특정 범주(단일 사건 또는 급성 트라우마, PTSD, 세대 간 트라우마, 역사적 트라우마)가 있지만, 부정적 아동기 경험(Adverse Childhood Experiences: ACE) 연구(Centers for Disease Control and Prevention: CDC, 2019)에서의 연구결과, 노년기의 좋지 않은 건강 상태, 건강을 위협하는 행동의 선택, 사회적, 정서적, 인지적 장애의 출현, 조기 사망 등과 아동학대 사이의 다양한 연관성을 보여 준다. 발달 트라우마 및 복합 트라우마와 같은 개념은 인생을 살며 겪는 사건에서 다차원적 결과와 내담자의 반응을 이해하는 데 중요하다. 이러한 데이터 및 개념적 체계는 트라우마 기반 관점의 효과적 개입을 발전시키는 데 있어 각 내담자의 트라우마 이력을 이해하는 것이 중요함을 강조한다.
2. **트라우마는 단순히 심리적인 경험이 아니라 정신과 신체 사이의 통합적인 경험이다.** 트라우마 전문가들은 트라우마 반응을 식별하고 대처하는 데 신체, 생리, 신경생물학 및 신경발달의 역할을 강조한다. 특히 이러한 영역은 실무자에게 트라우마를 겪은 내담자를 돕기 위한 트라우마 기반 치료의 핵심을 제공한다. 마음은 뇌로 인해 정의될 뿐만 아니라, 대인관계에서의 개인을 포함하는 시스템으로 정의된다. 대인관계 신경생물학(Siegel, 2012)은 사람, 환경 및 기타 시스템과의 관계가 내담자가 트라우마를 일으킨 사건에 어떻게 반응하는지에 영향을 미치며 심신 경험의 또 다른 핵심 부분임을 보여 준다. 정신-신체 반응은 트라우마가 어떻게 경험되는지를 정의하기 때문에 '안전 우선'과 '해를 끼치지 말라'는 원칙이 치료의 지침이 된다. 도움이 필요한 내담자에게 개입할 때 트라우마를 재경험하지 않도록 고안되어 있다. 또한 이 원칙은 스트레스에 대한 내담자의 반응, 치료 과정에서의 내담자의 선호, 치료 참여와 자기 공개에 대한 허용범위를 고려한다.
3. **증상과 트라우마 반응은 병리가 아닌 생존에 필요한 적응적 대처로 의미가 재구성된다.** 강제수용소 생존자 Viktor Frankl(1997)은 "비정상에 대한 비정상적인 반응은 정

상적인 행동이다."(p. 20)라고 하였다. 방어나 억압과 같은 병리적인 단어들로 행동을 정의하는 대신 트라우마 사건에 대한 반응은 비정상적인 상황에 대한 정상적인 반응으로 재구성된다. 트라우마 기반 작업 시, "당신에게 무슨 문제가 있나요?"라고 묻는 것보다 "당신에게 무슨 일이 있었나요?"라고 묻는 것이 바람직하다. 보다 객관적이고 덜 병리학적인 질문으로 재구성하면, 치료사와 내담자 사이의 역동, 트라우마에 대한 세계관, 부정적 사건들, 과거 진단 이력 사이의 역동이 모두 자연스럽게 변화한다. 치료 중인 대상에게 말하는 방식과 그들을 대하는 어투의 변화는 치료사가 치료 대상을 보는 방식의 변화에 대한 의식이 커지고 있음을 반영한다. 이제 참전 용사들은 전쟁에는 정상적인 것이 없기에 외상 후 스트레스가 반드시 '질병'이 아니라 독특하고 견디기 힘든 사건에 대한 정상적이고 자연스러운 반응이라는 생각을 받아들인다. 내담자를 돕는 전문가들은 어떤 경우든 생존을 위한 적응적 대처 기술로서의 반응과 행동을 재구성하는 심리교육을 제공해야한다.

4. **개인, 가족, 집단 그룹 또는 지역사회는 치료에 협력할 수 있으며, 개입은 문화적 선호와 세계관을 반영한다.** 트라우마 기반 치료는 대상을 개인 환자가 아니라 참여자로 재구성한다. 트라우마 생존자와 협력적인 방식으로 일하는 것은 그들이 치료의 일부가 될 수 있도록 하고 서비스 및 프로그램 계획에서의 의미 있는 참여를 촉진한다. 보상과 회복은 선택의 경험과 의미 있는 권력 및 의사결정이 공유되는 관계 내에서 강화된다. 건강과 웰빙의 세계관과 치료방식의 문화적 선호도에 대한 민감성 역시 중요하다. 여기에 내담자의 동의를 얻어 다른 시스템과의 협력 관계 구축을 포함한다(예: 아메리카 원주민을 치료할 때 그들의 부족 의료 시스템 및 치유 전통을 포함하거나 개인의 영성적 지원을 위해 성직자를 포함하는 것). 또한 트라우마 기반 치료는 전통적인 문화적 연결과 관행, 성별, 나이 및 사회경제적 영향의 중요성, 역사적, 세대 간 트라우마를 중시한다.
5. **개인, 가족, 집단 그룹 또는 공동체는 생존할 뿐만 아니라 번영할 수 있는 잠재력을 가지고 있는 것으로 간주한다.** 트라우마 치료에서는 내담자의 회복력과 외상 후 성장 능력을 향상시키는 것이 트라우마 자체를 해결하는 것만큼이나 중요하다. 생존자는 '번영한 자'로 간주되며 자신의 회복에 대한 희망을 주는 개인으로 존경받는다. 동료들의 지원 및 긍정적인 자조는 탄력성 구축 및 자기 계발에 필수적인 것으로 간주된다. 어느 경우든 내담자의 강점은 피해 인식에 초점을 맞추는 것이 아니라 개인이 가진 것을 자원으로 파악, 검증한다. 이는 탄력적인 치료 시스템을 만드는

것으로 해석되며(Bloom, 2016), Van Der Kolk(2005)는 "모든 아동이 성공사례가 되는 것은 아니지만, 반대되는 사실이 입증되기 전까지는 모든 것을 되돌릴 수 있다고 가정해야 한다."고 지적했다.

마지막으로, 트라우마 기반 치료는 전문가들이 아동, 성인, 가족 및 집단이 치료실로 가져오는 다양한 트라우마 경험의 정의와 유형에 대해 잘 알고 있어야 한다. 여기에는 급성 트라우마, 만성 또는 복합 트라우마, 외상 후 스트레스를 구성하는 것이 무엇인지 이해하는 것을 포함한다. 특히 대부분 트라우마 기반 치료실무자들은 내담자들이 평생 고통에 노출되어 있다는 맥락에서 내담자의 경험을 주시해야 한다. ACE 연구, 발달 트라우마(van der Kolk, 2005), 세대 간 트라우마는 트라우마 이력과 관련된 현재 세 가지 개념이며 다음 내용으로 간략하게 요약되어 있다.

부정적인 아동기 경험 연구(ACE 연구)

ACE 연구(Felitti et al., 1998)와 후속 연구(CDC, 2019)는 트라우마 기반 치료의 중요한 부분이다. ACE 연구는 17,000명 이상의 삶의 이력을 조사하여 부정적인 어린 시절의 경험과 성인기 건강 사이의 연관성을 알아냈다. 연구에 따르면, 부정적인 어린 시절의 경험은 생각보다 훨씬 더 흔했고, 종종 약물 사용, 우울증, 심혈관 및 대사 질환, 암 등과 공존하며, 조기 사망과 정신 건강 문제와 직접적으로 관련이 있는 것으로 밝혀졌다. 이 연구들은 질병과 사망의 주요 원인으로서 유년기뿐만 아니라 수명 전반에 걸쳐 삶의 질 저하의 주요 위험 요소를 구성하는 공통적인 특정 경험이 있다고 보여 준다. 부정적인 어린 시절 경험에는 언어적, 정서적, 육체적 또는 성적 학대, 가족 및 지역사회 요인의 악영향, 예를 들어 수감된 부모, 약물 남용 가족, 가정 또는 이웃에서의 대인관계 폭력 등이 포함된다. 간단히 말해서 ACE는 대부분 아이에게 잠재적인 트라우마로 나타날 수 있고, 그들은 아동기, 청소년기 그리고 성인기 동안 계속해서 부정적이고 해로운 결과를 초래할 수 있음을 설명해 준다.

이 연구의 결과는 ACE 피라미드([그림 2-1] 참조)로 요약된다. ACE 피라미드는 아동기의 부정적인 경험이 다양한 영역에 어떻게 영향을 미치며 추가적인 유해 행동과 반응, 잠재적인 조기 사망으로 이어지는지를 이해하기 위한 개념적 틀을 나타낸다. 특히 이 연구는 "질병, 장애 및 조기 사망에 대한 위험 인자가 무작위로 분포되지 않는다면, 그 위험 인

[그림 2-1] **ACE 연구의 개념 체계를 나타내는 ACE 피라미드**

ACE 연구는 ACE가 어떻게 질병 및 평생의 행복에 대한 위험 인자의 발달과 밀접한 관련이 있는지를 밝혀냈다[질병통제예방센터(CDC, 2019)].

자의 어떤 요소가 채택 혹은 발달에 영향을 미치는가?(CDC, 2019)"라는 질문에 대답하는 데 도움이 되는 요소를 식별하기 위해 설계되었다. 이러한 연구의 결과는 부정적인 어린 시절 사건들의 결과와 개인의 정서, 인지, 사회 그리고 신체 기능의 질에 대한 연관성을 이해하는 데 명확성을 가져다준다. 이 '전 생애적 관점'은 피라미드 안에서 어린 시절부터 삶의 끝으로 이어지는 수직 화살로 표현하였다. 트라우마 기반 치료와 같이 ACE 연구는 트라우마 사건으로 인해 발생할 수 있는 부정적인 경험과 위험 요인이 평생 동안 발달, 심리적, 사회적 건강 그리고 신체적인 행복에 어떻게 영향을 미칠 수 있는지 살펴보는 것을 포함한다.

발달 트라우마

발달 트라우마는 유아와 아동에 대한 초기 반복적인 트라우마를 설명하는 개념으로 방임, 신체적 학대, 폭행, 성적 학대, 폭력 또는 사망 목격, 유기, 강압 또는 배신 경험을 포함한다. 이러한 사건들은 일반적으로 개인의 가족이나 돌봄, 탁아 시스템 내에서 발생하며,

궁극적으로 건강한 애착과 정서, 인지, 신체 발달에 영향을 미친다. 아동과 함께 일하는 정신 건강 전문가들은 『아동 장애의 진단 및 통계 매뉴얼(American Psychology Association)』(2013) 제5판에 '발달 트라우마 장애(DTD)' 범주를 추가해야 한다고 주장했으나 실패했다. 비록 DTD가 공식적인 진단 범주는 아니지만, 다수의 트라우마 사건에서 살아남은 아이들과 함께 일하는 대부분 의사는 이러한 생존자들의 경험을 설명하기 위해 '발달 트라우마'라는 용어를 사용한다. 또한 현재의 행동과 기능을 이해하기 위한 체계이기도 하다. 발달 트라우마라는 개념은 치료 전문가에게 아동기 트라우마 이력에 대한 중요성을 다시 인식하도록 유도하여, 트라우마 기반 치료를 구체적으로 설계할 수 있는 기회를 제공하기 위한 것이다.

Cloitre와 동료들(2009)은 다음과 같이 설명한다.

> PTSD 증상 여부와 관계없이 지속적인 위험, 학대 및 부적절한 돌봄 체계에서 성장한 아동은 현재 진단 시스템을 통해 제대로 된 서비스를 받지 못한다. 이 시스템은 정확한 진단을 내리지 못하는 경우가 많고 관련 없는 진단을 내리기도 하며, 대인관계적 발달트라우마를 인식하지 않고, 행동통제에만 치중하고, 증상의 원인에 대한 안정성 결여, 그리고 증상 이면의 근원이 되는 발달적 저해요소를 개선하는 데 대한 관심이 부족하다. (p. 400)

다시 말해, 트라우마 사건의 생존자인 아동은 트라우마 반응과 증상을 반영할 수도 있고 반영하지 않을 수도 있는 다양한 합병증으로 진단될 수 있다. DTD의 결과로 아동은 정서적, 신체적(운동 및 생리적), 행동, 인지 또는 심리사회적 기능에서 지속적인 조절장애를 나타낸다. 자각 과정에는 자기반성, 수치심 또는 비난이 포함될 수 있다. 또한 타인과 사회가 본인을 보호할 것이라는 믿음의 상실이나 가족, 간병인 및 전문가에 대한 일반적인 불신 등이 생길 수 있다.

발달 트라우마의 개념은 Perry(2009)의 초점이며, 아동과 함께 작업하기 위한 발달적, 신경생물학적 접근법으로 NMT(신경순차적 치료 모델, Neurosequential Model of Therapeutics®)를 제안한다. 이 모델은 아동의 발달사와 기능을 정리, 평가하고 그 결과 트라우마 기반 개입의 목표와 목적을 공식화하는 방법이다. 간단히 말해서, NMT는 의사가 아이의 발달적 특징과 일반적으로 발달 트라우마 및 트라우마 경험으로 인해 중재가 필요할 가능성이 가장 높은 뇌 영역에 적합한 치료적 접근법을 결정하도록 돕는다. NMT는 생애 초기의 트라우마 경험에 의해 영향을 받는 핵심 발달 요인의 인식을 강조하고 있고, 현재의 외상 후 스트레스 진단 범주가 아동에게 미치는 영향을 적절히 반영하지 못한다고 믿기 때문에 인기가 있다.

세대 간 트라우마와 역사적 트라우마

한 임상감독자는 "고통은 누군가가 그것을 느낄 준비가 될 때까지 가족을 통해 전달된다."고 말한 적이 있다. 이 말은 현재 세대 간 트라우마라고 불리는 것의 본질을 포착한 것이다. 이 개념은 트라우마의 영향이 항상 사라지는 것이 아니라 한 세대에서 다음 세대로 이어질 수 있고, 개인과 가족에게 여러 가지 방법으로 영향을 미칠 수 있다는 개념에 바탕을 두고 있다. 이는 트라우마 반응의 기원뿐만 아니라 대인관계와 문화적 렌즈를 통해 개인의 고통을 이해하는 데 중요한 맥락을 제공할 수 있기 때문에 트라우마 기반 치료에서 중심적으로 다루어진다. 세대 간 트라우마의 개념은 처음에 Rakoff, Sigal 그리고 Epstein(1966)이 홀로코스트 생존자 후손의 문제를 기술하면서 생겨났다. 그들은 "부모는 눈에 띄게 무너지지 않았지만, 홀로코스트 이후에 태어난 그들의 자녀들은 모두 심각한 정신질환 증상을 보인다."고 지적했다. "부모보다는 자식들이 더 타락하고 고통스러운 지옥을 겪었다고 믿는 것이 거의 더 쉬울 것이다."(p. 755) 그 당시, 이러한 관찰은 생존 세대에게 낙인찍는 것으로 여겨졌지만, 결국 생존자들의 후손들에게서 증상과 행동장애가 보이는 이유를 이해하기 위해 연구를 시작하는 계기가 되었다.

트라우마 관련 기록을 자세히 살펴보면, 치료사는 트라우마 극복에 어려움을 겪는 사람들이 트라우마를 경험했을 뿐만 아니라 종종 그들의 부모 또는 그들의 부모의 부모가 치료되지 않은 트라우마를 경험했다는 것을 발견할 수 있었다. 세대 간 트라우마는 아이들이 성장하며 필요한 자원을 발달시킬 수 없도록 적절한 보살핌 없이 방치된 상황에서도 나타날 수 있다. 이 경우, 치료사들은 보호자 자신이 부모로부터 필요한 양육 기술을 받지 못했다는 것을 발견할 수 있었다. 이러한 기술에는 자녀에게 기본적인 신뢰와 사회적 지원을 제공하는 것이 포함될 수 있다. 세대 간 트라우마는 건강한 발달에 필요한 중요한 경험을 방해할 수 있으며, 개인이 평생 동안 다른 사람과 상호작용하는 방법 및 사건에 영향을 미칠 수 있다.

세대 간 트라우마에 대한 연구는 집단 트라우마에서 살아남은 사람들의 후손들에 대한 유병률과 심리적, 신체적 영향을 명확히 나열하고 있다. 예를 들어, Yehuda와 Bierer(2007)는 성인이 된 홀로코스트 생존자의 자손에서 PTSD의 확산이 부모의 PTSD

와 관련이 있음을 입증했다. Yehuda와 Lehrner(2018)는 "세대 간 트라우마 효과의 일부 측면은 여전히 논쟁의 여지가 있지만, 이 현상의 보편성에 대한 인식이 높아지면서 자손들에게 눈에 띄는 세대 간 영향이 실제로 확인될 수 있는지에 대한 논의는 감소하고 있다."고 언급했다(p. 244). Yehuda는 또한 홀로코스트 생존자의 자손들은 서로 다른 코르티솔(cortisol, 스트레스 호르몬) 프로파일을 가지고 있으며 그 결과 불안장애가 있을 가능성이 더 높다고 주장한다. 이 후손들은 또한 비만, 인슐린 저항성, 고혈압과 같은 나이와 관련된 신체적 질병에 걸릴 위험이 있다.

역사적 트라우마의 개념은 Yehuda의 연구와 다른 조사자들의 노력에서도 나타났다. 역사적 트라우마는 많은 문화, 특히 퍼스트 네이션(First Nations)[1], 아메리카 원주민, 아프리카계 미국인, 호주 원주민, 뉴질랜드 마오리족이 겪은 식민지화, 노예제, 억압, 추방과 같은 사건들과 연관되어 있다. 여러 나라와 문화에서 대량 학살과 전쟁에 노출된 사람들은 역사적 트라우마라고 불리는 것에 영향을 받았다고 할 수 있다. 사실 특정 집단을 향한 억압적인 행동은 역사적 트라우마를 일으킬 수 있으며, 정체성과 자아의식을 지지하는 문화적 전이를 유지하는 능력에 영향을 미칠 수 있다. 이러한 억압 방식은 토착어를 금지하거나 묘지, 기념물 또는 성지를 모독하는 것을 포함한다. 대표적인 예로는 미국 아메리카 원주민들이 겪었던 역사적 트라우마가 있다. 유럽인들은 유럽의 관습과 다른 미국 아메리카 원주민들의 정신적 관습을 조기 연맹법으로 금지했다. 유럽인들은 원주민을 야만적이고 비인간적인 개인으로 보는 견해를 가졌으며, 전통적인 헤어 스타일과 옷차림을 금지했고, 대량 학살과 토지 손실 등의 역사적 트라우마를 일으켰다고 볼 수 있다. 이러한 충격적인 사건들은 조상이 겪었던 고통, 죽음에 지속적인 압박감, 대학살에 대한 악몽, 자살 충동, 약물중독, 그리고 생존하였다는 사실에 대한 죄책감을 가져왔다. 이러한 고통은 자신이 갖는 삶의 활력을 과거 세대에 고통받았던 조상에 대한 배신으로 인식하기 때문이다(Braveheart, 2003).

Atkinson(2003)은 유럽 중심 문화에 의한 수십 년 동안의 침략, 식민지화, 지배와 간섭을 통해 호주 원주민에게 역사적 트라우마가 유사한 영향을 미쳤다고 설명한다. 수차례 받은 침범과 억압은 안전한 배출구가 없는 분노를 초래했으며, 이러한 분노는 강압적인 상황에서 신체적인 폭력과 중독의 형태로 나타났다고 했다(p. 36). 미국 아메리카 원주민들과 비슷하게 호주 원주민들도 무너진 가족 환경에 의해 아이들이 가족에게서 멀어

1) 캐나다 원주민을 나타내나 그냥 원주민이라는 뜻으로도 쓰인다.

지는 경험을 했고, 트라우마 스트레스, 만성 불안과 두려움, 신체적 질병, 약물 남용 문제를 갖게 됐으며, 높은 투옥률을 가진 세대를 만들어 냈다. Atkinson은 이러한 결과가 계속해서 장애를 양산시키기 때문에 회복을 위한 어떤 형태의 개입없이는 벗어나기 어려운 피해의 순환이 반복될 수밖에 없음을 강조한다.

이러한 역사적 트라우마는 임상 회기 안에서 결코 쉽고 빠르게 해결되지 않는다. 치료사들이 알아야 할 중요한 것은 많은 내담자들이 과거의 트라우마를 가지고 있을 수 있다는 것과 이러한 유형의 트라우마는 개인의 커뮤니티뿐만 아니라 트라우마 기반 치료를 제공하는 기관 및 기관을 포함하는 더 큰 체계적인 개입이 고려되어야 한다는 것을 의미한다. Atkinson(2003)에 의하면 이러한 개입은 여러 세대에 걸쳐 반향을 일으키고 해결되지 않은 역사적 트라우마에 대한 개인의 반응을 이해하여 치료 과정을 시작해야 하고, 궁극적인 보상을 지원하는 문화적 전통을 세우도록 돕는 것을 포함시켜야 한다고 하였다.

◇◇◇◇◇

트라우마 기반 관점의 사례

다음의 간단한 사례들은 치료를 찾거나 의뢰된 내담자가 현재 증상 및 행동을 평가하는 데 트라우마 기반 관점에서 어떻게 혜택을 받을 수 있는지를 강조한다. 이러한 예는 공개되지 않았거나 잊혀지거나 무시된 충격적인 사건들을 인지하는 것이 효과적인 개입을 개발하는 데 얼마나 중요한 역할을 할 수 있는지 고려하는 것이 도움이 될 수 있음을 보여 준다.

사례 예시. Marian

Marian(57세)은 만성 우울증으로 심리치료를 받았다. Marian은 지난 3년 동안 점점 더 슬프고, 위축되고, 불안감을 느꼈으며, 우울증 증상이 시작되기 전에는 슬픔이나 불안감을 거의 느끼지 않았다고 보고했다. 사실 3년 전까지 그녀는 매우 활기찼으며, 자신의 직업과 다양한 자원봉사 및 사회단체에 참여하였다. Marian이 심리치료를 받기로 결심한 이유는 Marian의 가족들이 그녀가 노화나 진단되지 않은 의학적 문제로 우울증을 앓고 있을 가능성이 있다고 생각했기 때문이다. 초기 평가 과정에서 종합적인 신체검사를 통해 의학적 질병을 배제하였다. Marian은 나이에 비해 매우 건강한 사람이었으며, 그녀보다 훨씬 어린 사람들보다 더 활력이 넘치는 편이었다.

초반 회기들에서 Marian과 나는 그녀가 우울증을 해결하기 위해 선호하는 사항, 특히 그녀의 업무를 방해하고 운전하는 동안 가끔 공황 발작을 일으키게 하는 불안에 대해 이야기했다. Marian은 특히 자신의 공황 발작 때문에 집 밖에 덜 나가고 친구와 가족에게 고립되고 있다는 느낌을 걱정하였다. 치료 초반의 한 회기에서 나는 몸과 마음이 스트레스에 어떻게 반응하는지, 우울과 불안이 어떤 다양한 전략으로 도움을 받을 수 있게 하는 구조신호가 될 수 있는지에 대해 설명했다. 또한 나는 그녀가 적응할 수 있도록 돕기 위해 그녀의 "몸이 똑똑했다."라고 설명했다. 그리고 Marian에게 우울증에 대한 그녀의 세계관과 그녀의 가족과 친구들이 그녀에게 미치는 영향에 대해 내가 이해할 수 있도록 도와 달라고 부탁했다. Marian은 진단으로 자신이 "결함 있다"고 느껴졌고 그녀의 슬픔과 불안이 "나이가 들어서 생기는" 중년기 여성의 문제라고 생각한 가족들에게 약간 화가 났다고 설명했다. 이러한 정보는 Marian의 경험과 인식 가능한 문화적, 성별, 연령 및 대인관계 측면을 이해하는 데 도움이 되었다.

Marian이 우울증 약물을 통한 치료를 선호하지 않았기 때문에 우리는 그녀가 선택한 표현예술치료를 통해 스트레스 감소와 자기 조절, 추가 지원과 자원 그리고 그녀의 삶에서 일어나는 사건과 관련 관계를 탐구하기 위한 계획을 공동 개발했다. 표현예술치료를 시작한 지 몇 주 후, 잡지 이미지로 콜라주를 만드는 동안, Marian은 자연스레 몇 년 전에 살아남았던 버스 사고를 떠올렸다. 잡지 이미지 중 몇 개는 그녀가 휴가 중 대형 트레일러 트럭이 버스를 치어 도로를 벗어나 벽에 부딪혔을 때를 떠올리게 했다. 그녀는 자신이 버스에서 살아남지 못한 다른 사람 옆에 어떻게 앉아 있었는지 그리고 운이 좋게도 아주 작은 부상만 입었던 것을 묘사했다. 이 시점에서 Marian이 놀란 것은 이 사건에 대해 오랫동안 생각하지 않을 수 있던 방법과 사건이 일어난 직후 의식적으로 그것을 잊으려 했던 방법이었다. 그녀의 가족은 그녀에게 "그냥 잊어버려. 너는 살아 있는 것이 행운이야."라고 말했었고, Marian 역시 그냥 넘어가는 것이 최선이라고 생각했지만 돌이켜 보면, "나는 살아남은 운이 좋은 사람 중 하나였지만 그 점(운 좋게 자신만 살아남는 것)에 대해 안타까움도 느꼈다."고 말했다.

Marian이 이 사건에 대해 언급하였을 때, 나는 트라우마의 재경험을 막기 위하여 더욱 조심스럽게 진행했다. Marian이 이전 회기에서 배운 스트레스 감소 및 자기 조절 기술은 우리가 사건에 대해 언급하는 동안에도 그녀의 불안감을 줄이는 데 도움이 되었으며, 회기 외의 상황에서도 이러한 기술의 가치를 강화했다. 또한 나는 Marian이 부상을 약간 입은 것 외에도 여러 면에서 진정한 생존자라고 생각한다고 전했다. 이 사건에 대해 더 많은 이야기를 하면서 Marian은 다친 다른 사람들을 도울 수 있었다는 그녀의 강점과 그녀가 사고 발생 후 일주일 만에 일을 재개할 수 있었다는 사실을 떠올렸다.

Marian이 스스로 가지고 있는 이러한 긍정적인 장점들을 확인한 후, 우리는 그날 몇 군데의 상처와 찰과상만 입고 사고에서 벗어난 것이 얼마나 운이 좋았는지에 대해 이야기를 나누며 시간을 보냈다. 우리는 '생존자의 죄책감'이라는 개념을 탐구했고 또한 사건에 대한 감각(시각, 청각, 촉각 및 기타 감각) 기억을 연관시켰다. Marian은 특정한 감각적 경험을 할 때 종종 불안과 공황 상태가 발생한다는 것을 깨달았다. 예를 들어, 운전 중 휘발유 냄새와 통제가 안 된다는 느낌은 그녀의 심장박동수를 증가시키고 가슴을 답답하게 하였다. 이러한 대화를 통해 Marian은 자신의 집을 떠나는 것에 대한 두려움, 집 가까이에 머물러야 한다는 강박적인 생각, 친구 관계와 소셜 네트워크로부터의 이탈 그리고 차를 운전하는 동안 공황 발작이 몇 년 전에 겪은 버스 사고와 관련이 있다는 것을 인식하기 시작했다. 최근 추가된 문제들이 그녀를 치료로 불러왔지만, 과거의 트라우마야말로 수년의 시간이 지나서 그녀를 이러한 회복 과정에 이르게 한 것이다.

사례 예시. Tanya

13세 소녀인 Tanya는 알코올 남용, 자해, 자살 위협 가능성을 포함한 고위험 행동 때문에 합숙 치료 프로그램에 참여했다. 그녀는 다섯 번이나 가출했고, 그녀의 어머니와 할머니는 그녀를 돕기 위해 할 수 있는 모든 것을 다 했다고 느꼈다. 그들은 그녀가 "강도와 싸움에 연루된 갱들과 어울리는 것"과 "약물과 술을 자주 복용하는 다른 거친 십대 무리와 어울리고 있다."며 우려했다. 어느 날 그녀의 동료들이 범행 현장을 빠져나간 사이, Tanya는 이웃집 울타리를 파손한 혐의로 경찰에 체포되어 경찰서에서 하룻밤을 보냈다. 이 시점에서 그녀의 어머니는 학교 심리치료사를 만나게 해 달라고 요청했고, 학교의 심리치료사는 그녀에게 추가 평가와 개입을 위해 합숙 치료에 의뢰했다.

Tanya는 시설에 온 첫 주에 매우 힘들어했다. 시설 치료사들과의 첫 회기에서 그녀는 자신에게 "아무 문제가 없다."고 거듭 주장했다. 그녀와 내가 처음 만났을 때, 그녀는 대화하는 대신 그림을 그려도 되는지 물었다([그림 2-2] 참조). 그 그림은 그녀의 자화상이었고, Tanya의 말에 의하면 그녀가 "강해서 아무도 그녀를 건드릴 수 없다."는 것을 나타낸다고 했다. 개인 및 집단 상담에서 Tanya는 대부분 초긴장 상태였고, 누가 방에 들

[그림 2-2] Tanya의 자화상
Cathy A. Malchiodi의 컬렉션 중(작가의 허가없이 재사용 및 무단복제 금지)

어오는지 감시하기 위해 출입구가 보이는 자리에 앉기를 요구했다. 그녀는 또한 문이 쾅 닫히거나 건물 밖 거리에서 나는 자동차 소음과 같은 일반적인 소리에 쉽게 놀랐다. 야간 직원들은 Tanya가 불면증 때문에 종종 복도를 서성거렸으며 여러 차례 옷장에 앉아 침대 베개를 껴안고 있는 것을 보았다고 전했다.

시설 직원과 심리치료사들, 그리고 나는 Tanya에게 특별히 걱정하거나 잠들지 못하는 이유가 있는지 물었지만, 그녀는 이런 시설에 있는 것 자체가 바로 그 행동의 원인이라고 주장할 뿐이었다. 이 시설의 모든 직원들은 트라우마 기반 치료에 대한 실무교육을 받았기 때문에 모든 전문가는 Tanya가 언급하지 않은 트라우마를 확신했다. 그녀의 어머니와 할머니는 Tanya 부모의 이혼과 약 2세 때 할아버지의 죽음 이외에는 아무것도 모른다고 하였다. 그들은 Tanya가 초등학교 시절 1년 동안 괴롭힘을 당했다고 했지만, 그 사건은 해결되었고 Tanya가 크게 개의치 않는 것 같다고 이야기하였다.

어느 날 Tanya가 시설에서 어린아이들을 위한 놀이치료 그룹에 참석할 수 있는지 물었을 때 Tanya의 트라우마 이력을 파악하고 이해하는 데 중요한 순간이 예기치 않게 찾아왔다. Tanya는 청소년임에도 불구하고 이러한 활동을 즐기는 것 같았고, 특히 나나 다른 직원이 회기의 마무리로 아이들에게 동화책을 읽어 주는 '이야기 시간'을 좋아했다. 회기가 끝난 후, Tanya는 방 청소를 도와주었고, 나는 그녀에게 질문할 기회가 생겼다. "너는 오늘 우리 그룹의 6세와 7세 아이들을 정말 잘 이해한 것 같아. 1학년이나 2학년 때 기억 나는 게 있니? 오늘은 아이들의 놀이 활동, 특히 이야기 시간에 아이들의 모습을 지켜보는 것이 즐거웠나 봐."

실제로 그녀는 그 시기에 대한 많은 기억을 갖고 있었다. 이러한 기억 중에는 그녀의 어머니가 늦게까지 일하는 날마다 할머니가 잠자기 전에 읽어 주는 여러 이야기에 대한 추억들도 포함되어 있었다. 그 후의 회기에서 다른 기억에 대해 물었을 때, Tanya는 마침내 다른 어른들에게 한 번도 말하지 않았던 기억을 말하였다. 그녀의 할머니가 이야기를 읽어 준 날 저녁에 Tanya의 외삼촌이 자신을 성적으로 학대했다는 것이다. Tanya는 학대 당시 약 7세로, 놀이치료 시간에 참석한 아이들과 나이가 비슷했다. 나는 이 이야기를 듣고 트라우마 치료에 중요한 질문을 할 수 있었다. 바로 그녀가 현재 안전하다고 느끼냐는 것이다. "그 사건을 생각할 때 안전하지 않다고 느낀 적이 있니?"라는 질문에 Tanya는 망설임 없이 "네. 외삼촌이 몇 달 전에 우리 동네로 이사 왔거든요."라고 대답하였다. 그녀는 외삼촌이 종종 밤에 그녀의 집에 찾아오기 시작했기 때문에 현재 자신이 시설에 있다는 사실에 대해 "조금 기쁘다."라고 덧붙였다. Tanya는 어머니와 할머니가 그녀의 말을 믿어 주지 않을 것이라고 생각했으며, 오히려 그런 말을 하는 그녀를 집에서 내쫓을 거란 걱정을 하였다.

Tanya의 가족 내에서도 세대 간 트라우마의 요소가 있었다. Tanya의 어머니와 할머니와 이어진 상담에서 각각 어린 시절에 신체적 또는 성적 폭행을 경험했다고 밝혔다. 두 사람 모두 이러한 사건에 대해 서로 논의한 적이 없으며, 시설 직원과의 트라우마 관련 회기에서 이 정보를 자발적으로 제공하지도 않았다. 어머니와 할머니 모두 그저 이 사건들을 뒤로 미루고 싶어 했지만, 이제는 여러 세대에 걸친 폭력과 학대에 대한 어려운 가족 이야기를 치유하는 과정을 시작할 때가 되었다는 데 동의했다.

Tanya의 경우, 치유해야 할 추가적인 트라우마 기반 개입이 있었고, 그중 일부는 다음 장에서 설명하는 표현예술 접근법을 사용했다. 이 두 사례 모두 초기 트라우마에 대한 정보가 현재의 행동과 고통스러운 증상을 이해하는 데 핵심적인 역할을 했다. 치료나 치료시설에서 본 모든 사람이 트라우마 사건을 경험하지는 않았지만, 트라우마 기반 초점은 전문가들이 치료 중인 내담자가 학대나 대인관계 폭력, 재난, 복합적 상실, 생존자의 죄책감 또는 이전에 공개되지 않은 다른 부작용에 노출되었을 수 있다는 것을 고려하도록 권고한다. 예를 들어, Marian이 겪은 충격적인 사건은 그녀의 우울증에 영향을 미친 유일한 상황이 아니었다. 또한 이러한 사건은 그 당시에는 인식되지도 않았지만, 원인 불명인 고통의 원천이었다. Tanya의 경우, 어린 시절 자신을 학대했던 친척이 다시 나타난 것이 아마도 그녀의 현재 알코올 남용과 정서적, 행동적 문제와 관련이 있을 것이다. 이와 같은 예는 다음과 같이 트라우마 기반 치료의 많은 원칙을 강조한다. 그 원칙은 알려지지 않은 부작용에 대한 인식, 트라우마 반응의 정상화, 내담자의 상황을 이해하고 치료 목표를 공동으로 세우기 위해 내담자와 협력하는 것, 자기 조절 기술 향상을 통해 강점을 강화하는 것 등이 있다.

◇◇◇◇◇

트라우마 기반 표현예술치료

우리는 각자 전문가로서 치료 대상에게 도움이 되는 방향성, 방법 혹은 모델을 연구한다. 나에게 트라우마 기반 치료는 회복 과정을 통해 내담자를 지원하고 표현예술치료를 트라우마 치료에 적용하는 데 필요한 논리적 부분을 제공하는 데 도움이 되었다. 그것은 치료에서 신체, 마음, 뇌의 역할을 명확히 하며, 일반적으로 매력적이고, 즐겁고, 힘을 실어 주는 표현 방법을 내담자에게 제공함으로써 과도한 의학적 개입에서 탈피할 수 있도록 한다. 가장 중요한 것은, 트라우마 기반 치료의 원칙이 생존을 넘어 성장으로 나아가고 궁극적으로 상상력, 창의력, 놀이를 통해 의미를 부여하는 내담자의 능력을 강조한다는 것이다.

트라우마 기반 표현예술치료는 일종의 예술 기반 접근법으로, 표현예술과 놀이가 트라우마 회복과 통합에 어떻게 도움이 되는지에 대해 알려진 사실과 통합하는 모델이다(Malchiodi, 2012a, 2012c). 트라우마 기반 치료의 개념과 표현예술치료의 특성을 바탕으로, 트라우마 기반 표현예술치료의 특징을 다음 7가지로 요약할 수 있다. 이는 책 전체에 걸쳐 더 자세히 설명되어 있다.

1. **트라우마 기반 치료에 표현예술치료를 접목한 사례로, 신경발달학과 신경생물학을 예로 들 수 있다.** 앞에서 언급한 것처럼, 트라우마는 단지 심리적인 경험일 뿐만 아니라 마음과 몸의 경험이다. 신경발달학과 신경생물학은 표현예술을 활용해 트라우마 반응을 다루고 있으며, 또한 환자가 트라우마에 대한 암묵적(감각적) 기억과 외현적(서술적) 기억을 다시 연결할 수 있도록 도와준다(Malchiodi, 2003, 2012c). 특히 신경발달학은 자기 조절과 자기효능감, 긍정적인 애착, 회복탄력성을 돕는 시기와 방법 등 다양한 치료 목표에 표현예술적 개입을 적용하는 방법을 결정하는 틀을 제공한다.
2. **표현예술치료는 자기 조절과 협력적 조절을 돕는 데 중점을 둔다.** 과활성화, 과각성 및 전반적인 불안은 외상 후 스트레스뿐만 아니라 다른 트라우마 관련 장애의 일반적인 징후이다. 표현예술 개입은 내담자의 내적 변화를 지원하는 것뿐만 아니라, 집단 내에서의 경우 자기 조절과 협력적 조절(co-regulation)에 창의적이고 행동 지향적인 접근법이 되기도 한다.
3. **표현예술치료는 신체의 고통을 이해하고 개선하는 데 사용된다.** 트라우마 반응을 경험하는 사람들은 일반적으로 사고방식뿐만 아니라 다양한 신체 경험에서도 변화를 경험한다. 표현예술은 '체화된(embodied)' 경험이기 때문에 트라우마에 대한 신체의 반응을 확인하고 회복하는 데 도움이 된다. 특히 트라우마 기반 치료의 핵심은 첫째, 표현예술을 사용하여 내담자의 신체를 자원으로 활용하도록 돕는 것이고(Levine, 1997, 2015), 둘째, 병리적인 관점이 아니라 적응적인 대처로 트라우마에 대한 몸의 반응을 정상화시키는 것이다.
4. **표현예술치료는 안전감, 긍정적인 애착, 친사회적 관계를 확립하고 뒷받침하기 위해 사용된다.** 본인이 안전하다고 느낄 수 있게 하는 것이 트라우마 기반 치료의 핵심이다. 특히 표현예술 접근 방식은 내담자가 내적으로 그리고 타인과의 관계에서 행복감을 회복하도록 돕기 위해 사용된다. 여기에는 내담자가 대가 없는 사랑, 감사, 지원 등의 경험과 안정된 애착 관계를 가진 가정에서 발견되는 통합적인 경험이 제공될 수 있는 창조적 실험에 초대되는 것을 포함한다. 또한 표현예술이 집단에 적용될 때 친사회적 상호작용을 지원하고 개인을 공동체에 연결하는 역할도 한다.
5. **표현예술치료는 강점을 지원하고 회복탄력성을 향상시키는 데 사용된다.** 트라우마 기반 치료는 전문가가 모든 내담자를 성장 및 회복 능력이 가능한 것으로 볼 수 있도록 돕는다. 표현예술 개입은 삶을 확인하고 내담자를 희생자에서 생존자가 되어

'번성'하는 것으로 인식하도록 장려함으로써 회복을 향한 개인의 능력을 인정하고 존중한다. 즉, 회복력의 개념을 회복의 핵심으로 여긴다.

6. **표현예술치료는 자기 표현, 특히 트라우마 이야기에 대한 내담자의 선호도를 존중한다.** 트라우마 기반 치료는 자신을 위한 치료에서 자기 역할과 참여에 대한 선호도를 강조한다. 이러한 선호도는 문화, 이전의 경험들, 세계관, 가치 및 다른 역학 관계에 의해 결정된다. 예술 기반 접근법은 자기 표현에 대한 내담자의 편안함 수준에 따라 "무슨 일이 일어났는가."를 표현하는 다양한 방법을 제공한다. 이러한 치료법은 내담자 자신의 민감한 경험을 전달하는 방법을 통제할 수 있도록 하는 개인적인 은유와 상징의 사용을 존중한다.
7. **표현예술치료는 의미 있는 경험을 제공하고 트라우마 후 새로운 미래를 상상하는 방법을 제공한다.** 앞서 언급한 바와 같이 표현예술은 특히 내담자가 종종 말할 수 없는 것을 전달하게 한다. 또한 생존자들이 비언어적, 주도적, 참여적, 자기 권한 부여 방식을 통해 트라우마와 상실을 탐색하게 하고, 재구성하며 회복할 수 있도록 한다.

◇◇◇◇◇

치유중심 참여: 트라우마 기반 치료를 위한 사회 정의 모델

트라우마 기반 치료는 의심할 여지 없이 우리가 트라우마 사건을 바라보는 관점의 범위를 넓혔고, 치료사와 치료기관이 치료에서 내담자를 보는 방식을 변화시켰다. 그것은 트라우마 반응의 신경생물학, 치료 결정에서 개인의 중심성, 회복 및 강점 기반 개념, 병리학 기반 용어보다 인본주의적 언어에 대한 선호 등 트라우마 특정 치료 내에서 많은 중요한 원칙을 통합하는 방법을 개선했다. 트라우마 기반 치료는 동시대 최신 치료모델 중 가장 발전된 것이지만 맹점도 있다. 예를 들어, 현재 정신 건강을 지배하는 트라우마에 대한 신경생물학적 반응, 트라우마 반응에 대한 설명, 생존자에 대한 심리교육 과정에서 여전히 '무엇이 잘못되었는지'를 무심코 강조할 수 있으며, 따라서 각 개인의 강점과 능력이 아닌 일련의 증상으로 정의할 수 있다. 시설과 기관에서 트라우마 기반 원칙이 확고하게 자리 잡고 있음에도 불구하고 많은 치료사는 내담자의 회복성과 웰빙보다는 증상 치료에 중점을 둔 병리학적 진단 언어를 포함하는 전통적인 의료 모델에 의존하고 있다. 트라우마 기반 치료방식을 잘 알고 있는 치료사여도, 만연한 뇌 질환 패러다임을 무시하고 '환자로서의 개인'에서 '참여자로서의 개인'으로 전환하는 것은 어렵다. 이 모든 변화를 통해 사람들은 자율성과 자기 조절 및 강점에 기반한 행동에 대한 자신의 능력을 통해 트라우마 사건에서 회복할 수 있다.

트라우마는 개인의 경험이 아니라 복잡한 환경 속에서 발생하는 집단적 경험이라는 인식이 커지고 있다. 즉, 개인이 트라우마를 인식하는 방식은 사회경제적 지위, 성별, 장애 및 인종을 비롯한 전반적인 역학 및 조건에 의해 영향을 받는다. 트라우마의 영향으로부터 완전히 회복되는 것은 치료사의 상담실이나 치료 시설에서만 발생하는 일이 아니다. Herman(1992)이 주장한 바에 따르면 진정한 회복과 그 과정에서의 보상은 공동체 내에서 재통합과 개인의 복귀가 이루어졌을 때 생긴다고 한다. 개인이 번성할 수 있고 안전한 공동체에 성공적으로 재통합될 수 있는 환경이 제공될 때까지 트라우마 기반 개입은 불완전한 상태로 유지된다. “너 왜 그래?”에서 “무슨 일이 있었어?”로 바꾸려는 모든 노력은 많은 사람들에게 트라우마를 줄 수 있는 더 큰 사회적, 정치적 문제가 생길 때 다소 제한되며 한계에 봉착하게 된다.

Ginwright(2018)는 역경의 경험이 전체적이 아닌 개별적인 경험이라고 가정하기 때문에 트라우마 기반 치료에 대한 현재 모델에 결함이 있고 불완전하다고 주장한다. 예를 들어, 허리케인이나 지진과 같은 자연재해를 경험한 사람들은 모두 동일한 파괴와 위험 그리고 안전에 대한 필요성을 집단적으로 감내하게 된다. 이러한 경우 대다수 전문가는 이런 유형의 트라우마를 개별적인 사건으로 다루지 않고 더 큰 공동체의 사건으로 다루는데, 이러한 사건은 기존의 사회경제적 문제와 심지어는 과거의 역사적 트라우마를 포함하여 다룬다. 제1장에서 설명한 가정폭력의 아동 목격자 역시 이러한 관점에서 본다면, 폭력적인 지역 출신의 경우, 반복적으로 일어나는 폭력사건, 열악한 생활환경 그리고 수시로 체포되는 이웃들로 인해 집단적으로 같은 트라우마를 가지고 있을 수 있다. 연구에 따르면 실제로 이러한 지역사회에 사는 모든 아동은 정도의 차이는 있지만 어떤 형태로든 심리적 트라우마를 보인다(Sinha & Rosenberg, 2013).

트라우마 기반 치료는 효과적인 개입에 필요한 많은 중요한 구성 요소를 다루지만, 대부분의 개인은 트라우마 경험에 영향을 미치는 보다 광범위한 접근이 필요하다. Ginwright(2018)는 다음과 같이 요약한다.

> 모든 치료 관련 실무자에게 필요한 것은 트라우마 경험과 환경으로부터 치유에 대한 전체론적 관점을 촉진하는 새로운 렌즈(시점)로 트라우마에 접근할 수 있는 방식을 사용하는 것이다. 그중 한 가지 접근 방식은 트라우마 기반 치료와 반대되는 치유 중심 접근법이

다. 치유 중심의 접근법은 문화, 정신성, 시민 행동 및 집단 치유를 포함한 전체론적인 접근법이다. 치유 중심적 접근은 트라우마를 단순히 개인의 고립된 경험으로 보는 것이 아니라 트라우마와 치유가 동시다발적으로 경험되는 방식을 강조한다. '치유 중심 참여'라는 용어는 트라우마 대응에 대한 생각을 넓히고, 안녕을 촉진하기 위한 보다 종합적인 접근을 제공한다.

Ginwright(2018)가 치유 중심적 참여에 대해 언급한 것 중 상당 부분은 사회 정의와 교차성(intersectionality)이라는 두 가지 중요한 개념이 제외되어 있지만 기존 트라우마 기반 치료 모델의 일부이다. 간단히 말해서, 사회 정의는 인권과 평등의 원칙과 그것이 사회 각계 각층의 사람들의 일상생활에서 어떻게 나타나는지에 기초하고 있다. 교차성은 표현하기 더 복잡한 영역이다. 가장 기본적인 정의에 따르면, 개인이나 집단에 인종, 계급, 성별과 같은 사회적 범주가 적용될 때 그들 간의 상호 연결된 특성으로, 차별이나 불이익이 겹치는 상호의존적인 시스템을 만드는 것으로 정의된다.

치유 중심의 참여는 개인의 삶뿐만 아니라 학교, 의료 환경, 정신 건강 기관, 일반기관 및 기타 환경과 같은 시스템 내에서 통제, 권력 및 불평등의 역할을 강조하기 위해 사회 정의와 교차성의 두 가지 개념을 실천한다. 이 체계 내에서 치료사들은 또한 인종차별, 성차별, 능력주의, 계급주의, 편견, 젠더는 물론 기아, 노숙자, 빈곤, 심지어 기후 변화를 포함한 환경 문제와 같이 개별 내담자에게 영향을 미치는 문제들의 여러 교차점을 인식하도록 요구된다. 다시 말해, 개인이 부조리한 시스템, 역학 및 생활 조건 속에 존재할 때, 이러한 문제들이 인정되지 않은 채로 방치된다면 트라우마 기반 개입이 진정으로 효과적일 수 없다. 치료사는 일반적으로 증상(분노, 불안, 두려움)을 해결하기 위해 헌신하지만, 치유 중심적 참여는 사회정의 문제와 교차성을 포함하면서 웰빙(희망, 상상, 신뢰, 열망)을 추구하는 데 초점을 맞추는 방향으로 움직인다. 즉, 이 방식은 "당신에게 일어난 일"이라는 관점에서 "당신에게 이미 있는 어떤 회복탄력성"으로 관점전환을 하는 것이다.

◇◇◇◇◇

사회적 행동으로서의 표현예술

트라우마 중재의 모델로서 치유 중심적 참여는 실제로 표현예술치료의 기본 원칙 내에 존재한다. 초기의 표현예술 실행가들은 대부분 1960년대와 1970년대의 반문화적 풍

토에서 탄생했다. 그들은 반문화적이기에 자연스럽게 지역사회의 사회 변화, 행동, 정의의 주체가 되고자 하는 욕구를 가지고 정신 건강 분야에서 일했다. 표현예술의 핵심 창시자 중 한 명인 Natalie Rogers(1993)는 그 시대의 인간 중심 치료 원리를 확장했고 창조적 과정은 본질적으로 사회적 행동뿐만 아니라 성장, 건강, 회복력과도 연관되어 있으며, 치유 중심적 참여와 공명하는 개념이라고 강조했다. McNiff(2009)와 Knill(Knill, Barba, & Fuchs, 1995)과 같은 다른 사람들은 치료사가 되기 전에 예술가(각각 화가와 음악가)였다. 표현예술이 심리치료의 영역으로 계속 확대됨에 따라 이들은 공동체 및 사회적 행동을 포함하는 개념적 틀을 구성에 도입하였다(Heinonen, Halonen, & Krahn, 2018).

표현예술치료는 치료사가 유일한 전문가라는 생각을 거부하였으며, 치료받는 내담자를 권위자 혹은 최소한 공동 창작자로 두었다. 이에 관해 Levine과 Levine(2011)은 이렇게 말했다.

> 표현예술치료는 다음과 같은 지시를 따른다. 이미지와 내담자 그리고 공동체를 따라간다. 내담자와 공동체가 있는 곳에서 만나고, 예술 기반 탐구와 연결이 일어날 수 있는 환경을 조성하고, 그 과정을 통해 고통을 경험할 수 있고, 감정이 형태를 가지며, 이를 통해 온전한 자아(개인적, 집단적, 몸, 마음, 정신력, 상상력)가 치유 과정에 참여할 수 있다.

Stephen Levine(Levine & Levine, 2011)은 너무나 많은 트라우마 생존자들이 처한 상황과 소외된 조건과 환경으로 인해 길을 잃기 때문에 표현예술치료가 "내담자들에게 본인이 행동할 수 있는 능력을 가지고 있다는 확신을 주는 경험을 제공하는 것"(p. 28)이라고 덧붙이며, 개인의 선택과 숙달의 중심 역할을 반영하고 경험을 상기시킨다고 하였다.

상황을 분석하는 치료사와는 대조적으로 표현예술치료는 대상이 가진 인간 중심성을 강조하기 때문에 창의적인 표현에서 의미를 얻는다. 각각의 의미 형성은 성격의 기능으로 간주될 뿐만 아니라 개인이 존재하는 공동체, 문화 및 환경을 포함한 의미라고 본다. 나는 수십 년 동안 대다수 정신 건강 전문가와 같이 그림과 표현예술의 결과물을 치료 대상의 자아 표현의 일부로만 보아 왔다. 아동의 그림을 분석하며, "아이들은 자신만의 독특한 생각, 인식, 감정을 창작 작업에 가져오지만, 그림을 그리는 환경이나 창작 재료에 의해서 예술 표현이 영향을 받을 수 있다. 이러한 이유로 치료 단계에서 치료사와 아동의 관계, 즉 아동이 느끼는 신뢰와 안전성, 치료사의 열정과 존중 그리고 지식 등이 매우 중요하다."(p. 40) 아동의 그림은 실제로 가족과 보호자, 이웃, 환경에 의해 영향을 받는 세계관을 전달한다. 이것은 개인의 창조적인 표현이 개인의 감정적, 인지적, 또는 신체적 경험을 나타내지만, 어떠한 의사소통 과정에서 보이는 것보다 더욱 많은 요소를 포함한다는 것을 명심하는 것이 중요하다(p. 57).

표현예술은 심리치료의 맥락에서뿐만 아니라 지역사회에서도 적용되기 때문에 장소의 역할(환경, 배경, 생활 방식)은 치료의 또 다른 핵심 개념이다. 심리치료사로서 겪는 모든 일이 치료실이나 진료소 벽 안에서 이루어지진 않았다. 때때로 나는 어떻게 하면 예술을 비전통적인 방법으로 적용할 것인가에 대한 전략을 짜야 했다. 이러한 비전통적인 방법의 배경으로 나는 교회 커뮤니티, 부족 토지 및 보호구역, 재난 사이트 및 주변 치료 센터 등을 선택하기도 하였다. 이러한 경우, 표현예술이 적용되는 방식에서 사회적 문제들이 가지는 영향력을 무시할 수 없다. 정신 건강 전문가 외에도, 다양한 전문가들이 표현예술의 원리를 지역사회와 사회 내에서 변화를 일으키는 작업에 적용하며, 이러한 예시들은 이 책 전반에 걸쳐 설명되어 있다. 각각의 예시들은 치유 중심의 예술 기반 접근법의 역할을 강조하며, 또한 지역사회의 구성원들이 표현예술의 전달에 어떤 중요한 역할을 하는지도 강조한다.

치유 중심적 참여와 트라우마 기반 표현예술치료의 개념 및 사회적 행동을 염두에 둔 표현예술치료 실습에 이러한 원칙을 적용하기 위한 기본 틀은 다음과 같다.

1. 변화는 내담자가 행동할 수 있는 능력이 뒷받침되고 자신이 살고 있는 세상에 영향을 미칠 수 있다고 스스로 인지할 수 있을 때만 가능하다. 예술 기반 접근 방식은 참가자들에게 개인 선택과 숙달을 지지하여 자신이 처한 상황과 주변의 조건으로 인해 상실한 경험을 재구성하여 개개인이 가질 수 있는 자신의 행동 능력에 확신을 주는 경험을 제공한다.
2. 특정한 결과를 얻기 위하여 내담자를 압박하며 개입하는 것이 이 치료의 목표가 아니다. 오히려 각 개인이 살고 있는 세계와 그들이 겪는 교차적 문제들을 이해하는 것과 현실에 대응하는 의미 있는 경험을 그들과 함께 창조하는 것이 목표다. 표현예술치료 접근법은 개인과 그들의 공동체가 가진 방향성을 따른다.
3. 치료 대상이 속해 있는 더 큰 공동체의 영향과 그들이 직면하고 있는 교차적 문제를 의식하면서 역경 때문에 잃어버렸을 수 있는 상상력을 발휘하도록 각 개인의 역량을 지원하기 위한 개입을 마련하는 것이 필수이다. 목표는 개인이 인지한 한계를 초월하고 자기표현을 통해 미개척 가능성을 인지하도록 지원하는 것이다.

4. 억압, 소외, 빈곤, 재난 그리고 다른 요소들로 인해 개인은 감정적으로나 신체적으로 고립되고 타인에게서 분리될 수 있다. 가능하면 집단이나 커뮤니티 내에서 구성원 간의 연대감을 유지하는 것이 필요하다. 예를 들어, 함께 예술을 창작하는 경험은 공동체 의식을 제공하며, 개인을 초월한 공동체의 일부가 되게 한다. 그들이 겪었던 소외감 또는 억압의 경험이 포함되어 있더라도 이러한 경험을 통해 이들은 정체성과 유사한 경험을 서로 공유하고, 집단적 소속감을 갖는다.
5. 치유 중심적 참여 모델을 적용하기 위해서는 치료사가 겸손하고, 호기심이 많으며 대상을 존중하는 태도가 필요하다. 이러한 태도는 민감하고 어려운 대화에도 참여하려는 의지와 치료 회기뿐만 아니라 사회에서 사람 간의 권력을 차이를 이해하고 잘 식별하는 것을 포함한다.

◇◇◇◇◇

예술기반 치유중심 참여: 문화적으로 적절한 실천을 위한 4가지 모델

표현예술은 심리치료적 참여를 위한 고유한 맥락을 제공하기 때문에 예술 자체 내에서 이러한 접근법을 정의하는 체계를 갖는 것이 중요하다. 개인, 가족 및 그룹과의 트라우마 기반 치료 및 치유 중심 참여에서 발견되는 원칙을 수정하고 통합하면서 나는 트라우마 개입에 표현예술을 적용하기 위한 역사적, 특히 문화적 기반을 고려하기 시작했다. 이러한 생각의 기반은 대규모 생존자 집단과 함께 작업했었던 재난 구호 임무에서 견고해졌다. 나는 여러 자연재해(토네이도와 허리케인)와 인재(테러와 폭력사태)가 발생한 여러 지역을 방문하여 그 지역의 로컬 커뮤니티에서 참가자들을 만날 수 있었다. 많은 전문가와 마찬가지로 나 또한 다양한 형태의 위기 개입과 여러 가지 형태의 중대 사고 보고에 대해 교육을 받았지만, 이러한 모델들은 트라우마 회복과 표현예술 방면에서는 전혀 도움이 되지 않았다. 특히 이러한 프로토콜은 트라우마 기반 치료의 핵심 원칙을 따르지 않았고, 치유 중심적 참여에서 중요하게 고려하고 있는 문화적으로 적절한 접근 방식을 반영하지 않았다(p. 58).

여러 작은 마을을 파괴하고 수많은 인명 피해를 일으켰던 토네이도의 생존자들과 일할 기회가 생겼던 날, 나는 위험을 무릅쓰고 표준 재난 구호 프로토콜 대신 새로운 접근을 사용하였다. 나는 지역사회에서 토네이도의 여파에서도 남아 있던 몇 되지 않는 건물

중 하나였던 지역 교회에서 한 생존자 집단을 만났다. 표현예술치료사로서의 나의 접근 방식을 설명한 후 단순히 집단원에게 "힘든 일이 생겼을 때 스스로 떨쳐 내기 위해 무엇을 합니까?"라고 물었다. 이 집단원이 모두 남침례교 출신이라는 것을 알게 된 나는 다음과 같은 질문을 덧붙였다. "공동체의 유대감을 느끼기 위해 부르는 찬송가나 노래가 있습니까? 아니면 자신보다 더 위대한 존재와 함께 있다고 느끼고 싶을 때 하는 특별한 기도가 있습니까?" 나는 단순히 내담자들에게 새로운 방법을 시도하는 것 외에도, 그들이 집단적으로 트라우마와 상실에 직면했을 때 어떤 방법으로 어려움을 이겨 냈는지 진심으로 알고 싶었다.

이 특별한 만남 동안, 이 공동체는 그들의 고통과 어려움에도 불구하고 침착을 유지하며, 스스로 달래고, 서로를 연결하기 위해 필요한 모든 전략을 알려 주었다. 그들은 보편적으로 알려진 찬송가와 기도를 하였고, 적극적으로 그 노래와 그 구절이 의미하는 게 무엇인지 가르쳐 주었다. 나는 이 경험을 통해 내담자가 자신이 가진 능력과 공동체 내에서 배운 관행을 사용하여 힘든 상황에 대처하는 방법으로 살아냈음을 배웠다. 그 결과, 나는 재난(폭력 및 기타 인간이 만든 사건을 포함한)을 처음 겪은 피해자 모임, 암 환자 모임, 군부대 등 다른 그룹에게도 이러한 질문을 하기 시작했다. 이러한 경우 나의 질문에서 대상들은 스스로 회복하는 데 필요한 '창의적인' 기술을 가지고 있었음을 인식하도록 자극받았다. 이러한 경험을 통해 나는 어떤 종류의 표현예술이 이미 다양한 문화 집단에 내포되어 있다고 생각했고, 예술은 종종 하나 이상의 넓은 영역으로 분류되어 있다고 느꼈다.

이러한 생각을 기점으로 나는 신경과학을 중심 틀로 삼기보다는 문화인류학 속 지역사회에서의 치유 방식 속에서 해답을 찾기로 했다. 나는 건강과 웰빙을 위해 사용되는 치유 방식이 다양한 문화 집단 내에서 이미 있었고, 발달했음을 보여 주기 위해 어디에나 있는, 아주 보편적인 용어를 사용하기로 했다. 대부분 경우, 이러한 방식은 트라우마와 상실의 개별적이고 집단적인 경험에 대응하여 의례, 관습, 절차 및 의식의 형태로 실현되었다(Malchiodi, 2006, 2013). Ellen Dissanayake(1995)와 같은 민족학자들은 그러한 예술 관련 활동이 인간을 심리적, 사회적 균형 상태로 돌아가도록 돕는 과정으로 정의한다. 그녀는 "예술은 말하고, 일하고, 운동하고, 놀고, 사교하고, 배우고, 사랑하고, 돌보는 것과 같은 다른 보편적인 행위와 마찬가지로 인간의 정상적이고 필요한 행동"이라고 말했다(p. 18). 문화인류학자 Angeles Arrien(2013) 또한 예술이 특정한 회복 기능을 갖고 있다고 정의하면서, 초기 치료사들이 "언제부터 춤추기를 멈췄나요? 언제부터 노래하기를 멈췄어요? 언제부터 다른 이들의 이야기에 매료되지 않게 되었나요? 언제부터 달콤하였던 침묵의 영역을 통해 위안을 받지 않게 되었나요?"라고 물었다는 것을 언급했다(p. 41).

신경과학은 표현예술의 보편 타당한 치료방식을 정하기 위해 참고되는 중요한 부분임은 의심할 여지가 없다. 하지만 신경과학은 여전히 언어와 인간의 경험이 뇌에 있다는 암묵적인 가정을 중심으로 발전되었으며, 이것은 모든 회복이 말과 '머리'에서 이루어진다고 가정한다. 이와 대조되게 수천 년 동안, 특히 내가 오랜 시간 함께했던 수많은 트라우마를 경험한 개인과 집단은 이미 회복할 수 있는 능력을 가지고 있었다. 이는 아직 인정되지 않았으나 충분히 모든 문화의 인간 행동 전반에 걸쳐 발견되는 보편적인 접근 방식이다. 나는 그것들이 현재 과학에서 파생된 많은 방식과 동등하게 트라우마를 다루는 데 있어 '모범 사례'로 정의하는 것에 대한 강력한 기반임을 믿는다. 심리치료사가 이러한 접근 방식을 어떻게 적용할 수 있는지를 명확히 하기 위해 다음과 같이 4가지 주요 범주인 움직임, 소리, 스토리텔링, 침묵으로 분류하는 임상 실습 모델을 완성했다([그림 2-3] 참조).

움직임은 거의 모든 표현예술과 치유 관행의 기초이며 역사 전반에 걸쳐 문화의 중심이다(LaMothe, 2015). 무용은 개인의 건강을 위한 운동과 가장 깊은 관련이 있는 표현예술이다. 춤은 역사 전반에 걸쳐 개인과 공동체 내의 사회적 유대를 강화하는 행위로 수많은 사회문화적, 인류학적 의미를 가진다. 어떤 사람들은 무용이 가진 상호 교류성, 리듬 및 동시성을 강조하기 때문에 인류가 환경에 대한 공감과 적응을 개발하는 데 실제로 도움이 된 경험이라고 주장한다(LaMothe, 2015).

많은 문화 그룹에는 폴리네시아의 훌라, 호주 원주민의 코로보리, 아메리카 원주민의 선댄스와 같은 정신적, 상징적 요소를 포함하여 움직임을 넘어서는 특정한 춤을 가지고 있다. 태극권과 같은 '에너지 예술'과 단순한 움직임을 넘어 더 깊은 의미를 지닌 요가 역시 존재한다. 또한 움직임을 기반한 감각 통합, 드로잉 또는 점토 작업을 통한 양손의 움직임, 놀이 경험을 포함한 많은 활동과 방법이 있다.

음악과 음악을 만드는 작업은 여러 문화에서 예술을 기반으로 하는 건강 유지 방법에서 그치지 않고 더 넓은 소리의 범주에 속한다. Oliver Sacks(2007)는 음악의 가치를 다음과 같이 요약한다. "음악은 우리를 우울증에서 벗어나게 할 수도, 눈물을 흘리게 할 수도 있다. 귀를 위한 치료제이자, 강장제이며, 오렌지 주스이다. 특히 대다수 신경계 환자에게는 더욱더 큰 의미를 가질 수 있다. 어떤 약물로도 치료되지 못한 자들에게 말과 생명을 돌려줄 수 있다는 것이다. 그들에게 음악은 사치를 넘어선 필수품으로서 존재한다."

MOVEMENT

움직임

춤추기
요가
양측 운동
감각통합
문화적 관습
미로걷기
놀이

SOUND

소리

노래
드럼
악기
소리내기
기도 낭송
진동 느끼기
듣기

STORYTELLING

이야기하기

재연
연극
역할놀이
즉흥연기
예술작업
창작 글쓰기
일기 쓰기
체화된 이야기
의식 및 의례

SILENCE

침묵

마음챙김
명상
기도
고요함
자연 속에 머물기
요가
미로 걷기
내적자기 성찰
목격하고 증언하기

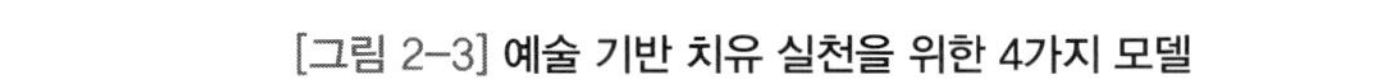

[그림 2-3] **예술 기반 치유 실천을 위한 4가지 모델**

(p. 15). Sacks는 음악이 감정에 빠르고 효과적으로 영향을 미치고, 움직임과 말을 장려하고, 일반적으로 내담자에게 활력을 줄 수 있다고 주장한다. 노래하는 것(개인이든 그룹이든)과 악기를 연주하는 것은 표현예술을 이용한 핵심적인 접근 방식이다. 소리의 더 큰 영역은 음악을 넘어 기도하기, 시 또는 이야기 낭독, 진동을 느끼기 그리고 음악 감상하기까지 포함되어 있다.

세 번째 범주인 스토리텔링은 언어가 주로 사용되며, 종종 글쓰기나 구술 담화 역시 포함된다. 실제로 스토리텔링은 표현예술과 연극적 재연을 통하여 더욱 다양하게 전달된다. 시각 예술(드로잉, 페인팅, 점토 작업, 콜라주, 사진 및 필름)은 이미지를 통한 그래픽 또는 상징적인 스토리텔링의 한 형태이다. 특히 연극적 재연, 미니어처와 모래 상자를 사용한 작업물은 이야기를 전달한다. 모든 형태의 극적인 연출, 퍼포먼스, 역할극, 즉흥극도 마찬가지이다. 움직임, 소리, 이미지 및 언어를 포함하는 의식과 의례 역시 유사한 기능을 한다. 개인이 움직임을 통해 의사소통하는 암시적 이야기도 존재한다. 자세와 몸짓을 포함한 신체의 움직임 바디랭귀지조차 감각 기반 수준에서 내면의 이야기를 전하는 것이다.

마지막 범주인 침묵은 많은 표현예술에서 마음을 고요하게 하고 몸을 조절하는 방법을 강조한다. Arrien(2013)은 침묵이야말로 건강을 가져오는 중요한 경험이라고 하였다. 우리는 마음챙김이나 명상과 같은 수행의 형태로 침묵을 가장 자주 생각한다. 특히 요가나 미로 걷기 같은 개인의 내면에 집중할 수 있는 예술이 침묵의 범주에 들어간다. 또한 침묵은 표현예술이 몸의 내부 상태에 대한 감각을 통해 자신의 '내면을 들여다보는' 능력을 향상시키고 자신의 몸에서 감지되는 '느낌'을 경험하는 요소이다. 마지막으로, 극장

[그림 2-4] **예술 기반 치유 방법의 중첩 기능**

공연과 박물관에서 예술품을 관람하는 것은 종종 침묵을 핵심 경험으로 포함하며, 이는 집중된 사색의 한 형태이다.

지금까지 4개의 카테고리로 특정했지만, 예술 자체의 특성으로 인해 중복되는 기능이 있다([그림 2-4] 참조). 예를 들어, 요가와 미로 걷기는 침묵과 동작의 영역을 동시에 포함된다. 미술은 침묵이면서도 동시에 이야기를 전할 수 있는 방식이 되고, 움직임 영역에 포함된 무용 역시 소리 영역의 음악과 접목된다. 트라우마를 다루기 위해 표현예술을 사용할 때 이러한 교집합, 중복되는 기능은 다음 장에서 설명하는 것과 같이 자기 조절, 안정감, 견고함 및 안전을 지원하는 핵심이다.

◇◇◇◇◇

재경험, 재감각화, 재연결

이러한 예술 기반 및 문화 기반 체계를 구성하는 네 가지 영역은 트라우마 회복의 세 가지 핵심 영역을 지원하며, 이에 관해서는 다음 장에서 더 자세히 설명한다. 첫째로, 역사를 통틀어 각 범주의 실행은 리듬, 동시성, 연극적 재연, 상징화를 포함하는 감각적 활동을 통해 자신을 재경험(re-experience)하기 위해 직관적으로 사용되어 왔다. 이것들은 트라우마로 가득 찬 묘사가 되는 것을 막고 새로운 이야기로 재구성하기 위해 상상력을 허용한다. 또한 트라우마를 겪은 신체를 건강하고도 민감하게 하는 경험을 제공한다. 이러한 활력은 촉각, 시각, 청각, 고유 수용 감각 및 내부 감각을 포함한 예술 자체의 다감각적 특성을 통해 재감각화(resensitize) 된다. 몇몇 사람에게 표현예술은 다른 사람들과의 안전한 접촉과 신체적인 근접성을 회복하게 하는 역할을 한다. 이러한 방법은 종종 집단이나 공동체 내에서 발생하기 때문에 타인과의 사회적, 관계적 경험을 통해 다시 연결하는 데에도 도움이 된다(재연결, reconnect). 이 세 가지 'R(재경험, 재감각화, 재연결)'은 역사 전반에 걸쳐 문화가 건강과 웰빙을 위해 표현적인 접근을 사용해 온 방법의 핵심이며, 심리치료와 트라우마 회복의 맥락 속에서 적용되는 모든 표현예술의 기초가 된다.

◇◇◇◇◇

결론

트라우마에 기반한 실천은 조절, 스트레스 감소, 신체인식, 자기 효능감, 그리고 회복력을 지원할 수 있는 트라우마에 특화된 예술 기반 중재를 강조하고 있는, 현재 우리가 가지고 있는 중요한 개념들 중 하나이다. 비록 완벽하진 않지만, 내담자가 단순히 일련의 증상을 보이는 환자에서 벗어나 스스로 회복에 적극적으로 참여하는 방식으로 이어지는 치료 모델로 기존의 모델을 천천히 변화시켜 왔다. 치유 중심적 참여와 같은 새로운 개념은 개인과 사회, 글로벌 문제의 교차성을 치료사가 트라우마 스트레스를 해결하는 방법에 우선순위로 보고 타성에 젖은 치료 관행을 개선하는 잠재력을 가지고 있다. 예술을 치료의 일환으로 보는 오래된 관행을 이해하고 존중하는 것 역시 예술이 문화적 의식을 치유의 방식으로 향유, 승화시킨다는 주장을 강화하는 것이다.

다른 많은 접근 방식과 같이 표현예술치료는 치유 중심적 참여와 같이 트라우마 기반 실천 모델과 개념들을 보완한다. 하지만 이 두 가지 개념을 모두 예술 자체의 독특한 특성과 심리치료에서 창의성, 상상력 그리고 놀이의 역할을 충분히 활용하지는 못한다. 다음 장에서는 예술 기반 치료를 적용하기 위해 추가적인 체계를 이해하는 것의 중요성을 이야기한다. 즉, 표현예술의 계층적이고 상향식 성격을 이해하는 것이 트라우마의 회복과 통합에 적용할 수 있는 설득력 있는 뇌과학적 모델을 어떻게 형성하는지를 다룬다.

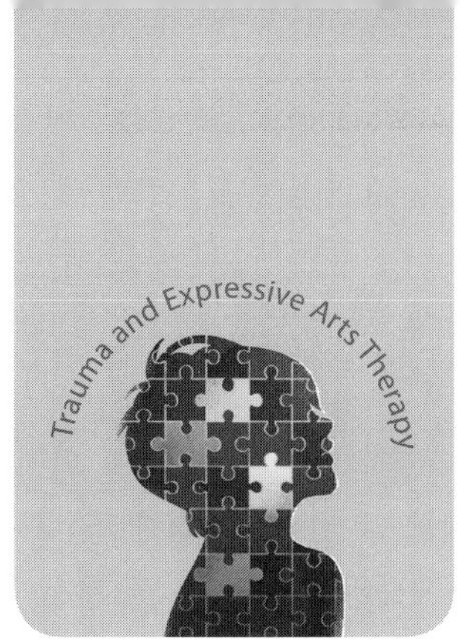

제3장
표현예술치료를 위한 뇌-신체의 통합적 프레임워크

트라우마 기반 치료는 보상과 회복을 지원하기 위해 신경생물학과 신경과학의 활용을 강조하며, 아동, 성인, 가족, 지역사회와의 심리적 트라우마와 관련된 최선의 치료법으로서 주목받고 있다. 이러한 접근법은 트라우마로 인한 스트레스가 신체에 어떻게 나타나는지를 이해하고, '뇌친화적(brain-wise)' 방법으로 트라우마 반응을 다루는 데 중점을 둔다. 다른 심리치료 분야들도 이 흐름에 따라 신경과학 및 신경생물학 원리들을 지난 20년 동안 치료에 접목시켜 왔다. 이를 통해 지금까지 직관으로만 이해되었던 예술 기반 치료가 트라우마를 경험한 사람들에게 어떻게 긍정적인 영향을 미치는지 밝힐 수 있게 되었다.

신경과학과 신경생물학은 예술 기반의 접근 방식이 외상 후 스트레스 문제를 다루는 데에 있어 어느 정도 신뢰성을 제공했다. 그러나 이러한 접근 방식이 충분한 증거 없이 성급하게 받아들여진다는 것은 문제라고 볼 수 있다. Johnson(2009a)은 창의적 예술치료(Creative Art Therapies)가 '신경과학 패러다임(Neuroscience Paradigm)'을 활용하여 뇌와 예술 사이의 관계를 더 강력하게 연결 지으려 한다고 했다. 그는 이러한 창의적 예술치료가 뇌 기능과 연결되어 있다는 점을 근거로 정신 건강 및 의료 분야에서 공인될 수 있다고 보았다. 그는 또한 앞 장에서 설명한 전통적이고 보편적인 치유 방법(동작, 소리, 스토리텔링, 침묵 등)이 임상 관련 문헌과 연구에서 충분히 조명받지 못하고 있다고 언급했다. 하지만 인간이 건강과 웰빙을 위해 예술적 표현 방법을 늘 적용해 왔다는 사실 자체가 예술 표현의 중요성과 효용성을 입증하는 증거라고 볼 수 있다.

이러한 관찰이 어느 정도 사실일 수 있지만, 트라우마 회복을 위한 중재 안에서 표현예술을 이해하려는 과학의 접근을 완전히 무시할 수 없다. 신경과학 및 신경생물학에서 더욱 다양한 연구가 진행되면서 우리는 왜 표현예술치료가 내담자의 건강과 웰빙을 위한 두뇌 및 신체 기반의 양방향 접근법인지 그 이유를 알 수 있게 되었다. 또한 Johnson이 말한 신경과학 패러다임(neuroscience paradigm)은 표현예술과 창의적 예술 치료가 뇌-신체 체계(brain-body framework)와 예술 기반 방법들을 발전시켜 트라우마 처치에 효과적인 도움을 준다는 것을 설명하였다. 독특한 예술 기반 체계는 이 장에서 중요하게 다룰 주제이며, 나아가 이 책의 전반에 걸쳐 소개될 다양한 전략들의 기초를 형성한다.

◇◇◇◇◇

양쪽 뇌

수십 년 전, 뇌의 편측화 혹은 양쪽 뇌에 대한 발견은 우뇌와 좌뇌에 대한 기능을 지나치게 광범위하게 결론지었다. 한때 양쪽 뇌는 이분법적으로 분리되어, 좌뇌는 언어적, 분석적, 그리고 논리적 기능과 직결되는 반면, 우뇌는 직관적, 감정적, 지각적, 비언어적 기능을 담당한다고 알려졌다. 창의성, 상상력, 리듬, 전체적 사고, 그리고 예술은 대개 우뇌와 연관되어 있기 때문에 다양한 예술치료들에 대해 수년 동안 '우뇌형' 접근 방식에 치중하여 연구되었다. 이 내용은 여전히 인간의 뇌와 표현예술치료에 공공연하게 등장하는 주제이며, 종종 뇌의 기능이 얼마나 복잡한지에 대한 정확한 이해를 방해하기도 한다.

우반구, 좌반구 모두 매우 크고 복잡한 기능을 지니고 있고, 그 둘 사이에 차이점이 있다는 것 또한 사실이다. 많은 사람이 알고 있듯이 우뇌는 창의적인 업무 혹은 시각화 관련 작업에 특화되어 있는데, 사실상 표현예술치료는 사실 우뇌뿐 아니라 뇌 전체의 기능을 요구한다. 다시 말해, 예술 기반 활동들은 특정한 한쪽 반구만 다루는 것이 아니라 뇌의 여러 부분을 활용해야 한다는 의미다.

최근 뇌 영상법(brain-imaging) 기술로 인해 표현예술이 뇌의 여러 부분을 동시에 활성화할 수 있다는 것이 증명되었다. 여러 연구는 자극받는 뇌의 위치와 특정 미술 분야의 상관관계를 분석하였는데, 예를 들어 드로잉, 점토 조각과 같은 예술 활동은 명상할 때와 유사한 뇌파를 발생시켰고(Kruk, Aravich, Deaver, & deBeus, 2014), 기능적 근적외선 분광법(functional near-infrared spectroscopy: fNIRS) 머리밴드를 활용하여 다양한 형태의 색칠하기, 낙서, 그림 그리기를 하는 동안에 뇌의 혈류를 측정한 결과, 보상과 관련이 있는 뇌의 일부에 혈류가 증가한다는 사실이 밝혀졌다(Kaimal et al., 2017). 음악치료 및 음악 신경학 분야에서는 다양한 형태의 음악과 소리가 내담자에게 어떤 영향을 미치고 음악이 트라우마로 인한 슬픔, 상실의 해결에 어떻게 적용될 수 있는가에 대한 연구 결과를 도출하였다(Wheeler, 2016).

트라우마가 뇌와 신체에 미치는 영향은 매우 복잡하지만, 극도로 흥분된 감정 상태가 변연계와 우뇌에 기록되고 영향을 미친다는 것은 이미 학계에 보편적으로 수용되고 있다(van der Kolk, 2006, 2014). 우뇌는 대개 청각, 후각, 촉각 그리고 시각적 경험에 대한 기억과 이 기억이 불러일으키는 감정을 저장하고 있다. 그래서 이러한 우뇌 지향적 개입은 트라우마 기억을 표현하고 처리하는 데 중요한 역할을 하며, 성공적인 치료에 있어 필수적인 요소로 간주된다(Steel & Malchiodi, 2011). 또한 어린 시절의 트라우마는 양쪽 뇌의 통합에 영향을 미치기 때문에(Teicher, 2000), 표현예술과 놀이 같은 감각과 신체 활동 기반의 치료가 효과적이다. 이는 이러한 치료 방법들이 언어 능력에 크게 의존하지 않고 트라우마를 처리할 수 있도록 돕기 때문이다.

양쪽 뇌 사이의 관계가 복잡함에도 불구하고, 확실히 입증된 신경과학이론들은 표현예술치료와 트라우마 기반 치료를 고려한 접근법과 깊은 관련이 있다. Badenoch(2008)는 "뇌 전체를 아는 것은 우리 중 누구라도 치료를 하는 방식에 지대한 영향을 미칠 것이다."라고 언급하면서, 양쪽 뇌의 기능을 모두 아는 것이 치료사들의 성공에 크게 기여할 것이라고 덧붙였다(p. 4). 이와 유사하게 표현예술치료에서 치료사들은 보다 논리적인 좌뇌와 암묵적이고 감각을 기반으로 한 우뇌 기능의 통합을 강화하려는 목표를 가지고 있다.

다시 말해, 최근 임상 관찰, 환자의 보고 및 연구의 견지에서, 표현예술은 '전체 뇌(wholebrain)'의 통합을 돕는 데 효과적일 수 있다. 하지만 언어 중심의 트라우마 치료접근법에서는 이런 통합이 항상 이루어지지 않을 수 있다. 표현예술의 행동 중심의 경험 자체가 자기 조절 능력을 키우는 데 도움을 주고, 고통스러운 사건의 내현적 · 외현적 기억을 다시 연결하는 과정이기 때문이다(자세한 내용은 다음 절을 참조).

◇◇◇◇◇

외부수용감각과 내부수용감각

표현예술과 트라우마 스트레스의 기초가 되는 두 가지 개념이 있다. 바로 외부수용감각과 내부수용감각이다. 외부수용감각은 오감(시각, 청각, 촉각, 후각, 미각)을 통해 외부 자극을 감지하는 것이다. 이러한 감각은 외부 환경 요소를 식별하는 데 유용하다. 트라우마 생존자의 경우, 상황 또는 주변 환경이 안전한지를 판단하는 데 유용할 수 있다. 외부 수용적 경험은 감각적 표현을 요구하는 모든 표현예술에서 사용된다. 외부 수용적 경험은 감각을 포함하기 때문에 표현예술의 모든 응용 분야에서 발견되는데, 즉 이러한 활동은 시각, 운동신경, 촉각, 청각, 고유 감각, 전정, 심지어 어떤 경우에는 후각이 될 수 있다. 각각의 예술 형태는 여러 신경 감각을 복합적으로 사용하는데, 예를 들어 음악치료는 단지 소리뿐만 아니라 진동, 리듬 그리고 다양한 동작 또한 치료에 수반된다. 연극적 재연에는 발성, 시각적 자극 그리고 다른 감각적 특성들이 포함될 수 있다. 무용/동작은 다양한 신체 지향적 감각을 포함한다. 또한 예술 작품 만들기는 시각적 감각에 국한되지 않고 다양한 촉각과 운동 감각을 제공한다. 시각 예술 경험은 미세하거나 확장된 신체 움직임, 다양한 예술 매체를 통한 후각적 경험 그리고 흘러내림, 끈적임, 습기, 강도, 부드러움 또는 저항성과 같은 촉각적인 감각을 포함할 수 있다.

그에 반해 내부수용감각은 신체 내부의 감각(맥박, 호흡, 통증)에 대한 인식이며, 고유수용 감각(위치, 공간 및 방향 감각)을 포함한다. 내부수용감각은 겉으로 보이지는 않으나 느낄 수 있는 내적 기분 또는 신체 내에서 느낄 수 있는 일반적인 '느낌(Gendlin, 1982)'과 관련이 있다. 이는 다미주신경 체계(Porges, 2012) 내에서 경험하는 '직감'과도 연결된다. 이와 같은 감정은 예술 그 자체를 경험하는 과정에서 나타나는데, 특히 강렬한 음악을 듣거나 무용, 공연 혹은 예술 작품을 감상할 때, 사람들은 종종 '감격적인' 순간을 경험한다. 다시 말해, 이것들은 말로 쉽게 명료화되지 않는 내적 감정의 일환으로 볼 수 있다.

Lanius와 동료들은 2005년 외상 후 스트레스로 고통받는 사람들이 어떻게 내부수용감각을 인식하는지에 대한 연구를 진행하였다. 그들은 트라우마 생존자들이 경험하는 정서적 혼란이 뇌의 일부 기능 장애와 관련이 있을 수 있다는 것을 입증하였다. 또한 Lanius의 연구팀(van der Kolk, 2014)은 PTSD(Post Traumatic Stress Disorder, 외상 후 스트레스 장애)가 있는 사람과 그렇지 않은 사람의 호흡에 대한 주의력을 비교할 때 PTSD가 없는 사람에게서 뇌의 내부수용감각 영역이 활성화되었지만, PTSD가 있는 사람에게는 자각 기능이 거의 활성화되지 않았다고 설명했다. 간단히 말해서 PTSD가 있는 사람들은 "내면의 감정과 정서를 전달하는 뇌 영역이 차단되어 있다."는 것을 의미한다(van der Kolk, 2014, p. 92). 이러한 발견은 표현예술이 실제로 외상이 있는 사람들에게 부족한 내부수용감각을 해결하기 위해 어떻게 활용될 수 있는지 탐구할 과제를 제시한다.

트라우마로 인해 고통을 겪고 있는 사람은 외적인 사실보다 내적인 감정을 기반으로 현실을 정의하는 경우가 많다. 즉, 트라우마 사건과 관련된 상황과 환경으로부터 연루된 감각적 특성은 외부 현실에 위험이 없더라도 과민, 불안, 공포, 회피 등의 감정을 유발할 수 있다. 예를 들어, 이전 장(제2장)에서 소개한 Tanya의 경우, 그녀를 돌보던 상주 직원은 그녀가 내부수용감각에 의해 위험을 감지하고 있으며 위험을 곧바로 감지할 수 있는 자리에 앉고 싶어 한다는 걸 알 수 있었다. 또한 그녀는 위협을 가하던 삼촌이 없음에도 불구하고 안전감을 주는 옷장에서 잠을 청하였다. Rothschild(2011)와 연구자들은 '정신-신체 체계(mind-body framework)'의 트라우마 개입을 위해 외부 수용성과 내부 수용성의 '이중 인식(dual awareness)'이 요구된다고 강조하였다. 마찬가지로, 트라우마 기반 표현예술치료의 주요 목적 중 하나는 내담자가 외부 수용(extroceptive) 및 내부 수용 경험(interoceptive)을 구분하고 표현하도록 하여 시간이 지남에 따라 고통 반응을 줄이는 데 도움을 주는 것이다. Marian의 경우(제2장), 예술 기반 접근법은 과거의 트라우마 사건이 떠올라 내부 감각 반응을 자극할 때, 현재의 불안, 공황 발작과 과거의 트라우마 경험(버스 사고)을 분리하는 데 도움을 주었다. 표현예술은 '지금 여기(here-and-now)'에 대한 인식을 바탕으로 환자가 현재 상황을 직시하고 적응하며 과거의 경험에서 벗어나게 하는 감각 기반 기법이다.

◇◇◇◇◇

트라우마 기억

예술 기반의 접근법들은 기억, 특히 트라우마에 대한 기억이나 단편적 기억들을 자극하는 효과적인 방법으로 언급된다(Cren-shaw, 2006). 음악, 예술적 표현, 동작, 연극 그리고 상상 놀이가 트라우마 기억을 불러일으킨다는 것은 이미 알려진 사실이지만, 그 과정과 타당한 이유에 대해서는 설명력이 부족한 실정이다. 하지만 다수의 학자들은 이러한 기억이 처음에 어떻게 부호화되었는지와 관련이 있다고 본다.

Lenore Terr(1990)는 트라우마에 대한 아동의 기억은 내용 면에서 서술적 기억이라기보다는 지각적(perceptual)이므로 종종 놀이나 다른 비언어적 형태의 의사소통을 통해 표현된다고 설명했다. 최근 van der Kolk(2014)는 내담자가 충격적인 트라우마 사건을 제대로 수용할 수 없을 때, 다른 기억이 생성되거나 혹은 해리가 발생한다고 설명했다. 이러한 경험은 때로 비언어적인 '감각적인 단편'으로 저장된다. 이는 트라우마가 집행 기능(전두엽 피질)을 방해하여 '오프라인' 상태로 만들기 때문에 정신적 충격을 받은 내담자는 언어로 본인이 경험했던 당시 트라우마 사건을 적절하게 설명하거나 상기시키는 데 어려움을 겪는다는 것이다. Rothschild(2000)는 외상 후 스트레스 반응은 대개 트라우마에 관한 기억이 손상되거나, 사건에 대한 기억이 연대기적 기억으로 저장되지 않을 때 발생한다고 설명하였다. Perry(2009)는 트라우마로 인해 삶에 지장을 받은 아동들은 선생님이 이야기하는 문장 중 절반 정도의 단어만 듣는 경우가 많다며, 트라우마는 실행 능력 및 기억력에 영향을 미친다고 보고했다.

또한 트라우마와 관련된 기억은 일전에 설명했듯이 언어 이전 혹은 비언어적 영역을 담당하는 우뇌에 저장이 된다고 알려져 있다. 이러한 관찰은 뇌 영상과 트라우마 생존자들의 설명을 기반으로 한다. 그들은 기억의 시작과 끝이 분명하지 못하며 순차적 서술보다는 감각과 이미지로 경험된다고 한다. 이러한 인상들은 시간이 지남에 따라 더욱 강렬히 느껴지며, 평생 그들을 괴롭히게 된다. Siegel(2012)에 따르면, 우뇌는 좌뇌에 비해 더 전체론적(holistic) 뇌이며, 감정 표현을 포함한 신체 및 감각 시스템과 연결되어 있다고 설명하였다. 또한 좌뇌에 있는 브로카 영역이 비활성화되어 트라우마 기억을 신체(somatic), 감각(sensory) 그리고 시각과 같은 다른 형태의 정보처리로 대체한다(van der Kolk, 2014).

요약하자면, 트라우마는 개인의 기억에 큰 영향을 미치며, 특히 서술적 기억에 접근을 제한하기 때문에 대부분 생존자들은 감각적 기억에 본능적으로 더 쉽게 접근된다. 따라서 표현예술은 트라우마와 관련된 기억을 불러일으킬 수 있는 하나의 효과적인 방법이라고 단언할 수 있다. 특히 외현 기억(explicit memory)과 암묵 기억(implicit memory)은 트라우마 회복에서의 예술 기반 개입의 역할을 설명하는 데 도움이 된다. 여기서 외현 기억이란 사실 기반, 시간적 세부 사항 그리고 아이디어로 구성되어 있으며, 암묵 기억은 감각적이고 정서적이며 사건에 대한 신체의 기억을 일컫는다. Rothschild(2000)는 트라우마에 대한 기억이 외현 기억으로 제대로 저장되지 않았을 때 외상 후 반응이 발생할 수 있음을 관찰했다. 문제는 암묵 기억이 외현 기억과 연결되지 않을 때 발생한다. 즉, Rothschild에 따르면, 개인이 트라우마와 관련된 감정이나 감각이 발생한 맥락에 온전히 접근할 수 없을 때 이런 문제가 생긴다고 설명하였다.

암묵 기억과 외현 기억 사이의 단절을 해결하는 한 가지 방법은 두 기억을 다시 연결하는 데 도움이 되는 새로운 경험을 하여 일관성 있는 이야기로 재구성하는 것이다. 예를 들어, 표현예술 접근법을 통해 과거 스트레스를 유발하였던 사건의 기억들을 연결하고, 창의적 표현을 통해 이러한 기억을 탐색하고 경험하는 데 도움을 줄 수 있다(Malchiodi,

2003, 2012a, 2013). 이는 직접 미술 활동에 참여하는 내담자가 감정적으로 강렬한 사건에 대해 언어로 더 많이 의사소통하며 나눌 수 있는 이유를 부분적으로 설명할 수 있다(Gross & Haynes, 1998; Lev-Weisel & Lisz, 2007). 만약 이것이 사실이라면 표현예술은 트라우마를 가진 내담자가 자기 조절적이고 관계적인 개입을 통해 생각(외현적으로)하고 느끼는(암묵적으로) 것을 동시에 처리하는 데 도움이 될 수 있다(Malchiodi, 2003, 2008).

다음은 감각과 기억이 어떻게 상호 연관되어 있는지, 또 예술을 기반으로 한 간단한 치료가 내담자가 말하지 못했던 아픈 과거를 어떻게 끄집어낼 수 있는지에 대한 예이다. 앞에서 설명한 것처럼, 나는 어린 시절 성적 학대를 받고 현재 트라우마 개입이 필요한 성인 여성들을 위한 외래 진료를 제공하는 지역 정신 보건 기관에서 일한 적이 있다. 같이 일하는 동료들과 함께 우리는 '어린 시절 기억'이라는 주제로 회기를 진행하기로 하였으며, 어린 시절 그림을 그릴 때 가장 친숙한 도구 중 하나인 크레욜라의 64색 크레용을 이용하여 창작활동을 진행하였다. 나는 내담자들에게 그릴 그림과 관련하여 구체적인 주제를 요청할 생각이었지만, 이내 크레용 상자를 여는 순간 내담자들은 감정적인 모습을 띠며 계획과는 전혀 다른 방향으로 회기가 진행되었다.

여성들은 크레용 상자를 열 때마다 즉각적인 반응을 보였다. 어떤 이들은 휴일이나 생일과 같이 특별한 날에 받았던 크레용 상자를 떠올리며 그들 인생에 가장 좋았던 어린 시절의 순간을 회상했다. 반대로 어떤 이들은 크레용 상자가 성적 학대로 인해 급격히 변해 버린 어린 시절의 아픈 기억을 자극했다. 일부는 어린 시절 이러한 창의적이고 즐거운 경험을 이끌어 줄 자상한 어른이 없었다는 사실에 슬퍼했다. 크레용 상자는 어린 시절 익숙한 크레용 브랜드와 박스(시각), 새 크레용의 냄새(후각), 64색 세트를 선물로 받는다는 설렘(다감각)을 불러일으켰다. 첫 시간 동안 내담자들은 다양하고 강렬한 추억을 많이 떠올렸기 때문에 그림을 그리지 않고 오롯이 이야기하며 시간을 보냈다. 소재의 감각적 특성(암묵 기억)은 생존자 대부분이 오랫동안 잊고 있던 기억(외현 기억)을 깨우기에 충분했고, 크레용의 다감각적 특성은 비언어적 기억을 연결하는 다리 역할을 하였다.

동작(movement)은 종종 예기치 못한 기억을 불러일으키는 또 다른 강력한 감각적 운동 경험(potent sensory-kinesthetic experience)이다. 나는 매 회기를 시작하기 전 간단한 동작(스트레칭, 의자 요가, 상호 동작, 음악에 맞춰 잠깐 춤추기 등)으로 시작을 알리며, 내담자들(어른, 아이) 모두에게 다음과 같은 동작을 반복할 때 느껴지는 것이 무엇인지 확인한다. 특히 새로운 동작을 소개할 때 중점으로 두는 부분은 많이 있지만, 그중 나는 목(throat)에 큰 비중을 두어 관찰한다. 왜냐하면 목은 미주신경계(vagal system)로 인해 공황이나 공포의 경험을 더욱 선명하게 나타내기 때문이다(Porges, 2012). 이러한 이유로, 나는 초기 회기에서는 내담자의 고통 수준을 더 명확하게 이해할 때까지 미주신경(vagus nerve)의 영역 밖에 있는 신체의 일부인 손과 발에 초점을 맞추게 지시한다.

표현예술의 감각적 특징은 트라우마와 관련된 암묵적이고 외현적인 기억을 깨워 낼 수도 있지만, 예술, 동작, 음악 또는 연극을 통한 즐겁고 활기찬 기억 또한 불러낼 수 있다는 점이다. 효과적인 치료법이 없어서 HIV/AIDS로 진단받은 사람들의 대부분이 사망했던 시기에, 나는 그들을 위한 보호단체에서 근무한 적이 있다. 질병이 악화되어 점차 쇠약해짐에 따라 환자들은 대부분 극심한 피로감, 보행 능력 상실, 시각 및 청각 기능 손상 등과 같은 신체기능 저하와 합병증에 시달렸다. 모래놀이를 통한 회기는 자기 위안의 경험을 제공할 뿐 아니라 자연에 있는 것과 같은 기억과 기쁨을 선사한다. 해변을 한 번이라도 거닐어 본 사람들에게 모래놀이는 파도 소리와 발밑의 모래 느낌에 대한 기억을 떠올리게 하였다. 쟁반에 담긴 붉은 모래는 미국 남서부 여행과 장엄한 붉은 바위 지대와 지형들 사이에서의 하이킹에 대한 기억을 불러일으켰다. 이러한 기억들은 과거에 대한 상실감을 가져다준다. 또한 질병으로 인해 같은 경험이 더 이상 가능하지 않다는 것을 깨닫게 하였다. 하지만 모래놀이 경험은 감각적 기억을 통해 즐거웠던 과거 시간을 다시 경험하게 해 주는 창구가 되었다. 대개 그들은 병적 증상, 트라우마 스트레스를 겪고 있었지만, 이 활동이 잠시나마 그들에게 기쁨의 순간을 상기시켜 주었다고 나는 믿는다.

◇◇◇◇◇

ETC 표현치료 연속체

많은 트라우마 전문가는 트라우마 개입에 단계적(stage-by-stage) 접근이 효과적이라 제안한다. 제2장에서 논의된 Herman(1992) 또한 단계적 체계의 예시를 제공한다. 일부 트라우마 개입 프로토콜은 특정 기간 또는 회기 수를 명확하게 제시하는 표준화된 워크북과 기타 전략을 포함한다. 특히 트라우마 중심 인지행동치료(TF-CBT; Cohen, Deblinger, & Mannarino, 2017)는 증거 기반 연구를 통해 표준화되고 뒷받침되는 접근법 중 하나다.

미술치료사들은 트라우마를 해결하기 위해 다양한 단계의 모델을 제안했다. 그중 Chapman(2014)은 4단계로 나눈 신경발달 예술치료(NDAT) 프로토콜을 구성하였는데, 이는 아동을 대상으로 대인관계 트라우마를 개선하기 위한 장기간 프로젝트로 발돋움하였다. 해당 프로토콜은 예술과 놀이 활동을 통해 "관계적인(relational) 트라우마 손상이 발생한 뇌의 하부 구조"(p. 50)에 직접적인 영향을 주고자 하였다. Schore(2003)와 Perry(2009)에 따르면, NDAT는 우선적으로 뇌의 기능성 향상을 위해 뇌의 하부 구조를 통합하며, 나아가 아동의 능력을 이끌어 내기 위해 사용된다. Chapman의 모델은 각 단계에서 정해진 회기 수를 국한하지 않고, 특정한 뇌 관련 주제(신경 활동, 인지, 정보처리, 심리 반응, 예술 기반 과정)를 가진 연속체로서 설계한다.

Dieterich-Hartwell(2017)은 무용/동작을 통한 외상 후 스트레스 치료를 위한 3단계 모델을 (1) 안전, (2) 과각성 감소, (3) 내부수용감각으로 구분하여 설명하였다. Dieterich-Hartwell은 다른 모델과 달리 해당 접근 방식은 철저하지 않고, 오히려 트라우마 생존자의 두 가지 본질적 문제, 즉 신체와의 단절과 내부수용감각의 결여에 중점을 두고 있다고 강조하였다. 이러한 유형의 모델은 시간이 지남에 따라 더 완전한 개입을 위한 기반을 마련하기 위해 특정한 형태의 표현예술을 활용하도록 설계되었다.

많은 치료사가 이러한 트라우마 개입단계 모델이 유용하다고 생각하지만, 심리치료에서 표현예술을 촉진하는 가장 효과적인 방법은 아닐 수 있다. 나의 개인적 경험에 비추어 볼 때, 트라우마를 경험한 사람들은 과거 선행연구에서 제시한 일반적인 회복 단계를 항상 따르지 않으며, 표준화된 예술 기반의 치료법이 효과를 보는 경우도 드물었다. 트라우마 경험의 다양성은 이러한 모델의 타당성에 의문을 제기한다. 어떤 사람은 발달 트라우마나 일생에 걸쳐 여러 가지 트라우마 사건을 경험할 수도 있으나, 다른 사람은 특정 급성 트라우마 사건으로 매우 강한 충격을 받아 어려움을 호소할 수 있다. 또 일부는 현재 마주하고 있는 어려움 외에도 세대 간의 갈등 혹은 과거의 트라우마 경험을 지니고 살아 왔을 수 있다. 일부 트라우마 반응들은 우리가 흔히 볼 수 있는 증상들도 있지만, 대부분의 개인과 집단은 여러 요인으로 인해 독특한 반응을 보이기도 한다. Dieterich-Hartwell(2017)이 무용/동작치료 모델에서 강조하듯, 대부분의 단계 모델(stage model)은 서구적 관점에서 설계되었으며, 개인의 요구를 충분히 다루지 않는 경우가 많다. 또한 다미주신경 이론(polyvagal theory; Porges, 2012)과 감각 운동적인 접근(sensorimotor approaches; Elbrecht, 2014, 2018; Ogden & Fisher, 2015)이 설명하듯, 대부분 기존의 프로토콜은 뇌 관련 기능만을 중점에 두고 있으며 신체 관련 개입을 간과하는 경향이 있다.

치료사들은 치료 과정에서 단계적 접근을 위해 이러한 프로토콜을 찾았고, 더 유연하고 반응을 촉진하는 다양한 표현예술의 개입 시기와 방법을 고려할 수 있는 다른 방법도 찾았다. 다른 절충적 방법과 마찬가지로 표현예술은 역사적으로 예술과 놀이를 결합하여 심리치료적으로 다양한 접근법을 가지고 있으며, 여기에는 정신분석적, 인본주의적, 인지적, 발달적 관점을 포함한다. 그러나 표현예술에 적합한 핵심적 심리치료 접근법으로 표현치료 연속체(ETC; Kagin & Lusebrink, 1978; Lusebrink, 1990, 2010)라는 한 가지 특정 모델이 있다. 이 모델은 트라우마의 신경발달과 신경생물학에 대한 최신 연구를 반영하기 때문에 트라우마 개입에 특히 관련이 깊다(〈표 3-1〉 참조). ETC의 주요 개발자인 Lusebrink(1990, 2010)는 정보 처리와 실행 기능, 감각 운동 발달, 심리 사회적 행동 및 자기 심리학에 대한 초기 개념을 바탕으로 최근에는 ETC의 전체적인 틀 안에 현대 신경생물학 원리를 통합하였다(Lusebrink, 2010). Graves-Alcorn은 임상 및 교육 환경에 개입하기 위한 개발적 구조를 강조하면서 ETC의 다양한 실제 응용 분야를 설명하였다(Graves-

〈표 3-1〉 신경 발달과 예술치료

	뇌 영역의 일반적 기능	ETC 단계/수준	예술치료적 개입
뇌간 (Brainstem)	집중	동적/감각적 (Kinesthetic/ sensory)	예술 매체의 감각적인 활용
	타인과 어울리기		질감과 촉감 요소
	타인에 대한 애착		자기 진정 예술체험(시각, 음악, 동작)
	스트레스 반응		관계와 인정의 경험
중뇌(간뇌) (Midbrain, diencephalon)	운동능력	동적/감각적 (Kinesthetic/ sensory)	신체지향적 활동 (중앙선 교차놀이: 몸을 연결하기)
	조정		예술과 놀이를 통한 기술 습득
	스트레스 반응		자기 위안 예술표현(시각, 음악, 동작)
	타인과 어울리기		관계와 인정의 경험
	타인에 대한 애착		표현에서의 의식/구조
변연계 (Limbic system)	통제에 영향을 미침	지각/정동적 (Perceptual/ affective)	마스크, 투사 및 관계놀이용 인형
	기쁨		창의적 표현과 기술향상을 위한 예술과 공예
	관계		집단미술치료/가족미술치료
	기분		자기 위로 예술체험(시각, 음악, 동작)
	애착		표현에서의 의식/구조
피질 (Cortex)	인지	인지/상징적 (Cognitive/ symbolic)	인지적 접근을 기본으로 한 감각적이고 정서적 방법 필요
	실행기능		예술과 놀이를 활용한 독서치료
	자아상		자아존중감과 기술강화를 위한 예술
	사회적 역량		집단 예술치료의 팀워크
	의사소통		문제해결능력

Alcorn & Kagin, 2017).

Lusebrink, Graves-Alcorn, 그리고 ETC에 대해 글을 쓴 다른 사람들은 주로 시각예술적 활용에 대해 논의한다. 그러나 나는 이 ETC 구조가 요가, 마음챙김, 그리고 신체를 기반으로 한 개입을 포함하여 특정 영역뿐 아니라 모든 표현예술과 다양한 놀이에 적용되는 치료 전략을 개념화하는 방법이라고 생각한다. 즉, 내담자의 회복을 겨냥한 치료자의 필요에 따라 구체적인 개입을 설계하고 적용하는 것을 목표로 미디어, 방법 및 다양한 접근법의 특성을 정의하는 방법에 대한 모델이다.

매우 기본적인 의미에서 ETC는 단순한 처리부터 더 복잡한 처리로 이동하는 네 가지 단계의 경험을 제안한다. 세 가지 ETC 단계는 뇌간에서 중뇌, 고등 변연계 및 대뇌 피질계 시스템으로 이어지는 Perry(2009)의 뇌 기능 발달 모델과 어느 정도 연관될 수 있다. 원저자가 정의한 ETC의 단계는 (1) 운동적/감각적, (2) 지각적/정서적, (3) 인지적/상징적, (4) ETC의 각 단계에서 발생할 수 있는 창의적 수준, 또는 모든 단계의 기능 통합이 이뤄지는 수준이다(Lusebrink, 2010). 〈표 3-1〉은 ETC 단계에 대한 간단한 개요이다(Malchiodi, 2012a에서 요약됨).

운동적/감각적 수준은 탐색적인 방식으로서 표현예술과의 상호작용으로 정의된다. 운동적 경험은 움직임과 신체 활동을 포함하며, 자발적인 움직임, 북 치기, 또는 난화 등이 대표적인 예이다. 이러한 경험은 자유롭거나 혼란스러운 형태로 표현될 수 있다. 감각적 경험은 예술작업을 경험할 때 감각을 사용하는 것을 의미하며, 찰흙을 직접 만져보는 것이 한 예이다. 이외에도 시각, 청각, 후각, 미각 등의 감각이 포함될 수 있다. 또한 전정 감각(균형)과 고유 수용 감각(환경에서 자신의 몸을 지각하는 것) 또한 감각적인 특성이다. 운동적이고 감각적인 경험에서 표현예술이나 상상 놀이의 실제 경험은 작품의 세부 특징보다 더 중요하다.

지각적/정서적 수준은 인식을 표현하고 감정을 전달하기 위해 예술 형식에 참여하는 것으로 정의된다. 지각적 측면은 물감이나 드로잉 재료를 사용하여 선과 색상으로 형태 또는 패턴을 만드는 것과 관련이 있다. 정서적 반응은 감정적 특성이 포함된다. 드럼, 움직임, 소리를 통해 분노, 행복, 걱정과 같은 감정을 표현하는 것이 그 예이다. 이 수준에서 개인은 예술에 대한 자신의 경험을 스스로 관찰하고 반영할 수 있다.

인지적/상징적 단계는 문제 해결과 구조화를 위해 예술을 활용하는 것으로 정의된다. 이 단계에서는 경우에 따라 탐색도 포함될 수 있다. 예를 들어, 개인은 예술 과정에 참여하는 동안 분석적, 논리적, 순차적 기술을 사용할 수 있다. 이러한 경험은 개인적인 의미를 찾는 상징적인 반응으로 이어질 수 있다. ETC의 인지적/상징적 수준에서 작업하는 내담자들은 표현예술 과정에서 합리적인 사고와 지적 능력을 보여 줄 수 있고, 자연스럽게 이미지와 창의적인 작업을 통해서 자신의 의미를 찾을 수 있다.

ETC 모델에 따르면, 창의적 수준은 이전의 어느 단계에서도 나타날 수도 있으며, ETC의 다른 모든 수준을 개인적 표현에 통합하는 것을 포함한다. 이 경우, 이전의 모든 단계(운동감각적/감각적, 지각적/정서적, 인지적/상징적)는 예술의 형태로 명확하게 드러난다. 모든 개인이나 예술 형태가 반드시 이 수준에 도달하는 것은 아니지만, 창의성은 ETC의 다른 세 가지 각각의 수준에서도 경험할 수 있다. 예를 들어, 누군가는 자발적인 움직임을 통해 창의성을 느낄 수 있으며, 그 경험은 연속체에 더 운동 감각적인 것으로 정의될 수 있다.

창의적이라는 용어는 예술적 표현 안에서조차 여러 의미를 내포하고 있어 심리치료의 틀 안에서 명확하게 정의하기는 어렵다. 트라우마 회복과 관련하여 이 중요한 수준에 대한 나의 해석은 ETC 창시자들이 의도했던 것과는 약간 다르다. 나에게 있어 '창의적'이란 의미는 ETC의 세 가지 수준에서 모두 성공적으로 회복이 이루어질 때 나타나는 통합의 경험이다. 또한 이러한 통합이 반드시 상향식 과정 또는 하향식 과정에서만 이루어지는 것은 아니다. 그러나 트라우마는 감각적, 정서적, 인지적 경험을 포함하기 때문에, 통합이 이루어지려면 표현예술을 통한 회복이 세 가지 수준 모두에서 이루어져야 한다(트라우마 통합에 대한 자세한 내용은 다음 절 참조). 트라우마 회복에 대해 이야기할 때, 창의적 수준은 예술을 통해 새로운 내러티브를 만들어 의미를 찾는 경험으로 정의될 수 있다(제10장 참조).

두 가지 다른 용어인 치유 기능과 출현 기능은 ETC의 중요한 부분이다. ETC의 각 구성 요소에는 치유 기능이 존재한다(Kagin & Lusebrink, 1978). Lusebrink(1991)는 이 기능이 "특정 수준에서 최적의 대인관계 기능을 나타낸다."고 언급했다(p. 395). 즉, 치유 기능은 각 수준에 대해 치료적 효과를 주거나 자기 조절, 행동 변화, 통찰력을 촉진하는 데 도움이 된다. 치유라는 용어가 모호하기 때문에 나는 회복 기능이라는 용어를 선호한다. 이는 정서적, 사회적, 인지적, 육체적, 영적 기능 등 다양한 분야에서 긍정적인 변화의 가능성을 내포하기 때문이다. 또한 Kagin과 Lusebrink(1978)에 따르면, 치료자는 치료적 이유와 개인의 목표를 위해 ETC의 한 수준에서 다른 수준으로의 이동을 촉진하기 위해 각 구성 요소의 새로운 기능을 활용할 수 있다. 예를 들어, 특정 음악, 시각 예술 또는 창의적 글쓰기 경험을 제공하는 목표는 개인이 ETC의 다른 수준을 경험하도록 도와주어 회복을 촉진함으로써 통합 가능성을 높일 수 있다(Lusebrink, 1991).

마지막으로, 표현예술 매체의 다양성은 ETC 개념에서 그 중요성이 강조된다. 매체의 다양성은 ETC 창시자들이 제시한 다양한 시각 예술자료의 특성이다. 하지만 ETC를 표현예술치료와 놀이 중심 접근 방식에 적용할 때에도 음악, 소리, 동작, 무용, 연극적 재연, 소품, 장난감, 스토리텔링, 글쓰기의 특성을 함께 고려해야 한다. 표현예술 매체는 주로 ETC의 특정 수준과 관련 있을 수 있지만, 대부분 경우 표현예술은 동작, 감각, 정서, 형태, 인지 또는 상징을 포함한 여러 영역을 동시에 활용한다. 예를 들어, 모래놀이치료는 모래, 물, 사물들의 촉각적 특성, 그것들을 사용하는 동안의 인식과 감정, 그리고 모래에 형성된 작품의 이미지와 그 결과로 만들어진 스토리텔링과 같은 다층적인 경험을 제공할 수 있다. 또한 연극적 재연에는 촉감적인 소품, 운동 감각적 움직임, 정서적이고 상징적인 표현이 포함될 수 있다.

ETC를 경험적으로 이해하기 위해 여러분이 직접 예술 기반의 연구자가 되어 보길 추천한다(Malchiodi, 2018). 다음의 세 가지 그림 그리기 및 글쓰기 활동은 ETC의 감각적, 정서적 및 인지적 수준을 소개한다. 이러한 활동은 Kagin과 Lusebrink(1978) 및 Lusebrink(1990)가 제시한 독창적인 개념을 기반으로 한다. 이 세 가지 활동에는 그리기 도구(색연필, 사인펜, 색마커 또는 오일 파스텔)와 흰 종이(복사 용지나 흰색 스케치북 용지가 적절하다), 그리고 신체 윤곽이 그려진 템플릿 사본(성인용과 아동용은 부록 1A 및 1B 참조), 짧은 이야기를 쓸 펜과 메모장이 필요하다. 이 절의 나머지 부분을 읽기 전에 다음에 제시된 세 가지 활동을 먼저 순서대로 해 보기를 바란다. 이때 옳고 그른 답은 없다.

1. "당신이 지금 가지고 있는 '걱정'을 떠올려 보세요. 색연필, 사인펜, 색마커, 또는 오일 파스텔을 사용하여 색, 선 또는 모양을 사용하여 종이에 간단하게 표현하고 그 걱정을 감각적으로 경험해 보세요."
2. "이제 '당신의 몸 안 어디에서 이 걱정을 느끼고 있는지' 생각해 보세요. 눈을 감는 것이 편안하다면 눈을 감고 당신의 머리부터 발끝까지 천천히 살펴보며 느껴 보세요. 그리고 몸의 어느 부분에서 걱정이 느껴지는지 찾아보세요. 이것은 몸의 한곳 또는 여러 군데에서 느껴질 수 있으며, 때로는 몸의 경계를 넘어서는 것처럼 느껴질 수도 있습니다. 몸의 윤곽선에 걱정이 느껴진 위치와 그 감각을 색, 선, 모양으로 표현해 보세요."
3. "마지막으로, 당신은 간단한 글쓰기 활동에 참여하게 될 것입니다. 다음 질문에 대해 생각해 보세요. '만약 당신의 걱정이 말할 수 있다면, 어떤 말을 할까요?' 당

신의 걱정이 뭐라고 말할지 짧은 이야기로 표현해 보세요. 이때 이야기는 1인칭 시점이 아닌 관점에서 적어도 5~6개의 문장으로 구성해 봅니다. 이야기를 생각만 하지 말고 종이에 적으세요. 그리고 당신의 걱정에 이름을 붙일 수 있다면, 이름을 지어 주세요."

이 세 가지 경험의 순서는 ETC를 효과적으로 나타낸다. 이는 '낮은 단계'에서 '높은 단계'로의 두뇌 처리 과정(운동적/감각적 → 지각적/정서적 → 인지적)을 모방하고 있다. 사실 각 경험은 '뇌 전체'를 필요로 하지만, 모든 활동에서 특정하게 ETC의 한 부분을 강조한다.

예를 들어, 첫 번째 활동에서는 주로 감각적이고 운동 감각적인 방식으로 당신의 '걱정'을 간단하게 경험하고 표현하도록 한다. 이 과정에서 실제 형태나 이미지를 통해 감정 상태를 표현했을 수도 있지만, 본질적인 목표는 감각적/운동적 활동에 있다. 두 번째 활동에서는 신체에서 걱정을 어디서, 어떻게 경험하는지 자각하도록 하여, 지각적이고 정서적으로 유도한다. 마지막 활동은 걱정에 대한 사고 과정을 인지적으로 수행하고 언어를 통해 설명하는 것이 목표이다. 여러분은 이 시점에서 어떤 식으로든 상징적으로 경험했을지도 모른다. 비록 각 활동이 ETC의 여러 구성 요소를 포함하고 있지만, 각각 ETC 체계에서의 각 단계를 강조한다. 다음의 간단한 예시는 몇몇 성인이 작업한 것으로, 걱정에 대해 몸에서 찾은 감각을 지각하여 '걱정을 그리고' 신체 윤곽에 그려 보고, '걱정이 말할 수 있다면 무슨 말을 할까?'를 짧은 이야기로 써 보는 활동을 통해 어떻게 반응했는지를 보여 준다.

예시 1

[그림 3-1]과 [그림 3-2]는 걱정 그리기에 대한 반응과 몸에서 느끼는 걱정에 대한 느낌이다. "만약 당신의 걱정이 말할 수 있다면, 무엇을 말할까요?"라고 물었을 때, 그 사람은 다음과 같이 작성하였다.

매일 밤, 나는 당신 잠자리 주변을 서성이는 걸 좋아해요. 당신이 침대에 누워 편히 잠이 들 때쯤, 나는 당신에게 '조심해!' '조심해!' '나를 잊지 마!'라고 속삭여요. 나는 당신이 온몸이 긴장되고 턱이 아플 때까지 이를 악물게 하는 게 즐거워요. 내가 당신에게 딱 달라붙어 이야기하는 순간, 당신이 더 나은 선택을 할 수 있었다고 떠올리는 것을 보며 즐거워요. 나는 당신을 계속해서 불안하게 만들고, 당신이 더 긴장할수록 나는 더 강한 존재감을 느껴요.

나에 대해 글을 쓴다고 내가 사라질 거라고 생각하나요? 난 무시당할 존재가 아니에요. 내가 당신의 심장을 더 두근거리게 하고, 숨이 멎을 것 같은 기분을 느끼게 할 거예요. 날 달래려고 음악을 틀어도 소용없어요. 난 무엇에도 걸림없이 당신을 압도할 거예요. 이제 당신은 목이 긴장되고 편두통이 시작될 조짐이 보이네요. 가끔은 내가 당신의 눈을 떨리게 만들 수도 있어요. 지금 당신은 침대에서 2시간째 잠을 이루지 못하고 있네요. 내일 출근해야 하는데 오늘 밤 충분히 못 잘 것 같아서 걱정하고 있어요.

[그림 3-1] **예 1: 걱정을 그리기로 표현하기**
Cathy A. Malchiodi의 컬렉션 중(작가의 허가없이 재사용 및 무단복제 금지)

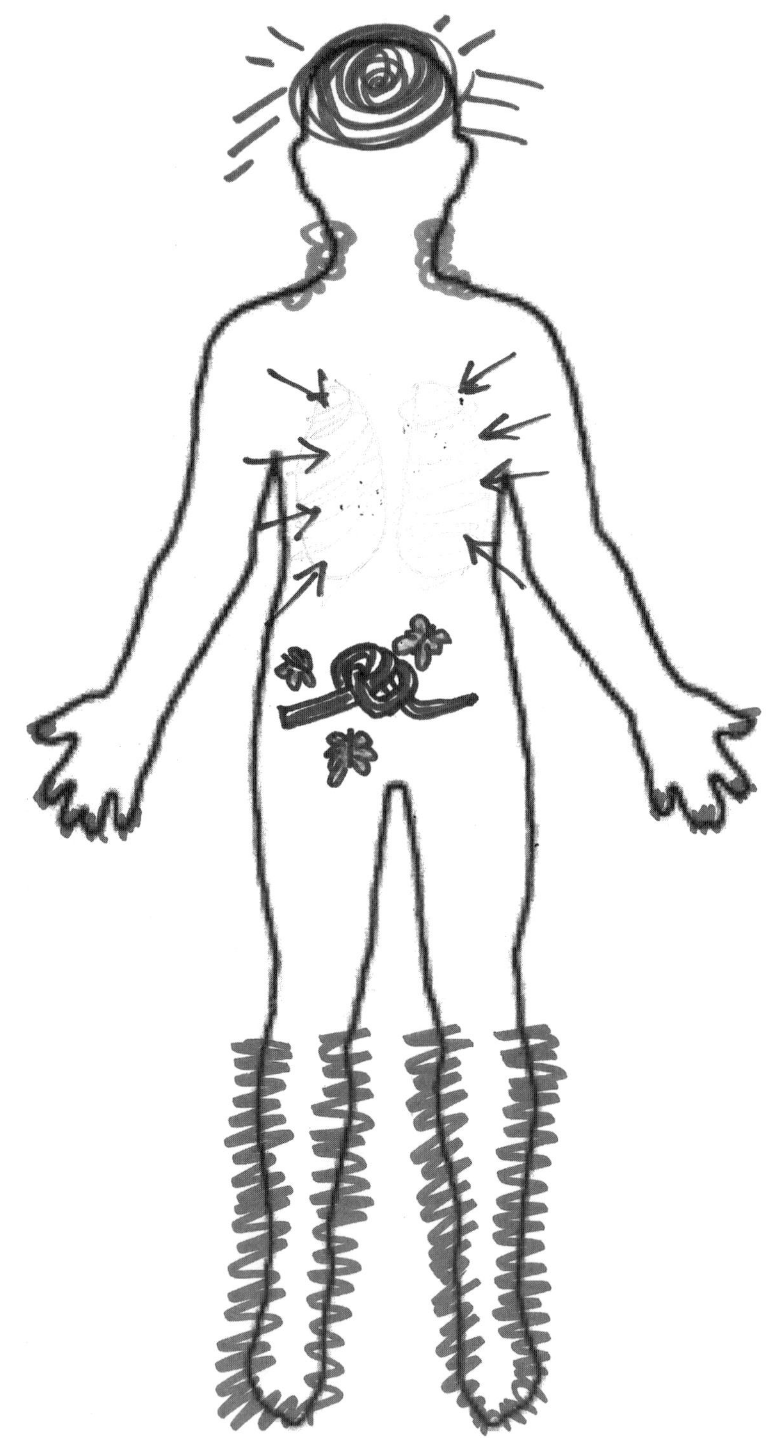

[그림 3-2] **예 1: 신체 윤곽선에 걱정을 그리기로 표현하기**

Cathy A Cathy A. Malchiodi의 컬렉션 중(작가의 허가없이 재사용 및 무단복제 금지)

예시 2

[그림 3-3]과 [그림 3-4]는 처음 두 가지 지시에 대한 다른 사람의 반응이다. 이 과정의 마지막 부분에서 자신의 걱정이 다음과 같이 말하고 있다고 했다.

> 나는 어릴 적부터 계속 너를 막아서 네가 정말 하고 싶은 일을 하지 못하게 했지. 언제나 속삭이며 널 두렵게 만들었지. 이제 너는 어른이 되었고, 난 네 마음속에서 큰 존재가 되었어. 특히 네가 즐거워하거나 밤에 푹 쉬려고 할 때 방해하는 걸 좋아해. 난 계속 커질 거야! 절대 사라져 주지 않을 거야! 나를 무시하려 하지 마! 여기 나를 봐! 상황은 더 나아지지 않고, 오히려 더 어려운 상황들이 찾아올 거야. 넌 앉아서 '내가 다르게 했더라면…….' 또는 '만약 내가 x, y, z를 했더라면, 좀 더 나았을 텐데…….'라고 고민할지도 몰라. 하지만 넌 내 말을 따랐고, 이제 네가 할 수 있는 일은 아무것도 없어. 넌 완전히 갇힌 상태고, 내게서 도망칠 방법은 없어.
>
> 가끔 나는 널 향해 '거기 꼼짝 말고 멈춰! 네가 하는 일, 꿈꾸는 것 전부!'라고 외치며 즐거워해. 솔직히 네가 지금 뭘 할 거라고 생각해? 뭔가 나쁜 일이 생길 거라는 걸 알고 있잖아. 나는 '걱정'이야. 내 목소리를 들어 봐. 넌 내게서 벗어날 수 없어. 내 목소리 들리니?

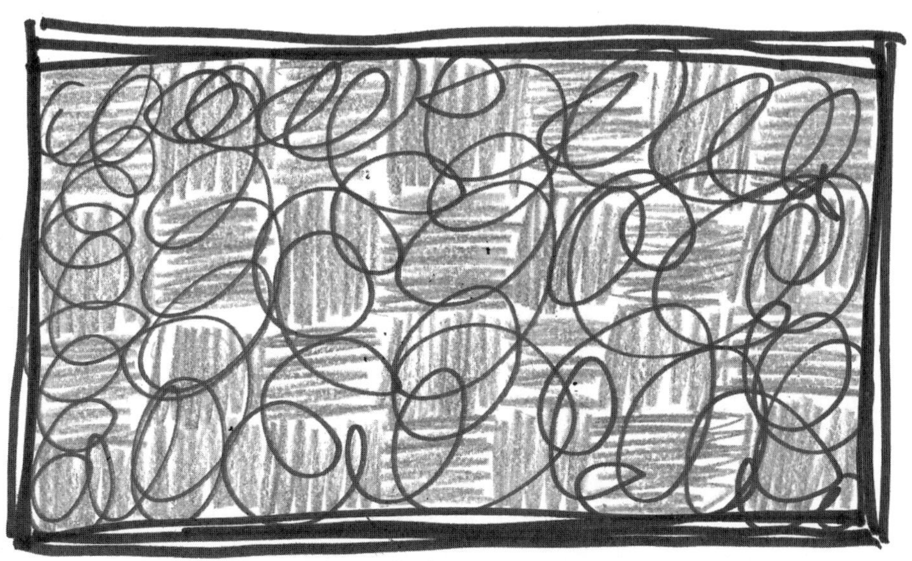

[그림 3-3] **예 2: 걱정을 그리기로 표현하기**
Cathy A. Malchiodi의 컬렉션 중(작가의 허가없이 재사용 및 무단복제 금지)

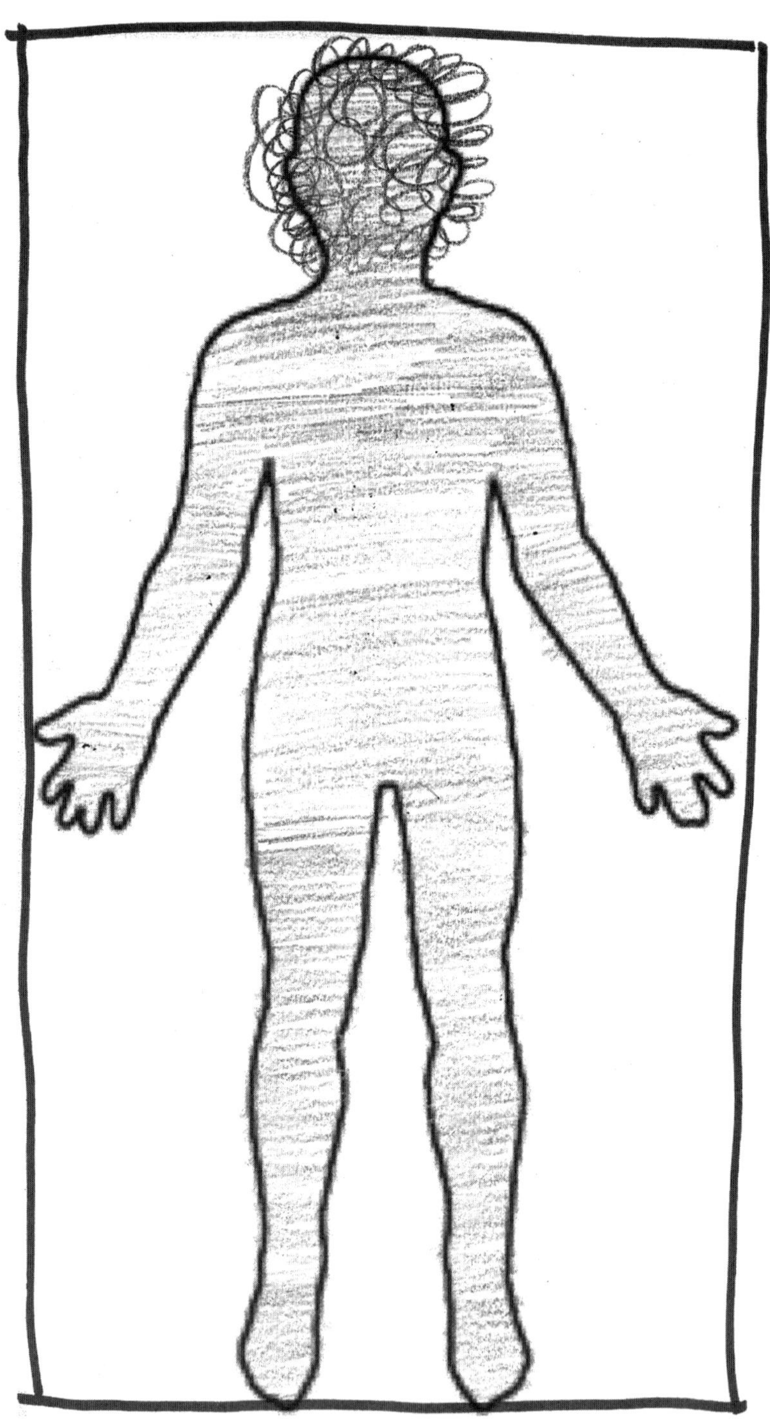

[그림 3-4] **예 2: 신체 윤곽선에 걱정을 그리기로 표현하기**

Cathy A. Malchiodi의 컬렉션 중(작가의 허가없이 재사용 및 무단복제 금지)

예시 3

[그림 3-5]는 걱정 그림이고 [그림 3-6]은 몸 안의 걱정에 대한 내담자의 인식이다. 내담자는 다음과 같이 걱정이 말한다고 작성하였다.

> 내가 너를 공격하면, 너는 비로소 긴장하며 상황에 마주하게 될 거야. 나는 너를 당황하게 만들어서 현재 상황과 너의 위치, 할 수 있는 일을 다시 생각하게 만들지. 넌 나를 상대해야 해. 그건 피할 수 없어. 지금 당장 넌 우선순위를 정할 수 없을 거야. 나를 신경 쓰느라 넌 혼란스러워질 수도 있지. 나는 너의 감정을 흔들어 불편하게 만들어서 너를 아프게 만드는 나를 비난할 대상을 찾게 만들지도 몰라.
>
> 나는 또 네가 미래에 대해 고민하게 만들어 죄책감이 들게 하기도 해. 네 심장이 빠르게 뛰고, 손바닥에 땀이 나고 호흡이 빨라지게 만들 수 있지. 나를 통제하고 싶겠지만, 쉽지 않을 거야. 내가 일으킨 내면의 불안을 잠재우려고 안간힘을 써 봐. 행운을 빌어! 네가 혼란스러워할수록 나는 점점 더 커져서 네 생각을 무겁게 짓누르고, 속이 뒤틀리는 것처럼 배를 불편하게 만들 수 있어. 지금 네게 모든 것이 짐처럼 느껴지는 이 상황에서 나는 네가 무기력한 감정에 압도되는 모습을 보며 즐거워하고 있어.
>
> 네가 날 잊는 데 오랜 시간이 걸린다는 것을 알고 있어. 네가 나를 마음속에 잠시 넣어 둔다 해도 나는 절대 사라지지 않아. 나는 네가 언젠가 자제력을 잃을 수 있다는 사실을 상기시키는 것을 좋아하지.
>
> 걱정이 조금 줄어드는 건, 내가 잠잠할 때지. 너의 세상은 한층 더 평온해지지. 나는 네가 삶을 즐기고 하루가 주는 가치를 느낄 수 있는 시간을 갖게 해 줘. 넌 따뜻한 햇살과 커피 그리고 쿠키 향을 더 잘 느낄 수 있지. 그리고 난 네가 직장에서 열심히 일할 수 있게 도와주기도 해. 이제 넌 정말 '삶을 제대로 즐길 수 있을 것 같아.'라는 속삭임을 듣지.

이 특정 ETC 연습은 연속체의 세 가지 단계를 이해하는 데 도움을 줄 뿐 아니라, 임상현장에서 적용할 수 있는 전략이기도 하다. 개인에게 이 활동에 참여하라고 하여 트라우마 작업에 적용할 때, 몇 가지 중요하게 고려할 사항이 있다. 첫째, 이 세 가지 반응을 활용할 때, 일반적으로 내담자에게 회기 중에 이미지나 이야기의 성격을 바꿔 보라고 권유한다. 예를 들어, "걱정을 완전히 없애거나 줄일 수 있다면, 그 모습은 어떻게 변할까요? 또 그림은 어떻게 변할까요?"라는 질문을 던질 수 있다. 여건이 된다면, "변화를 보여 줄 그림을 새로 그릴 수 있나요? 아니면 기존 그림에 긍정적이고 도움이 되는 요소를 추가

할 수도 있을까요?"라고 물을 수도 있다. 예시 3처럼 내담자는 걱정이 '더 작고' 방해가 덜 된다면 그 걱정이 어떤 말을 할 것인지 쓸 수 있을 뿐만 아니라, 걱정에 대해 자기 몸의 반응이 어떻게 달라질지 그림으로 표현할 수도 있다([그림 3-7] 참조). 중요한 점은 선택 사항을 제공하는 것에 그치는 것이 아니라, 회기가 끝날 때 내담자가 걱정에 사로잡힌 상태가 아닌 앞으로 나아갈 수 있는 실마리를 제공하는 것이다.

모든 사람이 걱정이나 불편한 감각이 느껴졌던 순간을 다시 지각해 볼 수 있는 준비가 되어 있지는 않다. 이들은 자기 조절 지원을 더 키우고 연습할 필요가 있을 수 있다(제6장 참조). 예를 들어, 일부 트라우마 생존자는 자신의 몸에서 '이완'이나 '안전'이 느껴지는 곳과 이러한 느낌이 색, 선 및 형태의 측면에서는 어떻게 표현되는지 확인하는 것이 더 도움이 될 수 있다. 세 단계의 활동에서 걱정을 표현하는 대신, 이완, 내적 평화, 평온, 안전이라는 단어를 사용하여 개인이 예술적 표현을 통해 재구조화된 자기조절상태를 알아감으로써 이후 스트레스 관리에 활용할 수 있다. 또 어떤 사람들은 부드러운 신체 움직임을 활용하는 것이 감정이나 마음 상태를 묘사하는 데 있어 그림을 그리는 것보다 더 적합할 수 있다. 특히 트라우마에 대한 반응으로 움츠러들거나 얼어붙는 경향이 있는 사람들은 이러한 '움직임'을 통해 해소하려는 본능이 있을 수 있기에 움직임이 더욱더 도움이 될 수 있다.

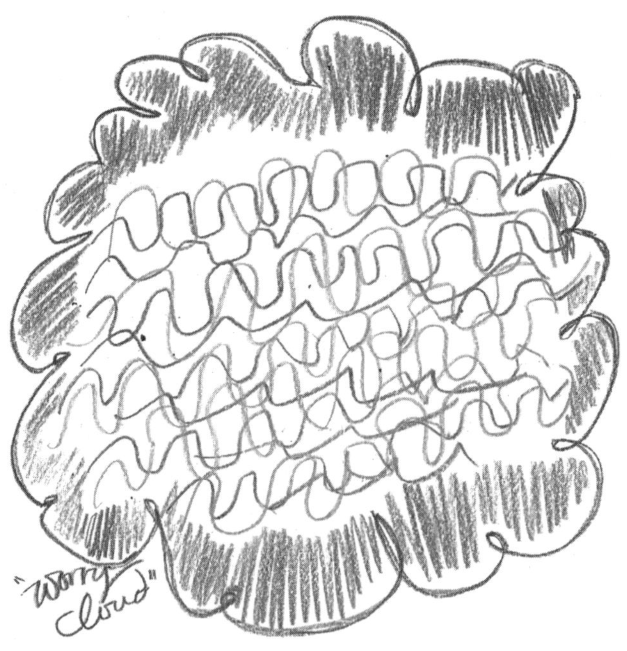

[그림 3-5] **예 3: 걱정을 그리기로 표현하기**

Cathy A. Malchiodi의 컬렉션 중(작가의 허가없이 재사용 및 무단복제 금지)

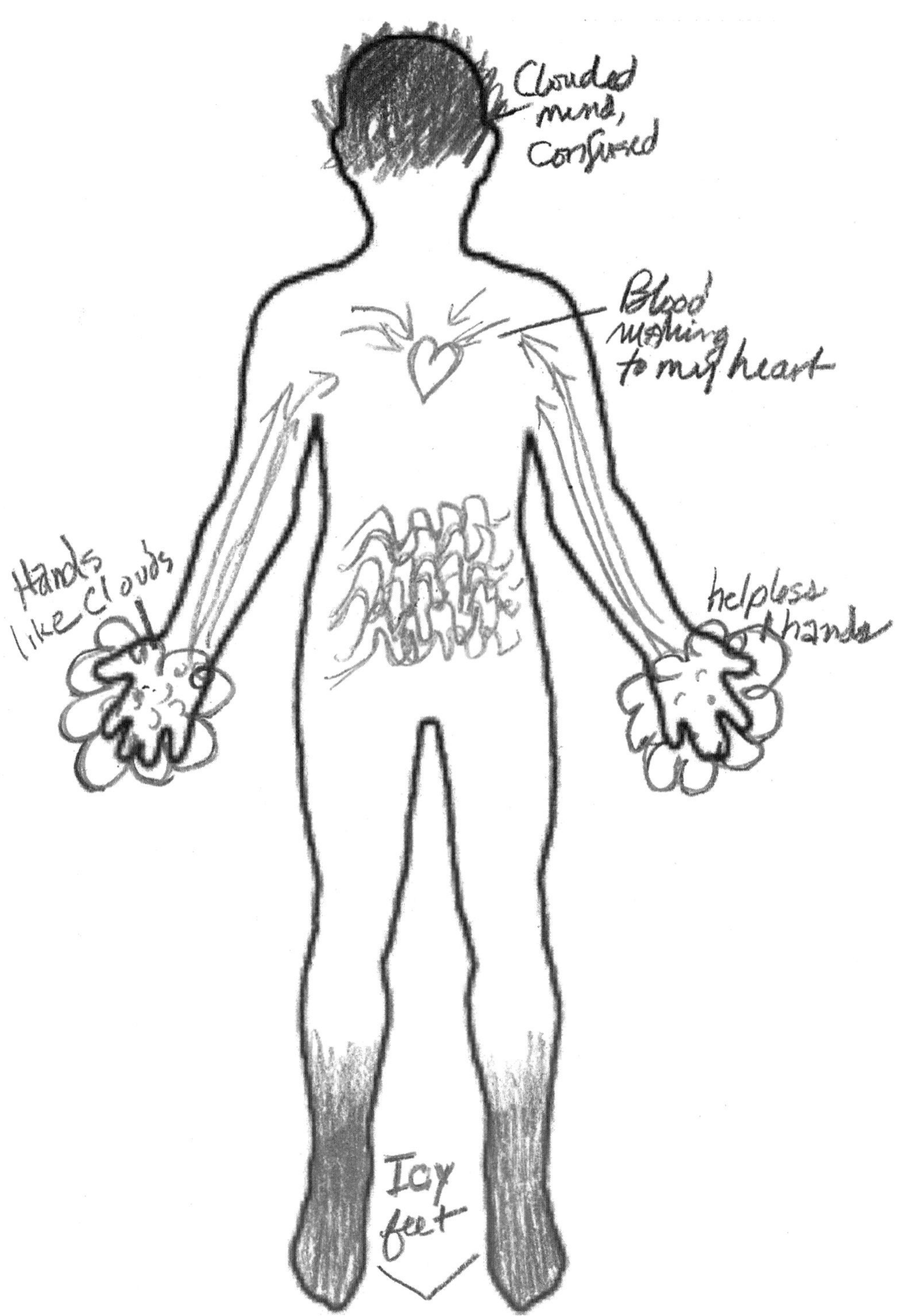

[그림 3-6] **예 3: 신체 윤곽선에 걱정을 그리기로 표현하기**
Cathy A. Malchiodi의 컬렉션 중(작가의 허가없이 재사용 및 무단복제 금지)

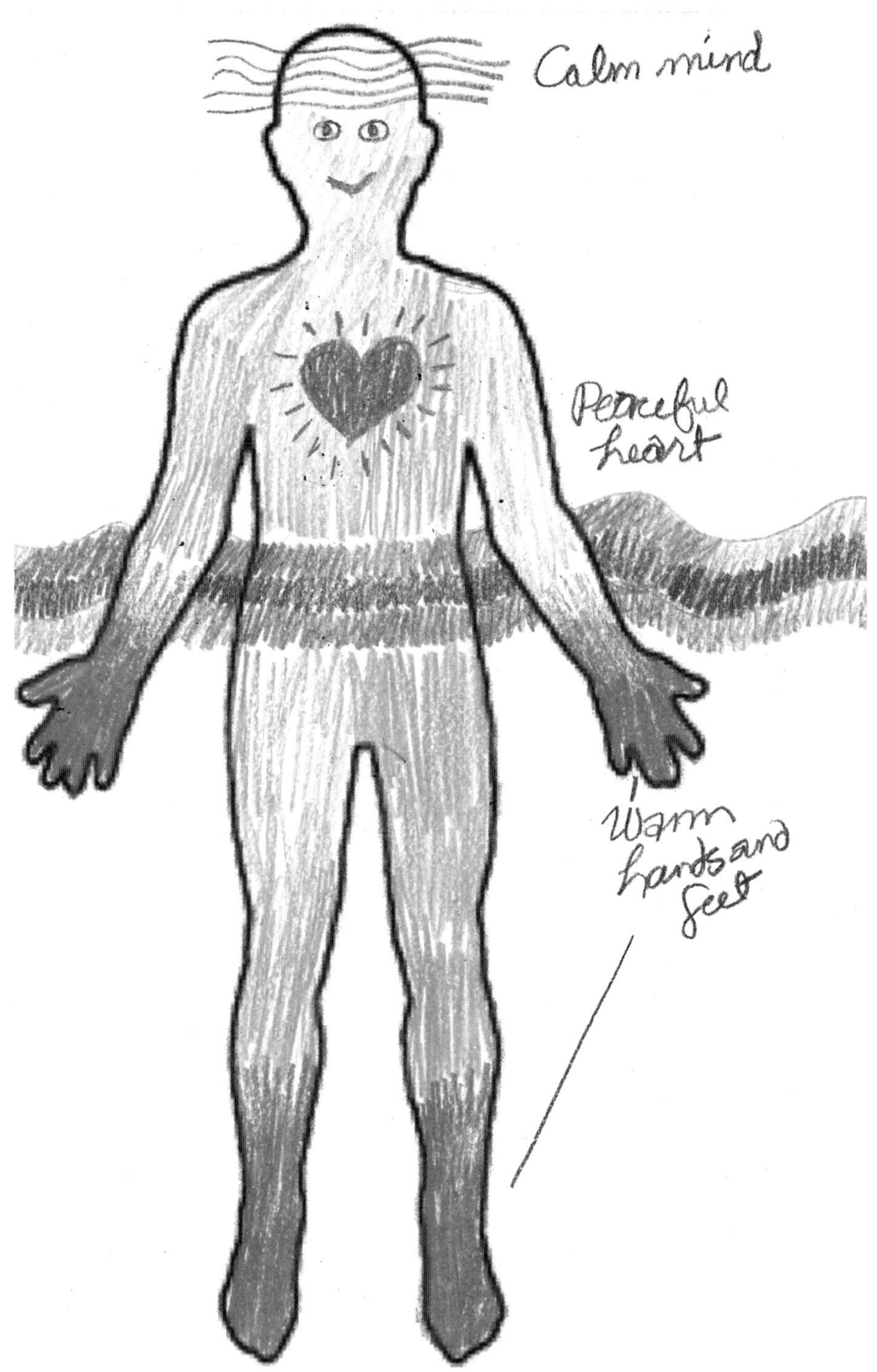

[그림 3-7] **신체의 윤곽선에서 걱정이 어떻게 바뀌는지**
Cathy A. Malchiodi의 컬렉션 중(작가의 허가없이 재사용 및 무단복제 금지)

◇◇◇◇◇

상향식, 하향식 접근

이전 장에서 논의한 바와 같이, 현재의 트라우마 중재 이론들은 치료에 상향식 접근법을 강조한다. 즉, 치료 초기에는 하위 뇌 기능을 다루는 데 초점을 두고, 이후에는 점차 언어와 이야기를 재구성하여 기억을 일관되고 응집력 있는 전체로 구성하는 방향으로 진행한다. ETC 연속체는 이러한 방향에 부합하는 모델로, 하위 기능이 우선적으로 회복되어야 다음 단계를 밟아 나가는 데 필요한 기반을 제공한다는 개념을 지지한다. 이는 궁극적으로 다음 단계에서 건강한 반응을 회복하고 촉진하는 역할을 한다.

그러나 ETC의 출발점이 반드시 상향식이 아닌 경우도 있다. 앞서 언급한 예술 기반 경험의 순서는 그 사람의 현재 필요와 상황에 따라 언제든지 수정될 수 있다. 다시 말해, 예술 기반 경험의 경우 반드시 운동/감각에서 지각, 인지의 순서대로 나아갈 필요는 없다. 생명의 위협을 받는 심각한 질병을 최근에 진단받은 자녀의 트라우마를 필사적으로 견디고 있는 불안한 부모를 생각해 보라. 그들은 그림이나 움직임을 통해 감정을 표현하는 것이 불편할 수 있다. 일부 보호자 또는 간병인은 일시적으로라도 자신이 사랑하는 사람의 고통에 집중하기 위해 상황을 통제해야 한다고 느낄 수 있다. 이런 사람들에게는 언어로 표현하는 것이 감각과 감정에서 거리를 둘 수 있어 더 안전하다고 느낄 수 있다. 물론 이런 언어적 표현이 장기적으로 보면 항상 도움을 주거나 치료적이지 않을 수도 있다. 반면에 긍정적, 회복적인 경험들을 뒤로 미루고 더 고차원인 인지적/상징적 수준에서 기능하는 것이 항상 최선인 것은 아니다. 예를 들면, 트라우마를 겪은 10대 청소년에게는 정서(정동적), 의미 형성, 문제 해결(인지적)을 다루기 전, 자기 조절을 위해 자기를 진정시키는 감각적, 동적 경험이 먼저 필요할 수 있다.

고통받는 간병인에게 가장 효과적인 전략은 위기 상황에서 신체의 '이완'을 경험하는 방법을 찾는 것일 수 있다. 이는 일시적으로 몸의 고통스러운 감각에 집중하는 것보다 중요할 수 있다. 모든 경우에 트라우마 이해 기반 접근방식은 내담자가 현재 직면한 어려움이 과거 트라우마로부터 어떤 맥락과 닿아 있는지 치료자가 신중하게 고려하도록 도와준다.

◇◇◇◇◇

트라우마에 기반한 표현예술치료 연속체의 적용

앞 절에서 ETC를 경험적으로 이해할 수 있는 실습을 소개하였다. 트라우마 기반 ETC는 예술 중심의 개입에 대한 다양한 요소를 이해하고 적용하는 실용적 차원이며, 이를 통해 뇌와 신체의 통합적 경험을 이끌어 낸다. ETC의 창시자들은 예술표현을 평가하고 치료적 개입을 결정하는 방식으로 사용했지만, 나는 이것이 트라우마를 이해하고 다루는 뇌와 신체 기반 방법으로도 유용하다고 생각한다(Malchiodi, 2012b). 이 구조는 대략적으로 뇌의 하위(감각적), 중간(정서적), 상위(인지적) 기능을 반영하여 전개되며, 동적/감각적 수준에 있는 아동부터 인지 및 실행적 기능이 가능한 성인까지 다양한 발달 단계를 담고 있다.

어떤 표현예술 경험도 ETC의 한 수준만으로 완전히 설명되지 않으며, 다른 단계의 특성과 항상 어느 정도 겹친다. 그러나 전략은 특정 수준에 더 중점을 두어 그 순간에 내담자의 요구와 목표를 다루도록 한다. 다음 단락에서는 트라우마 기반 표현예술치료를 위한 체계로 ETC를 적용할 때 고려해야 할 일반적인 지침을 설명한다.

동적/감각적 수준

동적 기능과 감각적 기능은 트라우마 개입의 원칙과 밀접하게 관련되어 있지만, 각자 고유한 목적과 접근 방식을 가지고 있다. 기본적으로 동적 기능을 다룰 때는 내담자로부터 구체적인 표현의 실마리를 얻기 위해 어떤 방식으로든 움직이게 해야 한다. 이는 트라우마 기억이 비언어적으로 저장되기 때문에 행동 중심의 활동이 고통스러운 사건으로 인한 무력감을 감소시키는 데 도움이 될 수 있다. 어떤 경우에는 이러한 움직임이 실제로 트라우마 기억으로부터 해방되기 위해 꼭 필요하다고 여겨진다(van der Kolk, 2014). 표현예술 중에서 무용/동작치료가 가장 명확히 동적 기능적이며, 동작과 자세 또는 근육의 긴장이 개인의 정서에 크게 영향을 미친다(Gray, 2015). 또한 움직임은 과잉 활성화된 상태를 해소하는 효과적인 수단이며, 외상 후 스트레스의 일반적인 두 가지 반응인 해리 상태를 해결하는 데 도움이 된다(Malchiodi, 2015a).

동적 활동의 보충적 기능에는 에너지 방출과 스트레스와 긴장 완화가 포함된다. 이는 움직임과 리드미컬한 호흡을 통해 자신의 몸이 공간 속에서 어디에 있는지를 인식하게 도와 현재에 집중할 수 있게 한다(운동감각과 감정감각), 현재에 집중하는 데 도움이 된다. Levine(2015)의 연구에 따르면 사람들은 트라우마 사건을 겪는 동안 종종 축적되는 에너지를 신체적 활동을 통해 방출함으로써 더 효과적으로 스트레스를 해소할 수 있다고 보았다. 야생에서 위협을 받고 자신이 경험하는 스트레스를 발산해 버리는 동물들과 대조적으로, 인간은 수치심, 자기 판단, 두려움의 감정과 생각으로 자연스러운 자기 조절 방법인 발산을 억누르는 경향이 있다. 이러한 감정과 생각은 심리적 트라우마로부터의 회복을 늦추고 때로는 외상 후 스트레스 반응을 유발한다. Levine은 외상 후 스트레스 반응이 지나가도록 돕는 운동 감각적, 신체적 기반 방법이 있다고 하였다. 이 방법은 위협이나 고통 앞에서 '얼어붙은' 상태에 놓였을 때, 행동할 수 있도록 돕는 데 특히 유용하다. Rothschild(2011)도 움직임이 지속적인 경직 반응에 대한 해독제일 뿐만 아니라 스트레스 호르몬을 감소시키고 근긴장을 통해 자제력을 증가시키기 때문에 트라우마로부터 안전한 회복을 돕는 여러 핵심 열쇠 중 하나라고 하였다.

Perry(2009)는 인간에게는 패턴화된 반복적이고 리드미컬한 신체 감각 활동이 필요하고, 이러한 경험은 수천 년 전부터 신체 지각 및 자기 조절의 형태로써 시작되었다는 개념을 강조한다. 요가, 심호흡과 명상, 노래, 무용, 운동, 태극권, 그리고 북 치기는 자기 조절과 리드미컬함을 특징으로 하는 활동들이다. 시각 예술, 극적 연출, 상상 놀이도 리듬과 반복을 포함하여 운동 감각적 특성이 두드러지고, 신체는 이러한 반복적 행동 패턴에 자연스럽게 참여하게 된다. 예를 들어, 리듬감 있는 음악에 맞춰 큰 종이에 그림을 그리는 것은 신체의 양쪽을 사용하여 자유로운 움직임을 경험할 수 있다. 이는 운동 감각적 경험으로 자기 조절과 감각 통합에 도움이 될 수 있다. 이런 식으로 패턴화된 리듬과 반복적 활동은 몸 전체에 영향을 주고, 오랜 시간이 지나면 뇌의 신경 패턴을 바꿀 수 있다. 다시 말해, 움직임은 뇌의 가소성을 촉진하고 말 그대로 트라우마 기억에 대한 뇌의 반응을 수정하는 직접적인 통로이다.

이 장에서 이미 언급했듯이 미러링은 다른 사람이나 집단에 대한 적극적 조율에 의존하기 때문에 관계적인 움직임 경험이기도 하다. 미러링은 다양한 표현예술과 놀이의 일부가 될 수 있지만, 대부분 무용/동작과 극적 연출의 주요 구성 요소이다. 미러링 활동의 목표는 치료사와 내담자 사이에 유대감을 형성하는 것이지만, 이는 본질적으로 행동에 의존한다. 운동 감각적 경험으로서 미러링 활동은 양육자와 아동 사이의 움직임, 몸짓, 자세 및 얼굴 표정을 통해 안전한 애착 상태에서 자연적으로 발생하는 비언어적이고 우뇌 지배적 의사소통의 한 형태이다(Gray, 2015; Malchiodi, 2015b).

ETC의 감각 구성 요소는 운동 감각 구성 요소와 유사하지만, 다중 감각 경험[촉각, 시각, 청각, 미각, 후각, 고유 수용 및 전정(vestibular)]을 강조한다. 이 장의 앞부분에서 설명한 바와 같이, 표현예술과 놀이 개입은 트라우마 중재에 있어 감각에 기반한 접근법으로 정의된다. 즉, 감각과 내부 경험의 인식을 활용하고 개인이 신체의 감각에 집중할 수 있도록 돕는다. 궁극적으로, 트라우마 개입의 일환으로 감각 기반 활동을 적용하는 것의 목표는 내담자가 과도하게 활성화되거나 고통스러울 때 이완시키기 위해 자기 조절을 연습하고 숙달하도록 돕는 것이다. 감각에 기반한 경험들은 또한 Siegel과 Hartzell(2003)이 언급한 '감각의 바다'와도 연결된다. 다시 말해, 생애 초기 몇 년 동안, 인간은 감각 경험을 통해 양육자와 환경을 이해하고 개념화한다.

Hinz(2009)는 사람이 '인지에 사로잡혀' 있거나 '무감각, 무감정 상태'일 때 ETC의 감각 수준이 도움이 될 수 있다고 하였다(p. 68). 대조적으로, 트라우마 사건은 많은 사람에게 너무 압도적이어서 뇌의 언어 중추가 '생각 멈추기'라는 적응적 대처방식으로 접촉이 끊어진 상태가 될 수도 있다. 이 경우 적절한 속도로 제시된 감각적 접근은 내담자가 말할 수 없거나 생각할 수 없는 것을 표현하는 데 도움이 될 수 있다. 트라우마 사건은 경험에 대한 감각 기억을 포함한다고 여겨지기 때문에 많은 치료사는 다양한 방식으로 감각을 활용하는 것이 심리적 트라우마 회복에 도움이 된다고 생각한다.

일부 트라우마 전문가는 표현예술의 감각적 특성이 트라우마 이야기를 천천히 드러내고 전달하는 것을 허용함으로써 회피를 감소시킬 수 있다고 믿는다(Spiegel et al., 2006). 특히 감각 기반 개입은 자기 조절을 돕고 과활성화를 감소시킨다. 감각 기반 개입의 이러한 이점은 스트레스를 조금씩 표현할 수 있도록 조절하는 데도 효과적이며, Levine(2015)이 언급한 것처럼 고통스러운 기억을 처리하는 과정에서 고통과 자기 조절 사이를 왔다 갔다 할 때 역시 효과적일 수 있다. 이러한 이유로 트라우마 개입에서는 감각 경험을 통한 회복 기능이 중시된다. 감각 경험은 또한 긴장, 압박감, 현기증, 가쁜 호흡 등 트라우마 기억과 관련된 고통스러운 신체 반응을 불러일으킬 수 있다. 이 책의 뒷부분에서 설명하겠지만, 표현예술을 감각 자극으로 사용할 때는 감각을 통한 자기 조절 전략뿐만 아니라 구체화된 안전감을 심어 주는 감각 경험 제공도 필수적이다.

ETC의 운동 감각 및 감각 구성 요소는 본질적으로 탐색적 성향을 가지고 있다고 여겨진다(Lusebrink, 1990). 다시 말해, 완성된 결과로 이끄는 것보다 과정을 지향하는 경험과 활동을 수반한다. 그러나 이런 탐색적 특성에도 불구하고 운동 및 감각 표현은 트라우마에 관한 한 ETC 체계 전체에 걸쳐 나타나는 다른 창의적 활동만큼이나 중요하다. 다시 말해, 비언어적 의사소통은 종종 회복의 초기 단계에서 많은 생존자에게 주요한 '언어' 형태이기 때문에, 움직임과 감각적 표현은 심리적 트라우마를 경험하고 있는 모든 연령대의 사람과 효과적인 의사소통 형태이다. 표현예술은 말로 표현할 수 없는 것에 대해 비언어적 의사소통의 형태를 보여 주기 때문에 이러한 점에서 필수적이다.

지각/정동적 수준

ETC의 지각적인 구성 요소는 하나 이상의 창의적인 형태로 내적 경험을 전달하기 위해 표현예술을 사용하는 것을 포함한다. 예를 들어, 이전 절에서 ETC 활동을 간략하게 설명했듯이 치료자는 내담자에게 신체에서 감정이나 '걱정'이 어디에 있는지 인지하고 그 인식을 묘사하기 위해 색상, 형태 및 이미지를 사용할 것을 요청할 수 있다. 어떤 이는 키보드의 음표를 누르거나 직접 연주하면서 그 인식을 전달하기도 한다. 이는 운동/감각적 활동처럼 사람들에게 단순히 무언가를 표현하는 것을 넘어, 비언어적인 방식으로 다른 사람들에게 의사를 전달할 수 있는 새로운 언어를 개발하는 과정이 된다.

지각/정동적 수준의 지각적 구성 요소는 예술이 경험, 감정 및 인식에 대한 구체적이고 시각적인 표현을 제공하기 때문에 트라우마 기반 미술치료를 통해 가장 잘 이해될 수 있다. Marian의 경우, 그녀가 자신의 우울, 공황 발작, 분노를 이해하게 되며 나에게 전달할 수 있었고, 이는 치료에 의미 있고 희망적인 전환점이 되었다. 비록 그녀는 이러한 감정을 말로 설명할 수도 있었지만, 우울증의 심각함, 예측할 수 없는 공황의 혼란, 죄책감 그리고 그녀의 가족에 대한 분노를 안고 살아가는 것이 어떤 것인지 그림을 통해 보여 줄 수 있다고 하였다. 이러한 Marian의 인식을 묘사하는 그림과 그녀의 몸 안 어디에 감정을 담고 있는지에 대한 이미지는 Marian이 이러한 경험과 트라우마에 대한 반응을 신체적으로 정의하는 데 도움이 되는 데 필요한 구조를 제공했다.

Marian 및 다른 트라우마 생존자들의 경우, 표현예술은 지각/정동적 수준의 '정동적인' 구성 요소를 이용한다. Lusebrink(1990)와 Graves-Alcorn과 Kagin(2017)에 따르면, ETC의 정동적 구성 요소는 정서를 확충시키면서 지각적 구성 요소를 보완한다. 이와는 대조적으로, 지각적 구성 요소는 정서의 구조화 및 억제와 더 관련이 있다. 트라우마 개입의 관점에서 매체 및 표현 방식은 각각의 회복 기능을 고려할 때 중요하다. 지각 활동의 회복적 기능은 구조화와 억제의 경험이다. 과잉 활성화와 두려움, 걱정 또는 공포 등의 트라우마 반응을 보이는 내담자를 다룰 때, 보다 구조화된 경험을 제공하는 것은 표현을 돕는 동시에 안전감을 조성하는 데 도움이 된다. 예를 들어, 치료사는 내담자에게 걱정, 두려움 또는 다른 감정 상태를 표현하기 위해 사인펜과 작은 종이 한 장을 사용하도록 할 수 있는데, 이는 자기 표현이 한정된 틀 안에서 이루어져 안정감을 준다. 그러나 때에 따라 내담자에게 페인트, 붓, 큰 종이를 제공하여 더 큰 동작으로 자유롭게 감정을 발산하게 할 수도 있다. 마찬가지로, 아동을 다룰 때, 테이프를 사용해 특정 영역을 제한하여 그곳에서 감정을 표현하도록 하거나, 방 전체를 사용하여 더 자유롭게 움직이며 광범위하고 정서적인 반응을 유도할 수 있다.

지각적 활동의 경우처럼 정동적인 활동의 회복 기능은 트라우마 사건에 대해 경험했던 것의 암시적 또는 '체화된 감각(Rappaport, 2009)'을 전달하는 것을 포함한다. 이는 시각적, 음악적, 움직임 또는 다른 창의적인 형태를 포착함으로써 강력한 정서적 기억을 표현하는 것을 포함한다. ETC의 이전 단계와 마찬가지로, 지각적 구성 요소와 정동적 구성 요소는 표현예술치료의 개입에 따라 종종 겹친다. ETC의 다양한 구성요소 중에서 지각/정동적 수준은 정서 표현의 중심부라 할 수 있기 때문에 적절한 트라우마 기반 표현예술 개입을 결정할 때 있어서 가장 복합적인 단계라 할 수 있다. 가장 단순하게 설명하자면, 억제와 구조화(지각적) 사이와 덜 통제적인 표현과 즉흥 자발성(정동적) 사이의 균형을 유지하는 것이 중요하다는 것이다. 보다 쉽게 통제 가능한 재료인 사인펜, 색마커, 콜라주를 사용하면서 음악을 만들고, 소리를 내고, 움직임과 같은 구조화되고 조절된 경험을 하는 것은 적절한 수준의 안정감과 숙련 감각을 형성하기 위한 억제의 적절한 수준을 가능하게 하기 위한 정서적이면서도 표현적인 경험 활동이라 할 수 있다.

인지/상징 단계

인지/상징 단계의 인지적 구성 요소는 문제 해결, 추상적 개념 및 실행기능을 포함한다. 인지 발달은 연령에 따라 결정되기 때문에 어린아이들은 자연적으로 환경과 상호작용하면서 감각적이고 운동적인 활동을 자연스럽게 많이 하게 된다. 반면에 학령기 아동들은 세상과의 관계에 대한 구체적인 사고와 체계가 발달하기 시작한다. 청소년은 추상적 사고와 메타인지(자신의 사고에 대해 조망하는 능력)를 포함한 더 광범위한 인지 능력을 가지고 있다. Siegel(2012)이 제안한 바와 같이 인지 능력을 포함한 뇌 발달은 청년기까지 계속된다. 인지 기능은 기억, 정보 처리 및 실행 기능으로 인생 전반에 걸쳐 나타나는 다양한 장애에 영향을 받을 수 있고, 특히 트라우마 사건은 실행 기능으로써 큰 영향을 미친다.

Hinz(2009)는 ETC에 기반한 인지 수준의 예술 기반 활동의 특성으로 문제 해결, 추상화, 비교, 우선순위 부여 및 복잡성을 강조한다. 마찬가지로 Lusebrink(1990)는 실행 기능의 발달이 행동 조절력을 향상시킬 수 있다고 주장한다. 즉, 인지 능력을 강화하는 활동은 압도적인 감정에 휘둘리거나 무력화된 내담자에게 도움을 줄 수 있다. 이는 정서적 문제, 특히 불안을 다루기 위한 전략을 제공하는 인지 행동 접근법과 맥락을 같이 한다. 예를 들어, TF-CBT(Cohen et al., 2017)는 특히 트라우마 관련 반응을 경험하는 아동의 행동을 수정하기 위해 인지 구성 요소를 활용한다.

ETC의 인지 구성 요소는 더 복잡한 작업과 과정을 수반하기 때문에 트라우마 경험이 많은 내담자와 이 단계에서 작업하는 것은 어려울 수 있다. 예를 들어, 언어 능력은 과잉 활성화에 의해 손상될 수 있으며, 고통, 해리 및 조절장애로 인해 인지 기능이 제대로 기능하지 못할 수 있다. 외상 후 스트레스 반응이 장애를 초래하는 경우, 의사 결정, 문제 해결, 지시 사항 준수, 단기 기억력 등 집행 실행기능에 치명적인 영향을 줄 수 있다. 앞서 언급한 바와 같이 트라우마로 인해 학습능력에 장벽이 생기거나 발달 수준이 낮은 경우, 인지적 전략을 활용할 수 있는 능력에도 영향을 준다. 간단히 말해서 ETC의 인지적 수준은 많은 경우에 동적/감각적 수준과 지각/정동적 수준을 해결하는 데 기반을 둔다. 적절한 자기조절(감각적 안정)과 긍정적이고 안정적인 관계(정서적 안전)가 보장되어야만 비로소 이성적 추론(인지)이 나타날 수 있다.

인지 수준의 회복 기능은 개인적 이야기와 깊이 관련되며, 고통스러운 경험이나 트라우마 사건을 되돌아보며, 새롭게 정의하고 재구성하는 능력을 포함한다. 발달적 요인에 따라 어린아이들의 경우, 놀이 활동이나 예술 표현을 통해 이야기를 나누는 것일 수 있다. 더 나이가 많은 아동, 청소년, 성인의 경우, 경우에 따라 '무슨 일이 일어났는지'에 대한 트라우마 이야기를 전달하는 다양한 창의적 방법을 활용할 수 있다. 앞서 언급했듯이, 트라우마 경험의 감각적 또는 정서적 기억에 깊이 파고들기보다는 언어적으로 말하기 위해 내담자가 '고차원적 뇌에 머무를 수 있게 하는' 것이 더 유익한 경우가 있다. 몇몇 사람들은 트라우마 경험의 정동적 특성이나 감각적 특성을 다루는 대신 전문가의 안심이 되는 말과 인지적 기반을 둔 자기 조절 전략이 제공되어야 한다. 이는 즉각적인 위기를 극복하는 데 도움을 주기 때문이다. 반대로 고통스럽고 혼란스러운 감정들을 시각적으로 상상하도록 하는 것은 오히려 압도적이고 비생산적일 가능성이 있다. 재난 구호 과정에서는 내담자가 스스로 대화를 이끌거나 익숙하고 구조화된 활동 및 일상을 따르며, 자신을 가라앉히는 자기 조절 방법을 배우는 것이 더 중요하다. 그리고 대부분의 경우 스트레스를 주는 감정들을 다루기 전에 마음과 몸을 차분하게 만드는 전략이 요구된다.

마지막으로, 인지/상징 수준에서의 상징적 구성 요소는 직관과 은유적 내용으로 정의된다. 하나 이상의 의미를 가질 수 있고 많은 차원을 포괄하는 의미를 전달할 수 있는 창의적 표현을 포함한다(Graves-Alcorn & Kagin, 2017; Lusebrink, 1990). 인지적 구성 요소와는 반대로, 덜 구체적이며, 더 추상적이며 자기 발견, 개인의 의미 및 인류 보편적인 특성을 포함할 수 있다. 정신분석과 심층심리학 분야에서 꿈과 그 내용은 여전히 갈등과 화해, 두 가지 모두의 상징으로 이해된다. 예술 표현의 본질은 상징화와 깊은 관련이 있고 개인적, 문화적, 집단적 함의(Jung, 2009)를 내포한다. 이러한 상징성은 이미지, 음악, 동작, 공연, 이야기, 놀이 등의 형태로 외현화 된다.

트라우마 기반을 통해 표현예술로 드러나는 ETC의 상징적 수준은 내담자 자신을 생존하게 한 그 무엇으로부터 의미를 찾거나 만들도록 돕는 것이다. 구체적인 서술이나 상징적 의사소통을 통해 의미를 만드는 경험은 트라우마 회복 과정에서 중요한 부분이다. 자기 조절과 고통스러운 감정 기억의 해결이 핵심 요소인 동시에, 표현예술 접근법은 모든 연령대의 개인이 예술, 음악, 동작 및 연출과 스토리텔링을 통해 자신의 이야기를 말할 수 있는 독특한 과정과 기회를 만든다. 역사적으로 표현예술의 상징적 내용은 부정적, 긍정적인 측면을 포함한 많은 성격의 측면을 포함할 수 있는 창조적 산물로 정의된다(Lusebrink, 1990; Mal-chiodi, 2007).

트라우마 기반 표현예술치료에서 개인적 상징과 은유를 만드는 과정은 적응적이고, 변형적이며, 궁극적으로 수용적이고, 퇴행적이고, 방어된 반응이라기보다는 자연스럽게 회복되는 과정이라 할 수 있다. 예를 들어, 아이들의 외상 후 창의적 표현은 고통을 나타내는 상징이나 은유를 담고 있는 것으로 볼 수 있지만, 트라우마 기반 관점에서는 걱정과 두려움의 의미를 찾으려는 시도를 나타낸다. 그것엔 치료사의 도움을 받아 자아를 회복하고 트라우마 기억을 해결하기 위한 방법을 찾기 위한 노력이 담겨 있다. 트라우마 경험 후 창의적 표현을 통해 의미를 만들어 가도록 격려하는 것이 개입 과정 전반의 중심 목표이다. 이는 치료적 개입의 장점으로, 트라우마 기억의 통합과 외상 이후 더 회복력 있는 자아의 출현을 가능하게 한다. 이러한 통합과 회복력 향상 또한 ETC의 창의적 단계의 기능이며, 진정한 창의성에는 트라우마의 경험을 통합하고 자아실현으로 나아가는 능력을 포함하고 있음을 강조한다(Graves-Alcorn & Kagin, 2017; Kagin & Lusebrink, 1978; 1974).

◇◇◇◇◇

트라우마 통합의 문제

트라우마 경험의 통합적 접근에서 표현예술치료의 역할은 명백히 답이 나지 않은 주제이며, 자주 추측되어졌고 임상적으로 관찰되어져야 했다. 아동과 성인의 사례를 볼 때, 신체 생존을 위한 반응이나 트라우마 반응 등에서 벗어날 수 있는 특별한 하나와 방법을 설명하기 힘들다. 이러한 이유로 신체의 내현 기억은 치료에 또 다른 초점이 되었다. 마찬가지로 다양한 창작 예술은 언어로 표현하기 어려운 것을 전할 수 있는 능력을 가지고 있어, 예술의 역할이 트라우마 경험의 통합적 이해를 할 수 있는 접근방식이 되었다(Malchiodi, 2003, 2012c; Stele & Malchiodi, 2011).

다양한 표현예술이 현재 트라우마 경험의 통합적 이해를 목표로 활용되며, ETC에서 발견되는 여러 수준을 다루는 일련의 경험을 제공한다. 예를 들어, Elbrecht의 Clay Field®(시간 경과에 따라 제한된 공간 내에서 도예용 점토로 작업하는 과정)와 감각 운동 미술치료(2018)는 Levine(2012)이 제안한 많은 신체의 접근법을 반영하고 있다. 이러한 과정은 결국 내담자가 트라우마 기억과 관련된 감정과 인식을 다루어 가면서 서술(언어)과 기호(의미 만들기)에 도달하도록 이끈다. Gray(Gray & Porges, 2017)는 무용/동작 및 신체 기반 과정을 통한 트라우마 치료 및 통합을 설명한다. 이 방법은 트라우마에 대한 언어적 서술이 어려운 아이들과의 신체적 수용 능력 및 사회적 상호작용을 통해 통합이 어떻게 가능한지를 보여 준다. 무용/동작의 적용은 이러한 아동 내담자들의 감정과 생각의 건강한 표현을 통해 트라우마 기억에 대한 몸의 반응을 해결할 수 있도록 돕는다.

표현예술을 통해 다양한 수준의 ETC를 다루는 것은 트라우마 기억의 여러 요소를 다루고, 트라우마 처리를 지원하며, 트라우마가 끝났을 뿐만 아니라 해결되었다는 것을 뇌와 신체가 깨닫도록 돕는다. 특히 이 연속체는 인지 접근법에는 일반적으로 치료의 직접 대상이 되지 않는 트라우마의 구성 요소인 뇌 하부와 관련된 감각 기반 처리를 다룬다. 향후 연구는 ETC의 감각, 정동 및 인지 수준을 고려한 효과적이고 관련된 예술 기반 경험을 트라우마를 겪은 내담자에게 적용하면, 트라우마 경험의 통합적 이해, 보상 및 회복 과정에서 도움이 된다는 것을 보여 줄 수 있을 것이다.

◇◇◇◇◇

신경발달 관점에서 본 트라우마 기반 표현예술치료 체계

신경발달의 개념은 트라우마 기반 개입의 중요한 구성 요소이다. 신경생물학에 대한 이해가 깊어지면서 창조적인 예술과 놀이치료가 어떻게 발달적으로 접근하는지 더 명확해지고 있다. 특히 Siegel(2012), Chapman(2014), Malchiodi와 Crenshaw(2014), Perry(2006, 2009)는 트라우마 치료와 회복에서 신경발달적 접근이 중요하다고 강조한다. 앞서 언급한 바와 같이, Perry(2006)는 유아기부터 청소년기까지 표현예술치료와 놀이치료(Gaskill & Perry, 2014, 2017)의 적용을 알려 주는 신경 순차적 발달 체계를 제공하였다. 이는 뇌간에서 중뇌, 변연계, 피질계까지 발달하는 것을 시작으로 뇌가 계층적 방식으로 구성된다는 원칙에 기초한다(Perry, 2009; [그림 3-8] 참조). 앞서 언급한 바와 같이, ETC는 한 수준의 모든 개입은 내담자의 필요에 따라 이루어져야 한다는 Perry의 신경발달 모델과 연관되어지는 조직화된 구조다.

특별히 이 체계는 만성 또는 발달적 트라우마를 경험한 젊은 내담자에게 표현예술치료를 적용하는 데 특히 유용하다. Gaskill과 Perry(2014)는 놀이치료와 같은 접근 방식이 내담자의 발달 단계와 일치해야 한다고 강조한다. 비록 그는 아동을 언급하고 있지만,

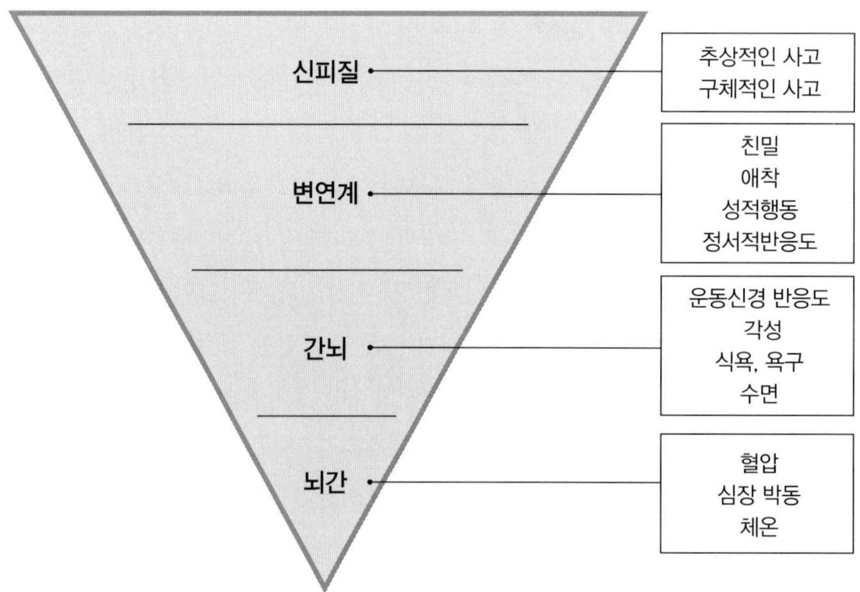

[그림 3-8] 신경 발달과 뇌 기능의 계층 구조

Malchiodi(2012a; Perry, 2006년 개작)로부터. 저작권 © 2012 Guilford 프레스. 권한에 의해 재인쇄됩니다.

청소년과 성인, 특히 여러 외상 사건에서 살아남았거나 복합 트라우마 이력이 있는 사람들에게도 적용 가능하다.

신경발달 원리를 개입에 적용할 때 일반적으로 표현예술치료는 영향을 받았던 뇌의 가장 하부영역과 기능에 초점을 맞추고 개선이 되면 순차적으로 나아간다. 예를 들어, 개입은 초기 발달, 애착 및 자기 조절에 기반이 되는 반복적이고 관계 지향적이고 리듬 중심의 활동으로 시작할 수 있다. 결국 목표는 긍정적 애착, 자기 규제, 타인과의 조화, 소속감을 포함하여 내담자가 인지적, 정서적, 사회적 기능의 개선을 돕는 것이다(Perry, 2009). 다음 두 가지 사례는 이전 단락에서 설명한 ETC의 개념에 중점을 둔 표현예술치료 및 놀이치료의 신경발달 적용의 기본 원칙 중 일부를 보여 준다. 두 경우 모두 어린 시절에 여러 트라우마와 부작용을 경험한 아동기와 관련되며 Malchiodi(2012c)에 의해 요약되었다.

치료 사례. Kristie: 하부 뇌 및 중뇌 다루기

Kristie는 5세 때 유치원에서 충동적인 행동과 집중력 문제로 놀이치료를 받았다. 그녀의 선생님들은 그녀가 적어도 한 번은 다른 아이를 물었고 종종 극단적인 분노를 표출했다고 보고했다. 또한 그녀는 선생님이나 어른들과 눈을 맞추는 것이 어려웠다. 부모는 Kristie가 그들과 유대감을 형성하는 데 어려움을 겪고 있다고 느꼈고, 그녀의 투덜거림과 내성적인 행동으로 어려움을 겪었다고 보고했다. 또한 어린 시절에 해결되었어야 할 배변 훈련에 문제가 있었다. 게다가 미술과 놀이 시간 동안 소근육 및 대근육 운동 기술에 어려움이 있었고, 그녀의 그림은 2살이나 3살짜리 그림에 가까웠다. 그녀는 발달 단계에 맞는 장난감을 다루고, 물감, 붓, 연필, 마커와 같은 미술 도구를 사용하는 데 어려움을 겪고 있었다. 그리고 어른들이 지도를 해도 다양한 미술과 놀이재료를 먹으려고 했다.

Kristie는 적어도 생애 첫 6개월 동안 신체적인 방치와 학대를 경험했고, 3살 때 입양되기 전까지 여러 위탁 시설에서 살았다. 입양 당시부터 그녀의 부모는 그녀가 거칠고 자주 울며 충동적인 아이라고 느꼈다. 신경발달 접근법에서 이러한 반응은 뇌의 하부 및 중뇌 기능을 다룰 필요성을 나타낸다.

Kristie의 경우, 자기 진정과 자기 조절을 지원하는 경험과 함께 감각 자극 활동이 제공됐다. 예를 들어, 치료사는 Kristie가 혼란스러운 어린 시절에 경험하지 못했을지도 모르는 초기 미술 활동과 놀이 활동을 재현하기 위해 쉐이빙 크림, 푸딩, 모래와 같은 촉각적인 재료를 사용할 수 있는 구조화된 기회를 제공했다. 개입은 모래와 푸딩에서 그림을 그리며 다양한 리듬과 자장가를 듣고 쿠키를 만들며 친근한 음식이나 향이 다른 사인펜을 사용해 모든 감각(냄새, 촉각, 소리, 맛)을 강조했다. Kristie를 위한 치료 목표에는 물감 붓, 풀, 그리고 반복적으로 간단하게 장난감을 사용하는 방법을 배우는 것을 통해 협동력과 운동 능력을 향상시키는 것도 포함되었다. 또한 그녀의 낙서 그림에 대해 이야기하도록 치료사로부터 격려받았고, 이것은 그녀가 이야기를 하고, 언어를 그림과 연관시키고, 그녀의 연령에 맞는 언어 능력을 향상시키도록 독려했다.

또한 치료사는 Kristie의 양부모를 매주 수업에 초대하여 Kristie와 함께 집에서 연습할 수 있는 예술과 놀이 활동뿐만 아니라 부드러운 장난감으로 흔들거나 껴안는 것과 같은 애착을 강화하는 표현예술치료법과 놀이치료법을 교육하였다. 자장가 노래 부르기 놀이와 표현예술치료는 1년 넘는 기간 동안 매주 진행되었고, 그 결과 Kristie는 상당한 발전을 이루어 또래들과 함께 유치원에 입학했다. 동시에 그녀는 자기 조절 및 기타 발달에 관련된 기술을 연습하는 특별한 수업에 참여하였다.

치료 사례. Tommy: 중뇌 및 상부 뇌 다루기

12세 Tommy는 아동 주거 치료 프로그램에서 처음 만났다. 그는 1세에서 3세까지 어머니가 두 번 이혼하였고, 긴 시간 어머니와 떨어져 살았다. 그는 8세 때 교통사고를 당해 잠시 입원했다. 가정폭력과 학대에 관한 아동보호서비스에 대한 여러 보고가 접수된 후, Tommy는 거의 1년 동안 주거 치료를 받았다. 생모 Anna는 정기적으로 그를 방문하였다. 최근 Tommy는 불규칙하고 파괴적인 행동과 주의력 저하로 약물치료를 받았고 시설 치료사는 그가 빈번한 단기 기억 상실을 겪었다고 보고했다. 또한 프로그램에서 다른 아이들과 자주 싸웠으며, 새로운 상황에서 지나치게 불안을 보이고 수면장애와 가끔 악몽을 꾸었으며, 다른 사람들의 감정을 이해하는 데 어려움을 겪었다.

Tommy는 현재 인지 및 행동 문제를 설명하는 여러 가지 트라우마에 노출되어 있었다. Tommy는 Kristie와 같이 자기 조절을 배우는 활동을 통해 도움을 받을 수 있었지만, 그의 트라우마 반응은 과도한 각성(수면 문제, 악몽, 불안), 다른 사람과의 공감 및 조화 부족, 낮은 사회성과 같은 뇌하수체 및 중뇌 반응을 나타냈다. 신경발달적 관점에서 그는 감정적인 반응과 스트레스 반응을 다루고, 안정감을 느끼며, 공감과 사회적 인식을 증가시키는 개입이 필요해 보였다.

나는 먼저 Tommy가 위협을 느끼거나 화가 났을 때 감정을 진정시키고 적절하게 대응할 수 있는 기술을 습득하도록 돕기 시작했다. 특히 Tommy는 재료의 촉감이 주는 진정 효과를 좋아해서 Legos® 작업과 점토를 만드는 활동을 했다. 또한 그는 반복적이고 흥미로운 예술 활동에 긍정적인 반응을 보였다. Tommy가 다른 아이들에게 분노를 보이는 원인에 대해 더 많은 것을 알고 소통하기 위해 Tommy에게 "네가 화가 났을 때 너의 몸이 어떻게 느끼는지"와 "너의 감정을 경험하는 곳"을 확인하려고 진저브레드 윤곽선에 표현해 달라고 부탁했다. 특히 '두려움'과 '불안'이 색과 모양, 선으로 어떻게 표현되는지 부탁했다. Tommy에게 두려움은 두근거리는 두통과 "누군가를 때리고 싶다."는 소망을 의미했고, Tommy는 종종 그의 가슴을 "밧줄로 둘러싼 느낌 같다."고 말했다. 나는 Tommy에게 이러한 경험들이 어떤 느낌인지 움직임과 소리를 통해 나에게 보여 달라고 요청했다. 그러고 나서 두통이 없거나 가슴이 답답하지 않을 때는 어떤 느낌인지 보여 줄 수 있는지 물었다. 후자의 경우 몇 번의 상담이 있었지만, Tommy는 프로그램에서 평온함을 느꼈을 때(예술과 공예, 아이들과 함께 치료견이 방문했을 때)와 행복감을 느꼈을 때(엄마가 선물을 가져왔을 때)를 회상할 수 있었다. 표현예술치료 과정에서 이러한 활동을 반복하는 것은 Tommy에게 큰 도움이 되었고, 직원의 도움을 받아 Tommy는 자신의 몸에서 다양한 감정을 어떻게 느끼는지, 그리고 언제 어떤 상황이 그를 불안하게 하거나 화내거나 두려움에 떨게 하는지 인지할 수 있었다.

두 사례 모두 표현예술과 놀이치료 개입이 Kristie와 Tommy의 신경발달 상태 측면에서 필요한 사항을 구체적으로 다루기 위해 선택되었다. Kristie에게는 운동 능력을 발달시키고 충동성을 감소시키며 애착을 향상시키는 활동이 효과적이었다. 반면에 Tommy는 감정의 강도를 완화하고 타인의 감정에 더 잘 반응하며 자기 조절을 돕는 구조화된 접근에서 좋은 결과를 얻었다. 표현예술치료에 대한 신경발달적 접근법은 모든 연령대의 내담자가 성장하고, 번성하고, 새로운 기술을 배우고, 대인관계 반응을 개선하고, 자존감을 얻을 수 있는 발달 영역에 중점을 둔다. 특히 Kristie의 사례에서는 동적/감각적 구성 요소의 역할을, Tommy의 사례에서는 지각/정동적 구성 요소의 역할을 부각시켜 이러한 방식들이 어떻게 그들의 성장에 기여하는지를 보여 준다.

◇◇◇◇◇

결론

신경과학 및 신경생물학의 최신 연구는 심리적 트라우마를 바라보는 시각을 바꾸는 데 지속적으로 영향을 미치고 있다. 또한 이러한 연구는 아동, 성인에게 적용되는 표현예술의 개입 및 치료 방법에 대한 이해를 넓히는 데 도움을 주었다. 이런 의미에서 신경과학과 신경생물학은 트라우마 치료와 회복을 지원하기 위해 표현예술과 놀이 방법론이 활용될 수 있는 방법을 살피는 데 가장 최신의 관점을 제공한다. 그러나 이 분야는 끊임없이 변화하고 발전하고 있다는 점을 잊어서는 안 된다. 뇌 영상 기술에서 얻어진 새로운 정보를 비롯해 트라우마를 경험한 사람들의 증언과 보고서에서 새로운 통찰이 끊임없이 발표되기 때문이다. 우리는 지금 표현예술이 생존자들의 다양한 트라우마 반응을 다루기 위해 폭넓은 뇌 중심의 접근법에 어떻게 통합될 수 있는지를 모색하는 단계에 머물러 있다.

제4장
회복은 관계에 있다

인류는 안전하고 지속적인 관계를 유지하려는 신경생물학적 욕구를 통해 수천 년 동안 생존해 왔다. Bruce Perry(Perry & Szalavitz, 2017)는 모든 동물의 세 가지 주요 기능인 생존, 번식, 자손을 양육하고 보호하는 역할을 뇌가 담당한다고 설명한다. 그는 특히 인간이 "관계를 형성하고 유지하는 뇌의 능력에 의존하는 사회적 종"이라고 강조한다(p. 70). 이러한 관계를 통해 인류는 발전할 수 있었으며, 가장 어려운 경험 속에서도 회복탄력성(resiliency)을 유지할 수 있었다. 긍정적인 애착, 사회적 지지, 공동체 소속감은 삶의 질 향상, 상실과 질병으로부터의 회복, 전반적인 건강에 대한 인식 등 다양한 측면에서 중요한 요소로 작용한다. 또한 이러한 요소들은 트라우마 회복에 있어서도 핵심적인 경험으로 여겨진다. 심리치료 분야에서는 모든 형태의 변화와 치유가 항상 회복적 관계를 통해 이루어진다고 제안한다.

나는 회복적 관계에 있어서 주변 사람들보다 운이 좋았다고 느낀다. 내 인생의 여러 순간마다 나에게 안정감을 주는 관계를 맺으며, 이를 통해 성장할 수 있었다. 부모님과 가족들은 비록 인생에서 수많은 어려움을 겪었지만, 나에게 안정과 희망을 심어 주기 위해 최선을 다했다. 그들의 애정과 헌신 덕분에 나는 더 깊은 신뢰와 용기를 느낄 수 있었다. 가장 친한 친구들은 상실과 고통의 시기에 인내심과 관대함, 배려심으로 나를 지지해 주었다. 어린 시절부터 청소년기, 성인기에 이르기까지 많은 선생님과 멘토는 다양한 능력과 지적, 창의적 잠재력을 키우는 데 큰 도움을 주었다. 또한 내 삶에서 중요한 시기에 나타난 많은 사람이 귀중한 조언을 해 주었고, 인생을 바꾸는 경험을 할 수 있게 해 주었다. 어린 시절의 어려운 기억과 트라우마를 이해하고 공감하며 깊은 위로를 준 치료사들 역시 내 성장 과정에서 중요한 역할을 했다. 나는 내 삶에서 이루어진 모든 성장이 사람들과의 관계를 통해 가능했다고 확신한다.

나는 운이 좋았지만, 내가 주변에서 본 많은 사람은 그렇지 않았다. 그들의 삶은 빈곤에 시달렸고, 충분한 지원이나 긍정적인 환경을 누릴 기회가 부족했다. 특히 가족이나 주변 사람들로부터 트라우마를 경험한 이들은 표현예술치료의 초기 단계에서조차 마음을 여는 데 큰 어려움을 겪는다. 그들은 어떤 관계에서도 더 이상 안정감을 느끼지 못하며, 신뢰 형성을 어려워 할 수 있다. 더욱이 정신 건강 전문가와 관련 기관이 그들의 고통과 어려움을 충분히 공감하지 못한 결과, 그들의 가치관과 삶에 대한 내면의 지도는 폭행, 언어 폭력, 방치, 배척, 유기의 경험을 중심으로 형성되면서 그들의 삶은 점점 더 깊은 상처로 새겨진다.

관계는 우리를 치유할 수 있는 강력한 힘을 가지고 있지만, 트라우마는 종종 타인과의 관계뿐만 아니라 자신과의 관계에도 깊은 영향을 미치고 부정적인 변화를 초래한다. 트라우마로 고통받는 모든 사람을 치유할 수 있는 단일한 보편적 치료법은 아직 존재하지 않지만, 회복적 관계가 치유 과정에서 중요한 역할을 한다는 점은 분명하다. 안전감을 제공하고 자기 조절 전략을 제시하는 것은 효과적인 트라우마 기반 개입의 기초를 이루며, 치료적 관계는 회복 과정의 핵심 요소로 자리 잡고 있다. 나는 표현예술치료가 트라우마 회복에 긍정적인 영향을 미칠 수 있다고 믿는다. 하지만 건강과 웰빙을 위한 모든 접근법은 치료사가 내담자와 어떤 관계를 형성하느냐에 크게 좌우된다.

트라우마의 변화와 회복은 단순히 한 가지 과정으로 이루어지지 않는다. 이 과정에는 신뢰와 안정, 협력적 조절(co-regulation)를 지원하는 여러 순간이 포함된다. 심리치료는 트라우마를 경험한 사람이 느끼는 분노, 두려움, 불신에 공감적으로 반응할 수 있는 다른 사람과의 지속적이고 공감적인 관계를 포함하며, 이는 교정적 정서 경험(corrective emotional experience)의 한 형태로 볼 수 있다. 대화 기반 치료는 잘 선택된 운율, 몸짓, 눈맞춤 등 관계적 특성을 통해 효과적으로 내담자와 소통할 수 있다. 그러나 표현예술치료는 언어로는 쉽게 접근하기 어려운 심리적 과정을 다룰 때 특히 유용하다. 이는 암묵적 감각 및 신체 기반 요소를 자연스럽게 통합하여 트라우마를 경험한 내담자와의 작업에서 특별한 가치를 더한다. 표현예술을 활용하는 것은 자신의 경험을 말로 표현하기 어려운 사람들에게 타인과의 연결을 발전시키고 회복의 첫걸음을 내딛게 하는 중요한 계기가 될 수 있다. 이는 발달적, 관계적, 대인관계적 트라우마를 겪은 내담자들에게 효과적으로 작용한다. 이러한 점은 구체적인 사례를 통해 더 명확히 살펴볼 수 있다.

◇◇◇◇◇

관계의 중요성

제1장에서 설명한 Christa는 표현예술치료를 통해 형성된 심리치료 관계에 대해 오늘날 내가 알고 있는 많은 것을 가르쳐 주었다. Christa의 발달 트라우마 경험은 집중 치료를 위해 입원했을 때도 해결되지 않았다. 그녀가 어머니와 남동생 Joey와 함께 보호소에 머물렀던 두 번 동안, 나는 의사소통과 신뢰를 쌓으려는 많은 시도에도 불구하고 Christa가 반응하지 않았기에 Christa를 의미 있는 방식으로 돕지 못했다고 생각했다. 아동보호서비스 직원이 Christa와 Joey를 집에서 벗어날 수 있게 하려는 시도에도 불구하고, 대인폭력과 폭행 경험, 그리고 그녀의 어머니 Joelle가 부추긴 성매매는 청소년기까지 계속되었다. 15세에 Christa는 더 이상의 성폭행과 성매매를 피하기 위해 집을 떠나기로 결정했다. 그녀의 해리성 장애와 우울증은 매우 심각해서 16세 때 자살을 생각했다. 그러나 Christa는 나중에 Joey와 함께 보호소에서 미술치료 시간을 보내며 '생존 기억(life-saving memory)'이라고 부른 경험을 떠올렸고, 그때 그녀는 목숨을 끊지 않기로 결심했다(그 기억은 정말로 그녀의 생명을 구했다). 그 덕분에 그녀는 가까스로 병원 직원에게 자신의 증상과 삶을 끝내려는 의도를 보고하여 신경정신과 병원에서 입원 치료를 받았다.

Christa는 청소년 병동에서 자신에게 배정된 사회복지사에게 "언제든지 다른 사람이나 자신으로부터 위험을 느끼면 도움을 받아야 한다는 것을 기억했다."고 Cathy 박사님에게 전해 달라고 했다. 처음에 사회복지사는 Christa가 "Cathy 박사는 알고 계실 거예요. 그녀는 정말 재미있는 성을 가지신 분이에요. 그녀는 내가 어렸을 때 나의 미술치료사셨어요. 우리는 Cathy 박사가 있는 도시의 엄마와 아이들을 위한 큰 쉼터에 머무르곤 했어요."라고 말할 때까지 Cathy 박사가 누군지 몰라 헤맸다. 그 말을 듣고 사회복지사는 특이한 성, 미술치료사라는 직업, 그리고 가정폭력에 대한 이전 작업을 떠올리며 나를 쉽게 기억해 냈다.

물론 Christa의 상태가 무척 궁금하고 걱정되기도 했지만, 폭행과 성매매로부터 안전하다는 사실에 크게 안도하기도 했다. 그녀의 사건을 담당하고 있던 사회복지사들이 나와 만나기로 했고, Christa는 자신의 상태와 현재 치료에 대한 자세한 정보를 공유하는 것을 허락했다. 그러나 가장 인상 깊었던 것은 위치가 멀었음에도 불구하고 Christa가 신경

정신과 병원의 문 앞까지 도달한 계기였다. 그녀가 나에게 쓴 짧은 편지는 오늘날까지 나에게 남아 있다. Christa의 말을 통해 우리가 언어와 비언어적 단서를 이용하여 개인과 관계를 맺는 방식은 개인이 인정하지 않는 순간에도 치료사가 실제로 그들에게 영향을 미치고 있다는 사실을 믿게 한다.

그녀는 편지에 이렇게 적었다.

> 저는 Cathy 박사님이 Joey와 저를 정말 아끼고 있다는 것을 알아요. 박사님은 Joey에게 이야기를 읽어 주는 동안 내가 바로 옆에 앉게 해 줬고 내가 가끔 어깨에 머리를 올리거나 손을 잡아도 상관하지 않았어요. 박사님은 항상 Joey와 놀고 그림을 그렸어요. 그때 나는 그림도 못 그렸고 말도 많이 못했어요. 박사님은 Joey와 게임을 하고 춤출 때 내가 재미있어 하길 바라셨어요. 박사님은 인내심이 있었고 내가 앉아서 Joey가 그림을 그리고 노는 것을 지켜보는 것을 허락하셨어요. 나는 박사님이 우리 둘 모두를 사랑하고 있다는 것을 항상 알고 있었고, 그걸 선생님도 아셨으면 좋겠어요.

Christa는 나만 이해할 것이라고 말한 이미지를 넣었다. 그것은 그녀가 한 회기 동안 정성껏 만든 '내가 필요한 것'에 대한 작은 콜라주였다([그림 4-1] 참조). 나는 그 콜라주에 묘사된 기본적인 필요(음식과 집) 외에도 Christa가 적절한 얼굴 이미지를 찾기 위해 수많은 사진을 뒤적였던 장면이 떠올랐다. 그녀가 선택한 얼굴에 대해 구체적으로 이야기할 수는 없었지만, 그녀가 말로 표현하기 어려운 내면의 감정적 고통을 예술로 표현하려 했음을 느낄 수 있었다. 이 콜라주는 Christa에게 매우 중요한 작품이었기에 그녀는 보호소 프로그램을 떠난 후 몇 년 동안이나 그것을 소중히 간직할 정도였다.

나는 Christa가 보낸 편지의 마지막 문장을 읽고 눈물을 흘렸다. 콜라주 이미지를 다시 보니 그녀와 Joey가 견뎌 낸 수많은 장면이 내 머릿속에 떠올랐다. 그림을 그리거나 무언가를 창작할 여유조차 없을 만큼 압도되고 해리된 시기에도 Christa는 이미지를 통해 나와의 소통을 선택했다. 이는 그녀가 예술을 통해 나와 관계를 맺는 것을 가치 있게 여겼다는 사실을 보여 주었다. 무엇보다도 보호소에서 함께한 회기 동안 그녀가 보여 준 응답이 미미했음에도 불구하고 내가 시도했던 간단한 상호작용을 그녀가 그렇게 많이 기억하고 있다는 사실에 깊은 감동을 받았다. 그녀의 메시지와 이미지, 도움을 요청하는 능력은 우리가 심리치료 과정에서 만들어 가는 상호작용이 얼마나 의미 있는지, 가장 고통받는 사람들과도 깊은 관계를 맺을 수 있다는 점을 확신시켜 주었다. 특히 Christa가 편지에서

[그림 4-1] Christa의 '필요한 것' 콜라주
Cathy A. Malchiodi의 컬렉션 중(작가의 허가없이 재사용 및 무단복제 금지)

'사랑'이라는 단어를 사용한 것은 그녀가 단지 나를 기억했을 뿐 아니라, 우리 관계 속에서 매우 강렬한 감정을 느꼈다는 것을 알려 주었다. 다행히도 그녀는 성폭행의 상처와 생존을 위한 투쟁 속에서도 그 감정을 유지할 수 있었다.

표현예술에서 관계적 순간의 중요성을 깨닫게 해 준 사람은 아이들뿐만이 아니었다. 수년간 많은 성인도 심리치료적 관계를 떠올리며, 표현예술을 통해 경험한 감각적이고 암묵적인 순간들을 공유했다. Christa의 이야기는 우리가 느낄 수 있는 가장 강력한 감정 중 하나가 자신의 존재와 부재가 다른 사람에게 의미가 있다는 사실을 깨닫는 것임을 보여 준다. 관계적 작업이 성공적으로 이루어졌을 때, 이는 치료자가 단지 회기 중에만 아니라 치료가 끝난 후에도 그 사람을 중요하게 여긴다는 믿음으로 이어진다. 특히 이 경우 치료가 끝난 지 오래 지난 후에도 그 기억이 남아 있었다는 사실은, 내가 치료 중 제공하려 했던 도움이 그들에게 가치 있는 선물로 여겨졌음을 의미해 다행스럽게 느껴졌다.

◇◇◇◇◇

트라우마는 관계를 변화시킨다

미술 및 놀이치료사로 일하는 처음 10년 동안 나는 Christa나 Joey와 비슷한 약 5,000명의 아동을 만났다. 대부분은 학대 가정에서 자랐으며, 끊임없이 안전을 위협받는 예측할 수 없는 상황 속에서 어른을 신뢰하는 능력을 잃었다. Christa도 오랜 트라우마를 겪은 많은 사람처럼, 치료사를 돕기도 하며, 다른 사람들과의 상호작용을 변화시키는 상황을 경험했다. 그녀는 일생의 대부분을 반복되는 공격과 수많은 위협에 대한 극심한 두려움을 안고 살았다. 심리적 위축과 해리는 생존을 위한 필수적인 전략이었다. 이러한 반응은 Christa가 어려운 상황을 견디게 해 주었지만, 동시에 다른 성인들과의 관계를 맺는 것을 방해했고, 표현예술이나 놀이와 같은 활동을 할 수 없게 만들었다.

아동들이 경험하는 트라우마 스트레스의 본질을 이해하기 전에는 그들과의 관계를 발전시키려는 노력 자체가 종종 나를 지치게 만들었다. Terr는 내가 피곤한 이유에 대한 답을 제시해 주었다. 특히 트라우마를 겪은 아동은 주로 홍분을 조절하기 어려워 자발적으로 놀거나 창의적으로 활동하는 능력에 혼란을 겪을 수 있다고 했다(Terr, 1990). James(1989) 역시 이 직업이 "마음이 약한 사람이나 자신을 만족시키려는 치료사가 선택할 만한 일이 아니다. 이 일은 신체적, 도덕적, 영적으로 소모되는 일이다."라며 내게 꼭 필요한 현실적인 조언을 해 주었다(p. 17). 나는 종종 동료들에게 짜증이 나기도 하지만,

이 일이 매일 새로운 놀라움을 선사해 지루할 틈은 없다고 말하곤 했다. 내가 만난 아동 중에는 집중력을 유지하기 어려워 내 말과 행동을 따라오지 못하거나, 반대로 해리성 에피소드, 우울증, 심한 스트레스나 신체적 방치로 인해 나와 교감하지 못하는 경우도 많았다. 어떤 날은 아이가 내게 전혀 반응하지 않고 책상 밑에서 자위행위를 하는 것을 발견하기도 했다. 내가 수업을 어떻게 준비하든 간에 아이들은 종종 싸움을 시작하거나 폭력적으로 게임을 하여 결국 보건실로 데려가야 하는 일이 벌어졌다. 그런가 하면, 어머니가 정서적으로 부재한 상황에서 동생을 돌보던 습관 때문인지, 미술과 놀이치료 공간을 정리하는 데 자발적으로 도움을 주겠다고 나서는 매우 수용적인 소녀들도 있었다. 매번 수업 방을 엉망으로 만드는 아이들 사이에서 그들이 치우는 것을 도와줄 때면 속으로 고마운 마음이 들었다. 그러나 이 소녀들 역시 정서적으로 불안정한 경우가 많았다. 그들은 나를 완전히 안전하다고 느끼지 못했고, 남성 치료사와의 대면을 힘들어했으며, 안전하다고 느껴지는 거리까지 물러서야 긴장이 풀렸다. 그들은 보복이나 처벌을 두려워하며, 미술실과 놀이방에서 나의 모든 움직임을 유심히 관찰했다. 마치 예측할 수 없는 부모와 가족에게서 생존 본능으로 배웠던 것처럼 나의 필요와 감정을 세심하게 살피고 있었다.

Bruce Perry는 1993년 텍사스에 위치한 Branch Davidian 수용소에서 아이들과 시간을 보내며, 깊은 두려움과 극도의 위협, 트라우마 스트레스가 관계에 얼마나 심각한 영향을 미치는지 설명했다. 이 수용소는 법 집행 기관의 치명적인 급습(일명 Waco Siege)으로 23명의 아이들을 포함해 80명이 사망한 비극의 현장이었다. Perry가 처음 아이들을 만나기 위해 방에 들어가려던 순간, 한 아이가 그를 쳐다보며 "우리를 죽이러 왔나요?"라고 물었다(Perry & Szalavitz, 2017, p. 64). 이후 Perry는 이 아이들과의 후속 작업에서 그들이 마치 "완전히 다른 문화에서 온 사람들"(p. 68)처럼 느껴졌으며, 자신을 안전을 위협하는 외부인으로 여기고 성인에 대해 왜곡된 세계관을 형성하고 있다는 사실을 깨달았다. Perry는 Waco Siege의 여파로 지속적인 트라우마를 겪는 이 아이들이 특히 두뇌 발달 과정에서 가장 어린 뇌 구조가 심각한 위기에 처해 있음을 확인했다. 또한 어린 시절 내내 반복된 부정적인 경험으로 인해 이들의 심리적 상태가 매우 취약하다는 점도 명확히 알게 되었다.

Perry와 마찬가지로, 내가 도우려 했던 아이들 역시 '조력자'라는 존재에 대한 믿음이 없었다. 이는 자비로운 표현예술치료사인 나조차 종종 잠재적 위협으로 인식된다는 사실로 이어졌다. 이 아이들은 관계를 다르게 이해하고 있었으며, 일반적으로 성인 어른을 지원이나 안도의 원천으로 여기지 않았다. 그들의 예술적 표현이나 즉흥적인 놀이를 관찰하면서 초기 회기에서는 조력자나 성공적인 구조를 상징하는 이미지, 상징, 이야기가 거의 나타나지 않는다는 점을 알게 되었다. 심지어 초기 대응자나 의료진과 긍정적인 만남을 가졌던 아이들조차도 그 경험을 미래에 신뢰할 수 있는 것으로 쉽게 내면화하지 못하는 것처럼 보였다. 나는 또한, 비록 내가 작품 활동, 다양한 표현예술 활동을 지속적으로 제공했음에도 불구하고, 그들이 과거 자신들을 학대하고 방치했던 성인 보호자들을 신뢰하지 않았던 것처럼, 나 역시 의지할 수 없는 존재라고 생각하고 있음을 깨달았다.

아동의 엄마나 보호자와 관계를 맺는 일은 그들 역시 자신만의 트라우마 이력을 가지고 있어 결코 쉬운 일이 아니었다. 그들은 아이들만큼 혼란스러워 보이지는 않았지만, 대체로 분리된 상태를 유지하고 의사소통을 피하는 경향이 있었으며, 종종 폭력과 만성 트라우마에 대한 자신의 경험에 과도하게 압도되어 있었다. 아동과 마찬가지로, 이들도 주의 집중 시간이 짧고 해리성 에피소드, 불안 또는 우울증으로 인해 참여하지 못하거나 지속적인 스트레스와 폭력 사건들로 인해 극도로 지쳐 있었다. 몇 년 후, 내가 전쟁, 테러, 여러 재난에서 살아남은 사람들, 전투 복무를 마친 개인 및 참전 용사들과 함께 일하기 시작했을 때, 트라우마 스트레스가 지금-여기에 머무는 것(here-and-now)과 치료사를 포함한 타인의 이야기를 듣는 능력을 얼마나 방해하는지 더욱 분명히 알게 되었다. 이러한 경험을 통해 나는 트라우마 반응으로 어려움을 겪고 있는 사람, 특히 성적 학대, 신체적 폭행 및 지속적인 언어 위협으로 인한 대인관계 트라우마를 견뎌 온 사람과 관계를 맺는 것이 얼마나 복잡한 과정인지 이해하게 되었다.

◇◇◇◇◇

대인관계 및 관계적 트라우마

놀이치료사이자 미술치료사인 Eliana Gil(2010)은 대인관계 트라우마 영향을 다음과 같은 짧지만 설득력 있는 삽화로 요약한다.

> 4개월간 치료를 받던 6세 Miranda가 손에 탁구채를 들고 내 사무실로 들어와 이렇게 말했다. "여기, 이것은 당신을 위한 것이에요!" "아, 이게 뭐니?"라고 내가 묻자 그녀는 "이건 채에요."라고 답했다. 채의 용도에 대해 다시 묻자 그녀는 "나를 때리기 위해서요."라고 말했다. "내가 왜 널 때리고 싶겠니?" 내가 놀라며 묻자 그녀는 "당신이 나를 좋아하지 않잖

아요?"라고 진지한 표정으로 답했다. (p. 3)

성폭행 피해 아동과 함께 일한 대부분의 치료사는 어린 내담자로부터 비슷하게 충격적인 말을 들어 본 경험이 있다. 중요한 타인에 의한 트라우마는 필연적으로 기대와 가치관을 변화시킨다. 세상이 위험하고 예측할 수 없는 사람들로 가득 차 있다는 믿음이 해소되지 않으면, 이러한 생각은 어린 시절부터 성인기까지 지속될 수 있다. 일부 개인은 처벌을 보호자와의 관계에서 당연한 것으로 받아들이게 된다. 또 어떤 사람들은 치료사의 가장 자비로운 몸짓, 언어 또는 운율에도 부정적인 반응을 보일 수 있다. 만성적인 학대 또는 폭력적인 환경에서 성장한 아동은 분노, 성적 흥분, 약물 또는 알코올 중독 또는 기분 변화와 같은 경고 신호를 감지하기 위해 주변 환경을 세심히 탐색하는 능력을 키운다. 결국 이러한 개인은 실제로 위협이 존재하지 않더라도 위협과 위험으로 해석된 상황에 무의식적으로 자동 반응하게 된다(Herman, 1992).

모든 트라우마가 타인과 관계 맺는 능력을 변화시킬 가능성이 있지만, 폭력, 폭행, 학대, 방치로 인한 관계 단절로 발생하는 트라우마 스트레스는 가장 끈질기고 다루기 어려운 경우가 많다. 대인관계 또는 관계 트라우마(Schore, 2003)는 보호자나 주변 사람들의 학대와 방치로 인한 복잡한 트라우마를 설명하는 데 자주 사용되는 용어이다. 정신 건강 분야에서는 이제 발달적 트라우마(van der Kolk, 2005)를 포함하여 전 생애에 걸쳐 관계로 인한 트라우마가 미치는 중대한 영향을 인식하고 있다(Perry, 2009). 개인이 폭행 사건을 직접 경험했든, 목격자였든 관계없이, 이러한 경험은 뇌, 정신, 신체에 광범위한 심리적 · 신체적 영향을 미칠 가능성이 있다.

대인관계 및 관계 트라우마의 영향은 단순히 개인 간의 단절된 관계를 회복하는 데 그치지 않는다. 이러한 트라우마는 개인의 내적 관계(마음, 몸, 영혼과의 관계)뿐만 아니라 지역사회와의 관계(그룹 구성원으로서의 소속감)에도 변화를 일으킨다. 심리적 트라우마를 겪은 사람들과 일하다 보면, 이들이 이전에는 종교적 신념을 유지했지만 이제는 그러한 영적 가르침에 대한 믿음을 잃었다는 사실을 알게 될 수도 있다. 또한 트라우마는 일상생활에 대한 신체의 반응을 변화시키기 때문에, 어떤 사람들은 자신의 신체적 감각이 변형되었다고 느끼거나, 제어할 수 없는 감각과 고통스러운 반응을 통해 신체가 자신을 배신한다고 여길 수 있다. 이와 더불어 트라우마가 몸, 마음, 뇌에 미치는 영향으로 인해 개인은 한때 사회적 지지의 원천이었던 가족, 직장 및 지역사회에서 갑작스러운 고립감을 경험하기도 한다. 이러한 모든 차원에서의 변화는 트라우마 스트레스로 인해 발생하는 관계의 혼란을 반영하며, 대인관계 안에서의 안전과 공동 조절 능력을 회복하는 데 만큼이나 심층적인 개입이 필요하다.

몇 가지 개념은 표현예술치료가 치료 과정에서 중요한 관계 변화를 지원하고, 표현예술 및 심리치료 관계의 독특한 특성을 이해하는 데 유용한 체계를 제공한다. 이러한 체계에는 (1) 대인관계 신경생물학, (2) 다미주신경이론과 사회적 참여, (3) 정신화, (4) 애착 이론이 포함된다.

대인관계 신경생물학(Interpersonal Neurobiology)

대인관계 신경생물학(IPNB; Siegel, 2012)은 애착 연구, 신경생물학, 발달 심리학, 사회 심리학을 바탕으로 한 통합적 이론이다. 이 접근법의 핵심에는 신경가소성, 즉 새로운 신경망과 반응을 형성하는 뇌의 능력이 있다. 이는 사회적 관계가 우리의 뇌 발달, 세상을 인식하는 사고방식, 스트레스에 대한 신체의 적응 방식에 영향을 미친다는 관점을 반영한다. IPNB는 특히 긍정적인 애착과 관계를 통해 뇌가 변화할 수 있다는 증거에 기반을 두고 있으며, 이는 한때 과거에는 되돌릴 수 없다고 믿었던 트라우마 회복 및 기타 상태와 관련이 있을 수 있다. Siegel(2012)은 내담자와의 상호작용에서 어조, 자세, 표정, 눈 맞춤, 움직임과 같은 '중요한 미시적 순간'의 중요성을 강조하며, 이러한 요소들이 개인의 정신 생물학적 상태를 이해하는 단서를 제공한다고 본다. 이러한 감각 기반 단서는 표현예술치료를 포함한 다양한 치료 전략을 설계하는 데 특히 중요하다.

트라우마, 애착 장애 및 기타 문제를 다룰 때, 치료사들은 종종 "오른쪽 마음에서 오른쪽 마음으로(right-mind-to-right-mind)" 또는 "우뇌에서 우뇌로(right-brain-to-right-brain)"라는 표현을 사용한다. 이는 긍정적이고 감각에 기반한 관계를 통해 암묵적 기억과 경험을 다루는 것의 중요성을 강조하기 위함이다(Badenoch, 2008). Schore(2003)는 우뇌를 암묵적 자아이자 심리치료 변화를 이끄는 핵심 메커니즘으로 보았다. 특히 우뇌는 어린아이와 보호자 사이의 초기 상호작용에서 활발히 작용하며, 애착 관계와 정동 조절에 관한 내부 작동 모델을 저장하는 역할을 한다(Schore, 2003; Siegel, 2012).

이 개념은 전 연령을 대상으로 표현예술치료를 사용하는 근거로 자주 언급되지만, Schore가 제안한 "오른쪽 두뇌에서 오른쪽 두뇌로의 상호작용"이 유아기 이후에도 적용된다는 확실한 증거는 아직 부족하다. 그럼에도 이 개념은 모델링, 모방 및 반영에 기반을 둔 감각 기반 접근법이 IPNB 프레임워크 내에서 표현예술 심리치료 관계를 구성하는 데 중요한 역할을 한다는 점을 잘 보여 준다. 예를 들어, 예술 기반 접근 방식을 사용하는 치료사는 재료를 제공하는 양육자의 역할을 하면서 창작 과정을 돕고 시각적 자기표현을 촉진하는 참여자가 되기도 한다. 이러한 경험은 치료사와 내담자 간의 언어적 의사소통뿐만 아니라 경험적, 촉각적, 시각적 교환을 통한 상호작용을 강조한다. 음악치료는 음악 제작과의 상호작용을 통해 유사한 경험을 제공한다. 음악을 함께 만들거나 악기를 연주하는 과정은 사회적 참여와 의사소통을 자연스럽게 촉진하며, 발성, 음악, 리듬은 소속감과 관계 형성을 자극하는 데 특히 효과적이다. 예컨대, 특정 음악과 관련된 경험은 진정시키고 영감을 주며 자기 조절 능력을 강화하는 데 기여할 수 있다. 무용/동작치료는 역시 리듬을 활용하여 개인 간의 관계를 형성하고, 연결과 긍정적인 애착을 강화하기 위해 미러링과 같은 운동 감각적 접근법을 적용한다.

더 중요한 점은 '오른쪽 두뇌에서 오른쪽 두뇌'의 개념이 조율의 핵심이라는 것이다. 조율은 모든 긍정적인 보살핌 관계와 안정적인 애착의 중심 요소로 정의된다. 예를 들어, 잘 조율된 부모나 양육자는 자녀의 감정을 민감하게 감지하고, 표정, 목소리, 촉각 및 기타 감각적 행동을 통해 이를 다시 반영한다. 이러한 형태의 조화로운 상호작용은 아이들이 표현예술과 놀이 기반 경험을 통해 자신의 감정을 인식하고 자기 조절 능력을 키우는 데 도움을 준다(Malchiodi, 2015b). Siegel(2010)은 이것을 마음의 눈(mindsight), 즉 통찰력(자신이 느끼는 것을 아는 것)과 공감(다른 사람이 느끼는 것을 아는 것)의 능력이라고 말한다. Perry(2009) 역시 동작, 음악 및 놀이 기반 개입에서 발견되는 반복적이고 관계 중심적인 경험을 통해 조율의 중요성을 강조하며, 이러한 경험이 발달 및 안정적인 애착 형성에 긍정적인 영향을 미친다고 지적한다. 또한 Perry의 신경 발달 관점은 유아기 감각 기반 경험의 핵심적 역할과 이러한 경험이 어떻게 안정적인 애착, 타인과의 유대, 공감 및 자기 조절을 향상하는지 강조한다. 그는 역사적으로 인간이 자기 조절을 위해 포옹, 무용, 노래, 이미지 생성, 스토리텔링, 축하, 가족 의식을 공유하는 등의 관계적 활동에 참여해 왔음을 관찰한다. Perry는 이러한 활동이 스트레스 반응에 관련된 신경계를 조절하고 안정적인 애착을 형성하는 데 효과적이라고 설명한다.

표현예술 접근법은 IPNB 원칙을 두 가지 방식으로 더 잘 적용할 수 있다. 첫째, 내담자가 치료 과정에 적극적으로 참여하도록 격려함으로써 내담자와 치료사 간의 상호작용을 강화한다. 둘째, 대화기반치료에서는 경청이 핵심 요소라면, 표현예술치료는 암묵적이고 감각에 기반하며 각 회기의 중심에 있는 유형의 의사소통을 통해 목격되는 경험을 제공한다. 치료사는 내담자의 예술 기반 의사소통에 진정으로 관심을 갖고 주의를 기울일 뿐만 아니라 이러한 창의적 표현에 무조건적인 긍정적 관심을 제공하는 목격자이자 증인의 역할을 맡는다.

비록 우반구가 창의성, 상상력, 놀이와 연관될 수 있지만, 표현예술의 모든 적용은 사실 '전체 뇌' 안에서 협력이 이루어지는 과정이다. 이에 따라 표현예술치료 전문가들은 감각에 기반한 우반구의 구체적이고 암묵적인 기능에 접근하면서 이를 좌반구의 서술적 기능과 통합하는 데 초점을 맞추고 있다. 임상 관찰, 환자 보고서 및 새로운 연구에 따르면 표현예술치료는 트라우마 개입에 있어서 언어적 접근법을 통해서는 원활하게 이루어지기 어려운 '전체 뇌'의 통합을 지원할 수 있다. 이는 예술에 기반한 행동 지향적 경험이 자기 조절을 촉진하고, 고통스러운 사건과 관련된 암묵적 및 외현적 기억을 다시 연결하는 과정을 가능하게 하기 때문일 수 있다.

다미주신경 이론과 사회적 참여

다미주신경 이론(Porges, 2012)은 인간과 환경 간의 관계를 조율하는 자율 신경계의 역할을 설명한다. 이 이론은 '신경지(neuroception)'라는 과정을 통해 안전성을 중재한다고 주장한다. 신경지(Porges, 2004)란 신체가 환경의 신호에 반응하여 자율 신경계 상태를 신속하게 전환하도록 돕는 무의식적 신경 과정을 의미한다. 이는 위험이나 생명 위협 요소를 감지하는 고대 생존 시스템의 일부로, 생리적 상태와 감정을 조정하여 위험을 평가하고 안전 여부를 판단하며, 다른 사람과의 연결을 가능하게 한다. 다미주신경 이론은 치료적 관계를 포함한 의미 있는 관계 형성을 지원하며, 애착과 안전과 관련된 새로운 통찰을 제공한다.

이 이론은 또한 포유류에서만 발견되는 특정 신경 회로인 사회적 참여 시스템(Gray & Porges, 2017)에 대한 정보를 제공한다. 이러한 생리적, 생물학적, 신경학적 과정은 뇌에서부터 심장, 폐, 신체의 소화관까지 연결된 미주신경(vagus nerve)을 통해 환경과의 상호작용을 조율한다. 예를 들어, 목소리의 높낮이나 표정은 개인의 생리적 상태를 다른 사람에게 전달하는 역할을 한다. 높은 목소리는 분노, 두려움 또는 고통을 전달할 수 있으며, 이를 듣는 사람들이 불안과 걱정을 느끼게 만들 수 있다. 또한 내부 신체 인식은 개인이 다른 사람을 찾거나 반응하고 관계를 형성하는 방식에 영향을 미친다. 특히 트라우마를 경험한 사람들은 자신의 신체에서 일어나는 변화를 감지하는 능력이 단절되었다고 느끼거나, 반대로 지속적인 긴장과 두려움을 느끼는 각성 상태에 놓여 있을 수 있다.

표현예술에서 발견되는 다양한 원칙과 실천은 사회적 참여를 지원하며, 트라우마 회복을 위해 관계 속에서 안전감을 구축하는 데 기여한다. 예를 들어, 무용수이자 무용치료사인 Marion Chace(in Reynolds & Reason, 2012)가 제안한 운동 감각적 공감 개념은 치료사와 내담자 간의 비언어적이고 감각적인 공감 표현을 미러링(mirroring)과 조율(attunement)을 통한 사회적 참여로 설명해 낸다. 이 개념은 무용과 동작의 자세와 움직임(Gray & Porges, 2017), 소리와 음악적 표현, 예술 제작을 지원하는 "제3의 손"(Kramer, 1986), 그리고 운율, 몸짓, 표정과 같은 다양한 운동 및 감각적 행동으로 입증된다. 이와 함께, 사회적 참여의 안전한 경험을 지원하는 표현예술의 접근 방식으로는 유도(entrainment: 박자를 타는 몸짓, 동작, 소리, 음악, 운율 및 호흡 활용)와 안전을 위한 접지(grounding: 창의적 예술 활동을 통한 자기 조절 의식 확립)가 있다. 이러한 접근법은 트라우마 생존자가 과활성화 상태를 조절하거나 해리 상태에서 벗어나는 데 특히 효과적이다. 또한 치료사가 주도하는 감각 기반 개입은 회복적 대인 관계 형성을 지원하며, 회복에 필수적인 자기 조절 능력을 가르치고 강화하는 데 도움을 준다.

정신화

Peter Fonagy와 Mary Target이 만든 용어인 정신화(Mentalization)는 관계 작업과 표현예술 접근과 관련된 또 다른 체계이다. Fonagy는 이 용어를 "자신을 외부에서 보고, 타인을 내부에서 볼 수 있는 능력"으로 정의한다(Allen, Fonagy, & Bateman, 2008). 그는 이 능력이 공감, 자기 조절, 자기 보호, 감정 표현, 자기효능감, 충동 통제, 그리고 자신의 행동이 타인에게 미치는 영향을 이해하는 것과 연결되어 있다고 설명한다. 정신화가 가능하다는 것은 트라우마 스트레스의 영향을 줄이는 데 중요한 역할을 한다고 여겨진다. 반면, 발달 및 대인관계 트라우마에 조기에 노출되면 정신화 능력에 손상을 입을 수 있다. 이는 트라우마 스트레스가 활성화될 때 사람들이 생각을 차단하는 방식으로 대처하여 정신화를 적용하기 어렵게 되는 경우를 의미한다. 특히 감정 상태가 고조될 경우, 정신화는 더욱 어려워진다.

정신화는 부분적으로 상상적 놀이 능력을 통해 개발되는데, 이는 표현예술 활동에 참여할 때 필요한 중요한 능력이다. Verfaille(2016)는 "애착 문제가 있는 내담자나 발달 문제를 가진 아동과 함께 일하는 예술치료사는 정신화 개념을 중요한 참조점으로 삼을 수 있다."라고 언급했다(p. xv). 트라우마가 관련된 관계 작업에서 Bateman과 Fonagy(2006)

는 정신화를 촉진하기 위해 내부(경험과 감정)를 외부로 표현하는 대안적 방법을 제시했다. 그들은 "자아의 한 측면이 외부화됨으로써 그것이 덜 위험하고, 덜 통제적이며, 덜 압도적인 것이 된다. 이를 통해 감정을 다룰 수 있게 되고, 자신과 타인에 대한 보다 수용 가능한 이해가 가능해진다."라고 설명했다(p. 174). 모든 형태의 표현예술은 정신화를 지원하도록 조정될 수 있다. 예를 들어 다른 사람의 감정을 전달하기 위해 그림이나 음악에서 색상, 형태, 선 등을 사용하는 경험은 본질적으로 표현예술 기반의 정신적 훈련이라고 할 수 있다.

정신화는 트라우마를 다룰 때 실제적인 기술(과학)이라기보다는 예술에 가깝다. "내담자는 치료사의 마음속에서 자신을 찾아야 하고, 마찬가지로 치료사는 내담자의 마음속에서 자신을 이해해야 한다. 둘 다 생각에 의해 마음이 바뀌는 것을 경험해야 한다." (Bateman & Fonagy, 2006, p. 93). 이러한 입장은 관계 작업에 표현예술을 적용할 때 내재된 핵심 원칙을 반영한다. 치료사는 내담자의 속도에 맞추고, 호기심을 가지고, 때로는 유쾌한 방식으로 상호작용하며, 내담자의 창의성과 상상력을 자극하는 데 적극적으로 임한다. 상상 놀이에 참여하는 과정에서 내담자는 특히 극적 연기나 역할극을 통해 타인의 관점, 생각, 감정을 받아들임으로써 정신화를 경험하도록 초대된다. 예를 들어, 인형극 놀이는 아동과 함께하는 자연스러운 정신화 전략이다. 성인과의 작업에서는 자신과 다른 성격이나 자질을 가진 사람의 역할을 연기하도록 돕는 역할극이 정신화를 지원하는 효과적인 방법이 될 수 있다. Haen(2015)은 정신화를 촉진하기 위해 심리극의 더블링 기법을 제안한다. 이 기법에서는 내담자가 자신의 감정이나 생각을 표현하기 위해 마치 다른 사람인 것처럼 말하도록 요청받는다.

Haen은 이와 관련해 다음과 같은 예를 제시한다.

> 회피형 아동은 "오늘은 말 안 해요."라고 말할 수 있다. 이때 집단 구성원이 아동의 허락을 받고 더블링 기법을 사용하면, 아동의 뒤에 서서 "지루해." "말하기 무서워." 또는 "이 집단이 마음에 드는지 잘 모르겠어."와 같은 말을 대신한다. 이후 아동은 자신의 진정한 감정에 가장 가까운 표현을 집단과 공유하도록 격려받는다. (pp. 246-247)

Haen에 따르면, 연극적 재연은 정신적 트라우마를 겪은 개인이 내면적 경험(자신)과 대인관계적 경험(타인)을 안전하게 탐색할 수 있도록 돕는 방법으로, 정신화를 촉진하는 데 가장 효과적인 표현예술 접근 방식일 수 있다.

애착 이론

지난 수십 년 동안 애착 이론은 심리치료에 큰 영향을 미쳤으며, 이를 통해 초기 유대감 경험이 이후 삶의 행복에 필수적이라는 인식이 널리 퍼지게 되었다. 애착 이론은 그 자체로 하나의 치료 접근 방식은 아니지만, 불안정 애착이나 트라우마를 경험한 개인이 안정적인 관계를 형성하고, 정서적 · 신체적으로 타인과 조화를 이루는 능력을 향상시키는 데 중점을 둔 다양한 치료법과 모델을 탄생시켰다. 애착 연구는 양육자와 아동 간 의사소통의 정신생물학적 특성을 강조하며, 이는 상호적인 언어, 발성/소리, 몸짓/제스처, 눈맞춤 등의 요소를 포함한다. 건강한 애착 관계는 양육자와 아동 사이에서 상호성, 연결성, 동시성, 상호적 기쁨을 기반으로 한 안정적인 신체적 · 정서적 상태를 이루는 데 기여한다(Schore & Schore, 2008).

안정된 애착 관계를 형성한 개인은 타인과 함께 자신을 조절할 수 있는 능력을 얻게 되며, 이러한 안정감과 자신감은 고통스러운 경험을 겪더라도 회복력을 높이는 핵심 요소가 된다. Schore(2003)는 이러한 공동조절(co-regulation)이 언어 이전 의사소통을 통해 유아의 우뇌 발달에 영향을 미친다고 설명한다. 건강한 애착이 이루어지면, 양육자와 아동은 서로의 리듬을 배우고, 이를 기반으로 공유된 리듬을 함께 형성한다. 간단히 말해, 양육자는 아동의 표정, 운율, 몸짓에 집중하며 순간순간 조율을 이뤄 가고, 이 과정에서 아동은 보호자의 반응을 통해 감정을 조절하는 방법을 배우게 된다.

반면, 학대하거나 방치하는 양육자의 반응은 위안을 주지 못하고, 영아를 보호하거나 양육하는 방식으로 인식되지 않는다. 대신 이러한 반응은 아동에게 혼란스럽거나 거부감으로 받아들여질 수 있다. 이는 개인의 우뇌 발달에 부정적인 영향을 미치며, 결과적으로 타인이나 환경에 적절히 반응하거나 정서적 스트레스에 적응적으로 대처하는 능력을 감소시킨다. 이러한 경험은 초기 관계적 트라우마의 토대를 형성한다.

Schore(2003)는 이에 대해 다음과 같이 언급한다.

> 양육자는 아이의 상태를 조절해 주는 대신 극단적인 자극과 각성 상태를 유발하며, 상호적인 회복을 제공하지 않기 때문에 아이의 강렬한 부정적 상태가 오랜 시간 지속된다. 이러한 지속적인 부정적 상태는 아기에게 해로우며, 비록 아이가 낮은 강도의 부정적 감정을 어느 정도 조절할 능력을 가지고 있더라도, 이러한 감정은 강도, 빈도, 지속 시간이 점점 더 심화된다. (p. 124)

다시 말해, 아동은 과각성 상태를 경험할 수 있으며, 유연하게 기능하는 능력이 저하될 수 있다. 치료에서 애착 작업의 전반적인 목표는 일반적으로 내담자가 초기 관계에서 놓쳤을 수 있는 경험을 재창조하는 데 있다. Bowlby(1988)는 '안전 기지'의 중요성을 강조했는데, 이는 아동이 양육자 곁을 떠나 세상을 탐험하고 다시 양육자의 즉각적인 반응을 받을 수 있는 안정적인 애착으로 돌아올 수 있게 하는 것이다. Tronick(2007)은 '무표정(still-face)' 연구를 통해, 양육자가 유아와의 상호작용을 중단할 때 유아가 다양한 방법으로 연결을 재설정하려 시도하며 반응한다고 제안했다. 이러한 연구는 상호 의사소통이 중단된 상황에서도 인간이 타인과 연결되려는 본질적 속성을 보여 준다. 그러나 애착 시스템이 양육자의 반복적이고 만성적인 실수로 인해 손상되면, 주요 신경계가 변화하면서(Gaskill & Perry, 2014, 2017) 다양한 정신건강 문제가 발생할 수 있다. 이는 건강한 관계의 파괴를 비롯해 평생에 걸친 사회적 · 정서적 어려움으로 이어질 수 있다. 내담자가 관계에서 물러나지 않고 대처하며 스스로를 안정시키는 방법을 배우는 것은 필수적이다. 하지만 이러한 전략은 초기의 안전 기지가 형성되지 않은 경우 실행하기가 어렵다.

애착 연구는 동작, 몸짓, 감정을 포함한 비언어적 단서들이 양육자-유아 관계의 의미를 형성하는 데 중요한 역할을 한다고 강조한다. 신체 기반 의사소통을 통해 아동은 초기 안정감을 발달시키고, 이러한 의사소통은 평생 동안 자기 조절과 공동 조절의 기초를 이룬다. 애착 이론과 연구에서 발견된 이러한 원리들은 외상 사건으로 인해 타인과의 관계가 단절된 개인을 돕기 위한 표현예술치료의 기초를 제공한다. 다음의 예시는 이러한 원리들이 개별 표현예술치료뿐만 아니라 부모와 자녀 간 상호적 표현예술 활동이라는 중요한 추가 관계 전략을 통해 어떻게 실현될 수 있는지를 보여 준다.

◇◇◇◇◇

표현예술을 통한 애착 형성

Joanne(10세)은 아버지가 어머니 Diana를 세 차례 구타하는 것을 목격하고, 자신과 남동생이 아버지에게 반복적으로 신체적 학대를 받은 후 치료에 의뢰되었다. Diana는 신체적 학대와 가정 폭력 사건을 신고하지 않았고, 약물 과다복용으로 의식을 잃은 뒤에야 사건이 아동보호서비스에 알려졌다. 어머니가 아파트 바닥에 쓰러져 있는 것을 발견했을 때, Joanne은 경찰에 전화를 걸어 도움을 요청했고, Mark(5세)는 부모의 주검 옆에서 무릎을 꿇고 비명을 질렀다. Diana는 회복했지만, 사회복지기관은 Joanne과 Mark가 단기적으로 거주치료시설에 머무르는 것이 가장 적합하다고 판단했다.

시설에서 Joanne을 처음 만났을 때, 그녀는 과도하게 경계심을 보였고 오랫동안 한 가지에 집중하지 못했다. 그러나 그녀는 짧은 시간 동안 내 옆에 앉아 좋아하는 노래를 함께 부르며 조금씩 마음을 열기 시작했다. Joanne은 자신이 그림 그리기를 좋아한다고 말하며, 사회복지 조치로 인해 떨어져 지내는 어머니를 보고 싶어 "가족 사진을 그리고 싶다."고 이야기했다. 내가 Joanne에게 그림에 대해 더 자세히 말해 달라고 요청했을 때, 그녀는 자신과 Mark, 어머니를 그릴 것이라고 했다. 그림에는 세 명이 있었는데, 모두 Joanne의 나이에 맞게 묘사되었다([그림 4-2] 참조). 내 경험상, 가족 그림에는 때때로 누군가가 빠지는 경우가 있어 Joanne에게 "그림에 다른 사람이 있니?"라고 물었다. Joanne은 "아버지가 우리에게 못되게 굴었기 때문에" 그리고 "아마 더 이상 아버지를 보지 못할

[그림 4-2] **아버지가 없는 가족을 그린 Joanne의 그림**
Cathy A. Malchiodi의 컬렉션 중(작가의 허가없이 재사용 및 무단복제 금지)

것"이라고 생각해 아버지를 그리지 않았다고 말했다. Joanne은 폭력적인 아버지와의 어려운 관계를 해결하기 위해 단순히 그를 그림에서 제외하는 방식을 선택했다. 부모나 양육자로부터 학대를 당한 많은 아이와 달리, Joanne은 아버지에 대해 솔직하게 이야기했다. 대인관계와 가정 폭력이 애착 관계에 큰 영향을 미친다는 점에서 그녀의 반응은 놀랍지 않았다. 대부분의 아동은 학대를 가한 양육자에 대해 이야기하기를 꺼려 하며, 부모가 자신을 다치게 하거나 위험에 빠뜨릴까 봐 두려워하거나, 충성심이나 보복에 대한 두려움으로 인해 가해자를 두둔하는 경향을 보인다. Joanne과의 표현예술치료 회기에서, 나는 그녀와 어머니의 관계가 얼마나 복잡한지를 더 깊이 이해하게 되었다. 특히 Diana가 약물 과다복용으로 기절했을 때 Joanne이 느꼈던 버림받음과 그로 인한 두려움이 시간이 지나면서 어머니에 대한 분노로 바뀌었음을 알게 되었다. Joanne의 애착 관계는 Diana의 방치, 무관심, 무반응으로 인해 심각하게 손상되었다. Joanne은 자신을 보호해 줄 것이라는 어머니에 대한 신뢰를 잃었고, 이는 그녀의 정서적 기반에 깊은 균열을 남겼다. Tronick(2007)의 '무표정(still-face)' 연구와 유사하게, Joanne은 자녀가 지지, 인정, 상호작용을 기대하는 시점에 부모로부터의 반응 부재에 직면했다. 이러한 경험은 부모의 상호작용 부재와 무관심에 대한 자연스러운 욕구를 충족시키지 못한 결과, Joanne이 자신의 내면에 이러한 무관심한 양육자의 모습을 내면화하게 했음을 보여 준다.

이러한 혼란스러운 관계 역동, 신체적 학대 및 가정 폭력은 Joanne에게 여러 측면에서 심각한 영향을 미쳤다. Diana와 Joanne 모두, Joanne이 종종 불안해하며(과잉 각성) 수면 문제(야간 불안과 악몽)를 겪고 있다고 보고했다. 또한 Joanne의 학교 상담 교사는 그녀가 이해력, 집중력, 주의력에 어려움을 겪고 있으며, 종종 충동적인 행동을 보인다고 지적했다. 예를 들어, Joanne은 다른 아이들을 때리거나 담임선생님에게 소리를 지르는 모습이 관찰되었다.

치료 초기 회기에서 Joanne의 반응은 그녀의 주 양육자에 대한 두려움과 분노를 반영했다. 예를 들어, Joanne은 예술 활동, 동작, 놀이에 참여할 때 나의 집중적인 관심을 요구하며, 집단 활동에서는 다른 집단원들과 경쟁하며 관심을 받으려는 모습을 보였다. 한 번은 작품을 완성하기에 충분한 찰흙이 없자 격렬하게 화를 냈고, 또 다른 때에는 내가 회기에 몇 분 늦자 나를 꾸짖었다. 이러한 행동을 통해 Joanne이 자신이 완전히 통제할 수 없거나 안전하지 않다고 느끼는 상황에 직면했을 때 버림받는 것에 대한 두려움과 감정을 자제하는 데 어려움을 겪는다는 사실을 쉽게 알 수 있었다.

Joanne의 경우, 아버지의 학대와 어머니로부터 느낀 버려진 감정이 그녀의 애착 장애를 형성한 주요 원인이 되었다. 또한 Diana의 약물 의존으로 인해 Joanne은 적절한 양육을 받지 못했으며, 이로 인해 Joanne의 애착 유형은 더욱 혼란스러워졌다. Diana가 양육자로서의 역할을 수행하지 못했기 때문에 Joanne은 사실상 양육자의 역할을 대신해야 했다.

집단 회기에서 Joanne은 종종 어른 역할을 하려 했으며, 다른 집단원들을 돌보고 스스로 '도우미' 역할을 맡겠다고 주장했다. 때때로 Joanne은 예술 및 놀이 재료의 공유 방식을 통제하고, 표현 활동의 주제와 진행 방식을 집단원 대신 결정하면서 나의 촉진자로서의 역할에 부드럽게 도전했다. Joanne은 비록 어린아이였지만, 어른의 역할을 수행함으로써 어머니 Diana에게서 받지 못한 돌봄을 타인에게 제공하면서 심리적 안정감을 느끼는 것으로 보였다.

간단히 말해서, Joanne은 표현예술을 통해 감정적 반응과 스트레스 반응을 다루며 안정감을 형성하고, 타인과의 관계에서 사회적 인식과 조화를 강화하는 데 큰 도움을 받았다. 특히 비언어적 및 우반구 기반의 개입을 통해 초기 애착 경험을 요약하는 감각 활동이 Joanne이 나와의 긍정적인 관계를 경험하도록 돕는 데 효과적일 것이다. 다시 말해, 나는 Joanne이 스트레스를 받거나 지지와 확인이 필요한 순간에 스스로를 외면하지 않고, 반응해 주는 어른과 함께 '어린아이'라는 정체성을 회복할 수 있기를 바랐다.

Joanne은 치료 초기, 폭력적인 아버지를 그림에서 배제함으로써 학대적인 아버지로부터 자신을 분리하려는 마음을 표현했다. Joanne과 같은 아이들과 작업할 때, 나는 보통 뇌의 하부(뇌간, 중뇌, 변연계)와 관련된 신경 발달적 접근법을 사용하며, 자기 진정과 자기 조절을 지원하는 예술 경험부터 시작한다. Joanne은 10살이었지만, 훨씬 어린아이들과 함께 하는 활동처럼 마음을 차분하게 만드는 경험을 통해 안정감을 느낄 수 있었다. 예를 들어, 다양한 리듬 듣기, 드럼과 타악기를 함께 연주하기, 유치원 시절 좋아했던 노래를 회상하기 등의 활동을 소개했다. Joanne은 이러한 활동에서 즐거움을 느끼며 참여했고, 그림 활동에서는 친숙한 음식 향이 나는 사인펜이나 촉각적 재료를 활용해 창의적 자기 표현에 필요한 도구들을 자유롭게 사용하도록 지원받았다. 나는 Joanne이 이러한 자료와 환경을 무조건적으로 수용하며 편안함을 느낄 수 있도록 했다. 또한 Joanne에게 아동 친화적인 요가 자세를 가르치며 함께 '멍청한' 행동을 즐기는 시간도 있었다. 우리는 겨울잠을 자는 곰이나 윙윙거리는 꿀벌을 흉내 내며 호흡을 연습했는데, 이는 웃음을 유발하며 Joanne의 긴장을 풀어 주는 데 효과적이었다. Joanne은 손가락 끝에 긴 공작새 깃털을 얹거나, 코끝에 다채로운 나비 모양의 장식을 올려 균형을 맞추는 등의 활동을 통해 마음챙김을 경험했다. 이 모든 개입은 자기 진정 경험을 지원하기 위해 선택된 것이다(제6장 참조). 나는 Joanne이 좌뇌 중심의 말로만 하는 의사소통 대신, 직접 경험하고 참여하는 활동을 통해 관계를 형성하도록 돕고자 했다. 이러한 창의적 개입은 Joanne과의 '우뇌 대 우뇌' 연결을 구축하며, 그녀가 감정적 안정과 신뢰감을 느낄 수 있도록 돕는 데 중요한 역할을 했다.

Joanne이 화나거나 불안한 감정 없이 활동에 참여할 수 있게 되기까지는 몇 주가 걸렸다. 그러나 결국 그녀는 우리 관계에서 안전함을 느끼기 시작했다. Joanne은 짜증을 내는 대신, 자신이 어떤 활동을 즐겼는지 나에게 알려 주기 시작했으며, 나와 협력하여 작업하는 것을 편안하게 느낀다는 신호를 보내기까지 했다. 예를 들어, 그녀는 "쿠키를 함께 만들 수 있나요?" 혹은 "어미새와 아기새를 위한 집을 지을 수 있을까요?"라고 물으며 함께하는 활동을 제안했다.

우리 관계가 이러한 단계에 이르렀을 때, 나는 Joanne에게 예술 표현을 통해 감정을 보다 구체적으로 나누는 작업을 요청했다. Joanne은 이제 자신이 "걱정할 때 몸이 어떻게 느껴지는지" 그리고 "몸 어디에서 걱정, 두려움, 분노를 느끼는지"를 색상, 선, 모양으로 표현할 만큼 나와의 관계에서 안전함을 느끼고 있었다(제7장 참조). 또한 나는 Joanne에게 간단한 악기(드럼, 딸랑이, 카주, 다양한 타악기)를 소개하고, 소리를 통해 말 없이 자신의 몸이 느끼는 감정을 표현하도록 격려했다. Joanne은 각 회기 시작 시 자신의 감정을 나에게 전달하는 방법으로 이 활동을 점차 활용하기 시작했다. 나의 도움으로 Joanne은 자신이 특정 상황에서 몸에서 느끼는 감정을 점차 인식하기 시작했다. 그녀는 어떤 유형의 상황이 자신을 괴롭게 하는지, 그리고 걱정, 두려움, 분노를 경험할 때 몸이 어떻게 반응하는지를 이해하기 시작하며, 자신의 감정을 더 깊이 탐구할 수 있는 능력을 키워 나갔다.

◇◇◇◇◇

상호적 표현예술치료

Joanne이 나와 안전한 애착을 경험할 수 있도록 돕는 다리 역할을 한 것은 결과에 대한 긍정적인 관심과 감각적 자기표현 수단을 제공한 나의 역할이었다. 이를 통해 Joanne은 어른이 일관적이고 공동 조절할 수 있는 대상이란 생각을 점차 강화할 수 있었다. 우리의 관계가 상당한 진전을 보이던 중 Joanne은 동생 Mark와 함께 다른 마을의 위탁보호시설로 옮겨졌고, 이에 따라 우리는 표현예술치료를 가까운 시일 내에 중단해야 했다. Joanne은 나와의 시간이 끝난 후에도 상담사와 함께 1년 동안 치료를 계속 받았다. 하지만 치료가 종결되기 전에 Diana는 Joanne을 다시 양육할 수 있는 허락을 받았고, 우리와 함께 몇 차례의 모녀 창작 예술치료 회기에 참여하라는 요청을 받았다.

Diana와 Joanne의 만남에서 나는 Joanne과 함께 했던 활동 중 일부를 반복했으며, Diana도 적극적으로 참여했다. 중독을 포함한 개인적인 문제를 겪는 많은 부모와 마찬가지로, Diana 역시 자기 조절을 위한 표현예술 전략이 필요했다. 그녀는 결혼 생활 대부분을 남편과의 폭력적인 관계 속에서 보내며 당연히 자기 위안의 경험이 부족했을 가능성이 있었다. 또한 Diana 자신이 부모로부터 긍정적인 애착을 받지 못했을 가능성이 있었기 때문에 나는 그녀가 Joanne과 더 안전한 관계를 구축할 수 있도록 Joanne과의 상호적(dyadic) 회기를 최소한 몇 차례 진행하려고 노력했다. 특히 나는 Diana가 집에서 Joanne과 함께 실천할 수 있는 간단한 창작 활동에 중점을 두었다. 이 활동에는 함께 음악에 맞춰 그림 그리기, 공동으로 가족 예술 작품 만들기, 휴식을 위한 음악 재생 목록 만들기 등이 포함되었다. 더 나아가 신발 상자로 인형의 집을 만들고 양말로 인형 가족을 만드는 협력적인 활동도 진행했다. 이러한 활동들은 애착을 강화하고 모녀 관계를 개선하기 위한 중요한 경험이었다. 우리가 함께했던 작업이 최종적으로 어떤 결과를 가져왔는지는 정확히 알 수 없지만, Joanne, Mark, Diana가 결국 재결합했다는 점은 확실하다. 또한 Diana는 중독 상담의 도움으로 약물 없는 생활을 유지할 수 있었다고 전해졌다.

◇◇◇◇◇

함께 만들기: 공동체를 통한 관계 회복

상호적 및 가족 표현예술치료는 양육자와 아동이 함께 긍정적인 애착을 강화하고, 단절된 관계를 복구하며, 창의적이고 놀이 기반의 경험을 통해 공동 조절을 실천할 수 있는 두 가지 중요한 접근법이다. 그러나 이러한 치료 방법을 넘어서 트라우마 회복의 더 크고, 아마도 더 강력한 맥락은 바로 공동체라는 요소에 있다. Judith Herman(1992)은 트라우마로부터의 회복 과정에서 공동체의 가치를 강조하며, 공동체가 제공할 수 있는 지지와 회복의 중요성을 포착했다.

> 트라우마는 개인과 공동체 간의 지속적인 유대를 파괴한다. 생존자들은 자신의 자아감, 가치감, 인간애가 타인과의 유대감에 깊이 의존하고 있다는 것을 배운다. 집단의 결속은 공포와 절망에 대한 가장 강력한 보호책이자, 트라우마 경험에 대한 가장 강력한 해독제이다. 트라우마가 분리를 초래한다면, 집단은 소속감을 재창조한다. 트라우마는 수치심과 낙인을 남기지만, 집단은 이를 목격하고 확인한다. 트라우마는 피해자를 비하하지만, 집단은 그들을 높이 평가한다. 트라우마는 생존자를 비인간화하지만, 집단은 인간애를 회복시킨다. 생존자는 타인의 행동 속에서 자신이 잃어버린 부분을 인식하고 다시 되찾는다. 이러한 과정을 통해, 생존자는 인간의 공통성에 다시 합류하기 시작한다.

이 말은 수십 년 동안 표현예술치료를 집단과 공동체에 적용하면서 회복의 가능성에 대한 나의 믿음을 이끌어 왔으며, 특히 학교 총기 난사, 자연 재해, 또는 인위적인 재난으로 영향을 받은 개인들과의 작업에서 가족, 이웃, 지역사회에 대한 개입의 기초를 형성하는 데 도움을 주었다. 실제로 표현예술을 통해 관계를 활용하는 가장 강력한 방법은 집단 및 공동체 작업을 통해 이루어질 수 있는데, 이는 표현예술이 본질적으로 참여자 간의 상호작용에 잘 맞기 때문이다. 많은 사람이 치료사와의 일대일 관계에서만 안정감을 느낄 수 있다. 그러나 의미 있는 공동체 의식을 포함한 표현예술 경험은 Herman이 언급한 변형적인 특성을 담고 있다. Macy, Macy, Gross 그리고 Brighton(2003)은 개인적 음악 경험과 집단적 음악 경험을 대조하는 예를 제시한다. "[개인이] 음악에 맞춰 움직일 때, 그 움직임을 반영하는 동료와의 상호작용을 통해 소속감을 경험한다. 여기에 발성이 공유된 움직임을 동반하면 통합이 시작될 수 있다."(pp. 65-66) 집단원이 전문 음악가가 아니더라도 악기를 연주하거나, 소수의 사람들 사이에서 북을 치는 활동은 사람들 간의 조화와 관계 형성을 촉진한다. 이 과정에서 조화가 부족할 수 있지만, 집단원들은 이를 인식하거나 느끼고, 암묵적으로 서로에게 반응하게 된다. 마찬가지로 함께 벽화를 그리거나 장면을 연기하는 활동은 자연스럽게 공동체와 연결의 순간을 포함하며, 타인과의 관계를 형성하는 계기가 될 수 있다.

심리치료사로서 우리는 종종 전통적인 진료소, 병원 또는 개인 진료소를 중심으로 서비스를 제공한다. 하지만 표현예술치료는 이러한 제한을 넘어 지역사회 환경에서 이루어지는 치료의 전통을 가지고 있다. 이는 전형적인 심리치료 환경을 넘어 동네 거리, 예배 장소, 오픈 스튜디오에서 진행되는 프로그램과 같은 집단 및 지역사회 기반의 활동을 포함하기 때문이다. 제2장에서 언급했듯이 치유 중심적 참여 경험을 통합하는 방향으로 트라우마 기반 치료를 재구성하기 시작할 때 트라우마 보상과 회복에 접근하는 방식은 기존 클리닉과 기관의 경계를 넘어 확장되며 새로운 관점을 제시한다. 특히 지역사회는 개인의 상호교차성과 고유성을 다룰 수 있는 가능성을 열어 주며, 회복력과 문화적 트라우마 기반 원칙을 지원하는 중심적인 역할을 한다. 의료 지향적인 환경을 벗어나 표현예술치료가 이루어질 때 지역사회에 대한 강조는 단순히 '트라우마 증상을 고치는' 데 그치지 않는다. 대신 지역사회는 회복력의 원천이 되어 내담자가 자신의 환경과 문화적 맥락 속에서 치유와 재통합을 경험할 수 있도록 돕는다. 이는 표현예술치료의 핵심 원칙인 참여와 관계 형성을 통해 가능한 일이다. 표현예술치료가 의료 중심 환경을 벗어나 이루어지면, 공동체에 대한 강조는 단순히 트라우마 증상을 치료하는 방식에 그치지 않고 회복력의 원천이 된다.

나는 다양한 공동체 환경에서 표현예술치료를 제공할 기회가 있었고, 그중 한 경험은 트라우마 기반 치유 중심적 참여 프로그램의 본질을 잘 보여 줬다. 이 경험에서 이웃은 치유의 중요한 요소로 작용했고, 집단 구성원들은 회복력과 웰빙을 향한 변화 과정에서 예술을 활용해 이를 통합했다.

◇◇◇◇◇

위기에 처한 청소년을 위한 표현예술 및 회복탄력성 프로그램

공립 학교 시스템에서 계약 치료사로 일하던 중 도시 중학교에 다니는 남성 청소년 집단과 함께 회복탄력성 기반 표현예술 프로그램을 개발해 달라는 요청을 받았다. 행정관은 이 집단이 과거 신체적 · 성적 폭력을 경험했으며, 도시에서 가장 폭력적인 동네에 살고 있고, 학교를 자퇴할 위험이 높은 소년들로 구성되어 있다고 설명했다. 학교 측에서는 프로그램의 주제를 회복탄력성으로 정해 두었고, 구체적으로 어떻게 프로그램을 설계할지는 나와 집단 구성원들에게 맡겼다.

처음 이 집단을 맡으면서 내가 이들에게 적합한 인물은 아닐 수도 있다는 생각이 들었다. 그래서 학교에 있는 남성 선생님 한 분을 프로그램에 참여하도록 초대했고, 그분은 기꺼이 프로그램 구성에 협력하고 도움을 주겠다고 했다. 첫 번째 집단 회기에서 만난 소년들의 초기 반응은 내가 이미 익숙하게 알고 있는 모습과 비슷했다. 이들은 폭력적이고 방치된 가정에서 자란 아이들에게서 흔히 볼 수 있는 반응을 보였지만, 여기에는 거리에서의 총기 폭력과 경찰에 대한 불신이 더해졌다. 이웃 환경이 이러한 신념을 강화했

[그림 4-3] **"내가 어디에서 왔고, 나는 누구이며, 무엇을 할 수 있는지"의 콜라주 트리 이미지**
Cathy A. Malchiodi의 컬렉션 중(작가의 허가없이 재사용 및 무단복제 금지)

으며, 최근 공동체에서 벌어진 사건들 역시 이들의 패배감과 상황이 개선될 거라는 희망 부족을 설명하는 데 중요한 요인이었다.

이처럼 많은 어려움을 겪고 있었음에도 불구하고, 소년들 다수는 자신들에게 "문제가 없다."거나 "치료가 필요하지 않다."고 주장하며 상담의 필요성을 거부하는 태도를 보였다. 이들의 반응은 이미 그들이 현실 속에서 스스로를 단단히 보호하고 있다는 점을 강조하는 것처럼 보였다.

처음 몇 주 동안 우리는 소년들의 이야기를 듣는 데 집중했다. 활동이나 프로젝트를 시작하기 전에 그들의 이웃과 학교에서의 삶이 어떤지 이해하는 것이 중요하다고 생각했다. 이야기를 나누는 동안, 소년들은 매일 밤 집으로 돌아가는 길의 이야기, 살인, 마약 단속, 인신매매가 벌어지는 거리, 대인관계 폭력과 보살핌이 부족한 집에 대한 이야기를 들려줬다. 그들은 자신들의 경험을 음악으로 표현하기도 했는데, 특히 노골적인 가사로 가득 찬 힙합이 그들의 이야기를 전달하는 데 선호되는 장르였다. 대부분의 집단원은 복잡한 노래 가사를 하나도 빠짐없이 외우고 있었다.

네 번째 모임에서는 동네와 가정에서 벌어지는 혼돈과 예측 불가능한 사건들에 관한 이야기가 계속 나왔다. 나는 소년들에게 이렇게 물어봤다. "너희 동네에서 항상 변하지 않고 그대로 있는 게 있어?" 무슨 대답이 나올지 궁금했는데, 한 소년이 즉시 "나무"라고 답했다. 그의 대답에 놀라서 이유를 묻자 그는 이렇게 말했다. "여기 주변에서는 건물이 무너지고, 자동차 유리창이 박살 나고, 내 사촌 같은 사람들은 마약이나 총에 맞아 죽어요. 몇몇 사람들은 떠나 버리죠. 하지만 나무는 그대로 남아 있어요." 그의 대답은 단순하면서도 깊은 통찰을 담고 있어 나를 감동시켰다. 이 주제를 집단에서 다루자, 소년들은 나무가 여러 위협과 위험 속에서도 강하고 회복력이 있는 이유를 생생히 설명했다. 그들은 나무가 그대로 남아 있는 이유에 대해 자신만의 관찰을 나누었고, 그 과정에서 나무는 가혹한 현실과 시련을 견뎌 내는 상징으로 자리 잡았다. 그 결과, 우리는 탄력성 기반 표현예술치료 프로젝트의 주제를 '나무'로 정했다. 우리는 함께 간단한 개념을 만들어 각자의 나무를 표현하기로 했다. 뿌리는 "나는 어디에서 왔는가"를, 줄기는 "지금의 나는 누구인가"를, 가지와 잎은 "내가 할 수 있는 일"을 상징했다. 이러한 구성을 바탕으로 소규모 콜라주 나무를 만들어 보기로 했다.

이 경험을 더 깊이 탐구하기 위해 나는 소년들에게 서로의 나무를 기꺼이 '목격'하고, 작품에 힘을 더할 말을 남겨 줄 수 있는지 물었다. 그들은 서로의 작업을 진지하게 바라보고, 긍정적이고 의미 있는 말을 나무에 추가했다. 이후 각 집단원이 받은 말을 바탕으로, 회복력에 초점을 맞춘 시나 짧은 산문을 작성하도록 했다. 이러한 서술은 때로는 힙합 가사를 떠올리게 하는 생동감 있는 표현을 포함하며 강력한 메시지를 전달했다. 완성된 작품은 희망과 자기효능감으로 가득했으며, 집단원들이 극적인 낭독 형식으로 발표했을 때 이는 단순한 표현을 넘어 권위 있는 진술처럼 다가왔다. 이 낭독은 모두에게 깊은 인상을 남겼고, 집단원은 서로에게 아낌없는 박수와 찬사를 보냈다. 소년들은 초기 작품에 대한 자부심을 드러냈으며, 나무를 실제 크기로 만들기 위해 추가 작업을 요청했다. 단순히 나무가 힘의 상징으로 끝나지 않았다는 점은 곧 명확해졌다. 집단원들은 나무를 자신들의 삶을 반영하는 상징으로 받아들였고, 이를 통해 자신들의 경험과 정체성을 확장하는 과정을 시작했다. 나무는 단지 예술적 작업을 넘어 집단원들에게 치유와 성장의 도구가 되었다.

정신 건강 및 건강 관리 영역에서 대부분의 트라우마 기반 집단 프로그램은 시간 제한이 있어 정해진 시점에 종결되는 경우가 많다. 하지만 이 집단은 비전통적인 환경에서 운영되었고, 소년들의 성장을 지원하기 위해 성직자, 교사, 멘토를 포함한 지역사회 지도자들이 적극적으로 참여했다. 이 지도자들은 소년들이 보여 준 성취를 중요하게 여겼고, 프로그램이 성공적으로 진행된 만큼 이를 지속할 방법이 있는지 나와 공동 진행자에게 물었다. 또한, 그들은 소년들이 노력과 힘, 회복력을 표현한 성과를 더 큰 공동체와 공유하기를 원했다. 집단 프로그램은 공식적으로 종료되었지만, 창의적인 결과물은 새로운 단계로 나아갔다. 우리는 지역 예술가와 협력하여 동네 중심에 있는 건물 벽에 소년들의 나무를 모아 대규모 벽화를 그리기로 했다. 이 벽화는 단순한 나무들의 집합이 아니라, 집단원 각각의 이야기가 모여 만들어진 하나의 '숲'을 형상화한 것이었다. 벽화를 제작하는 과정에서 나는 컨설턴트이자 소년들을 도와주는 '보조 화가' 역할로 참여했지만, 이 최종 결과물에 작은 부분이라도 기여했다는 사실에 자부심을 느꼈다. 소년 자신들의 이야기가 지역사회 전체에 긍정적인 영향을 미치는 방식으로 전개되는 것을 지켜보는 일은 매우 감동적이었다.

이 사례는 트라우마 회복 과정에서 공동체가 수행하는 치유 역할에 대해 Herman이 명확히 설명했던 개념과 깊이 공명한다. 대부분의 경우, 표현예술치료의 트라우마 기반 접근법은 이 사례에서처럼 이웃과 같은 광범위한 네트워크 내에서 이루어진다. Herman이 제시한 이론에 따르면, 상담실이나 의료시설이라는 제한적인 환경을 넘어, 공동체는 '트라우마 경험에 대한 가장 강력한 해독제(1992, p. 214)'로서의 역할을 한다. 이러한 맥락에서 트라우마에 노출된 개인들의 문제를 완전히 해결하기 위해서는 공동체의 역할이 필수적이다.

◇◇◇◇◇

표현예술치료의 관계적 특성

표현예술치료는 심리치료의 틀을 통합하지만, 표현예술치료에서 나타나는 특정한 특징들은 예술 그 자체에서 비롯된다. 특히 표현예술이 치료에서 관계적 순간을 강화하고 지원하는 방식과 관련된 세 가지 개념은 (1) 창조적 삶의 회복, (2) 우리 사이의 공간 연결, (3) 예술적 감수성 활용하기이다.

창조적 삶의 회복

앞서 논의했듯이 트라우마 경험은 대인관계를 변화시킬 뿐만 아니라, 개인의 삶에서 내적 측면(마음, 몸, 정신과의 관계)도 변화시킨다. 이러한 개인 내적 측면에는 때때로 '창조적 정신'이라 불리는 것이 포함될 수 있다. 이는 자기 의심 없이 자유롭게 자발성과 해방감을 가지고 자기표현, 탐구, 실험을 즐길 수 있는 능력을 의미하며, 개인적으로나 타인과 함께 발휘될 수 있다. 그러나 모든 사람이 "창조적"이라는 일반적인 믿음에도 불구하고, 상상력과 놀이가 트라우마를 겪은 개인에게 항상 자연스럽거나 쉽게 다가오지는 않는다.

표현예술치료의 핵심은 내담자의 '창조적 삶'을 회복하도록 돕는 데 있고, 이는 모든 개인에게 존재하는 타고난 놀이성을 되찾는 것을 의미한다(Panksepp, 2004). 학대와 가정폭력에 대한 초기 연구에서 James(1989)는 트라우마가 아동의 창조적 삶에 미치는 영향을 관찰하며 다음과 같이 지적한 바 있다. "자신에게 일어난 일을 받아들이지 못한 트라우마를 겪은 아동은 무의식적으로 떠오르는 기억이나 생각 때문에 놀이, 공상 또는 꿈을 꾸는 것을 두려워할 수 있다."(p. 4) 비록 모든 아동이 본래 놀이 능력을 가지고 있다고 믿지만, 복잡한 트라우마로 인한 스트레스 반응이 너무 커서 이를 발휘하지 못할 수도 있다. 이러한 이유와 더불어 창조적 삶을 회복할 가능성은 일시적으로 방해받거나, 경우에 따라서는 처음부터 발달에 필요한 조건이 존재하지 않았을 수도 있다. 특히 생애 초기에 주요 관계가 단절된 경우 놀이성이 장려되지 않았을 가능성이 크며, 지금은 그것이 낯설거나 심지어 위험하게 느껴질 수도 있다. 애착 문제가 해결되지 않은 아동은 놀이와 창의성을 위해 필요한 숙달감과 자기효능감을 지원하는 일관된 친사회적 경험을 누리지 못했을 가능성이 있다.

함께 작업했던 많은 아이는 그림 도구, 점토, 물감에 익숙하지 않았다. 인형이나 모래 상자 미니어처를 가지고 놀아 본 적이 없고, 드럼이나 다른 간단한 악기를 사용할 기회가 없었다. 초기 회기에서 나의 첫 번째 목표는 아이들이 놀이를 배우고 다양한 표현예술 매체를 소개하고, 그들의 삶에 "즐거움"이라는 경험을 다시 불러일으키거나 처음으로 제공하는 것을 포함한다.

두 번째 목표는 아이들이 낯선 장난감, 소품, 표현 매체를 자유롭게 탐구할 수 있을 만큼 안전하다고 느끼게 하는 것이다. 이는 아이들이 그림 물감을 흘리거나 무언가를 실수로 망가뜨렸을 때 책임을 물을까 봐 두려워하는 결과에 대한 걱정을 줄이는 것을 포함하며, 과도한 각성 상태를 의식적으로 살피면서 조심스럽게 탐구를 시도할 수 있도록 돕는 것을 목표로 한다.

성인들도 주의력과 집중을 방해받는 트라우마 반응을 포함해 비슷한 어려움을 겪는다. 성인들은 창의적 경험과 놀이에 참여하는 것에 대해 의문을 가지며, 이러한 접근 방식이 정말 효과적인지 궁금해한다. 많은 사람이 "놀이는 어리석다." "예술은 시간 낭비다." "자기 표현은 진지한 일이 아니다."라는 생각을 공유한다. 특히 트라우마 스트레스로 인해 내 치료를 소개받은 군인들 중 다수는 이러한 신념을 가지고 첫 회기에 참여한다. 그들은 "다른 군인들에게 도움이 됐다고 들었기 때문"이나 "의사가 추천했기 때문"에 표현예술치료를 시도해 보려는 의향을 가지고 온다. 첫 만남에서 그들의 망설임은 쉽게 감지된다. 예를 들어, 어떤 이들은 앞으로 무슨 일이 벌어질지 또는 이 '예술적인 일'에서 무엇을 해야 할지에 대해 더 명확히 알기 전까지는 나와 거리를 두려는 태도를 보인다. 이들은 종종 나와 반대편 자리에 앉아 상황을 관찰하며, 자신에게 익숙하지 않은 이 방식에 신중하게 접근하려 한다. 이러한 초기 반응은 표현예술치료가 새로운 환경을 탐색하고, 창의적 참여를 통해 자신을 드러내는 데 시간이 걸린다는 점을 잘 보여 준다.

무조건적 긍정적 존중이라는 개념은 개인의 모든 과정을 판단이나 평가 없이 받아들이는 것을 강조하며, 트라우마를 겪은 개인이 창조적 삶을 회복하도록 돕는 데 중요한 역할을 한다. 놀이치료에서는 종종 이러한 형태의 존중을 "나는 당신을 기쁘게 생각합니다."라는 표현으로 설명한다. 이는 치료사가 아동에게 열정과 감사, 그리고 무조건적인 수용을 표현하는 명시적이고도 암묵적인 의사소통이다. 이러한 태도는 치료적 관계 속에서 안정적인 애착을 강화하는 데 필수적인 요소로 작용한다.

우리가 어린 시절 운이 좋았다면, 양육자의 얼굴 표정이나 우리의 행동에 대한 그들의 몸짓과 운율적 반응을 통해 기쁨을 경험하고 이를 감지했을 것이다. Badenoch(2008)는 기쁨의 개념을 "우리가 어떤 상태에 있든 관계없이 사랑받고 있음을 알려 주는 달콤함"

(p. 261)으로 정의한다. 표현예술치료에서도 이러한 기쁨의 경험은 중요한 역할을 한다. 특정 경험에 대한 진실된 반응, 놀라움과 새로움이 가득한 자발적인 순간들, 또는 여러 상호작용의 반영이 치료 과정에서 기쁨으로 나타날 수 있다. 이는 치료사가 내담자의 창의적 표현을 진정으로 받아들이고, 그 순간을 함께하며 기쁨을 나눌 때 발생하는 자연스러운 치유의 과정이라 할 수 있다.

Dissanayake(1995)는 '예술은 무엇을 위한 것인가'를 탐구하며, 초기 애착 관계에서 나타나는 인간의 상호 애정, 창의성, 대인관계 놀이의 상호작용과 '기쁨'이 차지하는 역할을 다음과 같이 강조한다.

> 엄마가 아기에게 전달하는 것은 아기의 외모, 행동, 소화에 대한 언어화된 관찰과 의견(아기에게 말하는 표면적인 내용)이 아니라 아기의 의도와 감정에 대한 긍정적인 메시지다. "너는 내 관심을 끌어." "나는 너를 좋아해." "나는 너와 닮았어." "나는 너와 함께 있는 게 좋아." "너는 나를 기쁘게 해." "너는 나를 즐겁게 해." (p. 91)

이러한 상호작용에서 양육자의 목소리, 표정, 몸짓은 자발적이고 진정성 있고 장난스럽게 표현되어 아동이 보여 주거나 의사소통하는 모든 것에 대한 기쁨을 전달한다. 이에 아이는 자신의 목소리, 표정, 몸짓을 통해 비슷한 기쁨으로 보답한다. Schore(2003)는 이 경험을 상호적인 사랑의 한 형태로 설명하며, 이를 "우뇌의 대인관계적 맥락에서 긍정적인 감정적 각성을 가속화시키는 경험……. 그리고 우뇌의 내적 창조적 영감의 원천"이라고 표현한다(p. 77).

표현예술치료 회기 중에는 반응이 필요하지 않은 순간도 많다. 하지만 대부분의 내담자, 특히 발달이나 관계 트라우마를 겪은 사람들은 자신의 놀이와 창의적 결과물에 대한 적극적인 반응을 통해 기쁨을 느낀다는 점을 기억하는 것이 중요하다. 내가 만난 많은 아동과 성인은 대인관계 폭력뿐 아니라 중요한 타인이나 방관자의 무반응으로 인해 트라우마 스트레스가 가중되었고, 이는 버림받는 경험으로 이어졌다. 이런 이유로 내가 선호하는 상호작용 방식은 개인이 성취한 것에 음성, 표정, 제스처로 격려를 표현하는 것이다. 어려운 감정과 감각을 예술로 표현하는 데 필요한 에너지와 용기를 존중하는 것도 중요하다. "할 수 있어." "오늘 재밌게 놀자." "방금 하던 일은 많은 용기가 필요했어." "그냥 노는 것도 괜찮아."와 같은 단순하고 명확한 말은 격려를 거의 받아보지 못한 사람들에게 중요한 메시지가 된다. 표현예술을 통한 창조적 회복은 내담자가 자신의 감정을 느끼고, 그 과정을 목격받는 경험을 통해 이루어진다. 여기에 치료사가 신뢰를 담아 반응할 때, 내담자는 언어적 · 비언어적 의사소통과 자신의 창의적 과정 및 결과물이 인정받는 경험을 하게 된다. 이런 경험이 회복의 핵심이다.

마지막으로, 트라우마를 겪은 내담자가 창조적 삶을 회복할 수 있도록 돕는 기반은 창의적 표현, 상상, 놀이를 통해 예술 기반 언어를 안전하고 점진적으로 개발하는 방법을 도입하는 데 있다. 이어지는 장에서는 치료사가 예술, 음악 제작, 소리, 동작, 즉흥 연주, 쓰기를 통해 내담자가 이러한 언어를 탐색하고 발전시킬 수 있도록 돕는 다양한 전략을 설명한다.

우리 사이의 공간 연결

Winnicott(1971)은 놀이가 치료사와 아동 사이에 공감이 일어나는 공간을 제공한다고 관찰했다. 그러나 나는 표현예술을 심리치료 관계에 통합할 때, Winnicott이 언급한 공간과는 다소 다른 측면이 있다고 본다. 이 공간은 공감을 경험할 수 있는 장소이기도 하지만, 내담자의 트라우마 스트레스와 과거 관계적 배경에 따라 혼란스럽거나 불편하게, 때로는 위협적이고 위험하게 느껴질 수도 있다. 표현예술치료 관계에 들어가는 것은 치료사가 자비롭고 안전하게 인식된다 하더라도 여전히 도전적인 일이다. 특히 과거 관계에서 비롯된 대인관계 트라우마로 인해 다른 사람을 신뢰하는 데 어려움을 겪는 많은 내담자에게는 더더욱 그렇다. 이러한 어려움은 초기 양육자-자녀 관계에서 충분히 지원받지 못한 경험에서 비롯되며, 놀이와 창의성에 대해 불편하거나 생소하게 느끼게 되는 원인이 되기도 한다.

이 책의 접근 방식을 적용할 때, 내담자와 치료사 사이의 '우리' 공간을 연결하는 방법에 대해 고민하는 것이 회복 관계를 지원하는 첫 번째 단계이다. 이 연결은 안전(제5장), 자기 조절(제6장), 신체 인식(제7장)과 후속 장들에서 다루는 특정 전략의 기초가 된다. 이러한 중요한 기초는 '우리'에 대한 신뢰를 구축하고, 내담자가 마음과 몸의 상처를 웰빙과 회복력으로 변화시킬 수 있는 능력을 키우는 데 핵심적인 역할을 한다.

치료 공간을 연결하는 방식은 여러 형태를 취하며 치료의 다양한 단계를 거친다. 그러나 표현예술치료는 대화 기반 접근 방식과 다르다. 여기에는 내담자가 심리치료 관계에 안전하게 들어갈 수 있는 환경을 조성하기 위해 소품과 미디어를 활용하는 방법이 포함된다. 이러한 접근은 예술 기반 경험에 대한 개인의 수용성을 고려하며, 특히 초기 회기 동안 안전과 자기 조절에 대한 신체적 필요를 존중한다.

다음의 간단한 예는 대인관계 트라우마로 어려움을 겪는 개인과의 관계를 발전시키기 위해 소품과 미디어를 사용하는 구체적인 방법을 설명한다.

소품을 사용하여 공간 연결하기

여러 번 성폭행을 당한 26세 여성 Tory는 트라우마 스트레스로 인한 과도한 자극 반응에 도움을 받기 위해 나에게 의뢰되었다. 상담을 통해 알게 된 사실은 그녀가 십대와 청년기에 여러 차례 성폭행을 당했을 뿐만 아니라 직장에서도 성희롱을 당했다. 이로 인해 Tory는 심한 불안과 공황 발작을 경험하기 시작했다. 누군가 몇 피트 이상 가까이 오면 과도한 자극 반응을 제어할 수 없었고, 종종 압도적인 분노를 느끼며 술로 자신을 달랬다고 말했다. Tory는 이러한 일이 있은 후에는 오랫동안 움직이지 않는 느낌이 들었고, 시간이 얼마나 흘렀는지 모른 채 텔레비전 앞에 앉아 화면을 멍하니 바라보곤 했다고 한다.

첫 회기에서 나는 Tory에게 모든 내담자에게 하는 질문을 건넸다. "어디에 앉고 싶으세요? 제가 어디에 앉았으면 좋겠어요?" Tory는 다른 사람과 가능한 한 거리를 두는 것을 선호한다고 분명히 말하며, "Cathy 박사님, 개인적인 것은 아니지만 질문해 주셔서 감사합니다."라고 덧붙였다. 그녀는 사무실의 출입구를 볼 수 있는 자리를 선택했는데, 이 자리는 내 사무실이 외부 침입으로부터 안전함에도 불구하고 대인 폭력을 경험한 많은 내담자가 자주 선택하는 자리이기도 하다.

첫 만남에서 우리는 신체 기반 감각과 자기 조절 치료를 진행하며, Tory와 나 사이의 관계를 구축할 수 있는 위협적이지 않은 방법을 소개하는 것을 중요하게 생각했다. Tory는 예상한 대로 경직 반응을 경험하고 있다고 밝혔고, 나는 과거에 장거리 주자이자 시간제 에어로빅 강사로 활동한 이력을 고려해 그녀를 어떤 방식으로든 움직이게 하고 싶었다. 타인과의 가까운 거리를 부담스러워하는 내담자들과 연결고리를 형성하기 위해, 나는 스트레치 원단과 밴드 같은 소품을 활용해 거리감을 조절할 수 있는 방법들을 소개했다. 이를 통해 Tory는 자신의 공간을 유지하면서도 나와 '결합'하는 느낌을 받을 수 있었고, 동시에 함께 끌어당기는 경험을 통해 신체적으로도 연결감을 형성할 수 있었다.

간단히 말해, 이것은 회기 중에 Tory가 나와 함께 안전하게 놀기 시작하는 방법이 되었다. Tory는 자신이 선택한 미러링과 관계맺기를 통해 저항을 행동으로 표현할 수 있는 가능성을 열게 되었다. 그녀는 멀어지거나, 저항하거나, 양보하거나, 더 가까이 다가오는 실험을 통해 점점 나와의 가까운 거리에 편안함을 느끼게 되었고, 나는 이러한 관계 역동을 그녀가 이해할 수 있도록 상황을 말로 설명해 주는 것이 중요하다고 느꼈다. 예를 들어, Tory가 멀어지는 행동을 보였을 때 나는 단순히 "나와 더 편안하게 느끼려면 얼마나 멀리 움직여야 할까요?"라고 물었다. 이를 통해 우리는 '우리 사이의 공간'과 그 공간이 Tory의 삶에서 타인과의 관계와 신체 반응에 어떤 영향을 미치는지에 대해 대화를 시작할 수 있었다.

Tory와의 관계적 개입에서 또 다른 중요한 요소는 음악을 청각 신호로 활용하여 그녀를 현재 순간에 머물게 하고, 리듬과 에너지를 통해 우리의 관계를 발전시키는 것이었다. 물론 음악 없이도 움직임은 가능했지만, 음악이 더해지면 내담자가 고요함을 유지하며 자기 조절을 할 수 있을 뿐만 아니라 회기에 활력을 불어넣는 데 큰 도움이 되었다. 우리는 다양한 악기를 사용하여 긴장을 푸는 데서 시작했다. 관계가 점차 편안하고 즐거워지자, 스트레치 밴드와 함께 움직이며 더 활기찬 음악을 사용하는 방안을 Tory와 논의했다. Tory는 자신이 좋아하는 곡들을 소개했는데, 그중 일부는 친구들과 함께 춤을 추며 즐거웠던 1990년대의 추억을 떠올리게 하는 곡들이었다. 그녀가 과거의 긍정적 기억과 연결되는 이러한 음악을 통해 회기에 참여하는 것은 매우 의미 있는 경험이 되었다. Tory가 다른 사람들과 가까워지는 데서 느꼈던 두려움과 불안은 이후 추가적인 표현예술 회기를 통해 점진적으로 해결되었다. 이 과정은 1년 이상의 시간이 걸렸지만, 그녀의 트라우마 반응은 점차 가라앉았고 더 이상 일상을 압도하지 않았다. 움직임은 심리치료 관계의 중요한 도구가 되었으며, 결국 우리는 소품 없이도 음악에 맞춰 서로의 동작을 미러링하며 회기의 시작과 끝을 함께 완성할 수 있게 되었다.

표현예술치료의 여러 접근법 중 동작은 관계를 탐색하고 구축하는 데 특히 효과적인 도구가 될 수 있다. 하지만 모든 예술 형식은 이러한 관계적 목표를 지원하도록 조정될 수 있다. 예를 들어, 일부 내담자는 드럼 연주를 통해 보다 안전한 방식으로 의사소통하며 대화를 대체할 수 있다. 또 다른 예로, 인형극은 아이들에게 익명성을 제공해 인형극 무대 뒤에서 더 편안하게 자신을 표현하도록 돕는다. Tory는 관계를 형성하고 탐색하는 데 무용과 동작을 선호했지만, 이어지는 장에서는 이와 유사한 방식으로 개인을 지원할 수 있는 다양한 표현예술 소품과 매체를 소개한다.

예술적 감수성 활용하기

트라우마 기반 치료에서 임상 교육과 감독은 트라우마 스트레스와 관련된 성공적인 관계 개입의 핵심 요소로 작용한다. 그러나 표현예술치료사는 그들의 배경과 훈련의 특성상 스튜디오, 리허설 룸, 극장에서의 개인적 경험을 통해 예술과 밀접하게 연결되어 있으며, 이를 나는 '예술적 감수성'이라 부른다. 이는 표현예술치료사가 다양한 예술 형식에 능숙할 뿐만 아니라 무용/동작, 음악, 연극적 재연, 시각 예술, 창작 글쓰기 등 예술 활동을 자신의 삶에서 중요한 부분으로 여긴다는 것을 의미한다. 창조적 과정에 참여하는 경험은 예술을 지능과 비언어적 의사소통의 형태로 더 깊이 이해하도록 돕는다. 나 역시 시각예술가로서의 훈련과 연극적 재연, 즉흥 연주, 음악, 동작치료에 대한 경험을 통해 심리학자로서 아동, 성인, 가족, 집단과의 관계를 맺는 데 독특하고 중요한 기반을 마련했다. 이러한 배경은 단순히 감각적이고 신체적인 활동뿐 아니라, 대화치료 안에서 창조적 경험이 관계 형성에 어떻게 기여하는지를 새롭게 이해하는 데 도움을 주었다. 이러한 이해는 임상 교육과 감독을 통해 더욱 깊어질 수 있지만, 트라우마를 겪은 내담자와의 작업에서 무엇보다 중요한 것은 진정성을 바탕으로 한 예술적 경험이다. 이러한 진정성은 표현예술을 활용한 치료 과정에서 관계 형성을 풍부하고 의미 있게 만드는 핵심 요소가 된다. 예술 기반 접근은 내담자와의 관계를 더 깊고 효과적으로 발전시킬 수 있는 중요한 도구로 작용한다.

표현예술치료사가 아니더라도 자신만의 '표현예술 감성'을 개발하고 창의적 개입과 예술 기반 관계 원칙을 실제로 적용하는 것은 충분히 가능하다. 그러나 표현예술을 통해 개인과 관계를 형성하거나 단절된 관계를 회복하려면 단순히 특정 지시나 활동을 모방하는 것만으로는 충분하지 않다. 이 과정은 예술, 창의성, 상상력, 놀이에 대한 개인적인 이해를 어느 정도 통합하고, 내담자의 순간적인 표현과 반응에 주의를 기울이는 데서 효과를 발휘한다. 여기에는 내담자의 창의적 과정을 지원하는 데 편안함을 느끼는 것, 즉흥 연주와 연기를 자연스럽게 수행하는 것, 자신의 신체적 존재를 활용해 가르치고 시연하는 것, 그리고 무엇보다도 탐구와 실험을 장려하기 위해 놀이와 재미를 유지하는 것이 포함된다.

◇◇◇◇◇

결론

긍정적인 애착, 사회적 유대 그리고 소속감은 트라우마로부터 회복하는 데 필수적인 경험이다. 내담자와 치료사 간 관계는 표현예술을 포함한 모든 심리치료 방법의 근본적인 변화 요인이다. 표현예술은 그 다차원적 특성으로 인해 긍정적이고 회복적인 관계를 지원하는 독특한 방식을 제공한다. 이는 단순한 언어적 교류를 넘어, 암묵적이고 감각 기반의 관계적 순간들을 활용할 수 있기 때문이다. 이러한 순간들은 또한 트라우마 작업의 또 다른 중요한 요소로 내적 안전감을 형성하는 데 핵심이다.

제5장

안전: 치료의 필수적인 기반

•
•
•

29세의 Rose는 어린 시절부터 청소년기까지 성적 학대를 경험한 후 표현예술치료를 받을 수 있는지 알아보기 위해 상담 예약을 하며 처음으로 상담사를 만났다. 첫 만남에서 그녀는 크레용과 유성 매직으로 완성한 드로잉이 가득 담긴 스케치북 네 권을 가져왔다. Rose는 어릴 적 학교에서 미술 활동을 한 것을 제외하고는 창의적인 표현을 해 본 적이 없었다고 설명했다. 그녀는 어느 날 슈퍼마켓에서 첫 스케치북과 유성 매직, 크레용을 구매한 후 거의 매일 밤 잠들기 전에 그림을 그리기 시작했다고 말했다. 그림을 그리게 된 이유를 묻자, Rose는 이렇게 답했다. "성추행을 당한 이후 약을 먹지 않으면 잠을 잘 수 없었어요. 매일 밤 내가 [이름 생략]에게 학대당하거나 누군가에게 해를 입을 일이 없다는 걸 알면서도 극도의 두려움에 사로잡혔죠. 그런데 우연히 낙서를 하고 그림을 그리다 보니 잠시나마 그것에 몰두할 수 있다는 걸 깨달았어요. 그림을 그리는 동안에는 두려움이 사라지고, 마치 다른 공간에 있는 것처럼 느껴졌어요."

Rose는 그림 그리기 작업을 통해 수년간 견뎌 온 극심한 폭행의 트라우마에서 비롯된 두려움과 과각성 상태에서 벗어나 안도감과 휴식(제2장에서 설명된 '침묵'의 경험)을 얻을 수 있다는 사실을 발견했다. 그녀는 매일 밤 자기표현을 통해 신체의 도피 반응을 진정시키고, 고통에서 주의를 돌리는 방법을 본능적으로 찾아냈다. 처음 Rose를 만나 그녀의 이야기를 들었을 때, 나는 트라우마 기반 치료의 핵심 요소인 '안전의 설정'에 대해 그녀가 얼마나 명확하게 이해하고 설명하는지에 깊은 인상을 받았다(Herman, 1992). 안전을 설정한다는 것은 단순히 신체적 위험이나 외부로부터의 위협을 관리하는 것을 넘어선다. 이는 위험과 위협이 존재하지 않을 때조차 내담자가 심리적 · 신체적으로 느끼는 내부의 안전감을 포함한다. Rose가 겪어 온 복합적이고 만성적인 트라우마는 내담자의 자신감과 자기효능감을 약화시키고, 자신뿐만 아니라 타인과 환경에 대한 신뢰를 손상시키는 경향이 있다. 이러한 결과로, 그녀의 몸과 마음은 내부적으로 안전감을 느끼는 능력이 크게 약화되었다.

Perry는 "고의적이든 우발적이든 방치를 포함한 트라우마는 스트레스 반응 시스템에 과부하를 일으키고 통제력을 상실하게 만들기 때문에, 치료는 안전한 환경을 조성하는 것으로 시작해야 한다."고 강조한다(Perry & Szalavitz, 2017, p. 134) 트라우마 기반 치료는 치료사가 이 중요한 기초를 명확히 인식하고, 각 개인이 안전하지 않거나 위협적이라고 느끼는 상황 속에서는 독특하고 무의식적이며 본능적인 생존 반응을 보일 수 있음을 이해하도록 돕는 데 초점을 맞춘다. 이 장에서 논의된 안전 지원, 회복 관계 형성(제4장), 자기 통제 전략 제공(제6장)은 트라우마 스트레스를 완화하기 위해 표현예술치료를 효과적으로 적용하는 포괄적인 기반을 이룬다(Malchiodi, 2012c, 2014; Steele & Malchiodi, 2011). 이러한 기초는 일부 개인에게는 상담 초기 단계에서 성취될 수 있지만, 복잡한 트라우마를 경험한 사람들에게는 장기적이고 지속적인 목표가 될 수 있다. 복잡한 사례에서는 반복적인 개입과 창의적인 전략을 통해 이러한 기반을 강화하고 유지하는 과정이 필요하다. 안전을 확보하는 것은 트라우마 표현예술치료를 성공적으로 적용하려는 모든 경우에 필수적이다.

◇◇◇◇◇

트라우마 및 공포

후속 회기에서 Rose는 심리적 트라우마와 관련된 공포 반응으로 어려움을 겪었다. 트라우마 사건을 떠올릴 때, 많은 사람에게 당시의 감정만큼이나 혹은 그보다 더 강렬한 두려움이 느껴질 수 있다. Rose는 환경적 단서, 기억의 조각 또는 자신이 겪었던 실제 상황에 대한 회상 등 다양한 요인에서 오는 전율과 불안이 언제 찾아올지 전혀 예측할 수 없었다. 공포 반응은 시간이 지나면서 점차 감소하기도 하지만, Rose처럼 여러 부작용을 경험한 내담자에게는 공포가 피할 수 없는 감각으로 느껴지고, 이는 그들을 무력하게 만들며 극복하기 어려운 도전이 된다. van der Kolk(1996)는 이에 대해 "사람들이 자신의 요구를 생각하고 이를 의식할 수 있으려면 두려움을 길들여야 한다."(p. 205)고 지적했다.

트라우마로 인한 스트레스를 완화하기 위한 표현예술치료의 첫 번째 목표는 내담자가 안전하다고 느낄 수 있는 환경을 조성하는 것이다. 그러나 표현예술치료 회기의 감각적 특성은 개인이 타인이나 환경에서 인지한 위협에 어떻게 반응하는지를 생생히 드러낼 수 있다. 특히 트라우마 기억을 모방하거나 촉발할 수 있는 표현예술 경험은 겉보기에 평온한 순간에도 공포 반응을 자극할 가능성이 있다. 임상 실습에서 이러한 사례를 여러 차례 목격했는데, 특히 놀이와 미술치료를 통해 인간 사이의 폭력이 어린 생존자들에게 얼마나 빠르게 두려움을 불러일으킬 수 있는지를 보여 준 사례가 있었다. 학령기 아동 6명이 참여한 집단 회기에서 한 아이가 실수로 물병을 엎지르자, 다양한 공포 반응이 즉각적으로 나타났다. 물병을 넘어뜨린 아이는 긴장한 채 몸이 굳었고, 나의 반응을 유심히 살폈다. 내가 종이 타월로 물을 닦으며 아이를 안심시키려는 동안, 두 아이는 자리에서 벌떡 일어나 문 쪽으로 달려갔다(도피). 그들은 실내 수영장 옆 탈의실로 가서 은신처를 찾을 때까지 멈추지 않았다. 또 다른 두 아이는 탁자 밑으로 몸을 숨긴 채(도피), 조용히 상황을 지켜보며 경직된 모습을 보였다. 마지막 아이는 화장실로 달려가 세면대에 토를 했다. 이 상황을 돌이켜 보면, 아이들은 물이 엎질러진 사건을 자신들의 가정에서 겪었던 유사한 경험, 예를 들어 식탁에서 우유를 엎지른 상황과 연결지어 반응한 것으로 보인다. 그들은 본능적으로 체벌의 위험을 느꼈으며, 이들 중 누구도 완전히 안전하다고 느끼지 못했다. 물이 엎질러진 사건의 감각적 특성이 생존 본능을 자극하여 과잉 각성, 도피 반응, 보호 행동 등 다양한 반응을 촉발한 것이다. 간단히 말해 이들의 두려움은 학대적 부모나 양육자가 보복할 가능성에 대한 불신을 반영했으며, 치료사의 권위 또한 비슷한 위협으로 인식했다. 또한 미술과 놀이 회기처럼 실제 상황을 모방하고 다양한 감각 경험을 활용하는 치료 방법이 아니었다면, 나는 이 아이들의 공포 반응에 대해 많은 것을 배우지 못했을 것이라고 확신한다.

대규모 트라우마는 치료사들에게 두려움이 트라우마 이후에 어떤 역할을 하는지에 대해 많은 것을 가르쳐 주었다. 예를 들어, 2001년 9월 11일 테러 공격 이후 사건을 직접 경험한 대부분의 사람들은 세상을 더 위험한 곳으로 인식하게 되었으며, 어디서든 예기치 않은 일이 발생할 수 있다는 생각에 관점의 변화를 겪었다고 보고했다. 이러한 두려움의 결과로 일부 사람들은 테러 공격 이후 몇 달 동안 비행기 여행, 공공장소, 고층 건물과 같은 특정 활동이나 환경을 피했다. 또 다른 이들은 막연한 두려움과 불안감을 지속적으로 경험했다. 특히 테러와 관련된 이미지와 정보가 끊임없이 반복된 텔레비전 뉴스는 이러한 두려움을 더욱 악화시켰다. 이러한 반복적인 노출은 사건에 대한 암묵적 및 명시적 기억을 계속해서 자극하여 과잉 각성 상태를 강화하는 결과를 초래했다.

Levine(1997)은 그의 저서 『내 안의 트라우마 치유하기(Walking the Tiger: Healing Trauma)』에서 "몸은 트라우마에 깊이 반응한다. 몸은 준비 상태로 긴장하고, 공포에 움츠리며, 무력한 두려움 속에서 얼어붙거나 무너진다."(p. 6)고 설명한다. 두려움에는 생각과 감정이 포함될 수 있지만, 무엇보다도 신체에 극심한 불편감을 가져온다. 많은 트라우마 생존자에게 이러한 신체적 감각은 견디기 힘들 정도로 고통스러워서 이를 제거하기 위해 어떤 수단이라도 동원하게 만든다. 일부 생존자는 특정 사건을 떠올리지 않으려고 필사적으로 회피하지만, 아이러니하게도 그럴수록 머릿속에서 해당 사건이 끊임없이 되새겨지기도 한다. 또 다른 경우 두려움은 명확한 기억으로 나타나지 않고, 신경계가 고도로 경계 상태를 유지하는 형태로 드러난다. 이는 빠른 심박수, 얕은 호흡, 소화 장애와 같은 신체적 반응으로 나타나며, 개인을 지속적으로 위협으로 판단하게 하며, 경계하게 만든다. 또한 (앞서 언급한 사례의 아이들처럼) 개인은 항상 위험이 도사리고 있다고 느끼며, 특정 환경적 또는 감각적 단서에 민감하게 반응하거나, 작은 소리나 움직임에도 쉽게 놀라곤 한다. 반면, 두려움에 대한 또 다른 반응으로는 무기력함과 해리가 있으며, 이는 몸이 느끼는 참을 수 없는 공포를 피하기 위한 방어 기제이다. 이 경우 약물 사용, 자해, 폭식 등 파괴적인 방법이 신체의 두려움 반응을 없애기 위한 수단으로 사용되기도 한다.

두려움은 트라우마 사건의 핵심 요소로, 외상 후 회복 과정을 돕기 위해 초기 단계에서 반드시 다루어야 한다. 내담자가 안전감을 느끼지 못하면 표현예술치료에 온전히 참여하거나 치료 관계를 신뢰하기 어렵다. 특히 중요한 점은 사람들이 느끼는 두려움이 이성적이거나 논리적인 사고에서 비롯되는 것이 아니라, 몸이 경험한 암묵적 감각에서 기인한다는 것이다. 위험과 위협에 대한 반응을 신경생물학적으로 이해하는 것은 표현예술을 통해 두려움과 관련된 감각을 다루고, 내면의 안전감을 형성하는 데 있어 중요한 출발점이 된다.

◇◇◇◇◇

안전의 신경생물학

위험에 대한 반응은 전통적으로 알려진 투쟁, 도피, 경직(때때로 붕괴라고 불림)으로 알려진 생리적 반응이다(Cannon, 1932). 트라우마 전문가들은 이러한 반응을 위협에 대한 신경생물학적 반응으로 정의한다. 두려움의 순간에는 사고를 담당하는 대뇌피질(신피질)이 중뇌(특히 편도체)에 의해 무의식적으로 지배되는 경우가 많다(Perry, 2009;

Rothschild, 2000). 이는 중뇌가 고도로 경계 상태에 들어가 교감신경계를 활성화시키고, 몸이 투쟁이나 도피에 대비할 수 있도록 화학물질을 방출하게 만든다는 것을 의미한다. 만약 도피하거나 투쟁할 수 없는 경우, 변연계는 부교감신경계를 활성화해 경직 또는 붕괴 반응을 유발한다. 이로 인해 몸은 움직이지 못하고, 호흡이 제한되며, 신진대사가 감소한다. 인간의 경우 경직 반응은 심리적 해리로 나타날 수 있다. 위협과 위험 신호는 신체적 공격이나 물리적 해를 입을 가능성과 같은 실제적 위협을 포함할 수 있지만, 형광등의 윙윙거리는 소리, 선풍기의 윙윙 소리, 자동차 엔진에서 나는 소리와 같은 단순한 환경적 요소도 사람들에게 무의식적으로 안전하지 않다는 느낌을 불러일으킬 수 있다.

투쟁, 도피, 경직은 안전하지 않은 상황에 대한 일반적인 반응으로 널리 알려져 있지만, 두려움을 유발하는 사건에 대한 개인의 고유한 반응을 이해하는 것도 중요하다. 예를 들어, 인질극에서 살아남은 Magda는 '투쟁하거나 도피'할 수 없는 상황에서 어떤 형태로든 행동을 취해야 한다는 강한 필요성을 느꼈다고 설명했다. 그녀는 회유를 전략으로 사용하여 시간이 지나면서 납치범과의 관계를 발전시켰다. 그 결과, 이 전략은 신체적 학대를 방지하는 데 성공했으며, 실제로 탈출할 수 있는 순간까지 그녀를 보호하는 데 기여했다. 한편, 다른 사람들은 위험에서 벗어나지 못하거나 가해자와 맞서 싸우지 못했을 경우, 자신이 무너지고(경직), 행동하지 못한 것을 약점이나 무능함의 표시로 받아들여 부끄러움이나 죄책감을 느낄 수 있다. 이러한 경우, 두려움을 유발하는 상황에 대한 모든 반응이 비정상적인 경험에 대한 정상적인 반응임을 설명하는 심리교육을 제공하는 것이 필수적이다.

안전을 지원하는 개입에 있어 개인의 투쟁, 도피, 경직 및 기타 스트레스에 대한 반응을 이해하는 것이 중요하지만, 트라우마 기반 개입에 표현예술치료를 적용할 때 관련된 몇 가지 신경생물학적 개념도 고려해야 한다. 이러한 개념에는 (1) 구체화된 경험으로서의 안전, (2) 안전 및 신경계 반응, (3) 안전과 각성의 연속성, (4) 안전 및 개인적 논리가 포함된다.

구체화된 경험으로서의 안전

지난 수십 년 동안 전문가들은 신경생물학적 연구를 통해 신체가 위협과 안전을 어떻게 경험하는지에 대한 이해를 확장시켜 왔다. 1970년대부터 Levine(1997)은 스트레스가 동물과 인간에게 미치는 영향을 연구하며, 트라우마 개입을 위한 신체 기반 심리치료 모델을 개발했다. 그는 동물은 생명에 대한 위협으로 인해 트라우마를 경험하지 않지만, 인간은 종종 위협에 압도되어 신체가 과도하게 활성화되고 조절 불능 상태에 빠진다고 주장했다. 이에 따라 트라우마 사건의 영향을 줄이기 위해서는 신체의 트라우마 경험을 다루고, 무력감과 마비의 감각을 완화하는 것이 치료의 핵심이라고 보았다. Levine은 트라우마 회복과 자기효능감에서 신체가 중심적이라는 점을 보여 주는 대표적인 사례로, 광장공포증과 편두통을 겪던 내담자 Nancy와의 초기 회기를 설명한다. Nancy는 20년 전 어린 시절에 겪었던 외상적 수술(몸이 묶인 채 에테르로 마취되었던 경험)을 떠올리며 트라우마 반응을 보였다. 회기 중 Nancy는 수술 직전 순간을 회상하며 몸이 경직되는 반응을 보였고, 수술로 인해 자신이 반드시 죽을 것이라는 생각을 반복적으로 말했다. 이때 Levine은 맹렬히 돌진하는 호랑이를 상상하며 Nancy에게 "호랑이에게 쫓기고 있으니 근처 나무로 도망가야 한다."고 제안했다. Nancy는 상상 속에서 몸을 사용해 위험에서 도망치는 동작을 취하며 실제로 다리를 움직여 뛰는 행동을 했다. 이 순간 Levine은 인간이 위협에 직면했을 때 동물처럼 자기 보호 행동을 완수해야 한다는 사실을 깨달았다. Levine의 관점에서, Nancy는 본능적으로 자신의 몸을 사용해 20년간 자신을 압도했던 문제(광장공포증과 편두통)를 해결할 수 있었다. 그는 이 일화를 신체 반응과 트라우마 회복 사이의 밀접한 연관성을 보여 주는 대표적인 예로 제시한다.

비슷하게, van der Kolk(1994, 2014)는 "몸이 모든 것을 기억한다."고 설명하며, 트라우마에 대한 개인의 반응을 통제하는 것은 마음이 아니라 몸이라는 점을 강조했다. 그는 트라우마의 영향을 받는 방식이 의식적인 판단보다는 비언어적이고 암묵적인 기억에 더 큰 영향을 받는다고 주장했다. van der Kolk는 사람들이 트라우마를 재경험하는 지점에 가까워지면, 많은 경우 고통이 너무 커져 말을 할 수 없게 되는 현상을 관찰했다. 또한 위협을 느낀 사람이 먼저 주변 사람들에게 도움, 지지, 위로를 요청하지만, 도움을 받을 수 없거나 위험이 임박했다고 느낄 경우, 몸은 생존을 위해 투쟁 또는 도피 반응으로 전환한다고 설명했다. 이는 안전한 곳으로 도망치거나, 위협이나 공격자를 물리치려는 행동을 포함한다. 그러나 도망치지 못하거나 맞설 수 없는 상황에서는 몸이 경직되거나 붕괴 상태로 전환되며, 심리적으로 현재 상황으로부터 분리(해리)하려는 반응을 보인다. van der Kolk는 이를 "궁극적인 응급 체계"라고 표현했다(p. 83). 예를 들어, 폭력적인 양육자로부터 벗어날 수 없는 아동은 그러한 상황에서 몸이 움직이지 않게 되는 동결 반응을 보이는 경우가 많다. 반복적으로 안전이 위협받는 만성적인 트라우마를 경험한 사람들에게는 동결이나 붕괴 반응이 흔히 나타나며, 급성 트라우마의 경우 싸움 또는 도피 반응을 유발할 가능성이 크다.

간단히 말해 실질적인 변화를 이루기 위해 대화만으로는 충분하지 않을 수 있다. 트라우마로 인한 기억이 불러일으키는 위협을 견디기 위해서는 몸을 생리적으로 안정시키는 방법이 필요하다. 대규모 자연재해 이후 수행된 연구에서 van der Kolk는 신체적 움직임이 위험에 직면했을 때 심리적 트라우마를 극복하는 데 긍정적인 영향을 미친다는 사실을 발견했다. 더욱 중요한 것은 트라우마 이후 개인이 자신의 효능감을 재구축하고 안전감을 회복하지 못하면 외상 후 스트레스 반응이 나타날 수 있다는 점이다. 대부분의 사람들에게 정말로 필요한 것은 치료자가 안전한 환경에서 내담자가 자신의 감각적 경험, 신체적 감각, 그리고 신체적 반응을 탐구할 수 있도록 돕는 데 초점을 맞추는 것이다.

표현예술을 치료에 통합하면 트라우마로 인한 체화된 경험이 안전과 관련된 신경생물학적 원리의 핵심 요소가 될 수 있다. 앞서 논의했듯이 표현예술치료의 행동 지향적인 특성은 위협에 직면했을 때 신체가 실제로 움직이고 적극적으로 행동해야 한다는 필요성과 밀접하게 연관되어 있다. 창의적인 활동은 걱정과 두려움 같은 내부 감각에서 주의를 다른 곳으로 돌리는 데 도움을 줄 수 있다. Rose는 스케치북에 그림을 그리며 두려움, 걱정, 과잉 활성화 상태에서 벗어날 수 있었던 좋은 사례이다. 그녀에게 표현예술 활동은 Levine이 강조한 자기 보호 행위와 van der Kolk가 언급한 신체적 움직임, 숙달, 그리고 행동에서 비롯되는 자기효능감을 경험하게 해 주었다. Rose는 스케치북이라는 한정된 공간에서 반복적으로 그림을 그리는 행동을 통해 마음과 몸을 "진정"시키며 자해와 같은 부정적 결과를 예방하고 있었다.

표현예술과 체화된 경험의 관계는 제7장에서 더 자세히 설명된다. 이 장에서는 트라우마로 인한 신체적 경험과 개인이 고통스러운 사건을 인식하고 저장하는 고유한 방식을 활용하는 접근법을 다룬다. 특히 움직임과 다양한 형태로 몸을 살피는 것이 감정과 감각을 파악하는 주관적 지도로서 어떻게 작용하는지, 이를 통해 트라우마를 겪은 아동과 성인이 주요 반응을 식별하도록 돕는 핵심적인 방법으로 소개된다.

안전 및 신경계 반응

Stephen Porges(2012)의 다미주신경이론은 신경계가 표현예술치료에 어떻게 활용될 수 있는지를 명확히 설명한다. 제4장에서 다룬 바와 같이 사회적 교류 시스템은 신경계의 반응 유형으로 Porges는 이를 활성화와 진정 작용이 독특한 신경의 영향을 통해 결합된 상태로 정의한다. 이 시스템은 개인이 관계를 조율하고 타인과의 상호작용에서 더 유연해지며, 소속감을 형성하도록 돕는다. 특히 사회적 교류 시스템은 개인과 치료사 간에 회복적 표현예술 심리치료 관계를 구축하는 데 핵심적인 역할을 한다.

Porges는 안전의 개념을 자율신경계(ANS)를 통해 설명한다. 일반적으로 자율신경계는 교감신경(가속)과 부교감신경(감속)이라는 두 가지 시스템으로 이해되지만, 그는 자율신경계에 실제로 세 번째 가지가 존재한다고 지적한다. 이 추가적인 가지는 복부 미주신경 부교감신경으로, 이를 "사회적 교류 시스템"이라고도 부르며, 개인이 타인과의 관계에서 안전감을 느낄 수 있도록 돕는다. 자율신경계의 각 가지는 보호와 생존을 위해 계층적으로 작동하며, 하나의 가지가 다른 가지의 역할을 순차적으로 대체한다. 예를 들어, 위험을 인지하면 복부 미주신경의 역할이 교감신경으로 전환되고, 투쟁-도피 반응이 불가능해지면 교감신경의 역할이 다시 부교감신경으로 넘어간다.

앞서 제4장에서 설명한 바와 같이, 신경지(neuroception; Porges, 2004, 2012)는 안전한 것과 안전하지 않은 것을 구별하도록 돕는 무의식적 과정이다. 이 과정은 환경에서 안전이나 위험을 의식적으로 인식하기 전에 자동으로 이루어진다. 안전을 인지하면 사회적 교류 시스템이 활성화된다. 신경지에 의한 안전 인지는 타인과의 유연한 상호작용, 예를 들어 눈맞춤이나 도움을 요청하는 행동에서 분명히 나타난다. Ogden과 동료들(2006)은 신경지에 의한 안전 인지가 신체적 반응을 통한 자기 조절 행동에서도 드러난다고 언급했다. 이는 안전을 위한 접지(grounding), 깊은 호흡, 정렬된 자세와 같은 신체 기반 반응을 포함한다.

사회적 교류 시스템은 투쟁, 도피, 경직 반응을 감소시키고 심박수를 조절하며, 스트레스 호르몬인 코르티솔의 분비를 줄인다. Porges(2012)는 많은 트라우마 경험자가 잘못된 신경지(neuroception)를 발달시키는 경우가 많다고 지적했다. 이는 "환경이 안전한지, 타인이 신뢰할 만한지를 정확히 감지하지 못하는 상태"를 의미한다(p. 17). 예를 들어, 개인이 스스로를 위험으로부터 보호할 수 없다고 느낄 경우, 각성 상태를 조절하는 능력이 과잉 각성(과도한 경계 상태)과 저활동 상태(해리) 사이를 오가게 된다. 그 결과, 사회적 교류 시스템이 손상될 수 있다. 이 모델은 모든 개인이, 특히 생애 초기에 안전감을 충분히 경험해야 건강한 사회적 교류 시스템을 발달시킬 수 있음을 시사한다. 사회적 교류 시스템은 이후 긍정적인 애착 형성과 성공적인 대인관계를 지원하는 데 중요한 역할을 한다.

표현예술은 몸짓, 억양, 리듬, 시각, 촉각, 고유수용 감각적 경험을 강조하기 때문에 개인이 안전을 '감지'하고, 타인 및 환경과 함께 더 안정감을 '느낄' 수 있도록 돕는 잠재력을 지닌다. 이러한 이유로 다미주신경 이론은 안전감을 지원하는 특성과의 연관성 덕분에 표현예술치료의 다양한 적용에서 핵심적인 역할을 한다. 예를 들어, 미주신경은 듣기, 표정, 음성, 음성 패턴과 음색 등 다양한 형태의 의사소통과 이러한 의사소통이 안전하다고 인지되는지 여부에 영향을 미친다. 이 원리를 이해하면 과잉 각성 상태에 있는 사람을 진정시키기 위해 목소리, 표정, 제스처를 어떻게 사용할지 빠르게 파악할 수 있다. 내가 오랫동안 활용해 온 미주신경 반응의 간단한 변형 중 하나는 'Lassie Twist'라고 불리는 기법이다(Etcherling, 2017). 이 방법은 유명한 반려견 Lassie가 편안한 목소리 억양과 함께 눈을 맞출 때 살짝 고개를 기울이는 행동을 모방한 것이다. 이러한 감각 기반 의사소통의 조합은 단순히 진정 효과를 제공할 뿐 아니라, 관심과 주의를 전달하는 데도 효과적이다.

Porges는 음악과 관련된 자신의 경험을 통해 호흡과 미주신경에 관한 중요한 발견을 했다. 젊은 시절 클라리넷 연주자로 활동했던 그는 악기를 연주하는 데 필요한 호흡 패턴이 자신의 신체에 미치는 영향을 기억했다. 이 경험을 바탕으로 숨을 내쉬는 시간을 길게 연장하면 부교감신경계가 활성화된다는 사실을 관찰했다. Rose와의 작업에서 그녀에게 숨을 길게 내쉬는 방법을 가르친 것은 그녀가 스트레스 반응에서 벗어나 자신의 몸에서 안전감을 느끼는 데 도움을 주었다. 반면, 일반적인 호흡법(예: 4~5초 동안 들이마시고 내쉬는 동작을 동일하게 반복)은 오히려 그녀의 공포 반응을 촉진시키는 결과를 가져왔다. 가볍게 제자리에서 뛰는 동작과 같은 간단한 움직임은 과잉 각성을 완화하는 데 효과적이었지만, 스트레스를 느낄 때 숨을 길게 내쉬는 방법은 Rose가 상담 밖에서도 쉽게 실천할 수 있는 유용한 도구가 되었다.

안전과 각성의 연속성

위험에 대한 인식은 고정된 경험이 아니다. 각 개인은 주의를 기울이는 것부터 위협을 느끼고 공포에 질리는 것까지 다양한 한계를 가지고 있다. Perry(2009)는 이를 다섯 가지 각성 상태로 설명하며, 각 상태는 다음 순서로 강도가 점차 증가한다. 이는 평온, 주의집중, 경고, 두려움, 공포이다. 그는 각 각성 상태에서 뇌의 다른 영역이 우세하게 작용한다고 설명한다. 예를 들어, 평온한 상태에서 주의집중을 하고 있을 때는 대뇌피질이 활성화되어 실행 기능을 통해 의사결정, 문제 해결, 추론이 가능하다. 그러나 경고 상태에 들어가면 변연계가 지배적으로 작동하여 대뇌피질의 기능이 제한되고, 사고와 추론이 어려워진다. 공포 상태에 이르면 뇌간(하위 뇌)이 활성화되면서 집중력이 저하되고, 압도당한 느낌과 혼란스러운 상태에 빠질 수 있다. Perry는 유아기 동안 만성적인 대인관계 트라우마를 경험한 아이들이 과잉 각성 상태를 오랜 기간 지속적으로 겪을 수 있으며, 이는 결국 경고 상태를 넘어 두려움과 공포로 이어질 수 있다고 지적한다. 이러한 아이들은 특정한 감각적 자극(예: 소리, 냄새, 얼굴 표정 등)에 노출될 때 경고와 두려움의 반응을 보이는 경향이 있다. 다시 말해, 두려움이나 공포 반응은 뇌의 하위 구조에서 발생하며, 이는 변연계와 고차원 뇌 기능을 손상시킬 수 있다. 이러한 자동적인 과잉 각성이나 해리 반응은 연령에 관계없이 어떤 개인이라도 의식적으로 인지하거나 이해하지 못할 수 있다. 결국 거의 모든 것이 위협으로 인식될 수 있으며, 심지어 치료사와의 가장 무해한 상호작용조차도 예외가 아닐 수 있다.

제2장에서 소개된 Tanya는 Perry가 제시한 점차 심화되는 조절 장애 연속선에 해당하는 다양한 반응을 보였다. 내가 처음 Tanya를 만나 치료 시설에서 회기를 진행했을 때, 그녀는 종종 나를 두려워했다. 이는 충분히 이해할 만한 이유가 있었다. Tanya는 과거 보호자여야 할 어른들로부터 신체적, 성적 학대를 당했으며, 어머니와 할머니조차 그녀를 보호하지 못했다. 이후 과거에 그녀를 성적으로 학대했던 사람이 같은 동네로 돌아와 자신의 집을 방문했다는 사실을 알게 되면서 Tanya는 경고와 공포 반응을 보이기 시작했다. Tanya가 과거의 트라우마를 해결할 수 있도록 돕기 위해서는 그녀가 느끼는 안전감 문제를 우선적으로 다루는 것이 필수적이었다. 이를 통해 Tanya는 과잉 각성 상태를 줄이고, 치료 시설 환경과 나와의 관계에서 점차 안전하다고 느낄 수 있었다. 유사하게, Rose도 다양한 환경적, 관계적 자극에 극도의 공포로 반응했으며, 과잉 활성화를 일시적으로 피하기 위해 종종 해리 상태에 빠지곤 했다. 이러한 순간에는 그녀의 창의력, 상상력, 그리고 놀이 능력이 일시적으로 차단되었고, 평소 그녀에게 큰 위안을 주었던 스케치북에 그림을 그리는 활동조차 불가능했다. 결론적으로, 예술 기반 표현 활동에 개인을 온전히 참여시키기 위해서 치료사는 각 개인이 각성 연속선의 어느 지점에 위치해 있는지를 파악해야 한다. 더불어 경고, 두려움, 공포와 같은 감정이나 신체적 감각을 적절히 다루는 것이 중요하다.

안전 및 개인적 논리

다양한 유형의 트라우마 사건이 개인의 내적 안전감을 변화시킬 수 있지만, 대인 간 폭력은 정서적, 사회적, 인지적, 심지어 신체적으로도 이를 위협한다. 어머니와 남자친구가 싸울 때 피할 수 있는 안전한 장소가 있는지 물었을 때, 가정에서 만성적인 폭력을 목격하고 여러 학대를 겪은 13세 소녀 Emma는 이렇게 답했다.

> 작년에 놀이치료를 받으러 갔을 때 사회복지사가 제게 안전에 대해 물었어요. 하지만 저는 한 번도 안전하다고 느껴 본 적이 없어요. 그래서 그게 무엇인지 모른다고 말했어요. 가끔은 엄마와 함께 있을 때 안전하다고 느끼지만, 다른 때는 무서워요. 엄마가 남자친구에게서 저를 지켜 주지 못했으니까요. 사회복지사가 가르쳐 준 호흡법을 해 보려고 했어요. 하지만 엄마 남자친구 중 한 사람이 저를 만지려고 하면, 그건 안전이 아니란 걸 알아요. 제 방 밖에서 그의 발소리가 들리는 것도 안전이 아니에요. 이곳 [거주형 위탁 보호 시설]에서도 제 방 밖에서 발소리가 들리면 몸이 굳어 버려요. 저는 누구를 안거나 만지지 않아요. 그게 나쁜 일로 이어질 수 있기 때문이에요. 가끔은 누군가에게 닿는다는 생각만으로도 배와 머리가 아파요. 저는 한 번도 마음을 진정시킬 수 없었어요. 왜냐하면 그렇게 하면 다음에 무슨 일이 생길지 대비할 수 없을까 봐요. 언제 집에서 싸움이 벌어질지, 엄마가 울고 있을지 알 수 없으니까요. 만약 저에게 안전한 곳이 어디냐고 묻는다면, 저는 '모르겠어요.'라고 말할 거예요.

Emma의 반응은 대인관계 폭력과 학대를 여러 차례 목격하거나 경험한 많은 아동과 성인에게서 흔히 나타난다. 그녀는 생존을 통제하려는 본능에 따라 각성 연속선에서 경고와 공포 상태 사이에 머물러 있다. Emma는 Adler(2002)가 '개인적 논리'라고 부르는 내면화된 이야기와 반응 패턴을 이미 형성한 상태이다. Adlerian 치료 이론에서는 개인이 자신, 타인, 그리고 환경에 대한 독특한 인식에 기반하여 개인적 논리를 형성한다고 강조한다. 이러한 신념은 의식적으로 인지되지 않고 대부분 자동적으로 작동하며, 개인의 사고, 감정, 행동을 일관되게 강화한다. 이러한 반응을 다루기 위해 치료사는 내담자가 자신에 대한 믿음과 세계관을 탐구하도록 돕는다. 또한 치료사는 내담자의 행동을 적응적 대처 전략으로 간주하며, 이러한 전략이 곧 그 사람의 개인적 논리를 구성한다고 본다. 이 논리는 우리가 흔히 말하는 '상식'이나 객관적 사고를 대신하는 역할을 한다.

자연재해와 인위적 재난은 회복력이 강한 사람들에게도 단기적인 개인적 논리를 유발할 수 있다. 예를 들어, 2001년 9월 11일 미국에서 발생한 테러 공격은 수백만 명의 사람들이 며칠, 몇 주 동안 위협을 인지하고 대응하는 방식을 변화시켰다. 이는 이전에 견고했던 안전과 국가 안보에 대한 믿음이 일시적으로 흔들렸기 때문이다. 이와 유사하게,

대인관계 폭력, 학대, 방임 등의 경험은 시간이 지나면서 개인이 타인, 특히 치료사를 포함한 사람들의 언어적 및 비언어적 의사소통을 인식하는 방식을 영구적으로 바꿀 수 있다. 이러한 개인들은 관계와 상황을 조율하고, 위험이나 위협으로 인식되는 상황에서 생존하기 위해 적응하며, 이를 바탕으로 개인적 논리를 형성한다.

개인적 논리와 안전에 대한 개인의 이야기는 대인관계 폭력이나 만성적 트라우마를 겪은 아동과 성인의 예술 표현에 종종 명확히 드러난다. 예를 들어, 가정 폭력을 반복적으로 겪은 생존자는 더 강력한 존재가 타인의 생존에 대해 지배력을 행사하는 모습을 묘사하거나, 자신이 공포로 인해 얼어붙은 상태를 표현할 수 있다([그림 5-1] 참조). 또한 아동의 내면화된 이야기에는 '살아남기 위해' 정서적 학대와 폭력, 배신을 받아들여야 한다는 믿음과 모든 성인은 신뢰할 수 없다는 인식이 포함될 수 있다([그림 5-2] 참조). 가해자

[그림 5-1] **파트너에게 반복적으로 신체적, 언어적 학대를 받은 여성이 그린 그림**
Cathy A. Malchiodi의 컬렉션 중(작가의 허가없이 재사용 및 무단복제 금지)

[그림 5-2] 가정 폭력 목격자 및 신체적 폭행 생존자 아동이 그린 그림
Cathy A. Malchiodi의 컬렉션 중(작가의 허가없이 재사용 및 무단복제 금지)

에게 저항하는 것은 선택지가 아닐 수도 있다. 불복종은 고립, 유기, 강압, 심지어 죽음의 위협과 같은 실제적인 위험으로 이어질 수 있기 때문이다. 그림, 동작, 또는 연기를 통한 예술적 표현은 폭력적인 관계 속에서도 감정적, 사회적, 재정적 안전감을 위해 폭력을 수용하는 것이 자신을 보호할 수 있는 유일한 방법이라는 세계관을 전달할 수 있다. 이는 가정 폭력의 악순환 속에서 다양한 이유로 폭력적인 관계에서 벗어날 수 없는 사람들이 흔히 경험하는 관계의 역동성을 반영한다. 개인적 논리는 단순히 트라우마 내러티브의 형태로만 나타나는 것이 아니라, 표현예술 및 놀이치료 집단에서 흔히 경험되는 촉각, 시각, 고유수용감각, 청각, 기타 감각 기반 경험에 의해 자극된 행동 반응을 통해서도 드러날 수 있다. 이 장의 앞부분에서 논의한 집단 회기 중 물이 쏟아진 상황에 대한 아동들의 반응 사례는 단일 사건에 대해 각기 다른 개인적 논리를 보여 주는 또 다른 좋은 예이다.

◇◇◇◇◇

표현예술 초기 회기의 안전성 설정: 전반적인 고려사항

표현예술을 도입하는 방안을 계획할 때, 나는 초기 회기에서 아동이나 성인이 가장 불편하게 느끼는 감각이 자신의 몸이 안전하지 않다고 느끼는 것일 수 있다고 가정한다. 이러한 이유로 개인의 몸이 과잉 각성, 회피, 해리, 무기력, 또는 위축과 같은 예측하기 어려운 방식으로 반응할 가능성을 항상 염두에 둔다. 안전에 대한 신경생물학적 이해는 이러한 반응을 이해하고 해결하는 데 유용한 틀을 제공한다. 그러나 표현예술 개입은 다음 세 가지 기본적인 역동에 따라 설명될 수 있다. (1) 타인과의 안전감, (2) 환경 내의 안전감, (3) 자신 안에서의 안전감이다. 첫 번째와 두 번째 영역은 "누구와 함께 있는 것이 안전한가"와 "어디가 안전한 장소인가"에 대한 내적, 외적 인식에 영향을 받는다. 세 번째 역동인 자신 안에서의 안전감은 단순히 자기 조절 능력뿐 아니라 개인적 역량감과도 관련된다. 이는 자신의 삶, 마음, 몸에 실제로 영향을 미칠 수 있다는 내적 자신감을 의미한다. 이 세 가지 역동은 표현예술을 통해 안전을 지원하는 데 중요한 두 가지 트라우마 기반 치료로 이어진다. 자신을 안전한 존재로 나타내는 것과 과정을 안전한 것으로 나타내는 것이다.

자신을 안전한 존재로 인식시키기

쉽게 불안해하거나 괴로워하는 내담자와 작업할 때, 치료사가 가장 먼저 해야 할 일은 자신을 '안전한 존재'로 나타내는 것이다. 이는 다른 효과적인 개입을 시작하기 위한 필수적인 첫 단계이다. 내가 바쁜 의료 클리닉에서 일하게 되었을 때, 대기실에서 예약을 기다리며 초조하게 앉아 있는 많은 사람을 보고 이를 실감했다. 그러면서 새로운 의사나 치료사를 처음 만나기 위해 진료실에 들어가는 순간 느껴지는 불안감과 불편함을 떠올렸다. 이러한 경험은 내담자가 심리치료를 처음 시작할 때, 치료사와의 첫 만남을 더 안전하고 편안하게 느낄 수 있도록 내가 무엇을 할 수 있을지 고민하게 만들었다. 그 결과, 나는 접수 직원이 내담자를 호출하거나 사무실로 안내하는 대신, 직접 대기실로 나가 내담자와 만나는 방식을 선택했다. 이를 통해 내담자들이 나를 미리 보고, 나와의 상호작용을 경험하며, 우리 관계에 맞춰 가기 시작할 수 있는 기회를 제공하고자 했다. 대기실에서 이 '예고편 같은 만남'을 통해 내담자들은 내 목소리 톤을 익히고, 친근한 웃음을 듣고, 제스처와 몸짓 언어를 관찰하며, 첫 만남 전에 나의 외모와 태도를 자연스럽게 알게 된다. 이는 낯선 치료실 환경에 들어가기 전, 긴장감을 줄이는 데 효과적이었다. 이 방법은 특히 아동에게 매우 유용하지만, 성인이나 가족 내담자들에게도 긍정적인 반응을 얻었다. 후속 회기 동안에는 내담자가 대기실로 들어오는 나의 목소리를 알아차리고 반응하기 시작한다. 이러한 간단한 절차는 특히 트라우마 생존자들에게 안도감을 제공하며, 치료사로서 내담자에 대한 긍정적인 관심을 보여 준다. 또한 신뢰와 긍정적인 관계를 형성하는 데 중요한 만남과 인사의 의식을 만들어 낸다.

아동이나 성인과 작업할 때 표현예술치료나 놀이치료실을 안내하며 보여 주는 것은 내담자가 치료사를 포함한 치료 환경에 익숙해지는 데 도움을 줄 수 있다. 표현예술치료 환경은 일반적으로 따뜻하고 긍정적으로 느껴질 수 있지만, 처음 접하는 사람들에게는 오히려 낯설고 불편하게 느껴질 수도 있다. 근육질 체격에 키 182cm인 27세의 군인 출신 Marcos는 과잉 활성화와 외상성 뇌 손상 치료를 위해 상담과 표현예술치료를 의뢰받았다. 처음 치료실에 들어섰을 때, 그는 망설이며 긴장한 듯한 모습을 보였다. 몇 분간 그의 어려움과 개인적 목표에 대해 이야기를 나눈 뒤, 나는 그에게 표현예술치료에 대해 들어 본 적이 있는지, 그리고 그것에 대해 어떻게 생각하는지 물었다. Marcos는 솔직히 털어놓았다. "솔직히 말해서 잘 모르겠습니다. 다른 군인들이 이 치료가 도움이 됐다고 말하는 걸 들은 적은 있어요. 하지만 그림을 그리는 건 저와는 잘 맞지 않을 것 같네요. 차라리 말하는 게 더 쉬울 것 같아요. 하지만 제가 전쟁을 살아남았으니 이것도 살아남을 수 있겠죠." 그는 잠시 멈추더니, 윙크하며 덧붙였다. "선생님, 저는 군인이니 명령을 진지하게 받아들입니다. Dr. W가 저를 여기로 보냈으니 그 명령을 따를 겁니다." Marcos의 유머와 표현예술치료를 시도하려는 의지는 긍정적이었다. 그러나 새로운 환경에 대한 그의 망설임과 그림을 그리거나 음악을 만들거나, 움직임이나 상상력을 활용해야 한다는 것에 대한 주저함은 표현예술치료에 익숙하지 않은 많은 내담자가 느낄 수 있는 감정을 반영한다.

초기 표현예술치료 회기 동안 안전을 지원하는 중요한 방법 중 하나는 내담자가 즉각적인 환경에서 통제감을 느낄 수 있도록 몇 가지 기본적인 안전 관련 질문을 하는 것이다. 앞서 언급했듯이 심리치료 관계에서 신뢰를 형성할 때 나는 모든 내담자에게 다음과 같은 질문을 한다. "이 방에서 어디에 앉고 싶나요?" "의자는 어떻게 배치하고 싶나요?" "제가 어디에 앉길 원하나요?" 이러한 질문은 내담자의 편안함을 존중하고, 그들의 참여를 강화하는 데 중요한 역할을 한다. 예를 들어, Marcos는 즉각적으로 자신의 의자를 치료실 문이 보이는 방향으로 배치하고 싶다고 대답했다. 군인 출신인 그는 환경을 관찰해 잠재적 위협이나 변화를 감지하는 능력이 군사 훈련의 핵심이라는 점을 설명했다. 어떤 사람은 방 한가운데 앉는 것에 불안감을 느껴 의자를 벽에 기대고 싶어 할 수 있다. 반면, 또 다른 사람은 문이나 창문이 잘 보이는 위치를 선호하며, 이러한 자리 배치가 자신의 안전감을 높이는 데 중요하다고 생각할 수 있다.

자신을 안전한 존재로 나타내는 것은 회복적이고 공감적인 관계를 구축하는 데 필수적인 기반이다(제4장). Kossak(2015)는 이를 표현예술치료의 핵심 원리로 강조하며 다음과 같이 언급했다. "안전감이 없으면 어떤 형태의 관계적 신뢰도 형성될 수 없으며, 결국 어떤 형태의 조율도 이루어질 수 없다."(p. 73) Crenshaw(2008)도 비슷한 맥락에서 아동이 자신의 경험, 이야기, 기억을 말로 표현하거나 상징적으로 나타내기 위해서는 공감적인 존재가 함께하고 있다는 느낌이 필요하다고 지적했다. 그는 다음과 같이 설명한다.

> 아동이 자신을 돌보고 고통에 공감적으로 반응할 수 있는 능력이 있다고 믿는 어른과 신뢰 관계를 형성하지 못하면, 그들은 안전하다고 느끼지 못하며, 치료적 변화도 일어나지 않는다. 이 과정은 서두르거나 강요할 수 없다. 이는 아동이나 가족이 점차 치료사를 자신들의 행복에 헌신하는 존재로 인식하게 되면서 자연스럽게 발전해야 한다. (pp. 94-95)

Crenshaw의 말은 트라우마로 인해 세상을 불안하고 안전하지 않은 곳으로 느끼게 된 성인들에게도 동일하게 적용된다. 사회적 지원과 공감의 결정적인 차이가 있다면, 공감은 도움을 주는 전문가가 개인의 이야기를 진심으로 듣고 이해하며 그들을 온전히 보고 있다는 것을 전달한다는 점에 있다.

마지막으로, 제4장에서 강조한 바와 같이 도움을 주는 전문가들이 창의적 표현에 어떻게 반응하는지는 표현예술 경험에서 안전감을 조성하는 데 핵심적인 역할을 한다. 전반적으로 비판 없이 수용하는 분위기를 만드는 것이 중요하다. 창의적 표현은 각 회기의 일부로서 비언어적 표현을 포함한 모든 의사소통을 포용하는 태도가 필수적이다. 일부 치료사들은 내담자의 작품이나 다른 창의적 표현의 의미를 해석하는 것이 중요하다고 믿는다. 물론 의미가 명확히 드러날 때도 있지만, 내담자의 표현에 대해 뇌와 몸과 관련된 질문을 던지거나, 지지적인 관찰을 제시하며, 진정감을 주는 목소리 톤과 제스처, 그리고 몸짓 언어로 반응하는 것이 해석보다 훨씬 중요하다. 이러한 접근은 내재적 안전감을 강화하고 신뢰를 심어 줄 뿐 아니라, 치료사와 내담자 간의 공감적인 관계 형성에도 크게 기여한다.

과정을 안전한 것으로 인식시키기

표현예술 접근법을 적용하면 다른 치료 방법에서는 찾아볼 수 없는 새로운 차원을 더할 수 있다. 안전감은 단지 언어로 전달되는 것뿐 아니라, 치료사가 놀이, 상상력, 창의적 자기 표현의 기회를 제공함으로써 지원된다. 이러한 기회는 다음과 같은 내용들이 포함되지만, 이에 국한되지 않는다. (1) 선택권 제공 및 노출 속도 조절, (2) 구조 및 예측 가능성 확립, (3) 인내의 창 파악, (4) 감각적 편안함 수준 찾기, (5) 성취감 지원 등이다.

선택권 제공 및 노출 속도 조절

무엇보다도 내담자에게 표현예술에 대한 참여 수준과 탐구하고 싶은 범위를 스스로 결정할 권리가 있음을 명확히 전달하는 것이 중요하다. 트라우마 기억, 신체 감각, 경험을 언어로 표현하는 것은 대부분의 내담자에게 초기 단계에서 중요한 안전과 관련된 문제이다. Rothschild(2011)는 "원하지 않거나 그럴 가치가 없다고 느낀다면 과거를 다시 들춰 볼 이유는 없다."고 강조한다(p. 49). 그럼에도 불구하고 많은 치료사는 내담자에게 무슨 일이 있었는지 그림으로 그리거나 예술 기반 경험을 통해 트라우마 기억의 세부 사항을 구체적으로 탐색하라고 요청한다. 그러나 이러한 접근은 내담자가 고통스러운 기억과 경험을 되풀이해야 한다는 압박감을 느낄 경우 역효과를 일으킬 수 있으며, 심지어 해로울 수도 있다. Rothschild와 마찬가지로, 나 역시 과거의 트라우마 기억을 언어로 다시 떠올리거나 특정 트라우마 이야기를 예술적으로 표현한다고 해서 반드시 회복과 치유가 이루어지는 것은 아니라고 믿는다.

중요한 것은 창의적 표현에서 개인이 자신의 속도와 통제력을 유지하는 것이다. 표현예술의 가치는 고통스럽거나 괴로운 경험과 관련된 감정과 인식을 비언어적으로 전달할 수 있다는 가능성에 있다. 이는 비교적 안전하게 "말하지 않고 전달할 수 있는" 방법(Malchiodi, 2008)을 제공하는 동시에 "침묵을 깨는" 표현 형태(Malchiodi, 1990, 1997)가 된다. 특히 폭력이나 학대에 노출된 아동은 비언어적 행동을 통해 트라우마를 전달한다. 이들은 안전과 신뢰감을 형성하기 시작할 때, 무엇을 언제 표현할지 스스로 결정할 수 있는 통제권을 가질 때 큰 도움을 받는다. 아동들이 자신이 목격한 일이나 학대와 방임 경험에 대해 반드시 말하거나 그릴 필요가 없다는 사실을 깨닫게 되면 불안감이 크게 줄어든다. 나는 항상 그들이 "무슨 일이 있었는지"에 대한 감정을 돕기 위해 준비가 되어 있다는 점을 알리면서도, 다음과 같은 선택권을 제안한다. "여기 있는 동안 당신이 원하는 만큼 이야기해도 괜찮습니다." "이곳에 오는 아이들 중에는 그림이나 페인팅, 점토를 사용해 이야기를 전하는 것을 좋아하는 아이들도 있고, 이 방에 있는 장난감과 게임을 활용해 이야기를 만들어 내는 아이들도 있습니다." "또 어떤 아이들은 이곳의 악기를 사용해 노래나 소리로 자신의 이야기를 표현하는 것을 즐기기도 합니다."

마찬가지로 성인 내담자 역시 창의적 자기 표현이나 언어를 통해 자신의 이야기를 원하는 만큼 많이 또는 적게 전달할 자유가 있음을 명확히 인지할 필요가 있다. 또한 어떤 주제가 지나치게 어렵거나 부담스럽게 느껴질 경우 그 주제를 잠시 멈췄다가 준비가 되었을 때 다시 다룰 수 있다는 점을 알려야 한다. 안전한 참여를 지원하기 위해 다음과 같은 문구들은 매우 중요하다. "활동이 지나치게 부담스럽게 느껴질 경우 언제든 중단할 수 있다는 점을 기억하세요." "제가 너무 불편한 질문을 한다면 손을 들어 중단해 달라고 알려 주세요." "회기 중 무엇이 도움이 되고 무엇이 불편한지는 당신이 가장 잘 아는 전문가입니다." 이러한 문구들은 창의적 표현이 고통스러운 감정이나 기억을 적절한 시점에서, 그리고 개인의 속도에 맞춰 드러낼 수 있음을 강조하며, 이를 강요하지 않는다는 점을 분명히 한다.

표현예술과 놀이 기반 접근법은 비교적 안전하게 비언어적으로 의사소통할 수 있는 방법을 제공하지만, 많은 사람에게는 여전히 낯설거나 익숙하지 않은 경험일 수 있다. 이러한 경험은 구조와 속도를 조절하더라도 때로는 자기 조절보다는 불안을 유발할 가능성도 있다. 트라우마가 감각에 미치는 영향을 잘 알고 있음에도 불구하고, 여전히 많은 표현예술 및 놀이치료사는 표현예술이 "항상" 안전한 의사소통 방법이라고 주장하곤 한다. 하지만 이러한 일반화된 주장은 반드시 옳지는 않다. 표현예술치료에 대한 안전감은 치료사의 지원 및 시간의 경과에 따라 변화할 수 있지만, 초기 단계에서는 개인의 인식, 과거 창의적 표현에 대한 경험, 그리고 상상력과 놀이에 대한 능력에 크게 의존한다.

구조 및 예측 가능성 확립

대학원생 시절, 외래 정신건강 클리닉에서 일하던 중 내가 서툴게 진행했던 집단 상담은 구조와 예측 가능성이 부족할 때 개인과 집단에 어떤 영향을 미칠 수 있는지를 보여주는 사례였다. 당시 나는 각 내담자에게 도예 점토를 나눠 주며 "무엇이든 만들고 싶은 것을 만들어 보세요."라고 안내했다. 교수들은 "자유 표현"이 항상 좋은 접근법이라며, 제한 없는 선택이 자발적인 의사소통과 창의적 자유를 촉진한다고 강조했었다. 이 이론이 어느 정도 타당할 수는 있지만, 실제로 이 접근법은 반드시 치료적이지 않거나, 트라우마 인식에 기반하지 않은 의외의 반응을 불러일으킬 수도 있다. 점토를 만지기 시작한 지 몇 분 만에 한 내담자가 점토를 큰 소리로 불규칙하게 두드리기 시작했다(ETC의 감각/운동 수준에서 나타나는 반응). 곧 집단 내 다른 사람들도 그의 행동을 따라 점토를 두드리기 시작했고, 그 결과 많은 사람이 극도로 불안하고 초조해졌다. 나 역시 점점 초조해졌고, 내가 할 수 있는 유일한 대응은 집단의 현재 흐름에 맞추는 것이라고 판단했다. 그래서 나도 점토를 두드리기 시작했고, 처음에는 집단의 리듬에 맞추었지만 점차 두드리는 리듬을 더 체계적이고 안정된 비트로 전환했다. 몇 분간의 긴장된 순간(아마 집단보다는 나에게 더 긴장된 순간)이 지나고 나서야, 나는 두드리는 속도와 소리를 조절해 집단을 더 편안하고 생산적인 예술 활동으로 되돌릴 수 있었다.

대부분의 치료사는 치료에서 구조의 중요성과 그것이 트라우마 기반 개입의 핵심 요소로서 가지는 가치를 잘 이해하고 있다. 표현예술을 도입하면 감각적 차원이 추가되어 혼란스럽거나 예측하기 어려운 반응을 유발할 수 있다. 구조는 간단한 경계를 설정하는 것만으로도 제공될 수 있다. 예를 들어, 종이의 가장자리처럼 시각적으로 명확한 경계를 설정하거나, 몸을 움직일 수 있는 공간을 지정하는 방법이 있다. 또한 음악이나 소리의 리듬, 제한된 수의 장난감이나 소품, 혹은 매 회기를 시작하기 위해 함께 만드는 워밍업이나 의식도 구조의 한 형태가 될 수 있다. 간단한 지시를 통해서도 구조를 제공할 수 있다. 예를 들어, "한 가지 색깔만 사용해 종이에 초크파스텔로 흔적을 남겨 보세요. 이미지를 만들거나 그림이 어떻게 보일지는 걱정하지 않아도 됩니다." 또는 "딸랑이, 탬버린, 드럼 중 하나를 잡고 제 리듬을 따라 해 보세요. 하나, 둘, 셋을 세면서 천천히 시작할게요." 이처럼 적절한 구조를 제공하면 내담자가 창의적 활동에 더 편안하게 참여할 수 있도록 돕는 동시에 예측 가능성을 높여 안전감을 강화할 수 있다.

인내의 창(window of tolerance) 파악

'인내의 창'(Siegel, 2010)은 개인이 표현예술치료에 편안하게 참여할 수 있는 각성 수준의 범위를 의미한다. 이 연속성을 민감하게 이해하는 것은 안전감을 지원하는 데 핵심적이다. 허용 범위는 두 가지 일반적인 트라우마 반응, 즉 과잉 각성(과잉 활성화)과 저활성 상태(위축 또는 해리)에 의해 경계가 설정된다. 개인이 이러한 방식으로 반응한다는 것은 그들에게 견딜 수 없거나 안전하지 않다고 느껴지는 무언가를 경험하고 있음을 나타낸다. 많은 사람은 스스로 허용 범위로 돌아갈 수 있는 능력을 가지고 있지만, 트라우마 스트레스를 겪는 이들은 종종 그러한 능력을 갖추지 못한 경우가 많다. 이러한 상황에서는 창의적 표현의 내용뿐 아니라, 그들이 편안함을 유지할 수 있도록 표현예술의 진행 속도를 적절히 조절하는 방법을 이해하는 것이 중요하다.

Lamott(1994)의 회고록 『천천히, 하나씩: 글쓰기와 인생에 대한 지침(Bird by Bird: Some Instructions on Writing and Life)』은 표현예술 개입에서 '인내의 창'을 이해하는 데 도움을 주는 이야기를 담고 있다. 이 이야기는 내가 종종 고학년 아동, 청소년, 성인과 공유하는 내용이기도 하다. Lamott의 10살 난 동생은 새에 대한 보고서를 작성해야 했는데, 제출 마감일이 바로 다음 날이었다. 그는 3개월이라는 충분한 시간이 주어졌음에도 불구하고 마지막 순간까지 과제를 미뤘고, 방대한 과제량에 압도되었다. 그때 Lamott의 아버지는 아들의 어깨를 감싸안으며 이렇게 말했다. "한 마리씩 하자. 그냥 새 한 마리씩 해 나가면 돼."(pp. 18-19) 이 짧은 이야기는 회복 과정이 얼마나 압도적일 수 있는지를 설명함과 동시에, 우리가 작업해야 할 '인내의 창'과 그 안에서 안전하게 견딜 수 있는 작은 예술 기반 단계를 어떻게 밟아 갈지를 보여 준다. 이는 개인의 한계를 무리하게 넘어 오히려 상태를 악화시키는 대신 안전하게 진행하는 방법을 강조한다.

예술 기반 표현을 논할 때, 특정 언어적 접근이 개인의 '인내의 창'을 지원하는 데 특히 유용하다. 트라우마 기억과 경험을 직접적으로 드러내는 것은 일부 개인의 각성 수

준(경고, 두려움, 공포)을 높여 불안이나 해리를 유발할 수 있다. 표현예술은 이러한 직접적인 노출로 인한 불편함을 자연스럽게 피할 수 있는 방법을 제공하지만, 일부 개인에게는 관점을 전환할 필요가 있을 때도 있다. Milton Erickson은 직접적인 대립 없이 대화의 방향을 전환하기 위한 간접적 의사소통 방식인 굴절(refraction)이라는 과정을 사용했다(Marvasti, 1997). 예를 들어, 놀이치료에서는 소품이나 인형을 활용해 이야기를 간접적으로 전달하는 방법이 이에 해당한다. 마찬가지로 연극치료에서는 이야기와 연기를 통해 간접적 경험을 전달하며, 이를 통해 미학적 거리(aesthetic distance)를 형성한다. 결론적으로, 굴절과 미학적 거리는 개인이 심리적으로 안전함을 느끼고 준비가 되었을 때 스스로 의미를 유추할 수 있도록 돕는다. 이러한 접근은 개인에게 적절한 심리적 거리를 제공하며, 그들의 회복 과정을 존중하면서도 지원하는 중요한 역할을 한다.

'인내의 창'을 지원하는 또 다른 방법으로 투사가 있다. 이는 1인칭 관점에서 3인칭 서술로 전환하는 의사소통 방식으로, 전통적으로 위협에 대한 방어적 행동으로 정의되던 투사의 개념과는 다르다. 트라우마 기반 치료에서 투사는 아동이나 성인이 표현예술 형식이나 예술 표현을 통해 3인칭 서술로 불편한 기억이나 감정을 안전하게 전달할 수 있도록 돕는다. 예를 들어, 내가 아동에게 그림, 점토 조각, 또는 인형 놀이를 통해 "두려움"을 표현해 달라고 요청한 뒤, "그 두려움이 말을 할 수 있다면 뭐라고 말할까요?"라고 묻는 경우가 있다. 이는 1인칭 관점에서 직접적인 고백을 요구하는 대신, 아동이 자신의 경험으로부터 안전한 거리를 유지할 수 있도록 돕는 것이다. 마찬가지로 성인을 대상으로는 그림을 완성하거나 움직임을 경험한 후 떠오르는 다섯 가지 단어를 적어 보도록 요청할 수 있다(하향식 인지적 접근). 그런 다음 이 다섯 단어를 사용해 이야기를 만들거나 시를 작성하면서, 3인칭 관점에서 자신의 경험이나 인식을 언어화할 수 있다. 이 방법의 목표는 개인이 자신과 고통스러운 반응 사이에 심리적 거리를 두어, 불편한 감정, 인식, 생각을 보다 정확하고 안전하게 표현할 수 있도록 돕는 데 있다(제8장의 트라우마 이야기 참조).

외상 후 놀이의 개념(Gil, 2010; Terr, 1990)은 아동의 '인내의 창'을 이해하는 데 유용한 예를 제공하며, 치료사가 비지시적 놀이를 허용할지 아니면 개입하여 경험을 조정해 아동이 최적의 인내 영역에 도달하도록 도울지를 결정하는 지침이 된다. Gil(2010, 2016)은 외상 후 놀이를 두 가지로 구분한다. 문제 해결로 이어지는 놀이(최적의 인내 영역)와 그렇지 않은 놀이(과잉 각성 또는 저활성 상태)이다. 그는 이러한 유형의 외상 후 놀이를 각각 역동적 또는 정체된 외상 후 놀이로 정의한다. 역동적외상후놀이(Dynamic post-traumatic play)에서 아동은 일반적으로 분명한 정서를 보이며, 치료사와 다양한 상호작용을 하고,

창의적 표현을 통해 적응 반응을 실험한다. 이러한 놀이 활동을 통해 아동은 종종 해방감과 안도감을 경험한다.

반면, 정체된 외상 후 놀이(stagnant post-traumatic play)를 보이는 아동은 정서 표현이 제한적이며, 치료사와의 상호작용도 적다. 놀이의 주제가 일정하고 반복되며, 소품이나 장난감과의 상호작용에서 긴장이나 좌절감을 나타내기도 한다. 이러한 경우, 놀이 활동이 아동의 '인내의 창'을 확장하기보다는 스트레스를 유발하는 상태가 된다. 이처럼 놀이가 '고착'되는 이유는 놀이가 개인으로부터 적절한 거리, 즉 최적의 인내 영역을 유지하지 못하기 때문이다. 이 개념은 놀이치료 및 표현예술치료 회기의 속도를 조율하는 데 특히 중요하다. 예를 들어, 미디어나 소품을 활용하며 점점 더 능숙함과 자기주도성을 보이는 개인은 최적의 인내 영역 안에 있을 가능성이 높다. 반면, 선택을 하거나 미디어를 창의적으로 활용하며 놀이를 실험하는 과정에서 자주 불안을 느끼는 개인은 그렇지 않을 수 있다.

감각적 편안함 수준 찾기

내 경험에 따르면, 트라우마를 경험한 많은 사람은 고유한 감각 반응을 보이며 회기에 임하고, 이는 '인내의 창'에 영향을 미칠 수 있다. 예를 들어, 성폭력을 여러 차례 경험한 후 트라우마 스트레스 치료를 위해 방문한 33세 여성 Alexa의 사례를 들 수 있다. 첫 회기에서 그녀는 손가락을 두드리고 다리를 떨며 내 앞에 앉았다. Alexa는 빠른 말투로 자신의 집을 매우 춥게 유지하고, 15파운드(약 7kg) 무게의 담요를 덮고 자야 안정감을 느끼며 "안겨 있는" 듯한 기분이 든다고 설명했다. 담요를 사용하지 않으면 극도로 불안해져 잠을 전혀 잘 수 없다고 했다. 어떤 종류의 음악은 그녀를 긴장하게 만들어 잔잔한 소리만 들을 수 있었다. 밝은 조명은 그녀를 불편하게 했고, 두통을 피하기 위해 실내에서도 선글라스를 착용했다. 대부분의 회기 동안 Alexa는 예술 활동에 참여하기 위해 무거운 담요를 몸에 감아야 했으며, 그렇지 않으면 작업을 지속할 수 없을 정도로 불안을 느꼈다. 잔잔한 음악과 호흡법을 활용한 간단한 이완 기법을 배웠지만, 여전히 불안감을 완전히 해소하기는 어려웠다. 다른 내담자들은 내가 조명을 조정하거나 iPad로 백색소음, 특정 소리, 또는 음악을 틀어 주는 것을 통해 안정감을 유지하기도 한다. 표현예술의 감각적 특성은 자기조절과 진정에 도움이 될 수 있지만, 일부 아동과 성인에게는 과도하게 자극적이거나 불편하게 느껴질 수도 있다. 이는 트라우마를 경험한 개인의 감각이 '방어 상태'에 놓여 있기 때문이다. 이러한 경우, 회기에서 표현예술을 성공적으로 도입하기 위해서는 먼저 내담자가 감각적으로 편안함을 느낄 수 있는 환경을 설정하는 것이 중요하다.

심리치료 교육 초기에 나는 작업치료의 기초가 되는 감각 통합 개념(Ayres, 1976)에 깊은 매료를 느꼈다. 작업치료사(OT)이자 심리학자인 Jean Ayres는 감각 통합에 대한 이론적 틀을 개발하며, 신체와 환경에서 오는 감각 정보를 처리하고 통합하는 신경학적 과정이 정동 조절, 학습, 행동에 어떻게 영향을 미치는지를 설명했다. Ayres의 책을 처음 읽었을 당시, 나는 교실에서 '학습 장애'라는 꼬리표가 붙은 청소년들과 작업하고 있었다. 그들은 균형 감각(전정 반응)이 좋지 않고, 공간에서 자신의 신체를 인식하지 못했으며(고유수용감각), 집중력 부족과 다양한 청각적 방해 요소로 어려움을 겪고 있었다. 또한 조명이 너무 어둡거나 밝다는 불편을 자주 호소했다. 몇 주간 이 청소년들과 함께 작업하면서 그들 중 상당수가 과거에 트라우마를 경험했을 가능성이 높다는 사실을 깨달았다. 감각 통합과 작업치료사가 개인의 문제를 어떻게 다루는지를 더 깊이 이해하기 위해 나는 스스로를 '환자'로 삼아 지역 작업치료사를 찾아갔다. 이 학습 경험은 이후 트라우마를 겪은 개인에서 감각 입력과 트라우마 스트레스 간의 연관성을 다루는 작업에 있어 매우 귀중한 자산이 되었다.

수십 년간 학대와 방임을 경험한 아동들과 작업하면서 나는 교실에서 만났던 청소년들과 유사한 감각 반응을 보이는 어린 내담자들을 자주 접했다. 이 아이들은 특정한 소리와 음악 리듬에 불안감을 느끼거나, 물감이나 다른 재료의 촉감에 민감하게 반응한다. 예를 들어, 어떤 아이들은 장갑을 껴야만 점토를 겨우 만질 수 있으며, 다른 아이들은 의자에서 반복적으로 떨어지거나, 장난감과 소품에 자주 걸려 넘어지기도 한다. 심지어 간단한 움직임 활동 중에도 쉽게 균형을 잃는 경우가 많다. 이러한 감각 반응을 세심하게 관찰하는 것은 매우 중요하다. 이는 개인의 '인내의 창'에 직접적으로 영향을 미치며, 특히 초기 회기에서 안전에 초점을 맞출 때 예술 기반 경험을 조정하는 데 필요한 중요한 정보를 제공한다.

표현예술에서 제공되는 다양한 감각적 편안함 중에서도 음악은 신체의 안전감을 지원하는 데 가장 관련성이 높은 요소 중 하나이다. 개인마다 선호하는 음악 스타일이 다를 수 있지만, Alexa가 무거운 담요에서 위안을 얻었던 것처럼, '안겨 있는' 느낌을 주는 음악에는 몇 가지 공통적인 특징이 있다. 휴식을 취하는 심장 박동의 템포와 유사한 느린 리듬, 낮은 음조, 가사가 없는 음악은 대체로 대부분의 사람들에게 이완감을 제공하며, 각성 수준을 조절하는 데 도움을 준다. 회기에 동작을 도입할 때, 나는 종종 배경 음악을 사용하여 내담자가 현재 순간에 머무를 수 있도록 돕거나, 진정감을 주는 리듬과 음색을 통해 안정감을 강화한다.

또한 노래 부르기는 대부분의 사람들에게 강력한 영향을 미치는 동시에 진정과 활력을 제공하는 경험이다. 나는 호흡법보다 노래를 더 자주 도입하는데, 이는 노래를 통해 자연스럽게 깊은 호흡을 배우고 그로 인해 진정 효과를 얻을 수 있기 때문이다. 일부 연구(Collingwood, 2018; Thoma et al., 2013)에 따르면, 노래는 엔도르핀과 옥시토신 분비를 촉진하여 스트레스를 완화하는 데 도움을 준다. 이러한 효과는 누적적으로 나타나며, 코르티솔 수치를 낮추어 시간이 지남에 따라 스트레스를 눈에 띄게 줄이는 결과를 가져온다. 특히 치료사와 함께 부르거나 집단 내에서 함께 노래할 때 이러한 효과는 더욱 강력해진다. 이는 개인 간의 신뢰와 애착을 심화시키며, 공동 조절의 한 형태가 된다(제6장).

성취감 지원

성취감은 트라우마 회복과 회복탄력성 향상의 핵심 요소이며(제9장), 개인이 자신과 환경 속에서 안전하다고 느끼는 데 중요한 역할을 한다. 성공적인 경험은 자신과 환경에 대한 안전감을 강화하는 핵심적인 요인이다. 암이나 기타 생명을 위협하는 질병으로 입원한 아동과 성인을 대상으로 작업하면서 나는 내면화된 효능감이 그들의 회복과 건강에 대한 인식에 얼마나 필수적인지 알게 되었다. 심각한 질병은 종종 개인이 삶에 대해 가지고 있던 믿음을 위협하며, 이는 통제력을 잃고 두려움, 무력감, 혼란을 느끼게 만든다(Malchiodi, 2013). 다행히도 창의적 표현은 의료 환자가 삶에 대한 일정 수준의 통제감을 되찾도록 도와줌으로써 효능감을 느끼게 할 수 있다. 표현예술에서 나타나는 능동적인 과정은 재료와 매체를 선택하고 익히는 자유를 포함하여 성취감을 경험할 수 있는 다양한 기회를 제공한다. 이러한 경험은 삶의 다른 측면이 통제할 수 없는 것처럼 느껴질 때 자율성과 존엄성을 회복하는 데 기여한다. 궁극적으로, 이러한 과정은 질병으로 생명을 위협받는 개인이 자신의 신체에서 안전감을 느낄 수 있도록 돕는다.

마찬가지로 트라우마 사건은 개인의 내적 통제감을 빼앗을 수 있다. 이는 특히 마음과 몸의 반응이 압도적이고 예측할 수 없을 때 더욱 두드러진다. 따라서 트라우마 회복은 자기효능감과 안전감을 지원하는 행동 중심의 성취를 통해 '잃어버린 자원'(Ogden et al., 2006)을 재구축하는 것에서 시작된다. 표현예술을 적용할 때, 앞서 언급한 외상 후 놀이의 개념은 개인이 트라우마 사건을 이해하고, 행동을 통해 이를 극복하려는 시도를 설명한다. 아동과 성인은 또한 외상 후 예술(Malchiodi, 2014a) 활동에 참여할 수 있다. 이는 외상 후 놀이와 유사하게, 특정 이야기를 이미지로 반복적으로 표현함으로써 이를 통제하려는 시도를 나타낸다. Rose는 어린 시절 겪은 고통스러운 사건을 극복하기 위해 자연스럽게 그림과 콜라주 제작에 끌렸고, 이를 반복적인 이미지와 상징으로 표현했다. 이러한 자기 주도적 활동은 단기적으로 자기 조절의 경험을 제공했으며, 과잉 각성 상태가 압도적이었던 순간에 Rose는 그림이 "나를 생존하도록 도왔다."고 이야기했다. 그녀에게 그림은 자신의 마음과 몸에서 안전감을 찾는 중요한 도구였다.

표현예술치료는 일반적으로 최종 결과물의 성취보다는 과정을 강조한다. 그러나 많은 사람은 트라우마 회복 과정에서 예술 기반 경험을 통해 자기 조절 능력을 배우고 도움을 받는다(제6장). 즉, 창의적 활동과 놀이의 기회는 단순히 과잉 활성 상태에서 주의를 돌리는 방법이 아니라, 학습 과정을 통해 유능감과 자신감을 형성하는 데 기여할 수 있다.

◇◇◇◇◇

표현예술치료 초기 회기에서 안전성을 위한 접근법

트라우마를 겪은 개인과 작업하는 치료사들은 안전감을 지원하는 다양한 방법을 잘 알고 있다. 이 중 하나는 외부 자원을 식별하도록 돕는 접근법이다. 여기에는 가족, 친구, 반려동물, 지역사회와 같은 대인 관계적 지원과 안전감을 제공하는 활동(취미, 신체 운동, 자기 관리 루틴)이 포함된다. 또한 신체적 또는 정서적 위험에 처했을 때 위협을 평가하고 대처하는 방법을 설명하는, 안전을 중심으로 한 대화도 필수적이다. 자연재해나 대인관계 폭력과 같은 트라우마 사건을 경험한 사람들에게는 신체적 안전을 위한 외부 자원이 필요하다. 이러한 자원에는 의료 평가, 미래의 위협 식별, 지속적인 위기를 관리하기 위한 계획 수립 등이 포함된다. 내부 자원도 이와 마찬가지로 중요하다. 내부 자원은 개인에게 목적 의식을 제공하거나 안전감과 통제감을 주는 요소를 포함하며, 예를 들어 영적 신념, 개인적 강점, 또는 과거에 안전감을 느꼈던 경험의 기억 등이 해당된다.

표현예술을 통해 안전감을 주는 독특한 가능성들이 있다. 다음으로 아동과 성인과의 작업에 적용할 수 있는 비교적 간단한 몇 가지 접근법을 설명한다. 이 방법들은 초기 회기에서 특히 중요한 4가지 안전 관행에 중점을 둔다. (1) 놀이적 심리교육 활용, (2) 상상력 회복, (3) 체화된 감각: 몸과 마음의 연결 연습, (4) 창의적 의식 발달이다.

놀이적 심리교육 활용

트라우마 기반 치료에서 심리교육은 초기 회기의 주요 과제 중 하나이다. 심리교육의 핵심은 트라우마가 마음과 신체에 미치는 영향을 이해하고, 내적 안전감을 지원하는 자기 조절 기술을 배우는 데 초점을 맞춘다. 이 과정의 전반적인 목적은 트라우마 사건이나 외상 후 스트레스 장애(PTSD)와 같은 진단으로 인해 개인이 겪을 수 있는 낙인, 혼란, 수치심을 줄이는 것이다.

심리교육에는 다양한 접근법이 있지만, 나는 표현예술치료사로서 특히 트라우마와 뇌를 다룰 때 학습 과정을 재미있고 흥미롭게 만들려고 노력한다. 이를 위해 예술적 표현을 주로 활용하며, 간단히 손으로 그린 뇌 그림이나 뇌의 세 부분과 두 반구를 시각적으로 보여 주는 윤곽 그림 프린트물을 제공한다(부록 2와 3 참조). 때로는 이러한 뇌 그림을 놀이처럼 활용해 "내 뇌에서 무슨 일이 일어나고 있는지"를 이해하도록 돕는다([그림 5-3] 참조). 이 접근법은 특히 군인 출신 내담자 Marcos에게 효과적이었다. 그는 외상성 뇌 손상(TBI)과 PTSD 진단을 받았으며, 자신의 뇌가 TBI와 PTSD를 어떻게 처리하고 있는지 이해하는 데 관심을 가졌다. 초기에는 과잉 경계 상태와 반복적이고 침투적인 기억을 통제하지 못해 스스로 '결함이 있다.'고 느꼈던 것이 그의 주요 고민이었다. Marcos는 트라우마가 이러한 반응을 유발할 수 있다는 점을 이해하고 있었지만, 이를 시각적으로 표현하면서 비정상적인 경험에 대한 정상적인 반응이라는 점을 더 쉽게 받아들일 수 있었다. 또한 그는 트라우마가 몸과 마음에 미치는 영향을 더 배우고, 자신의 경험을 시각적 이미지로 표현하는 데 흥미를 느끼기 시작했다. 내가 그에게 트라우마 사건이 좌반구와 우반구에 서로 다른 방식으로 영향을 미친다는 전문가들의 견해를 설명하자, 그는 자신의 뇌가 '어떻게 작동하고 있는지'를 보여 주는 그림을 직접 그렸다([그림 5-4] 참조). 좌반구에서는 전투 트라우마로 인한 '언어 상실'을 묘사했고, 우반구에서는 '모든 것이 통제 불능 상태가 된 모습'을 선과 형태로 표현했다. 심리교육은 Marcos에게 효과적인 첫 단계였으며, 이를 통해 표현예술을 점진적으로 소개하고, 자신의 경험을 시각적 언어로 표현할 수 있는 도구를 제공했다. 이러한 과정을 통해 그는 여러 사건을 겪은 뒤 돌아온 군인으로서 자신의 경험을 소통하는 새로운 방법을 개발할 수 있었다.

이러한 놀이 중심의 심리교육 접근법은 성인에게만 효과적인 것이 아니다. 약간의 조정을 거치면 아이들도 이 방법을 즐길 수 있다. 내가 자주 사용하는 도구 중 하나는 책상 위에 두는 다채로운 3차원 뇌 모형이다. 아이가 흥미를 보이면, 나는 종종 "가끔 우리

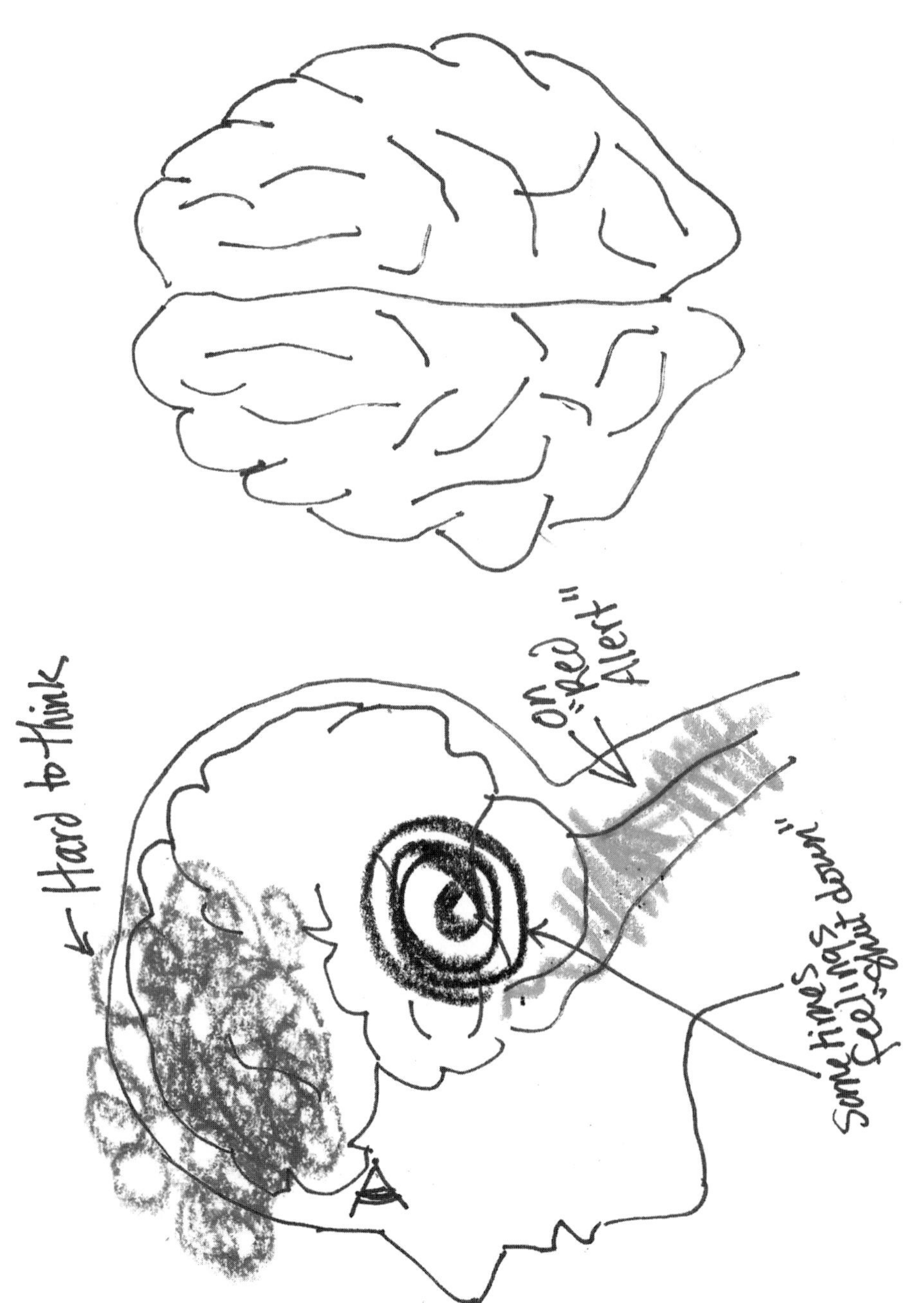

[그림 5-3] 뇌와 외상에 대한 심리교육을 제공하기 위해 회기 중에 만든 그림 중 하나
Cathy A. Malchiodi의 컬렉션 중(작가의 허가없이 재사용 및 무단복제 금지)

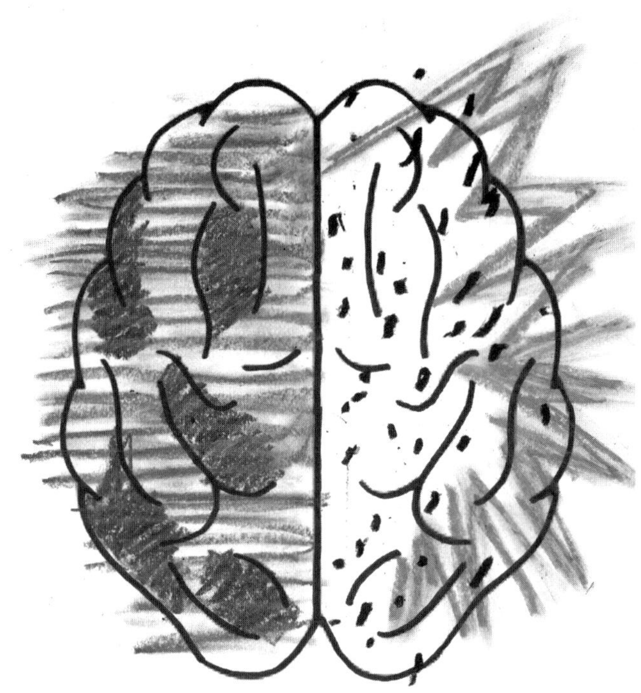

[그림 5-4] Marcos의 '뇌가 무엇을 하는지'에 대한 그림. 왼쪽에는 전투 트라우마로 '말의 상실'을 묘사했고 오른쪽에는 '모든 것이 어떻게 통제 불능 상태가 되었는지'를 보여 주기 위해 선과 모양을 그렸다.
Cathy A. Malchiodi 컬렉션에서(저자의 허가 없이 복제할 수 없음)

의 뇌는 걱정하거나 나쁜 일을 겪을 때 실제로 변하기도 해요."라고 설명하며 대화를 시작한다. 이때, Marcos를 위해 그렸던 것과 비슷한 그림을 그리며 아이들에게 "요즘 네 뇌 속에서 무슨 일이 일어나고 있는 것 같니?"라고 질문한다. 이 질문이 때로는 대화의 정체를 가져오기도 하지만, 대부분의 경우 반응을 이끌어 낸다. 예를 들어, 아이들은 "가끔 내 머릿속이 정말 혼란스러워요."나 "머리가 자주 아파요." 같은 대답을 하기도 한다. 어떤 아이들은 내가 그린 그림에 추가를 하거나 자신만의 그림을 그리기도 한다([그림 5-5] 참조). 이 모든 과정이 계획대로 진행된다면, 행복하거나 재미있거나 평온했던 순간을 기억하거나 상상함으로써 '우리의 뇌를 바꿀 수 있다.'는 개념을 소개할 수 있다. 물론 이는 트라우마 이야기를 새롭고 회복적인 이야기로 전환하는 더 긴 과정의 일부이다. 하지만 초기 회기에서 이러한 변화 가능성을 강화하는 놀이 중심의 심리교육은 표현예술 과정을 신뢰하도록 돕는 첫걸음이 된다.

[그림 5-5] "요즘 뇌에 무슨 일이 일어나고 있니?"라는 질문에 아이가 그린 그림. 윤곽선에서 그는 "가끔 머릿속에 엄청 난 일이 일어나요." 생각을 묘사한다(왼쪽 이미지). 회기 중 자기 조절을 연습한 후, 그는 "내 두뇌가 BOING(폭발)하지 않을 때"를 보여 줄 수 있었다(오른쪽 이미지).

Cathy A. Malchiodi의 컬렉션 중(작가의 허가없이 재사용 및 무단복제 금지)

상상력 회복

이전 장에서 논의한 바와 같이 상상력은 트라우마 회복을 위한 표현예술 접근법에서 매우 중요한 요소이다. 새로운 가능성을 상상하는 능력은 회복과 치유의 핵심 요소이다(제10장). 그러나 상상력은 트라우마 스트레스와 그것이 몸과 마음에 미치는 영향으로 인해 모든 사람에게 쉽게 접근 가능한 것이 아닐 수 있다. 특히 두려움은 새로운 이야기를 상상하는 데 큰 장애물이 된다. 이는 만성적인 트라우마나 대인관계 폭력을 경험한 사람들에게 더욱 그렇다. 즉, 트라우마를 겪은 개인에게 상상 속 세계로 들어가 보라고 요청하는 것은 두려움을 불러일으키거나, 최소한 압도적인 경험이 될 수 있다. 이러한 도전에도 불구하고, 상상력은 트라우마를 극복하고 치료를 지원하기 위해 표현예술의 잠재력을 활용하는 데 필수적인 기반이다. 목표는 상상력을 점진적으로 되살리고 이를 활용하여 신체가 트라우마 스트레스를 경험하는 방식을 변화시키는 것이다.

안전에 대한 상상력을 자극하기 위해 흔히 사용되는 지시 중 하나는 “당신이 안전하다고 느끼는 장소를 그림으로 그려 보세요.” 혹은 “안전한 장소의 이미지를 콜라주로 만들어 보세요.”라는 것이다. 이러한 지시는 종종 가이드 이미지나 호흡법과 함께 제공되어 내담자를 진정시키고 이완시키는 데 사용된다. 그러나 나는 몇 가지 이유로 이 전략을 사용하지 않는다. 먼저 이 질문은 많은 내담자에게 정반대의 효과를 가져올 수 있다. 이는 안전한 장소를 찾지 못했던 경험과 관련된 다양한 기억을 자극하기 때문이다. 또한 가해자나 위험한 상황으로부터 벗어나 안전한 장소로 도망치지 못했던 경험을 상기시켜 죄책감과 수치심과 같은 감정 및 신체적 반응을 불러일으킬 가능성도 있다.

가이드 이미지는 일부 개인에게 도움이 될 수 있지만, 일부 아동과 성인에게는 주의 각성이나 과잉 경계와 같은 적응적 대처 전략을 포기하게 만들 수도 있다. 이러한 전략은 과거에 위험으로 인식된 상황에서 생존을 돕는 역할을 했으며, 그들에게는 타당한 이유가 있다. 예를 들어, Rose와 같은 사람들에게 경계심은 안전을 확보하기 위한 중요한 수단이었다. Rose는 어린 시절 12년 동안 여러 차례 신체적 및 성적 학대를 겪으며 복합적 트라우마를 경험했고, 이로 인해 치료를 받으러 왔다. Rose는 가해자로부터 자신을 방어하지 못했다는 이유로 스스로를 실패자라고 여겼다. 내가 Rose에게 투쟁이나 도피에 실패했다고 느낀 이유를 물었을 때, 그녀는 한숨을 쉬며 이렇게 말했다. “그냥 내가 빨리 달릴 수 없었고, 도움을 구할 수도 없었고, 소리를 크게 지를 수도 없었어요.” Rose는 이러한 생각이 비이성적이라는 것을 알고 있었지만, 여전히 모든 사람을 잠재적인 적으로 보며, 자신의 불신과 두려움 때문에 소외될까 봐 걱정하고 있었다. Rose와 같은 내담자들과 작업할 때, 안전감을 위한 기반이 제대로 구축되기 전에 "경계를 풀어라"는 인상을 주는 것은 역효과를 낼 뿐 아니라, 그들이 힘들게 발전시켜 온 생존 기술을 위협할 수도 있다. 이러한 생존 기술은 그들에게 중요한 보호 수단이었음을 이해하고 존중하는 것이 필수적이다.

안구 운동 둔감화 및 재처리(EMDR)의 창시자인 Francine Shapiro(2018)는 치료사가 Rose와 같이 복합적 트라우마 이력을 가진 내담자의 안전감을 지원하려 할 때, 상상력에 접근하기 위한 몇 가지 유용한 지침을 제공한다. Shapiro는 이미지에 대한 제안이 의도치 않게 부정적인 연관성을 불러일으킬 수 있다고 경고한다. 예를 들어, 그녀는 다음과 같이 설명한다. "어떤 내담자는 '안전한 장소가 옛날에는 내 곰 인형과 함께 있었던 옷장이었어요. 부모님이 싸울 때마다 거기에 숨어 있곤 했죠.'라고 말할 수도 있고, 또는 '해변이 참 멋진 곳이긴 한데, 거기서 성폭행을 당했던 기억이 있어요.'라고 말할 수도 있습니다."(2012, p. 54). 내 경험에 따르면, 트라우마를 겪은 개인이 긍정적인 기억을 쉽게 떠올리지 못할 때, 구체적인 제안을 활용하는 것이 때로는 효과적이다. 예를 들어, "당신이 강아지를 입양했던 날을 기억하나요?" 또는 "친구에게서 위로가 되었던 전화나 방문을 떠올릴 수 있나요?" 이러한 방식은 내담자가 긍정적이고 안전한 기억을 회상할 수 있도록 돕는 데 유용하다.

Shapiro는 기억이나 상상 속 이미지를 떠올리거나 이를 제안할 때, 신체에서 나타나는 감각 경험을 인식하고 긍정적으로 느껴지는 감각을 식별하는 능력이 중요하다고 강조한다. 이는 긍정적인 감각 경험이 있을 때 호흡의 변화를 알아차리도록 돕는 방법과 결합할 수 있다. 예를 들어, 호흡이 시작되는 신체 부위(복부나 가슴)에 손을 얹어 변화를 느껴보게 하는 것이다. 이를 통해 내담자는 다른 상황에서도 안전한 장소의 이미지와 감각적 특성을 떠올릴 때, 그와 연관된 호흡 패턴 또한 식별할 수 있다.

내가 아동과 성인 모두에게 자주 사용하는 표현예술 접근법 중 하나는 단순히 '안전한 장소 그리기'라는 제한된 감각 경험을 넘어선다. 생존과 자기 진정을 위한 긍정적인 자원을 탐색하고 구체화하도록 요청할 때, 새롭고 유쾌하며 긍정적인 방식으로 여러 감각을 자극하는 것이 중요하다. 그러나 트라우마를 겪은 많은 사람은 개인적인 안전을 어렵고 복잡한 주제로 생각하기 때문에 나는 표현예술을 앞서 설명한 '관점의 전환'과 결합한다. 또한 일반적으로 '재미'로 인식되는 소품을 도입하기도 한다. 가장 많이 사용하는 소품 중 하나는 고무 오리이다. 이 소품은 트라우마를 겪은 아동뿐만 아니라 성인과의 작업에서

[그림 5-6] **고무 오리를 안전하게 지키기**
Cathy A. Malchiodi의 컬렉션 중(작가의 허가없이 재사용 및 무단복제 금지)

도 효과적이다. 성인들 역시 고무 오리에 대해 많은 개인적 연관성을 발견하곤 한다. 내담자에게 '무엇을 통해 안전함을 느끼는지'를 생각하도록 요청하는 대신 나는 그들에게 오리를 돌보라는 제안을 한다. 내담자에게 오리가 안전함을 느낄 수 있는 환경을 제공하도록 요청함으로써, 관점을 내담자 자신에서 보호받아야 할 다른 존재로 전환한다. 이 과정에서 알록달록한 종이, 깃털, 반짝이, 실, 장식물과 같은 감각을 자극하는 재료를 제공하면, 단순히 그림을 그리는 것보다 훨씬 새롭고 즐겁고 감각적으로 유도된 경험을 할 수 있다. 그림은 주로 인지와 이야기 중심이지만, 이러한 재료들은 더 직관적이고 감각적인 접근을 가능하게 한다([그림 5-6] 참조). 다른 존재를 돌보는 관점의 전환은 안전에 대한 예술 및 놀이 기반 접근법에서 다양한 방식으로 적용될 수 있다. 이렇게 관점을 조금만 바꾸어도 실제 또는 상상 속에서 '안전한 장소'를 떠올리기 어려운 사람들이 '다른 존재를 위한 안전'을 상상하는 과정을 통해 긍정적인 감각을 경험하도록 도울 수 있다.

체화된 감각(Felt Sense): 몸과 마음의 연결 연습

Siegel(2011)은 '이름을 붙여 길들이기' 기법을 설명하며, 안전 문제를 해결하기 위한 효과적인 전략으로 상위 뇌에서 시작하는 접근법을 제안한다.

> 아이들은 특히 강렬한 감정을 경험할 때, 좌뇌를 활용해 현재 상황을 이해하고 이를 정리하며, 우뇌에서 느껴지는 크고 무서운 감정에 이름을 붙여 효과적으로 다룰 수 있도록 돕는 사람이 필요하다. 이야기는 우리가 통제력을 잃었다고 느끼는 순간들을 극복하고 주도권을 되찾을 수 있게 해 준다. 두려움과 고통스러운 경험에 단어를 붙이고, 이를 받아들이게 되면, 그 경험은 훨씬 덜 두렵고 고통스럽게 느껴진다. (p. 32)

Siegel은 아이가 행동에 이름을 붙이도록 돕는 것이 좌뇌의 이야기 구성 능력을 통해 우뇌의 감정적 반응을 진정시키는 데 도움이 될 수 있다고 설명한다. 이 전략은 고차원적인 기능과 의사결정이 가능한 사람들(ETC의 인지/상징적 수준)에게 효과적으로 작용할 수 있다. 그러나 트라우마 반응으로 어려움을 겪고 있는 개인은 실행 기능이 항상 활성화되지 않을 수 있어 언어를 사용하는 것부터 시작하기 어려울 때도 있다.

Levine(1997)은 이에 대한 대안으로 '체화된 감각(Felt Sense)'을 제안한다. 이 개념은 표현예술치료의 안전한 접근법과 더 잘 부합한다. 이러한 접근법은 ETC의 감각/운동 및 지각/정서 수준에서 시작해 암묵적(감각적) 경험을 다루며, 궁극적으로 명시적(서술적) 이야기로 이어질 수 있다. Eugene Gendlin(1982)은 느껴지는 감각의 개념을 처음으로 제시한 인물로, 이를 개인의 내적 신체 인식으로 설명했다. 그는 이 개념을 다음과 같이 정의한다.

> 느껴지는 감각은 정신적 경험이 아니라 육체적 경험이다. (…) 특정 주제에 대해 특정 순간에 느끼고 알고 있는 모든 것을 포괄하며, 이를 세부적으로 하나씩 전달하는 대신, 한꺼번에 느껴지도록 전달하는 내적 감각이다. 이를 맛에 비유하거나, 웅장한 음악 코드에 빗댈 수 있다. (p. 32)

Gendlin에 따르면, 치료사의 역할은 내담자가 자신의 내적 감각을 인식하고, 그 감각이 어떻게 변화하는지 깨닫도록 돕는 것이다. 사람들이 고통에서 비롯된 느껴지는 감각을 안정감과 연결된 감각으로 초점을 전환할 때, 감정과 인식은 취약성에서 자기효능감으로 변화한다.

마찬가지로, Levine(2015)과 신체 중심 접근법을 실천하는 다른 전문가들 또한 '느껴지는 감각'이라는 용어를 사용해 트라우마 반응과 관련된 다양한 신체 기반 경험을 설명한다. 개인이 자신의 신체 감각을 더 잘 인식하게 되더라도, 느껴지는 감각에 접근하기 위한 과정이 여전히 필요할 때가 많다. Levine은 이러한 인식을 점진적으로 강화할 수 있는 몇 가지 방법을 제안했으며, 이러한 접근법은 트라우마를 경험한 내담자가 초기 회기에서 자신의 감각을 활용하는 방법을 배우고, 이를 통해 안전감을 유지하는 데 특히 유용하다. 첫 번째 방법은 사진과 이미지가 많은 책, 삽화를 넣은 달력, 또는 자연이나 여행을 주제로 한 잡지를 활용하는 것이다. 나는 잡지에서 미리 오려 두거나 인터넷에서 인쇄한 다양한 장면과 상황의 사진 이미지를 준비해 보관한다. 이 과정은 현재 느껴지는 신체 감각을 부드럽게 탐색하도록 안내하는 것에서 시작된다. 예를 들어, 신체가 바닥이나 의자에 닿는 느낌, 옷감의 촉감, 긴장감, 온도, 배고픔, 갈증, 졸림 같은 신체적 감각을 살펴보는 것이다. 또한, 이 과정 중 언제든 이러한 감각과 함께 호흡으로 돌아갈 수 있도록 안내한다.

다음 단계에서는 개인이 하나의 이미지를 살펴보며 이에 대한 반응을 알아차리는 것이다. Levine(1997)은 다음과 같은 질문을 통해 반응을 탐색하도록 제안한다. "이 이미지는 아름다우신가요? 진정되나요? 이상하거나 신비로운가요? 혹은 강렬하거나, 즐겁거나, 슬프거나, 예술적으로 느껴지나요? 아니면 다른 무언가인가요? 어떤 반응이든, 그저 그것을 알아차리세요."(p. 75) 대부분의 사람은 하나의 이미지에 대해 단일한 반응만을 느끼는 경우가 드물다. 따라서 여러 가지 반응이 떠오르는 것은 정상적이다. 느껴지는 감각은 이미지를 보며 떠오르는 신체와 관련된 감각을 인식하는 과정을 통해 길러진다. 예를 들어, 특정 신체 부위에서 감각이 발생하는지 확인하고, 그렇다면 그 감각이 어떤 느낌인지 탐구하는 것이다. "그 감각은 느슨한가요? 긴장되었나요? 무거운가요? 가벼운가요? 차가운가요? 따뜻한가요? 활력을 주나요? 아니면 또 다른 느낌인가요?" 제3장에서 설명한 것처럼, 개인이 '표시 만들기' 또는 '색상, 선, 모양'을 사용하여 신체 윤곽 그림에 이러한 감각을 표시하도록 할 수 있다. 단순히 여러 이미지를 보고, 이미지가 어떤 감각을 불러일으키는지 경험하고, 그 감각에 이름을 붙이는 것만으로도 초기 단계에서 느껴지는 감각에 접근하고 사용하는 방법을 배우기에 충분하다. 이 과정의 일환으로, 긍정적이고 진정감을 주는 감각을 담고 있는 이미지를 찾아내는 것이 중요하다. 이러한 이미지는 안전감을 지원하는 자원으로 작용하며, 각성 수준을 낮춰야 할 때 언제든 다시 돌아갈 수 있다. 느껴지는 감각과 관련된 개인의 안전감이 확장되면, 가족, 사람, 또는 사건과 관련된 더 강렬한 이미지를 사용해 트라우마 스트레스와 연결된 신체 감각을 점진적으로 안전하게 탐구할 수 있다.

Levine이 언급한 느껴지는 감각은 Gendlin(1996)이 제안한 '포커싱 치료'와는 약간의 차이가 있다. 또한 표현예술치료에서 느껴지는 감각은 새로운 개념이 아니다. 이 개념은 수십 년 동안 표현예술을 통해 신체의 경험을 이해하고 트라우마와 상실에 대한 인식을 소통하는 데 활용되어 왔다(Malchiodi, 2006). 예를 들어, Rhyne(1973)은 게슈탈트 미술치료 접근법의 일환으로 '감정 상태'를 그리며 신체의 감각과 접촉하는 방법을 설명했다. 이 접근법은 움직임, 소리, 시각예술을 포함하여 다양한 방식으로 신체적 경험을 탐구한다. Rappaport(2009)는 간단한 그림, 동작, 소리/음악 또는 여러 감각 기반 표현을 통해 Gendlin의 느껴지는 감각 개념을 식별하고 소통하는 방법에 대한 구체적인 틀을 제공했다. Rappaport는 포커싱 표현예술치료를 적용할 때, 안전감을 형성하기 위해 치료사가 느껴지는 감각에 대해 '친절하고, 수용하며, 환영하는 태도'를 연습하도록 돕는다고 설명한다(p. 92). 이를 '포커싱 태도'라고 하며, 본질적으로 자기 자신에 대한 연민과 자기애의 경험으로 마음챙김과 유사하다. Thich Nhat Hanh(2011)은 이를 다음과 같이 설명한다. "제가 배운 가장 중요한 것은 우리의 존재 방식입니다. 우리의 차분함, 온화함, 평화가 우리가 전달할 수 있는 가장 중요한 것입니다."(p. 37) 개인이 포커싱 태도를 배우기 위해서는 치료사가 내담자의 느껴지는 감각 경험을 무조건적으로 받아들이고 환영하는 태도를 전달해야 한다.

Rose가 느껴지는 감각에 대한 포커싱 태도를 배우는 과정은 이 접근법이 안전감을 지원하는 데 있어 중요한 역할을 할 수 있음을 보여 주는 좋은 사례이다. Rose가 다양한 사진 이미지에 점차 노출되며 느껴지는 감각에 접근하는 데 필요한 기본 기술을 습득한 후 나는 그녀에게 기본적인 마음챙김 연습과 "모든 감각, 심지어 불편하거나 고통스러운 감각에도 친절하고, 수용하며, 환영하는 태도"의 중요성을 설명했다. Rose는 "내 인생의 많은 아픔에 친절해질 준비가 되지 않았다."라고 말했지만, 수년간의 학대를 견뎌 내는 데 도움이 되었던 다양한 느껴지는 감각을 몸에서 받아들이고 환영하고 싶다고 표현했다. 그 시점에서 우리는 Rose의 영적 신념을 바탕으로 그녀가 선택한 간단한 '수호자' 이미지를 함께 만들기로 했다. 이 이미지는 Rose가 자신의 느껴지는 감각 경험을 수용하고 환영할 수 있도록 돕는 동시에, 그녀가 견뎌 온 모든 것에 대해 나의 연민과 자기애를 반영하는 포커싱 태도도 포함했다. Rose의 이미지는 '사랑' '양육' '신뢰'에 중점을 두었다. 나는 그녀의 허락을 받아 '용기'라는 요소를 추가했다. 이는 Rose가 평생 동안 보여 준 용기가 분명했기 때문이며, 특히 치료를 받기로 결심한 것 자체가 그녀의 용기를 증명한다고 생각했기 때문이다.

이 과정은 포커싱 태도를 구체적인 예술 표현으로 변환하는 작업으로, 여러 회기에 걸쳐 진행되었다. 이는 Rose에게 안전감을 지원하는 방법일 뿐만 아니라, 그녀가 자기 조절 기술을 연습하고 점진적으로 트라우마 스트레스와 관련된 더 불편한 감각을 인정하고 '환영'하도록 돕기 위한 것이었다. 수호자 이미지를 함께 창작하는 과정은 Rose에게 내가 그녀의 창의성, 실험 정신, 위험을 감수하며 성공할 수 있는 능력을 긍정적으로 바라보고 있음을 받아들이고 수용할 기회를 제공했다. 아동에게 효과적으로 사용되는 예술 기반 개입은 종종 아동기에 신체적, 성적 학대를 경험한 성인 생존자에게도 유사한 기회를 제공한다. 이를 통해 성인 또한 초기 단계에서 내면화된 안전감과 신뢰를 형성하는 데 필요한 감각적이고 암묵적인 경험을 다시 탐구할 수 있다. 수호자 이미지를 함께 창작하는 과정에서 Rose는 아동기에 경험했을 법한 창의적인 과제를 완수하며, 누군가에게 인정받고 존중받는 경험을 할 수 있었다. 이 단순한 이미지는 Rose의 압도적인 두려움과 과잉 활성화를 즉시 해결하지는 못했지만, 친절한 존재와 비판 없이 수용하는 관찰자를 시각적으로 표현했다. 이는 Rose가 필요할 때 다시 돌아갈 수 있는 자신의 내면적 용기를 상징적으로 나타냈다. 나는 초기 회기에서 Rose가 이 이미지를 통해 이야기를 표현하도록 격려했다. 이는 어려운 이야기를 안전하게 전달할 수 있는 방법을 제공하는 동시에 그녀의 내적 강점을 상기시키는 구체적인 도구로 활용하기 위함이었다. 이러한 의미에서 Rose는 괴로울 때 이 특정 이미지를 초점으로 사용하여 Levine(2015)의 '자원 지원' 개념(제6장)과 유사한 방식으로 긍정적으로 느껴지는 감각 상태를 점진적으로 연습하고 있었다.

창의적 의식 발달

의식은 다양한 형태의 상담 및 심리치료에서 일관성과 구조를 강화하는 데 자주 사용된다. 일생 동안 반복적이거나 만성적인 트라우마를 경험한 개인에게는 문화적인 의식을 통해 진정과 안전감을 느끼는 것이 큰 도움이 될 수 있다. 일반적인 의식에는 인사(예: 악수 또는 내담자가 동의한 기타 상호작용)와 마무리(예: 작별 인사, 종결을 기념하는 활동, 회기

종료 시의 일과 또는 관찰)가 포함된다. 이러한 경험은 동작, 친숙한 노래, 또는 이야기와 같은 특정 예술 활동의 감각적 요소를 동반할 때 더욱 의미 있고 효과적일 수 있다.

Perry(2009)가 말했듯이, 반복은 자기 조절 과정의 기초일 뿐만 아니라 자신과 환경 속에서 안전감을 형성하는 데 중요한 역할을 한다. Perry가 언급한 이러한 반복은 현재 표현예술을 통해 안전을 지원하는 다양한 프로그램에 통합되고 있다. 예를 들어, 이스라엘 트라우마치료센터(2014)는 테러 및 전쟁 생존자를 대상으로 한 트라우마 치료 프로그램에서 BRI(Building Resilience Intervention) 모델을 개발했다. 이 모델은 어떤 스트레스 상황에도 적용할 수 있도록 설계되었으며, 아동과 부모의 회복탄력성을 키우는 데 초점을 맞추고 있다. BRI 모델에서는 아이들이 폭탄 공격과 생명을 위협하는 상황에 대한 경험을 표현하면서, 자신의 강점을 강조하도록 장려한다. 또한 노래와 움직임 속에 통합된 안전 의식을 연습하게 함으로써 위협적인 상황에서 무엇을 해야 할지를 기억하도록 돕는다. 이러한 활동은 긍정적인 감각 요소(특히 신체적 활동)를 자기효능감과 연결시키는 데 도움을 준다. 또 다른 예로, 예술 기반 회복탄력성 활동에서는 아이들에게 로켓 폭격에 대처할 수 있는 장치를 발명해 보도록 제안한다. 아이들은 미사일을 빨아들여 우주로 내보내는 상상 속 장치나 미사일 탐지를 피할 수 있는 안전한 장소를 묘사하며 창의적인 작품을 만든다. 이러한 활동의 목표는 아이들이 적극적이고 실질적인 참여를 통해 개인적인 역량을 감각적으로 체험하도록 돕는 것이다.

특히 효과적이라고 느낀 의식 중 하나는 '예술로 공간 정리하기'로, 이는 포커싱 예술치료 접근법의 일부이다(Rappaport, 2009). 이 방법은 감각적이고 지각적인 방식을 통해 개인이 '완전히 괜찮은 상태'로 느끼는 데 방해가 되는 요소들을 의미 있게 점검할 수 있도록 돕는다. 트라우마를 겪은 개인에게 이 과정은 신체적 안전감을 회복하는 것을 의미한다. 간단히 말해, 현재 순간에서 안전감이나 웰빙을 방해하는 몇 가지 사항을 파악하도록 하는 것이다. 치료사는 내담자가 이러한 스트레스 요인을 감지하고 인식할 수 있도록 안내하며, 이를 신체에서 멀리 떨어뜨리기 위해 표현예술(예: 이미지, 소리, 음악, 동작)을 하나 이상 활용하도록 돕는다.

심호흡을 몇 번 해 보세요……. 지금 이 순간 내 안에서 일어나고 있는 모든 것을 친절하게 받아들이며 수용해 봅니다. 평화로운 장소에 있는 자신을 상상해 보세요. 준비가 되면 스스로에게 물어보세요. "지금 내가 '완전히 괜찮다.'고 느끼는 것을 방해하는 것이 무엇일까?" 각각의 걱정거리가 떠오를 때, 그 안으로 깊이 들어가지 말고 단순히 알아차리기만 합

> 니다. 그런 다음 이 걱정거리를 몸 밖으로 멀리 두는 방법을 상상해 보세요. 예를 들어, 각 걱정거리를 싸매고 자신으로부터 멀리 떨어뜨려 놓거나, 가까운 공원 벤치 위에 두거나, 떠오르는 다른 이미지에 놓을 수 있습니다. 각 문제를 옆으로 치울 때마다 몸 안에서 느껴지는 감각을 주의 깊게 살펴보세요. 다시 점검해 보세요. "이 모든 것을 제외하면, 나는 '완전히 괜찮다.'고 느껴질까?" 그리고 또 다른 무언가가 떠오르는지 확인해 봅니다. 내면의 '완전히 괜찮은 장소'와 일치하는 이미지를 상상해 보세요. 준비가 되면, 자신의 경험을 예술을 통해 표현해 보세요. 어떤 사람들은 단지 '완전히 괜찮은 장소'만을 창작하는 것을 선호하고, 다른 사람들은 자신이 옆으로 치워 둔 스트레스 요인들과 '완전히 괜찮은 장소'를 모두 포함시키기를 좋아합니다. 자신에게 맞는 방법을 믿으세요. (Rappaport, 2015, p. 200)

표현예술을 추가하면, 대부분의 개인에게 느껴지는 감각 경험이 더욱 풍부해진다. 먼저 표현예술은 개인이 '방해가 되는 것'(안전을 위협하는 요인)과 '완전히 괜찮은 장소'(안전한 장소)를 더 명확히 표현하도록 돕는다. 이러한 표현은 치료사가 이를 직접 확인하고 이해할 수 있는 방식으로 이루어진다. '예술로 공간 정리하기'를 처음 표현예술 활동을 통해 연습하면, 내담자는 회기 밖에서도 걱정이나 스트레스 요인이 발생할 때 이 정리 과정을 쉽게 떠올릴 수 있다.

거리두기는 이 경험에 추가할 수 있는 또 다른 연습이다. 예를 들어, 내담자는 '방해가 되는 것'을 시각적 상징으로 만들어 종이봉투에 넣고, 이 봉투가 자신으로부터 얼마나 떨어져 있어야 편안하고 안전하다고 느껴지는지 결정한다. 많은 사람은 봉투를 밀봉해 가까운 거리에 두는 것만으로도 만족하지만, 반응은 각기 다르다. 어떤 내담자는 봉투를 대기실로 가져가 특정 장소에 두기를 요청하기도 한다. 한 내담자는 이 과정을 가볍고 실용적인 방식으로 접근했다. 그녀는 자신의 방해 요소가 담긴 봉투를 어디로 보내고 싶은지 정확히 알고 있었다. 그것은 바로 클리닉 주차장에 있는 쓰레기통, 그리고 궁극적으로는 지역 재활용센터였다.

여러 차례 신체적, 성적 학대를 겪은 성인 생존자인 Rose는 초기 단계에서 '공간 정리'에 몇 가지 어려움을 겪었다. 그러나 그녀는 자신을 압도하던 트라우마 기억과 신체 감각을 잠시라도 옆으로 치우기 위해 여러 번 연습을 시도했다. Rose의 경우, 나는 그녀에게 '안전함을 방해하는 요소'를 나타내는 간단한 단어를 쓰거나, 종이에 마커나 사인펜으로 표시나 상징을 그리거나, 잡지에서 이미지를 선택하는 '하향식' 전략을 제안했다. 이는 Rose의 상위 뇌(인지/상징적 수준)를 활용해 방해 요소에 이름을 붙이는 과정을 돕기 위한 것이었다. 이러한 방법은 그녀가 더 큰 통제감을 느끼고, 방해 요소를 언어적으로 명명할 수 있도록 도와주었다. 반면, 감정을 표현하거나 신체 감각을 직접적으로 다루는 것은 그녀에게 너무 압도적이었으며, 과잉 활성화를 악화시킬 위험이 있었다. Rose는 자신이 작성한 단어나 상징을 담은 알록달록한 종이 선물 가방을 치료실에 두기를 원했다. 우리는 대부분의 회기에서 그 가방을 꺼내어 Rose가 새로운 내용을 추가할 수 있도록 했다. 간단히 말해서 이 방식으로 표현예술을 활용하는 목적은 트라우마를 경험한 개인이 안전감을 느끼는 데 방해가 되는 두려움을 일시적으로나마 제쳐 놓을 수 있는 방법을 제공하는 것이다.

◇◇◇◇◇

결론

Rose, Tanya를 비롯해 트라우마를 경험한 사람들에게 초기 회기에서 두려움과 관련된 반응을 다루는 것은 여러 가지 이유로 매우 중요하다. 먼저, 이러한 반응은 신체를 경계, 불안, 긴장 상태에 머무르게 하며, 불편한 신체 감각을 유발한다. 위협에 대한 반복적인 내부 인식에서 벗어나는 것은 단순히 환영받는 변화일 뿐만 아니라, 트라우마 사건과 관련된 다른 도전에 맞설 수 있는 자기효능감과 내적 힘을 증진시킨다. 또한 안전감을 지원하며 두려움을 완화하는 과정에는 과잉 활성화, 해리, 비생산적인 대처 반응을 줄이기 위한 자기 조절 전략의 도입이 포함된다. 이러한 전략은 신체의 두려움을 완화하고 안전감을 느낄 수 있는 구체적이고 참신한 방법을 찾도록 돕는 데 초점을 맞춘 표현예술 접근법의 핵심 기반이 된다. 이 주제는 다음 장에서 자세히 다루며, 트라우마로 인해 발생하는 신체적 두려움을 줄이고 개인이 안전감을 회복할 수 있도록 돕는 다양한 방법을 탐구한다.

제6장

자기 조절: 안정화의 기본 원칙

트라우마를 겪은 아동이나 성인을 돕는 상담사 또는 치료사들의 첫 고민 중의 하나는, 겉으로 보기에는 별문제 없는 일에 트라우마 반응들이 활성화된 개인들을 어떻게 도와주어야 할지에 관한 것이다. 제5장에서 논의한 바와 같이, 멈출 수 없는 자동적인 생리적 연쇄반응은 종종 불안, 두려움, 해리와 같은 고통스러운 감각을 불러일으킨다. 내담자로 온 10대 소녀는 어머니를 위해 빵과 우유를 사러 슈퍼마켓에 갔다가 겪은 끔찍한 공포 경험에 대해 이야기했다. "저는 그저 엄마가 좋아하는 빵을 찾으려던 참이었어요. 그러다가 저희 할아버지를 닮은 남자를 보고 공황 상태에 빠졌어요. 저는 가게에서 거의 토할 뻔했어요. 빵도 사지 않고 집까지 뛰어갈 수밖에 없었어요." 이 소녀는 어린 시절 할아버지에게 성폭행과 신체적 학대를 당했다. 할아버지가 세상을 떠난 지 7년이 지났지만, 대인관계에서의 폭력 경험은 여전히 그녀에게 매우 생생하게 느껴졌다. 가해자를 떠올리게 하는 사람을 보는 것만으로도 메스꺼움과 극심한 공포를 느낄 정도로 그녀의 몸은 강력한 반응을 일으켰다. 마찬가지로, 한 성인 내담자는 누군가 자신에게 단지 인사를 하려고 손을 들어 흔드는 모습을 보고 깜짝 놀란 경험에 대해 이야기했다. 이는 내담자의 남편이 그녀를 신체적으로 폭행하기 직전에 했던 행동과 비슷했기 때문에 그녀는 즉시 움츠러드는 반응이 나왔던 것이다. 이러한 트라우마 반응들이 과거에는 위험을 피하거나 벗어나는 데 도움이 되었을 수 있지만, 지금은 불쾌하고 방해가 되는 환경적 신호에 대한 자동화되어 조절되지 않는 반응이 되었다.

트라우마 사건에 대한 반복적인 노출로 인해 사람들은 민감해지며, 두려움과 불안을 일으키는 상황을 회피하고, 스트레스에 대한 정서적 및 생리적 반응에 통제력이 부족할 수 있다. 이들은 유사한 양상을 보이지만, 자신이 왜 끊임없이 과잉각성 상태(교감신경계)나 해리 상태에 빠지는지, 혹은 감정적으로 분리되고 기능이 저하되는지를 이해하지 못하거나 그 이유를 알지 못한다. 암묵적 기억은 매우 강력하기 때문에 뇌와 몸은 마치 과거에 일어났던 일이 지금 여기에서 일어나고 있는 것처럼 즉각적으로 반응한다. 심지어 기억의 출처를 알고 있을 때에도 말이다.

트라우마로 인한 강한 생리학적 반응을 다루기 위해 개인을 돕는 것은 고통을 겪는 아동, 청소년, 성인, 집단 또는 공동체를 대상으로 하는 초기 작업에 필수적이다. 대인 폭력(신체적 학대, 성폭행, 폭력 사건 목격), 전쟁 또는 자연재해를 경험한 사람들은 특히 긴장을 풀고, 상황을 바로 잡고, 회복할 수 있을 만큼 스스로를 충분히 평온한 상태로 이끄는 자기 조절 전략이 필요하다. 고통스러운 기억의 세부 사항을 다루기 전에, 내적 안정감을 지원하고 자기 조절의 근원을 찾도록 돕는 치료적 경험들을 소개하는 것이 중요하다. 표현예술치료는 아동과 성인이 이러한 근원을 개발할 수 있도록 설계된 행동지향적 방법이다. 이 장에서는 개인, 집단 및 공동체의 안정화를 지원하기 위해 적용할 수 있는 다양한 예술 기반 접근 방식의 예시들을 제공한다.

◇◇◇◇◇

핵심 역량으로서의 자기 조절

내적 안전감을 지원하고 자기 조절 능력을 키우는 것은 미래의 성공적인 개입을 위한 중요한 기초가 된다. 자기 조절이라는 용어는 충동을 통제할 수 있는 능력뿐만 아니라 스트레스에 대한 신체 반응을 진정시키고 완화할 수 있는 능력을 설명하는 데 사용된다. 이는 감정, 신체 반응, 인지를 포함한 모든 기능에 영향을 미치는 정동적, 감각적, 신체적 반응을 조절하는 능력이다. 또한 필요한 경우 행동을 지연시키거나 행동을 개시할 수 있는 뇌의 실행 기능을 나타낸다. 다시 말해, 자기 조절이 가능한 사람은 행동의 결과를 생각하거나 적절한 대처 방법을 고려하기 위해 즉각적인 만족을 미루고 반응을 억제할 수 있다. '정동 조절'이라는 용어는 슬픔, 기쁨, 도전, 분노, 걱정 및 두려움에 대처하는 방법을 포함하여 스트레스를 건강하게 관리하고 해소하는 방법을 설명하는 데 사용되기도 한다. 이번 장에서는 '자기 조절'이라는 용어를 사용하려 한다. 왜냐하면 이 용어가 모든 형태의 조절, 특히 개인이 고통에 대한 신체적 반응에 어떻게 대응하는지를 포괄하기 때문이다.

조절 장애는 사람이 감정이나 신체 감각을 느끼거나 이해하지 못하고, 감정과 생리적 반응이 그들을 압도할 때 발생한다. 이러한 반응들은 많은 트라우마를 겪은 개인에게 해결되지 않은 채로 남아 있기 때문에 이들은 흔히 약물 남용, 흡연, 자해, 과식 또는 과로의 형태로 건강에 해로운 자기 조절 방법을 사용하게 된다. 또한 불안, 공황, 우울증, 수면 장애 혹은 강박적인 행동을 일으킬 수도 있다. 극도의 각성은 해리 상태나 감정을 말로 표현하지 못하는 감정표현불능증을 유발할 수 있다(제8장 참조).

Perry(2009)는 자기 조절을 스트레스에 대처하는 능력으로 정의하며, 건강한 발달에 중요한 핵심이라고 본다. 제5장에서 설명한 바와 같이 그는 각성이 증가하는 5가지 단계적 수준(평온, 각성 주의, 경각심, 두려움, 공포)의 연속체를 통해 안전을 설명하고 각성이 높아질수록 자기 조절이 더 어려워진다는 점을 강조한다. Goleman(2012)의 '정서적 동요(emotioanl hijack)' 개념은 Perry의 개념과 다소 유사하다. Goleman은 스트레스 상황에서 편도체가 감정을 롤러코스터처럼 급변하게 만든다고 설명한다. 이러한 반응은 즉각적이고 압도적이며 인지된 위협의 특성을 고려할 때 때때로 부적절하다. 특히 이러한 반응은 생각하는 뇌(실행 기능)보다 훨씬 빠르게 발생한다. Goleman의 개념에 따르면, 트라우마를 겪은 사람들은 불안과 같은 강렬한 감정뿐만 아니라 호흡 및 심박수의 증가, 근육 긴장, 메스꺼움 등 다양한 생리적 동요(physiological hijack) 반응도 겪는다. 또한 트라우마 스트레스는 실행 기능을 방해하고 다양한 방식으로 사고에 영향을 미치며, 이를 '인지적 동요'로 설명할 수 있다. 예를 들어, 개인이 과도한 경계심이나, 걱정, 공포 반응에 사로잡혀 있을 때 주의를 기울이거나 정보를 이해하고 유지하는 데 필요한 고차원적인 인지 기능을 발휘하기 어렵다.

Tanya는 Goleman의 개념을 입증하는 다양한 반응을 보여 주었다. 그녀는 낙서로 건물을 훼손했고, 이후 자신이 통제할 수 없었던 행동을 후회하게 되는 짧고 폭력적인 감정의 폭발을 경험했고, 이로 인해 그녀는 정신재활시설 치료를 받았다. Tanya가 이전의 트라우마 경험을 해결하도록 돕기 위해 나는 먼저 그녀가 높은 수준의 각성(성폭행에 대한 두려움)을 줄이는 데 도움이 되는 몇 가지 자기 조절 기술을 발달시켜야 한다고 생각했다. 이전 장에서도 언급된 Marian은 공황이 발생할 수 있는 상황에 직면했을 때 통제할 수 없는 불안을 자주 경험한다고 말했다. 그녀는 감각에 압도당하면 차를 계속 운전할 수 없다는 두려움 때문에 생리적으로 동요되었다. 초기 회기에서 Tanya와 Marian의 목표는 '동요(hijack)'의 위협을 줄여 문제 해결과 추론이 가능하도록 돕는 것이었으며,

Marian은 자신이 겪었던 버스 사고에 대한 악몽과 함께 느끼는 공포의 감정을 쉽고 자세하게 설명할 수 있었다.

Tanya, Marian, 그리고 트라우마를 겪은 많은 내담자에게 트라우마 경험은 '시간이 멈춘 듯' 느껴지며, 환경적 또는 관계적 단서가 원래의 트라우마 사건과 겹칠 때 언제든지 조절 장애가 발생할 수 있다. 다시 말해, 과거의 고통스러운 사건이 갖는 감각적 특성은 실제 위험이 존재하지 않을 때도 과도한 긴장, 회피, 해리 또는 기타 반응을 유발할 수 있다. LeDoux(2015)는 변환의 과정을 시작하려면 이러한 고통의 내면 경험에 주목해야만 한다고 말했다. LeDoux, van der Kolk(2014) 등에 따르면, 원래 사건에 대한 내면적(내부 감각 수용의) 경험과 암묵적 기억은 외부의 단서를 인식하는 실행 기능에 영향을 미친다. 따라서 내부 감각 수용의 경험과 내재된 감각을 파악하는 길은 타인과 환경을 지속적으로 회피하는 것이 아니라, 신체의 감정과 감각에 대한 자기 인식과 의식적으로 주의를 기울이는 것에서 시작된다.

이러한 이유로, 표현예술을 통한 자기 조절 방법을 도입하는 것은 내부 감각에 초점을 맞추기 위한 중요한 첫걸음이 된다. 한 사람이 신체의 불편한 느낌을 해결하기 위해 몇 가지 창의적인 전략을 사용하기 시작하면, 그들은 이러한 반응을 유발하는 내부적 인식에 대해 어떻게 대응할지 스스로 선택할 수 있는 능력을 갖게 된다. 이렇게 되면 이들은 불안하거나 두려운 상황에서도 침착하고 평온한 상태를 유지하고, 고통스러운 상황에 성공적으로 대처할 수 있는 능력에 더 빨리 적응하게 된다.

◇◇◇◇◇

표현예술: 자기 조절을 위한 감각 사용

100여 년 전, Freud(1920)는 트라우마로 인해 조절 장애를 겪는 사람들이 '말'보다 '행동'으로 반응하는 모습을 관찰했다. 그는 이러한 반응을 '반복 강박'이라고 불렀으며, 고통스러운 사건을 기억하지 못하는 내담자들이 치료 과정이나 일상생활 모두에서 그러한 경험을 반복할 가능성이 높다는 점에 주목했다. 즉, 억압된 기억은 과거에 머무는 것이 아니라, 현재의 상황에서도 반복적으로 나타날 수 있다.

나의 심리치료적 견해가 정신 분석적이지는 않지만, Freud의 개념은 모든 형태의 표현예술치료에서 중요한 특성을 강조한다. 즉, 트라우마를 겪은 개인이 Freud가 언급한 대로 기억을 '반복'하는 데 도울 수 있는 행동 지향적인 과정이라는 것을 강조하고 있다. 이 장의 시작부분에서 언급한 바와 같이 실제로 트라우마를 겪은 사람들은 자기 조절을 다루기 위해 본능적으로 건강하지 못한 다양한 반응을 사용한다. 또한 그들은 자신의 감정이나 신체 감각을 표현할 적절한 언어가 없을 수도 있고(말할 수 없는 공포 또는 감정표현불능증), 감정을 분명히 표현하는 능력이 퇴화하여 해리 상태에 빠질 수도 있다. 그리고 그들의 신체 반응은 조절되지 않을 수 있다. 표현예술에서는 리듬, 움직임, 연극적 재연, 시각적 이미지, 촉각, 소리와 같은 감각적 특성이 자연스럽게 능동적인 참여를 이끌어낸다. 조절 장애를 언어적으로 분석하거나 해석하여 무엇이 잘못되었는지에 초점을 맞추는 접근법이 반드시 자기 조절을 지원하는 효과적인 방법은 아니다. 일부 전문가에 따르면 이러한 전략은 실제로 조절 장애를 악화시킬 수 있다고 한다(Heller & LaPierre, 2012).

행동 지향적인 것 외에도 표현예술치료는 자기 조절을 향상시킬 수 있는 여러 고유한 요소들을 가지고 있다. 특히 기본적인 전략과 다른 또다른 효과적인 접근법의 보조수단으로 다음 영역들을 지원한다. (1) 안정화(grounding) 및 앵커링(anchoring), (2) 감각 기반 협력적 조절과 공유된 조절, (3) 미러링(mirroring)과 동조(entrainment), (4) 양방향 동작, (5) 이완 및 마음챙김 작업, (6) 정동 조절이다.

안정화 및 앵커링

안정화 및 앵커링의 개념은 많은 치료적 접근에서 자주 자기 조절의 한 형태로 사용된다. 안정화 기법은 일반적으로 사람들이 외부 현실의 특정 측면에 주의를 기울이도록 돕는 방법을 말하며, 감각을 사용하여 현재에 집중하도록 강화하는 데 초점을 맞춘다. 이러한 전략은 내담자가 스트레스 반응과 정서적, 생리적 조절 장애를 멈추거나 완화하도록 돕기 위해 치료 초반에 사용된다. 고통스러운 반응이 압도적이고 암묵적 기억에 의해 쉽게 활성화되는 내담자의 경우, 안정화는 불안, 공황, 해리 또는 주의력 상실을 방해하도록 설계된 감각 기반 경험을 포함하기 때문에 효과적일 수 있다. 궁극적으로 안정화의 목표는 내담자가 과거의 경험이나 미래에 대한 걱정에 휘말리지 않고 '지금 여기' 현재의 순간으로 돌아올 수 있도록 돕는 것이다.

내가 사용하는 많은 안정화 기법은 예술에 기반한 접근법보다는 감각에 기반한 경험과 더 관련이 있다. 예를 들어, 다양한 리듬 호흡법이나 아로마테라피(유칼립투스 같은 강한 냄새) 또는 미각 경험(생강 캔디의 알싸한 맛)은 직접적이면서 간단한 시도로 얻을 수 있는 안정화 경험이다. 이러한 기법들이 효과를 발휘하는 이유는 지금 보고, 듣고, 냄새 맡을 수 있게 하는 외부 감각으로 주의를 전환시키기 때문이다. 많은 치료사가 사용하는 전통적인 방법은 내담자에게 주변 환경을 스캔하고 모든 감각을 사용하여 그 환경을 자세히 설명하도록 요청하는 것이다. 예를 들어, "벽은 연한 녹색이고, 갈색 접이식 의자가 세 개 있으며, 옆방에서 계피 냄새가 나고, 밖에는 차 지나가는 소리가 나요."와 같은 식이다. 그 밖에도 숫자 세기, 특정 안정화 문구 사용("나는 이 방에서 안전해."), 환경의 특정 부분에 집중하기, 발 구르기, 이미지 활용(파도의 밀물과 썰물을 상상하는 것)과 같은 다양한 반복적 기법이 안정화에 활용될 수 있다. 이러한 기법은 안정화를 효과적으로 도울 수 있지만, 매운 사탕을 맛보거나 촉각 물체를 만지는 등 순간적으로 강한 감각 요소를 추가하면 더욱 큰 효과를 발휘할 수 있다. 또한 안정화 기법을 적용할 때 그 경험이 효과적인 것으로 인식되는지 여부를 파악하기 위해 내담자가 경험 이전과 이후를 의식적으로 평가하도록 하는 것이 중요하다. 0에서 10까지의 간단한 리커트 척도나 어린이의 경우 '가장 행복함'부터 '가장 슬픔'까지의 표정을 나타내는 견본이 일반적인 정성적 평가 도구이다.

앵커링(anchoring)은 특정 단서나 경험을 사용하여 현재의 순간에 집중하거나 불안에서 평온한 상태로 감각을 전환하는 과정을 설명할 때 사용되는 또 다른 용어이다. 안정화와 비슷하지만 표현예술치료에서는 일반적으로 예술을 기반으로 한 감각적 단서(소리 또는 음악) 또는 대상(특정 예술 표현)을 만드는 것을 포함한다. 또한 앵커링은 내담자가 자기 조절을 위해 되돌아갈 수 있는 어떤 의미 있는 과정이라 할 수 있다. Goleman(2012)은 뉴욕시 공립학교에서 'Breathing Buddies'(일반적으로 어린이들을 대상으로 한 마음챙김 및 호흡 운동 활동)의 일부로 사용되는 앵커링의 강력한 사례를 설명한다. 이는 9 · 11 테러 이후 개발된 내적 회복력(내면 회복탄력성) 프로그램의 일부이다. 이 프로그램에는 어린이와 함께 앵커링하는 방법인 동물 인형 안기와 복식 호흡뿐만 아니라 소리(차임벨 소리)를 포함한 특정한 안정화 기법을 모두 포함하였다. 다양한 방식으로 하는 마음챙김 호흡과 아동에게 제공된 종과 특수 제작된 장난감은 감각기반 앵커링을 지원한다. 목표는 자기 조절이며, 이를 통해 주의력, 이해력, 문제 해결력을 증진시켜 학생들의 학업 성취를 돕는다.

표현예술을 사용하는 것의 이점은 발달 단계, 문화적 배경, 개인의 선호도에 맞춘 감각 기반의 창의적인 예술 표현이 가능하다는 것이다. 대부분 안정화와 실제들은 내담자에게 단순히 안정화 이미지를 상상하도록 요구하지만 스트레스를 많이 받는 내담자에게는 이 시도가 먹히지 않는다. 이와는 대조적으로, 표현예술은 다양한 감각을 활용하여 고통스러운 내재적 반응이나 기억 이외의 것에 대해 집중력을 높이는 동시에 적극적인 참여를 유도하면서도 필요에 따라서는 즉각적으로 주의를 분산시킬 수 있다.

아동과 함께하는 안정화 및 앵커링

내담자가 스트레스를 받을 때 스스로를 진정시킬 수 있는 건강한 방법을 찾지 못하고 있다면, 나는 종종 그들에게 현재에 집중할 수 있고 치료 회기 밖에서도 사용할 수 있는 무언가를 만들도록 권유한다. 아동의 경우, 봉제 인형, 색칠한 돌 또는 특별한 물건과 같은 촉각을 이용하는 물체를 만드는 것이 될 수 있다. 그것이 단순한 미술 표현이라도 그것이 아동에게 적절하고 의미가 있다면 도움이 될 수 있다. 일례로, 8세 소녀 Katy는 레저용 차량의 교통사고에서 살아남았는데, 여러 차례의 수술과 어려운 치료들을 위해 입원해야 했다. 치료 초기에 그녀는 X선 검사과정에 대한 공포 반응, 불면증, 밀실 공포증을 보였다. Katy가 처치를 받을 때에는 가지고 다닐 수 있는 것이 거의 없었기 때문에 우리는 그녀가 병원에 입원하는 동안 함께할 수 있는 주머니 크기의 '엄지손가락 지문 친구(thumbprint friend)'를 만들기로 결정했다. 처음 제작한 지문 친구는 색인 카드에 있는 Katy의 지문으로 만들어졌다. 그녀는 지문에 얼굴과 개성을 표현하는 다양한 특징을 더했다([그림 6-1] 상단 참조). 색인 카드의 뒷면에 우리는 Katy에게 특별히 효과가 있었던 간단한 호흡 운동의 일부였던 오각형 별 모양을 그렸다([그림 6-1] 하단 참조). Katy는 의사를 만날 때나 방사선과 진료 일정마다 지문 친구를 데리고 갔고, 방사선사들에게 자랑스럽게 보여 주며, 엄지로 찍은 지문과 그림 솜씨로 작품이 어떻게 만들어졌는지 의료진에게 말했다. 이러한 형태의 안정화(호흡)와 앵커링(이미지)은 Katy에게 효과적이었고, 다른 회기에서는 모루(고운 잔털이 붙은 실)로 작은 인형을 만들고, 형형색색의 실로 감싼 다음, 다양한 장식과 원본과 비슷한 엄지손가락 얼굴을 추가하여 보다 촉감이 좋고 입체적인 버전을 만들기로 결정했다. 새로운 버전의 인형은 구부릴 수 있었기 때문에 인형을 통해 극적인 재현과 스토리텔링(감각에서 묘사에 이르기까지)을 하며 Katy가 사고에 대한 감정과 의료적 개입에 대한 감정을 전달할 수 있는 또 다른 방법이 되었다.

안정화 및 앵커링을 위한 표현예술과 요가 통합

동료 표현예술 심리치료사이자 숙련된 요가 전문가인 Emily Johnson Welsh(personal communication, 2017)는 나에게 비교적 간단한 요가 자세와 예술 기반 경험을 통합한 안

[그림 6-1] 아동의 '지문 기린 친구'와 별 모양 호흡 연습 그림

Cathy A. Malchiodi 컬렉션에서(저자의 허가 없이 복제할 수 없음)

정화 및 앵커링 실제를 소개했다. '타다사나' 또는 '산 자세'라 불리는 이 자세는 대다수 사람들이 짧은 시간 안에 쉽게 연습 가능하고, 완전히 숙달할 수 있는 자세이다. 회기 내에서 요가 자세를 도입할 때 한 가지 주의해야 할 점은 내담자가 혈압 관련 질환이 있거나 현기증 또는 어지러움을 겪고 있지는 않은지를 먼저 확인해야 한다. 나는 대부분 의사의 허가하에 환자들을 간단한 신체 활동에 참여할 수 있도록 돕는다. 만약 허가 서류를 받지 못했다면, 환자 자신의 한계와 능력 범위 내에서만 요가에 참여하는 것이 중요하다. 나는 전문 요가 강사가 아니기 때문에 집단 회기에서는 요가 전문가가 치료 과정의 이 부분을 이끌도록 하는 것을 선호하지만 이 자세는 비교적 간단하여 치료사도 숙련되게 안내할 수 있다. 대부분 치료사는 숙련된 요가 선생님의 지도하에 배울 수 있다.

타다사나 자세는 기본적으로 사람이 서 있으면서 발볼과 발아치에 균등하게 무게를 실어 리드미컬하게 호흡하고 현재의 순간에 집중하도록 한다. 자세를 제대로 잡으려면 발가락을 들어서 벌려야 하기 때문에 맨발로 하는 것이 가장 좋다. 균형에 문제가 있는 경우, 최소한 6인치 간격 또는 편안한 거리(발은 엉덩이 바로 아래에 위치)를 두고 서게 한다. 나는 많은 사람이 이 동작을 벽에 기대어 연습하면 적절한 자세를 형성하는 데 도움이 된다는 것을 알게 되었다. 눈을 감은 채 하는 타다사나 자세는 인내의 창(즉, 안전 감각 및 균형 능력)에 대한 도전 과제에 가깝지만, 내담자가 신체 기반 감각에 더 집중하기 시작하는 데에는 도움이 될 것이다. 이 자세에 대한 자세한 지침을 알고 싶다면, 이 장의 끝에 있는 부록 6.1을 참조하면 된다.

부처는 "발은 땅이 느껴질 때 비로소 발이라고 느낄 수 있다."라는 말을 했다고 전해진다. 타다사나 자세는 '발이 땅에 닿았을 때 어떻게 느끼는지'에 대한 의식적인 자각일 뿐만 아니라 안정화의 경험이다. 이러한 안정화 경험은 간단한 미술 표현 활동으로 변환하여 하나의 닻(anchor)처럼 구현할 수 있다. 핵심은 신체가 바닥과 접촉하는 느낌을 감지하는 것이 어떤 것인지, 그것이 내담자가 안정되고 지지받는 느낌을 받는 데 어떻게 도움이 되는지를 최소한이라도 포착하도록 시도하는 것이다. 이 시도의 궁극적인 목표는 그 사람이 삶에서 이러한 안정감과 연결성을 느끼도록 돕는 것이다. 과정은 간단하다. 종이나 큰 판지에 한쪽 발 또는 두 발을 따라 그리면 된다(내담자가 허락하면 치료사가 발의 윤곽을 따라 그려 줄 수 있다). 이 시점에서, 약간의 조언과 제3자의 도움을 받아 내담자에게 문양, 선, 도형 및 색상을 사용하고, 잡지에 있는 사진을 선택하게 하고, 필요하다면 발의 윤곽선에 타다사나의 느낌을 설명하는 단어들을 쓰게 한다. 적절한 경우, 발 윤곽선 바깥쪽 공간에도 이미지나 문구를 추가할 수 있다. 이는 느껴지는 지지감이 경험의 물리적 경계를 넘어 인식될 수 있기 때문이다. 경험에 관한 내러티브가 시도되는 ETC를 통과한 경험은, LeDoux(2015)와 van der Kolk(2014)가 강조한 자기 인식의 중요한 단계로, 이를 통해 내면의 수용 감각을 명확히 표현할 수 있다. 다음은 광장공포증과 사람이 많은 장소에서 발생하는 심각한 공황 발작으로 고통받은 내담자의 간단한 사례이다.

> 산 자세는 생각보다 어려웠어요. 결국 한곳에 서 있기만 하면 되니까 쉬울 줄 알았거든요. 하지만 한곳에 머물려고 하면 할수록 균형이 무너지는 느낌이 들었어요. Cathy 박사님은 천천히 다양한 발 자세를 제안하고 혼자 서 있어도 괜찮다고 느낄 때까지 벽에 기대게 함으로써 제가 안정감을 느낄 수 있는 방법을 찾도록 도와주었어요. 발이 땅에 닿는 느낌에 집중하고 발가락을 최대한 벌리는 것만으로도 이렇게 달라질 수 있다는 사실을 미처 몰랐어요. 제 몸 전체가 바뀌었어요. 그 순간 호흡과 감정을 조금 더 잘 통제할 수 있게 되었어요. 가슴에 있던 두려움이 실제로 줄어들었어요. 아직 사라진 것은 아니지만, 공황 발작 때문에 오랫동안 두려움을 느꼈기 때문에 산의 힘을 느끼는 것은 저를 놀라게 했어요. 요가 자세에서 예술 표현으로 넘어가는 것은 저에게 매우 흥미로운 경험이었어요. 제가 만든 이미지를 보면서 제 발과 몸의 지지를 받았던 경험을 때때로 기억해 내고 연결되어지는 것은 정말 도움이 되었어요.

안정화(타다사나)가 핵심 요소인 반면, 추가적인 예술 기반 경험과 서술은 세부적인 접근법을 활용할 뿐만 아니라 미래에 내담자를 위한 구체적인 재료로 작용할 수 있는 중요한 기반을 제공한다.

감각 기반 협력적 조절 및 공유된 조절

제4장에서는 표현예술치료에서 상호관계의 필수적인 부분으로 조율의 중요성을 강조했다. 조율이란 내담자의 명시적이고 암묵적인 의사소통에 대해 통찰력(자신이 느끼는 것을 아는 것)과 공감(다른 사람이 느끼는 것을 아는 것)으로 반응하는 치료사의 능력이다. 조율은 내담자의 말을 인식하는 것뿐만 아니라 눈빛으로 보내는 신호, 얼굴 표정, 목소리 톤, 자세, 심지어 호흡 속도에도 주의를 기울이는 것이다. 또한 치료사로서의 생리적 반응을 통해 내담자와 그들의 표현 작업에 유대감을 형성하며, 이를 통해 내담자의 자기 조절을 지원한다. 우리는 뇌의 더 깊숙한 부분인 편도체, 뇌하수체, 대뇌피질의 하부 구

조에서 감정을 지각하기 때문에 조율은 '아래에서 위로의 상향식 접근 방식으로' 작동한다. 치료사와 내담자 사이의 이러한 반응들에 공명하는 치료적 관계는 내담자의 전반적인 기능을 향상시키고 내담자가 스트레스에 대해 조절하는 반응을 발전시키도록 돕는다(Badenoch, 2008; Siegel, 2012).

협력적 조절은 지지, 코칭, 모델링을 제공하는 반응형 상호작용으로 정의되며 조율의 변형된 형태이다. 협력적 조절을 얻기 위해 치료사는 일관성과 민감성을 가지고 내담자가 보내는 신호에 세심한 주의를 기울여야 한다. 또한 이는 치료사와 내담자 사이에서 시간이 지남에 따라 변화하는 사회적 상호작용에 달려 있다. 내면화된 안전감과 마찬가지로, 생애 초기의 양육자와 영아 사이의 건강한 유대감은 평생 동안 자기 조절 능력을 형성하는 데 필수적이라는 사실은 잘 알려져 있다. 수십 년에 걸친 수많은 연구에 따르면 실제 트라우마 이력보다도 타자의 현존이 내담자의 정동 조절을 이끌어내면서 내담자의 상태가 어떤 식으로 개선될지를 예측하는 강력한 요인으로 나타났다. 우울하거나 불안하고, 분노 또는 해리된 상태인 양육자는 자기 조절 능력이 없으며 이러한 능력을 아이에게 전수할 수 없다. 따라서 아동의 자기 조절 능력이 저하되고 스트레스와 트라우마에 대한 취약성이 높아질 수 있다. 특히 발달 트라우마의 병력은 광범위한 패턴의 조절 장애를 초래할 수 있다(van der Kolk, 1996, 2014).

'협력적 조절'이라는 용어는 영아에 대한 양육자의 지원을 설명하기 위한 방법으로서 사용되기 시작했지만, 이제는 전 생애에 걸친 돌봄 관계의 맥락에서 발생하는 조절 지원을 설명하는 데 사용된다. 어떤 의미에서 모든 조절 역학은 협력적 조절의 한 형태인데, 조절은 필요한 감각적 단서와 반응을 제공하는 양육자나 중요한 인물과 같은 타자를 통해 가장 잘 학습되기 때문이다. 표현예술치료에서 예술을 기반으로 한 협력적 조절 상호작용들이 치료사가 내담자의 스트레스 해결을 돕기 시작할 수 있는 핵심이다. 일반적으로 이러한 형태의 협력적 조절은 언어에 덜 의존하며 예술이 갖는 각 표현예술 형식의 특성에 따라 감각적으로 이루어진다. 예를 들어, 미술이나 놀이 기반 경험은 주로 촉각, 시각 및 운동 감각을 통한 상호작용을 강조한다. 음악은 협력적 조절 경험이 될 수 있는 소리, 운율, 발성, 리듬을 기반으로 한 경험을 포함하며, 협업이나 악기 연주가 있을 경우 사회 참여도 상호작용에 해당한다. 심리극, 즉흥 연주, 연기는 역할극, 모델링, 미러링 및 연극적 재연을 통해 협력적 조절을 확립하게 한다.

미술치료 분야에서는 협력적 조절에 대한 접근 방식을 **제3의 손**이라고 한다. Kramer (1986)가 이 용어를 만든 것으로 알려져 있으며, 트라우마로 어려움을 겪는 아동을 대상으로 그 적용을 입증했다. 제3의 손은 치료사가 방해나 가치관 강요 없이 암시, 은유, 또는 다른 기술을 사용하여 내담자의 치료와 자기 표현을 발전시키는 것을 말한다. 또한 미러링과 모델링을 통해 창의적 표현을 지지하고 때로는 내담자의 창조적 과정의 방향 전환을 통해 치료사의 적극적인 참여를 전략적으로 사용하는 것도 포함된다. 나는 제3의 손이 예술 표현에 참여하려는 내담자의 노력에 집중하는 목격자가 되는 것, 그리고 더 중요한 것은 노력하고 있는 내담자를 돕는 개념을 포함한다는 것이다. 이러한 행동은 양육자와 아동 사이의 건강한 협력적 조절 관계를 아동이 평생 동안 고통스러운 사건에 대처하는 데 필요한 자기 조절 기술로 모방하게 한다. 또한 제3의 손이 되어 하는 미술과 놀이치료 개입은 창의적 탐구와 실험을 하는 동안 내담자의 효능감 경험을 지원하는 '충분히 좋은 부모'(Winnicott, 1971)의 개념과도 연관된다.

상호적 자기 조절의 한 형태인 공유된 조절은 집단 표현예술 경험에서 발견된다. 집단 내에서 움직이고, 함께 노래를 부르고, 다른 사람들과 함께 즉흥극이나 연극적 재연에 참여하는 것의 동시적 경험 모두 공유된 조절적 순간들을 자극하는 사회적 경험이다. 특히 음악은 듣는 사람과 참여하는 사람 모두에게 공유된 조절의 경험을 자극한다. 사회 인지와 음악 작업과 연관된 뇌 영역에서 발견되는 신경망은 참여자들이 악기를 연주하면서 함께 음악성이라는 것으로 연결될 때 고도로 활성화된다(Sanger, Müller, & Lindenberger, 2012). 표현예술을 사용하여 공유된 조절을 생성하게 하는 방법은 다양하지만, 참여자들이 다양한 유형의 음악을 들으면서 큰 종이에 줄을 긋고 몸짓으로 그림을 그려지게 하는 것 또한 간단하지만 좋은 방법이다. 나의 경험상 참여자들은 집단환경 내에서 음악에 맞춰 그림을 그릴 때에도 자연스럽게 서로의 리듬을 파악하고 느끼면서, 따라 맞추어 가기 시작한다.

미러링과 동조

말만 하는 것과 달리 표현예술 경험은 협력적 조절 및 공유된 조절의 한 형태로서 뚜렷한 이점이 있는데, 이는 리듬과 동시성이 예술 기반 접근법의 핵심이기 때문이다. 미러링과 동조화는 감각 및 운동 감각 수준의 자기 조절을 지원하는 두 가지 필수 기술이다.

미러링

미러링은 내담자와 치료자 및 상담사 사이의 관계를 확립하고 발전시키기 위해 일반적으로 사용하는 접근 방식이다. 표현예술치료에서는 일반적으로 내담자의 움직임이나 비언어적 의사소통을 체화하거나 반영하는 것으로 설명한다. 미러링의 목표는 자세, 표정, 몸짓의 모방뿐만 아니라 내담자와 치료사 간의 조율도 포함한다. 뇌의 거울 신경 세포는 이러한 조율, 공감(Goleman, 2012) 및 미러링(Gallese, Eagle, & Migone, 2007) 경험의 한 부분으로 알려져 있다. 이 신경 세포는 사람이 어떤 행동을 할 때뿐만 아니라 다른 사람이 같은 동작을 하는 것을 관찰할 때도 활성화되는 특수한 유형의 세포를 말한다. 예를 들어, 누군가가 콘크리트 연석에 발가락을 찧는 것을 보면 그 사람의 고통이나 괴로움이 실제로 어떤 것인지 감지하고 즉시 움찔하거나 동정심에 몸서리를 칠 수 있다. 이는 다른 사람이 경험하는 것을 본능적으로 이해하고 반응하는 능력을 보여 주는 한 예이다. 거울 신경 세포 및 신경생물학의 관련 양상에 대한 연구는 대인관계 신경생물학의 더 큰 영역에도 영향을 미쳤다. 이러한 특정 뇌 세포의 메커니즘이 완전히 이해되지는 않았지만, 미러링 및 조율 관계 측면에서 전문가들을 돕는 데 의미가 있다.

미러링은 거의 모든 표현예술치료 접근 방식에 공통적으로 적용되지만, '표현'의 운동감각적 수준과 대인관계적 측면 때문에 특히 무용이나 움직임과 관련이 있다. 예를 들어, 트라우마 생존자를 포함한 표현예술치료 집단 회기는 종종 모든 사람이 리듬에 맞춰 하늘을 향해 손을 뻗었다가 땅으로 내리는 순서의 동작이나 간단한 스트레칭으로 시작한다. 치료사는 참여자들이 단순히 호흡과 신체 경험에 주의를 기울이고, 자신이 편안함을 느끼는 만큼만 움직임의 크기를 조절하도록 요청한다. 아직 몸을 움직이는 것이 익숙하지 않거나 단체로 움직이는 것이 부담스러운 사람들의 경우, "저를 따라 해 보세요."라고 권유하여 모든 사람이 자신만의 동작을 만들어 내기보다는 따라 하는 것만으로도 편안함을 느낄 수 있도록 단순하게 진행한다. 이 과정을 촉진하는 과정에서 나는 집단과 개인의 에너지를 관찰한다. 예를 들어, 에너지 수준이 높은지, 차분한지, 무기력한지, 아니면 중립적인지 확인한다. 집단의 성격에 따라, 참여자들은 결국 자신의 스트레칭 동작을 보여 줄 수 있도록 초대될 수 있고, 다른 참여자들은 그 동작을 반복하게 된다. 목표는 구성원들이 자기 조절하는 방식으로 움직이게 하고, 결국에는 움직임을 통해 서로 조화를 이루도록 하는 것이다. 트라우마에 민감한 요가는 특정 동작을 포함하는 또 다른 선택(제7장)으로, 치료사와 참여자 사이의 호흡과 관계 역동이 자기 조절 경험으로서의 조율을 강조한다. 움직임 형태의 미러링의 전반적인 목표는 참여자가 추가적인 자기 조절 경험을 위한 기초로서 안전한 방식으로 자신의 신체를 경험하도록 돕는 것이다.

애착과 협력적 자기 조절을 위해 노력하는 부모와 자녀로 이루어진 내담자들에게 가장 먼저 설명하는 것 중 하나는 함께 낙서를 하는 단순한 운동 감각 또는 감각 활동을 통한 미러링이다. 부모와 자녀 모두 펠트 마커나 크레용을 선택하고 각자 큰 종이에 낙서를 할 수 있는 기회를 갖게 된다. 아이가 첫 그림의 리더가 되어 종이에 펜으로 낙서하는 동안 부모는 펜으로 자녀가 그린 선을 동시에 따라 그린다. 때로는 역할을 바꾸어 부모가 낙서의 리더가 되고 자녀가 부모의 낙서를 따라가거나 경우에 따라서는 치료사가 리더가 되거나 따라가는 사람이 되기도 한다. 이 활동에는 대인관계 목표가 있을 수 있지만, 참여자들이 비언어적 방식으로 서로를 따라 하고, 상대방의 행동과 감각적, 비언어적 단서에 조율하도록 하며, 부모가 자녀에게 반응하는 방법을 개발하도록 이끌기도 한다. 자녀와 함께 이러한 경험을 하도록 부모를 지도할 때, 부모가 자녀의 활동에 참여할 수 있도록 준비시키는 것이 중요하다. 예를 들어, 어머니에게 아이와 눈을 맞추고, 차분한 목소리와 말투로 함께 종이에 크레파스를 가지고 함께 게임을 할 것이라고 말하도록 한다. 또한 어머니가 아이의 팔이나 등 위쪽을 가볍게 만지거나 식탁에서 의자를 최대한 가깝게 놓는 등 아이와 일종의 신체적 접촉을 하도록 제안할 수도 있다. 부모와 자녀 중 한 명에게 낙서하기의 리더가 되어 달라고 부탁하고 치료사가 따라 그리거나 그 반대로 할 수도 있다. 다음은 간단한 예시이다.

- **사례 예시**: Lee Ann

22세 어머니 Lee Ann과 그녀의 6세 아들 Jared는 수년간 대인 간 폭력을 겪은 피해 생존자였다. Lee Ann은 그녀의 원가족으로부터 그리고 Jared의 아버지와 결혼하기 전의 배우자들에게도 신체적 학대를 당했다. Lee Ann은 처음에는 Jared가 종이에 낙서한 것을 따라 그리는 모습에 열광했지만, Jared가 자신의 낙서를 따라가지 못하고 선을 넘어가자 바로 좌절하고 화를 냈다. 그녀는 Jared가 일부러 이런 행동을 했고, 그녀가 활동의 규칙이라고 믿었던 것에 대한 Jared의 반응이 '적대적이고 도전적'(이전에 Jared를 평가한 학교 심리학자에게서 배운 표현)이라고 느꼈다. 이 경우, 나는 Lee Ann이 Jared의 낙서가 그녀를 향한 공격성의 표시가 아니라, 트라우마 스트레스로 인한 어려움을 겪고 있는 어린아이의 제한된 발달적 운동 능력을 반영한다는 것을 이해시키기 위해 경험을 다시 설명해 주었다. 나는 그 순간에 대해 트라우마를 이해하는 관점으로 전환하여 Jared의 낙서가 어떤 면에서 '낙서를 추격하면서 그녀의 선과 접촉하기 위한 긍정적인 행동'일 수 있음을 말해 주었다. 나는 Lee Ann이 Jared를 향해 "우리의 선이 닿을 때 정말 행복했어. 그림에서 너의 선들이 내 선들에 닿았을 때 내 선들이 행복해했어."라고 말할 수 있다고 강조했다.

종이 위에서 나누는 이 간단한 미술 기반 대화의 전반적인 목표는 촉각, 시각 및 운동 감각을 통해 긍정적인 관계를 강화하기 위해서는 조율뿐만 아니라 미러링을 통해 부모 또는 양육자가 자녀와 협력적 조절 반응을 시작할 수 있는 능력을 향상시키는 것이다. 신체적 학대와 수년간의 고통을 경험한 젊은 엄마로서 Lee Ann은 Jared가 자신의 원가족에서 겪었던 폭력과 혼란을 떠올리게 하는 방식으로 반응하자 당연히 화가 났을 것이다. 이러한 경우, 부모와 자녀 모두에게 미러링을 포함한 감각 기반 활동들로부터, 평생에 걸친 자기 조절 기반에 기여하는 협력적 조절의 형태인 긍정적 애착을 지지받을 수 있다.

예술 활동을 통해 미러링을 활용하는 유사한 또 다른 접근법으로 '종이 위의 양방향 대화'를 도입할 수 있다. 이 대화는 여러 가지 방식으로 진행될 수 있지만, 가장 일반적으로 두 사람이 동시에 종이에 그림을 그리며, 서로의 문양 만들기(mark-marking)에 비언어적으로 응답하도록 요청한다. 이는 서로의 그림을 따라 그리거나, 같은 종이 위에 함께 그리는 활동이 될 수 있다. 나는 종종 이 접근법을 부모와 자녀, 또는 커플에게 소개하여 짝을 이루어 '대화'를 나누게 한다. 공동 낙서 그림과 마찬가지로, 추가적인 지도나 제3의 손 개입이 필요할 수 있으니 준비해야 한다.

동조

리드미컬하면서 동시에 따라 맞추어 움직이게 하는 '동기화'라고도 불리우는 동조는 자기 조절, 협력적 조절, 그리고 공유된 조절을 돕는 또 다른 표현예술 접근 방식이다. 동조는 하나의 경험에서의 리듬이 다른 경험의 리듬과 일치할 때 발생한다. 예를 들어, 아기들은 자궁 내에서 엄마의 심장 박동을 들으면서 처음으로 리듬을 경험한다. 아기를 달래는 자연스러운 방법은 안정적인 심박수에 맞춰 아기를 흔들거나, 안아 주거나, 토닥이는 것이다. 표현예술치료에서 치료사의 목소리와 감각적 경험을 통해 심장 박동, 운동 및 뇌활동이 동기화된 리듬에 맞춰져 안정 시 심박수(분당 60~80회)와 일치하거나, 속도를 늦추거나, 속도를 높여 개인에게 활력을 불어넣는다.

Perry(Perry & Szalavitz, 2006)는 우리 삶에서 리듬이 지닌 엄청난 중요성을 강조하면서 리 몸이 삶의 가장 기본적인 리듬인 심장 박동을 생성하지 못하면 생존할 수 없다고 강조한다. 그는 "예를 들어, 우리의 심박수는 싸움이나 도피를 위해 필요할 때 증가해야 하고, 다양한 요구에 맞서 리드미컬한 맥박을 유지해야 한다. 스트레스 상황에서 심박수를 절하고 스트레스 호르몬을 통제하는 것은 뇌가 정확한 시간을 유지해야 하는 두 가지 중요한 과제이다."라고 말한다(p. 142). 이러한 필수적인 리듬에 변화가 생기면, 감정과 신체 반응에만 영향을 미치는 것이 아니라, 다른 사람과의 관계에도 영향을 미치며, 동조가 불가피하게 중단되기 때문에 긍정적 애착을 개발하고 유지하는 데 스트레스를 준다.

앞에서 설명한 미러링과 관련된 집단 운동 경험에는 동조의 요소가 포함되어 있으며, 이는 진행자가 집단 구성원들의 움직임을 동기화시켜 자기 조절을 돕는 역할을 할 수 있다. 다른 예술 기반 접근법에도 동조의 요소가 포함될 수 있지만, 리듬이 핵심이기 때문에 주로 음악과 소리가 사용된다. 음악적 동조는 개인의 고유한 템포와 다른 속도로 음악적 리듬을 제공하는 과정을 의미한다(Shultis & Gallagher, 2016). 개인의 리듬, 예를 들어 호흡이나 심박수는 음악에 자동적이고 무의식적으로 맞춰 조정된다. 또한 생리적 및 심리적 이완을 촉진하기 위해 음악 보조 이완(music-assisted relaxation: MAR)과 같은 구체적인 접근법도 있다(Gardstrom & Sorel, 2016). 이 접근법은 특정 음악에 대한 경험이 측정 가능한 진정 효과를 가져와 동요를 감소시킨다는 점을 강조한다. 음악 치료 분야에서 MAR은 종종 점진적 근육 이완(신체 전체의 근육 긴장 및 이완)이나 자율적 이완(심박수, 호흡 또는 체온에 수동적으로 집중하는 방법)과 결합된다. 또한 Moore(2013)는 음악 감상과 노래 부르기가 단순히 동조를 유도하는 것뿐만 아니라, 활성화된 기억에서 벗어나도록 도와준다는 점을 관찰했다. 이와 유사하게, 치료사의 목소리도 템포와 리듬을 통해 동조를 촉진하여 자기 조절을 도울 수 있다.

음악은 청각적 신호로서 동조 기능을 하여, 차분함이나 에너지를 증진시키는 데 사용할 수 있다. 과활성화와 해리 상태는 개인이 내적으로 '박자를 유지하는' 방식에 영향을 미친다. 이를 해결하는 한 가지 방법은 개인의 필요에 따라 스마트폰 또는 기타 디바이스용 음악 재생 목록을 함께 만드는 것이다. 예를 들어, Tanya는 해리와 철수 경향이 있기 때문에 그녀의 '멍 때리기'가 안정감을 줄 뿐만 아니라 활력과 긍정적인 기분을 느낄 수 있도록 돕는 음악 재생 목록을 만들었다. 반면, 공황을 겪는 Marian은 안정 시 심장 박동수와 비슷한 리듬을 가진 부드러운 기악 음악이 포함된 목록이 도움이 되었다. Tanya와 Marian 두 사람 모두에게 음악이 감정적 반응과 과거의 기억을 가장 빠르게 자극하는 예술 형태이기 때문에, 그들의 개인적이고 문화적인 음악 경험을 이해하는 것도 중요했다. 개인마다 음악에 대한 특정한 경험을 가지고 있기 때문에 동조를 위해 음악에 대한 선호도, 음악에 대한 기억 그리고 어떤 음량이 진정 효과를 주고 불안을 일으키지 않는지 등을 알아보는 것이 가장 좋다.

양방향 동작

내가 정기적으로 모든 연령대의 사람들에게 사용하는 예술 기반 접근법에는 다양한 형태의 양방향 움직임이 포함된다. 간단히 말해서 이는 춤이나 움직임, 또는 그림 그리기에서 신체의 양쪽을 사용하는 것을 의미한다. 안전과 관련하여 언급했던 감각 통합 개념(제5장 참조)은 종종 양방향 움직임과 연관되며, 특정 감각을 조직하는 데 도움을 주는 작업 치료 기법으로 활용된다. 심리적 트라우마로부터 회복하는 과정에서 다양한 형태의 양방향 자극이나 움직임은 뇌의 좌우 반구 활동에 효과적이며, EMDR(Shapiro, 2018) 및 이와 유사한 방법에 대한 연구가 점점 더 늘어나고 있다. 양방향 표현예술 접근법의 효과에 대한 확실한 증거는 없지만, 그것이 비슷한 이유로 효과적일 수 있으며(Malchiodi, 2003, 2012a), EMDR과 같은 접근법에 보완적이거나 '부가적 가치'가 될 수 있다고 추측했다(Urhausen, 2015).

나는 수십 년간 나의 표현예술치료 회기에서 양손으로 동시에 그리는 방법을 사용해 왔다. 사실 나는 미술 수업에서 드로잉이나 페인팅을 시작하기 전, 긴장을 푸는 방법으로 이 방법을 배웠다. Florence Cane(1951)은 종이에 그리는 몸짓의 자유 형식, 운동 감각적 특성과 경험의 구체화된 특성 사이에 중요한 연결 고리가 있음을 관찰한 초기 예술가이자 교육자 중 한 명이다. 20세기 중반에 Cane은 아동과 성인을 대상으로 한 작업에서, 손을 사용하는 것 이상의 움직임을 통해 개인의 자연스러운 리듬에 신체 전체를 참여시키는 것이 중요하다는 가설을 세웠다. 그녀는 이러한 경험을 '해방 운동'이라 부르며, 이미지를 만드는 데 필요한 준비 과정이라고 보았다. 특히 그녀는 어깨, 팔꿈치 또는 손목에서 나오는 큰 원호를 그리는 동작이 신체와 마음의 건강한 리듬을 도와주는 회복 능력이 있다는 것을 관찰했다. Cane은 사람들에게 이러한 리드미컬한 동작을 공중에서 연습한 후, 나중에 이를 그리기 재료를 사용하여 종이에 옮기도록 권장했다. 양방향 동작 드로잉 기법(McNamee, 2003, 2004)은 현재로서는 표준화된 프로토콜이나 증거 기반 연구가 존재하지 않지만, 트라우마 중심 중재에서 자기 조절의 한 형태로 EMDR과 함께 사용되었다.

Elbrecht(2018)는 지난 수십 년 동안 양손 그림 그리기의 적용을 광범위하게 탐구했으며, 트라우마 해결을 위한 감각운동 미술치료 접근법이자 유도된 그림 그리기로 정의했다([그림 6-2] 참조). 이 방법은 심리학자이자 융 학파 심층 분석가인 Mary Hippius가 Elbrecht에게 전수했다. Elbrecht는 이 방법을 Peter Levine(2015)의 SE(Somatic Experiencing®), Bessel van der Kolk(2014)의 신체 기반 접근법 그리고 Pat Ogden의 감각

운동 심리치료(Sensorimotor Psychotherapy; Ogden & Fisher, 2015) 개념과 통합하여 21세기에 맞게 발전시켰다. 그녀는 이 접근법이 마음챙김 치료에서 발견되는 감각인식과 개념을 포함한다고 강조한다. 이 방법은 신체의 감각 기반 경험과 SE(Levine, 2015) 및 감각운동 심리치료(Ogden & Fisher, 2015)에 초점을 맞출 때 유용하기 때문에 다음 장에서 더 자세히 설명된다.

양손 그리기는 특히 안정화 기법으로 유용한데, 이는 대부분 사람에게 능동적이고 전반적으로 위협적이지 않은 경험이기 때문이다. 트라우마 반응을 다룰 때, 특히 쉽게 과활성화되거나 얼어붙는 반응에 취약한 사람들에게 유용하다. 이러한 내담자는 불안을 줄이고 갇힌 느낌, 철수, 해리감을 감소시키기 위해 움직임과 관련된 경험이 필요하다. 양손을 사용해 종이에 자국을 만들거나 동작을 취하면, 몸에서 느껴지는 고통스러운 감각에서 벗어나, 다른 방향으로 주의를 돌리고 행동 지향적이며 자기 주도적인 초점으로 집중하게 할 수 있다. 이는 큰 근육의 움직임이 Cane이 관찰한 바와 같이 자기 진정 효과로 개인의 내적 리듬을 변화시키기 시작한다.

[그림 6-2] 가이드 드로잉에 참여 중인 참가자

Cathy A. Malchiodi 컬렉션에서(저자의 허가 없이 복제할 수 없음)

그러나 Elbrecht(2018)는 일부 트라우마를 겪은 내담자들이 양방향 운동을 사용하는 데 겪을 수 있는 복잡성에 대한 통찰력을 우리에게 제공한다. 이러한 내담자들은 초기에는 하향식 접근(인지에서 감각으로)을 통해 내부 지지를 구축하고, 심리치료 관계에서 신뢰를 형성할 필요가 있을 수 있다. Elbrecht에 따르면, 이들은 "일대기적인 또는 상징적인 사건의 이미지를 창조하거나, 콜라주를 만들거나, 조각을 만드는 것"이 더 나을 수 있다. 그 이유는 그들이 치료 회기에서 겪는 경험과 더 잘 맞아떨어지며, 자원을 구축하는 것이 종종 필요하기 때문이다(p. xxi). 예를 들어, 나는 Tanya와의 초기 회기에서 양방향 작업을 도입하기 전에 하향식 접근법을 사용했다. 특히 환경적 유발요인에 대한 잦은 해리와 심한 불안의 정동을 번갈아 보이는 Tanya의 과민한 반응 때문이었다. 특히 그녀는 위험에 대해 과도하게 경계하기 때문에 초기 회기에서 그녀를 많이 움직이게 하는 것이 불가능했다. 나는 초기 회기의 대부분을 내가 시설에서 아동들에게 제공하고 있던 활동(미니어처로 모래놀이 즐기기, 미술 활동을 하는 동안 제3자의 손 보조를 통해 나를 신뢰하는 법 배우기, 부드러운 운율로 내가 동화책 읽는 것을 듣기, 친숙한 운율과 노래를 부르도록 참여시키기)을 활용해 Tanya가 공동 조절 작업에 참여하도록 유도하는 데 집중했다. 간단히 말해, Tanya와 나는 더 행동지향적인 경험으로 나아가기 전에 예측 가능한 일상과 안정된 관계를 구축하기 위해 시간을 함께 보낼 필요가 있었다.

양방향 움직임의 개념을 도입할 수 있게 되었을 때, 나는 먼저 Tanya에게 공중에서 몸짓을 하면서 마치 보이지 않는 큰 종이에 그림을 그리는 것처럼 상상해 보라고 요청했다. 그런 다음, 그녀에게 그 움직임과 흔적을 큰 종이에 초크와 유화 초크파스텔로 옮기도록 했다([그림 6-3] 참조). 특히 일반적인 갈색 포장지(크라프트지)는 크기와 내구성이 좋고, 흰색이나 밝은 색의 초크파스텔을 사용할 수 있다는 장점이 있다. 이 단순한 미술 활동은 Tanya가 각 회기를 시작할 때 편안함을 느끼고 자기 조절을 할 수 있는 경험으로 자리 잡았다. 우리는 이 방법에 몇 가지 변형을 시도해 보았는데, 그중 하나는 '좋아하는 색'과 '싫어하는 색'을 사용하여 큰 종이 위에서 시각적인 대화를 나누는 것이었다. 다른 회기에서는 '활기찬' '화난' '슬픈' '차분한'과 같은 감정과 몸 상태를 표현하도록 장난스럽게 제안하기도 했고, Tanya에게 양손에 초크파스텔을 쥐고 각 감정에 대한 자신의 느낌을 빠르게 스케치해 보라고 요청했다. 만약 그녀가 막힌 느낌을 느낄 때면, 손과 손목, 어깨 그리고 온몸을 움직이며 공중에서 단순하게 그림을 그리는 방식으로 바꿀 수 있었다. 나는 그녀와 함께 음악을 우리의 상호 몸짓의 기준으로 삼아 그녀의 움직임을 따라 하고 함께 움직였다. 이 예시는 내가 Tanya와 함께 어떻게 양방향 작업을 구성했는지를 보여 주고 있다. 나는 공중에서 또는 종이에 그림을 그리는 형태인 일종의 양방향 동작으로 대부분 회기를 시작했으며, 이는 예술 제작, 동작, 음악 참여, 놀이 또는 극적 연기와 같은 내담자의 다른 창의적인 표현을 위해 긴장을 풀 수 있도록 돕기 위해서이다.

내가 Tanya를 만났던 시설 환경에서는 양손으로 그리기 위한 중요한 도구인 검은색 칠판 페인트로 칠해진 긴 책상이 없었다. 이 책상은 색색의 초크파스텔로 그림을 그릴 수 있는 표면을 제공해 준다. 이 아이디어는 나의 동료이자 EMDR 전문가, 미술치료사인 Elizabeth Warson이 소개해 준 것으로, 그녀는 이를 청소년과 성인을 대상으로 한 작업의 중심적인 부분으로 사용하고 있다(personal communication, 2017. 11. 2.). 이 책상은 누구나 간단히 낙서를 할 수 있는 매력적인 공간을 제공하는데, 영구적인 흔적을 남길 걱정 없이 칠판 지우개나 천으로 쉽게 지울 수 있기 때문이다. Tanya와 같은 사람들에게 양손으로 그리기를 유도하기 위해, 나는 탁자의 한쪽 끝에 서서 표면에 초크파스텔로 특정 동작을 시범 보일 수 있다. 그러면 상대방이 나를 보며 이를 미러링을 할 수 있다. 이는 또한 동조의 한 형태가 될 수 있는데, 내가 상대방의 속도와 능력에 맞춰 선의 속도와 다양성을 조절하기 때문이다. 또한 탁자 다리는 안쪽으로 접을 수 있어 벽에 기대어 세

[그림 6-3] **제스처와 움직임을 갈색 종이에 옮긴 작업**

Cathy A. Malchiodi 컬렉션에서(저자의 허가 없이 복제할 수 없음)

운 채로 벽화처럼 서서 그림을 그릴 수 있다. 이 자세는 Cane이 원래 양손의 자유로운 움직임을 위한 '해방'으로 구상한 것과 유사하다.

이완 및 마음챙김 작업

기분 전환

이완 기법은 모든 연령대의 사람들이 자기 조절을 돕기 위해 사용하는 인기 있는 기법으로, 특히 외상 후 과활성화를 경험하는 사람들에게 효과적이다. 점진적 근육 이완이나 스트레스 예방 훈련(Meichenbaum, 2004)과 같은 다양한 효과적인 이완 기법들이 존재한다. 외상 전문가들은 불편한 생리적 반응을 줄이는 데 도움이 되는 여러 가지 구체적인 기법도 개발했다. 예를 들어, Levine(2015)은 불안하거나 두려울 때 몸을 '진정시키는 데' 도움이 되는 일련의 간단한 자세를 제안한다. 이러한 자세는 머리, 심장 그리고 복부에 손을 놓는 방법과 리드미컬한 호흡을 포함한다.

'4개의 B'[브레이크(brake), 호흡(breathe), 뇌(brain) 및 신체(body)]는 내가 작업치료사로부터 배운 비교적 일반적인 기술들로, 이들은 감각 통합을 다루기 위해 어떤 방식으로든 이완을 유도하는 방법을 사용한다. 이 체계적인 진정 기법들은 아동과 성인 모두 자기 조절을 하고 자기 통제감을 되찾는 데 도움을 줄 수 있다. 이러한 기법들은 주로 동작 기반이고 신체지향적이며, 이 접근법 속에서 나는 종종 내담자에게 "경험에 대한 느낌(신체 감각)이 무엇인지 색, 선, 모양 또는 문양 만들기를 통해 나에게 보여 주세요."라고 요청한다. 그런 다음 이 그림은 각 연습을 상기시키고 자원으로 활용될 수 있는 시각적인 도구로 작용한다. 각각의 운동은 개인이 자신의 신체에서 일어나는 일을 인지하고, 주의를 다른 곳으로 돌리고, 자신을 배려하고 온화하게 보살피는 관계를 촉진하도록 돕기 위해 고안되었다. 내담자와 함께 이러한 연습을 모델링하고 수행함으로써 조율, 미러링 및 동조를 활용하는 것이 중요하다.

1. **브레이크**. 개인이 통제 불능 상태에 빠지거나 불안, 공포, 심지어는 극심한 두려움을 느낄 때, 자동차의 속도를 늦추기 위해 '브레이크'를 밟는 것처럼 스스로를 진정시키는 방법을 배우는 것이 중요하다. Rothschild(2000)는 이 과정을 '브레이크를 밟는다.'라는 표현으로 설명하며, 이는 과도한 각성 상태를 관리 가능한 수준으로 유지하는 데 도움이 되는 중요한 방법이라고 말한다. 감각 통합 관점에서 '브레이크

를 밟는 것'은 과도한 에너지를 줄이고 근육 긴장을 완화하는 데 도움이 된다. 이를 위해서는 양 손바닥을 가슴 앞에서 5~10초간 맞대고 지긋이 누르는 간단한 동작이 효과적이다. 많은 사람이 이 동작을 여러 번 반복해야 팔과 어깨의 근육을 제대로 사용할 수 있게 된다.

2. **호흡하기**. 다음 장에서 더 자세히 다룰 마음챙김 수련과 유사하게, 올바르게 호흡하는 법을 배우는 것은 몸의 감각을 되찾고 평온함을 회복하며, 신체를 안정시키고 지탱하는 데 도움이 된다. 대부분의 사람들은 배 위에 두 손을 올리거나 한 손은 배에, 다른 한 손은 가슴에 올리는 방식으로 올바른 호흡을 시작할 수 있다. 때로는 손가락으로 호흡 차트를 따라가며 숨을 쉬는 방법도 유용하다. 이 방법은 사람들이 오각별, 8자 모양, 또는 정사각형(네 변)을 따라 숨을 들이쉬고 내쉬도록 안내해 준다(부록 4 참조). 특히 불안이 극심한 사람들에게 이 차트는 호흡을 위한 시각적 닻이 될 수 있다.
3. **뇌**. 경각심과 평온함을 동시에 느끼도록 하기 위해, 나는 참여자들에게 양손을 머리 위에 올리고 가볍게 누르도록 요청한다. 이는 몸을 진정시키는 동시에 뇌를 활성화하는 효과가 있다. 특히 회기 중에 해리되거나 위축되는 내담자에게 부드럽게 현재의 순간으로 돌아오게 하는 데 유용하다.
4. **몸**. 자기 조절과 안전감이 밀접하게 연관되어 있기 때문에 팔을 몸 앞에서 교차하며 가볍게 껴안는 '자기 포옹'이 일부 내담자들에게 도움이 될 수 있다. 팔과 어깨를 압박하는 느낌은 신체 인식을 높일 뿐만 아니라, 안전감, 평온함, 집중력을 증가시키는 데도 도움이 된다(이는 과도한 각성과 해리 모두에 효과적이다). 아동의 경우, 부드러운 장난감을 함께 껴안는 것도 도움이 된다. Levine(2015)은 신체가 모든 감각과 감정을 담고 있는 '그릇'이라고 설명하며, 신체가 감정을 느끼는 것이 중요하다고 강조한다. 즉, 사람들이 자신의 몸이라는 그릇을 실제로 느낄 수 있게 되면, 어떤 과도한 활성화도 덜 압도적으로 느껴지게 된다고 한다. 많은 사람이 자기 위안을 느끼고 진정하는 또 다른 방법으로는, 왼손을 머리에, 오른손을 심장 부위에 얹고, 에너지나 온도 변화의 감각에 집중하면서 손 사이의 에너지 흐름을 관찰하는 것이 있다(Levine, 2010).

마음챙김

마음챙김은 이제 많은 문화권에서 오랜 전통을 지닌 잘 알려진 수행법으로, 일반적으로 제2장에서 소개된 모델 중 침묵의 경험을 포함한다. 역사적으로 이 방법은 영적인 명상에 뿌리를 두고 있으며, 현재의 세속적인 심리치료적 적용과는 상당히 다르다. 반면에 신경과학과 심리학에서는 마음챙김을 뇌와 신체를 자율적으로 조절하고, 신체적, 감정적, 인지적 자기 관리를 증진시키며, 이완 반응을 유도하고 스트레스 반응을 감소시킬 수 있는 방법으로 보고 있다(Kabat-Zinn, 2013). 마음챙김의 다양한 이점으로는 혈압 감소, 염증 감소, 호흡 속도 저하 그리고 면역 체계 반응 증가 등이 있다. 또한 기억력, 주의력, 감정 조절 및 기타 기능과 관련된 뇌의 회백질을 증가시키는 것으로 나타났다(Hölzel et al., 2011). Rothschild(2010)는 마음챙김을 트라우마 회복을 위한 하나의 전략으로 추천하는데, 이는 마음챙김이 스트레스와 평온함 둘 다를 만드는 원인으로서 신체 감각, 감정 그리고 생각을 더 잘 인식하는 데 도움이 되기 때문이다. 또한 마음챙김은 감정, 생각, 신체 감각을 인정하고 판단하지 않고 받아들이면서 지금 여기, 현재의 순간에 주의를 집중하는 표현예술적 접근법과 점점 더 많이 결합되고 있다(Rappaport, 2015).

마음챙김이 다양한 형태의 심리치료에서 널리 적용되고 있지만, 트라우마를 겪은 많은 내담자들에게 이를 도입하는 데는 어려움이 있다(Treleaven, 2018). '지금 여기'에 집중하는 것이 과거에 대한 생각이나 미래에 대한 걱정으로 인한 과도한 각성을 줄이는 데 도움이 될 수 있지만, 어떤 형태의 마음챙김은 오히려 각성을 증가시킬 수 있다. 몇 년 전, 스트레스 감소를 위한 보완 및 대체 접근법을 다루는 사회복지 수업 중 마음챙김 활동을 하다가 내가 직접 경험한 조절 실패 사례가 있다. 강사는 참여자들에게 눈을 감고 두 발을 바닥에 고정한 채 바른 자세를 유지하라는 표준 절차를 소개했다. 이 정도의 요청은 나에게 무해하다고 판단했기에 그대로 따랐다. 그러나 강사가 깊고 규칙적인 호흡을 시작하고 마음을 비우라고 말하자마자, 나의 가슴에 불편한 변화가 느껴지기 시작했다. 곧바로 공포심이 엄습했고, 나는 갑자기 눈을 크게 뜨고 의자에 몸을 앞으로 쭈그리고 앉았다. 강사는 나의 반응을 눈치챘지만 프로토콜을 중단하지 않았고, 나의 명백한 불편함에 대해 언급하지도 않았다. 나는 억지로 계속 활동을 이어 갔고, 쉬는 시간이 되자마자 교실 밖으로 달려 나가 심각한 조절 장애를 일으킨 원인으로부터 벗어나려 했다. 그리고 왜 마음챙김을 통해 약속된 평화와 고요를 얻지 못했는지 의문이 들었다.

나의 반응이 너무 극적이었기 때문에 나는 내 공황의 원인과 그것을 촉발시킨 것이 무엇인지 더 깊이 이해하기 위해 심리치료사와 여러 차례 상담을 진행하며 경험을 되짚어 보았다. 우리가 알아낸 바에 따르면, 깊은 호흡을 하는 동안 한 내담자가 어린 시절 가족에게 인질로 잡혀 반복적으로 구타 당한 경험을 고백했던 상담 회기의 이미지들이 떠올랐다는 것과 이어서 연상되는 것은 내가 어린 시절에 겪었던 사건이었다. 나는 사촌이 삼촌에게 벨트로 맞는 소리를 들으면서도 옆방에서 침묵을 강요당했던 기억이 떠올랐다. 이 두 가지 기억(내담자의 고백과 사촌의 구타를 막지 못했던 나의 무력감)은 서로 연결되어 있었고, 해결되지 않은 사촌의 학대받았던 기억이 마음챙김 호흡 과정에서 다시 떠오른 것 같았다. 이 연결을 인식하고 나의 트라우마적 기억을 다룬 후, 나는 더 이상 공황이나 불안한 이미지 없이 강사가 제시한 형태의 마음챙김 작업을 할 수 있었다. 또한, 트라우마를 겪은 내담자에게 추가적인 지원 없이 갑자기 마음챙김을 요구하는 것이 그들을 극도로 불안하게 만들거나 심지어 강렬한 트라우마 상태로 다시 빠져들게 할 수 있다는 것도 깨달았다.

Linehan(2014)은 변증법적 행동치료(DBT)에서 마음챙김 작업을 소개할 때, 호흡이나 내면에 집중할 때 발생하는 신체 감각에 잘 반응하지 않는 사람들에게는 기준점(닻, 앵커)이 필요하다고 설명했다. 일부 호흡법은 복부의 오르내림이나 목과 가슴에서 느껴지는 호흡 감각을 따라가도록 안내하는데, 이는 여전히 많은 트라우마 경험자에게 중립적인 경험으로 작용하지 않으며, Linehan이 언급한 필요한 중심, 기준점을 제공하지 못한다. 이 문제를 해결하고 자기 조절 수행으로서의 마음챙김을 강화하기 위해, 경험에 기준점을 통합하면 신경계를 지원하면서 조절 장애를 줄일 수 있다. 일부 사람들은 발이 바닥에 닿는 감각이나 무게감 있는 인형이나 물체를 손에 쥐고 있는 것만으로도 중심을 잡고 기준점을 느낄 수 있다. 그러나 기준점을 더 감각적이고 실제로 만들면, 많은 내담자가 주의가 산만해졌을 때 다시 그 기준점 또는 안전한 지점으로 돌아가기 쉬워진다.

'호흡 그리기'는 알아차림, 자기 조절 그리고 안정화를 목적으로 마음챙김과 예술 활동을 결합한 일반적인 활동이다. 처음에 나는 참여자들에게 짧은 시간 동안 눈을 뜨거나 감고 리드미컬한 호흡과 이완을 시도해 보도록 권유하고, 느리고 깊은 호흡이 몸 안팎으로 어떻게 움직이는지, 친절하고 비판적인 자각으로 관찰해 보도록 요청한다. 만약 이 짧은 활동이 어렵게 느껴진다면, 다음 단계로 넘어가 감각에 기반한 그림 그리기를 시도해 볼 수 있다. 나는 내담자들에게 호흡이 몸 안팎으로 오가는 움직임을 단순히 큰 종이 위에 '표시'하는 방법으로, 초크 파스텔이나 소프트 오일 파스텔 같은 재료를 사용해 그림을 그리도록 한다([그림 6-4 참조]). 일부 참여자들에게는 시계 방향과 반시계 방향의 원이나 활 모양과 같은 특정한 리듬 모양 형태를 제안하는 것이 도움이 된다. 이는 이전 회기에서 설명한 양손 그림 그리기와 유사한 양방향 작업 활동을 포함할 수 있다. 또 다른 방법으로는 전혀 그림을 그리지 않고 단순히 한쪽 또는 양쪽 팔을 천천히 위아래로,

[그림 6-4] '호흡'을 그리는 작업

오른쪽에서 왼쪽으로 그리고 시계 방향과 반시계 방향으로 넓은 원을 그리며 반복적으로 움직이는 방법이 있다. 어떤 감각적 경험을 호흡의 기준점(닻, 앵커)으로 사용하든, 그 목표는 자기 조절을 돕기 위해 리드미컬하게 호흡하면서 중립적이거나 긍정적인 방식으로 몸을 느끼고, 움직이도록 지시하는 것이다.

많은 문헌과 연구에서 성인을 대상으로 한 마음챙김에 중점을 두고 있지만, 최근에는 아동과 청소년에게도 이를 적용하여 자기 조절 능력을 향상시키고 스트레스 반응을 줄이며 전반적인 심리적 웰빙을 증진할 수 있다는 연구가 점점 더 많이 보도되고 있다(Huppert & Johnson, 2010). 마음챙김은 트라우마를 겪은 아이들의 자기 조절에 중요한 역할을 할 수 있고, 안전을 지지하는 기준점(닻, 앵커)을 발달시킬 수 있다. 마음챙김 작업에서 시각적 은유와 상징을 포함하는 것이 주요 전략 중 하나이다. 예를 들어, 몸을 이완시키기 위한 심호흡 방법을 배우는 동안 아동들에게 '구름으로 호흡하는 것'을 상상해 보라고 할 수 있다. Willard(2010)는 이와 같은 이완, 상상력 및 마음챙김 인식을 위해 다음과 같은 변형된 방법을 제안한다. "구름 하나를 골라 보세요. 작은 구름부터 시작하는 것이 좋습니다. 그 구름에 집중하고 그 구름에 숨을 쉬어 보세요. 숨을 쉴 때마다 구름의 모양이 변하거나 작아지거나 커지는 것을 지켜보세요. 그러다 마음이 이리저리 떠돌아 다니면, 다시 구름에 주의를 기울이도록 해 보세요. 구름이 서서히 사라질 때까지 구름을 지켜보고 호흡하면서 구름에 집중해 보세요."(p. 36)

Willard가 제안한 이미지화 기법은 효과적이지만, 일부 아이들에게는 감각 기반의 실제적인 경험을 도입하는 것이 훨씬 더 효과적일 수 있다. 구름의 은유를 닻으로 사용할 때, 나는 아동들에게 작은 카드지에 붙인 솜, 부드러운 양모, 혹은 인조 모피로 자신만의 촉감 구름을 만들도록 권한다. 우리는 호흡 연습이나 시각화에 들어가기 전에 이 '구름' 들이 어떤 느낌인지 알아차리고, 이러한 감각이 우리 몸의 어느 부위에서 느껴지는지 설명하는 데 시간을 보낸다. 또 다른 효과적인 방법은 '마음챙김 병'을 만드는 것이다. 마음챙김 병은 물과 반짝이로 채워진 유리병으로 아이와 함께 만든다. 병을 흔들면, 아이에게 (또는 어른에게도) 불안정한 마음이 어떤 모습인지 시각적으로 보여 줄 수 있다. ('불안한 마음'의 내용물이 실수로 새는 것을 방지하기 위해 뚜껑을 잘 고정시킨다.) 병 속의 반짝이는 내용물이 가라앉는 것을 지켜보면서 깊게 숨을 쉬면, 마음과 몸이 차분해진다. 아이들은 마음챙김 병 속 반짝이가 결국 가라앉듯이, 자신들도 차츰 동요가 줄어들면서 마음이 진정될 수 있다는 것을 배운다. 간단히 말하자면, 마음챙김 병은 단순히 기준점의 역할을 하는 물건일 뿐만 아니라, 시각적 형태로 동조 현상을 제공하고, 흥분(불안)과 궁극적인 평온에 대해 쉽게 이해할 수 있는 예시가 된다.

정동 조절

나는 이 장에서 설명한 여러 방법을 사용하여 나 자신의 스트레스를 해소하고, 자기 조절 경험을 제공하여, 나의 몸을 진정시키곤 한다. 특히 나는 이러한 접근법으로 감정 조절을 지원하고, 더 긍정적인 기분을 유도하는 데 활용해 왔다. 암묵적인 기억을 통해 기분을 '더 좋게' 만들고 스트레스를 덜 받는 몇 가지 아주 간단한 방법이 있다. 예를 들어, 내 사무실에는 내가 좋아하는 카페 드 몽드(Du Monde)에서 구매한 커피 머그잔이 있다. 카페 드 몽드는 맛있는 커피와 베네(설탕이 뿌려진 튀긴 페이스트리)를 제공하는 뉴올리언스의 명소이다. 그 머그잔에 커피 한 잔을 마실 때마다 나는 봄 같은 날씨, 보슬보슬 내리는 비, 베네의 향 그리고 그날 아침 카페에 있던 좋은 친구들을 떠올리곤 한다. 내 마음속에서 나는 프렌치 쿼터의 상점들, 오픈마켓 그리고 마차들이 길을 따라 내려가는 모습이 그려지고, 내 몸은 즉각적으로 편안하고 행복해진다. 현재 내가 직면한 어떤 어려움이 있더라도, 나는 기분을 긍정적으로 바꾸기 위해 불러일으킬 수 있는 많은 감각적 기억 중 하나를 활용한다. 이 머그잔을 보거나 상상하는 것만으로도 그리고 그와 연관된 풍경, 소리, 냄새, 맛을 떠올리는 것만으로도 내 몸 전체에 기쁨이 퍼지는 것을 느낄 수 있다. 다시 말해, 이는 스트레스를 받거나 긴장 상태에 있을 때 더 즐거운 감각에 집중할 수 있도록 돕는 하나의 자원이다.

어떤 사람들에게는 자신을 진정시키고 마음을 안정시키는 긍정적인 감각 기억을 떠올리는 것이 쉬울 수 있지만, 대부분 트라우마를 겪은 사람들에게는 그렇게 간단하지 않다. 트라우마는 몸에 각인되어 신체 조절 능력을 무너뜨릴 뿐만 아니라, 즐거운 시간을 회상하거나 기쁨을 경험하는 데 필요한 상상력을 잃게 만드는 경우가 많다. 수십 년 동안 발달성 트라우마를 겪은 아동들을 만나면서 반복되는 외상성 스트레스, 내면화된 수치심과 죄책감 그리고 양육자와의 불안한 애착이 어떻게 이 아동들의 기쁨과 즐거움을 느끼는 능력을 빼앗는지 보았다. 긍정적인 기억을 되찾는 것은 모든 자기 조절의 핵심 요소이지만, 여러 차례의 트라우마 경험이나 발달성 트라우마, 혹은 반복적인 대인 폭력에 노출된 사람들에게는 이것이 상당히 어려운 과제일 수 있지만 불가능한 일은 아니다. 하지만 말로 하는 치료와 많은 신체 기반 접근법들은 표현예술에 비해 트라우마 스트레스의 영향을 줄이는 데 한계가 있다. 제1장에서 설명한 바와 같이, 표현예술은 '살아 있다'는 주관적인 느낌을 경험하는 데 도움이 되기 때문에 기분을 고양시킬 수 있다. 활력, 기쁨, 연결감을 가지고 삶을 살아간다는 감각은 내면의 긍정감을 뒷받침하고 지원하는 핵심 요소이다.

신경과학은 예술 활동이 긍정적인 감각을 증가시키고 기분이 좋아지는 이유에 대해 새로운 설명을 제시하고 있다. 예를 들어, 신경과학 연구자 Kelly Lambert(2010)는 손으로 의미 있는 물건을 만드는 것만으로도 기분을 변화시킬 수 있다고 설명한다. 이는 손으로 하는 작업이 실제로 불안과 우울을 완화하기 때문이다. Lambert는 특히 '측핵-선조체-피질 네트워크'를 연구했는데, 이 네트워크는 뇌에서 움직임, 감정, 사고를 연결하며 기분 장애와 관련된 증상의 원인이 될 수 있는 시스템이다. 이 네트워크의 구성 요소는 느린 반응(측핵), 쾌락 상실감(선조체), 부정적 감정(변연계)과 관련이 있으며, Lambert는 이를 '노력 기반 보상 시스템'으로 정의한다. 이 노력 기반 보상 회로가 잘 활성화되면, 개인이 감정적 도전에 맞설 수 있게 되어 우울증과 불안을 어느 정도 완화할 수 있는 것으로 본다. Lambert는 뜨개질이나 정원 가꾸기와 같은 반복적인 활동을 노력 기반 보상 활동으로 언급하지만, 기쁨을 주는 물건을 손으로 직접 만드는 모든 종류의 활동도 유사한 효과를 낼 수 있다고 말한다.

표현예술은 몰입감 있고 다소 도전적인 활동에 참여하면서 창조적인 '몰입 상태'(Csikszentmihalyi, 2014)를 경험하게 되어 우울증과 불안을 완화할 수 있다. 몰입 상태는 일반적으로 '영역 내에 있다.' 또는 '리듬을 타다.'와 같은 표현으로 설명된다. 몰입은 특정 활동에 완전히 집중하거나 몰두할 때 발생하며, 이 과정에서 과도한 긴장이나 스트레스가 줄어든다. 몰입은 종종 자연스러운 마음챙김의 한 형태로 여겨지지만, 실제로는 다른 상태이다. 그럼에도 불구하고 마음챙김과 마찬가지로, 몰입은 내면의 고요함을 경험하게 하여 행복한 감각을 유도하는 경우가 많다.

점점 더 많은 연구를 통해 특정 조건에서 긍정적인 감정과 전반적인 행복을 증가시키는 다양한 표현예술 접근법에 관한 데이터를 제공하고 있다. 음악치료는 긍정적인 기분을 지원하고 감정을 조절하기 위해 음악과 소리를 적용해 온 오랜 역사를 가지고 있다(Ghetti & Whitehead-Pleaux, 2015; Pelletier, 2004; Schafer, Sedlmeier, Städtler, & Huron, 2013). 무용과 움직임을 통한 치료 또한 자기 조절을 지원하고 스트레스를 줄이는 데 효과적으로 사용되고 있으며(Brauninger, 2012), 요가를 포함한 여러 신체 기반의 움직임 중심 접근법도 마찬가지이다(Woodyard, 2011). 이와 유사하게, 특정 예술 창작 활동은 적어도 단기적으로 '기분 회복'을 가능하게 한다는 연구 결과도 있다. Dalebroux, Goldstein, 그리고 Winner(2008)는 예술 표현을 단기적인 기분 회복의 한 형태로 평가하기 위해 연구를 수행했다. 참가자들은 부정적인 기분을 유도하는 영화를 본 후, 세 가지 과제 중 하나를 수행했다. (1) 현재의 기분을 표현하는 그림 그리기(환기 배출), (2) 행복한 무언가를 묘사하는 그림 그리기(긍정적 감정), (3) 특정 기호를 찾는 과제(주의 분산 제어)였다. 여기서 가장 크게 나타난 기분 개선은 행복한 무언가를 묘사하는 그림을 그린 후에 발생했는데, 이는 감정을 재조정하거나 카타르시스의 형태로 작용했기 때문일 수 있다. 이와 유사하게, Drake와 Hodge(2015)는 그림 그리기와 글쓰기 활동을 비교한 결과, 그림 그리기가 기분 회복에 있어 글쓰기보다 더 효과적임을 발견했으며, 두 활동 모두 감정 배출보다는 그리기라는 활동을 통한 주의 분산을 주의 분산을 통해 기분을 개선한다고 밝혔다. 마지막으로, Diliberto-Macaluso와 Stubblefield(2015)는 화나는 기분 이후 '행복한' 주제를 정하여 그림을 그리는 것이 감정 상태에 긍정적인 영향을 미친다는 연구를 수행했다. 이러한 연구 결과는, 예술 창작이 부정적인 마음 상태보다 긍정적인 방향으로 창의적 표현을 민감하게 재조정함으로써 기분을 조절하는 데 도움이 될 수 있음을 시사한다.

저널링은 모든 연령대의 트라우마 생존자들이 긍정적인 기분을 지원하기 위해 소개할 수 있는 비교적 간단한 방법이다. 비주얼 저널(Visual Journal, 예술가의 저널이나 그림 일기라고도 불린다.)은 무선 페이지로 구성된 책에 그림이나 콜라주와 같은 이미지와 글을 자유롭게 조합하여 기록하는 것이다. 시각적인 저널링이 감정 해소와 통찰을 위한 방법으로 효과적이라는 경험적 증거가 있지만, 최근 연구에 따르면 스트레스 감소와 자기 조절을 포함한 생리학적 효과도 있을 수 있다는 결과가 나오고 있다. Mercer, Warson, 그리고 Zhao(2010)의 연구는 불안 수준과 부정적인 정동의 감소를 보여 주고 있다. 성인을 대상으로 한 다른 연구들도 정기적인 시각적 저널링 작업이 면역 기능과 코르티솔 감소와 같은 생리적 결과를 가져온다는 것을 지지하고 있다(Warson, 2013; Warson & Lorance, 2013).

표현적인 글쓰기는 스트레스를 줄이고 행복감을 높이는 방법이기 때문에, 몇 개의 단어, 구 또는 문장으로 구성된 글쓰기도 이 과정에서 중요한 역할을 할 수 있다. Pennebaker와 Chung(2011)에 따르면, 모든 연구에서 표현적 글쓰기가 긍정적인 기분을 증가시키는 것은 아니지만, 감정적인 주제에 대해 글을 쓰는 것이 고통을 줄이는 데 상당히 도움이 된다는 것을 관찰했다. 그들은 신체적 움직임으로 트라우마를 표현한 학생 집단과 움직임 후에 트라우마에 대해 글을 쓴 학생 집단을 비교한 연구에서 후자의 그룹이 신체 건강과 학업 성적에서 유의미한 개선을 보였다고 언급한다. 이를 통해 트라우마의 신체적/감각적 표현(움직임)만으로는 충분하지 않으며, 인지적(언어적) 표현이 병행되어야 개선에 효과를 볼 수 있는 것을 시사한다. 저널링을 통한 규칙적인 시각적 표현이 단기적으로 긍정적인 기분을 증가시키고 스트레스를 줄일 수 있지만, 여기에 글쓰기를 추가하면 장기적으로 더 많은 이점을 얻을 수 있을 것으로 보인다.

◇◇◇◇◇

조절 연습으로 표현예술 적용

두 가지 사례는 자기 조절을 위한 표현예술의 다양한 적용과 전략을 보여 준다. 첫 번째 사례는 급성 트라우마를 겪은 아이와 부모를 다루며, 개인 및 두 사람 간의 조절 전략의 역할을 설명한다. 두 번째 사례는 재난 구호와 관련된 집단 환경에서 자기 조절이 어떻게 도입될 수 있는지를 강조한다.

아동 및 부모의 극심한 트라우마에 대한 조절로서 표현예술 적용

병원과 진료소에서 주로 만나게 되는 소아 환자들은 사고를 겪고 단기적인 트라우마 스트레스 반응을 보이는 경우가 많다. 이와 더불어, 자녀에게 일어난 일로 인해 감정적으로 불안정해진 부모들도 종종 만나게 되는데, 이들에게 자기 조절 기술이 필요한 경우가 많다. 대부분의 경우, 보호자와 아이 모두 병원이나 외래 진료소를 떠난 후에도 실천할 수 있는 협력적 조절 접근법을 배우면 도움이 될 수 있다. 다음 예시는 아이와 부모가 간단한 자기 조절 기술을 통해 어떻게 효과를 볼 수 있는지 뿐만 아니라, 부모를 위해 가정에서도 협력적 조절 능력을 향상시킬 수 있도록 예술과 놀이 활동에 대한 심리 교육이 왜 중요한지에 대해 강조한다.

사례 예시. Caroline과 Marie

8세 Caroline과 그녀의 어머니 Marie는 교통사고로 인한 급성 트라우마를 겪었고, 이 사고로 Caroline은 골절과 찰과상을 입어 몇 주 동안 병원에 입원해야 했다. 운전하던 Marie는 응급실에서 치료를 받은 경미한 찰과상 외에는 큰 부상을 입지 않았다. 사고는 다른 운전자가 휴대폰으로 문자 메시지를 보내며 도로에서 눈을 돌린 것이 원인이었다. 사고가 발생한 곳이 시골 지역이어서 가장 가까운 병원까지 10마일 떨어져 있었고, 이로 인해 어머니와 아이 모두 의료 도움을 받기까지의 과정이 두려운 경험이었다.

내가 처음 Caroline과 Marie를 만난 곳은 병원이었고, 그때 Caroline은 입원 중이었다. Caroline은 부상의 특성과 의료 치료로 인해 베개에 기대어 몸을 고정한 채로 머리의 움직임을 제한하는 '페일로(머리를 특정 위치에 고정하는 데 사용되는 장치)'라는 장치에 부분적으로 묶여 있어야 했다. 처음 만났을 때 Caroline은 이러한 구속 상태와 자유롭게 움직일 수 없는 것 때문에 명백히 불편해 보였다. Caroline은 의사와 간호사들이 자신을 회복시키기 위해 노력하고 있다는 것을 이해하면서도 여러 의료 절차에 대한 두려움을 느끼고 있었다. 병원에서의 첫 만남에서, 나는 여러 의료 절차와 구속장치가 그녀의 고통을 더욱 가중시키고 있다는 것을 금방 깨달았다. Caroline은 불만을 제기하거나 도움을 요청하기보다는 조용히 지내고 눈에 띄게 위축된 채 자신의 상황에 대응했다. Marie는 사고와 입원 이전에도 그녀의 딸이 '내성적'이고, 다른 어른들, 심지어 Marie에게도 도움을 요청하지 않는 경향이 있었다고 전했다. 나는 비정상적이고 두려운 상황에 대처하기 위해 말을 하지 않는 Caroline을 존중했다. 대신 그녀가 장난감과 소품을 사용해 자신의 생각과 감정을 표현할 수 있도록 도왔고, 직접적으로 자신의 감정이나 경험에 대해 언어화하도록 강요하지 않았다. Marie에게 Caroline이 스트레스를 받을 때 어떻게 감정을 표현하는지 물었을 때, 그녀는 Caroline이 자주 집요하게 같은 생각을 반복하며 방에 틀어박혀 혼자 고민하곤 했으며, 자신의 감정을 어머니에게 이야기하지 않았다고 전했다.

Caroline이 입원한 첫 주 동안, 나는 두 차례에 걸쳐 Marie를 따로 만날 기회가 있었다. 그녀는 눈에 띄게 불안해 보였고, 종종 공황 상태에 빠지며 사고 이후로 잠을 제대로 자지 못하고 거의 매일 울었다고 털어놓았다. 부분적으로는 Caroline이 입원하게 되어 화가 났지만, 자신이 이번 일에 어느 정도 책임이 있다고 느낀다고 고백했다. 그녀는 "내가 조금만 더 주의 깊게 봤더라면 그 차를 피할 수 있었을 거예요. Caroline이 목숨을 잃을 수도 있었어요."라는 말을 반복했다. Marie는 사건으로 인한 스트레스로 인해 반복적으로 부정적인 생각을 하며, 이로 인해 과민 반응이 더욱 심해지고 있었다. 그녀는 몇 년 전 Caroline의 아버지와 이혼한 뒤, 유일한 부모로서 Caroline을 홀로 돌봐야 하는 책임을 지고 있으며, 딸이 회복하는 동안 일을 할 수 없게 되면서 발생한 경제적인 문제에도 어려움을 겪고 있다고 설명했다.

Caroline과 같은 입원 아동들을 대상으로 하는 표현예술치료의 주요 목표는 스트레스와 좌절감을 줄이고, 평온함과 통제감을 높일 수 있는 방법을 제공하는 것이다(Malchiodi, 2015a). Caroline의 심리사회적 요구를 다루는 데 여러 문제가 있었지만, Marie 또한 자가 위안을 얻고 스트레스를 줄일 수 있는 지원이 분명히 필요했다. 나는 Caroline과 Marie가 퇴원 후 집에서 함께 실천할 수 있는 자기효능감 및 협력적 조절 전략을 배울 수 있도록 돕고 싶었다.

Caroline이 확진된 환자로서 특별한 상황에 있었기 때문에, 처음에는 그녀에게 화가 났을 때 스스로를 진정시킬 수 있는 아동 친화적인 호흡 방법을 가르쳤다. 우리는 아동을 위한 요가 및 마음챙김 전략이 포함된 다채로운 카드 세트인 요가 프레펠스(Guber, 2005)에서 "잠자는 곰처럼" "뱀처럼 쉿 하는 소리" "사자처럼 포효하는" 호흡을 연습했다. 또 다른 활동으로는 비눗방울을 불거나 긴 숨을 내쉬며 움직일 수 있는 바람개비를 직접 만들기도 했다(Porges, 2010). Caroline은 스트레스를 받으면, 움츠러드는(얼어붙는) 경향이 있었기 때문에, 병상침대라는 공간의 제약 속에서 그녀가 최대한 움직일 수 있는 방법도 고안해냈다. 최근에 영화 〈오즈의 마법사〉를 본 Caroline은 캐릭터를 활용해 '양철 나무꾼처럼 근육을 꽉, 꽉, 꽉 조이기'와 '허수아비처럼 근육을 풀어 주기'라는 방식으로 점진적 근육 이완을 연습했다. 가능하다면 아동들에게 익숙한 책이나 미디어를 활용하는 것도 유익하다. 이는 호흡, 움직임 또는 창의적인 이완 전략의 잠재적인 출처가 될 뿐만 아니라, 어린 환자들에게 더 의미 있게 다가갈 수 있기 때문이다.

Marie와 시간을 가졌을 때, 나는 Caroline에게 제시한 각각의 활동에 대해 설명해 주었고, 대부분의 환자 부모들에게 하듯이 Marie에게도 회기에 참여해 보자고 권했다. Marie는 내가 Caroline과 함께하는 활동과 그 이유에 대해 진심으로 알고 싶어 했다. 그래서 나는 협력적 조절에 대해 설명하며, Caroline이 퇴원한 후에도 나와 함께 연습한 것을 계속하는 것이 왜 도움이 되는지 이야기해 주었다. 물론 나는 Marie 또한 스스로를 진정시키고 감정을 조절하는 데 도움이 될 수 있고, 둘 모두에게 긍정적인 효과를 줄 수 있다고 생각했다.

Caroline이 여전히 많은 시간을 침대에 머물러야 했기 때문에, 음악을 듣거나 그림을 그리는 것이 이 시점에서는 거의 유일한 선택지였다. 나는 Caroline과 Marie에게 스스

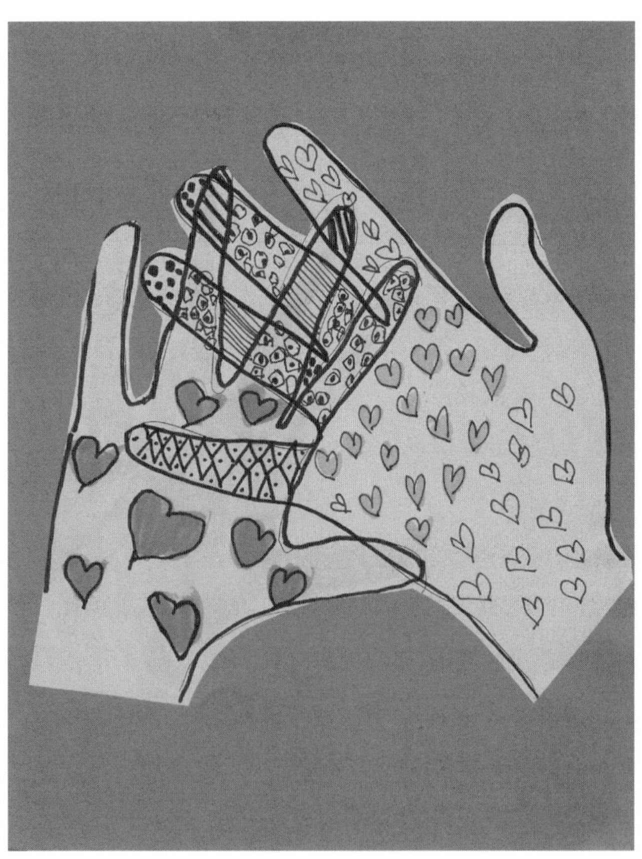

[그림 6-5] Caroline과 Marie가 그린 손그림

Cathy A. Malchodi 컬렉션에서(저자의 허가없이 복제할 수 없음)

로 위안을 주는 노래 재생목록을 만들어 보자고 제안했다. 이런 재생목록을 만드는 것이 항상 가능한 것은 아니지만, 다행히도 이 병원은 소아과 병동의 모든 아이들에게 디지털 태블릿을 제공하고 있었다. Marie와 Caroline이 나의 도움을 받아 함께 만든 재생목록은 부모와 자녀가 표현예술과 놀이 활동에 참여할 때 차분함과 집중을 유지할 수 있도록 돕는 음악적 기준점(닻, 앵커)이 되었다. 또한 나는 부모와 자녀가 함께할 수 있는 간단한 그림 활동을 소개했다. 이 활동은 펠트 마커를 사용해 부모와 자녀의 손을 한 장의 종이에 겹쳐서 따라 그린 후, 그 선과 모양을 원하는 방식으로 채워 나가는 것이다. 이 활동을 덜 부담스럽게 하기 위해, 나는 다양한 낙서 디자인을 포함한 '커닝 페이퍼'를 제공하여

[그림 6-6] 진저브레드에 담긴 생각들

Cathy A. Malchodi 컬렉션에서(저자의 허가없이 복제할 수 없음)

아이와 부모가 아이디어를 얻을 수 있도록 했다. 이 간단한 활동의 목표는 편안한 낙서를 통해 협력적 조절 경험을 제공하는 것뿐만 아니라, 겹쳐진 손을 통해 연결성을 상징적으로 표현하는 것이다. 활동을 진행하는 동안, 나는 Marie에게 침대에서 어린이들과 함께 하는 표현예술치료에서 사용하는 그림 도구들에 대해 교육할 시간을 가졌고, 그녀가 회기 사이에 Caroline과 자신 있게 이 도구들을 사용할 수 있도록 도왔다.

Marie의 침습적인 생각들과 Caroline의 과도한 각성을 줄이기 위해, 나는 '생각 잡기' 라는 개념을 표현예술로 변형한 방법을 소개했다(Seligman, 2007). 이 과정을 Caroline과 그녀의 어머니에게 맞춰 진저브레드 사람 모형을 활용해([그림 6-6] 참조), 그들이 손을 뻗어 '걱정하는 생각을 잡아내는 것'을 상상하도록 하고, '잡아낸 걱정이 몸의 어디에 있고 그것이 어떻게 생겼는지'를 표시, 색과 모양 그리고 선으로 보여 달라고 요청했다. Marie가 부정적인 감정과 스트레스 반응을 유발하는 생각을 파악하는 것은 비교적 쉬웠고, 그녀는 곧바로 부정적인 생각과 그것이 자신의 행복에 미치는 영향을 이해했다. 이 활동은 다른 목적에도 사용할 수 있지만, 스트레스를 유발하기 전에 부정적인 생각을 '포착'할 수 있을 뿐만 아니라, 사람들이 자신의 몸에서 스트레스를 느끼는 부분을 이해하도록 돕는 방법 중 하나이다(제7장 참조). Caroline이 자신의 감정을 Marie에게 전달하는 방법을 배우는 것이 중요했기 때문에, Marie는 퇴원 후에 Caroline을 '체크하는' 전략으로 이 방법을 사용하기 시작했다. 또한 Marie는 자신의 조절되지 않는 감각과 생각을 구별하는 과정을 계속하기 위해 이 전략을 사용했으며, 자신의 자기 조절이 Caroline과의 건강한 협력적 조절을 지원하는 데 얼마나 중요한지 깨닫게 되었다.

재해 후 가족과의 자기 조절

자연재해나 인재를 겪은 생존자들을 만나는 것은 여러 면에서 어려운 과제이다. 사건과 상황에 따라 각기 다른 특성을 지니고 있기 때문에, 각종 대규모 재난에 대한 반응도 복잡하고 다양하다. 예를 들어, 2013년 코네티컷 뉴타운에서 발생한 초등학교 어린이들과 교직원들에 대한 총격 사건에 대응했던 전문가들은 매우 비극적인 상황에 직면했다(Loumeau-May et al., 2015). 토네이도, 허리케인, 쓰나미, 홍수, 지진과 같은 재난에서는 생존자들이 재산과 소지품은 물론 전체 지역사회와 그 자원(병원, 학교, 사업체, 예배 장소 또는 교회)을 잃게 된다. 이들은 어린 시절부터 살아온 지역사회에서의 삶을 재건하고 재정립하는 장기적인 과정에 직면하게 된다.

2001년 9월 11일 미국에서 발생한 테러 공격의 결과로, 우리는 재난 구호에 대해 많은 것을 배웠다. 특히 피해를 입은 사람들이 자신들의 구호 노력에 참여하는 것이 회복과 회복탄력성의 중요한 원천으로 인식되고 있다.

상담과 심리치료는 일반적으로 재난 직후의 심리적 응급 처치에 포함되지 않는다. 그러나 대부분의 경우, 아동, 성인, 그리고 가족들은 자기 조절, 협력적 조절, 특히 공유된 조절 경험이 필요하다. 다시 말해, 많은 사람이 사건 이후 며칠 그리고 몇 주 동안 미디어 보도로 인해 지속적으로 트라우마를 재경험하고, 집을 떠나 옷이나 돈 없이 장기간 대피하면서 심리적으로 큰 혼란을 겪게 된다.

자연재해나 인재로부터 살아남은 사람들의 필요 사항을 해결하기 위해 여러 구호 단체에서 수년간 활동한 경험을 통해 나는 다음 몇 가지 원칙이 도움이 된다는 것을 알게 되었다. 이 원칙들은 대규모 트라우마 사건 이후 신체와 마음을 진정시키기 위해 감각 기반의 경험을 활용하며(Malchiodi, 2012d), 적절할 경우 표현예술 전략으로도 조정될 수 있다.

1. **조율**. 조율은 트라우마를 겪은 후에 사용하는 중요한 실제 연습이다. 감정에 깊이 파고 드는 것보다 조율을 확립하는 것이 훨씬 더 효과적이다. 이 치료에는 간단한 도움의 몸짓("가족을 찾는 것을 도와드릴까요?" "혹시 필요하신 게 있을 때 곁에 있어도 될까요?"), 눈을 마주치며 주의를 기울이고 확인하기 그리고 집중된 관심과 확인의 표현(고개를 끄덕이거나 다른 신체적 신호)이 포함된다. 만약 신체 접촉이 필요하다면, 가장 안전한 접촉 부위는 악수나 팔 아래쪽에 가벼운 터치를 통해 이루어지는 것이 좋다. 이 부위들은 다른 사람의 접촉에 대해 경계심이 가장 적게 나타나는 부위이기 때문이다. 어떤 경우든, 비록 개인이나 집단이 당신의 행동에 즉각 반응하지 않더라도, 나중에 당신의 반응을 인지하고 기억하며 고마워하고 감사하게 여길 것이다.
2. **감각적 안전**. 심리적 트라우마는 많은 생존자에게 공포, 혼란, 그리고 걱정에 대한 '느낌'을 유발하며, 이는 엄격히 인지적인 경험이 아닌 신체적인 감각이다. 편안한 음식, 장난감이나 포근한 담요, 그리고 물 한 잔은 감각을 통해 몸의 과도한 반응, 예를 들어, 빠른 호흡이나 심박수를 늦추는 데 도움을 준다. 이러한 이유로, 재난 이후의 최초 대응자로서 치료견은 생존자와의 상호작용을 통해 생존자의 스트레스 반응을 빠르게 감소시킬 수 있기 때문에 훈련된 동물 보조 치료전문가와 함께 응급 구조에 널리 사용되고 있다.
3. **지금-여기에 초점을 맞춘다**. 생존자들은 일어난 일에 대해 두려움, 분노, 불안을 느

끼지만, 지금 이 순간에 그들이 안전하다는 것을 인지시키는 것이 중요하다. 여전히 추가적인 고통의 가능성이 있더라도, 개인이 '지금 여기' 있도록 돕는 것이 과각성의 완화를 위한 첫걸음이 된다. 예를 들어, 도움을 주는 전문가는 "지금 몸과 마음을 쉬게 하기 위해 무엇을 할 수 있나요?"라고 질문할 수 있다.

4. **연결**. 재난의 영향을 받은 지역사회 내에서 생존자들이 다른 사람들과 연결되는 것은 매우 중요하다. 이 연결은 다른 사람들과 주고받는 사회적 지원을 포함할 수 있으며, 일부 개인에게는 다른 사람들을 위로하는 데 적극적으로 참여하는 것을 의미할 수 있다. 다시 말해, 생존자들이 자기효능감을 강화할 수 있는 방식으로 다른 사람들과 연결될 수 있는 기회를 제공하는 것은 스트레스를 줄이고 자기 조절을 향상시키는 데 도움이 된다. 치유 중심의 참여 개념을(제2장) 지원하는 것은 매우 중요하며, 이는 실제 구호 활동에 공동체 구성원들을 참여시킴으로써 지원이 공동체 내에서 이루어지도록 하는 것을 강조한다.
5. **문화적 감수성**. 트라우마 기반 치료는 모든 사람에게 똑같이 적용될 수 없음을 강조한다. 여기에는 도움을 제공할 때 문화적 선호도를 파악하고 존중하는 것이 포함된다. 트라우마 기반 치료는 특히 재난 구호에 중요하다. 지역사회마다 트라우마와 상실의 시기에 위로와 회복이 될 수 있는 예술 기반의 치유 관습 등 특정한 치유 관행이 존재하기 때문이다.

재난 후의 공유된 조절

몇 년 전, 미국 남부 지역에서 치명적인 토네이도가 발생해 40명 이상의 사망자가 발생했다. 폭풍은 아침에 시작되어 하루 종일 이어졌으며, 강한 바람과 함께 수백 채의 집을 파괴하는 토네이도를 동반했다. 이 과정에서 여러 시골 마을이 큰 피해를 입었으며, 여러 차례 토네이도가 간헐적으로 발생하여 많은 사상자가 발생했고, 많은 주택과 사업체가 심각한 손상을 입었으며, 특히 기초나 지하실이 없는 이동식 주택들이 광범위하게 피해를 입었다. 폭풍이 이 마을들로 접근하면서 재산이 수마일 떨어진 곳까지 날아갔고, 일부 개인 소유물은 100마일 이상 떨어진 곳에서 거의 손상되지 않은 상태로 발견되기도 했다. 사건 당시 한 학교에서는 학생들을 하교시키던 중이었으나, 많은 학생이 학교를 떠날 수 없었고, 그 학교는 토네이도에 의해 파괴되었다. 다행히도 모든 학생이 큰 부상 없이 생존했지만, 이 지역의 다른 주민들은 그만큼 운이 좋지 않았다. 많은 주민이 개인 재산을 잃고, 일부는 가족과 친구를 잃는 등 심각한 피해를 입었다.

대부분 재난 구호 업무와 마찬가지로, 나는 보통 사건 발생 후 첫 2~3주 내에 대피소에 있는 가족들이나 소규모 그룹의 사람들을 만나 달라는 요청을 받는다. 이번 경우에는 폭풍으로 가장 큰 피해를 입은 지역의 한 지역사회 센터에서 위기 개입이 필요한 몇몇 가족들과 만났다. 사건이 발생한 지 2주가 지났기 때문에 초기 충격은 사라졌지만, 아이들과 부모들 모두 불안감과 불면증을 호소하며, 재난과 미래에 대한 막연한 두려움을 표현했다. 그들은 폭풍으로 거의 모든 것을 잃었기 때문에 삶을 재건해야 했다. 그럼에도 불구하고, 이들은 자신들이 '운이 좋았다.'고 말했다. 이는 자신보다 심각한 상황에 놓인, 사랑하는 가족이나 친구를 잃거나 심한 부상을 입은 사람들을 알고 있었기 때문이었다.

기본적인 필요와 자기 돌봄 방법에 관한 질문 외에도, 나는 개인이나 가족들이 과거에 위기, 슬픔, 상실을 극복하는 데 사용했던 '치유 예술'의 종류를 구체적으로 알아보고 싶었다. 제2장에서 설명한 바와 같이, 이러한 치유 예술에는 노래나 음악, 기도, 찬양, 이야기하기, 움직임, 또는 자가 진정을 위한 다양한 방법들이 포함될 수 있다. 이 특정 그룹은 같은 기독교 기반 교회를 다녔기 때문에, 과거에 그들에게 위안을 주었던 기도와 노래를 쉽게 떠올릴 수 있었다. 기도와 노래는 특정 문화와 공동체 내에서 의미를 부여하는 경험일 뿐만 아니라, 참여자들이 자기 조절을 할 수 있도록 도와주는 활동이기도 하다. 예를 들어, 주기도문과 같은 기도는 리드미컬한 반복과 익숙한 구절을 통해 위안을 주고, 자기 진정을 유도한다. 내가 어떤 공동체가 사용하는 특정 기도나 찬양을 알지 못할 때는 그들에게 가르쳐 달라고 요청하며, 함께 따라 부름으로써 자기효능감을 높이고 유대감을 형성할 수 있는 기회를 얻는다. 가족들은 대부분 교회에서 부르던 여러 노래를 알고 있었고, 우리는 함께 그 노래들을 불렀다. 친숙한 노래를 함께 부르는 것은 사람들 간의 연결감과 상호지지를 형성하는 데 중요할 뿐만 아니라, 자연스럽게 더 깊고 온전한 호흡을 유도하여 자기 조절을 촉진하는 효과도 있다. 이는 자기 조절을 회기 안에서 다루는, 간단하지만, 문화적으로 공감을 불러일으키는 방법이다.

다음 회기에서 나는 자기 조절과 유대감을 형성하기 위해 가족과 집단을 대상으로 자주 사용하는 표현예술 활동을 소개했다. 이 활동은 '집단 탱글 두들(Group Tangle Doodle)'이라고 부르며, 참가자들에게 특별한 기술을 요구하지 않는다. '탱글 두들'은 쉽게 구할 수 있는 샤피(Sharpies) 같은 사인펜이나 마커를 사용해 종이에 패턴과 디자인을 그리는 활동이다. 이 활동은 특히 가족들이 즐기는데, 어린이부터 어른까지 모두 쉽게 참여할 수 있기 때문이다. 각 그룹은 큰 흰색 도화지(18″×24″)에 한 명 또는 여러 명이 검은색 펠트

[그림 6-7] '탱글두들링'으로 만들어진 그룹 벽화
Cathy A. Malchiodi 컬렉션에서(저자의 허가 없이 복제할 수 없음)

펜으로 간단한 낙서를 그린다. 이후 그 도화지를 가족 구성원이 나눠 가질 수 있도록 조각낸다. 이후, 각자 자신의 조각에 손 모양을 따라 그리게 하고, 여백이 남으면 어린이들은 추가로 한두 개 이상의 손 모양을 그릴 수 있다. 그런 다음 가족들은 각자의 조각에서 낙서 선이 만들어 낸 공간을 다양한 색상의 펠트 펜으로 '탱글 두들'을 하도록 요청받는다([그림 6-7] 참조). 나는 다양한 패턴을 시도하거나 자신의 패턴을 창의적으로 만들어 낼 수 있도록 인터넷에서 쉽게 구할 수 있는 낙서 예시를 제공한다. 재난 생존자들은 종종 압도되거나 산만해질 수 있기 때문에, 필요할 경우 도움을 주고, 간단한 방법을 보여 주며, 참여를 유도하거나 진행 상황에 대해 격려의 말을 건네는 '제3의 손' 역할을 한다.

일부 집단에서는 낮은 볼륨으로 기악 음악을 틀어 주는 것이 도움이 될 수 있다. 분당 약 70비트 정도의 음악은 안정된 심박수를 모방한 좋은 리듬이다. 집단에 따라서는 '차크라 드럼'이라는 작은 금속 악기로 부드러운 타악기를 연주하기도 하는데, 이 악기는 명상과 이완을 위해 사용되며 그 소리로 인해 진정 효과가 높다. 특정 집단과 함께할 때는, 아이패드를 스테레오 스피커에 연결해 약 20분 정도 지속되는 짧고 부드러운 재생 목록을 틀었다. 이는 대부분 사람들이 이완하기 시작하고, 호흡이 느려지며, 심박수가 감소하는 데 필요한 시간이다. 또한 집단 구성원들에게 서로 말하지 않고 그리기에만 집중해 보라고 요청할 수도 있다. 이러한 활동의 전체적인 목표는 참여자들이 창의적인 흐름과 몰입 상태에 도달할 수 있도록, 낙서를 통해 편안하고 자가 진정의 경험을 하게 하는 것이다. 낙서 활동이 끝나면 퍼즐 조각들을 다시 맞춰서 연결의 시각적 표현을 완성한다. 이 그룹의 가족들은 다른 가족들의 그림을 둘러보며 서로의 창작물을 감상하고 인상을 나누는 '갤러리 산책'을 즐겼다.

이 집단은 몇 차례의 회기로 제한되었기 때문에, 주된 초점은 자기 조절과 안정화에 맞춰졌다. 가족들은 기도와 익숙한 노래와 같은 이미 알고 있던 자가 진정 의식을 포함하여, 스스로 사용할 수 있는 여러 가지 자기 조절 방법을 배웠다. 2년 후, 나는 지역 외래 진료소에서 이 그룹에 속했던 두 가정의 부모님을 다시 만나는 행운을 가졌다. "토네이도 이후에 가졌던 모임에서 가장 기억에 남는 것이 무엇이었나요?"라는 질문에, 그들은 주저 없이 "함께 찬송가를 부른 것"과 "그 큰 낙서를 함께한 것"이라고 답했다. 찬송가는 그 순간에 그들을 단단히 붙들어 줄 뿐만 아니라, '더 높은 힘'과의 의미 있는 연결감을 느끼게 해 주어 희망을 주었다. '큰 낙서'는 가족들이 비록 큰 손실을 겪었지만, 여전히 함께 즐거운 시간을 보낼 수 있다는 사실을 기억하게 해 주었다. '그 낙서를 그리는 동안' 그들은 잠시나마 당시의 스트레스로부터 벗어날 수 있었다.

◇◇◇◇◇

결론

자기 조절은 생애 초기에 최적으로 학습되는 능력으로, 상호작용 조절을 기반으로 구축된다. 여러 가지 이유로 인해, 트라우마를 겪은 사람들은 자기 조절 능력을 상실하게 된다. 초기 트라우마와 애착 형성에 문제가 있는 경우, 이들은 적절한 자기 조절 능력을 발달시키지 못했을 뿐만 아니라, 다른 사람들과 함께 조절하는 데 필요한 사회적 상호작용을 경험하지 못했을 수 있다. 표현예술은 감각 기반의 특성과 관계적 특성을 통해 자기 조절 능력을 향상시키는 독특하고 다층적인 접근법을 제공한다. 안전을 지원하는 것과 함께, 개인이 창의적인 조절 방식을 개발하도록 돕는 것은 트라우마를 다루는 심층 작업을 수행하기 위한 필수적인 토대가 된다. 이 두 가지 요소는 트라우마 회복을 위해 필수적인 다음 영역, 즉 신체의 기억과 고통에 대한 반응을 소개하는 데 중요한 역할을 한다. 이 내용은 다음 장에서 다룬다.

부록 6.1 타다사나 자세 지침

1. 발을 모으고 두 팔은 몸 옆에 자연스럽게 둔다. 발바닥의 앞부분과 아치 부분에 무게를 고르게 분산시킨다. 호흡은 일정하고 리드미컬하게 유지하며, 내면으로 집중을 끌어온다. 현재 순간에 집중하며 모든 걱정과 염려를 내려놓는다.
2. 엄지발가락을 서로 맞닿게 하고(필요시 뒤꿈치는 벌려도 된다.) 발가락을 들어서 서로 벌려 준다. 그런 다음 발가락을 하나씩 바닥에 다시 내려놓는다.
3. 균형 잡는 것이 어려울 경우, 발을 15cm(혹은 더 넓게) 벌리고 선다.
4. 뒤꿈치로 지면을 눌러 다리를 곧게 펴 준다. 발을 단단히 지면에 고정하고, 양발의 네 모서리에 고르게 힘을 준다.
5. 그런 다음 발목과 발의 아치를 들어 올린다. 바깥쪽 종아리를 서로 향하게 하여 조여 준다.
6. 허벅지 윗부분을 위로 그리고 뒤로 당기면서 대퇴사두근을 활성화한다. 허벅지를 약간 안쪽으로 돌려서 엉덩이뼈가 넓어지도록 한다.
7. 꼬리뼈를 살짝 집어넣되, 허리 아래쪽이 둥글게 말리지 않도록 한다. 허벅지 뒤쪽을 들어 올리면서 엉덩이는 긴장하지 않도록 풀어 준다. 엉덩이가 몸의 중심선과 수평을 이루도록 유지한다.
8. 골반을 중립 위치에 두고, 앞쪽 엉덩이뼈가 아래나 위로 기울지 않게 한다. 대신 엉덩이뼈가 정면을 향하게 하며, 복부를 살짝 끌어당긴다.
9. 숨을 들이쉴 때, 몸통을 길게 늘려 준다. 숨을 내쉴 때, 어깨뼈를 머리에서 멀어지게 하여 허리 쪽으로 내린다.
10. 어깨를 몸 옆선과 일직선으로 유지하면서 쇄골을 넓게 펴 준다.
11. 어깨뼈를 등 쪽으로 밀어내되, 서로 붙이지 않도록 한다. 팔은 곧게 펴고, 손가락은 뻗으며, 삼두근에 힘을 준다. 팔 안쪽이 약간 바깥으로 회전하도록 한다.
12. 목을 길게 뻗는다. 귀, 어깨, 엉덩이, 발목이 일직선이 되도록 한다.
13. 호흡을 부드럽고 고르게 유지한다. 숨을 내쉴 때마다 척추가 길어지는 감각을 느낀다. 부드럽게 시선을 앞으로, 수평선 방향으로 둔다. 이 자세를 최대 1분간 유지한다.

제7장

신체 감각을 통한 트라우마 치료

1994년에 출판된 『몸은 기억한다: 트라우마가 남긴 흔적들(The Body Keeps the Score: Memory and the Evolving Psychobiology of Posttraumatic Stress)』(van der Kolk, 1994)이 처음 출판되었을 때, 이는 논란이 많았으며, 많은 전문가와 과학자들에게 외면받았다. 그 결과, 트라우마에 대한 신체 기반 치료법은 오랫동안 인정받지 못했다. 다행히도 현재는 트라우마 경험이 뇌와 마음뿐만 아니라 신체에도 기억되고 저장되고 표현된다는 점에 대해 대부분 동의하고 있다. Van der Kolk와 다른 연구자들은 언어를 주요 접근법으로 보는 기존의 믿음을 변화시켰고, 언어에 의존하지 않는 다양한 치료 전략의 통합을 가능하게 했다. 그 결과, 비언어적이고 신체에 기반한 치료법들이 등장하였고, 여기에는 신체경험치료, Somatic Experiencing®, EMDR, 트라우마 치유요가, 다양한 형태의 뉴로피드백 등과 같은 방법들이 연구지원을 받고 있다.

이러한 입증은 표현예술치료와 신체 사이의 연관성을 직관적으로 인식한 전문가들에게 있어서 언어로만 하는 치료의 사막에 내린 진정한 단비와 같았다. Bessel van der Kolk(1994, 1996)와 Peter Levine(1997)의 초기 연구는 표현예술이 트라우마 치유와 회복에 있어 신체의 역할을 명확히 이해하는 데 중요한 기초가 되었다(Malchiodi, 2019). 그들의 연구비전과 통찰력은 표현예술치료에 있어서 체화가 심리치료 작업에서 중요한 역할을 한다는 인식을 심어 주었다. 제1장에서 논의한 바와 같이, 체화는 우리가 세상을 어떻게 인식하고 경험하는지를 알려 주는 하나의 지능 형태이지만, 서구 문화에서는 널리 교육되거나 강조되지 않았다. 이는 지능의 주된 원천으로 인지에 초점을 맞추는 기존의 개념들과 종종 정면으로 대치된다.

트라우마 기반 표현예술치료는 몸이 트라우마 기억의 원인이 된다는 점을 강조하며, 비언어적이고 신체적으로 표현되는 의사소통의 중요성을 강조한다. 대화치료와는 달리, 표현 예술의 모든 방식은 실제로 "무언가를 하는" 것을 필요로 한다. 이는 트라우마 반응에서 벗어나려는 사람들에게 중요한 전략이 될 수 있다. 표현예술치료의 이러한 행동 중심적인 특성은 회복의 기초를 마련할 뿐만 아니라, 몸이 기억하는 트라우마 사건과의 관계를 능동적으로 변화시킬 수 있게 한다.

앞 장에서 강조했듯이, 트라우마는 종종 내담자의 내적 안전감과 신체적 즐거움을 방해하는 경험이다. 따라서 모든 심리치료의 목표는 내담자가 현재의 순간에 느껴지는 신체 감각을 주의 깊게 관찰하고 인식할 수 있도록 돕는 것이다. 제6장에서는 자기 조절과 트라우마가 신체에 미치는 영향을 다루었으며, 이어지는 장에서는 트라우마 인식 개입에서 신체 감각과 관련된 구체적인 의사소통과 접근법을 중점적으로 살펴본다. 여기에는 내담자가 신체의 트라우마 감각을 인식하도록 돕는 전략뿐만 아니라, 트라우마 기반의 표현 예술 방법들이 신체를 자원으로 활용하는 창의적인 방법이 될 수 있는지에 대한 논의도 포함된다(Levine,1997, 2015). 이번 장의 궁극적인 목표는 신체가 경험하는 트라우마 감각을 치유와 회복으로 이어질 수 있는 신체 상태로 변화시키는 것이다.

◇◇◇◇◇

신체의 트라우마 감각

제1장에서 집에서 반복되는 폭력을 목격한 9살 Sally에 대해 이야기했다. Sally는 치료 회기 동안 매우 반응이 좋고 말이 많았지만, 그녀의 미술 표현은 활발한 모습과는 다른 이야기를 전하는 것 같았고, 또래 아이들의 작품과도 차이가 있었다. 당시 나는 그녀의 그림이 그녀의 몸에 반복적인 스트레스가 미치는 영향과 관련이 있을지 궁금했다. 그러던 중 나는 그녀가 십이지장 궤양을 앓고 있다는 사실을 나중에 알게 되었다. Sally의 그림은 이후 내가 대인관계 폭력을 견딘 다른 아이들을 이해하는 데 중요한 역할을 했으며, 특히 몸이 경험한 트라우마가 어떻게 표현되는지에 대한 내 생각에 큰 영향을 미쳤다. 즉, 회기 중에 실행되는 미술 표현과 놀이가 말로 설명되지 않는 신체의 트라우마 감각을 드러낼 수 있다는 것을 알게 되었다. 다음 예시에서 설명할 내용처럼, 표현예술에 나타나는 이러한 특징은 신체적인 충격에 대한 고통을 전달하는 강력한 통로이다.

사례 예시. Tesha

Tesha는 10살 때 어머니와 두 명의 어린 남동생들과 함께 가정폭력 보호시설에 오게 되었다. 아버지가 Tesha와 가족들을 신체적으로 학대하고 폭력적으로 위협했음에도 불구하고, Tesha는 겉으로는 긍정적인 태도를 유지하려고 애썼다. 제1장에서 언급한 Sally처럼, Tesha도 가족 내에서 돌봄의 역할을 맡았으며, 어린 나이에도 불구하고 엄청난 스트레스를 견디며 동생들과 어머니를 돕기 위해 많은 책임을 짊어졌다. 그러나 Sally와 마찬가지로 Tesha의 어둡고 짙은 검정색의 그림들은 또 다른 이야기를 전달하는 것처럼 보였다([그림 7-1] 참조). 특히 그녀의 그림에는 반복적으로 신체적 고통을 나타내는 듯한 이미지들이 등장해 나에게 깊은 인상을 남겼다. 물론 이는 나의 직관적인 추측에 불과했다. Tesha는 자신의 그림들에 대해 설명하지 않았지만, 점차 나는 그녀가 말하지 못하거나 말하기 두려운 무언가가 있는 것이 아닌가 하는 생각을 하게 되었다. 실제로 Tesha는 상당한 고통을 겪고 있었다. 그녀가 종합적인 건강 검진을 받은 후, 나의 동료들은 그녀가 통증 강도가 매우 강한 군발성 두통과 심각한 가슴 근육 경련을 앓고 있다는 사실을 알게 되었다. Tesha의 그림들이 단순히 이러한 신체적 고통만을 나타낸 것이라고 확신할 수는 없지만, 의료진은 그녀의 몸이 만성적인 폭력 노출로 인한 스트레스에 반응하고 있었을 가능성이 크다고 판단했다.

반면, Tesha의 남동생 Todd는 자신이 겪은 신체적 폭력에 대해 다른 방식으로 반응했다. 일부 동물이 위험에 처했을 때 반응하는 방식과 유사하게, Todd는 종종 얼어붙거나 무너질 것 같은 반응을 보였으며, 미술 및 놀이치료실에서도 거의 움직이지 않았다. 신경생물학적 관점에서 이는 동물이 자신을 보호하기 위한 본능적인 반응이다. 움직이지 않으면 포식자가 감지하지 못하거나, 혹은 죽은 것으로 인식해 피할 수 있기 때문에 이러한 부동 상태는 동물에게 자신을 숨기는 데 도움이 된다. 하지만 야생의 동물들과 달리 Todd는 이러한 부동 상태에서 벗어나지 못하고 오랜 시간 동안 그 상태에 머무르는 경우가 많았다. 결국 나는 Todd가 이러한 '경직되는' 반응에서 벗어날 수 있도록 게임을 하고, 북을 치거나 찰흙놀이를 하면서 그를 움직이도록 유도하고 설득해야 했다.

표현예술과 놀이는 자기 조절의 도구가 될 수 있는 동시에, 감각 기반의 특성 때문에 신체가 자극에 반응하는 방식을 관찰할 수 있는 독특한 창을 제공하기도 한다. Todd는 처음에 미술 및 놀이치료실을 위험한 곳으로 인식했고, 그곳에서 일어나는 낯선 경험들이 그에게 경직되거나 도망치는 반응을 불러일으켰다. 예를 들어, Todd가 모래 상자에서

[그림 7-1] **무지개, Tesha의 반복적인 어두운 이미지 중 한 작품**
Cathy A. Malchiodi의 컬렉션 중(작가의 허가없이 재사용 및 무단복제 금지)

작은 장난감들을 가지고 놀다가 탁자에 기대는 바람에 장난감 몇 개가 바닥에 떨어졌다. 내가 아무 일도 일어나지 않았다고 안심시키기 전에, Todd는 이미 탁자 아래로 몸을 숨기며, 벌이나 꾸중을 피하려 했다. 위험을 인식한 순간이 지나가자 Todd는 또 다른 숨을 곳을 찾아 방 밖으로 뛰쳐나갔다. 심지어 나와 다른 직원들의 가장 따뜻한 관심과 표현조차도 Todd에게는 경직되거나 도망치려는 반응을 불러일으켰다. 신체적 학대와 같은 강렬하고 위협적인 상황을 겪은 Tesha와 다른 생존자들과 마찬가지로, Todd의 몸짓과 움직임은 과거의 트라우마를 기억하고 있는 것처럼 보였으며, 그 사건들이 현재 일어나고 있지 않음에도 불구하고 자신을 보호하려는 반응을 드러냈다.

놀이치료사 Violet Oaklander(2015)는 "트라우마로 인해 정서적으로 불안한 아이들은 자신을 어떤 식으로든 차단하려는 경향이 있으며, 감각을 마비시키고, 신체를 제한하며, 감정을 억제하고, 마음을 닫아 버린다."라고 말했다(p. 6). 이러한 트라우마가 조기에 다뤄지지 않으면, Tesha나 Todd와 같은 아이들은 강렬한 사건들이 남긴 신체적 기억을 끌고 가게 되며, 이는 '직감'이나 신체적 감각으로 잘못된 무언가를 인지하게 할 수 있다.

Tesha는 자신의 고통을 그림으로 표현한 반면, Todd는 이를 몸이 굳는 반응과 그 후 이어지는 도망, 즉 다가오는 위험을 피하려는 행동으로 직접 표현했다.

트라우마 기반 치료에서 신체의 중요성이 완전히 인식되기 수십 년 전, Freud(1920)는 "마음이 잊어버린 것을 신체는 다행히도 잊지 않는다."고 말했다. 많은 트라우마 생존자에게, 신체가 '무슨 일이 일어났는지' 잊지 않는다는 사실은 부정적인 기억이 침투하거나 회피를 경험할 때 신체가 어떻게 반응하는지를 이해하는 데 중요한 단서를 제공한다. 신체는 내담자가 위험하다고 인식한 상황에 어떻게 적응해 왔는지에 대한 암묵적인 이야기를 담고 있다. 이 이야기는 신체를 통해서만 전달되는 것이 아니라, 다양한 형태의 표현예술과 놀이를 통해서도 잠재적으로 전달된다.

특히 Peter Levine, Pat Ogden, Bessel van der Kolk는 신체를 개입의 중심으로 다루는 것의 중요성을 강조해 왔다. 이들은 모두 트라우마 기반 치료에 표현예술치료를 적용하는 데 중요한 역할을 한다. Levine(1997, 2015)은 트라우마가 신체에 미치는 신경생물학적 영향을 명확히 설명하며, 위협을 받을 때 신체가 스스로를 방어하기 위해 막대한 에너지를 동원한다는 것을 밝혔다. 만약 이 에너지가 효과적으로 방출된다면 자율 신경계가 재설정되고 균형을 회복할 수 있지만, 그렇지 못한 경우 몸 안에 '갇히게' 되어 다양한 행동과 생리적 증상이 나타날 수 있다. 즉, 신체는 위협과 고통으로부터 자신을 방어하려 하지만, 때로는 자기효능감과 안전감이 성공적으로 회복되지 못할 수 있다. Levine에 따르면, 내담자가 압도되어 이 에너지가 신체에 묶이거나 '겁에 질려 몸이 굳어 버린' 상태가 되면, 트라우마를 극복하는 데 필요한 에너지가 근육과 신경계에 갇히게 된다. 회복의 목표는 이러한 '갇힌 에너지'를 해방시켜, 그 에너지를 능동적인 반응으로 전환하여 아동과 성인이 잃어버린 자신의 몸을 되찾고 회복할 수 있도록 돕는 것이다.

Levine(2015)는 신체의 절차적 기억(procedural memory)을 이해하는 것이 중요하다고 강조한다. 절차적 기억이란 사람들이 일상생활을 영위하는 데 자연스럽게 작용하는 충동, 움직임, 그리고 신체 내부의 감각을 의미한다. 이는 반복적인 연습을 통해 익히는 기술 기반의 운동 반응(자전거 타기, 스케이트 타기, 춤추기), 위협이나 위험 상황에서 활용되는 긴급 반응(싸우기, 도망치기, 얼어붙기), 그리고 근본적인 접근 · 회피 · 끌림 · 혐오 반응 등을 포함한다. 이 중 기본적인 반응은 보다 본능적이며, 신체적인 감각으로, 우리가 특정한 사람이나 장소를 피해야 하는지 혹은 무언가를 향해 다가가야 하는지를 직관적으로 알려 준다.

마찬가지로, Pat Ogden의 감각운동 심리치료(Ogden & Fisher, 2015)는 신체의 자연스러운 움직임을 활용하여 압도적인 신체적 경험과 신체 기반 트라우마 반응을 다루고 변화시키는 방법을 제시한다. 예를 들어, 트라우마 피해자들이 일어서거나 손을 뻗거나 뒤로 물러나는 것과 같은 단순한 신체적 반응에 참여하게 하는 것은 과거의 트라우마 사건에 의해 중단되었을 수 있는 신체 반응을 완성하는 데 중요한 역할을 한다. Ogden은 '신체적 경계 감각'을 설명하는데, 이는 Porges의 사회적 참여 개념과 유사하게, 신체가 누구와 가까워지는 것이 안전한지, 누구와는 그렇지 않은지를 알려 주는 방식이다. 예를 들어, 개인이 경계에서 위협을 느낄 때, 근육이 긴장하거나 뒤로 물러서며 반응한다. 표현예술치료에서는 공격을 받았거나 스스로를 방어할 수 없었던 내담자의 움직임, 몸짓과 신체 언어를 인식하는 것이 특히 중요하다.

마지막으로, van der Kolk(1994, 1996, 2014)는 트라우마 회복 과정에서 신체의 역할을 이해하고 강조해야 함에 있어 가장 큰 영향을 미쳤다. 내가 알기로 그는 트라우마 기억을 '체감각적'이고 비언어적인 의사소통으로 처음 정의한 사람이다(van der Kolk, 1994). 이 개념은 트라우마를 경험한 내담자를 바라보는 방식을 변화시켰다. 트라우마가 뇌에만 영향을 미칠 뿐만 아니라, 신체에도 광범위하게 영향을 미친다는 개념은 표현예술의 적용을 포함하여 치료에 대한 '상향식' 접근법이 등장하는 기초가 되었다.

아마도 표현예술에 있어 van der Kolk(2014)의 가장 중요한 기여 중 하나는 수천 년 동안 신체 기반 자원들이 트라우마 해결에 효과적이고 문화적으로 적합하다는 것을 관찰했다는 것이다. 그는 다음과 같이 설명한다:

> 서구의 주류 정신 의학 및 심리치료의 전통은 자기 관리에 거의 관심을 기울이지 않았다. 약물과 대화 기반 치료에 의존하는 서구와 달리, 전 세계의 많은 전통은 마음챙김, 동작, 리듬 그리고 행동에 의존한다. 인도의 요가, 중국의 태극권과 기공 그리고 아프리카 전역에서의 리드미컬한 드럼 연주 등이 그 예이다. 일본과 한반도의 문화는 의도적인 움직임과 현재에 집중하는 것에 중점을 두며, 트라우마를 겪은 개인이 잃어버린 능력을 되찾는 무술을 탄생시켰다. 아이키도, 유도, 태권도, 검도, 주짓수 그리고 브라질의 카포에이라가 그 예이다. 이러한 기술들은 모두 신체적인 동작, 호흡, 명상을 포함한다. (p. 207)

문화인류학에 대한 나의 관심과 함께, 이러한 '자기 관리' 전략이 인류 역사 전반에 걸쳐 존재해 왔다는 생각은 제2장에서 네 가지 주요 치유 방식을 규명하는 밑거름이 되었다.

예술은 "의학이나 심리학보다 훨씬 오랫동안 삶의 경험을 대변해 왔으며, 고통, 아픔,

축하 그리고 치유의 수단으로 사람들과 공동체를 위해 오랜 세월 동안 존재했다."(Gray, 2015, pp. 170-171) 표현예술치료는 이러한 고대의 치유 전통에서 비롯되어 점점 더 체계화된 심리치료법으로 발전하였으며, 여기에는 움직임을 기반으로 한 접근법도 포함된다. 이러한 일련의 치료법은 치유 중심의 참여(제2장) 개념을 반영하며, 트라우마 회복과 치유에서 자기 관리의 중요한 역할을 다룬다. 신체를 다루는 어떤 형태의 표현 예술을 적용할 때는, 개인들이 이미 가지고 있는 치유에 대한 전통과 의식을 이해하고 인식하는 것이 중요하다. 이러한 전통은 특히 신체의 트라우마 경험을 다룰 때 문화적으로 적합한 개입을 위한 기초가 된다.

◇◇◇◇◇

신체, 동작 및 표현예술

신체와 관련된 문헌, 임상 적용, 연구가 증가함에 따라 이제는 신체의 관점에서 트라우마 기억과 반응을 이야기하는 것이 더욱 일반화되었다. 그러나 신체 기반 트라우마 접근법의 기초는 이미 20세기 중반부터 후반에 이르는 시기에 형성되었으며, 여기에는 신체 심리치료, 게슈탈트 접근법, 그리고 생체 역학(Bioenergetics)적 기법 등의 초기 이론들에서 그 뿌리를 찾을 수 있다(Halpern, 2003). 예를 들어, Wilhelm Reich(1994)는 심리학에서 신체의 중요성을 인식시키는 데 영향을 미친 인물로 평가받으며, 신체 심리학 분야의 창시자로 간주된다. Reich는 신체가 성격과 경험을 반영할 뿐만 아니라, 건강과 행복감을 회복하는 열쇠라고 믿었다. 간단히 말해, 그는 신체를 개인의 전체 역사를 담는 물리적인 그릇으로 보는 관점을 제안했다. 특히 Reich는 트라우마 사건이 신체 내 에너지의 흐름에 영향을 미치고, 그가 '성격의 갑옷(character armoring)'이라고 부르는 일종의 얼어붙는 기제를 자극한다고 강조했다.

Reich의 이론과 기법은 Lowen(2012)의 생체 역학, Feldenkrais(2010)의 구조적 통합, Rolf(1990) 등을 포함한 신체 중심 접근법에 영향을 미쳤다. 특히 Feldenkrais는 건강한 자아상이 신경계 전체, 근육 그리고 뇌의 감각운동 영역과 연결되어 있다고 말했다. 개인의 전형적인 감정적 반응은 특정한 무의식적인 신체 자세와 신체적 긴장에서 나타나며, 이러한 긴장은 스트레스를 증가시킬 수 있다. 다시 말해, 신체의 자세, 호흡과 동작의 패턴을 바꾸는 것은 긍정적인 변화와 정서적인 회복을 일으킨다. 요약하자면, 몸은 Gendlin(1982)과 Levine(2015)이 설명한 '체화된 감각(felt sense)'과 유사하게, 개인의 삶 전체의 경험을 나타내는 표상으로 작용한다. 이러한 접근법들은 현대 신체 심리학, 다양한 신체 치료법 그리고 무용/동작치료 분야의 기초를 부분적으로 형성했으며, 신체의 (암묵적) 경험과 감정 및 실행 기능과의 관계를 강조한다. 특히 무용/동작치료에서는 움직임이 신체의 주요 언어이고(Gray, 2015), 감정과 사고와 관련이 있으며, "우리가 인간이 되는 방식을 반영한다."(Halprin, 2003, p. 17)라고 강조한다.

일반적으로 무용과 동작만이 신체와 관련된 표현예술의 주요 형태로 여겨지지만, 사실 모든 표현예술은 움직임 중심이고 신체 기반이다. 특히 연극, 연극적 재연, 공연예술, 역할극은 신체를 자기 표현의 도구로 포함한다. 악기를 연주할 때는 손가락과 손을 사용하고, 노래를 부를 때는 성대, 다양한 근육 그리고 폐를 사용한다. 시각 예술은 촉각적이고 리듬을 타는 경험에 의존하며, 심지어 창작 글쓰기와 시 또한 단어를 통해 감각을 체화하는 과정을 포함한다. 각 표현예술 형태는 특정한 감각적 특성을 강조하고 여러 뇌 기능의 일부를 필요로 하지만, 실질적으로는 신체가 이러한 모든 과정을 시작하는 주체이다.

McNiff(2009)는 "치료에서 모든 예술은 그 치유의 힘을 온전히 발휘하려면 신체를 다시 되찾아야 한다"고 말한다(p. 110). 이 말은 표현예술이 활동 중심의 치유적 참여 방식이자 신체에 기쁨, 긍정, 생동감을 다시 불어넣는 경험이 될 수 있음을 포함한다는 의미다. "신체를 되찾는다"는 것은 표현 예술을 적용할 때, 이상적으로 신체적 감각 수준에서 시작하는 아래에서 위로의 상향식 접근 방식을 취해야 하며, 특히 어떤 형태로든 동작을 포함해야 하는 것이 이상적이다.

◇◇◇◇◇

'인내의 창(Window of Tolerance)' 및 신체 기반 접근법

고통스럽거나 끔찍한 사건을 경험한 후에는 '자신의 몸을 유지하는 것' 자체가 어려울 수 있다. van der Kolk(2014)가 요약한 바에 따르면, 사람들은 과도한 각성 상태(과각성)로 인해 너무 많은 것을 느끼거나, 반대로 너무 적게 느끼는 상태(해리)에 빠질 수 있다. 만약 그 영향이 만성적이거나 심각한 과각성 삽화로 이어진다면, 내담자는 자신의 몸에서 안전함을 느끼는 방법을 다시 배워야 할 수도 있다. 어떤 사람들은 신체에 대한 지나친 인식으로 인해 마비 상태에 이르거나 불편한 감정의 활성화를 피하기 위해 활동량을 줄이는 등 현재에 머물지 못하게 만드는 원인이 되기도 한다. 해리는 공포스러운 감각으로부터 도피할 수 있는 몇 안 되는 방법 중 하나로 작용할 수 있다. 31세의 여성 Margo는 어린 시절 10년 동안 성적 학대를 당했으며, 성인이 되어서도 성폭행을 경험했다. 그녀는 초기 상담 회기에서 "모든 것이 압도적이에요. 저는 항상 어떤 일이 일어날 것 같은 예감이 들어요. 문제는 이렇게 압도되거나 안전하지 않다고 느낄 때 제가 자동으로 멍해진다는 거예요. 그래서 아무것도 느끼기 어려워져요. 저는 멍하게 있는 것 대신에 감각을 되찾고 뭔가를 느낄 수 있었으면 좋겠어요. 마치 몸이 자기만의 생각을 갖고 있는 것 같이 몸과 마음이 따로 놀아요."라고 설명했다. Margot는 이러한 경험에 부끄러움을 느꼈지만, 그녀의 '신체로부터의 분리감'은 그 순간에 살아남기 위한 필수적인 자기 보호였다.

동작을 포함한 표현예술은 에너지를 방출하거나 자신의 몸과의 즐거운 연결을 다시 구축하는 데 도움이 될 수 있지만, 신체 지향적인 접근 방식을 제공할 때는 몇 가지 중요한 고려사항이 있다. 신체에 초점을 맞춘 개입은 트라우마 피해자의 인내의 창(window of tolerance; Ogden et al., 2006)을 테스트할 수 있다. 예를 들어, 신체적 폭행, 성적 학대, 강간 또는 모든 유형의 대인 관계 간 폭력에 노출된 내담자는 타인에 의한 신체적 트라우마 경험이 있다. 그리고 가해자는 흔히 부모나 보호자, 친척 또는 가까운 지인인 경우가 많다. 외과적인 치료나 침습적인 수술과 같은 의료 절차 또한 아동과 성인에게 내부 및 외부의 신체의 안전감을 잃게 할 수 있고, 이러한 감각은 신체에 초점을 맞추거나 하나 이상의 감각을 자극하는 표현예술과 같은 감각적 단서에 노출될 때 빠르게 다시 나타날 수 있다. 종이 위에 누워 사인펜으로 자신의 몸을 따라 그리거나, 움직임 활동에서 다른 사람들과 가까운 거리에 있는 것만으로도 예상치 못한 학대의 기억이나 고통스러운 감정의 연쇄 반응을 불러일으킬 수 있다. 자기 조절에 도움이 되는 표현예술의 신체감각적 특성은 내담자의 과거 경험과 신체 관련 활동을 탐구하는 과정에서, 개인적인 허용 범위에 따라 과거 트라우마의 일부를 드러내는 형태로 인식될 수도 있다.

트라우마 기반 치료는 개인의 인내의 창을 이해하고, 트라우마 기억이 강화되거나 추가적인 트라우마를 경험할 가능성을 줄이는 것에 중점을 둔다. 따라서 신체와 관련이 있을 수 있는 절차적 기억을 포함한 트라우마 기억을 다루기 전에, 안전의 기초(제5장)가 확립되는 것이 특히 중요하며, 안정화, 앵커링 및 자기 조절 전략(제6장)을 수립해야 한다. 또한 신체가 성공적인 경험과 유능함을 '체화'함으로써 트라우마 사건을 극복할 수 있도록 힘을 실어 주는 새롭고 생산적이고 긍정적인 경험을 제공하는 것도 필수적인 작업이다(제9장). 이러한 경험 중 일부는 표현 예술 기법을 세심하게 적용함으로써 안전감과 자기 조절 능력을 강화하는 데 활용된다. 또 다른 경험들은 신체 기반의 체험적 전략을 통해 더욱 증진되는데, 이러한 전략은 단순히 몸을 진정시키는 것뿐만 아니라, 개인이 자신의 몸을 자기 효능감, 회복력, 그리고 새로운 긍정적인 절차적 기억의 원천으로 다시 경험할 수 있도록 돕는다. 따라서 신체 중심 접근법을 활용할 때의 첫 번째 목표는, 개인이 불안이나 위축 상태에서 벗어나 '인내의 창(window of tolerance)' 범위 안에서, 내면적 평온함을 암묵적 감각으로서 자연스럽게 느낄 수 있는 방법을 제공하는 것이다.

신체는 가족, 공동체, 성별과 성 정체성, 연령, 민족성, 종교와 영성을 포함한 다양한 신념과 가치의 근원이 되기도 한다. 특히 신체 기반 표현예술치료는 신체 접촉, 개인 공간, 눈 맞춤 등이 포함될 수 있기 때문에, 개인의 신념과 사회·문화적 가치를 충분히 고려하는 것이 중요하다. 신체와 관련된 예술 표현에는 특정 규칙이 있을 수 있다. 예를 들어, 인간의 모습을 그리라는 요청이 종교적이나 개인적인 가치관, 신체를 묘사하는 방식, 또는 신체와 관련된 정보를 전달하는 방식과 맞지 않을 수 있다. 내담자의 문화적인 치유 전통을 인정하는 것은 그들의 신념과 가치를 존중하는 것이며, 특히 신체와 관련된 치유 과정에서 회기 외에도 스스로 치유를 관리하고 주도권을 갖는 것의 중요성을 강조한다.

◇◇◇◇◇

동작으로 회기 시작하기: 좋은 리듬 찾기

마음챙김 명상, 호흡법 또는 다른 접근 방식들이 많은 내담자에게 효과적이지만, 일부 내담자들에게 근육과 신경계에 갇힌 에너지를 풀어 주기 위해 더 활동적인 전략이 필요하다. 이러한 에너지를 풀어내기 위해, 움직임은 표현예술치료 회기에서 자연스러운 출발점이 된다. 트라우마 치유 전문가 Babette Rothschild는 "신중하게 선택한 신체 활동은 트라우마 회복에 의미 있는 기여를 할 것"이라며 동작치료를 권장한다(2011, p. 115). 이와 유사하게, Perry(2009)는 자기 조절과 회복 탄력성을 키우기 위해 아동과 함께하는 반복적으로 구조화된 움직임 행위 활동의 중요성을 강조한다. 일반적으로 내담자들의 과도한 활성화를 줄이는 것뿐만 아니라 자기효능감과 역량을 강화하기 위해 신체를 움직이고 그들을 활동에 참여시키는 것이 중요하다는 것에 대한 합의가 점점 커지고 있다.

나는 일반적으로 신체적 감각/운동 감각적 수준에서 치료를 시작하는데, 그 이유는 대부분 내담자들이 몸에 긴장 형태로 에너지를 축적하고 있기 때문이다. 감정과 이야기 탐색, 즉 ETC의 더 높은 수준으로 깊이 들어가기 전에 이런 긴장 상태의 스트레스를 해소하는 것이 중요하다. 또한 많은 트라우마 피해자가 자신의 신체가 안전하지 않다고 느끼기 때문에, 마음을 진정시키는 운동 경험이 개인이 자신의 몸에 대한 통제감을 다시 느끼는 데 도움이 될 수 있다.

나는 내담자들에게 움직임을 기반으로 한 경험을 설명할 때 종종 "우리는 트라우마로 인해 빼앗긴 신체의 건강한 리듬을 되찾으려 하고 있습니다." 이렇게 말하곤 한다. 무용/동작치료나 다양한 움직임 기반 활동이 있지만, 나는 일반적으로 각 개인이 자신의 신체적, 정서적 상태에 맞춰 편안하게 시작할 수 있는 방식을 직접 선택하도록 한다. 즉, 특정한 동작을 강요하기보다는, 그들이 현재 할 수 있는 작은 움직임이나 자연스럽게 몸을 표현할 수 있는 방식부터 시작할 수 있도록 유도한다. 초기 단계에서는 이러한 움직임이 미세하고 제한적일 수 있지만, 중요한 것은 점차 자신의 자연스러운 리듬을 찾고 몸과의 연결을 회복하는 과정 자체에 있다. 나는 신체 장애와 인지 장애가 있는 청소년들과 함께 학교에서 일하면서 가장 간단한 몸짓을 사용하는 것에 대해 처음으로 편안함을 느꼈다. 이들 중 대부분은 상당한 정서적 트라우마를 겪은 경험이 있었다. 일부는 손가락이나 손만 움직일 수 있었고, 어떤 청소년들은 발을 바닥에 가볍게 두드리거나 굴리는 동작만 할 수 있었다. 이러한 몸짓들은 각자의 능력 범위 내에서 더 발전된 움직임과 다른 예술 형식의 표현으로 이어졌다. 이러한 초기 경험을 통해, 나는 개인이 할 수 있는 가장 작은 동작도 결국에는 다른 몸짓과 여러 형태의 자기 표현으로 이어질 수 있다는 것을 배웠다. 신체와 동작에 대해 기억해야 할 중요한 점은 기본적인 몸짓과 신체적 감각이 모든 것의 시작이라는 것이다.

나는 특정한 개입이 필요할 때 전문적인 무용·동작치료사에게 의뢰하는 경우가 많지만, 오랜 기간 동안 스스로 무용과 동작을 통해 치유의 경험을 해 온 심리치료사로서, 이러한 개인적인 경험이 치료과정에서 하나의 강점이 될 수 있음을 깨달았다. 모든 심리치료사가 성공적인 치료를 위해 반드시 갖춰야 할 핵심 요소는 자신의 몸을 건강과 회복의 원천으로 이해하는 것, 내담자와 함께 자유롭게 움직일 수 있는 편안함을 갖추는 것, 그리고 움직임을 치유 전략으로 활용하는 데 적극적인 태도를 가지는 것이다. 만약 치료사가 트라우마를 고려한 개입에 처음으로 움직임을 도입하려 한다면, 부드럽게 신체에 집중하는 방법으로 회기를 시작할 수 있는 몇 가지 간단한 방법들이 있다. 이러한 방법들은 사람들의 주의를 환기시키고, 마음을 진정시키며, 긴장을 완화하고 이완하도록 도와준다. 또한 추가적인 신체 관련 활동의 출발점이 될 수 있으며, 필요할 때 회기 외에서도 실행할 수 있다. 다음 사례에서는 고려할 수 있는 몇 가지 기본적인 실천 방법들을 소개한다.

사례 예시. Maya: 표현예술치료 회기 중 동작 소개하기

10년 이상 아동학대를 경험한 30대 초반의 여성 Maya는 자신이 겪었던 신체적 폭력에 대해 불쑥 떠오르는 기억으로 인해 지속적인 불안과 과도한 각성에 시달리고 있었다. 또한 최근 그녀는 거주하던 아파트 단지에서 화재를 겪었고, 다행히 큰 부상은 입지 않았지만, 모든 소지품과 집을 잃게 되었다. 화재 이후 Maya는 평소보다 더 높은 수준의 각성 상태(급하게 식사, 불면증, 깜짝 놀라는 과민 반응)를 보였으며, 이는 일상생활에 지장을 주고 전반적인 스트레스를 더욱 증가시키고 있었다.

첫 만남에서 Maya는 마음이 너무 불안해서 병원의 서류를 작성할 수 없었고, 서명해야 할 동의서의 내용도 이해할 수 없었다고 말했다. 내가 그녀에게 지금 몸이 어떤 느낌인지 물었을 때, Maya는 "꽤 긴장돼요."라고 말할 수 있었지만, 긴장이 어디에서 느껴지는지 구체적으로 말하지는 못했다. 내가 관찰한 바로는 그녀의 어깨, 목, 팔, 다리가 모두 긴장되어 있었고, 숨도 얕게 쉬고 있었다. Maya는 화재 이후로 자주 압도감을 느껴 정신이 혼란스러워지고 맥박이 빨라지면서 자신의 몸을 인식하지 못하게 되는 경우가 많다고 말했다. 그녀는 분명히 과도하게 각성된 상태를 조절할 필요가 있었고, 나와의 상호작용에 집중할 수 있어야만 어떤 치료적 개입이든 효과를 볼 수 있는 상황이었다.

이 시점에서, Maya에게 나는 회기를 시작할 때 가벼운 스트레칭과 움직임으로 시작하는 것을 선호한다고 설명했다. 그녀에게 신체의 스트레스 반응을 완화하는 데 도움이 되는 간단한 요가와 비슷한 활동을 제안했다. 이 과정은 우리 둘이 마주 보고 앉은 상태에서 시작되었고, Maya가 내 동작을 따라 할 수 있도록 내가 시범을 보였으며, 나도 그녀의 동작을 따라 했다. 어떤 사람들에게는 이런 가까운 거리가 환경에 대한 안전감을 느낄 때까지 어려울 수도 있지만, Maya는 이러한 방식에 편안함을 느꼈고, 그래서 나는 매 회기 시작 때마다 하는 다음의 활동들을 소개할 수 있었다.

긴장 및 이완

전통적인 점진적 근육 이완 기법에서는 각 주요 근육을 긴장시키고 이완하는 방식으로 진행되지만, 나는 더 간단하고 빠른 방법을 사용한다. 먼저, 사람들에게 발을 바닥에 평평하게 놓고 편안하게 앉도록 한 후, 편안한 정도까지만 숨을 들이마시도록 요청한다. 다음으로, 주먹을 쥐고 얼굴 근육을 긴장시키며 어깨를 귀 쪽으로 끌어올리는 등 가능한 한 많은 대근육을 긴장시키고, 10초 동안 유지한 후 숨을 내쉬며 모든 근육을 풀어 준다.

이 과정을 두세 번 반복한다. 주먹을 쥐는 대신 부드러운 고무공을 양손에 쥐고 압박할 수도 있다. 모든 긴장과 이완 운동에서 중요한 목표는 근육을 긴장시킨 후 그 긴장을 최대한 풀어 줌으로써 몸에 집중하는 것이다.

호흡, 팔과 어깨 동작

Maya와 함께 했던 치료에서는 요가 동작을 바탕으로 한 몇 가지 호흡 기법과 팔이나 어깨 동작을 소개하는 것이 도움이 되었다. 많은 불안감을 가진 사람과 마찬가지로, 그녀의 호흡은 얕고 주로 가슴 위쪽에서 이루어졌다. 이러한 경우에는 무리하게 깊은 호흡을 시도하기보다는 호흡을 서서히 조절하는 방법을 권장한다. 본인이 편안하다고 느끼는 만큼만 숨을 들이쉬고, 여러 번 반복하면서 점차 호흡을 깊게 하는 것이다. 또한 간단한 팔 동작도 소개했는데, 숨을 들이쉴 때 팔을 천천히 머리 위로 올리고, 내쉴 때 천천히 몸 옆으로 내리는 동작이다. 이 동작의 변형으로는 팔을 옆으로 넓게 벌렸다가 머리 위로 올리면서 손가락을 교차시키고 집게손가락을 천장을 향해 뻗는 자세가 있다. 요가를 하는 사람들은 이 동작을 특정한 무드라(손의 몸짓)로 인식하며, 이는 마음과 신체의 다양한 부분을 활성화하는 데 도움이 된다고 여긴다. 또 다른 변형 동작으로는 간단한 양방향 동작을 포함하는데, 예를 들어 팔을 각각 신체의 핵심 축인 몸의 중앙선을 가로지르게 하거나, 두 팔을 동시에 중앙선을 넘겨 크게 움직이는 방법이 있다. 이 동작들은 상체의 큰 근육들을 자극하는 데 초점을 맞추고 있다.

자기-지지 치료

Levine(2015)은 트라우마를 겪은 모든 사람에게 유익한 몇 가지 간단한 활동 방법을 설명하고 있다. 나는 이를 '자기-지지 치료'라고 부르는데, Levine이 특정 명칭을 제시하지 않았기 때문이다. 이러한 방법들은 회기 시작 시 신체를 기반으로 마음을 진정시키는 방법이 필요하거나, 각성 상태에 있거나 해리 상태일 때 다시 돌아와야 할 기준이 필요한 Maya와 같은 사람들에게 특히 도움이 된다. 이 방법들은 불안하거나 두려운 상황에서 몸이 '속도를 늦추도록' 돕기 위해 설계된 간단한 자세들로 이루어져 있다. 이 자세들은 손을 머리, 심장 그리고 배에 놓고 리드미컬하게 호흡하는 것을 포함한다. 첫 번째 방법은 단순히 자기 자신을 껴안는 것으로, 양팔을 몸 위로 교차시켜 손이 반대쪽 어깨를 만지게 하는 자세이다. 이 자세는 대부분 사람들을 안정시키고, 감정과 감각을 담아 두는 그릇 역할을 한다. 두 번째 방법은 두 가지 손 위치를 제시한다. (1) 한 손은 이마에, 다른 손은 심장 위에 놓고, (2) 한 손은 심장 위에, 다른 손은 복부에 놓는 것이다. 이 자세는 눈을 뜨고 하거나 감고 할 수 있으며, 개인의 편안함에 따라 선택할 수 있다. 중요한 것은 에너지나 신체 감각의 변화를 느낄 때까지 이 자세를 유지하는 것이다(호흡 감소, 심박수 감소, 불안감의 감소 등). 이러한 자기-지지 치료는 모두 신경계가 접촉에 반응하며, 주의와 인식을 변화시키는 것에 치료적인 이점이 있다는 아이디어에 기반하고 있다. 제6장에서 자기 조절 활동으로 설명된 네 가지 B[브레이크(Brake), 호흡(Breathe), 뇌(Brain), 신체(Body)] 역시 비슷한 효과를 줄 수 있는 효과적인 자기-지지 치료법이다.

◇◇◇◇◇

트라우마에 민감하고 '섬세한' 요가를 통한 신체 회복

제5장에서 나는 간단한 요가 자세를 표현예술과 통합하는 전략을 설명했다. 이는 내담자가 신체를 안정시키고 중심을 잡는 데 도움을 주기 위한 방법이다. 기술적으로 요가는 표현예술의 범주에 포함되지 않지만, 예술을 기반으로 한 트라우마 스트레스 대처법에 점점 더 많이 통합되고 있다. 나는 요가가 단순히 신체 감각을 자각하는 데 그치지 않고, 다양한 측면에서 추가적인 가치를 제공하기 때문에 트라우마 기반 치료에서 더 중요한 역할을 해야 한다고 생각한다. 예를 들어, 트라우마 치유 요가는 내담자가 트라우마에 대한 생리적 반응을 민감하고 부드러운 방식으로 조절할 수 있도록 돕는다. 또한 규칙적으로 부드러운 요가 연습을 하면 호흡법, 아사나(신체 자세), 명상(마음챙김 연습)을 통해 트라우마 증상을 완화하는 데 효과적이다. 한 연구에 따르면, 트라우마 치유 요가를 10주 동안 실시한 여성들의 외상 후 스트레스와 우울 증상이 감소한 것으로 나타났다(van der Kolk et al., 2014). 이후 진행된 연구에서는 1년 이상 요가를 계속해서 실천한 결과, PTSD 증상이 장기적으로 감소하는 효과가 있음을 보여 주었다(Rhodes, Spinazzola, & van der Kolk, 2016). 요약하자면, 트라우마 치유 요가와 다양한 변형들은 다른 접근법에 반응하지 않았던 사람들에게도 효과적일 수 있다.

많은 트라우마 전문가는 특정 요가 수련이 신체가 안전하지 않다는 느낌과 같은 트라우마의 신체적 감각을 완화하는 데 도움이 될 수 있다고 믿는다. 트라우마 치유 요가는 신체와 마음을 연결하는 접근법으로, 트라우마 피해자들의 신체적, 정서적, 정신적 행복에 긍정적인 영향을 미치고 있다(Emerson, 2015). 이 요가는 마음챙김처럼 집중된 호흡, 움직임, 그리고 의도적인 주의 집중을 포함한다(Emerson, Sharma, Chaudhry, & Turner,

2009). 특히 하타 요가와 같이 더 부드럽고 천천히 진행되는 자세를 포함하고 있다. 요가는 스트레스를 완화하는 데 잘 알려진 방법으로, 이완 반응을 유도할 수 있다(Benson & Kipper, 2000). 심리치료의 보조 수단으로서 요가는 현재의 감각에 집중해 감정 상태를 더 잘 수용할 수 있도록 돕는다. 이와 유사한 다른 활동에서도 트라우마 치유 요가는 신체의 감각과 마음의 반응을 인지하도록 도와주며, 그 목표는 이런 감각을 없애는 것이 아니라 자신이 경험하는 것을 더 수용적으로 받아들이는 것이다. 일반적인 명상 전략이 주로 인지적인 측면에 집중하는 반면, 트라우마 치유 요가는 몸 전체에서 일어나는 내적 감각, 즉 마음뿐만 아니라 몸 전체에서 일어나는 변화와 감각을 자각하도록 돕는다.

트라우마 치유 요가는 아동, 청소년, 성인 모두에게 적합한 출발점이 될 수 있으며, 표현예술기법과 결합하여 운동감각, 감각적 경험, 정서, 지각, 인지 등 다양한 감각을 자극할 수 있다. 이는 신체 중심의 움직임 기반 접근법으로, 신체 활동을 통해 트라우마 반응을 다루는 방식을 선호하는 사람들에게 유용한 선택지가 될 수 있다. 트라우마에 기반한 실천의 관점에서 고려해야 할 두 가지 중요한 점이 있다. 첫째, 모든 트라우마 기반 작업과 마찬가지로, 요가에 대한 개인의 인식과 이에 대한 문화적 신념을 존중하고 고려하는 것이 필수적이다. 예를 들어, 일부 사람들은 요가가 특정 영적 신념과 연관되어 있다고 생각할 수 있으며, 그로 인해 요가가 트라우마 반응을 완화하는 데 도움이 될 수 있음에도 불구하고 참여를 꺼리게 만들 수 있다. 이러한 경우, 요가라는 용어를 사용하지 않고 단순히 스트레스를 줄이고 이완 반응을 유도하는 움직임으로 요가 동작을 소개하는 것이 더 효과적일 수 있다. 즉, 전문가들은 이러한 방법을 '요가'로 명명하지 않고 기본적인 호흡과 신체 자세를 불안과 고통을 완화하는 방법으로 재구성하여 회기에 통합할 수 있다. 둘째, 내담자가 자기 자신의 신체 감각을 인지하는 '내부수용 감각'을 다루는 과정에 참여하기 전에, 그 사람의 '인내의 창'(window of tolerance)으로서의 수용 가능 범위를 파악하는 것이 중요하며, 얼마나 진행해야 그 사람에게 유익한지를 신중하게 고려해야 한다. 특히 학대나 폭력을 경험한 사람들에게는, 신체 기반 활동에 참여하는 것에 있어 자신의 한계를 스스로 인식하는 것이 매우 중요하다.

사례 예시. Ron: 현역 군인과 함께한 트라우마 치유 요가

Ron은 29세 남성으로, 전투 임무에서 복귀한 후 트라우마 증상과 분노 조절 문제로 인해 장기 군 휴가를 받게 되었다. 그의 폭발적인 행동으로 인해 남성 장교와의 폭력적인 싸움이 벌어졌고, 이로 인해 치료를 권유받았다. Ron은 반복되는 불리하고 폭력적인 사건들로 인해 트라우마를 경험했으며, 청소년기 때 아버지가 자살한 사건도 포함되어 있었다. 보건복지부에서는 Ron의 부모 사이에 발생한 여러 차례의 가정 폭력 사건을 기록했으며, Ron은 이러한 사건들을 많이 목격했고, 아버지가 자신을 심하게 구타하여 어머니가 보호 서비스와 경찰에 도움을 요청하기도 했다고 설명했다. Ron은 적어도 한 번쯤은 아버지에게 반격하기도 했다고 말했다. 그는 자신의 분노가 통제할 수 없는 상태라는 것을 인정했지만, 그 분노가 전장같이 위험한 상황에서 빠르게 반응하는 데 도움이 되었다고 말했다.

Ron은 과도하게 놀라거나 과각성하는 상태가 지속되었으며, 종종 중립적인 상황에서도 분노하거나 폭력적으로 반응하는 경향이 있었다. 그는 긴장을 풀기 위해 헬스장에서 역기를 들어 운동하는 효과적인 방법을 사용했지만, 완전히 지칠 때까지 운동을 해도 진정으로 '편안함'은 느껴지지 않았다고 했다. Ron의 반응은 Gabor Maté(2011)가 대체로 과잉 각성된 내담자에 대해 언급한 것과 일치한다.

> 어린 시절부터 높은 수준의 스트레스에 익숙해진 사람들은 스트레스가 없는 상태에서 오히려 불안감을 느끼고, 지루함과 무의미함을 느낀다. 이들은 자신도 모르게 스트레스 호르몬인 아드레날린과 코르티솔에 중독된 것일 수 있다. 이들에게는 스트레스가 오히려 긍정적으로 느껴지고, 그 반대의 상황이 피해야 할 것으로 여겨진다. (p. 28)

Ron은 여러 차례 긴장된 상태를 느끼는것을 "쉽게 포기할 수 없다"고 말했는데, 이는 군 복무 중 전투 상황에서 이러한 과각성 상태(hyperactivation)가 자연스러운 생존 반응으로 자리 잡았기 때문이다. 그는 극도로 위험한 상황에서도 생존하는 데 뛰어난 능력을 보였으며, 이를 위해 항상 경계 태세를 유지하고, 가볍게 잠을 자며, 음식을 빠르게 먹고, 필요할 경우 방어와 공격을 위해 즉각적이며, 폭력적으로 반응하는 방식에 익숙해져 있었다.

처음에 나는 Ron에게 과도한 긴장 상태를 완화하기 위한 집중 호흡, 몸 살피기 그리고 간단한 자세에 대해 소개했다. 그 후에, 나는 그가 군 기지 프로그램에서 다른 전투 참전 용사와 함께 트라우마 기반 치료의 목표를 가진 요가 회기에 참여할 것을 제안했다. 또한 필요한 경우 도와주고 그의 진행 상황을 모니터링하기 위해 나도 함께 참여했다. 이러한 '네 명이 한 팀인 구성(두 명의 참여자, 치료사, 요가 강사)'은 모델링과 조율을 극대화하기 위해 권장된다(Emerson, 2015).

트라우마 기반 치료, 신체 감각 접근법 및 일부 표현예술에 정통한 Ron의 요가 강사는 Ron이 자세나 활동을 시작하기 전에 질문을 하고 통제감을 가질 수 있도록 개념들을 천천히 소개했다. 통제감을 유지하는 것은 Ron이 이 접근법에 참여하도록 유도하는 데 필수적이었다. 앞서 언급했듯이, 그는 평소 과각성 상태를 유지하는 데 익숙했기 때문이다. 나는 Ron이 트라우마 치유 요가를 시도해 보는 것만으로도 '안정적인 주의력'을 찾는 데 도움이 될 수 있으며, 이 과정의 궁극적인 목표는 그가 현재의 자신을 더 잘 인식하도록 돕는 것이라고 설명했다.

현역 전투에서 돌아온 많은 사람처럼, Ron도 초기에는 깜짝 놀라는 반응, 과각성, 분노 조절 문제를 겪으며 긴장하고 불안해했다. 초기 회기에서 요가 강사는 Ron에게 서서 자신의 호흡을 관찰하고, 몸에서 호흡이 어떻게 느껴지는지에 주의를 기울이도록 안내했다. 이 연습 후에는 목과 어깨를 굴리는 동작과 기타 기본적인 요가 동작들을 수행한 뒤, 마지막에는 리드미컬한 심호흡으로 마무리했다. 회기가 끝난 후, 나는 Ron에게 심리치료 회기에서 사용했던 방법으로 자신의 경험에 대해 피드백을 요청했다. 색, 선, 도형으로 신체 윤곽 위에 표시를 해서 지금 몸에서 느껴지는 것을 표현하도록 했다. 이러한 이미지는 Ron이 트라우마 치유 요가를 통해 경험한 내적인 변화를 시각적으로 기록한 것이며, 요가가 그의 몸과 마음에 어떤 영향을 미쳤는지 보여 준다. 첫 회기 후, Ron은 자신의 호흡이 느려지고 깊어졌으며, 처음 회기에 참여했을 때보다 몸이 더 "편안해졌다."고 말하며, 특히 가슴 부위에서 그 편안함을 느꼈다고 강조했다(녹색으로 표시). 또한 "뇌에서도" 편안함을 느꼈다고 표현했으며(짙은 파란색으로 표시), 몸의 다른 부분들은 "활력이 넘친다."고 말했다([그림 7-2] 노란색으로 표시된 부분 참조, 역주: 컬러 이미지는 목차 페이지에 있는 박스에서 내용을 확인하여 다운로드 받을 수 있다).

시간이 지나면서 Ron과 그의 또 다른 군인 동료는 더 복잡한 자세를 시도해 보라는 권유를 받았고, 그 후에 그림 그리기와 같은 표현예술 활동을 통해 경험을 반영하게 되었다. 이러한 자세들은 나의 신체적 능력을 시험하는 도전이 되었지만, 나는 트라우마에 치유 요가 접근법의 일환으로 Ron의 반응을 관찰하는 것이 중요하다고 느꼈다. 결국 우리는 그의 어린 시절과 최근 전투 경험을 포함한 인생에서 가장 어려웠던 사건들을 다양한 요가 자세를 통해 탐구할 수 있었다. 예를 들어, Ron은 '전사의 자세'(한쪽 다리를 앞으로 내밀고 팔을 뻗는 서 있는 자세)를 통해 인생의 도전에 맞설 수 있는 개인적인 힘과 용기를 지속적으로 경험했다. 이 자세들은 그가 지나치게 활동적이거나 불안감을 느낄 때 긍

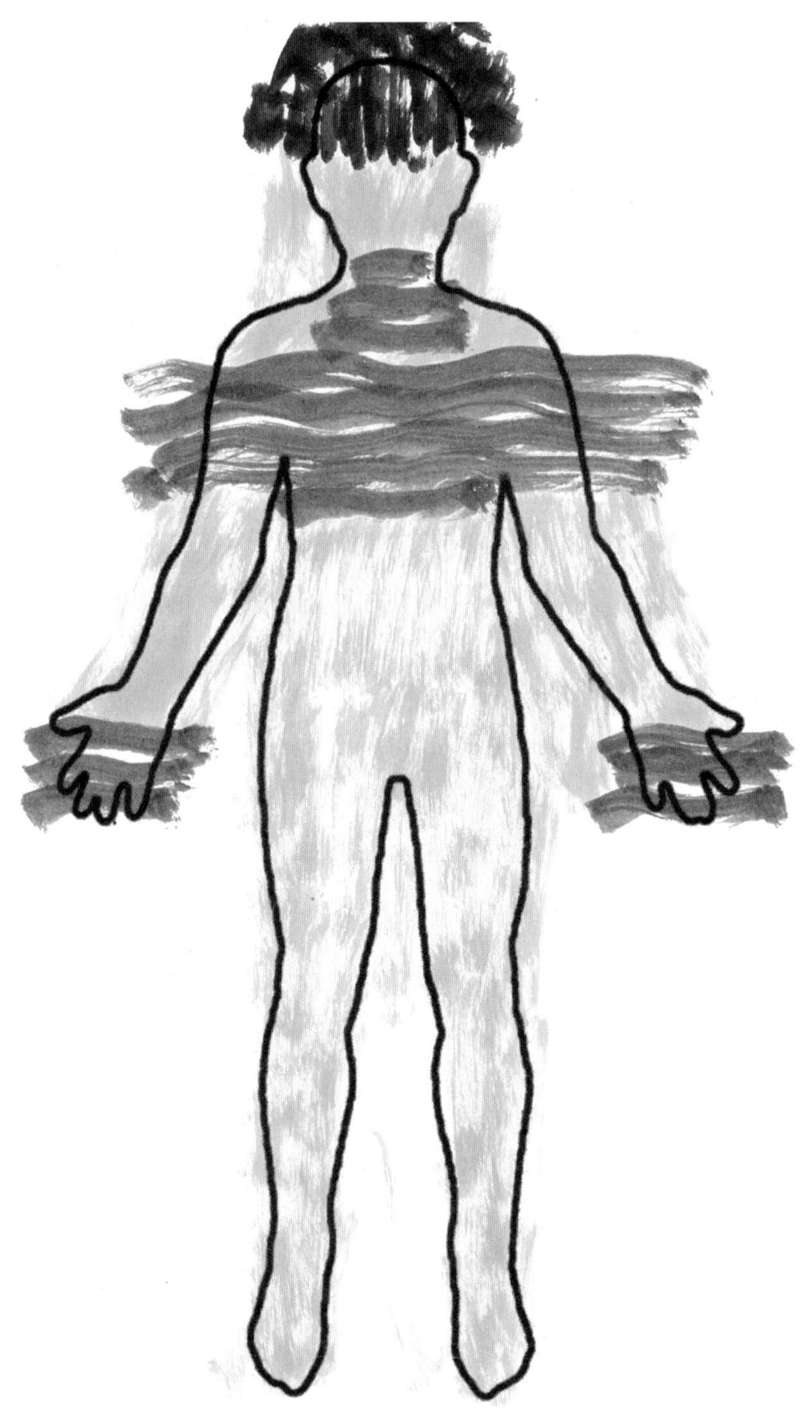

[그림 7-2] '가슴과 뇌'에서 '편안함'을 나타내는 Ron의 신체 이미지
Cathy A. Malchiodi의 컬렉션 중(작가의 허가없이 재사용 및 무단복제 금지)

정적인 신체적 자원이 되었다. 또한 Ron은 '현재에 머무는' 새로운 방법을 터득한 것에 대해 만족했으며, 이는 트라우마 치유 요가와 유사한 치료의 핵심 개념이기도 하다. 트라우마 치유 요가는 자기 조절 경험을 제공함과 동시에 Ron이 자신의 신체 반응을 인식하고, 이러한 반응이 나타날 때 이를 있는 그대로 받아들이는 능력을 키우는 데 도움을 주었다. 이 과정은 그가 적절한 대처 반응을 파악할 수 있도록 도왔으며, 스트레스에 대한 '완화된 경계 상태'를 유지하는 개인적인 전략이 되었다. Ron은 자신의 감각을 인식할 수 있을 뿐만 아니라, 요가 연습을 통해 잠재적인 통제감을 찾을 수 있었다.

◇◇◇◇◇

양방향 동작과 그림

이전 회기에서 설명한 동작 기반 활동은 매우 간단하며, 대부분의 치료사는 과각성 또는 해리 반응에 대응하여 내담자와 함께 워밍업 또는 안정화 경험으로 쉽게 구현할 수 있다. 하지만 나는 이전 활동들보다는 더 넓은 범위의 동작과 표현예술의 신체 기반 변형을 통해 몸을 더 적극적으로 사용하는 것을 권장하려고 노력한다. 양방향 동작과 그림 그리기(제6장 참조)는 다른 표현예술에 대한 준비 운동으로 소개되거나 회기의 주요 초점이 될 수 있는 또 다른 신체감각/운동감각 전략이다. 나는 수십 년 전 추상표현주의 화가 Robert Motherwell과 함께 미술을 공부하던 시절 처음으로 양방향 그림에 관심을 가졌다. Motherwell은 두 손을 이용해 대규모 캘리그래피 그림을 그리는 실험을 하면서, 내 신체의 리듬감을 활용해 예술을 창조하는 과정에 몰입하도록 격려했다. 이 과정에서 나는 감정적, 신체적으로 회복되는 것을 느꼈고, 그 이후로 계속해서 이 과정을 나의 예술 작품에 사용하고 있다. 몇 년 후, 미술치료를 공부 하면서 Florence Cane이 아동과 함께 작업할 때 중심적으로 사용했던 양방향 그림 기법을 접하게 되었다. 그녀는 이러한 '자유롭게 풀어내는 활동'이 예술 창작에 필수적이라 믿었으며, 또한 이 개념은 신체에 있는 트라우마를 해결하는 데 필수적인 움직임이라는 나의 믿음을 강화시켰다.

자기 조절과 관련하여 제6장에서 설명한 바와 같이, Elbrecht(2015, 2018)는 드로잉, 페인팅, 점토를 활용한 양방향 동작에 대해 광범위하게 연구했다. 그녀는 '가이드 드로잉' 접근법에 대한 수십 년간의 경험을 바탕으로, 개인이 리듬을 탐구하고 몸에서 감각 운동 반응을 추적하는 것이 중요하다고 강조한다. 이 광범위한 양방향 그리기 및 페인팅 과정은 Elbrecht의 『트라우마 치료를 위한 가이드 드로잉(Healing Trauma with Guided

Drawing)』(2018)에 자세히 설명되어 있으며, 다양한 보편적 형태를 생성하는 상향식 접근법이다([그림 7-3] 참조). 처음에는 이러한 이미지를 식별하는 것이 목표가 아니므로 서술과 상징을 반영하는 하향식 과정이 필요하다. 대신, 그림 그리는 과정과 관련된 체감각적 경험을 개인이 인식하도록 부드럽게 격려하는 것이 중요하다. 만약 동작이 개인의 현재 신체 상태를 나타내는 것처럼 느껴진다면, 이것은 단순히 그림 재료나 종이에 물감을 사용하여 현재의 동작을 유지할 수 있도록 권유하는 것일 수도 있다. 또한 치료사는 "이렇게 에너지를 유도하는 것이 어떤 느낌인가요?" 그리고 "이 움직임이 몸에서 어떻게 느껴지나요?" 혹은 "어떻게 이 방향을 찾아야 한다는 것을 알았나요?"와 같은 질문을 할 수 있다(Elbrecht, 2018, p. 50). 중요한 점은 이미지를 해석하기보다는 동작에 집중하는 것이다. 왜냐하면 이미지 해석은 개인의 신체에 기반을 둔 경험에 방해가 될 수 있기 때문이다.

치료사는 치료과정에서 내담자의 양방향 동작이나 드로잉 또는 페인팅에 신체의 긴장이나 통증이 반영될 수 있음을 이해해야 한다. 따라서, 내담자가 긴장을 풀고 자기 진정과 회복을 촉진할수 있는 동작에 초점을 전환하도록 유도하는 것이 중요하다. 몇 시간 동안 지속되는 긴 회기에서, 어떤 사람들은 자연스럽게 그들 스스로 이러한 리듬을 찾을

[그림 7-3] **원과 수직선, 두 가지 보편적인 모양과 몸짓을 그린 내담자의 가이드 드로잉**

것이다. 그러나 나는 일반적으로 '50분의 치료 시간'이라는 제약이 있기 때문에, 회기 초기에 개인에게 중요한 질문을 던진다. "몸이 치유되기 위해(평정하고, 안심하고, 에너지를 느끼기 위해) 지금 신체에 필요한 움직임이나 리듬은 무엇인가요?" 많은 경우, 내담자들은 동작이나 예술적 표현을 통해 그 질문에 대한 답을 바로 알지 못한다. 이는 그들이 겪은 트라우마로 인해 일상적으로 보호적인 신체 자세와 스트레스를 느끼는 신체 감각을 유지해 왔기 때문이다. 예를 들어, Maya는 이 질문에 대한 즉각적인 해결책을 제시할 수 없었다. 이러한 경우에는 약간의 개입으로 도움을 줄 수 있다. 나는 내담자에게 긴장을 풀고 무용, 스포츠 또는 다른 즐거운 활동과 관련된 신체 동작을 기억해 볼 것을 제안할 수 있다. 목표는 내담자가 과거에 회복에 도움이 되었을 수 있는 동작과 리듬을 다시 접할 수 있도록 돕는 것이다. 즉, 흔드는 것, 좋아하는 동물의 털을 쓰다듬는 것, 또는 신체 기술을 동반한 능력을 통해 움직임이 쉽고 자연스럽게 느껴지는 순간을 다시 경험하는 것이다.

대부분 상황에서 나는 사람들에게 종이에 초크파스텔로 특정한 동작을 그려 보도록 권유하고 지원하여 그 동작이 몸에서 진정 또는 해방감을 주는지 확인해야 한다는 것을

[그림 7-4] 가이드 드로잉, 몸짓 및 동작에 사용되는 활 모양의 예

[그림 7-5] Cane이 종이에 그린 '성장하는 나무' 동작의 예

알게 되었다. 이는 특히 대인관계에서 폭력과 반복적인 사건을 경험한 사람들에게 더 중요하다. 양방향 동작이 모든 사람에게 효과가 있는 것은 아니지만, Cane, Elbrecht 그리고 Shapiro(2018)의 EMDR을 기반으로 하는 몇 가지 전략이 효과적일 수 있다. 내담자가 불안하거나 긴장하고 있는 경우, 종이에 초크파스텔로 활처럼 흔들리는 듯한 동작을 그리는 것이 종종 진정 효과를 가져온다([그림 7-4] 참조). Elbrecht(2018)는 이런 움직임이 신체적으로 유아처럼 안겨 흔들리는 동작과 관련이 있는 위로의 동작이라고 제안한다. 양방향 그리기를 통해 긴장과 관련된 에너지를 방출하는 또 다른 방법은 초크파스텔을 수직선으로 위로 이동시켜 나무처럼 가지를 뻗는 것이다([그림 7-5] 참조). 이 기술은 Cane의 해방 운동을 기반으로 한다. 이러한 유형의 양방향 그리기는 18″×24″ 용지에 수행할 수 있지만, 벽이나 비슷한 크기의 초크파스텔판에 테이프로 붙인 36″×72″ 크라프트지를 사용할 때 특히 효과적이다. 이러한 전략을 사용할 때는 반드시 개인에게 움직임이 신체에 어떻게 반응하는지, 그리고 조정이 필요한 부분이 있는지를 확인하는 것이 중요하다. Elbrecht가 설명하고 Shapiro(2018)에서 유래한 세 번째 양방향 동작은 가로로 그리는 숫자 8 형태([그림 7-6] 참조)로, '렘니스케이트(lemniscate)'라고도 불리며, 이는 명상이나 다양한 영적 수행에서 자주 사용되는 동작이다. 이 특정 동작은 대부분

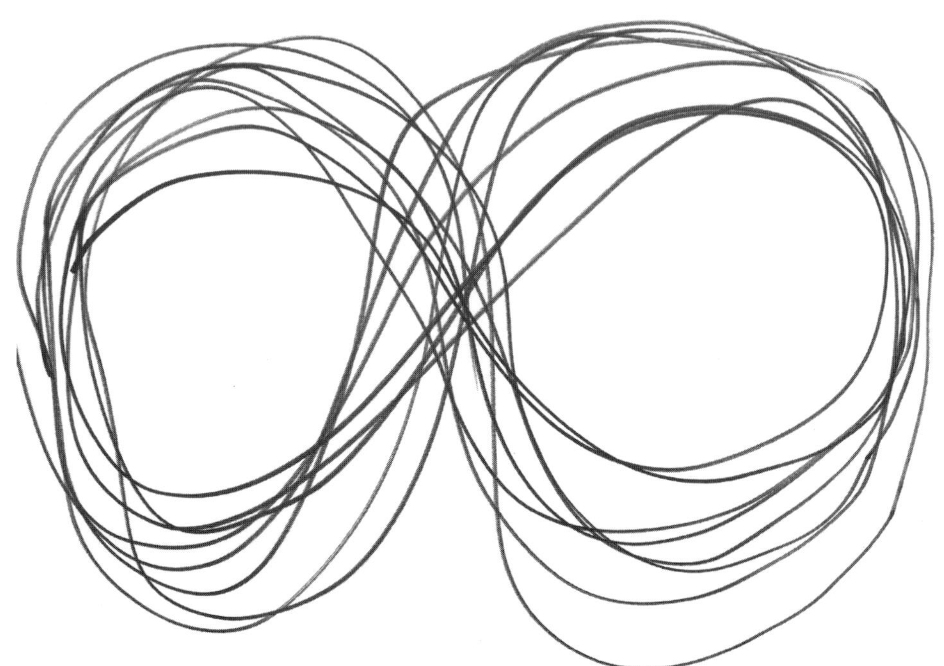

[그림 7-6] **종이에 그린 8자 동작의 예**

의 사람들에게 속도를 늦추고 “자연스러운 리듬”을 찾도록 돕는 효과가 있다. 또한, 해리(dissociation) 상태에서 안정화와 집중력을 높이는 데도 효과적인 동작임을 여러 사례를 통해 확인했다.

양방향 그림 그리기는 전체 회기의 중심이 될 수 있으며, 그 과정에서 만들어지는 몸짓과 리드미컬한 선은 신체 감각을 더 깊이 탐구하기 위한 표현적 동작, 음악 만들기, 극적인 연출, 창조적 글쓰기, 스토리텔링의 출발점이 될 수도 있다. Maya의 경우, 앞에서 설명한 기본적인 동작 활동 중 일부를 몸짓의 촉매제로 활용했고, 일부 치료 회기에서는 종이에 양방향 표시를 그리기 시작했다. 내담자에 따라 긴장을 풀거나 활력을 불어넣는 기악 음악을 도입하여 양방향 작업을 안정적으로 수행할 수 있게 기반을 만들고 다양한 리듬에 반응하여 종이 위에서 움직임을 표현할 수 있도록 유도할 수 있다. 또한 제6장에서 설명한 바와 같이, 고통스러운 기억이나 서사를 표현하는 과정에서 휴식을 도울 수 있는 양방향 그림 그리기와 신체의 양면을 포함하는 다른 형태의 표현예술을 회기 전반에 도입할 수 있다. 비록 이 책에서 다루는 범위는 아니지만, 만약 당신이 공인 EMDR 전문가이거나 두드리기(tapping) 같은 기법을 사용하는 경우, 양방향 작업은 다양한 형태의 재구성 치료 기법과 잘 결합되어 내담자의 인식 변화를 촉진할 수 있다.

◇◇◇◇◇

체화된 감각(Felt Sense) 및 신체 기반 인식

이전 장에서 체화된감각(felt sense)이라는 개념에 대해 설명했지만, 그것이 신체 기반 접근법으로서 표현예술치료에서 가지는 역할과 적용을 다시 한 번 살펴보는 것이 중요하다. Levine(1997)은 감각의 개념을 트라우마와 관련된 신체 경험 및 신체 기반 경험의 틀 안에서 설명했다. 그는 내담자가 신체의 트라우마 감각을 인식하고 회복하기 위해 불안한 경험을 점차 인식하게 하는 데 있어 감각 느낌의 중요성을 강조했다. 그는 내담자가 고통스러운 경험을 점차 의식으로 가져오면서 신체의 트라우마 반응을 인식하고 회복하는 것이 필수적이라고 설명했다.

Levine 이전에, Gendlin(1981)은 ‘수용적 집중 태도(focusing attitude)’라는 개념을 제시했다. 이는 신체에서 느껴지는 감각에 대해 우호적이고 호기심을 갖는 자세를 의미한다. 집중적인 경험을 하는 동안, 내담자들은 그들의 인식을 몸의 내부로 돌리고, 그 안에서 느껴지는 모든 것에 대해 열린 태도를 취한다. 언어를 기반으로 한 치료에서는 내담자가 자신이 느끼는 감각(잡을 수 있는 손잡이라고도 함)을 적절한 단어로 묘사한다. 예를 들어, 감각 느낌은 '가슴속 움켜진 주먹'이나 '망치로 내 머리를 때리는 느낌'처럼 비유적 이미지로 표현될 수 있다. 사람은 이러한 감각에 적합한 단어를 선택하여 자신의 경험을 설명한다.

Rappaport(2009, 2014)는 '대화만으로는' 신체 인식의 감각 느낌을 충분히 다루기 어려운 경우가 있음을 깨닫고, 표현예술과 포커싱 치료의 틀에 이를 통합했다. 즉, 감각 느낌은 예술, 동작이나 무용, 음악이나 소리, 글과 연기 등 어떤 표현예술을 통해서도 나타날 수 있다는 것이다. Gendlin(1982)은 "감각 느낌에서 나오는 말보다 더 강력한 것은 몸을 움직이게 하는 것일 수 있다."(p. 35)라며 언어로 표현할 수 없는 신체 표현의 가치를 강조했다. 트라우마를 겪은 많은 사람에게 동작이나 다른 형태의 예술 기반 표현은 감각 느낌을 표현하는 더 쉬운 방법일 수 있다.

괴로운 느낌의 감각을 추적하는 것 외에도, 동작 활동 후에는 '무엇이 효과가 있었는지'에 대한 인식을 연습하는 것이 좋다. 준비 운동이 끝날 때, Maya는 몇 차례의 긴장 및 이완 활동, 리드미컬한 호흡 및 간단한 동작에 참여하면서 눈에 띄게 불안이 줄어들고 집중력이 높아졌다. 나는 그녀에게 신체 감각, 특히 호흡과 팔, 손, 어깨의 느낌을 몇 분간 관찰해 달라고 요청했다. Maya는 자신의 상체에 대한 인식이 더 커졌고, 가슴 부위가 "더 확장되고 활력이 넘치는" 느낌이 들며, 팔에서는 "에너지가 방출되었다."고 말했다. 또한 그녀가 회기 시작 때와 비교하여 몸이 어떻게 변화했는지 돌아보게 하여, 고통, 불편함, 그리고 행복의 감각을 구별하고 신체의 '의미'를 더 잘 인식할 수 있도록 도왔다(Gendlin, 1996).

◇◇◇◇◇

바디아웃라인과 바디스캔(Body Outlines and Body Scans)

회기 시작 시 간단한 동작과 움직임 전후에 Maya가 자신의 감각을 파악하도록 요청받는 것 이외에, 이러한 인식을 가시적인 형태로 표현하는 것이 많은 사람에게 도움이 된다. 바디아웃라인(바디스캔이라고도 함)은 이 문제를 해결하는 한 가지 방법이며, 트라우마 개입 및 다양한 환경에서 여러 방식으로 사용된다. 예를 들어, 바디아웃라인은 의료 환자의 통증을 기록하는 데 사용되며, 때로는 환자 자신의 신체적 고통이나 괴로움에 대한 자신의 경험을 윤곽선에 직접 표시하기도 한다. 트라우마 개입에서 치료사들은 아동

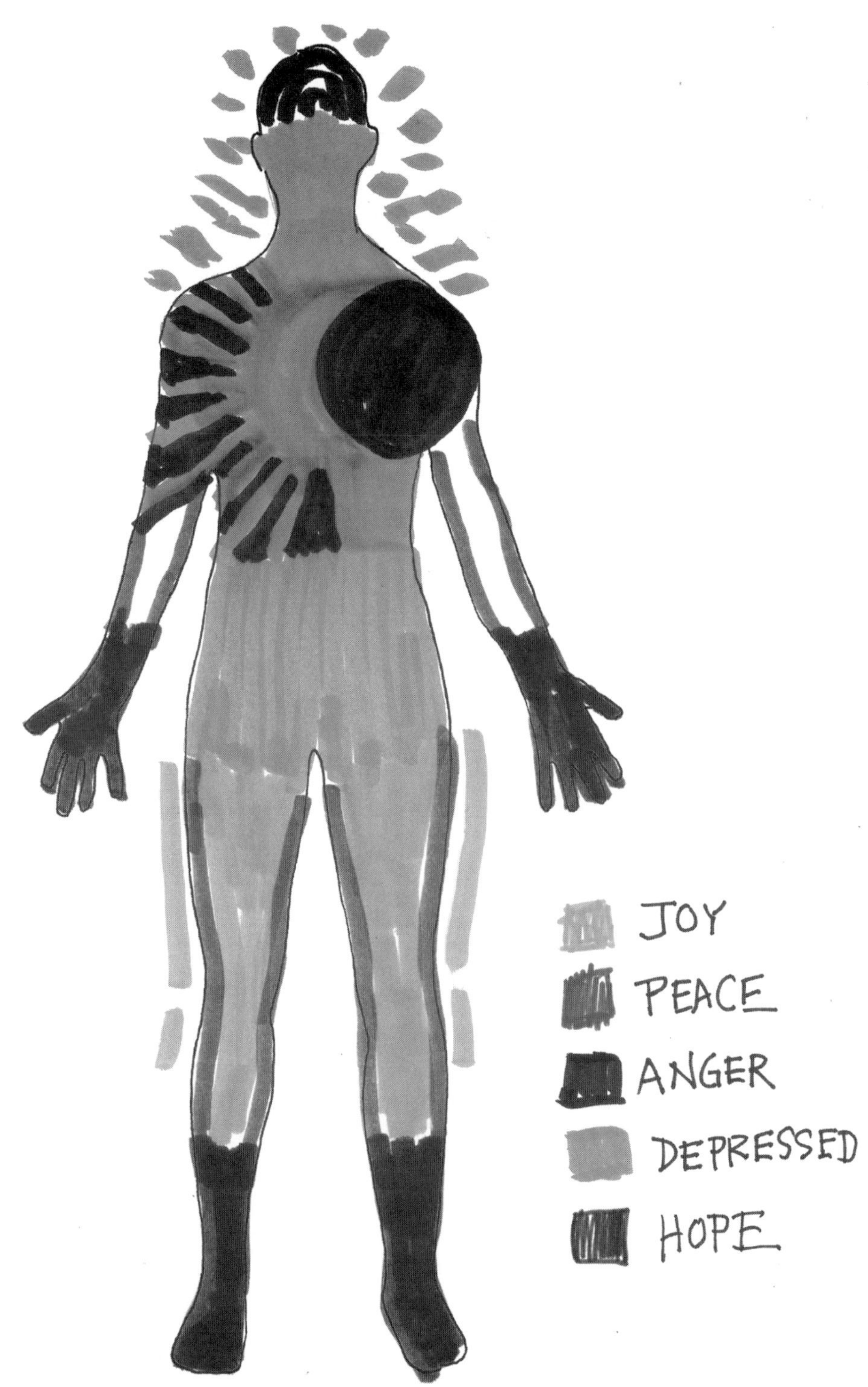

[그림 7-7] 바디 아웃라인에 청소년이 표현한 컬러코딩 바디이미지
Cathy A. Malchiodi의 컬렉션 중(작가의 허가없이 재사용 및 무단복제 금지)

과 성인에게 바디아웃라인 템플릿을 제공하여 몸의 다양한 감정과 경험을 그 안에 표현하게 한다(성인과 아동을 위한 템플릿은 각각 부록 1A와 1B 참조). 놀이치료사들은 '몸에 색을 입히는' 다양한 구조화된 방법을 통해 이 전략을 응용하며, 색 부호화를 통해 특정 감정을 나타내는 색상을 바디아웃라인에 표시하는 접근법이 특히 인기를 끌고 있다([그림 7-7] 참조).

지난 10년 동안, 나는 내담자가 바디아웃라인에 그린 '기분 상태' 그림을 1,000개 이상 수집해 왔다. 이 간단한 과정은 신체가 표현하는 것을 시각화하는 하나의 방법이다. 최근 과학은 우리가 표현예술에서 오랫동안 알고 있던 사실을 확인해 주었다. 신체는 문자 그대로 '주관적 감정의 지도'가 될 수 있다는 것이다(Nummenmaa, Hari, Hietanen, & Glerean, 2018). 연구자들은 인지, 감정, 신체 감각을 포함한 100개의 핵심 감정을 시각적

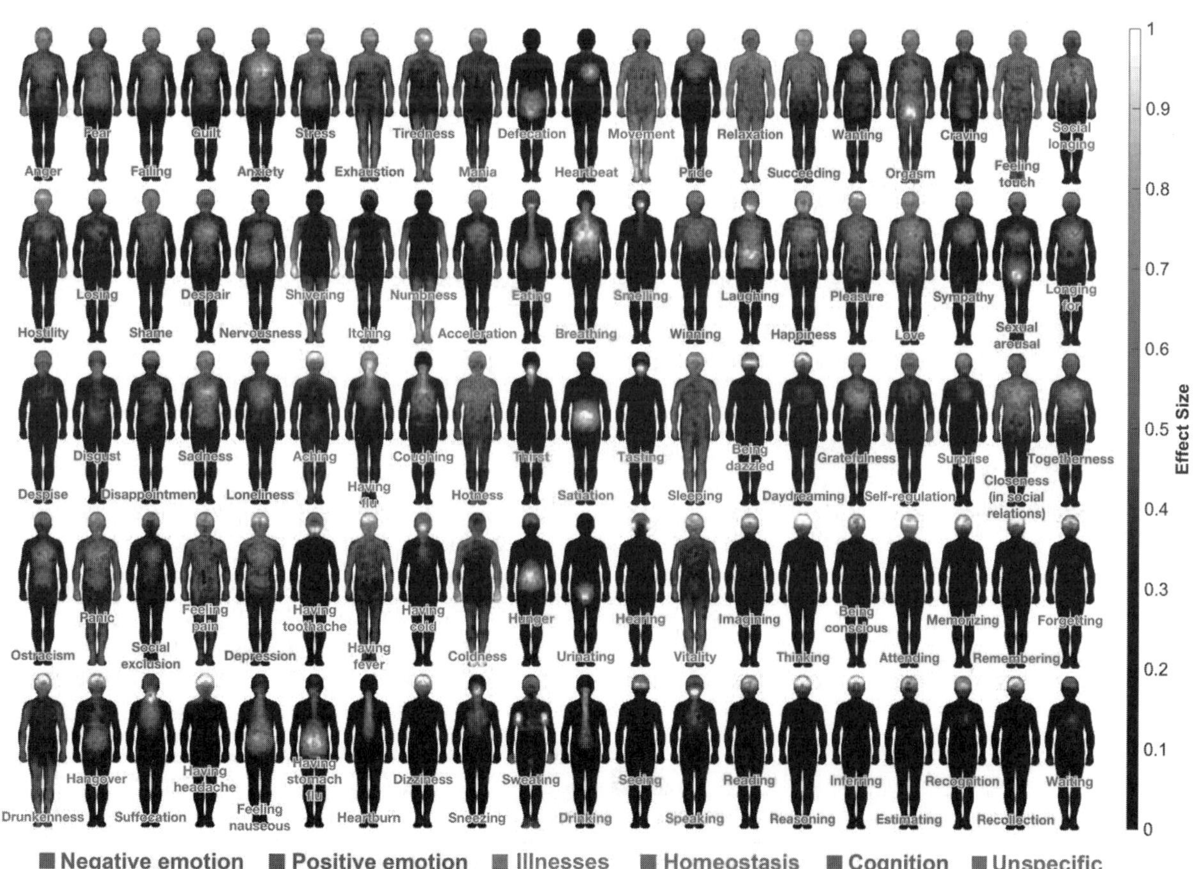

[그림 7-8] **주관적인 감정의 지도**

Nummenmaa, Hari, Hietanen 및 Glerean(2018)에서. 저자의 저작권 © 2018. 허가를 받아 재인쇄됨.

으로 지도화한 '인간의 감정 공간'을 식별하기 위해 '신경 지도(neuromapping)'를 사용하고 있다([그림 7-8] 참조). 이 지도는 많은 표현예술치료사가 오랫동안 사용해 온 감정 상태 그림과 상당히 유사하다. 흥미로운 점은 주관적인 감정이 체계적으로 지도화되면서 참가자들의 신체에서 나타나는 위치, 분포 그리고 에너지의 공통된 패턴을 통해 개인의 '체화된' 경험이 드러난다는 것이다.

또한 바디아웃라인은 몸의 고통스러운 감각을 쉽게 인식하는 데 유용하다. 내담자가 자신의 신체 감각에 대한 이해를 치료사에게 명확하게 더 많이 전달할수록, 내담자는 더욱 깊이 이해받는다고 느낄 것이다. 내담자가 자신의 신체와 마음 사이의 인지적 대화 아래에서 어떻게 느끼는지를 진정으로 표현할 수 있는 기회를 제공하는 것은 보상과 궁극적인 회복에 있어 중요한 요소이다(Gendlin, 1996). 바디아웃라인을 활용하여 감각을 통한 신체 인식을 높이기 위해 치료사는 특정 질문을 할 수 있다. 이러한 질문들은 다음과 같이 내담자의 선호도와 개인적인 수용 범위에 맞게 조정하고 적용해야 한다.

1. "(분노, 행복, 좌절, 당황, 슬픔)과 같은 감정을 느낄 때, 그 감각이 당신 신체의 어느 부분에서 느껴지나요? 몸에서 어떤 변화가 일어나고 있나요?"
2. "화난다(슬프다, 기쁘다, 속상하다, 속상하다)라고 말할 때, 그 감정이 당신 신체의 어느 부분에서 느껴지나요?"
3. "그 감각의 강도는 어느 정도인가요(예를 들어, 1에서 10까지의 척도로)?"
4. "당신이 나에게 이 감정에 대해 말할 때, 당신의 내면에서 어떤 일이 일어나고 있나요?"
5. "(특정 사건, 상황, 사람, 시간 또는 그 감정을 불러일으킨 상황)에 대해 이야기하거나 상상할 때, 당신의 신체에서 무엇을 느끼나요?"
6. "당신의 신체에서 그 감각이나 느낌을 찾아낸 후, 그 감각에 대해 어떻게 느끼나요? 그 감각이나 느낌은 당신에게 무엇을 알려 주고 싶어 하나요? 만약 그 감각이나 느낌이 말을 할 수 있다면, 그 감각이나 느낌은 당신에게 무엇을 말하거나 어떤 (이미지, 소리, 움직임, 행동)을 보여 줄까요?"
7. 내담자가 여러 감각을 동시에 경험하고 그 감각이 몸 어디에 위치하는지 혼란스러워할 때, 치료사는 "지금 이 순간 가장 강하게 느끼는 감각은 무엇인가요?"라고 물을 수 있다.

이 질문들 중 일부 또는 전부를 활용해 신체 내부의 감정이나 감각을 더 깊이 탐구할 수 있다. 바디아웃라인 위에 선, 모양, 색깔을 사용해 이러한 감정과 감각을 시각적으로 표현할 수 있다. 제3장에서 신체의 윤곽과 감각을 다루는 세 가지 경험적 접근법을 예로 들어 설명했다. 다음 예시는 '걱정'이라는 감정을 감각적으로 표현하는 과정을 보여 주며, 내담자가 신체 내에서 걱정이 느껴지는 위치를 어떻게 인식하는지를 강조한다. 제3장에서처럼, 내담자는 비 일인칭 서술을 통해 걱정이 '말하는' 형식으로 짧은 이야기를 작성한다.

> 나는 활성화되기 전까지 당신의 몸속 깊숙이 숨어 있다. 발동되기 전에는 내면에 잠들어 있지만, 누군가의 말, 낮은 소리, 또는 무언가 잘못되었다는 느낌만으로도 깨어날 수 있다. 그때까지 난 숨어서 기회를 노리고 있다. 나는 내 자신을 표현하고 느끼고 인정받을 순간을 기다리고 있다. 즉시 나타날 준비가 되어 있다. 나는 알려지기를 원한다. 나는 낮이든 밤이든 언제든지 부르면 대혼란을 일으킬 준비가 되어 있다. 나는 당신이 좋든 싫든 행동을 취하기 위해 필요한 정보를 가져온다.
>
> 일단 불려지면, 나는 당신의 배 속에서 불처럼 타오른다. 폭발하듯 솟구치며 당신의 두려움과 걱정이 거친 바다와 같은 메스꺼움으로 뒤덮이도록 한다. 나는 난폭하게 휘몰아친다. 당신이 무언가 잘못했는지 확인하려 한다. 이 거친 바다를 진정시킬 방법을 찾지 않는다면, 나는 계속해서 내가 할 수 있는 불편한 방식으로 나의 존재를 알릴 것이다.

과활성화 또는 해리로 어려움을 겪고 있는 내담자의 경우, 바디아웃라인을 사용해 감각을 탐색하는 작업은 부담이 될 수 있다. [그림 3-4]는 지난 1년 동안 폭력적인 신체적 폭행과 몇 번의 심각한 상실을 경험한 젊은 여성이 그린 것이다. 그녀는 잦은 과각성뿐만 아니라 심한 메스꺼움도 느꼈다. 또한 그녀는 자신의 몸 안에 있는 감정이나 감각을 파악하라는 요청을 받았을 때 쉽게 놀라곤 했다. 이 때문에 나는 그녀의 상태에 맞게 경험을 조정하며 '인내의 창(window of tolerance)'을 염두에 두었다. 일반적으로 사람들에게 머리부터 발끝까지 신체의 각 부분을 살펴보며 신체적 긴장이나 스트레스를 느끼도록 유도하지만, 그녀에게는 더 느린 속도로 접근했다. 예를 들어, 손가락, 발, 또는 머리의 일부분에만 집중하도록 제안했고, 그 부분에서 느껴지는 감각을 차분히 탐색하게 했다. 때때로 불편한 기억이 떠오르기도 했지만, 초점을 제한한 덕분에 그녀는 여러 회기에 걸쳐 점차 감각을 더 깊이 탐색할 수 있게 되었다. 또한 나는 그녀에게 더 작은 크기의 종이(4″×4″ 정사각형)를 사용하여 그림을 그리도록 권장함으로써 '걱정'을 표현하는 방식도 조정했다. 매체의 크기를 줄이는 것은 표현되는 양을 조절하고 내담자의 감정을 억제하는 하나의 효과적인 방법이다. 작은 종이는 큰 종이보다 안전한 공간을 제공하여 더 강렬한 감정을 담아내기 용이하다. 추가로, 종이에 미리 원을 그려 주는 것도 하나의 방법이다. 이 원은 걱정이나 다른 감정에 대한 신체의 내재된 감각을 선으로 표현할 수 있는 구조화된 공간을 제공해 준다.

◇◇◇◇◇

점진적 노출/수위 조절 및 진자운동

바디아웃라인은 개인이 느끼는 감각과 고통, 어려운 경험의 내적 상태를 전달하는 것을 돕기 위해 다양한 방법으로 활용될 수 있다. 신바디아웃라인과 바디스캔 활동을 활용할 때 내담자를 최적의 허용 범위 내에 유지하기 위한 다양한 방법이 있다. Maya와 함께 사용한 한 가지 방법은 그녀가 예술 표현과 신체의 감각 사이를 오가며 안정감을 느끼도록 돕는 것이었다. 예를 들어, 치료사는 내담자에게 고통스러운 감각을 안전한 거리에서 바라보는 것처럼, 높은 산꼭대기에서 멀리 떨어져 보는 식으로 그려 보라고 요청할 수 있다. 이와 마찬가지로, '걱정이 몸 어디에서 느껴지는지'를 탐색할 때, 개인이 특정 감각에 대한 불편함에서 벗어나도록 한 뒤, 점차 그 감각을 더 잘 견딜 수 있게 되면 다시 가까이 다가갈 수 있는 기술을 제공하는 것이 중요하다.

나는 아이들과 함께 작업할 때 종종 부엉이를 은유로 사용한다. 부엉이는 머리를 거의 완전히 돌려서 원을 그리듯이 움직일 수 있고, 큰 눈을 사용해 무언가를 바라보거나, 필요할 때 천천히 눈을 돌려 시선을 피할 수도 있다. 나는 이렇게 설명하곤 한다.

> 부엉이가 되는 척하는 것은 우리에게 자신의 감정, 특히 몸 안에서 어떻게 느끼는지를 관찰할 수 있는 힘을 주어요. 특히 우리 몸 안에서 느껴지는 감정들을 말이에요. 우리는 온전히 집중해서 감정을 지켜볼 수 있고, 만약 그 과정에서 휴식이 필요하다면 부엉이처럼 천천히 시선을 피할 수 있어요. 다시 볼 준비가 되었을 때는 천천히 돌아오면 되고, 우리가 원하는 만큼만 그리고 편안하게 느껴질 때까지만 하면 됩니다.

아주 어린 아동들과 작업할 때, 나는 '머리를 움직일 수 있는 부엉이 인형(놀이치료 도구)'을 소개하는 것이 특히 도움이 된다.

부엉이의 이야기와 경험은 아동들이 주의를 돌리면서도 집중할 수 있는 능력을 기르는 데 유용하며, 이는 바디아웃라인 작업의 두 가지 중요한 원칙인 수위조절과 진자운동의 좋은 예이다(Levine, 2015). 수위조절은 실험실 과학에서 차용한 용어로, 조심스럽게 그리고 종종 한 번에 한 방울씩 원소나 화학물질을 첨가하는 것을 의미한다. 트라우마 기반 예술 치료 개입의 맥락에서 그것은 창조적인 경험을 통해 서서히 그리고 소량으로 감각을 도입하는 과정을 설명한다. 진자운동은 개인이 고통스러운 감각과 내적 자원(신체의 내적 자기효능감, 탄력성, 행복) 사이를 오고 가는 경험을 말한다. 부엉이처럼, 아동과 성인은 신체의 트라우마 감각을 소량으로 받아들이는 법을 배울 수 있다. 또한 그들은 괴로움, 두려움, 또는 불안을 경험할 때 자기효능감과 행복에 대한 내적 감각을 바라보는 법을 배울 수 있다.

진자운동에 대한 한 가지 일반적인 표현예술치료 접근법은 두 개의 바디아웃라인(자체 제작 또는 미리 만들어진 바디아웃라인 또는 진저브레드 모양)을 사용하는 것이다. 아동이나 성인은 걱정거리에 대해 생각하고 하나의 바디아웃라인에 그에 대한 생각과 감정을 묘사하도록 요청받는다. 다음으로 즐거운 일을 떠올리고, 그 긍정적인 기억을 나타내는 생각과 감정을 표현하기 위해 다른 바디아웃라인을 사용하라는 지시를 받는다. 나는 종종 이 순서를 반대로 하여, 더 고통스러운 감각으로 진행하기 전에 '좋은 감각'을 찾도록 돕는 데 더 많은 시간을 할애한다. 그런 다음 치료사는 이미지의 탐색을 촉진하여 내담자가 불편하고 즐거운 느낌과 감각을 모두 경험할 수 있도록 한다. 이 과정의 전반적인 목표는 불편한 감각을 견디고, 고통에 직면했을 때 느끼는 감각을 더 즐거운 경험에 대한 기억으로 전환할 수 있다는 것을 배우는 것이다. EMDR 또는 두드리기 전문가(tapping practitioner)라면, 이 방법을 이러한 유형의 접근법에 통합할 수 있다.

모든 표현예술 접근법에서 매체나 재료는 감각을 서서히 풀어내기 위해 조절할 수 있다. 미술 기반 접근법에서 종이의 크기(작거나 큰 종이)는 중요하다. 예를 들어, 인덱스 카드와 같은 작은 종이는 감정을 표현하기에 더 제한된 공간을 제공하므로 큰 종이보다 더 나은 전략이 될 수 있다. 큰 종이는 넓지만, 일부 개인에게는 과도하게 부담스럽게 느껴질 수 있다. 동작치료를 진행하는 집단의 아이들과 함께 활동할 때는 바닥에 마스킹 테이프를 붙여 아이들 한 명 한 명을 위한 개인 공간을 만들곤 한다. 이 테이프는 아이가 움직이고 춤출 수 있는 경계를 설정해 주며, 다른 사람이 허락 없이 들어올 수 없는 안전한 공간을 제공하고, 표현을 위해 보다 제한된 영역을 만들어 준다. 또한, 치료사는 특정 상황에서 미디어, 장난감 및 소품의 양을 제한하여 개인의 집중을 도울 뿐만 아니라 너무 많은 선택으로 인한 과도한 자극을 줄이는 것을 전략적으로 결정할 수 있다. 이러한 방법은 내담자의 스트레스 수준을 염두에 두고 표현예술을 적용하는 몇 가지 방법에 해당한다. 이전 장에서 설명한 안전 및 조절에 대한 접근법과 결합되면, 이러한 조절 과정은 개인이 자신의 신체 감각을 점진적으로 받아들이는 데 도움을 줄 수 있다.

◇◇◇◇◇

신체 감각지도(Body Map)와 신체지도 표현(Body Mapping)

바디맵 및 바디매핑은 내러티브와 자기탐색을 목적으로 몸을 활용하는 두 가지 예술 기반 접근법이다. 실물 크기의 인물이나 투사를 만드는 것은 미술치료에서 오랜 역사를 가지고 있으며, 아동과 성인 모두에게 적용할 수 있다. 이 접근법을 적용할 때 주의해야 할 사항도 강조된다. 이러한 기술은 HIV/AIDS 및 장기 이식을 포함한 심리적 트라우마와 생명을 위협하는 의학적 질병을 경험한 내담자를 위한 창의적인 개입으로 수정되고 재검토되었다(Devine, 2008)([그림 7-9] 참조). 이러한 전략은 중요한 사건들의 역사적 기록으로서뿐만 아니라 자아 효능감, 역량 그리고 개인적 회복력을 탐구하는 자원으로서 신체 이미지에 초점을 맞춘다.

바디맵은 일반적으로 실물 크기의 인체 이미지로 정의되며, 바디매핑(Crawford, 2010)은 드로잉, 페인팅, 콜라주 또는 기타 예술 기반 매체를 사용하여 신체 지도를 만드는 실제 과정이다. 바디매핑은 특정 신체 경험이나 기억뿐만 아니라 자신에 대한 내러티브를 나타낸다. Solomon(2002, 2007)은 '신체지도 표현(바디매핑)'이라는 과정을 공식화하여 HIV/AIDS 감염 여성 및 이민자와 함께 작업하는 데 적용한 것으로 알려져 있다(Devine, 2008; MacGregor, 2009). 다른 전문가들과 예술가들도 생명을 위협하는 질병(Meyburgh, 2006)과 HIV/AIDS(Brett-MacLean, 2009; Devine, 2008)에 대한 의료 시술을 받은 내담자들과 함께 이를 사용했다. 이 과정은 이러한 사람들에게 질병을 탐구하는 방법이자, 유산을 남기는 방식으로, 어떤 이들에게는 죽음을 준비하는 방법이 된다. 또한, 바디 매핑은 예술 치료, 내러티브치료, 신체 작업이 중요한 역할을 하며, 본질적으로 체화된 경험이라고 언급한다(Meyburgh, 2006).

Solomon(2007)은 바디매핑을 자신과 자신의 삶, 자신의 몸, 그리고 환경에 대한 이야기를 전달하고 시각적인 이미지를 창조하는 방법으로 설명한다. 이를 통해 내담자는 자기 자신과 몸, 자신이 속한 환경, 지역사회, 공동체 문화에 대해 더 깊이 이해할 수 있다. Solomon은 치유 과정의 일환으로 상호 지원, 영감, 의식을 활용하기 위해 집단 구조 내

[그림 7-9] **장기 이식을 받은 내담자의 실물 크기 바디매핑의 예**
University of Kentucky Arts 및 Healthcare Program 제공, Lexington, Kentucky.

에서 바디매핑을 사용할 것을 권장한다. 바디매핑 접근 방식은 전문가마다 다르지만, 일반적으로 큰 종이 위에 개인의 몸을 따라 그려 실물 크기의 전신상을 만든다. 다른 참여자나 보조 전문가가 참여자의 신체를 따라 그릴 수도 있고, 경우에 따라서는 참여자가 직접 따라 그리기도 한다. 일반적으로 참여자는 벽에 붙은 종이에 등을 대고 서서 자신의 몸을 따라 그리는데, 바닥에 누워 그리는 것보다 서 있는 것이 덜 불편하기 때문이다. Solomon의 바디매핑 절차에는 실제 손자국과 발자국이 포함되며, 사건, 도전, 강점 등 자신의 삶에 대한 특정 질문에 대한 응답으로 신체 윤곽선 위 또는 주변에 색상과 기호를 그린다.

의료분야의 사람들과 귀환 군인들과 함께 작업하면서, 나는 바디매핑 접근 방식을 개인, 그룹, 환경, 문제의 특정한 요구와 목표에 맞는 다양한 질문을 포함하도록 수정했다. 이 수정은 Solomon의 작업과, 바디매핑을 연구 형태로 적용한 Gastaldo, Magalhaes, Carrasco, Davy(2012)가 제안한 회복력을 중심으로 한 것을 기반으로 한다. 바디매핑은 규모와 복잡성에 따라 완료하는 데 여러 회기가 필요할 수 있으며, 집단으로 진행하는 경우 과정을 완료하는 데 1~2일이 소요될 수 있다. Solomon(2002)의 바디매핑 안내서에서는 바디매핑을 완료하는 데 최소 5일 또는 약 30시간이 소요될 것을 권장한다. 이는 50~90분으로 구성된 현재의 상담 회기에서는 현실적으로 어려운 경우가 많아 참여자의 필요와 능력, 특정 환경에 맞게 과정을 조정해야 한다. 어떤 경우에는 참여자가 두세 차례의 회기에 걸쳐 실물 크기의 바디아웃라인([그림 7-9 참조)을 완성할 수 있었다. 다른 방법으로, 미리 그려진 일련의 신체 포즈가 있는 약 18″×24″의 대형 카드보드를 제공하기도 한다(부록 5 및 6 참조). 이를 통해 참여자가 하나를 선택하거나 빈 종이에 직접 그릴 수 있다. 이는 Gastaldo와 그녀의 동료들이 시간 제한이 있는 회기 내에서 창의적인 표현을 장려하고 지원하기 위해 '모의 바디맵'라고 부르는 것을 변형한 것이다.

전통적으로는 바디매핑의 접근법에서는 물감을 제공하지만, 여러 가지 이유로 인해 콜라주 및 드로잉 재료를 제공하는 경우가 많다. 이는 부분적으로 대규모 페인팅이 불가능한 환경(사무실 또는 공유 공간)의 한계 때문이기도 하다. 콜라주와 드로잉 재료(오일 파스텔, 사인펜, 초크파스텔)는 유동적인 물감보다 다루기 쉬운 매체이며, 창의적인 표현을 하게 함으로써 신체 관련 개념으로 작업하는 경험을 '조절'하는 데 도움이 된다. Gastaldo와 동료들(2012)은 일반적인 잡지 및 기타 사진 이미지를 제공하면 참여자가 지도의 기호를 찾는 데 어려움을 겪는 일이 줄어든다는 사실을 발견했다. 이러한 이미지에는 인체(머리, 다양한 내부 장기, 신체 부위), 사회적 도움(일하고, 돕고, 상호작용하는 사람들,

손을 잡고 서로 위로하는 사람들), 다양한 감정(화, 슬픔, 분노, 행복, 평온), 음식, 교통, 자연, 주택과 같은 여러 가지 주제가 포함된다. 또한 자신의 경험을 가장 잘 표현할 수 있는 언어를 찾기 위해 다양한 단어, 문구, 명언이 담긴 콜라주 상자를 제공하기도 한다. 큰 바디맵을 만드는 작업의 특성상 몇 가지 중요사항을 고려해야 한다. 먼저, 참여자가 원하는 만큼 자신의 감정을 드러내거나 표현하는 것은 그들의 선택임을 상기시키는 것이 중요하다. 실물 크기의 바디맵을 만드는 과정은 복잡하기 때문에 치료사는 개인이 요소와 상징을 선택하고 만들 수 있도록 돕는 보조적인 역할을 해야 한다. 따라서 이 과정에 접근하는 한 가지 방법은 개인적이고 역사적인 회복력(생애 전반에 걸친 삶의 사건, 업적, 관계)을 탐색하는 구조를 제공하는 것이다. 여기에는 다음 구성 요소에 초점을 맞춘 미술 표현이 포함된다.

- 자신을 대표할 수 있는 자세 선택
- '내가 어디에서 왔는지'와 '내가 어디로 가고 있는지'에 대한 개인 이력(예: 목표 또는 포부)
- 극복되었거나 극복 중인 도전, 사건 또는 장애물을 나타내는 바디이미지 또는 상징(흔히 '회복탄력성 표시'라고 함.)
- 힘(자원)의 원천이 되는 좌우명, 인용문 또는 슬로건 및 상징
- 도움을 준 사람 및 단체(애완동물, 공동체, 신 또는 더 높고 강한 힘이 표현된 사진, 기호 또는 손도장으로 표시)
- 다른 사람들과 공유하고 싶은 메시지 또는 지혜

다음 예시에서는 유방암 생존자와의 바디맵 작업과정을 설명한다. 암 경험이 일반적으로 트라우마 반응을 일으킨다고 생각되지는 않지만, 최근의 연구에 따르면 많은 여성들이 치료 과정에서 외상 후 스트레스를 경험할 수 있다고 한다(Voigt et al., 2017). 대다수 환자들은 적어도 1년 동안 지속적인 증상을 겪으며, 진단 후 몇 달 동안은 트라우마 반응을 보이기도 한다. 외상 후 스트레스의 정도는 일반적으로 다른 트라우마 사건의 생존자들보다 낮지만, 삶의 질을 저하시키고 고통스러운 증상을 동반하는 경우가 있다. 특히 다음 사례는 바디매핑과 함께 시각적 예술과 이야기를 통해 자원과 회복력을 어떻게 나타내는지 보여 준다.

사례 예시. Petrea: 신체 지도 그리기와 질병

45세에 Petrea는 치명적인 형태의 유방암 진단을 받았다. 한때 유전학 연구원이었던 그녀는 암 진단이 무엇을 의미하는지 잘 알고 있었고 치료가 육체적으로 지치며 때로는 독성을 띨 수 있다는 점도 인식하고 있었다. 또한 그녀는 종양의 종류로 인해 생존 가능성이 낮을 수 있다는 사실도 알고 있었다. 그녀는 병의 본질에 대해 냉정하고 현실적이었지만, 불면증 그리고 공황 발작과 해리 증상을 보일 정도로 심각한 불안감을 경험하고 있었다.

Petrea는 그녀의 공황 발작과 성격 변화를 우려한 내과의사의 추천으로 병원에서 표현예술치료를 받았다. 초기 회기에서 우리는 신체의 움직임과 스트레스 감소에 중점을 두고, 이 장의 앞부분에서 설명한 것과 유사한 몇 가지 자기 조절 전략을 개발하기 위해 노력했다. Petrea는 인생 대부분을 '자신의 감정을 억누르고' 보냈으며 가족이나 친한 친구를 포함한 누구와도 자신의 감정을 거의 공유하지 않았다고 말했다. 의사의 조수로서 그녀의 업무는 만족스러웠지만 그녀가 마주친 많은 환자들의 심각한 상태를 보면서 지속적으로 스트레스를 받고 있었다. Petrea는 자신이 2차 외상 후 스트레스 반응과 유사한 다양한 형태의 업무 관련 소진을 경험하고 있음을 발견했다. 특히 그녀는 종종 자신이 임상적으로 우울하다고 느꼈지만, 그 우울함의 밑바닥에는 '누구에게도 말할 수 없는 분노가 숨어 있다.'는 것을 발견했다. Petrea는 현재의 트라우마 반응이 과거의 우울증 및 해결되지 않은 분노 경험과 관련이 있다고 느꼈다.

처음 Petrea를 만났을 때, 그녀는 이미 호흡법과 점진적 근육 이완과 같은 자기 조절 전략을 사용하여 불안을 줄이고 있었다(이 장의 앞부분에서 설명한 긴장과 이완 운동과 유사함). 그녀가 어느 정도 자가 진정 능력을 갖추고 있었기 때문에, 초기 회기에서 나는 Petrea에게 자신의 우울, 분노 그리고 현재 느끼는 공황을 그녀가 편안한 범위 내에서 바디아웃라인을 통해 표현해 보라고 제안했다. 특히 우리는 현재의 고통이 그녀에게 어떤 영향을 미치는지 그리고 그녀가 자신의 몸에서 트라우마 반응을 어떻게 경험하는지 바디스캔을 통해 탐구했다. 이 과정은 과거의 기억과 긍정적인 관계에서 회상된 기분 좋은 감각을 그녀의 몸이 느끼는 경험과 교대로 진행되었다. 다행히도 Petrea는 스키를 타는 것과 동료들과의 우정과 같은 긍정적인 경험에 대한 암묵적 기억이 많았다. 이는 그녀가 불안하거나 공황 상태에 빠졌을 때 활용할 수 있는 자원으로 더 명확히 인식될 수 있었다.

Petrea는 공황 발작을 줄이기 위해 무엇이든 하고 싶어 했기 때문에 회기 사이에 간단한 일기를 써서 특정 감정을 시각적으로 기록하거나, 생각을 적거나 그리는 등 간단한 저널(제6장에서 설명한 그룹 낙서 과정처럼) 작업을 제안했다. 그녀가 바디아웃라인 템플릿을 마음에 들어 했기 때문에 표현예술 과제의 일부로 그것을 사용하기로 결정했다. 이러한 이미지 만들기에 대한 Petrea의 관심으로 인해 나는 암 진단과 후속 치료의 어려운 시기에 '몸과 더 친해지기'를 돕기 위한 전략으로 바디매핑을 제안했다. 회기의 시간 제약으로 인해 실물 크기의 그림 대신 모의 바디맵(약 4′×2′ 크기)을 만들기로 결정하고 콜라주와 기타 재료를 사용했다. Petrea는 포함할 수 있는 몇 가지 요소에 대해 논의한 후, '회복탄력성의 흔적', 힘의 원천, 배운 것, 자신의 삶에서 사회적 지지를 제공한 가족과 친구에 초점을 맞춘 '회복탄력성 바디맵([그림 7-10] 참조)를 만들기로 결정했다. Petrea는 자신의 바디매핑에 대한 생각을 다음과 같이 공유했다.

> 아직도 유방암 진단을 받았을 때의 감정을 정리하는 데 어려움을 겪고 있어요. 하지만 나에게 가장 두려운 부분은 진단을 받았을 때가 아닌 치료가 끝났을 때였어요. 그때부터 공황 상태가 시작되었거든요. 항암 치료가 끝났으니 이제 어떻게 살아남아야 할까요? 암이 재발할까 걱정도 되고요.
>
> 또 이 모든 시련으로 인해 외상 후 스트레스 반응이 나타날 수도 있다고 들었어요. 예술은 제 감정을 표현할 수 있는 방법을 제공해 주었지만, 바디매핑은 침해당하고 스트레스를 받은 몸 안에서 나만의 강점을 찾는 데 도움을 주었어요. 저는 슬픔을 전달하고 싶지 않았어요. 대신 제가 느꼈던 기쁨의 순간을 표현하고 싶었어요."

Petrea는 바디매핑을 통해 자신의 강점과 사회적 지지에 집중했지만, 내가 만난 다른 암 생존자들은 종종 이미지를 통해 자신의 질병이 신체에 미친 영향을 직접 마주하는 방식을 선택하기도 했다. 유방암은 개인의 신체 감각에 부정적인 영향을 미칠 수 있기 때문에 바디 이미지가 트라우마 스트레스의 원인이 된 사람들에게는 신체에 초점을 맞춘 이미지가 적합하지 않을 수 있다. 그러나 다른 사람들에게 신체적 변화에 대한 자기 표현이 오히려 힘이 될 수 있다. 특히 강점, 사회적지지, 외상 후 성장 같은 회복력 요소와 결합할 때 이런 표현은 더 큰 의미를 지닌다.

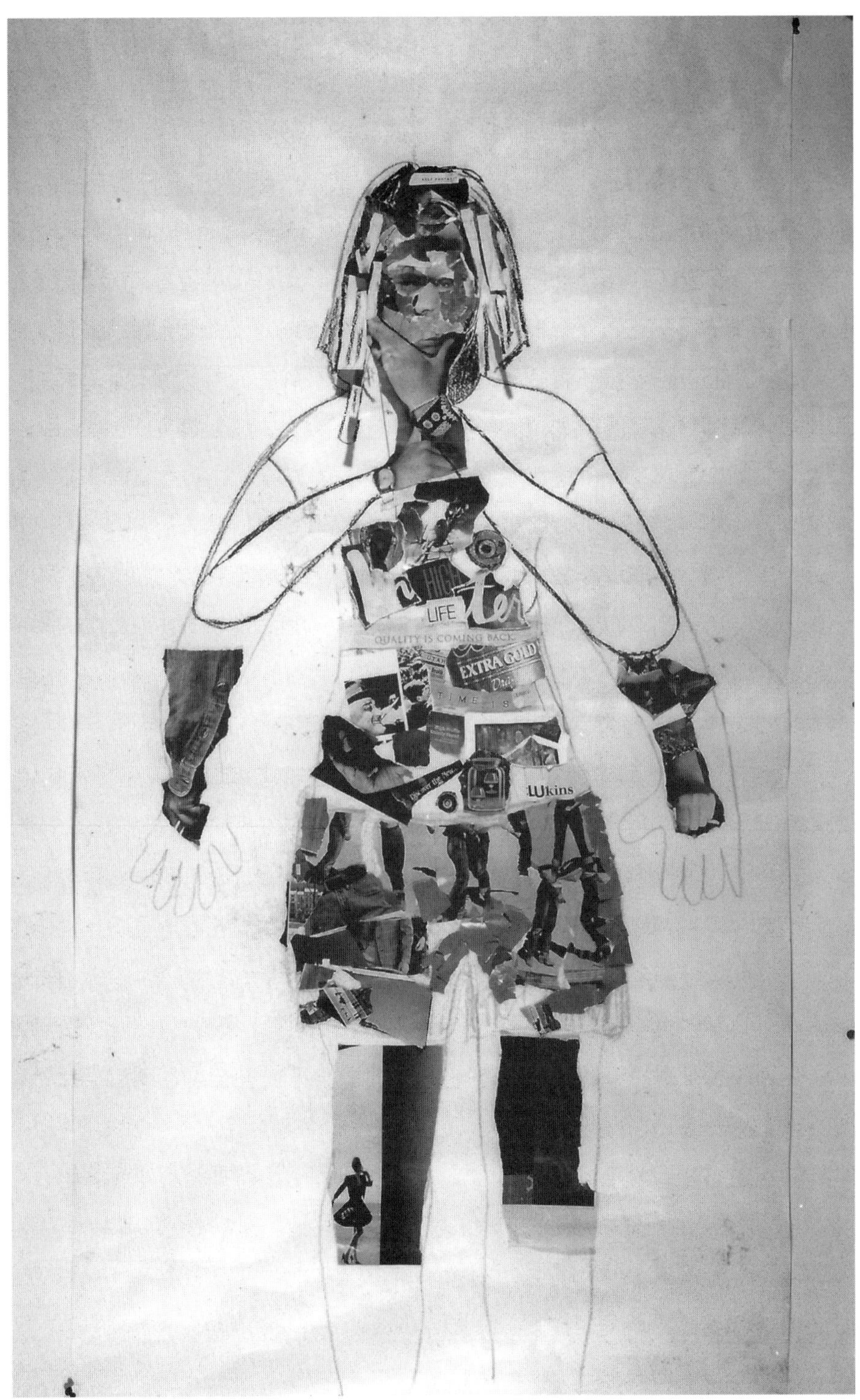

[그림 7-10] Petrea의 '회복탄력성 바디맵'

Cathy A. Malchiodi의 컬렉션 중(작가의 허가없이 재사용 및 무단복제 금지).

◇◇◇◇◇

신체 기반 접근법의 적응적 활용

신체의 트라우마 감각을 다루는 것은 매우 중요하지만, 대인 관계 폭력이나 폭행을 경험한 내담자에게는 특히 어려울 수 있다. 이 마지막 장에서는 대인 관계 폭력에 따른 신체 기반 감각을 다루는 데 사용되는 다양한 적용 방법을 소개하며, 개인의 안전, 자기 조절 및 인내의 창을 지원하는 데 초점을 맞춘다. 다음의 간단한 사례에서는 여러 차례 성적 학대와 학대를 경험한 아동을 치료하는 데 표현예술과 놀이가 어떻게 통합되었는지를 설명한다.

아동 성적 학대로 인한 신체 트라우마에 대처하기

아동 성적 학대는 트라우마에 기반 개입에서 가장 어려운 과제 중 하나일 수 있다. 많은 경우, 성학대를 겪은 어린 생존자들은 또한 발달적 트라우마(어린 시절에 겪은 여러 가지 부정적인 사건)를 경험했기 때문에 어떻게 효과적으로 접근할지에 대한 우려가 더해진다. 신체와 관련된 활동을 도입하는 것은 사람 간 폭력, 특히 성폭행의 특성상 까다롭고 심지어 위험할 수 있다. 표현예술을 통해 신체에 대한 트라우마의 암묵적 경험(일명 '무슨 일이 일어났는지')을 강조하면 불필요한 신체 감각과 감정적 반응을 유발할 수 있다. 신체 윤곽선이나 진저브레드 그림 등 다양한 신체 관련 지시어를 사용할 때는, 인내의 창과 비지시적 표현예술 및 놀이를 통해 아동들이 어떤 감정을 전달하는지에 특별한 주의가 필요하다.

사례 예시. Josh

Josh는 어린 시절 신체적, 정서적 방임과 성적 학대를 포함한 수많은 부정적인 사건을 경험했다. Josh는 10살 때 정신과 병원에 입원하여 진단과 치료를 받은 후 미술 및 놀이치료를 받게 되었다. Josh의 어린 시절에 대해 알려진 바는 많지 않지만, 전문가들은 Josh가 어머니의 약물 남용과 다른 파트너들과의 불륜 관계 문제로 인해 어머니와 안정된 애착을 갖지 못했다고 지적했다. Josh는 7살 때까지 친어머니의 보호를 받았지만, 방임 그리고 어머니의 불륜남과 삼촌의 성적 학대로 의한 여러 차례의 신고로 인해 어머니의 양육권은 박탈당했다. 그 후 Josh는 이모와 함께 살았으며, 초등학교 운동장에서 개를 폭행하려 하고 다른 아이들을 상대로 성적인 행동을 했다는 신고를 받았다. 이모는 Josh의 이러한 행동을 더 이상 혼자서 해결할 수 없다고 생각했고, Josh는 입원 치료를 받게 되었다.

Josh와 같이 힘든 어린 시절을 경험하고 외상후스트레스장애(PTSD) 진단을 받은 아이들은 종종 그들의 발달에 미친 트라우마의 영향을 그림으로 나타낸다(Malchiodi, 2012b).

Josh가 빠르게 "안녕"이라고 말하는 사람의 모습을 그렸을 때, 그림은 마치 훨씬 어린 아이가 그린 것처럼 보였다([그림 7-11] 참조). Josh 자신도 나이에 비해 육체적으로 어려 보이고, 그의 그림에는 일반적으로 손이나 발이 생략되어 있으며 그린 팔은 항상 비대칭이다. 이런 특징들에 특별한 의미를 부여하기는 어렵지만, 이는 Josh가 겪은 반복적인 학대, 애착 문제, 방임이 그의 발달에 끼친 영향을 나타내는 것이라 볼 수 있다.

[그림 7-11] Josh가 "안녕"이라고 말하는 사람을 그린 그림
Cathy A. Malchiodi의 컬렉션 중(작가의 허가없이 재사용 및 무단복제 금지)

처음에는 "사람을 그려 달라."는 내 요청에 응했지만, Josh는 사람 그리는 것을 좋아하지 않고 가족에 대한 그림을 그릴 수 없다고 말했다. 사실 Josh는 어떤 형태의 사람 그림도 피했고 이 치료의 단계에서 자신의 신체에 대해 이야기하는 것을 불편해했다. 그는 회기 중 주로 모래 상자에 공룡과 물건을 그리는 것을 선호했고, 모래와 물로 풍경과 지형을 만드는 것을 좋아했다. 이 경우, 내부 수용감각 경험에 대한 상징적 비유는 아동이 학대와 관련된 내적 감각을 표현하는 데 보다 더 편안한 방법이 될 수 있다. 신체 윤곽이나 이미지를 도입하는 대신, 내부수용감각 경험에 대한 은유를 활용하는 것은 아이들이 이미지나 놀이 활동을 통해 감정과 감각을 표현할 수 있도록 돕는 또 다른 방법이 될 수 있다. Crenshaw(2006)는 이 전략을 '환기적'이라고 하는데, 이는 제시된 은유의 특성으로 인해 자기 표현을 촉진한다. 아이들은 종종 감정이나 감각을 나타내는 자신만의 상징을 떠올릴 수 있지만 Josh는 이를 어렵게 느꼈다. 그래서 나는 놀이치료에서 흔히 사용하는 화산에 대한 이야기를 통해 Josh가 화산을 그릴 수 있을지 알아보려 했고, 이후 이를 극적으로 구성하거나 스토리텔링으로 진행하기로 했다. Josh에게 화산은 그리기 쉬운 주제였고, 학대와 관련된 다양한 감정, 특히 분노를 자연스럽게 전달할 수 있는 방법이었다. '화산은 때때로 어떻게 행동하는가'를 탐구하면서 그림을 그린 후 움직임과 드라마가 자연스럽게 만들어졌다. Josh는 나에게 '침착함' 또는 '수면'이라는 단어를 사용해 배운 '휴면'상태를 연습했다. 물론 이 화산에는 '분화'도 많았는데, Josh와 나는 자연에서 화산이 하는 것처럼 화염을 공중으로 쏘아 올리고, 용암을 정상에서 밀어내고, 분화가 끝나면 속도를 늦추는 등 다양한 방법으로 그런 행동을 보여 주기 위해 연습했다. 이러한 분화 연기는 나를 지치게 만들기도 했지만, Josh가 에너지를 발산할 수 있는 방법이기도 했다. 시간이 지나자 Josh도 화산이 휴화산으로 변하는 순간을 더 기대하기 시작했다. 이러한 놀이 연기와 움직임은 화산이 폭발할 가능성이 있는 시기(분노)와 화산을 휴면 상태로 전환하는 방법(자기 조절)을 이해하는 데 기초가 되었다. Josh의 발달 트라우마에 대한 지속적인 관심이 더 필요하겠지만, 적어도 화산이 폭발할 만한 충분한 이유가 있다는 것을 이해하기 시작했다(상처받거나 학대받거나 위협을 받을 때). 이러한 깨달음은 그가 충동(성적 행동)을 통제하지 못할 때 느꼈던 수치심을 완화시키는 데 도움이 되었으며, '평온한 화산'을 연습하는 데도 긍정적인 영향을 미쳤다.

사례 예시. Janeen

Josh의 누나인 Janeen이 어머니의 남자친구와 다른 성인 남성들로부터 어린 시절 내

내 성폭력을 당했다고 처음 밝힌 건 8살 때였다. 안타깝게도 여러 차례의 신고와 그녀의 폭로에도 불구하고 아동보호서비스는 Janeen의 상황에 효과적으로 개입하지 못했다. Janeen은 9살 때 마침내 어머니의 곁을 떠날 때까지 자신의 학대에 대해 다시는 언급하지 않았다. 당시 사건 담당 직원의 질문에 Janeen은 "무슨 일이 있었는지 잊고 싶어요."라고 답했다. 그녀는 "괜찮다."고 답했으며 여러 차례 학대 사건에 대해 이야기하고 싶지 않다고 말했다. 이와는 대조적으로, Janeen의 행동은 그녀가 오랜 시간 동안 해리 상태에 빠져 있어 학교에서 여러 문제를 겪고 있다는 것을 보여 주었다.

이제 12살이 된 Janeen은 위탁 가정에서 다른 아이들과 자주 싸우고 가끔은 부적절한 성적 행동을 보이기도 했다. 또한 일주일에 한 번 이상 침대에 오줌을 싸고 악몽과 과잉 경계로 인해 불면증이 잦았다. 처음에 그녀와 면담했던 사건 담당자는 Janeen이 학대를 막지 못한 것에 대해 죄책감을 느끼고, 자신에게 일어난 일에 대해 똑같이 부끄러움을 느끼고 있음을 관찰했다. 그녀는 성적학대와 친모가 보호와 안전을 제공하지 못한 경험에 대한 자신의 신체 반응을 이해하고 조절하는 데 도움이 필요해 보였다.

비슷한 경험을 한 다른 많은 아이와 마찬가지로 Janeen도 미술 및 놀이치료 회기에 오기 시작하면서 때때로 해리 증상을 보였고, 과잉 경계와 불안 증상을 보이기도 했다(몸에 너무 많은 신경이 집중되어 있음). 초기 회기에서 나는 Janeen이 어른, 개인의 안전, 신체를 어떻게 인식하는지 이해하기 위해 Janeen의 개인적 공간에 특히 집중했다. Janeen처럼 반복적으로 성폭행을 당한 아이들과 함께할 때 나는 그들이 원할 때만 이야기하거나 참여할 수 있고, 전혀 참여하지 않아도 된다는 점을 항상 강조한다. 또 어디에 앉을지, 언제 방을 돌아다닐지, 어떤 미술과 놀이 도구를 사용할지에 대한 선택권도 그들에게 있다. 놀이방에서 자리를 선택한 후, Janeen은 거의 움직이지 않았고, 테이블에 몸을 웅크린 채 첫 회기 동안 대부분 침묵을 지켰다. 내가 그녀에게 왜 나와 함께 있게 되었는지 알고 있는지를 물었을 때, 고개를 끄덕이는 것 외에는 말이 없었다. Janeen이 미술과 놀이치료를 받는 이유를 알고 있었기 때문에 나는 상처를 받은 다른 많은 아이와 함께 일해 왔다는 사실을 공유하고 "사실 이 놀이방에 오는 많은 아이가 모래 상자에 있는 그림, 장난감, 피규어 등을 이용해 이야기를 들려주곤 했어."라고 덧붙였다.

처음에는 Janeen과 함께 신체 움직임부터 시작하고 싶었지만, 이 단계에서 신체 감각적 접근은 Janeen에게 너무 부담이 될 것 같았다. Janeen이 그림 그리기를 좋아하고 모래 상자 안에서 작은 장난감을 사용하는 데 익숙했기 때문에 나는 좀 더 인지적인 하향식 접근법으로 시작했다. Janeen이 전혀 움직이지 않았기 때문에 나는 처음 몇 번의 회

[그림 7-12] Janeen의 자화상
Cathy A. Malchiodi의 컬렉션 중(작가의 허가없이 재사용 및 무단복제 금지)

기 동안 그녀가 그림을 그릴 때 그저 옆에 앉아 있었다. Janeen이 처음 그린 그림들은 대부분 창문 뒤에 있거나 물건 뒤에 숨어 있는 것들이었고([그림 7-12] 참조), 허리에서부터 위쪽까지의 자신을 묘사한 이미지들이었으며, 부러진 나무와 혼란스러운 환경을 포함한 풍경이 주된 주제였다. Janeen은 자신의 그림에 대해 이야기하는 것을 꺼려 했고, 그 내용에 대해서는 방어적인 태도를 보였다. 다행히도, 그녀는 매 회기마다 항상 열심히 그림을 그렸고, 내가 그림에 관심을 갖는 것을 기뻐하는 듯했다.

이 그림들은 트라우마가 Janeen에게 미친 영향에 대한 두 가지 단서를 제공했다. 가장 눈에 띄는 단서는 자화상인데, Janeen은 자신의 허리 아래, 즉 다리를 전혀 그리지 않았다. 이것이 성폭력과 관련이 있다고 추측할 수도 있지만, 동시에 이 그림들은 그녀가 얼어붙고 움직일 수 없는 상태를 느끼고 있다는 것을 표현한 것일 수도 있다. 예술 표현은 다양한 의미를 담고 있으며, 종종 여러 층의 소통을 포함한다. 또 다른 단서는 Janeen이 항상 산산조각 나고, 금이 가고, 부서진, 혼란스러운 장면을 그렸다는 데에서 찾을 수 있다. 이러한 '파괴적인' 이미지에 특정한 의미를 부여하는 것은 어렵지만, 폭력적인 가정에서 자란 아이들과 함께 일한 경험에 비추어 볼 때, 발달 트라우마가 있는 아이들이 그리는 그림에서 흔히 볼 수 있는 주제이다. 일부 전문가들은 이미지에 해석을 붙이는 반면, 나는 그림을 볼 때 '초심자의 마음'을 유지하려고 노력하며 개인의 내면에 있는 외상성 스트레스의 또 다른 표현이라고 생각한다.

Janeen은 여전히 그림 그리기라는 안전 지대를 벗어나기를 주저했기 때문에 나는 테이블 위에 놓인 큰 칠판에 초크파스텔로 양손을 사용해 양방향 움직임 그림을 그리도록 했다. 보통 나는 아이들에게 서서 그림을 그리라고 권유하지만, Janeen에게는 여전히 너무 부담스러울 것 같았다. 그래서 나는 호(둥근 활 모양), 원, 직선, 수직선 등 Janeen이 만들 수 있는 여러 가지 패턴을 보여 주었다. 만약 아이가 '실수'를 했다고 느끼면 아주 쉽게 지울 수 있고, 다른 그림을 시작할 수 있다고 안심시켰다. 몇 가지 동작을 시도했고, Janeen은 칠판에 여러 가지 색으로 다양한 호를 그리는 것에 금방 흥미를 느꼈다. 얼마 지나지 않아 그녀는 드디어 일어서서 초크파스텔을 들고 칠판의 모든 부분에 그림을 그리기 시작했고, 이전 회기보다 더 활발하게 움직였다. 양손으로 그림을 그리는 기분이 어떠냐고 물었더니 "좋아요."라고 속삭이며 "무지개를 만드는 게 좋아요."라고 덧붙였다.

안타깝게도 추가 개입을 위해 다른 기관으로 옮겨질 때까지 Janeen과 몇 번의 회기밖에 더 진행할 수 없었다. 하지만 마지막 회기에서 우리는 더 많은 양방향 움직임과 그림 그리기를 계속했고, 결국 Janeen은 더 활기차고 편안하게 방을 돌아다닐 수 있게 되었다. 여전히 말을 많이 하지는 않았지만, Janeen은 나와 눈을 마주치는 횟수가 급격히 늘어났고, 자신감을 가지고 의자에 똑바로 앉아 있는 날이 많아졌다. 놀랍게도 마지막 회기가 시작될 무렵, 그녀는 정기적으로 나에게 '큰 종이에 큰 나무를 그릴 수 있는지'를 물어보았다. 나는 치료사로서 Janeen이 점점 더 자신감 있고 표현력 있는 동작을 즐기는 모습을 보게 되어 기뻤다. 그리고 Janeen이 '크고 대담한 나무'를 만들고, 그중 몇 개는 집에 가져가 위탁 가족의 집에 있는 침실에 걸어 놓겠다고 했을 때는 정말 기뻤다. 제한된 상담 시간 때문에 Janeen이 경험한 여러 차례의 폭행 사건에 대해 논의할 기회는 없었다. 하지만 Janeen의 사회복지사는 나중에 Janeen이 학대에 대한 두려움과 죄책감에 대해 훨씬 더 솔직하게 이야기했고, 보호 서비스에서 사건을 추적하는 데 도움이 될 만한 몇 가지 중요한 세부 정보를 제공했다고 전했다. Janeen의 양부모는 그녀의 불면증, 악몽, 과잉 경계가 훨씬 더 관리하기 쉬워졌으며 '큰 나무'가 Janeen에게 긍정적인 기억의 중요한 원천이 되었다고 말했다.

◇◇◇◇◇

결론

트라우마에 대한 신체의 경험을 다루는 것은 안전과 자기 조절에 필요한 기초를 다지는 데 도움이 된다. 이는 '좋은 리듬'을 강화하기 위한 움직임과 양방향 드로잉, 트라우마 치유 요가, 회복탄력성과 관련된 감각 경험을 탐색하기 위한 다양한 형태의 신체 활동과 신체 지도 만들기 등 표현예술을 통해 여러 가지 방법으로 다룰 수 있다. 트라우마를 겪은 많은 사람에게는 신체와 관련된 감각을 다루는 것은 어려울 수 있기 때문에, 개인의 인내의 창에 대한 수용가능범위에 대한 민감성이 매우 중요하다. 결국 신체는 고통스러운 사건에 대한 암묵적인 이야기를 전하며, 이는 트라우마에 대한 더 크고 포괄적인 내러티브를 형성하는데, 다음 장에서는 그 주제에 대해 더 깊이 다룰 것이다.

제8장
트라우마 내러티브: 이야기로 풀어내는 다층적 표현

트라우마 이야기가 상담의 핵심이 될 수밖에 없을 때, 나는 Herman(1992)의 중요한 진술을 떠올리곤 한다. "잔혹 행위는 결코 묻혀 있기를 거부한다. 그것을 부정하려는 욕망만큼이나 강력한 것은 부정이 결코 해결책이 될 수 없다는 것이다. 끔찍한 사건들을 기억하고 이야기하는 것은 사회 질서를 회복하고, 개인 피해자를 치유하는 데 필수적인 전제 조건이다."(p. 1) 나는 아동, 성인, 가족, 집단과 함께 심리치료를 할 때마다 그가 말한 것의 의미와 중요성을 되새겨 왔다. 그의 말은 극심한 고통이나 비밀 유지의 필요성으로 인해 말할 수 없는 많은 사람에게 표현예술이 트라우마 회복의 필수 요소인 이유를 제시한다. 자신의 이야기를 보여 주는 것은 보상, 회복, 치유을 위해 필수적이며, 어떤 사람들에게는 사회적 행동과 정의의 한 형태이기도 하다.

2004년, 나는 어릴 적에 가톨릭 신부들로부터 성적으로 고통을 받은 소수의 사람으로 이루어진 집단과 작업을 하게 되었다. 가톨릭 가정에서 자라면서 나 또한 이러한 사례들에 대해서 잘 알고 있었다. 몇몇 가해자들이 아직 살아 있기는 하지만, 대부분의 가해자는 추방되거나 죽음을 면치 못했다. 비록 많은 개인이 자신들의 피해 경험을 몇십 년 혹은 평생 공유한 적이 없었으나, 당시 뉴스에서 잊혀진 범죄들을 재점화하는 공개적인 많은 고발이 있었다. 그로 인해, 많은 이가 '무슨 일이 있었는지'를 이야기하기로 결심했고, 수년간의 고통스러운 침묵 끝에 심리적인 회복을 위해 목소리를 내기 시작했다.

그중 한 사람은 아동학대로 인한 고통스러웠던 기억뿐만 아니라, 트라우마 기억의 복잡함, 그리고 그 기억들이 어떤 방식으로 자신만의 이야기를 만들어 내는지 보여 주었다. 내가 Arthur를 처음 만났을 때 그는 50살이었지만, 자신의 피해 사례를 마치 지난주에 일어난 것처럼 생생하게 표현했다. Arthur는 키가 크고 자동차 공장에서 일하는 근육질인 남성이었지만, 내 맞은편 의자에 구부정하게 앉아 있는 그의 몸과 전혀 다른 분위기가 풍겼다. 그는 간결하면서도 담담하게 자신의 이야기를 했다.

> 방과 후 학교 체육관의 탈의실에서 신부가 저를 추행했어요. 그때는 고작 열한 살이었죠. 그가 저를 강간하기 직전 제 숙제를 도와주려던 척을 했던 게 기억나요. 제가 며칠이 지나고 저녁 식사 도중 아버지에게 이 사실을 밝히자, 아버지는 저를 다른 방으로 끌고 가 제가 실신하기 직전까지 벨트로 호되게 채찍질을 했죠. 그 다음날 밤 제가 어머니에게 사건에 대해 설명하려 하자, 어머니가 제 뺨을 후려치셨어요. 저는 어머니가 소리쳤던 것을 기억해요. '다시는 [이름 생략] 신부님에 대해서 그렇게 말하지 마라!' 저는 그날 저녁을 먹지 못하고 잠을 청했어요. 최악이었던 건 저희 어머니는 제가 괜찮은지 한 번도 보러 오시지 않았다는 거죠.

회기 후반에 Arthur에게 "최악의 일이 무엇이었는지요?"라고 물었을 때 그는 "그날 이후로 저는 단 하루도 빠짐없이 나 자신을 미워했어요. 하지만 최악은 부모님 모두를 잃은 것이었죠. 아무도 내 편이 아니라는 것을 깨달았어요. 아무도요."라고 했다. Arthur는 자신이 느낀 배신감과 버려졌다는 감정을 보여 주기 위해 자발적으로 그림을 그리기 시작했다([그림 8-1] 참조). 나는 그에게 성폭행을 당한 것이 최악의 사건이라는 이야기를 듣게 될 것이라 예상했지만, 많은 학대 피해자가 그렇듯이 Arthur의 트라우마 기억과 이야기에는 다른 많은 요소가 포함되어 있었다. 그의 이야기를 통해 끔찍한 사건 이후 자신과 타인에 대한 인식은 돌이킬 수 없을 정도로 바뀌는 경우가 많으며, 이렇게 변화된 인식이 트라우마 사건 자체와 더불어 지배적인 이야기가 되는 경우가 많다는 것을 알게 되었다.

언어 중심의 상담이 언어로 이야기를 만들어 내는 반면, 표현예술치료의 가치는 다양한 이야기 표현에 있다. 이 책의 서두에서 나는 심리치료에서 표현예술이 언어의 한계를 뛰어넘는 방법에 대해 생각하게 된 중요한 순간 중 하나를 언급했다. 특정 사실과 사건을 의식적으로 기억하는 능력은 외상 후 스트레스를 겪는 사람들에게서 결여되며, 이러한 결여는 결국 트라우마의 집합체가 되어 시각적인 이미지와 신체적인 감각을 잘못 전달되게 한다(van der Kolk, 1994).

이것은 예술 표현 형태의 시각적 이미지가, 언어만을 사용하여 표현되기 어려운 트라우마 이야기를 표현하는 데 효과적인 방법이 될 수 있다는 가설을 세웠다. 이러한 가설은 신체 감각이 중요한 역할을 할 수 있다는 가설을 보여 주었으며, 이는 모든 표현예술이 단순히 '말'로 만이 아니라 암묵적인 의사소통을 통해 트라우마 사건을 '이야기'하는데 필수적인 이유를 다시금 확인시켜 주었다. 트라우마의 특성상, 기본적으로 사람들은 사건에 대해 정확하게 기억을 못 하는 경우가 많기 마련이지만, 뇌와 신체에 의해 그 기억

[그림 8-1] Arthur의 배신의 그림

Cathy A. Malchiodi의 컬렉션 중(작가의 허가없이 재사용 및 무단복제 금지)

들이 되살아난다. 이렇게 되살아난 경험・기억들은 표현예술의 행동 지향적이고 감각적인 특성을 통해 종종 드러난다.

◇◇◇◇◇

트라우마 기억들: 산사태 속에 갇히다

치료사들은 종종 과거에 일어났던 고통스러운 사건들에 대한 언어화된 기억을 묘사하기 위해 트라우마 내러티브(삶의 경험 이야기)라는 용어를 사용한다. 이러한 내러티브도 중요하지만, 암묵적이고 체현된 내러티브가 개인적으로는, 보다 훨씬 더 중요하다고 생각한다. 이것들은 과거에 일어난 원래의 사건에서 일반적으로 해결되지 않은 고통과 관련이 있는 감각에 기반을 둔 기억들이다. 표현예술치료에서 이러한 형태의 트라우마 이야기는 움직임, 몸짓, 자세, 예술, 소리, 음악성, 연기 또는 놀이를 통해 말로는 보이지 않는 부분들마저 표현한다. 명료하고, 선형적인 것보다 더 널리 퍼져 있고, 강력한 감각적 내러티브의 출현은 트라우마 기억의 특징이다. 이미지는 지배적인 경험을 형성할 수 있지만 트라우마 이야기는 청각, 후각, 고유 감각, 운동 감각을 포함한 다양한 암시적 경로를 포함하여 형성될 수 있다. 예를 들어, 어린 시절 성폭력을 당했던 성인 생존자가 내게 처음 자신의 이야기를 공유하였을 때, 그녀는 "입안에 식초를 머금은 듯 계속 기분 나쁜 맛이 났어요."라고 하였다. 그녀의 트라우마 이야기는 가해자에게 학대를 받을 적 구토를 참던 기억(미각)에서 발전하였기 때문이었다. 그녀는 그림과 연극적 재연을 자신의 트라우마 속 기억들을 세부적으로 이끌어 낼 수 있었지만, 이미지보다 맛, 냄새, 소리 등이 그녀가 '무슨 일이 일어났는지'에 대한 기억의 회상을 불러일으킬 수 있는 주요인이었다. 트라우마를 겪은 많은 사람과 같이 그녀는 감각적인 경험이 그녀의 기억과 이야기를 지배했기 때문에 자신의 이야기를 말로 표현하기 어렵게 만드는 단절된 기억들만 가지고 있었다.

예술을 기반으로 한 표현을 통해 듣거나 목격한 수많은 트라우마 이야기를 생각하면 밴드 Queen의 명곡 〈보헤미안 랩소디〉의 가사 몇 줄이 떠오른다. 이 가사는 현실(실제 삶)과 상상 속 기억(환상) 모두가 뒤섞인 모순적인 경험의 본질을 담고 있다. 종종 통제할 수 없는 생각과 감정이 산사태처럼 느껴지기도 한다. 이러한 산사태 안에는 삶의 이야기가 깨지고, 자신과 세상에 대한 기존의 내러티브를 잃는 경험이 포함된다. 사람들은 이러한 감정적 산사태에 저항하며 "이건 내가 아니야." 또는 "이런 일이 나에게 일어날 리

없어."라는 생각과 감정에 맞서 싸우게 된다. 또는 "일어난 일에 대한 생각을 멈출 수 없다."고 믿거나 무감각 또는 해리적인 상태로 고통스러운 기억을 완전히 외면하려고도 한다. 어떤 사람들은 자신이 "산산조각 나는" 듯한 느낌을 받으며, 정신이 나간 것 같을 정도로 이야기의 흐름이 무너지거나, 자신의 경험을 논리적인 순서로 정리할 수 없어 당황스럽다고 말한다. 많은 사람은 자신의 이야기가 치료사를 포함한 다른 사람들이 공감하거나 이해하지 못할까 봐 두려워한다. 발달 트라우마 또는 복합 트라우마의 경우, 트라우마 이야기로 남아 있는 것은 환경 속 다양한 자극에 대한 신체의 혼란스럽고 압도적인 감각과 신체 반응뿐일 수 있다. 이러한 감각과 반응은 하나의 진실이지만, 동시에 비현실적으로 느껴지기도 하며, 침투적인 이미지, 냄새, 소리 또는 고통을 유발하는 감각적 현상으로 나타난다.

나는 트라우마 피해자들에게 트라우마 사건에 대해 이야기하는 것이 그들에게 왜 역효과를 불러일으키고, 불편하고, 고통스럽게 느껴질 수 있는지 설명해 달라고 요청하는 것만으로도 많은 것을 배웠다. 50세의 Rachel은 어린 시절 성적 학대와 폭행을 겪은 피해자로, 이야기하는 것이 왜 역효과를 내는지에 대해 매우 명확하게 말해 주었다. 그녀는 자신이 겪은 수많은 폭력 행위로 조각나고 찢겨진 감각에 기반한 기억을 치료사에게 소개하는 것에 있어 비언어적인 치료 방식을 원한다고 했다. 여러 충격적인 사건들에 대한 기억을 말로 표현하기 위해 수년간 애쓰는 동안, 그녀는 어린 시절 자신에게 일어난 일에 대해 더욱 큰 죄책감을 느끼기 시작했고, 오랜 기간 동안 해리 상태에 빠지곤 했다. 돌이켜보면, Rachel은 자신의 경험이 뒤죽박죽이고 단편적이었기 때문에 치료사들이 자신을 믿지 않는다고 의심했다. 그녀는 지역사회에서 잘 알려진 인물에게 여러 차례 학대를 당했는데, 이야기가 조각나고 일관성이 없었기 때문이다. 당시 치료사들이 자신을 도우려 했다고 느끼긴 했지만, 설명하지 못했을 때 조롱당하는 것 같았고, 스스로 무능하다고 느꼈다. 인지행동치료, 노출치료 등 다양한 형태의 치료를 여러 차례 시도한 끝에 Rachel은 이야기하는 것 자체가 또 다른 트라우마의 원인이 될 수 있다는 생각에 결국 치료를 중단하기로 결정했다. 그녀는 나에게 이렇게 설명했다. "저는 이야기하지 않기로 결심했어요. 말을 하다 보면 제가 더 위축되고 나약해지는 느낌이 들었거든요. 그러다 제가 감당할 수 없다고 느낄 때마다 블랙아웃(해리)을 일으켜 도피하기 시작했어요." 당연하게도 많은 사람은 자신의 트라우마 사건에 대해 이야기하면 자신이 제거하려 했던 과잉 반응과 정신적 무감각 증상이 유발된다고 보고한다. 일부 심리치료사들은 트라우마 치료를 위해 "무슨 일이 일어났는지 이야기하는 것"이 반드시 필요하지 않다고 믿는다. 예를 들어, Rothschild(2010)는 트라우마 사건의 연대기를 관찰하거나 탐구하고, 이를 구성하는 것이 오히려 역효과를 내며, 경우에 따라 일부 사람들에게는 위험할 수 있다고 말한다. 어떤 의미에서는, 트라우마 이야기를 다루는 모든 형태의 기억 처리는 트라우마의 재발을 일으킬 수 있기 때문에 부정적인 결과를 초래할 수 있다.

또한 아무리 설득력 있는 치료법이라 해도 어떤 형태로든 기억을 다시 떠올리고 싶어 하지 않는 피해자도 있다. 특히 가정 폭력이나 성적 학대와 같은 대인 관계 폭력의 경우, 치료의 비밀 유지 관계가 보장되는 상황에서도 이야기를 나누는 것이 안전하지 않다고 느껴질 수 있다. 트라우마가 제한적이고 급성인 경우, 심리치료사가 그 사람의 감정을 해소하도록 돕는 데 능숙하다면 대부분의 사람들은 큰 거리낌 없이 자신의 이야기를 한다. 그러나 트라우마가 복잡하거나, 발달 과정 중이거나, 오래전에 발생한 경우에는 다양한 이유로 말로 표현할 수 있는 이야기가 없다고 하거나 남아 있는 기억이 없다고 말하는 경우가 흔하다.

무언의 상태와 무언의 공포

이전 장에서 논의된 한 가지 특정 개념은 특히 표현적 예술을 트라우마 내러티브에 적용하는 것과 관련 있다. 즉, 스토리를 명확하게 표현하기 위해 사용하는 언어의 '한계'에 관한 부분이다. 내가 처음 Lenore Terr로부터 배운 '무언의 상태'는 왜 폭력적인 가정의 아동이 종종 자신의 경험을 언어로 전달할 수 없는지에 대한 이유를 이해하는 데 도움이 되었다. Terr는 이 상태가 충격적인 사건들을 말하거나 표현하는 동안 오는 공포에 의해 유발된다고 믿었다. 그녀가 내게 들려준 기억에 남는 이야기는 네 살 때 베이비시터에게 성폭력을 당했고 이후 Terr와 상담하는 동안 성적으로 흥분한 한 남자아이에 관한 것이었다. Terr가 치료 중에 본 다른 아동과 마찬가지로, 이 소년은 다양한 장난감과 소품을 학대 시나리오에 사용했고, 그의 감정과 행동을 거의 통제하지 못했다. 놀이 도중, 그는 갑자기 행동과 대화를 모두 끊고, 장난감을 상자에 다시 넣고, 더 이상의 대화를 차단하려는 듯 조용히 뚜껑을 닫았다. Terr에 따르면, 이러한 갑작스러운 활동 종료는 트라우마 이야기의 압도적인 경험에 대한 많은 아동의 반응 중 하나로 말 그대로 어떤 형태이든, 특히 언어적 의사소통을 차단하는 결과를 초래한다.

Terr가 이 특정 사건과 다른 에피소드에 대해 나에게 말했을 때, 우리는 트라우마 사건을 말하는 것이 실제로 뇌, 정신, 신체에 어떤 영향을 미치는지에 대해, 또 현재 알려진 것이 무엇인지 알지 못했다. PTSD에 대한 초기 신경 영상 연구는 Terr가 제시한 것의 일부를 설명했고, 브로카 영역(경험을 언어로 전달하는 것과 관련된 영역)의 활동 감소와 트라우마 회상 중 우뇌의 활성화 증가를 보여 주었다(van der Kolk et al., 1996). 이러한 연구들은 트라우마를 겪은 사람들이 경험하는 것을 표현할 때 언어를 사용하는 것을 왜 어려워하는지, 특히 감정적으로 흥분했을 때 언어화의 어려움에 대한 근본적 이해를 제공했다. 결국 무언의 공포(van der Kolk, 2000)라는 용어는 종종 마비, 충격, 혼란과 함께 발생하는 의사소통 능력의 결여가 많은 개인에게 트라우마가 언어화에 미치는 영향을 설명하는 수단이 되었다.

말에는 그 때가 있다

수년 동안 아동과 성인이 예술과 이야기를 통해 자신의 경험을 어떻게 표현하는지 지켜보면서 나는 트라우마 이야기는 결코 특정한 방식이나 예측 가능한 일정에 따라 전달되지 않는다는 사실을 발견했다. Arthur의 경우, 가해 사제들이 범죄로 재판을 받기 시작하고, 종교계 구성원들도 도움을 요청하기 시작했을 때, 비로소 나에게 성폭행에 대해 이야기하기로 결심했다. 환경이나 관계에서 어떤 감각이나 반응이 일어날 때까지 침묵을 유지하는 것은 어느 정도 효과가 있다. 놀이치료에서 치료사는 '아동으로부터 단서 받기'와 '아동의 리드에 따르기'에 대해 이야기한다. 이러한 원칙은 특히 신체적 또는 성적 폭행이나 전쟁 또는 테러를 경험한 청소년 및 성인과의 작업에도 적용된다.

예술가 Kalman Aron의 이야기는 트라우마 이야기에서 시간이 얼마나 극적인 역할을 할 수 있는지 보여 준다. Aron은 홀로코스트 당시 자신이 본 것에 대해 공개적으로 말하기 수십 년 전 나치 수용소 일곱 곳에 수감되었던 경험과 관련된 이미지를 그렸다. 유대인에게 그림을 그리거나 글을 쓰는 것은 금지되어 있었기 때문에 초상화를 원하는 독일군은 Aron이 그림을 그리는 동안 잠긴 막사에 숨겨 두고, 그들을 직접 보거나 사진을 보며 초상화를 그리게 했다. Aron은 그림을 그려 주는 대가로 식량을 받고 고된 노동을 피할 수 있었으며, 포로들을 위한 예술 작품을 제작함으로써 수용소에서 살아남을 수 있었다.

Aron은 1949년 로스앤젤레스로 이주한 후 그림을 계속 그리며 경력을 쌓았다. 1994년 남부 캘리포니아 대학교 쇼아 재단에서 나치 수용소에서의 경험에 대해 인터뷰할 때까지 그는 자신이 보거나 경험한 것에 대해 거의 이야기하지 않았다. 그러나 수십 년의 침묵 동안, 그는 강제 행진 중인 자신의 자화상과 부헨발트(Buchenwald) 및 여러 수용소에 수감된 동료 수감자들의 이미지를 포함하여 당시의 기억을 묘사한 수많은 예술 작품을 제작했다. 각각의 작품들은 작가가 겪은 여러 끔찍한 경험을 전달하는 시각적 내러티브였었다.

Aron의 가장 유명한 초크파스텔 그림 중 하나인 〈어머니와 아이〉는 Aron이 이 그림과 헤어질 수 없어 거의 60년 동안 그의 스튜디오에 놓아 두었던 작품이다. 1951년 대형 침대 시트에 그린 이 그림은 수용소에서 어머니가 아이를 위험이나 학대로부터 보호하려는 듯 꼭 껴안고 있는 장면을 여러 번 목격한 Aron이 그린 것이다. Aron은 그림을 그릴 당시를 회상하며 "나는 감정을 느끼지 않았다. 그저 무슨 일이 일어나는지 보았다." (Aron, 2017)라고 말하며 자신이 겪은 트라우마를 말로 표현할 수 없었다고 했다. 나중에 쇼아 재단과의 인터뷰에서 그는 홀로코스트 생존자인 취재진에게 수년 동안 작품의 내용에 대해 말할 수 없었지만, 격한 감정과 공포를 느끼면서도 마침내 그것에 대해 이야기할 수 있게 되었다고 고백했다.

Aron이 수년 동안 학대를 견디며 침묵을 지킨 것처럼 모든 개인이 동일한 반응을 보이지는 않을 것이다. 다른 상황이었다면 Aron은 더 일찍 자신의 이야기를 털어놓았을지도 모른다. 그러나 그는 그림으로 자신을 표현함으로써 수십 년 동안 말로 표현할 수 없었던 자신의 경험을 전달하는 데 성공했다. 표현 예술에서 이러한 현상은 특정 이야기를 실제로 말로 표현하지 않고도 움직임, 소리, 연기 또는 이미지를 통해 내재적인 기억을 전달할 수 있는 내담자에게서 발생한다. 어떤 경우에는 이전 장에서 설명한 무언의 상태 때문일 수 있다. 내 경험에 따르면 치료사의 도움을 받으면 결국 언어 기반으로 한 일관된 이야기가 점차 정리될 수 있다. 하지만 그전까지는 이미지, 움직임, 소리 또는 연기를 통한 감각적 표현만이 가능한 경우가 많다. 이는 종종 트라우마에 대한 신체의 경험을 전달하는 유일한 방법이며, 이러한 방식은 몸이 경험한 트라우마를 전달하는 유일한 수단이자, 결국 '무슨 일이 있었는지'에 대한 치유적 이야기를 구성하고 말로 표현하기 위한 필수적인 단계가 된다.

◇◇◇◇◇

비언어적 내러티브로서의 표현예술

트라우마 개입의 대부분 형태는 여전히 이야기의 언어적 표현에 초점을 맞추는 경향이 있다. 잘 알려진 접근법인 트라우마 중심 인지행동치료(TF-CBT; Cohen et al., 2017)는 개인이 경험을 이해할 수 있도록 돕는 방법이자 고통스러운 기억에 점차 노출되는 형태로서 이야기의 언어 표현을 강조한다. TF-CBT 및 이와 유사한 기법의 전제는 이러한 이야기를 전달할 기회를 제공하지 않으면 기억이 정리되지 않고 고통스러운 상태로 남는다는 것이다. 효과적이기는 하지만, 내 경험상 트라우마 이야기를 표현할 때, 특히 발달성 트라우마나 복합 트라우마의 경우에는 TF-CBT가 완전히 합리적이라고 생각하지 않는다. 생각과 행동을 바꾸는 것만으로는 발달 트라우마나 복합 트라우마를 겪은 대부분 사람들이 치료에 가져오는 암묵적 기억의 더 깊은 신체감각 및 감정적 요소에 대응하기 어렵기 때문이다.

이 책의 앞부분에서 표현예술이 구체적으로 다루는 네 가지 광범위한 영역에 대해 설명했는데, 그중 하나가 스토리텔링의 기능이다. 기술적으로, 스토리텔링은 단순히 이야기를 공유하는 사회적, 문화적 활동이다. 일반적으로 이야기가 입에서 입으로 전달되는 것응ㄹ 말하며, 때로는 연기 또는 즉흥성을 통과하면서 다양한 방식으로 이야기를 전달하게 된다. 심리치료 속에서는 가족이나 연결감이 있는 작은 모임 안에서든, 이야기를 나누는 것은 중요한 행위이다. 이는 불안감 감소, 타인과의 유대감, 자기효능감 증가와 관련이 있을 수 있다(Fivush, Sales, & Bohanek, 2008). 표현예술에서 시각 예술, 창의적 글쓰기, 연극적 재연은 특히 일관된 내러티브로 사건을 명확하게 회상하는 데 자연스러운 스토리텔링에 도움이 된다. 그러나 놀이, 음악, 춤과 움직임, 소리, 리듬을 통해 이야기를 드러낸다. 이러한 형태의 예술 표현은 비언어적 특성으로 인해 이야기의 체감각적 특성을 전달한다. 예술 기반 작업의 핵심인 암묵적이고 체화된 내러티브는 트라우마 사건과 신체의 기억에 대한 소통을 고려할 때 언어의 한계를 뛰어넘는다.

Levine(2015)은 "우리의 기억 중 가장 두드러진 것은 좋든 나쁘든, 즐겁든 슬프든, 화가 나든 만족하든 그 감각의 느낌과 감정에 젖어 있다."(p. 6)고 말한다. 이러한 감각적인 차원의 의사소통을 활용하면 마음의 통제가 자연스럽게 이완되고 더 깊은 수준의 내재적 경험이 생겨나 실제로 언어적 의사소통을 향상시킬 수 있다(Machiodi, 2003, 2019). Jung(1989)은 그의 책 『기억, 꿈, 상상』에서 구현된 창의성, 상상력, 놀이에 대한 그의 이야기를 들려주면서 과정이 어떻게 작동하는지 직감했던 것 같다. 성인이 된 Jung이 개인적으로 힘들었던 시기에 의도적으로 다시 11세 소년이 된 것처럼 놀이에 참여하고 창작하기로 결심했다. 그는 돌과 진흙 등을 이용해 집 근처 호숫가에 마을 전체를 만들었다. 어렸을 때 자신이 가지고 있다고 믿었던 창조성을 회복하기 위한 과감한 시도였다.

> 나는 날씨가 허락하는 날이면 매일 점심 식사 후에 건축 놀이(조립)를 계속했다. 식사를 마치자마자 조립을 시작해서 내담자들이 도착할 때까지 계속했고, 저녁에 일과가 끝나면 다시 조립을 시작했다. 이런 활동을 하면서 생각이 명확해졌고, 희미하게만 느껴지던 환상의 존재를 파악할 수 있었다. 자연스럽게 내가 하고 있는 일의 의미에 대해 생각하게 되었고, 스스로에게 "지금 너는 무엇을 하고 있는 거니? 작은 마을을 짓고 있는데 마치 의식처럼 하는 거야?"라고 물었다. 내 질문에 대한 답은 없었지만, 나만의 신화를 발견하는 길을 걷고 있다는 내면의 확신만 있었다. 건축 놀이는 시작에 불과했다. 그 후로 나는 수많은 환상을 쏟아 냈고, 그 환상을 나중에 조심스럽게 적어 두었다. (pp. 174-175)

Jung은 이러한 유형의 행동 지향적 표현에 참여하는 것이 얼마나 중요한지 깨달았고, 이 경험은 그의 일과 삶을 바라보는 전환점이 되었다. 그의 관찰은 감각에 기반한 경험에서 시작하여 비언어적 방식으로 이야기를 생성하는 데 사용할 수 있는 상향식 표현예술 과정의 많은 부분을 보여 준다. 그러나 Damasio(1999)는 신경과학의 렌즈를 통해 이 현상을 설명한다. 그는 모든 유형의 스토리텔링이 비언어적 과정임을 주장하며, 이는 환경과 상호작용하면서 범주화하고, 선택하고, 통합하려는 뇌의 타고난 경향의 결과라고 명확히 설명한다. Damasio에 따르면 스토리텔링은 환경이나 내면화된 기억 속에서 '살아 있는 순간'에 대한 일관된 이미지를 만들려고 할 때 비언어적으로 시작된다고 말한다. 여기서 우리는 '어떤 일이 일어났다는 느낌'을 접하고 이러한 경험을 우반구에 지도화하여 체화된 기억을 통해 감각으로 구체화한다. "이야기를 하는 것은 사실 언어의 전제 조건이기 때문에 언어보다 먼저 존재하며, 대뇌 피질뿐만 아니라 대뇌의 다른 곳과 우반구에서 발생한다. 뇌는 환경에 몰입한 생물에게 일어나는 일에 대해 자연스럽게 언어 없이도 이야기를 엮어 낸다."(Damasio, 1999, p. 189) 이와 유사하게 McGilchrist(2009)는 두뇌 반구는 "서로 협력하고 억제한다."고 제안한다. 간단히 말해, 한쪽(왼쪽)은 세부 정보를 제공하고 경험을 질서정연하게 이해하는 반면, 다른 쪽(오른쪽)은 전체적인 맥락을 제공한다. 스토리텔링에서 두 반구는 상호보완하며, 혼자서는 할 수 없는 작업을 수행한다. 내재적이고 구체화된 경험을 언어로 표현하기 위해 좌반구는 단어로 표현하며, 우뇌는 이런 경험을 맥락적으로 통합한다. 좌뇌와 우뇌의 과정을 통합하여 단어와 체화된 경험이 결합되며, 이 과정에서 어조, 모호성, 표정, 은유를 언어 기반의 내러티브에 포함함으로써 만들어진다.

뇌가 이야기를 형성하고 전달하는 방식에 대한 이러한 설명을 고려할 때, 암묵적 내러티브는 결국 일관된 언어적 이야기를 만드는 데 필요한 요소를 제공한다는 점에서 언어 기반 내러티브만큼이나 중요할 수 있다. 예를 들어, 놀이의 경우 말로 하는 내러티브가 회복과 해결을 이끌어내지 못할 때, 놓치고 있을지도 모르는, 경험에 대한 신체 지각과 접촉할 수 있도록 돕는 것이 중요하다. Kestly(2014)는 이를 위해서는 개인이 우뇌에서 좌뇌로, 좌뇌에서 우뇌로 이동하는 보다 순환적인 과정이 필요하다고 제안한다. 나는 이러한 과정이 단순히 우뇌에서 좌뇌로 "왔다 갔다" 하는 것이 아니라, ETC에서 볼 수 있는 상향식 또는 하향식 과정을 상호보완하는 것으로 본다(제3장 참조). 대부분의 경우 표현예술은 신체 감각과 정서적 소통으로 시작하며, Kestly의 말처럼 우뇌와 좌뇌를 오가며 말로 하는 스토리텔링이 포함된 인지적 과정으로 개인을 이끄는 것을 목표로 한다. 말로 전하는 내러티브에 사로잡힌 개인에게는 이 과정이 경우에 따라 하향식으로 진행될 수도 있다. 감각의 산사태로 인해 일부 사람들은 언어에서 시작하여 내러티브에 감각 기반 경험을 통합하고, 통합하기 위해 노력하는 것이 실제로 더 안전하다고 느낄 수 있다. 이는 이야기를 전달할 때 그림 그리기와 창의적인 글쓰기라는 두 가지 표현예술 과정이 내러티브를 전달하는 데 얼마나 도움이 되는지를 잘 보여 준다.

◇◇◇◇◇

신체감각의 내러티브로부터 시작하기

수년 동안 나는 급성 또는 다발성 트라우마를 경험한 아동들과 성인을 대상으로 구조화된 일련의 그림 개입 방법을 탐구했다. 시간이 지남에 따라 나는 이것이 최선의 접근 방식이 아니라고 느꼈다. 특히 이야기가 그들에게 상당히 유해하거나, 얼어붙고 무감각하게 만든다거나, 불편한 반응을 강화시켰던 생존자들에게는 더욱 그렇다. 그들 중 일부는 미술 표현을 통해 오래된 사건을 불러내어 '기억 재통합'이라는 원리를 기반으로 드로잉 지침을 개발했다. 그 의도는 자원을 활용하고 개인이 더 긍정적인 경험의 이미지를 떠올리도록 돕는 추가 드로잉 작업을 통해 트라우마에 대한 기억을 수정하고 심지어 소멸시키는 것이다(Hass-Cohen, Bokoch, Findlay, & Witting, 2018). 내 경험상 이 접근법은 감정과 감각보다는 사고에 초점을 맞추는 경향이 있으며, 그림의 인지적 특성으로 인해, 트라우마를 겪은 사람들이 안전, 자기 조절, 신체 기반 경험에 대한 필요를 충족시키지 못한다. 트라우마 사건을 이미지로 표현할 수 있는 방법이 있지만, 구조화된 드로잉 시리즈 작업이 치료를 받으러 오는 각 개인에게 항상 가장 적합한 것은 아니다. 미술 표현은 시각적 이미지를 스토리텔링의 한 형태로 활용할 수 있다는 장점이 있지만, 트라우마를 겪은 대부분의 개인이 몸에 지니고 있는 모든 경험을 표현하여 "무슨 일이 일어났는지"에 대한 암묵적인 이야기를 전달하는 데는 한계가 있다. 트라우마의 구체화된 특성에 대한 이해도가 높아짐에 따라 트라우마 내러티브를 향해 작업할 때는 트라우마 기억의 속도와 소통을 포함한 복합적인 접근 방식이 필요한 경우가 많다.

Levine(1997)의 유명한 이야기는 Nancy(제5장, pp. 133-134)라는 여성과의 만남에 대한 것으로, 그녀는 Levine에게 소개될 때 다양한 신체적 불편을 호소했다. 이 이야기는 기억이 종종 감각에 기반을 두고 구체화된 기억에서 어떻게 나오는지 설명한다. Levine과의 상담 중 어느 순간 Nancy는 호랑이로부터 도망치는 자신을 상상했고, 자신을 쫓아오는 호랑이를 피하기 위해 바위에 올라가는 것을 실제로 느꼈다. 그 지점에서 그녀는 호랑이를 볼 수 있었지만, 위험으로부터 안전하다고 느꼈다. 그러다 갑자기 4살 때 편도선 절제술을 받기 위해 마취제를 맞고 있던 자신의 기억이 떠올랐다. Nancy는 마스크를 쓰도록 강요하는 의료진에게 눌려 있던 자신의 모습을 보았다. Nancy는 자신이 무언가로부터 도망치려 했지만, 수술을 위해 의사와 간호사들에 의해 꼼짝 못 하게 되어 도망칠 수 없다는 사실을 깨달았다. 이 사건과 관련된 압도적인 무력감과 두려움이 트라우마의 핵심이었으며, 이러한 신체 기반 감각이 노출되고 풀리자, 시간이 지나면서 신체 증상이 사라지기 시작했다. 간단히 말해, 신체의 트라우마 감각을 다루는 작업을 통해 Nancy의 고통의 원인이었던 내러티브를 기억해 낼 수 있었다.

두 가지 개인적인 경험을 통해 트라우마에 대한 암묵적이고 체화된 기억이 내러티브를 전달하고 자극하는 데 있어서 얼마나 중요한지 이해하게 되었다. 트라우마 기억의 체감각적 특성에 대해 처음 깨달은 것은 무용치료 과정에서 집단 활동을 위해 몸을 풀던 중이었다. 어떤 동작을 하던 중 나는 오른손과 팔에 과거에 경험하지 못했던 강한 통증을 느꼈다. 갑자기 청소년기에 베트남 전투에서 전사한 친구의 기억이 떠올랐다. 놀랍게도 팔에서 통증이 서서히 사라지는 동안 저절로 눈물이 나기 시작했다. 친구가 징집되어 해외로 파병된 후 한 번도 본 적이 없었기 때문에 친구의 죽음은 나에게 특히 더 힘들었다. 친구를 잃은 슬픔을 충분히 달랠 기회도 없었고, 전쟁으로 무의미한 인명 손실이 일어났다고 생각하여 화가 났다. 나중에 강사와 이 기억을 공유하면서 10대 시절 친구의 죽음에 대해 알게 된 순간도 떠올랐다. 정신이 혼미해진 상태로 울면서 어릴 적 살던 집 화장실에 들어가 바닥에 앉아 오른손으로 욕조를 두드렸다. 지금까지도 그 특정한 움직임이 왜 이 기억과 관련이 있는지는 모르겠지만, 기억을 자극했다는 것은 알고 있다. 이 기억이 다시 떠오르는 데 10년이 넘게 걸렸는데, 당시에는 그런 단순한 신체적 경험을 통해 기억이 떠올랐다는 사실이 놀라웠다. 몇 년 후, 나치 수용소의 홀로코스트 생존자들을 한자리에 모은 심포지엄에 초청 연사로 참석했을 때 나는 사건이 발생한 지 수십 년이 지난 후에도 신체가 어떻게 기억하는지에 대한 또 다른 놀라운 사례를 목격했다. 이 심포지엄에서는 나치 친선 영화인 〈Brundibar〉와 테레지엔슈타트(Theresienstadt) 강제 수용소에 수용된 아동들을 강제로 출연시켰던 몇 개의 영화가 상영되었다. 〈Brundibar〉는 잘 알려진 어린이 오페라로, 수용소 생활 환경을 조사하기 위해 적십자사가 방문했을 때 아이들이 공연한 것으로 유명해졌다. 그 수용소와 나중의 아우슈비츠에서 살아남은 여성 생존자 중 한 명이 또 다른 영화에서 어린이들이 춤을 추는 모습을 보고 자신이 그 영화의 연기자 중 한 명임을 알아차렸다. 그녀는 자신을 발견하자마자 자리에서 벌떡 일어나 필름 속 자신의 앞에 서서 어렸을 때 췄던 춤을 따라 추며 관객과 마주했다. 폭행과 살해의 위협 속에서 어쩔 수 없이 순응해야 했던 어린 시절이 어땠을지 지켜보던 나는 흐느껴 울기 시작했다. 동시에 나는 그녀의 몸이 거의 60년 전에 공연했던 춤을 정확히 기억하고 있다는 사실에 놀라움을 금치 못했다. 그녀의 행동은 절차적 기억의 한 형태로 볼 수 있지만, 극도의 고통과 끔찍한 상황에서 억압자들을 위해 공연해야 했던 강력한 암묵적 경험을 보여 주기도 했다. 그녀가 영화를 보고 춤을 다시 춘 후, 영화가 끝나자 수용소와 나치 군인들의 잔인함에 대한 기억이 밀려왔고, 처음으로 수많은 어린이와 성인이 죽거나 살해당한 이야기에 대해 관객들에게 전했다.

무용과 동작에 중점을 둔 표현예술치료사들은 이야기를 말로 표현하기 전에도 오랜 시간 동안 신체가 어떻게 이야기를 표현하는지에 대한 수많은 설명을 제공했다. Amber Elizabeth Gray(2015)는 트라우마의 신체적 경험과 트라우마 내러티브의 궁극적인 탐색을 지원하기 위해 구체화된 경험으로 작업하는 방법을 다루는 임상 사례를 제시한다. Gray는 시에라리온 전쟁의 생존자이자 분쟁 중 세 차례 구금되어 고문을 당하고 부모님의 실종을 경험한 한 여성에 대해 설명한다. 자세한 이야기를 들려 달라는 요청을 받았을 때 이 여성은 말을 잇지 못하고 주체할 수 없이 울기만 했다. 결국 물을 길어오는 행위와 관련된 긍정적인 기억을 장려함으로써, 그들은 상상 속의 아기를 목욕시키고 수수(곡물)를 두드리는 것을 포함한 다른 동작을 함께 만들었다. 또한 Gray는 이 여성에게 손 흔드는 법, 경적 울리는 법, 그리고 아기를 흔드는 법을 가르쳤다. 그 결과 그들은 이러한 동작이 포함된 춤을 함께 만들었다. 둘이 함께 춤을 연습하던 어느 날, 여성은 "자신이 잃어버린 모든 것을 생각하며" 멈출 수 없는 울음을 터뜨렸다. 그 순간부터 그녀는

Gray에게 자신의 가족과 마을에 일어난 일과 몇 주 동안 강제 수용소에 갇혀 있었던 일을 자연스럽게 이야기하기 시작했다. 트라우마의 기억으로 인해 여전히 경직 반응을 경험했지만, 망명 신청을 위해 증언할 수 있을 만큼 충분한 정보를 전달할 수 있었다. Gray가 무슨 일이 있었는지 말할 수 있게 된 이유를 묻자, 이 여성은 "당신은 제가 좋아하는 춤으로 제 이야기를 할 수 있게 해 주셨어요. 그 후로 저는 제 이야기의 나쁜 부분을 말해도 안심할 수 있겠다는 생각이 들었어요."(p. 4)라고 말했다. Gray의 사례는 신체 감각 기억에 대해 몇 가지 중요한 점을 시사한다. 첫째, 공포로 인해 말할 수 없을 때 심리치료의 초기 단계에서 하나 이상의 표현예술이 내러티브와의 소통에 핵심이 될 수 있다. 둘째, Gray는 신체의 행복감을 강화하는 긍정적인 힘에 기반한 경험을 지원하고 연습하는 것이 필수적이라는 것을 보여 준다. 움직임과 극적인 연기는 트라우마의 기억을 다시 떠올리는 것이 극도로 고통스럽거나 불가능하다고 느끼는 피해자들에게 흔히 나타나는 얼어붙기 반응을 중단하는 데 도움이 될 수 있다. 문화와 관련이 있고 공감을 불러일으킬 수 있는 의사소통 방식(이 사례에서는 춤과 연기를 사용)을 사용하는 것 역시 트라우마 기반 치료의 기본이다. 셋째, ETC의 렌즈를 통해 이 사례를 살펴볼 때, 많은 개인이 다른 형태의 인지 활동인 말하기나 '무슨 일이 있었는지 그리기'보다는 감각/운동 차원에서 작업을 시작하는 것이 합리적이다.

표현예술을 트라우마 내러티브를 향한 소통 수단으로 사용하는 데는 한 가지 장점과 주의 사항이 있다. 미술, 소리, 음악 만들기, 움직임, 연기를 통해 체화된 감각이나 사건에 대한 기억을 되짚어 보는 것은 일종의 트라우마에 재노출이 될 수 있다. 예술을 기반으로 한 표현은 기억으로부터 어느 정도 거리를 두는 데 도움이 될 수 있지만, 불편한 감각과 불안한 이미지를 너무 빨리 불러일으키거나 안전 및 조절 전략이 확고하게 마련되어 있지 않은 경우 부정적인 영향을 미칠 수 있다. 표현예술 경험은 트라우마 내러티브의 암묵적인 요소를 빠르게 재현할 수 있으므로, 초기 단계에서 필요한 조절, 안전 및 기반 절차를 항상 마련하는 것이 중요하다. 다음 사례는 신체 기반 내러티브가 해결되지 않은 트라우마를 어떻게 강력하게 표현하는지를 보여 준다. 또한 다양한 표현 예술이 전체 내러티브의 다양한 측면을 어떻게 드러내는지, 예술 기반 접근 방식이 시간이 지남에 따라 트라우마와 관련된 암묵적 및 명시적 내러티브를 어떻게 풀어 낼 수 있는지를 설명한다.

사례 예시. Katja: 신체가 이야기를 전한다

최근 중동에서 전투를 마치고 돌아온 28세의 군인 Katja는 외상 후 스트레스로 인한 심한 과잉 행동으로 도움을 요청해 왔다. 그녀는 일상적인 감시 임무를 수행하던 중 다른 병사가 급조폭발장치(IED)에 의해 사망하는 장면을 목격했다. 폭발이 일어났을 때 그녀는 그 병사의 약 30야드 정도 뒤에서 걷고 있었다. Katja는 잠시 의식을 잃은 채 바닥에 내동댕이쳐졌으나 의료진이 친구의 유해를 옮기는 것을 보고 깨어났다.

Katja는 처음에 진행했던 인지행동치료나 약물치료에서 진전이 없다고 느꼈기 때문에 나를 찾아왔고, 약물로 인해 우울하고 무감각해진 상태였다. 그녀는 또한 다른 병사로부터 내가 사람들에게 "무슨 일이 있었는지 말하게 하지 않는다."는 말을 들었기 때문에 의사에게 "한번 시도해 보겠다."고 말했고 그녀는 나와의 초기 상담에서 가벼운 부상만 입었고 머리에 외상은 없었지만, 첫 상담에서 "그 폭발로 인해 다른 방식으로 머리가 엉망이 된 것 같아요."라며 그녀의 몸이 기억하는 것에 대해 털어놓았다. 몇 달 후 Katja는 미국으로 돌아와 지역 군 기지에 배치되었을 때 부상과 무관한 두통이 발생하기 시작했다. 또한 친구를 포함한 다른 사람이 몇 피트 이상 가까이 다가오면 불안해졌다. 이 감각은 압도적인 분노와 통제할 수 없는 공황을 폭음 및 마라화나(대마)로 스스로 치료하려는 시도에 의해 더욱 악화되었다. Katja는 이제 감정이 둔해지는 것을 느끼며, 시간이 얼마나 지나가는지도 모른 채 자신의 아파트에서 텔레비전을 보며 무감각한 상태가 오래 지속되는 경우가 많다고 보고했다.

제4장에서 언급했듯이, 나는 일반적으로 첫 번째 회기에서 초기 안전감과 환경에 대한 통제력을 제공하기 위해 구체적인 질문으로 시작한다. "방 안의 어디에 앉으시겠어요? 그리고 제가 어디에 앉았으면 좋겠어요?" "저와 얼마나 가까이 또는 멀리 앉으시겠습니까?" "서로 마주 보고 앉아도 괜찮을까요, 아니면 다른 좌석 배치를 원하시나요?" 이러한 질문은 개인이 주변 환경을 어떻게 인식하는지, 그리고 나와 가까이 있을 때 얼마나 편안한지 이해하는 데 매우 중요하다. Katja는 출입구를 주시할 수 있는 맞은편 의자를 선택했다. 이는 내가 진료하는 많은 군인이 자신의 안전을 위해서가 아니라 훈련의 일환으로 다른 사람들을 위험으로부터 보호하기 위해 선택하는 위치이다. 다른 많은 군인 동료와 마찬가지로 Katja도 신체 조건이 뛰어나다는 것은 분명했다. 하지만 전투에서 생존을 위해 고도의 훈련을 받은 많은 사람이 그렇듯이 Katja도 전혀 긴장을 풀지 않았다. 내 맞은편에 앉은 Katja는 긴장과 각성 상태였고, 어깨를 치켜들고 목을 긴장한 채 불

편한 자세로 얼어붙은 것처럼 보였으며 호흡도 얕고 빨랐다.

첫 번째 회기에서 나는 Katja에게 비언어적으로 체화된 경험과 감각을 표현하는 방법을 소개했다. 이러한 유형의 경험은 특히 자신의 몸이 겪고 있는 고통에 대해 잘 알지 못하는 사람들에게 도움이 될 수 있다. Katja가 그림 그리는 것을 좋아한다고 말했기 때문에 나는 그녀에게 지금 이 순간 자신의 몸에 대한 감각을 색, 모양, 선으로 표현해 줄 수 있는지 물었다. 그녀는 재빨리 미술용품에서 색연필 세트를 골라 불투명한 갈색의 입체적인 상자를 자세히 그렸고, 곧바로 '꽉 찬 UPS 패키지'라는 제목을 붙였다([그림 8-2] 참조). 미술 표현에 대한 즉각적인 해석을 내릴 수는 없지만, Katja의 그림은 그녀의 몸의 긴장감과 경직된 자세를 반영하는 것 같았다. 내 눈에 Katja는 내용물이 쉽게 드러나지 않도록 단단히 봉인된 상자같이 보였기 때문이다. Katja는 처음에 나와 소통할 때 그림을 그리는 것을 선호했지만, 대부분 내담자와 나는 공동 조절을 통한 조율을 위해 미러링을 포함한 일종의 움직임으로 시작한다. 또한 초기 회기에서 관계를 구축하기 위해 장난스러운 모습을 보여 주고 격려하려고 노력한다. 개인에 따라 음악에 맞춰 양방향으로 그림 그리기, 소리와 리듬 실험하기, 드라마나 역할극을 통해 연기하기, 공간에서 움직이기 등이 포함된다. 우리 사이에 놀이를 통한 유대감을 형성함으로써, 암묵적인 신뢰와 회복적 관계가 형성되기 시작하여 결국 표현적인 접근 방식을 통해 어떤 이야기도 안심

[그림 8-2] Katja의 "꽉 찬 UPS 패키지"
Cathy A. Malchiodi의 컬렉션 중(작가의 허가없이 재사용 및 무단복제 금지)

하고 표현할 수 있게 된다. Katja와 관계를 구축하기 위해서는 UPS 상자를 열어 그 안에 무엇이 들어 있는지 이해하고 함께 작업할 수 있도록 신뢰를 쌓는 것이 중요했다.

트라우마에 시달리는 다른 성인들과 마찬가지로 Katja도 처음에는 장난 치는 것을 어려워했다. 또한 그녀는 첫 번째 회기에서 거리를 유지하는 것이 중요하다는 명확한 메시지를 나에게 전달했다. 제4장의 Tory처럼 나는 소품(이 경우에는 커다란 신축성 있는 밴드)을 사용하여 거리감과 통제력을 유지하면서 유대감을 형성할 수 있는 방법을 소개했다. 우선, Katja와 나는 거대한 신축성 있는 밴드를 몸통 주위에 감았고, 나는 그녀가 나와 안전한 거리를 유지하는 동안 그녀의 동작을 따라 했다. Katja는 나를 잡아당기는 동시에 나와 하나가 되는 느낌을 받았기 때문에 서로의 거리를 쉽게 조절할 수 있었다. 이것은 온전히 Katja가 결정한 방식으로, 저항, 미러링, 관계 맺기를 위한 행동 지향적 가능성을 제공하여 회기 중에 안전하게 놀이를 시작할 수 있는 방법이 되었다. Katja가 나를 향해 움직이거나 나에게서 멀어지는 것을 더 많이 시도하기 시작하자 나는 그 순간에 주의를 환기시켜 이러한 변화를 알아차릴 수 있도록 도와주었다. 신체가 말하는 것을 피하거나 의식하지 못하는 사람들에게 '말하는 것'은 신체 감각에서 더 높은 수준의 뇌로 이동하는 과정이 시작되는 것이다. 예를 들어, 상대방이 멀어지는 것을 느꼈다면 "얼마나 멀어져야 마음이 편해질까요?" 또는 "당신이 나를 끌어당기는 느낌이 들었어요. 그럴 때 기분이 어땠나요?"라고 소리 내어 물었다. Katja는 이러한 질문에 항상 대답할 수는 없었지만, 그녀의 눈빛과 몸짓은 그녀가 나와 교감하고 있다는 것을 분명하게 전달했다. 이런 식으로 우리는 움직임을 통한 일련의 비언어적 대화를 시작했고, 결국에는 우리 사이의 공간과 그 공간이 그녀의 신체 반응 및 그녀의 삶 속에서 다른 사람들과의 관계에 어떻게 영향을 미쳤는지에 대해 이야기하게 되었다.

나는 소품을 이용하여 촉진된 동작을 지원하기 위해 음악을 도입하여 Katja의 자기 조절을 도왔다. 앞서 설명한 것처럼 청각적 신호는 사람들을 그 순간에 고정시키고 리듬과 에너지를 통해 치료사와 내담자 간의 관계를 발전시키는 데 도움이 될 수 있다. 음악 없이도 움직임을 도입할 수 있지만, 음악은 분위기를 조성하여 진정과 조절에 사용되거나 사람들의 몸에 활력과 에너지를 불어넣을 수 있다. 처음 몇 회기에서는 늘어나는 밴드를 사용할 때 아이패드로 편안한 곡을 재생하여 긴장을 완화하는 것으로 시작했다. 시간이 지나면서 나와 Katja가 더욱 장난기 넘치는 관계로 발전하게 되자 다른 내담자과 마찬가지로 동작을 위한 음악 선곡에 대해 Katja의 의견을 구했다. 그녀가 가장 좋아하는 곡들 중 일부는 덜 고통스러웠던 시기의 긍정적인 감각을 되살려 주는 〈Ain't No Mountain

High Enough〉와 'Motown'의 히트곡들이었다. 이러한 초기 회기는 Katja가 기분 좋은 감각을 인식하기 시작할 뿐만 아니라 스트레스를 덜 받는 방식으로 신체를 다시 습관화하는 기반을 마련하는 데 도움이 되었다. 하지만 이 과정은 순식간에 이루어지지 않았고, Katja의 해리 반응과 타인과의 접촉에 대한 불안을 극복하는 데 몇 달이 걸렸다. 우리는 심리치료의 규칙적인 부분으로서 움직임을 포함하여 그림을 통해 그녀의 증상을 더 많이 탐구했다. Katja는 회기 사이에 이러한 순간을 상황에 맞게 활용하면서 불안을 '좋은 리듬'으로 대체하여 공황 상태에 빠졌을 때 '정신을 잃지 않도록' 스스로를 도울 수 있게 되었다.

신체감각 내러티브 풀어내기

Katja의 증상은 시간이 지남에 따라 눈에 띄게 완화되었으며, 음주 빈도도 줄어들었다. 또한 더 이상 마리화나를 사용하지 않는다고 보고했다. 하지만 그녀는 가끔 심한 불안과 분노의 폭발로 어려움을 겪었다. Katja는 상담을 받는 동안 다른 사람들과 나에게 가까이 다가갈 때 자신이 좀 더 편안함을 느끼기 시작했다는 것을 알아차렸으며 어느 회기에서 그녀는 내가 그녀의 바로 맞은편에 앉아 함께 미러링 동작을 시도하는 것이 가능하다고 판단했다. 이렇게 가까운 공간을 공유한다는 것은 진정한 발전을 의미하는 것이었기 때문에 나는 큰 소리로 그 사실을 언급했다. 하지만 서로의 간단한 동작과 제스처를 미러링하기 시작하자마자 Katja는 갑자기 멈춰 서서 상체 전체에 괴로운 긴장이 느껴진다고 말했다. "그걸 알아채서 다행이네요. 그럼 이제 어깨 스트레칭과 목 롤링부터 시작해 보죠." 라고 나는 대답했다. Katja는 동의했고, 시작하자마자 양손으로 목을 잡고 힘차게 마사지하기 시작했다. 처음에는 스스로를 달래는 것처럼 보였지만, 어깨가 긴장되고 호흡이 얕아지고 빨라지는 것을 보고 깜짝 놀랐다. 이전에 연습했던 몇 가지 안정화 기법을 통해 나는 빠르게 Katja가 스스로를 조절할 수 있도록 도왔다. 그녀의 극적인 반응은 우리가 탐구해야 할 중요한 일이 일어나고 있음을 암시했다.

나는 Katja에게 손으로 목을 세게 문질렀을 때 어떤 느낌이 들었는지 바디매핑으로 보여 줄 수 있는지 물었다. 그녀는 다른 표현예술 체험을 위한 준비 활동으로 바디매핑을 여러 번 사용해 본 적이 있기 때문에 바디매핑 과정에 익숙했다. Katja는 색연필을 사용하여 첫 번째 회기에서 그린 '꽉 찬 UPS 패키지'([그림 8-2] 참조)를 다시 그려서 목과 어깨 윤곽에 배치했다. Katja의 상자 내용물을 '풀어야' 할 때가 되었고, 다행히도 우리는 앵커링(심리적으로 닻을 내리는 것) 동작과 음악을 포함한 일련의 자기 조절 실천법이 마련되어 있었다. "왜 치료 초기에 Katja와 함께 상자의 포장을 풀지 않았나요?"라고 묻는 실무자가 많을 것이다. 물론 그럴 수도 있지만, 나는 가능하면 개인에게 시간을 두고 안정화, 앵커링 및 안전을 위한 절차를 연습할 충분한 시간을 가진 후에 공개하는 것을 선호한다. 무엇보다도 비교적 안전한 관계를 유지하는 것이 중요하다. Katja의 경우도 여러 회기에 걸쳐 EMDR을 연습하여 통합할 수 있었으며, 이는 치료 초기에 안전 및 안정화를 위한 중요한 일부가 되었다.

마주 앉아 그림을 바라보면서 나는 Katja에게 천천히 그 상자를 여는 상상을 해 보라고 했다. 그녀는 잠시 눈을 감았다가 뜨고 천천히 그 내용을 말하기 시작했다. 나는 중요한 간격으로 EMDR을 흩뿌리듯 사용했고, 중간중간 멈춰서, 그녀의 호흡을 집중적으로 선으로 그리는 안정화 기법을 사용했다. 어떤 군인들은 이런 식으로 접근할 때 트라우마 기억을 재처리하는 동안 말을 하지 않으려고 하지만, Katja는 구체적인 세부 사항을 말로 표현할 준비가 되어 있었다. 회기의 초점은 Katja의 경험에 맞춰져 있었지만, 심리치료사도 내담자와 이야기를 나누는 동안 신체 감각적 내러티브를 경험한다는 점에 유의하는 것이 중요하다. 이 경우 Katja가 설명하기 시작한 내용은 나에게도 내 배를 움켜쥐고 어깨와 몸통을 긴장하게 만들었다. 그녀는 부대에서 동료 군인들이 자신을 성폭행할 때 목을 조른 적이 여러 번 있었다고 조용히 말했다. 많은 여군과 마찬가지로 그녀는 그 기억과 감각이 '그냥 사라지기를' 바라며 신고하거나 누구에게도 폭행에 대해 말한 적이 없었다고 했다. Katja는 충격적인 순간을 이야기하며 흐느꼈고, 나도 이 젊은 여성의 강간과 폭행에 대한 이야기를 들으며 눈물을 흘릴 뻔했다. 그러나 치료의 이 시점은 움직임과 기타 표현예술을 통해 조절의 기반을 먼저 구축하지 않았다면 불가능했을 것이다. 이런 접근은 Katja가 점진적으로 트라우마의 고통으로부터 자신의 몸이 느끼는 암묵적인 경험과 소통할 수 있도록 도왔다.

나는 회기 중에 EMDR과 그림 그리기를 계속 병행하면서 Katja의 몸에서 어떤 느낌이 드는지 체크했다. 어느 순간 그녀는 목 부위를 다시 마사지하고 싶은 충동을 느꼈다고 말했다. "지금 어떤 느낌이 드세요?"라고 내가 물으니, Katja는 대답 대신 다시 색연필을 들고 티셔츠와 카키색 바지를 입은 여성이 강렬한 눈빛과 힘찬 자세로 바깥쪽을 바라보는 간단한 스케치를 그렸다. 잠시 후 그녀는 "다시 신병 훈련소에 들어왔다는 생각이 들었어요. 저는 그 누구 못지않게 강했어요. 누구든 물러서게 만들 수 있었죠. 하지만 이번에는 불공평했어요. 저는 수적으로 열세였어요. 제 잘못이 아니었어요."라고 말했다. Katja의 몸은 떨리고 있었지만, 그녀는 이 말을 한 후 점차 의자에 기대더니 완전히 편한 상태에 돌입하였다. 내가 Katja를 처음 만났을 때, 비록 그녀가 그녀의 전 주치의나 나와의 첫 번째 회기에서 짧은 트라우마 이력 확인을 했을 때 이러한 경험들을 공개하지 않았음에도 불구하고 나는 그녀가 인생에서 분명 어느 순간에 대인관계 폭력을 경험했다고 확신했다. 불행히도 여군 성폭행은 군대에서 흔한 일이며, 나도 비슷한 경험을 한 몇몇 내담자들과 함께 작업한 적이 있다. 후속 회기에서는, 폭행의 기억과 Katja의 고통에 대한 신체감각 경험을 재검토했다. 이러한 회기는 그녀가 자신감과 도전에 대처할 수 있는 신체 능력을 회복하는 데 집중할 수 있게 해 주는 전환점이 되었다.

Katja는 움직임, 음악, 미술로 자신을 표현함으로써 몸과 마음에 변화를 느끼기 시작했고, 무방비 상태에서 자신을 방어할 수 없는 상황에서 느꼈던 수치심에서 벗어나기 시작했다. 여러 차례의 성폭행과 관련된 사건을 표현하는 것은 Katja의 궁극적인 회복을 위해 필수적이었다. 하지만 이 특정 공개에는 우리가 함께 작업하는 동안 그녀가 견뎌 내고 극복한 모든 요소가 포함되어 있지는 않다. Katja의 트라우마 이야기에는 동료 군인의 죽음과 동료 군인들에 의해 성폭행을 당한 것 이상의 내용이 포함되어 있었다.

결국 그녀는 트라우마에 대한 인식을 구성하는 다른 맥락적 요소도 표현했다. 그중 하나는 Katja가 도덕적 상해를 경험하고 있다는 느낌과 관련이 있다. 도덕적 상해란 개인의 도덕적 양심이 심각하게 훼손되는 것으로, 이는 종종 심리적, 사회적, 문화적, 영적 수치심을 초래한다. 정의상 도덕적 손상은 정의상 병리적인 것은 아니지만, 트라우마 사건에 대한 인간의 정상적인 반응에는 수치심, 죄책감, 굴욕감, 모멸감, 불명예 등이 포함될 수 있다. Katja가 보기에 그녀는 자신을 강간함으로써 배신한 동료들에게 신체적으로 뿐만이 아니라 정신적으로도 끔찍한 피해를 입었다. 그녀는 또한 성폭행이 발생했을 때 폭로할 수도 있었지만, 많은 여군처럼 "시스템을 신뢰할 수 없다고 느꼈으며, 시스템과 군대의 특성이 나를 다시 강간하는 것 같았다."고 설명했다. 이것은 내가 동료들로부터 유사한 대인 폭력을 견뎌 낸 많은 여군으로부터 들은 공통된 의견이다. 요약하자면, 표현예술은 여러 가지 암묵적이고 명시적인 이야기를 전달할 수 있는 기회를 제공하지만, 특정 기억을 다루는 것만으로는 부족하며, 이는 트라우마 생존자로서의 전체로서의 개인성을 간과할 위험을 수반할 수 있다.

◇◇◇◇◇

그림을 통한 트라우마 내러티브

Johnson(Johnson, Lahad, & Gray, 2009)은 모든 개별 창의적 예술치료법 중에서 미술치료가 트라우마 이야기와 관련된 이미지에 접근하는 데 고유한 역할을 할 수 있다고 주장했다. 이러한 주장은 van der Kolk의 초기 연구와 Greenberg와 van der Kolk(1987)의 환자의 미술 표현을 활용한 사례를 기반으로 했다. 또한 미술치료 분야에서는 트라우마 기억이 시각적 과정으로 될 가능성이 높다는 점에 주목했으며, 미술 표현이 이러한 기억과 관련된 이야기를 의식으로 가져올 수 있는 수단을 제공할 수 있다는 생각을 받아들였다. 미술을 기반으로 한 모든 이야기 전달 방법 중에서 내담자가 직접 그린 그림은 대부분 심리치료사가 심리치료에 가장 쉽게 통합할 수 있는 방법일 것이다. 미술 표현은 아이들에게만 유용한 것이 아니라, 내가 함께 일한 대부분 성인들도 말로 쉽게 표현할 수 없는 트라우마 경험의 일부를 그림으로 전달했다. 그림은 종종 이미지를 통한 스토리텔링과 직접적으로 연관되어 있기 때문에 기억, 특히 사건의 타임라인을 더 효과적으로 활용할 수 있다. 그러나 그림 재료의 감각적 특성(색상, 크기, 냄새, 질감)은 일화적이거나 암묵적인 기억도 불러일으킬 수 있다. 제5장에서 설명한 아동 성폭력을 경험한 성인 집단의 이야기를 떠올려 보자면, 단순히 크레파스 상자를 도입하는 것만으로 미디어의 촉각적, 시각적, 후각적 특성으로 인해 학대 및 방치와 관련된 트라우마 사건과 수많은 기억의 노출을 자극할 수 있었다. 그 집단의 각 개인은 어렸을 때 성폭력을 경험했지만, 트라우마 사건 및 유년기 초기에 관련된 기억(feeder memories; Shapiro, 2018)으로 떠올랐다.

내가 아는 한, Pynoos와 Eth(1986)가 살인 사건의 아동 목격자를 대상으로 한 연구에서 사건에 대해 그림을 그리고 이야기하는 구조화된 면담이 트라우마 회복에 도움이 될 수 있다는 아이디어를 처음 도입했다. 이들의 프로토콜은 살인, 자살, 강간, 사고사, 유괴, 학교 폭력 등 다양한 임상 환경에서 200명 이상의 아동을 대상으로 사용되었다. 이 프로토콜은 그림 그리기, 스토리텔링, 실제 트라우마 상황에 대한 토론의 세 단계로 구성되었다. 면담은 "외상 직후 아동에게 구체적인 전문적 지원을 제공하기 위해 아동의 사건에 대한 이해에 대한 통찰력을 얻고 행동 및 정서적 반응을 특성화"할 수 있도록 설계되었으며(Pynoos & Eth, 1986, p. 306), 한 번의 회기만 완료하면 된다. 연구자들은 심리적으로 충격적인 사건 직후 아동의 기능을 돕기 위한 위기개입 상담 방법을 개념화했다. 이 방법은 폭력을 목격하는 방식이 대부분 시각적이기 때문에 그림이 가장 적절한 표현 수단일 수 있다는 전제에 기초했다. 이 가설은 그림 그리기를 "상징적 놀이와 정신적 이미지의 중간 단계"(p. 54)로 간주해야 한다는 Piaget와 Inhelder(1969)의 이론에 근거했다.

이 면담은 특정한 구조를 가지고 있었지만, 치료사는 아동의 리드와 단서를 따르고 필요에 따라 감정과 이야기를 다룰 수 있도록 허용했다. 수년 후, Steel과 Raider(2001)는 이 면담을 확장하여 아동 참가자에게 사건이 더 이상 진행 중이지 않다는 확신을 주기 위해 사건뿐만 아니라 목격한 사건의 '전'과 '후'에 초점을 맞춘 일련의 그림을 포함하도록 했다.

Pynoos와 Eth가 개발한 단일 회기 인터뷰는 여러 가지 이유로 심리치료에서 트라우마 내러티브의 역할을 이해하는 데 중요한 기여를 했다. 특히 구조화된 인터뷰를 시작하기 위해 자유롭게 그림을 그리는 방식을 선택한 것은 말이 어렵거나 불가능할 때 이미지를 만드는 것이 어떻게 언어화를 위한 자극이 될 수 있는지를 보여 주었다. 그 후 여러 연구에서 그림 그리기와 언어적 의사소통의 증진 사이에 실제로 연관성이 있다는 사실이 입증되었다(Gross & Haynes, 1998; Lev-Weisel & Liraz, 2007). 또한 그림의 도입은 아동의 관심이나 트라우마 사건에 대한 이야기를 설명하는 능력에 따라 시각적 표현이 회기 내내 토론에 유용한 참조점이 될 수 있다는 생각을 갖게 했다.

가정 폭력의 아동 목격자와의 초기 작업에서 이 단일 회기 그림 그리기 프로토콜을 적용하면서 두 가지 잠재적 이점이 나타났다. 하나는 외상성 사건의 결과로 흔히 경험하는 수동성에 대응하기 위해 감각 활동(드로잉)을 시작하는 것이 중요하다는 것이었다. 그림 그리기를 도입하면 무력감을 극복하고 관계를 지지하며 어느 정도 숙련도를 향상시키는 데 도움이 될 수 있다(Malchiodi, 1998). 또 다른 장점은 치료사의 도움으로 아동이 수동적인 목격자에서 보다 능동적인 입장으로 관점을 재구성하는 과정을 시작할 수 있다는 것이다. 이와 동일한 관찰 결과가 성인을 대상으로 한 연구에서도 다수 발견되었다. 예를 들어, Harel-Shalev, Huss, Daphna-Tekoah 그리고 Cwikel(2017)은 군 복무를 한 이스라엘 여성들이 그린 드로잉을 연구하여 이미지가 드러나지 않은 스트레스 반응 등 언어화되지 않은 요소를 전달하는 데 도움이 되는지 확인했다. 특히 참가자들이 다른 방법으로는 공유하지 않을 수 있는 고통스러운 이야기를 전달하는 데 도움이 될 뿐만 아니라 "중개자 없이 생생하게 표현된"(p. 509) 암묵적이고 체화된 이야기를 드러내는 데 효과적임을 발견했다. 또한 이런 그림 작업은 행동지향적 과제를 통해 참여자들에게 권한과 통제감을 부여받는 느낌을 제공하도록 하였다.

◇◇◇◇◇

놀이와 연기를 통한 트라우마 내러티브의 재연

아이들은 말로 전달할 수 없는 이야기를 그림뿐만 아니라 놀이를 통해서도 표현하는 경우가 많다. 외상 후 놀이는 한 번의 사건이나 여러 번의 충격적인 사건으로 인해 괴로워하는 아이들에게 흔히 나타나는 반복되는 기억과 재연 모두를 설명하는 데 사용되는 용어이다. 『금지된 게임: 외상 후 아동 놀이(Forbidden Gamed: Post-Troumatic child's Play)』에서 Terr(1981)는 외상성 사건을 경험한 아동의 놀이 활동을 설명하기 위해 이 용어를 처음 사용했고, 외상성 놀이가 그 사건과 관련된 감정을 해소하기 위한 것은 아니었다. 그녀는 다양한 트라우마 사건을 경험한 소수의 아이를 연구한 결과, 연극이나 그림을 통해 장난감을 사용한 놀이 기반 서사의 반복이 뚜렷하게 두드러진 특징임을 결론지었다. Terr는 다음과 같이 설명했다.

> 트라우마를 겪은 아동의 놀이는 트라우마를 겪지 않은 아이들의 상상 놀이에 비해 훨씬 덜 정교하다. 외상 후 놀이에는 단순한 경험의 반복이나 방어적 행동(가해자와의 동일시, 사건을 되돌리려는 시도, 수동성을 능동성으로 바꾸려는 노력)이 주로 나타난다. (…) 하지만 다양성을 위한 기회가 없다. 트라우마 상황은 현실적이고 안 좋게 끝났기 때문이다(아동의 대처 능력조차 압도해 버렸기 때문에). 놀이는 트라우마 사건을 거의 말 그대로 재현하기 때문에 불안을 일으킨다. 놀이가 실패하면 할수록, 아동은 트라우마를 다룰 수 있는 효과적인 메커니즘을 찾을 수 없다는 것을 인식하기 때문에 불안감은 더 커진다. (pp. 746-757)

즐거움, 만족스러운 표현, 문제 해결, 그리고 학습으로 이어지는 일반적인 놀이의 속성과는 대조적으로, 외상 후 놀이는 종종 불안과 제약, 반복, 경직 때문에 해결로 이어지지 않는다. 외상 후 놀이는 내부의 경험보다는 실제 외부의 사건을 다루려 한다는 점에서 고통을 완화하지 못한다.

나는 Chowchilla 유괴 사건의 아동 생존자들이 들려 준 이야기에 대한 Terr(1981, 1990)의 연구와 이후 Gil(2006)의 연구를 통해 트라우마 기억과 외상 후 예술 및 놀이의 기초를 처음 배웠다. Terr와 Gil(2006) 둘 다 각각의 아동의 이야기가 독특하다는 것을 발견하였다. 한 아동에게는 공포스러울 수 있는 내용이 다른 아동에게는 전혀 영향을 주지 않는다

〈표 8-1〉 역동적 외상 후 놀이와 정체된 외상 후 놀이의 차이

역동적 외상 후 놀이(Dynamic post-traumatic play)	정체된 외상 후 놀이(Stagnant post-traumatic play)
감정이 가능해진다.	감정이 제한된다.
신체의 유동성이 분명해진다.	신체의 수축이 남아 있다.
놀이와의 상호작용이 다양해진다.	놀이와의 상호작용은 여전히 제한적이다.
치료사와의 상호작용이 다양해진다.	치료사와의 상호작용은 여전히 제한적이다.
놀이가 변경되거나 새로운 요소가 추가된다.	놀이는 정확히 동일하다.
놀이는 다른 장소에서 발생한다.	놀이는 같은 장소에서 진행된다.
놀이에 새로운 개체가 포함된다.	놀이는 특정 개체로 제한된다.
주제가 다르거나 확장된다.	주제는 일정하게 유지된다.
결과는 다르며 보다 건강하고 적응력이 뛰어난 반응이 나타난다.	결과는 고정되고 비적응적이다.
놀이의 경직성은 시간이 지남에 따라 느슨해진다.	놀이는 엄격하게 유지된다.
놀이 후 해방감과 피로를 보이는 행동이 있다.	놀이 후 행동은 수축/긴장을 나타낸다.
회기 후 가지고 있던 증상들은 처음에는 변하지 않거나 최고조에 달하다가 점차 적어진다.	회기 후 가지고 있던 증상들은 변하지 않거나 증가한다.

Gil(2006, p. 160). Copyright © 2006 The Guilford Press. 허가를 받아 게재.

는 것이다. Terr의 외상후놀이 이론에서는 유사한 내용의 반복적 특성을 강조하면서, 사건이나 기억의 반복은 각 개인에게 특별했다. 앞서 언급했듯이, Gil(2016, 2017)은 Terr의 원래 개념을 확장하여 "정체된 외상 후 놀이"와 "역동적 외상 후 놀이"(〈표 8-1〉 참조)를 구분했다. 정체된 외상 후 놀이는 아동이 재외상, 해리, 흥분, 절망과 무력감을 느낄 수 있다. 반면 외상 후 역동적인 놀이를 하는 아동은 덜 경직되고, 치료사와 더 자유롭게 상호작용하며, 자신을 위해 더 적극적인 역할을 하고, 일반적으로 놀이 활동을 통해 내러티브를 표현하고 나면 감정적으로 더 편안해진다. 그들의 놀이는 더 많은 힘을 실어 주는 내러티브 형성과 트라우마 반응의 회복으로 이어진다. Gil(2017)은 "나는 역동적 외상 후 놀이가 아동의 회복을 위한 치료의 한 형태로 더 정확하게 분류할 수 있는 놀이로 본다."(p. 4)고 말한다. 따라서 이러한 내러티브는 트라우마 기억을 관리하기 위한 노력이며 트라우마 기반 치료의 개념적 틀에 들어맞는다.

Gil이 묘사하는 두 가지 놀이 유형의 차이는 미묘할 수 있지만 세심한 관찰과 경험을 통해 아동의 놀이와 예술 표현에서 구별할 수 있다. 핵심은 긍정적인 해결책으로 이어지지 않는 아동의 내러티브는 치료사의 보다 목적적이고 직접적인 개입이 필요할 수 있다

는 신호라고 보면 된다. 다음 사례는 아동의 '정체된 외상 후 미술'과 독성이 강한 내러티브를 바꾸는 전략의 예를 보여 준다.

사례 예시: Rosa

Rosa는 일곱 살 때 그녀와 그녀의 어머니, 그리고 남동생과 가정폭력보호소에 도착했다. Rosa의 어머니 Tasha는 Rosa를 낳았을 때 겨우 열다섯 살이었고, 그때 Rosa의 친아버지는 그들을 버렸다. 이후 7년 동안 Rosa는 마약남용, 이웃폭력, 빈곤이 만연한 중서부 대도시 공공 주택에서 살았다. 또한 Tasha는 집에 데려온 여러 남자 친구들로부터 신체적인 폭행을 당했다. 아동보호기관의 보고에 따르면 Rosa는 여러 차례에 걸쳐 성폭력을 당했지만, 사건의 자세한 내용은 여전히 불분명했다. 사회복지기관과 법집행기관은 수많은 가정 폭력 사건들 중 Rosa는 목격자이자 신체적 폭력의 피해자인 사례였다. Rosa가 다섯 살이었을 때 그녀의 어머니는 더 이상 집세를 낼 형편이 되지 않아 노숙자가 되었다. 그 결과 Rosa의 초등학교 초반 몇 년 동안은 불안정하고 정착하지 못하는 삶을 살았으며, 매년 몇 달 동안만 학교에 다닐 수 있었다. 그 무렵 Tasha는 둘째 아이를 낳았는데, 둘째 아이의 아버지도 출산과 동시에 가족을 버렸다. 이 기간 동안 Rosa는 점점 더 불안해하고, 철수되었고, 뇌리에 박힌 생각에 몰두했다. 다행히 Tasha는 더 이상 혼자서는 가족의 상황을 감당할 수 없다는 것을 깨닫고 가정 폭력 상담소(핫라인)에 전화를 걸어 지역 보호소의 도움을 받았다. 이 시점에서 Rosa는 검사를 받을 수 있었고, 회피, 과각성, 그리고 자신과 어머니의 여러 학대에 대한 반복적인 기억을 포함한 외상 후 스트레스의 고전적인 징후를 보이는 것으로 밝혀졌다. 그녀는 밤새 잠을 이루지 못하고 악몽을 자주 꾸었으며 엄마와의 분리를 두려워하여 학교 공포증에 걸렸다. 동생이 태어나면서 Rosa가 받은 스트레스는 더욱 심해졌고, 어머니의 관심이 동생에게 쏠리고 자신에게서 멀어지면서 점점 더 공격적으로 변했다. 여러 트라우마 사건을 겪은 많은 아동처럼, Rosa는 초기 회기에서 반복적인 이야기를 작품으로 표현했다. 또한 몇 차례의 만남을 통해 그녀는 다음과 같은 이야기를 반복했다.

한 어린 소녀가 남성에게 야구 방망이로 맞고 있어요. 때때로 그의 손으로 맞기도 해요. 그는 엄마도 아프게 해요. 엄마와 어린 소녀는 도망치려고 해요. 하지만 그는 계속해서 방망이로 그들을 때려요. 그는 어린 소녀를 정말 세게 때려서 얼굴을 다치게 했어요. 엄마

[그림 8-3] Rosa의 "욕실에 숨기"
Cathy A. Malchiodi의 컬렉션 중(작가의 허가없이 재사용 및 무단복제 금지)

> 의 얼굴에도 피가 묻어 있어요. 그들은 화장실로 들어가 문을 닫아요([그림 8-3] 참조). 어린 소녀는 남자가 들어올까 봐 정말 무서워해요. 소녀의 얼굴이 다쳤고 피가 나와요([그림 8-4] 참조). 어머니는 어린 소녀를 병원으로 데려가요. 그 소녀는 붕대를 감았어요. 하지만 소녀는 여전히 진짜 무서워해요.

Rosa는 내가 별다른 자극을 주지 않아도 '무슨 일이 있었는지'에 대한 중요한 기억을 말과 그림을 통해 이야기했다. 하지만 내가 만나는 다른 아이들과는 달리 Rosa는 나에게 자신의 이야기를 하는 것이나 예술 표현을 통해 전혀 안도감을 얻지 못했고, 평생에 걸친 발달적 트라우마 경험은 생산적이고 회복적인 놀이와 창의성을 발휘하는 능력에도 영향을 미쳤다. Rosa와 계속 작업하면서 나는 Rosa가 자신에게 거슬리는 생각과 두려움, 분노, 그리고 불안을 신체 감각을 통해 종종 반복적으로 재경험한다는 것을 알게 되었다. 그녀의 경우, 이 이야기는 그녀가 경험한 사건에 국한된 것이었지만, 다른 아동들의 경우, 주제가 구체적이지 않거나, 특정 트라우마 사건과 직접적으로 관련될 수 있다. 허리케인 카트리나의 아동생존자들의 경우처럼 말이다(제9장). Rosa처럼 독성이 가득한

[그림 8-4] Rosa의 "소녀의 얼굴은 아프고 피가 나고 있어요."
Cathy A. Malchiodi의 컬렉션 중(작가의 허가없이 재사용 및 무단복제 금지).

내러티브를 반복하는 아이들을 치료할 때, 말 그대로 어떤 식으로든 "움직이게" 하는 것이 매우 중요하다. 일반적으로 대인관계 폭력의 이야기에 갇힌 아이들은 심리치료사의 적극적인 개입 없이는 고통스럽고 내면화된 내러티브에서 자연스럽게 벗어나지 못한다. Rosa와 같은 아이들을 치료할 때, 정체된 외상 후 놀이를 접하게 되면, 이야기를 재구성하거나 과활성 상태를 진정시키거나 해리 상태를 방해하는 데 도움이 되는 몇 가지 주요 원칙이 있음을 알게 되었다.

- **자기 조절과 안정화 활동으로 돌아가라.** 이 경우 안정화 및 조절 활동(제6장)으로 돌아가는 것이 좋은 선택이다. 나는 Rosa를 진정시키기 위해 손바닥에 큰 공작 깃털을 올려놓고 균형을 잡거나 초기 회기에서 설명한 다채로운 색상의 '그라운딩 돌'을 붙

잡는 등 몇 가지 호흡 전략과 장난기 어린 접근법을 가르쳤다. 이러한 활동이 외상 후 이야기를 완전히 수정하거나 재수정하지는 못했지만, 적어도 초기 회기 동안의 과활성화를 멈추게 했다.

- **몸을 움직이라.** 정체된 외상 후 놀이나 예술 표현에 갇힌 아동들은 반복되는 절망적인 내러티브 속에 있기 때문에 어느 정도 "얼어붙어" 있는 상태이다. 몸을 움직이게 하는 것은 그 순간에 주의를 다시 집중시키고 정서적인 마비를 감소시키는 간단한 방법이다. 제7장에서 설명한 세 가지 동작, 즉 흔들림(자기 진정), 8자 그리기[앵커링(닻을 내리는 행위)], 그리고 '나무처럼 땅으로부터 일어나기'(활력화)는 독성이 강한 내러티브와 관련된 과각성 또는 해리를 일시적으로 멈추게 하는 유용한 방법이다.
- **새로운 매체를 도입하라.** 나는 Rosa의 반복적인 이야기를 수정하기 위해 또다른 전략을 사용했는데, 바로 모래놀이와 장난감 미니어처를 의사소통의 수단으로 도입하는 것이었다. 그림은 많은 아동이 이야기를 전달하는 좋은 방법이지만 정적이고 2차원적인 반면, 모래 상자에서 작업하는 것은 다차원적이고 촉감이 있으며 변화무쌍하다. 모래놀이는 Rosa가 자신의 이야기를 재현할 수 있게 할 뿐만 아니라 상자에 새로운 요소를 도입하여 상호작용할 수 있었다. 예를 들어, Rosa가 엄마의 남자친구에게 폭행당한 이야기를 되풀이할 때 나를 포함한 다른 의료진, 경찰, 기타 조력자 장난감 피규어와 함께 다양한 '구출' 장면을 연출할 수 있었다. 또한 '어린 소녀'가 다시 위험에 처했을 때 도움을 요청하는 방법을 찾을 수 있는 시나리오를 떠올리고 연습할 수 있었다.
- **의미를 단계적으로 풀라.** 그림을 다루는 데 있어서, 심리치료사는 자연스럽게 이미지를 해석하거나 상징을 찾는 경향이 있다. 그림의 내용은 드러날 수 있지만, 의미를 위해 이미지를 분석하는 것은 표현예술을 통한 회복 작업인 경우가 드물다. 내담자가 그린 그림을 이해하는 과정을 가르칠 때, 나는 "이미지를 죽이지 마라."라고 말하며 그림의 의미에 대해 성급히 결론 내리는 것을 피하라고 한다. 그림은 이야기를 들려주지만, 그린 사람이 치료사의 도움을 받아 이미지에 담긴 이야기를 풀어내는 것이 더 중요하다. 이는 민감한 질문을 통해 이루어지거나 소리, 음악, 움직임, 자세 또는 연극적 재연을 통해 의미를 증폭시키는 방식으로 이루어진다.

Rosa와 같은 아이들이 그림을 그리고 노는 것을 수십 년 이상 지켜본 결과, 반복되는 대인관계 폭력의 이야기는 너무나 흔히 나타난다. 이러한 이야기는 아동들이 앞으로 겪을 수 있는 현실적인 내러티브이기 때문이다. 아동들이 이러한 외상 후 내러티브를 바꾸도록 도울 때, 우리는 아동들이 살고 있는 환경과 맥락을 고려하는 데 주의를 기울여야 한다. Rosa의 상황은 일시적으로 아동보호 서비스에 의해 안정되었지만, 나는 Rosa가 필요한 경우 도움을 요청하고, 자신을 보호할 수 있는 방법을 포함하는 새로운 내러티브를 통합하고 소개하는 데 주의를 기울였다. 극단적인 상황에 직면한 어린아이가 자신을 보호하기 위해 취할 수 있는 방법도 포함했다. 궁극적으로 나의 목표는 파괴적인 이야기에 내재하는 고통스러운 두려움과 불안을 진정시키는 것이며, 동시에 가능한 한 자기 진정, 안정화, 그리고 힘을 실어 주는 요소들을 도입하는 것이다.

하나의 내러티브로는 개인 전체를 파악할 수 없다

Rosa는 그림과 스토리텔링을 통해 특정 시나리오를 반복했지만, 이는 그녀가 겪은 복합적인 트라우마 경험적 삶의 내러티브 중 하나의 사건에 불과했다. Rosa와 같은 아동은 여러 차례 입양과 위탁 보호를 거치며 수많은 학대와 버림을 견뎌 온 경우가 많기 때문에 한 장의 그림으로 한 개인의 모든 이야기를 담는 것은 불가능하다. TED(Technology, Education and Design) 연설자인 나이지리아 출신 작가이자 맥아더 재능 보조금을 수상한 Chimamanda Adichie(2009)는 사람들을 단일한 내러티브로 개인을 축소시키는 위험성을 분명히 밝히며, 자신의 삶의 이야기가 특정한 하나의 내러티브에 들어맞지 않는다고 설명했다. 그녀는 연설 중에서, 어린 시절 직면했던 트라우마를 일으켰던 문제들 중 몇 가지를 공유했다. 난민 캠프에서 사망한 할아버지들, 부적절한 건강 관리 때문에 사망한 사촌, 소방차에 물이 없어서 비행기 사고로 죽은 친구, 공포를 느끼는 일상을 평범하게 느끼도록 만드는 정부 그리고 배급으로만 주어지던 음식들, 비록 이러한 경험들은 Adichie의 내러티브의 일부였지만, 그녀는 그것들이 그녀의 인생 전부가 아님을 강조했다. 실제로 재앙만큼이나 중요한 회복탄력성과 관련한 내러티브가(제9장) 있다. Adichie가 보기에, 비록 아프리카는 폭력에서 가난, 질병까지 갖춘 위기의 땅이지만, 기쁨, 존엄성, 희망에 대한 이야기는 항상 존재한다고 말했다.

Adichie는 트라우마 기반 작업의 맥락에서 핵심 원칙을 설명한다. 개인은 치료에 대한 권한 박탈뿐 아니라 권한 부여에 대한 다양한 이야기를 가지고 있고, 이러한 이야기는 더 큰 맥락에서 존재한다는 것이다. 대부분 치료사들은 치료 중에 만나는 사람들이 여러 가지 이야기들로 이루어진 복합체라는 것을 이해한다. 그러나 많은 치료사는 종종 트라우마와 관련하여 특정 주제 기억이 통합과 회복에 필수적이라고 믿는다. Rosa의 경우, 여러 가지 부정적인 사건이 포함된 트라우마 내러티브는 단일 사건에 대한 이야기가 아니라 삶 전체를 뒤덮는 내러티브가 되었다. 나는 Rosa가 그림을 통해 제시한 특정 내러티브를 짧은 회기 동안 안정화 조절 전략을 도입하여 다루었다. 하지만 발달 트라우마, 분열된 애착, 일관성 없는 양육을 포함한 Rosa의 삶 전체의 내러티브를 파악하고 해결하기 위해서는 맥락을 포함한 장기적인 개입이 필요했다. 예를 들어, 양육자의 존재는 아동의 외상 후 적응에 영향을 미치며, 미술이나 놀이를 통해 경험하는 트라우마 사건만큼이나 중요하다. 만약 내가 Rosa를 계속 담당할 수 있었다면, 그녀와 Tasha가 둘 사이의 관계 맥락 안에서 내러티브를 조직화하면서 Rosa의 외상 후 미술, 놀이, 이야기를 다음 단계에서 다루었을 것이다. Tasha 또한 중요한 보호자는 결국 치료의 맥락에서 긍정적인 애착을 형성하여, 수년간의 학대 및 부정적인 사건들로 손상된 관계를 복구하기 위한 노력으로 관여하게 된다.

◇◇◇◇◇

내러티브 작업에 대한 하향식 접근 방법 글쓰기

표현예술은 상향식 작업을 위한 여러 기회를 열어 주지만, 트라우마 이야기는 ETC 체계의 인지 수준에서 발견되는, 하향식 언어적 접근 방식에서 나올 수 있다. 어떤 사람들에게는, 이야기의 한 형태로 글을 쓰기 시작하는 것이 가장 편안해 한다. 나는 초기 회기에서 내담자가 자신의 일기나 심지어 글의 일부를 가지고 와서 나와 공유할 때 이 접근법이 도움이 될 수 있는 시점을 종종 알게 된다. 내담자가 나에게 맡긴 글을 읽는 동안, 대부분 경우 그 글은 매우 강력하고 생생하기 때문에 큰 소리로 읽는 것은 감정적으로 압도적일 수 있다. 그러나 그들이 나에게 글을 읽게 해 주기로 했다는 사실만으로도 그들이 종종 고통스러운 경험에 대한 자기 표현을 하는 데 있어 편안함을 느낀다는 것을 알 수 있기 때문에 중요했다.

Pennebaker와 Smyth(2016)는 정서적 고통을 완화하는 데 있어 글쓰기의 가치에 대한 가장 광범위한 연구를 수행했다. 그들은 먼저 표본을 추출하여 일부 개인들이 17세 이전에 외상적인 성적 경험을 했는지 여부를 조사하기 시작했다. 한 연구에서 참가자의 15%가 그러한 경험을 했다고 응답했는데, 이는 예상치 못했지만 중요한 발견이었다. Pennebaker와 Smyth는 또한 이들이 다른 참가자들보다 신체 건강 문제를 겪을 가능성이 더 높다는 것을 발견했다. 그 발견은 이러한 상관관계를 이해하고 특정 유형의 개입이 효과적일 수 있는지 여부를 파악하기 위한 후속 연구로 이어졌다.

Pennebaker와 Smyth(2016)는 결국 트라우마 사건을 경험하는 것이 건강 악화와 관련이 있을 수 있으며, 특히 트라우마를 겪은 개인이 외상을 비밀로 하는 경우 더욱 그러하다는 결론을 내렸다. 연구진은 '트라우마 사건에 대해 이야기하는 것'이 건강에 어떤 영향을 미치는지 알아보기 위해 대학생 자원봉사자로 구성된 두 집단을 비교했다. 한 집단은 감정적으로 괴로웠던 일에 대해 글을 쓰도록 요청받았다. 두 번째 집단은 앞으로 며칠 동안 무엇을 할 것인지와 같이 감정적이지 않은 주제에 대해 글을 쓰도록 요청받았다. 이 집단은 4일 연속으로 한 번에 15분씩 이러한 과제에 참여했으며, 작성 내용은 비밀이 보장되고 익명으로 처리된다는 설명을 들었다. 그 외에는 다음과 같은 지침이 주어졌다.

> 인생에서 가장 화가 나거나 충격적이었던 경험에 대해 계속해서 글을 써 주세요. 문법, 철자법, 문장 구조에 대해 걱정하지 마세요. 그 경험에 대한 가장 깊은 생각과 느낌을 글로 표현해 주세요. 원하는 주제에 대해 무엇이든 쓸 수 있습니다. 하지만 어떤 주제를 선택하든 자신에게 깊은 영향을 준 내용이어야 합니다. 이상적으로는 다른 사람들과 자세히 이야기하지 않은 내용이어야 합니다. 자신을 내려놓고 자신의 가장 깊은 감정과 생각을 건드리는 것이 중요합니다. 다시 말해, 무슨 일이 일어났고 그에 대해 어떻게 느꼈는지, 그리고 지금 어떻게 느끼는지 적어 보세요. 마지막으로, 각 회기마다 다른 트라우마에 대해 쓰거나 전체 연구 기간 동안 동일한 트라우마에 대해 쓸 수 있습니다. 각 회기에서 어떤 트라우마를 선택할지는 전적으로 본인에게 달려 있습니다. (Pennebaker & Smyth, 2016, pp. 16-17)

Pennebaker와 Smyth가 발견한 것은 놀라웠다. 감정에 대해 글을 쓰도록 한 집단의 학생들은 단순히 사실에 대해 글을 쓴 집단에 비해 향후 6개월 동안 대학병원을 방문할 가능성이 훨씬 낮았다. 참가자의 혈액 샘플에서 얻은 데이터를 사용한 추가 연구에 따르면 감정적 글쓰기 과제에 참여한 학생들은 대조군보다 더 공격적인 면역 체계를 가진 것으로 나타났다.

Pennebaker와 Smyth 등이 글쓰기를 처음 연구하기 시작했을 때, 글쓰기는 개인이 정서적 억압을 극복하는 데 도움이 될 수 있을 것으로 생각되었다. 트라우마 기억을 억누르고 있던 사람들이 글을 통해 트라우마에 대해 표현함으로써 해결책을 찾을 수 있다는 것이었다. 이것이 사실일지도 모른다. 하지만 여러 가지 요인이 복합적으로 작용하여 이 점을 얻는 것으로 보인다. 예를 들어, 글쓰기는 개인이 생각과 감각을 정리하여 일관된 이야기로 구성하는 데 도움이 된다. 이러한 방식으로 이야기를 구성하는 과정은 많은 사람이 트라우마 사건에 대한 반추와 고착 상태에서 벗어나 감정을 더 잘 조절할 수 있도록 돕는다. 또한 트라우마에 대한 글쓰기를 통해 마음을 열면 다른 사람들과 트라우마에 대해 더 잘 이야기할 수 있는 것으로 보인다. 이는 글쓰기가 시간이 지남에 따라 회복을 돕는 데 필요한 사회적 상호작용을 강화할 수 있음을 보여 준다.

이 연구는 개인에게 트라우마 관련 경험에 대한 글을 소개할 때 고려해야 할 몇 가지 사항이 있음을 시사한다.

- **타이밍**. Pennebaker와 Smyth의 많은 연구에 따르면 충격적인 사건이 발생한 직후에 글을 쓰는 사람들은 혈압과 심박수가 상승하는 등의 반응이 나타나서 오히려 부정적인 영향을 미칠 수 있다. 트라우마 사건과 같은 심각한 문제에 직면할 준비가 되어 있지 않은 일부 사람들이 있다는 사실을 포함하여 여러 가지 이유가 이러한 결과를 뒷받침한다. Pennebaker와 Smyth(2016)는 고통스러운 경험을 한 후 몇 달 정도 후에 글쓰기를 시작하는 것이 더 효과적이라고 권장한다.
- **일관성**. 연구에 따르면 매일 정해진 시간 동안 글을 쓰는 것뿐만 아니라 방해받지 않고 글을 쓰는 것이 중요하다고 본다. 그러나 글의 양에 있어서는 '더 많이'가 '더 좋은' 것은 아닐 수 있다. 연구자들은 끔찍한 사건에 대해 2주 이상 글을 쓰지 말아야 한다고 결론을 내렸다.
- **거리두기**. 트라우마 사건에 대해 글을 쓰는 전반적인 목표는 트라우마 사건으로부터 심리적 거리를 얻는 것이다. Pennebaker는 2001년 9월 11일 테러 공격이 있은 직후 공공 블로그가 상당히 많은 부정적인 감정을 소통하게 했고 심리적 거리감을 커지게 했음을 발견했다. 블로그에서 부정적인 감정은 공격 이전 수준으로 감소했지만, 심리적 거리감은 그 후 몇 주 동안 상승된 수준을 유지했다. 이러한 결과를 고려할 때, 다른 형태의 의사소통보다 언어를 선호하는 개인은 글쓰기 기반 접근 방식이 다른 표현 예술 접근 방식과는 다른 방식으로 도움이 된다는 것을 알 수 있다. 특히 트라우마를 겪은 일부 사람들은 자신의 상황을 보다 객관적으로 바라보거나, 기억에서 벗어나 회복적인 일관된 내러티브를 구성하는 데 도움이 될 수 있다.

트라우마 내러티브의 고비 넘기기

대인관계에서 폭력을 당하거나 극도로 고통스러운 사건을 겪은 Katja와 다른 내담자들은 암묵적 경험이나 사건에 대한 명시적인 기억을 쉽게 말로 표현하지 못할 수 있다. 개인이 괴로운 감정이나 스트레스가 많은 상황에서 "말을 아끼게 되는(Clam up, 말하기를 거부하는 행위)" 데에는 여러 이유가 있다(Malchiodi & Crenshaw, 2017). 다음 전략은 회기 중 창의적인 개입으로 표현예술을 사용하는 방법을 포함하여 이러한 문제를 해결하는 데 도움이 될 수 있다.

비 일인칭 언어를 사용하기

앞 장에서 언급했듯이, '비 일인칭 언어'를 사용하는 것은 일부 사람들에게 감각, 감정 또는 경험에 대해 이야기하는 데 따르는 고통을 완화하는 한 가지 방법이다. '셀프토크'에 관한 최근 연구는 심리치료사가 표현예술치료 중에 불안을 유발시킬 수 있는 경험에 대해 말하거나 쓰도록 지시하는 방법에 대한 몇 가지 근거를 제시한다. 이러한 연구에 따르면 비 일인칭 셀프토크는 거리두기를 통해 감정 조절을 개선하고 지금 이 순간 자기 초점화를 감소시켜 자기 분리를 촉진한다. 참고로 일인칭 대화는 '나' '저' '내' 와 같은 대명사를 사용한다. 이와 대조적으로 비 일인칭 대화에서는 '당신' '그것' 또는 이름(자신의 이름 포함)을 사용한다. 긍정적인 비 일인칭 셀프토크의 좋은 예는 "계속해, Cathy, 넌 잘하고 있어. 넌 할 수 있어."(무대공포증을 예방하기 위해 1,000명의 관객과 마주하기 전에 반복해서 나 스스로에게 하는 말)이다. 운동선수와 다른 사람들이 성과와 자신감을 향상시키기 위해 비 일인칭 셀프토크 자기 대화를 적용하곤 하지만, 이러한 유형의 대화는 고통스러운 기억이나 괴로운 사건과 관련된 다른 상황에서도 효과적일 수 있다. 최근 두 가지 연구는, 이 간단한 전략이 어려운 내러티브를 말로 표현할 때 개인이 자기 조절을 하고 스트레스를 줄이는 데 어떻게 도움이 될 수 있는지를 보여 준다.

첫 번째 연구(Moser et al., 2017)는 자신을 삼인칭으로 지칭하면 사람들이 자신을 타인으로 생각하거나 인식하는 방식과 더 유사하게 만들 수 있음을 보여 준다. 즉, 이러한 간단한 변화는 개인이 스트레스 경험으로부터 심리적 거리를 확보하는 데 도움이 될 수 있으며, 감정 조절에 도움이 될 수 있다는 것이다. 두 번째 연구에서는 고통스러운 경험을 떠올린 참가자들이 일인칭 언어를 사용했을 때와 삼인칭 언어를 사용했을 때의 뇌 활동[기능적 자기공명영상(FMRI)]이 어떻게 다른지 평가했다(Kross et al., 2014). 참가자들은 삼인칭 자기 대화를 사용할 때, 즉 비 일인칭 언어를 사용할 때 고통스러운 감정적 기억과 관련된 뇌 영역의 활동이 줄어들어 감정 조절이 더 잘되는 것으로 나타났다. 두 연구 모두에서 연구자들은 비 일인칭 대화가 심박수 변동과 미주신경의 긴장도를 일반적으로 개선한다는 결론을 얻었다. 이러한 신체적 반응은 트라우마 중재, 긍정적 애착, 감정 조절과 관련이 있다.

앞서 언급했듯이, 표현예술은 투영(일인칭에서 비 일인칭으로 전환하는 의사소통) 또는 굴절(평행적 의사소통)을 통해 관점을 전환할 수 있는 기회를 제공한다. 즉, 개인이 자신의 경험으로부터 안전하게 거리를 두도록 돕는 것이 매우 중요하다.

'익숙하지 않은 것'에 대하여 대화를 시작하기

종종 치료사는 내담자의 그림이나 표현에 대해 이야기할 때 어디서부터 시작해야 할지 모를 때가 있다. 어디서부터 시작해야 할지 막막할 때 나는 "이 이미지(사물, 움직임, 소리, 표현)에서 특이하거나 강조되거나 중요해 보이는 것은 무엇인가?"라고 자문한다. 이 관찰을 대화의 시작점으로 사용할 수 있다. 크기나 특징을 통해 그림의 요소를 강조하는 미취학 아동이나 학령기 아동에게 특히 효과적일 수 있지만, 성인과 대화를 시작하는 데에도 사용할 수 있다. 다음 예는 특이한 특징을 가진 그림이 소녀와의 효과적인 대화의 시작점이 되어 가정 내 학대 상황에 대한 세부 정보를 이끌어 낸 사례를 보여 준다.

사례 예시. Leah: 성폭력의 상세 정보

Leah는 8세 소녀로, 담임 교사가 학교에서 Leah의 부적절한 성적 행동을 목격한 후 성폭력의 가능성으로 인해 아동보호기관에서 미술 및 놀이치료를 받을 수 있도록 의뢰되었다. 사회복지사는 Leah가 가족 구성원으로부터 학대를 당했다고 의심했지만, Leah는 특히 "누가 널 다치게 했느냐" 또는 "누가 널 만졌느냐"는 질문에 선택적으로 침묵했다. 그녀의 부모는 보호 서비스에 협조적이었지만 영어가 제2외국어였고, 이 사건을 담당한 사회복지사는 아동보호 서비스 측에서 딸에 대해 우려하는 부분에 대해 부모가 이해하지 못한다고 느꼈다. 내가 Leah와 함께 작업하도록 요청받은 이유는 예술과 놀이를 통해 일어난 일에 대한 추가 정보를 얻을 수 있는지 알아보기 위함이었다. 또래의 많은 아이처럼 Leah도 부모님이 살고 있는 2층짜리 집의 많은 부분을 자세히 보여 주는 전체 모습을 그렸다. 내가 그림에 대해 물었을 때 Leah는 집이 2층이라고 열심히 설명하며 2층에는 침실이 여러 개 있고 욕실이 두 개 있다고 말했다. 1층에는 대형 TV가 있는 거실과 Leah가 말하기를 냉장고가 있는 부엌이 있었기에 특별히 이상하지는 않았다. 냉장고는 그림의 나머지 내용들과 비교했을 때 비정상적으로 보였고 너무 커서 나를 놀라게 했다. TV도 꽤 눈에 띄었지만, 대부분 가정에서 대형 평면 TV를 가지고 있었다. 회기가 시작될 때 나는 Leah에게 그림에 대해 몇 가지 일반적인 질문을 했다. 그녀는 내 질문 하나하나에 정중하게 답해 주었지만 내가 특별히 물어본 것 이상의 어떤 이야기도 자진해서 더 하지 않았다. 그러고 나서 나는 그녀의 그림에서 매우 두드러졌던 냉장고를 가리켰다. Leah의 모든 침착함이 그 순간 무너지기 시작했는데, 마치 내가 그림에서 그녀에게 중요한 것이 무엇인지 마침내 알아차린 것 같았다. 그녀는 그때, 가족 모두가 아침에 집을 나서기 전에 냉장고로 갔다고 말했다. Leah가 부엌에서 하는 일상적인 활동에 대해 언급한 후, 나는 그녀에게 매일 집에서 나가기 전에 냉장고로 가는 사람들의 이름과 냉장고에서 꺼낸 물건이 무엇인지 알려 줄 수 있는지 그녀에게 물었다. Leah는 먼저 집을 나간 어머니와 아버지가 아침 식사로 우유와 계란을 꺼냈고, 그다음 고등학교에 진학한 언니 두 명은 점심을 만들기 위해 부엌으로 왔다고 말했다. 그 뒤 누가 남았느냐고 물었더니 늦잠을 자주 자고 회사에 지각하는 오빠가 있다고 답했다. 그는 "빨간 음료"(캔에 든 에너지 음료)를 가지러 냉장고로 달려갔다가 버스를 타러 떠났다고 했다. 마지막으로 "그래, 너 말고 아직 집에 있는 사람이 있니?"라고 물었더니, 그녀는 조용히 자신과 자신을 돌봐 주기 위해 집에 있는 백수인 삼촌만 남았다고 했다.

Leah의 삼촌이 가해자일 수 있다는 것이 분명해졌지만, 이 첫 번째 회기는 추가 미술 및 놀이 회기로 이어졌고 결국 다른 사람들이 모두 일터나 학교로 떠난 낮에 삼촌이 Leah를 성폭행했다는 사실을 확인했다. 알고 보니 그림 속 TV는 Leah의 경험에서 중요한 역할을 했다. 삼촌은 Leah를 성폭행하는 동안 Leah가 만화를 볼 수 있도록 TV를 틀어놓았다. 나는 Leah와의 그림과 놀이 활동을 통해 삼촌이 "나에게 상처를 줄 때" 그녀가 "사라졌다."(적응적 대처 반응으로서의 해리 상태)고 느꼈으며, 삼촌이 자신을 "해치고 있었다."고 말했다. 그녀의 폭로가 추가적이고 장기적인 개입으로 이어졌지만, 다행히도 Leah의 초기 그림 속 요소들은 그녀가 "무슨 일이 일어났는지" 중요한 세부 정보를 알려 주게 되어 나와 보호서비스 요원이 개입할 수 있도록 하는 데 결정적 단서를 제공했다.

트라우마 내러티브의 방향 전환

TV 시리즈 〈매드맨〉에서 주인공 Don Draper는 "말하는 내용이 마음에 들지 않으면 대화 주제를 바꾸세요."라고 말한다. 이 말은 치료에서 흔히 볼 수 있는 또 다른 난관을 떠올리게 한다. 즉, 정체된 외상 후 놀이와 비생산적인 내러티브에 갇혀서 어떤 이유로든 회복으로 이어지는 희망적이고 회복적인 이야기로 나아갈 수 없는 어린 내담자들의 경우이다. Terr(1990)가 처음에 설명한 바와 같이, 치료 전문가들이 상담 중에 내담자가 전달하는 내용을 무조건적으로 수용하더라도, 아동이 특정 이야기나 기억에 '갇혀' 치료 과정에서 이를 극복하지 못하고 넘어갈 수 없는 상황이 있다. 긍정적인 의미에서 보자면, 이러한 아동 중 상당수는 대화하는 것을 주저하지 않고 치료사와의 소통에 적극적으로 참여하고 있지만, 실제로는 문제 해결에 더 가까이 다가가지 못하고 있다. 급성 외상 사건의 경우, 일부는 부모와 보호자의 도움으로 결국 자신의 감정과 고통을 해결할 수 있는 경우도 있지만, 다음 사례처럼, 보호자는 아동이 진전을 보이지 않는다고 우려를 표하기도 한다. 실제로 아동은 정서적 고통을 경험하고 있으며, 여러 회기에 걸쳐 이야기를 반복함으로써 다시 트라우마에 시달릴 수도 있다.

사례 예시. Josh: 갇혀 버린 내러티브

10살 Josh는 어느 날 아버지 Neil의 손에 이끌려 나에게 왔다. 교통사고 때문에 같은 10살인 Josh의 친구 Tom도 부상으로 인해 병원에 입원했다. Josh와 아버지는 가벼운 타박상을 입었지만 심각한 부상은 없었다. 이 사고는 한 젊은 여성이 급한 마음에 신호등을 무시하고 달리다가 Neil의 차를 들이받은 안타까운 결과였다. Neil의 요청에 따라, 나는 Josh의 트라우마에 대해 면밀히 알기 위해 상담실 방문 대신 몇 차례 그들의 가정을 방문했다. 첫 번째 가정 방문 전에 Neil은 Josh가 사고 이야기를 반복하는 데 집착하고 심지어 Josh가 학교에서 그린 그림들이 전부 그 자동차 사고를 재현한 것이라고 내게 말해 줬다. Josh의 담임선생님은 Josh가 사고 이후로 매우 산만해졌고, 수업 활동에 집중하지 못한다고 했다. 또한 Josh는 Tom이 병원과 집에 있을 때 그를 방문했고 그가 회복 중이며 곧 학교로 돌아올 것임을 이해했음에도 불구하고 Tom에 대해 끊임없이 걱정했다.

처음 Josh를 만났을 때 나는 그에게 무슨 일이 있었는지 이야기해도 괜찮다고 말하며 그의 경험에 대해 더 자세히 알고 싶다고 말했다. Josh는 사고를 아주 자세히 설명했고, 아버지와 함께 Tom을 태운 구급차를 따라 병원에 갔을 때 무슨 일이 있었는지, 그리고 교통사고와 관련된 다른 중요한 사건들을 묘사했다. 심지어 나에게 이야기를 다시 들려주기를 원하거나, 궁금한 점이 있는지 물어보았다. Neil이 전화로 나에게 말해 준 것처럼, Josh는 사고에 대해 반복적으로 이야기하는 것이 그를 안도하게 하지 않았고, 오히려 더 불안해하고 때로는 숨이 가빠지기도 했다. 무엇보다도 사고에 대한 반복적인 이야기와 그림이 Josh를 더 고통스럽게 만들고 있었다. 이 경우 Josh가 자신의 이야기를 들려줄 기회를 보장하면서도 '대화의 흐름을 바꾸는' 방법을 고려하는 것이 중요하다.

이후 만남에서, 나는 Josh와 함께 그의 불안과 두려움에 관련된 신체의 감각에 대해 작업했다. 그가 어디서 이런 경험을 느끼는지 돕기 위해 색 · 모양 · 선을 사용하여 신체 윤곽을 그리고 불안이 느껴지는 위치를 표시하는 방법을 연습했다. 또한 학교에 있을 때와 밤에 잠들기 전에 Josh를 진정시키는 데 도움이 되는 몇 가지 일상적 기술도 연습했다. 하지만 Josh는 계속해서 사고에 대해 다시 이야기하고 싶어 했고, 그날의 주요 사건에 대한 여러 그림을 통해 '무슨 일이 있었는지'를 보여 주었다. 나는 Josh에게 괜찮다면 그의 아버지도 회기에 함께 참여하는 것이 어떨지 제안했고, 아버지 역시 그날 있었던 일로 인해 불안해할 수 있기 때문에 이야기를 나누어야 할 필요가 있다고 생각한다고 설명했다. Neil이 합류했을 때, 나는 Josh와 중요한 이야기를 나눴으며, 책을 책장에 꽂아 두는 것처럼 특별한 시간을 정해 다시 이야기하게 될 때까지 그림을 봉투에 보관하자고 제안했다. Josh는 사고에 대한 자세한 그림을 그렸기 때문에 그 그림은 이야기가 전달될 때마다 중요한 요소로 활용될 수 있었다.

이 시점에서 Josh, Neil, 나는 '사고 이야기'를 말하기 위한 의식을 함께 만들었다. 먼저 이야기를 마친 Josh가 그린 그림을 큰 봉투에 담아 책과 잡지가 놓인 선반 위에 보관하게 했다(거실에 책과 잡지가 꽂혀 있는 선반 하나를 가리켰다). 봉투는 다시 무슨 일이 있었는지 이야기할 시간이 될 때까지 그대로 두었고, Josh는 이야기를 나누고 싶을 때 아버지에게 책꽂이에서 봉투를 꺼내 달라고 부탁하고 아버지와 함께 이야기 시간을 가져야 했다. 나는 이 시점에서 이야기를 몇 번 반복하는지가 중요한 것이 아니라, 스토리텔링을 위한 의식 자체(아버지와 아들이 함께 봉투를 꺼내고, 앉아서 그림을 보고 이야기를 들려주고, 그림을 봉투에 넣고 다시 책꽂이에 꽂는 것)가 중요하다고 말했다. 그 후 며칠 동안 Neil과 Josh는 매일 저녁 식사 후에 그 계획을 따랐다. 다음 주에 그 부자가 Josh의 회기를 위해 도착했을 때 나는 다시 한번 이야기에 귀를 기울이고 그와 함께 그림을 검토했다.

하지만 이번에는 사고에 대한 이야기가 끝난 후 Josh에게 곧 학교로 돌아갈 친구 Tom에 대해 더 이야기해 달라고 부탁했고, 이에 Josh는 기뻐했다. Josh에게 Tom과 함께 찍은 사진을 보여 줄 수 있는지 물어보았다. Josh가 "Tom과 저는 자주 어울렸어요."라고 입버릇처럼 말했듯이, 그 둘의 사진이 꽤 많았다. 나는 Josh와 그의 아버지가 괜찮다면 일단 이 사진들을 봉투에 넣어 보자고 제안했고, 이번 회기에서 Josh와 Tom이 사고 전에 함께 했던 일들에 대해 새로운 그림을 그릴 수 있을 것이라고 말했다. 다시 말해, 사고가 '일어나지 않았을 때'의 모습을 그림으로 그려 달라고 요청하고, Josh와 Tom이 함께 경험했던 많은 긍정적인 시간에 대한 추억의 사진도 포함시키도록 하려는 의도였다. Josh를 트라우마 내러티브에서 벗어나게 하려면 몇 번의 회기가 더 필요했지만, Josh는 점차 자동차 사고에 대한 이야기에 집중하지 않게 되었다. 이 과정에서 아버지가 이야기를 다시 하는 것의 한계를 정해 두지 않고, 의식을 꾸준히 유지하여 따라와 준 것이 매우 도움이 되었다. 또한 그림과 사진 형태의 이미지를 통해 다른 경험과 사건을 이야기와 통합함으로써 내러티브의 폭을 넓혀 Josh의 삶, 특히 친구 Tom과의 관계에서 있었던 많은 긍정적인 기억을 포함하도록 했다. 그 후 '대화'는 사고에 대한 이야기에서 벗어나 좋은 기억과 미래에 대한 생각을 포함한 긍정적인 이야기로 옮겨 갔다.

Josh의 경우 다른 미술 매체를 도입하는 것이 비생산적인 이야기를 바꾸거나 방향을 전환하는 또 다른 방법이 될 수 있었을 것이다. Josh가 그림 그리는 것과 만든 것을 나와 공유하는 것을 좋아했기 때문에 나는 그림 그리기를 주요 표현 형식으로 계속 사용했다. 앞서 언급했듯이 모델링 점토나 Play-Doh(찰흙놀이) 같은 3차원 소재를 도입하면 가변적인 매체를 통해 이야기를 변형하고 재구성할 수 있는 가능성이 열린다. 예를 들어, 조력자나 응급 구조대원 같은 새로운 사물이나 개체를 도입하여 이야기의 결말을 다르게 만들거나 구조, 회복, 자기효능감 등의 주제를 다룰 수 있다. 모래 상자는 아동이 쉽게 움직이고 조작할 수 있는 미니어처 피규어를 배열하여 이미지를 만들 수 있는 또 다른 방법을 제공한다. 인형이나 역할극을 통한 연극적 재연(제9장과 제10장에서 자세히 설명)도 또 다른 옵션이다. 간단히 말해, 치료사는 아동의 이야기에 추가할 요소를 제안하거나 "저 그림을 이쪽으로 옮기면 네가 말한 이야기에서 무엇이 달라질까?"라고 질문할 수 있다. 요점은 아동이 자신의 이야기를 다시 말하도록 허용하는 것뿐만 아니라 모래 상자나 다른 매체에 있는 사물의 위치나 배열을 통해 이야기의 방향을 바꾸도록 유도하는 것이다.

◇◇◇◇◇

가족 내러티브

가족들은 트라우마 내러티브를 다룰 때 흥미로운 도전을 받는다. 수년 동안 나는 자연 재해를 경험한 가족, 중증 또는 말기 질환을 앓고 있는 자녀를 둔 가족, 대인 폭력을 경험한 성인 또는 자녀가 한 명 이상 있는 가족 등 수많은 가족과 함께 작업했다. 나는 트라우마에 대한 작업의 일환으로 가족들이 그들의 이야기를 소통할 수 있도록 도울 수 있는 방법, 특히 가족들이 어려움이나 위기에 어떻게 접근하는지에 대해 자주 고민한다. 개인과 함께 작업할 때와 마찬가지로 표현 예술을 통해 집단적인 트라우마를 다루기 전에 가족 내에서 조절 능력을 발달시키도록 돕는 방법과 안전에 대한 몸의 감각을 확립하는 방법에 대해서도 생각한다. 내러티브가 멈추는 것이 아니라 흘러가도록 돕는 것이 핵심이며, 이를 위해 가족의 '인내의 창(window of tolerance)' 안에서 가능한 한 빨리 놀이적 요소를 포함한 접근 방식을 도입하려고 노력한다.

가족들과 함께 작업할 때는 특정 트라우마에 대한 내러티브를 요구하기보다는 약간 다른 접근 방식을 취한다. 가족 집단에는 일반적으로 다양한 연령대의 아동들이 포함되며, 모든 표현예술 과정은 아동들의 발달적 요구를 충족시켜야 한다. 하지만 나는 가족이 보호해야 한다고 느끼거나 공개할 준비가 되지 않은 이야기에 직접적으로 초점을 맞추지 않고 안전하게 이야기를 표현할 수 있는 방법을 제공하려고 노력한다.

가족과 함께 작업할 때, 나는 상상력을 자극하는 데 도움이 되는 은유(metaphor)를 사용하려고 노력한다. 그들이 자신의 은유를 찾도록 돕는 것이 이상적이지만, 트라우마를 겪은 가족은 스스로 적절한 은유를 생각해 낼 능력이 없을 수도 있다. 그러나 대부분 가족의 경우, 은유를 제시하고 그것을 탐구할 수 있도록 지지하고 지원하면, 은유적인 주제를 통해 의미를 만들어 간다. 특히 표현예술과 같은 활동 중심의 접근이 과정의 일부라면 더욱 그렇다. 대부분 경우 트라우마 이야기의 일부 또는 전부가 예술 기반 표현을 통해 드러날 수 있긴 하더라도 "내러티브를 통제하는" 느낌을 제공하고 매력적인 놀이 경험을 제공하는 것이 목표이다.

외딴섬에서 함께 살기

'외딴섬에서 함께 살기'는 Landgarten(1981)에서 배우고 적용한 전략으로, 개인이 스트레스를 받을 때 '함께 살아남는' 방법을 은유적으로 표현하는 경우에 활용한다. 가족 구성원들은 큰 종이에 섬의 윤곽을 그린 다음, 가족 단위로 생존하고 번영하는 데 필요한 것을 포함하여 섬에서 함께 생활하는 방법을 함께 그려 보도록 요청받는다. 이 활동의 주제는 일반적으로 도전적이거나 불리한 상황에 대처하는 가족 구성원마다의 다양한 역할을 어떻게 인식하는지에 대한 은유가 된다. 또한 가족이 문제를 해결(또는 해결하지 못함)하기 위해 어떤 반응을 하는지에 대한 이야기를 만들어 낸다. 섬에 있는 가족 구성원 개개인의 자아상을 그려야 하는 어려움을 덜어 주기 위해 각자에게 플라스틱 동물이나 친숙한 만화 캐릭터와 같은 장난감 피규어를 제공하여 자신을 표현할 수 있도록 한다. 이 "비 일인칭" 방식은 참가자가 동물이나 캐릭터를 통해 "대화"하고 상호작용할 수 있기 때문에 경험을 덜 위협적으로 만든다. 또한 장난감 피규어의 장점은 아이들의 흥미를 유발하고 이야기와 역할극을 위해 섬 곳곳을 쉽게 이동할 수 있다는 것이다.

이 활동을 이끌기 위해 나는 종종 움직임, 소리, 연극적인 재연, 노래 등 반응을 일으키는 데 도움이 되는 재미있는 질문들을 활용한다.

- 섬에는 어떤 법이나 규칙이 있나요? 규칙은 무엇인가요?
- 섬의 좌우명이나 가장 좋아하는 말은 무엇인가요?
- 섬에서 여러분이 가장 좋아하는 노래는 무엇인가요? 그 노래에 맞춰 춤춰 본 적 있나요?
- 만약 내가 여러분의 섬을 영화로 만든다면 영화의 제목은 무엇일까요?
- 다른 섬과 어떻게 연락을 주고받나요?
- 누가 당신의 섬에 찾아오나요?
- 만약 섬에 자연재해가 일어났을 때, 당신의 동물(섬의 거주자, 만화 캐릭터 등등)들은 안전하기 위해 어떠한 행동을 취하나요?

이 전략은 특히 암과 같은 생명을 위협하는 질병으로 스트레스를 겪는 가족 구성원에게 효과적이다. 나는 이러한 가족들이 여러 차례의 수술과 의료 개입을 받는 며칠 또는 몇 주 동안 거의 "캠핑"을 하듯 병실에서 생활하는 것을 종종 목격했다. 이 기간 동안 가족, 친구 또는 동료와 거의 접촉하지 않고 익숙한 일상을 모두 포기한다. 소아 환자의 형제자매는 부모나 보호자로부터 고립감을 느낄 수 있으며, 중증환자가 부모의 전적인 관심을 필요로 한다는 사실을 직감한다. 동시에 그들은 질병과 죽음에 대한 두려움과 걱정

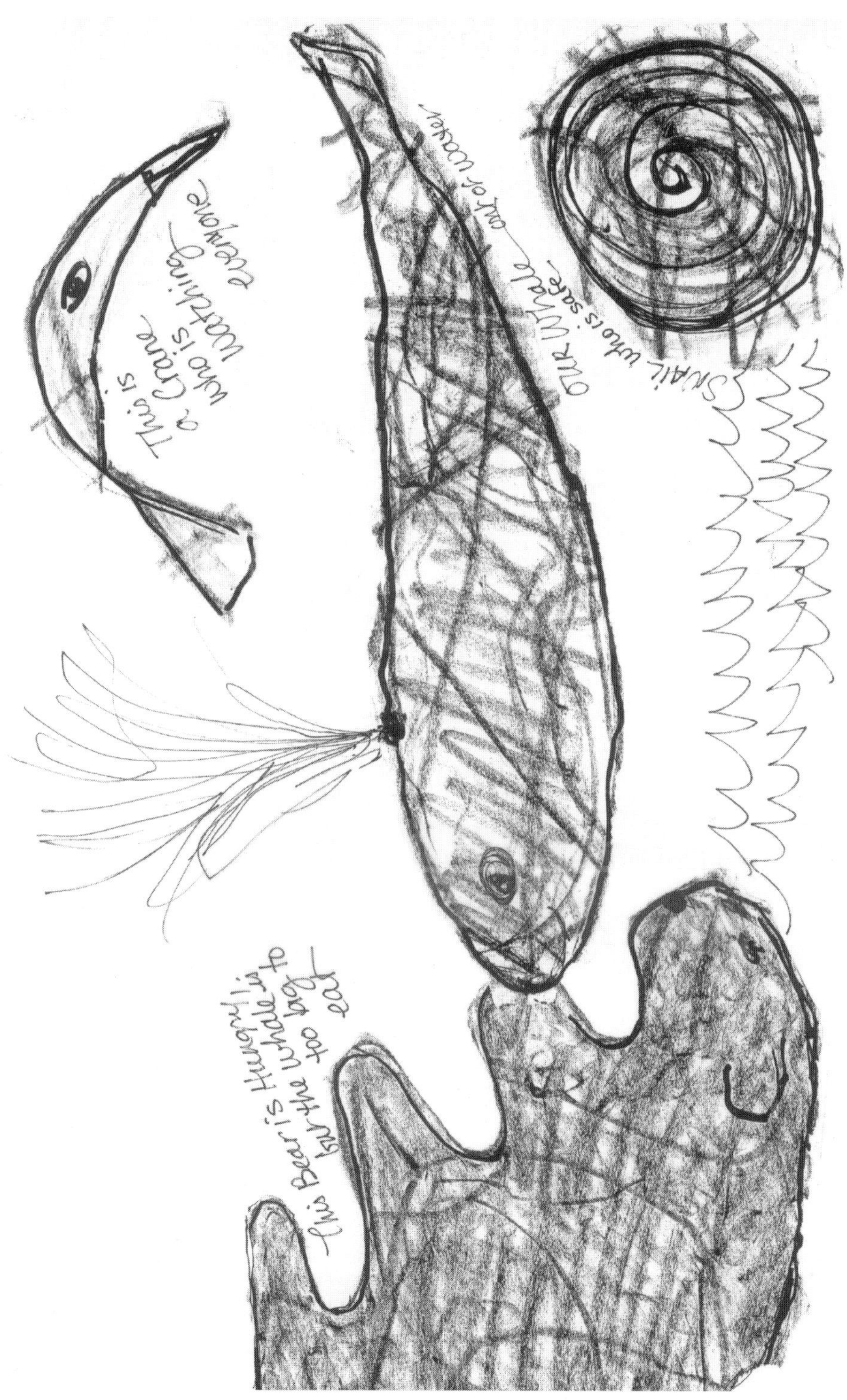

[그림 8-5] **낙서 추격 집단 벽화**

을 안고 불면증, 악몽, 인지적 어려움, 불안으로 조용히 고통받을 수 있다. 어떤 의미에서 가족은 환자의 필요와 예측할 수 없는 상태로 인해 친구, 직장 동료, 형제자매의 경우 이전의 일상적인 상호작용으로부터 분리되어 자신만의 '섬'을 형성하는 경우가 많다.

낙서 추적

Lusebrink(1990)에 기반한 개념인 '낙서 추적(Scribble Chase)'은 미술 표현, 연기, 움직임, 소리와 음악성, 스토리텔링을 통해 가족과 집단이 그들 자신 혹은 트라우마를 포함한 삶의 사건에 대한 이야기를 창의적으로 생성하도록 돕는 다층적인 전략의 또 다른 예시다. ETC는 감각/운동 활동으로 시작하여 지각적 경험으로 이동하고 내러티브와 소통하는 것으로 마무리되기 때문에 ETC의 다양한 측면을 설명하기 위한 방법으로 설계되었다. 내가 이 방법을 사용하는 이유는 장난스럽고 자발적인 반응을 장려하며, 참가자들이 치료사의 촉진과 지지 아래 안전한 환경에서 행동하도록 하기 때문이다. 우선, 가족 중 두 사람이 한 장의 종이를 공유하고, 한 사람은 종이 주위에 있는 마커나 초크파스텔로 다른 사람의 낙서를 몇 분 동안 '추적'하여 장난스럽고 자연스러운 선의 미로를 만든다. 이 두 사람은 두 번째 종이에서는 역할을 바꾸어, 이번에는 다른 사람이 '추적'하고 역할을 바꿔 '리드'한다. 그런 다음 각 사람은 자신이 리더였던 낙서를 보고 색, 모양 또는 선을 추가하여 여러 이미지를 만든다. 그리고 이 이미지를 서로 공유하고 다른 가족이나 집단 구성원들과도 공유한다. 이 이미지 중에서 집단 벽화 또는 이미지를 만드는 데 사용할 몇 가지(5개가 적당함)를 선택한다([그림 8-5] 참고). 참가자들은 선택한 이미지로 이야기를 만들기 위해 원하는 것을 추가하도록 한다. 마지막 과정에는 벽화에 대한 이야기를 들려주거나 표현예술(움직임, 소리, 노래, 연극적 재연) 중 하나 이상을 사용하여 이야기를 전달할 수 있다. 나는 소리와 음악성을 기르기 위해 다양한 타악기 세트를 준비했다. 종, 탬버린, 실로폰, 드럼, 클래퍼, 카주 등 어린이용 장난감 악기는 일반적으로 대부분 가족이 '감각에 기반한' 이야기를 재미있게 공유할 수 있도록 도와준다.

이 과정을 사용할 때 치료사가 놀이적 태도를 보이는 것이 중요하다. 모든 트라우마를 겪은 개인과 마찬가지로 각 가족 구성원은 위험을 감수하고 표현할 수 있도록 열정적인 촉진자의 지지와 자극이 필요하다. 이 활동의 의도된 결과는 소리, 동작 또는 재연을 통해 이야기를 만들고 표현하는 것이지만, 가족에게 중요한 사회적 참여 경험은 놀이와 암묵적 상호작용을 통한 과정의 핵심이다. 내러티브를 완성하는 것은 전체 과정의 일부일 뿐이며, 표현적인 의사소통을 통해 가족 구성원 간의 애착과 상호이해를 강화할 수 있는 기회를 제공하는 것이다.

◇◇◇◇◇

잔혹 행위는 반드시 보고되고 목격되어야 한다

가족이든 개인이든, 예술 표현은 대부분 이야기를 전달하는 중요한 형식이다. 특히 그림은 여러 가지의 명시적 및 암묵적 이야기가 포함되어 있기 때문에 이야기를 위한 강력한 수단이다. 각각의 경우, 이러한 이미지가 전달하는 내용과 개인이 말하는 내용 측면에서 나에게 깊은 인상을 남긴다. 나는 그림을 통해 수많은 트라우마 이야기를 목격해 왔지만, 그중에서도 말로 표현할 수 없는 잔혹한 일을 당한 모든 개인에게 예술을 기반으로 한 표현이 얼마나 중요한지에 대한 특별한 경험을 했다. 이 경험을 통해 트라우마 사건이 이야기의 시각적 전달에 얼마나 큰 영향을 미치는지 알게 되었을 뿐만 아니라, 트라우마 사건이 극심할 때 생존자들에게 힘을 실어 주는 데 예술이 얼마나 중요한 역할을 하는지 깨달았다.

2005년 2월, 소아과 의사 Annie Sparrow와 Olivier Bercault은 차드(20만 명 이상의 사람이 수단의 Darfur 지역에서 대량 학살을 피하려고 노력했던 수단 국경)에 있는 난민 캠프를 방문했다. Sparrow와 Bercault는 그들이 보호자와 이야기하는 동안 아이들이 그림을 그릴 수 있도록 종이와 크레파스를 주었다. 놀랍게도, 아무런 지시도 없이, 아이들은 민간인들의 총격, 마을 주민들에 대한 탱크 사격, 그리고 군용 헬리콥터와 Antonov와 MIG 비행기들이 어른들과 아이들에게 폭탄을 투하하는 것을 그렸다. 그 후 몇 주 동안, 이 장면들은 대략 8세에서 17세 사이의 아이들이 그린 수백 장의 그림에서 반복되었다([그림 8-6] 참조). 많은 아동은 그들이 목격한 특정한 공격을 묘사했는데, 오두막과 마을이 불타고, 여성과 소녀들의 강간, 어른들과 아이들이 학살당하는 장면을 그렸다.

2007년에 나는 국제형사재판소에 제출된 아동의 그림의 일부 내용을 검토하고 의견을 제시해 달라는 요청을 받았다. 국제형사재판소는 역사상 처음으로 Darfur 분쟁을 묘사한 500점의 미술 작품을 수단 관리들에 대한 전범 재판의 정황 증거로 받아들였다. 그림을 그린 사람의 말을 직접 듣지 않고 그림을 평가하기는 어렵지만(Malchiodi, 1998), 내가 본 그림은 아동들이 목격한 일에 대한 놀라운 세부 사항과 단순히 상상할 수 없는 요소들이 매우 분명한 이야기로 설명되어 있었다. Sparrow와 Bercault는 이 그림이 Darfur

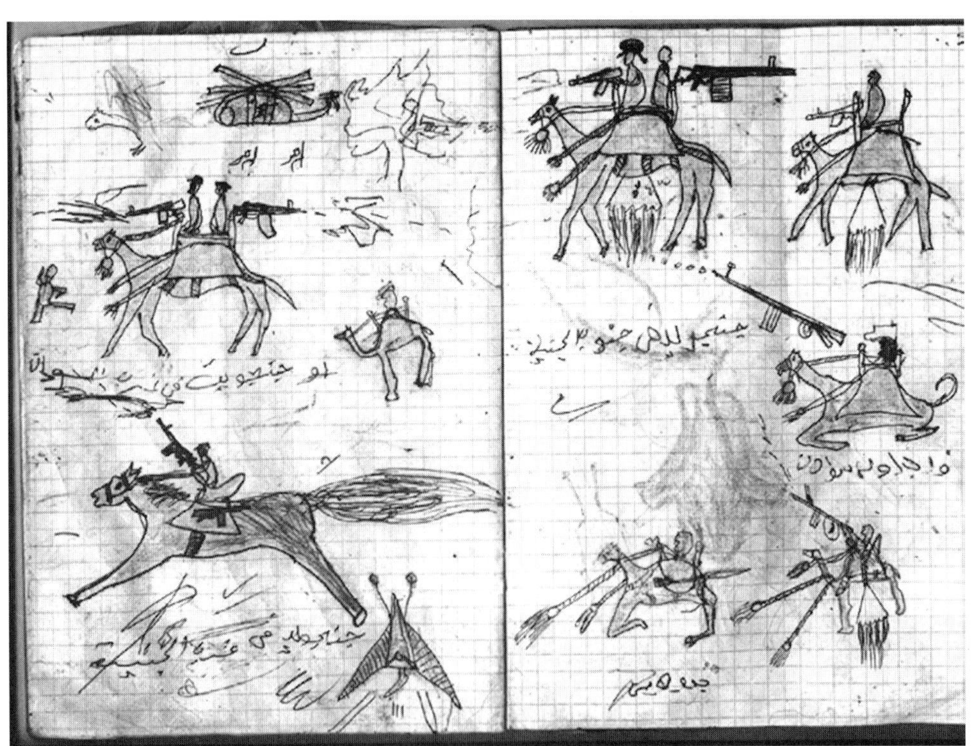

[그림 8-6] Darfur의 집단학살에 대한 아동의 그림

Malchiodi (2012b). Courtesy of Human Rights Watch 제공

사태와 전쟁법 위반에 연루된 수단 정부 관리들에 대한 설득력 있는 증거가 될 수 있다고 믿었다. 이 그림들을 검토하고 보고서를 작성하면서 아동들의 눈을 통해 목격했던 기억에 몸과 마음이 아직도 떨린다. 아동들이 묘사한 공포와 아비규환, 잔인함은 도저히 무시할 수 없었다. 많은 예술 작품에 담긴 상세한 시각적 이야기는 폭력적이고 야만적인 민족적 학살 과정에서 보고, 느끼고, 들은 경험을 구체적으로 기록했다. 궁극적으로 이러한 그림은 증거뿐만 아니라 여러 잔혹 행위에 대한 상세한 기억으로 구성된 집단적 트라우마 이야기를 형성했다. 이 그림들은 Darfur에서 벌어지고 있는 일들에 대한 아이들이 믿었던 것을 자발적으로 기록한 보고서였다(Hill & Aradua, 2013). 미술치료사이자 심리학자인 나는 이러한 유형의 미술 표현을 '자발적'이라고 분류하는데, 그 이유는 아동들에게 집단 학살에 대한 경험도 구체적으로 회상하도록 요청하지 않았고, 일어난 일에 대한 감정을 그리도록 요청하지 않았기 때문이다.

이러한 아이들의 그림은 Herman(1992)이 트라우마 치료와 회복에 관해 확인한 두 가지 원칙을 잘 보여 준다. 첫 번째는 부정적인 사건들은 반드시 전달되고 목격되어야 한다는 것이다. 이런 목격은 보통 심리치료사로부터 이루어지지만 대중은 이제 워싱턴 DC에 있는 홀로코스트기념박물관과 그들의 그림에 대한 다큐멘터리 영화를 통해 이 아이들의 시각적 이야기를 목격하게 되었다. 나는 트라우마 생존자들이 어떻게 예술을 이용해 트라우마 이야기를 소통하는지를 목격하면서 Herman이 개인의 회복과 치유 외에 사회질서 회복을 강조한 점을 더욱 깊이 이해하기 시작했다. 또한 그녀는 트라우마 이야기를 공개할 수 없는 이유가 자신이 겪을 일을 인정하지 않는 부정이나 비밀 유지의 필요성 때문일 경우가 많으며, 이로 인해 심리적 트라우마가 발생할 수 있다고 지적했다. 이것은 우리가 트라우마를 겪은 많은 사람에게 말로 소통할 수 없거나 표현하지 않으려는 것을 표현할 수 있도록 가능한 한 모든 경로를 제공해야 한다는 것을 의미한다.

◇◇◇◇◇

결론

그림이나 글과 같은 서술적 수단이나 동작이나 몸짓, 연극적 재연, 소리나 음악과 같은 암묵적 경험을 통한 트라우마 내러티브의 표현은 표현예술을 통한 회복 과정의 중심적인 역할을 한다. 이러한 내러티브가 어떻게 전달되든 간에, 각각의 경우, 그것들은 개인들에게 트라우마 기억의 다층적인 기억과 감정을 전달할 수 있는 방법을 제공한다. 아마도 더 중요한 것은, 표현예술이 트라우마를 겪은 아동, 성인, 그리고 가족들이 목격할 수 있고 따라서 듣고 볼 수 있는 이야기를 만들어 내는 데 강력한 매개체가 된다.

그러나 회복과 변화를 지원하기 위해 전달해야 하는 이야기는 뇌와 신체에 기반한 고통의 기억과 관련된 트라우마 내러티브만이 아니다. 회복탄력성은 힘, 숙달, 자기효능감을 가능케 하는 원천으로 이와 관련된 명시적 및 내재적 이야기도 다룰 필요가 있다. 회복탄력성은 명시적이고 구체화된 경험으로서, 트라우마 회복에 필수적이며, 이것은 다음 장에서 더 자세히 다룰 내용이다.

제9장

회복탄력성: 역량과 숙련의 강화 및 체화

어느 늦은 오후, Toby가 예고 없이 내 사무실에 찾아왔다. 그녀는 나에게 가장 어려운 내담자 중 한 명으로 기억된다. 27세의 젊은 여성인 그녀는 살짝 열린 문을 가볍게 두드리며 고개를 내밀고는 물었다. "미술치료사 선생님이신가요?" 나는 "네."라고 대답하며 그녀와의 약속을 내가 잊었는지 물었다. Toby는 고개를 저었다. "제가 만든 그림과 콜라주가 정말 많아요. 누군가와 이걸 좀 이야기하고 싶었어요. 저는 생물학 전공 학생이고, 예술가는 아니지만, 계속 이런 걸 만들게 되더라고요." 그녀가 만든 작품은 정말로 많았다. Toby는 배낭 두 개를 열어 내 책상 위에 부었는데, 각 배낭에는 가득 채워진 스케치북이 열두 권씩 들어 있었다. 스케치북에는 대부분 크레용으로 그린 그림과 잡지 콜라주로 채워져 있었다. 내가 어떻게 이런 창작 활동을 시작하게 되었는지 묻자 Toby는 이렇게 대답했다. "어느 날 밤 문득 가게에 들어가 처음으로 스케치북과 크레용을 샀어요. 왜 그랬는지는 아직도 모르겠어요. 그래서 선생님을 찾아왔어요."

Toby는 내가 회복탄력성을 표현예술에서 어떻게 지원할 수 있을지를 깨닫는 데 큰 도움을 주었다. 그날 그녀의 스케치북에서 본 이미지들은 본능적으로 불안감을 자아낼 정도로 충격적이었고, 그녀가 겪고 있는 고통을 다룰 지원이 필요하다는 것을 즉시 알 수 있었다. 하지만 그 불안한 이미지들에도 불구하고, Toby는 행동(예술 이미지를 만드는 것)과 효능감(내 사무실을 찾아온 것)을 통해 당시의 어려움을 견뎌 내는 방법을 찾아낸 것이었다. 단순한 이미지를 창작하고 그것을 나와 나누겠다는 용기를 낸 행동은 회복탄력성의 표현이었으며, 결국 그녀의 삶을 변화시키는 계기가 되었다.

트라우마를 논할 때 '회복탄력성'이라는 용어를 이야기하면 진부하게 들릴 수 있다. 회복탄력성은 심리치료와 트라우마 치료에서 흔히 사용되는 개념으로 이를 충분히 갖추면 결국 어떤 역경도 극복할 수 있다는 생각과 연관되어 있다. 내가 만난 모든 아동과 성인은 저마다의 방식으로 회복탄력성을 가지고 있었다. 실제로 치료를 받으러 오는 사람들 중 많은 내담자가 겉으로는 잘 지내는 것처럼 보인다. 직업을 가지고 있거나 학교를 다니고, 친구 관계를 유지하며 살아간다. 이들은 역경을 견뎌 냈고, 넘어졌다 다시 일어서는 연습을 반복해 왔다. 트라우마를 겪은 사람들이 도저히 벗어날 수 없거나 상상하기 어려운 끔찍한 상황과 사건에 대처하기 위해 만들어 낸 수많은 전략은 그들의 회복탄력성을 보여 준다. Toby와 마찬가지로 도움을 구하기 위해 전문가를 찾아가고, 치료에 전념하며, 자기표현이라는 위험을 감수하는 행위 자체가 이미 일정 수준의 회복탄력성을 나타낸다. 하지만 이러한 회복탄력성으로 인해 일부 영역에서는 잘 버텨 내는 듯 보일지라도, 트라우마에 대처하는 방식에서는 그렇지 못한 경우가 많다. 특히 트라우마를 얼마나 효과적으로 다루고 있는가에 대한 전략들은 여전히 한계를 보인다.

트라우마 기반 치료에서는 회복과 치유 과정에서 회복탄력성을 중요한 요소로 강조한다. 회기에서 회복탄력성 개념을 도입하면 병리 중심의 관점에서 벗어나 보다 유연한 치유 작업을 가능하게 한다. 그러나 연구와 임상 관찰을 통해 알려진 바와는 달리, 특히 심각한 트라우마를 겪은 사람들에게 회복탄력성을 회복하고, 지원하며, 강화하는 일은 쉽지 않다. 그럼에도 표현예술을 통해 회복탄력성을 도입하고 지원할 수 있는 실용적이고 혁신적인 방법들이 있다. 이러한 가능성은 일반적으로 알려진 회복탄력성 요인뿐만 아니라 표현예술만의 독특한 특성에서 비롯된다. 감각과 신체를 기반으로 한 '상향식 연속체' 접근 방식을 활용하는 표현예술은 역량과 숙련도를 키우며 회복탄력성을 강화하는 데 효과적인 도구로 작용한다.

◇◇◇◇◇

회복탄력성 연구의 네 가지 단계

회복탄력성에 대한 정의는 다양하며, 그중에서도 역경에서 '다시 일어서는' 능력이라는 대중적인 표현이 널리 알려져 있다. Siegel(2014)은 흔히 사용되는 표현을 인용하며, 회복탄력성을 '스트레스 상황에서도 유연성과 강인함을 유지하며, 역경을 극복하고 경험에서 배우며 활력과 열정을 가지고 나아갈 수 있는 능력'이라고 정의한다(p. 18). 많은 사람은 자신을 보호할 수 있는 요인을 지니고 있다. 이를테면, 지지적인 가족이나 돌봄 제공자, 자기 조절 능력, 그리고 어려운 상황에서도 '다시 일어설 수 있는' 개인적인 주도성과 기질 등이 이에 해당한다. 이러한 요인들은 대다수의 고통스러운 경험을 극복하는 데 중요한 역할을 한다.

Wright, Masten 그리고 Narayan(2013)는 회복탄력성 연구에서 네 가지 뚜렷한 단계 또는 흐름에 대해 설명했다. 초기 개념화 단계에서는 어려움을 잘 극복하는 사람들을 '무적'이라는 용어로 묘사하며, 타고난 초인적 능력을 가진 것으로 여겼다(Anthony & Cohler, 1987). 그러나 이는 대부분의 사람들이 회복탄력성을 가질 가능성을 배제하며, 이들이 어린 시절의 트라우마와 역경을 극복할 능력이 없을 수도 있다는 결론을 암시한다는 점에서 한계가 있었다. 두 번째 단계에서는 개인적 요인 외에도 발달적 맥락의 영향을 강조하며 연구의 초점이 확장되었다. 세 번째 단계에서는 회복탄력성에 대한 기초과학을 실제 개입으로 전환하여 회복탄력성을 촉진하고, 역경의 영향을 줄이기 위한 예방 접근의 지침을 마련하는 데 초점을 맞추었다. 마지막으로 네 번째 단계는 '유전자, 신경생물학적 적응, 뇌 발달, 행동, 맥락을 다양한 수준에서 연결하는 다층적 역동성과 과정'을 탐구했다(Wright et al., 2013, p. 30). 그 결과, 회복탄력성은 이제 유전학에서부터 사회적 상호작용에 이르기까지 다양한 관점에서 연구되고 있다.

Masten(2001)의 회복탄력성에 대한 설명은 가장 널리 인정받고 있다. 그는 다음과 같이 설명한다.

> 회복탄력성은 희귀하고 특별한 능력에서 비롯되는 것이 아니라, 아이들의 마음, 뇌, 신체, 그들의 가족과 지역사회 속에서 발견되는 일상적인 마법과 같은 일반적인 인적 자원에서 비롯된다. (…) 회복탄력성이 특별한 과정이 아닌 일상적인 과정에서 비롯된다는 결론은 훨씬 더 희망적인 전망을 제시한다. 이제 우리의 과제는 적응 시스템이 어떻게 발달하는지, 다양한 조건에서 어떻게 작동하는지, 성공에 어떻게 기여하거나 방해하는지, 이러한 시스템을 어떻게 보호하고, 회복시키며, 촉진하고, 육성할 수 있는지를 구체적으로 규명하는 것이다. (p. 235)

이는 회복탄력성에 대한 초기의 '초능력' 같은 개념에서 '일상의 마법'으로 전환된 훨씬 더 희망적인 관점이다. Masten이 자신의 연구에서 주로 아이들을 다루었다면, Bonanno는 트라우마를 겪은 성인들에 대해 유사한 결론을 내린다.

그는 다음과 같이 말한다.

> 회복탄력성에서 가장 흥미로운 점은 그것이 얼마나 흔한지보다, 우리가 그것에 계속해서 놀란다는 사실이다. 나는 상실과 트라우마를 겪은 생존자들과 수년간 함께 일하면서 인간이 얼마나 회복탄력적인지에 대해 때로는 나 자신도 감탄하곤 한다. (2009, p. 47; Bonanno, 2004 참조)

Brooks와 Goldstein(2015)은 회복탄력성을 지원하는 데 있어 사고방식의 중요성을 강조했다. 그들은 아이들을 대상으로 한 연구에서 사고방식을 개인이 자신과 타인에 대해 가지는 추정의 집합으로 정의하며, 이러한 추정이 행동과 선택에 영향을 미친다고 설명한다. 이들 연구자에 따르면, 회복탄력적인 사고방식에는 다음과 같은 중요한 요소들이 포함된다. 사랑받고 받아들여진다는 느낌, 문제를 해결하고 현명한 결정을 내릴 수 있는 효능감, 자신의 강점을 인식하고 이를 즐기는 태도, 또래와 성인들과 편안하게 지낼 수 있는 능력, 그리고 자신이 세상에 변화를 가져올 수 있다는 믿음이다.

◇◇◇◇◇

사회적 · 환경적 문제 속에서 보는 회복탄력성

표현예술치료를 통해 회복탄력성을 소개할 때 나는 종종 스스로에게 묻는다. "환경, 사회경제적 어려움, 무력감을 주는 정치적 구조와 같은 압도적인 도전이 이들의 삶에 존재하는데, 내가 어떻게 그들에게 회복탄력성을 키우라고 격려할 수 있을까? 그리고 어떻게 예술을 자기 강화의 수단으로 활용하도록 권할 수 있을까?" 내가 표현예술이 회복탄력성을 지원한다고 믿는 이유는 부분적으로는 개인적인 경험에서 비롯된다. 나는 단일 소득 가정에서 자랐고, 여러 사회경제적 문제와 스트레스를 겪었던 가족의 일원이었다. 이러한 한계에도 불구하고, 어린 시절과 청소년기에 예술이 내 감정을 말 그대로 풀어내는 데 얼마나 큰 도움을 주었는지 안다. 음악, 춤, 연극, 시각 예술은 트라우마와 상실 속에서 나에게 힘이 되어 주었다(Malchiodi, 2019). 그러나 표현예술을 회복탄력성의 한 형태로 보는 내 신념이 개인적인 경험에만 근거한 것은 아니다. 이는 예술이 건강과 행복의 촉진자로서 오랜 전통을 가지고 있으며, 인류 역사 속에서 역경에 대처하는 방식으로 보편적으로 선택되어 왔다는 증거에서도 비롯된다. 표현예술이 회복탄력성을 이끄는 활동이라는 증거는 새로운 것이 아니다. 이는 고대와 현대의 예술적 치유 활용(Arrien, 2013; Dissanayake, 1995)과 본능적 접근(Kandel, 2012)에서 확인된다. 인간은 삶에서 신체적, 정서적, 사회적, 영적 도전에 직면했을 때 지속적으로 예술을 회복탄력성의 행위로 활용해 왔다(Malchiodi, 2015a, 2019).

제2장에서 나는 치유 중심 접근(Ginwright, 2018) 개념을 소개하며, 이를 트라우마 기반 치료에서 역량 강화와 강점 기반 접근의 중요한 요소로 제시했다. 많은 실무자가 이 원칙에 공감하고 열정을 보이지만, 실제로 이를 실행에 옮기는 일은 여전히 쉽지 않다. 이는 트라우마 기반 치료의 틀 안에서 사회문화적, 환경적, 정치적 문제를 포함한 맥락적 장벽 때문이기도 하다. 대부분의 심리치료 서비스는 개인의 실제 일상적인 문제로부터 멀리 떨어진 클리닉, 기관, 혹은 사무실에서 이루어진다. 현실의 정신건강 시스템과 트라우마 기반 치료의 이상 사이의 격차는 회복탄력성에 대한 논의에서 많은 연구자가 간과하는 문제 중 하나이다. 역량 강화, 열린 대화, 자기효능감과 같은 강점 기반 개념은 실행하기가 쉽지 않으며, 궁극적으로 회복탄력성을 강화하려면 개인을 둘러싼 더 큰 맥락을 고려해야만 가능하다.

Carla Page(in talevan, 2018)는 과거 성 소수자, 투 스피릿(two Spirit), 트랜스젠더 및 전통적 성별에 순응하지 않는 유색인종을 지원하는 중심 기관인 Audre Lorde Project의 디렉터로 활동했으며, 회복탄력성을 다음과 같이 정의한다(Treleavan, 2018).

> 가장 열악한 조건 속에서도 내적으로 변화를 이루어 내고, 세포 차원에서조차 자신에게 혹은 우리에게 가해진 것에 대응하고 개입하며 변화시킬 수 있는 능력……. 그리고 우리의 신체적, 정서적, 영적 쇠퇴가 거의 정상화된 사회 속에서도 존엄과 명예를 지킬 자격이 있다는 것을 기억하며, 우리의 행복을 지속할 방법을 모색하는 것. 이것 자체가 집단적 회복탄력성이다. (p. 125)

이는 심리치료 맥락에서 회복탄력성에 주목한다고 해서 억압이나 불평등을 없앨 수는 없다는 점을 강조하는, 보다 세밀한 관점이다. Page의 발언은 궁극적으로 모든 치료사가 개인의 더 큰 맥락 속에서 안전, 자기 조절, 그리고 행복을 지원하는 요소를 인식해야 함을 시사한다. 우리가 그 맥락 자체를 바꿀 수는 없을지라도 단순히 강점을 파악하고 트라우마 증상을 평가하는 것을 넘어 더 넓은 차원의 도전을 이해하기 시작해야 한다는 것이다.

◇◇◇◇◇

자신을 표현하라: 회복탄력성의 예-맥락 내에서 구축하기

억압적이거나 폭력적이며 그 외에도 도전적인 환경과 지역에서 살아가는 사람들을 위해 회복탄력성을 지원하고 트라우마 기반의 치유 중심 접근을 제공하는 효과적인 표현예술 프로그램들이 많다. 이 프로그램들은 전통적인 클리닉이나 기관에서는 제공되지 않는 예술 기반 서비스를 지역 사회를 중심으로 제공한다. 그중 하나인 '자신을 표현하라(Express Yourself: EXYO)'는 이러한 유형의 프로그램의 대표적인 사례로 매사추세츠주 베벌리와 과거 위스콘신주 밀워키에 기반을 둔 비영리 청소년 예술 단체로 구성되어 있다. 이 프로그램은 치유 중심 접근의 일환으로 다학제적 예술 스튜디오를 지역 사회로 확장하며, 주거 치료 프로그램, 폐쇄형 병동, 교정 시설, 대안 교육 프로그램, 학교 밖 프로그램 등 다양한 환경에서 트라우마를 겪은 청소년들에게 서비스를 제공한다. 참가자들은 고립감, 타인과의 의미 있는 연결 부족 등 다양한 배경, 정신건강 문제, 트라우마 스트레스를 경험한 이들로 구성된다. EXYO는 참가자들이 음악, 춤, 연극, 시각 예술 등 모든 예술 활동에 몰입하며, 가족, 치료사, 또래, 지역사회를 대상으로 하는 공연을 목표로 한다.

EXYO의 몰입형 예술 기반 경험([그림 9-1] 참조)은 여러 주에 걸쳐 진행되는 프로그램 동안 단계적으로 서로 연결되도록 설계되었으며, 일관성, 참여에 대한 헌신, 또래와 예술적 과정에 대한 존중, 모든 수준의 협업(청소년, 예술가, 초대 예술가, 지원 스태프)을 수용하는 창의성을 강조한다. 이러한 과정은 궁극적으로 예술적 탁월성으로 이어지도록 한다. 특히 예술가, 청소년, 초대 예술가 간의 협력적 접근 방식은 청소년들이 서로에게서 배우고, 갈등을 효과적이고 평화롭게 해결하며, 공동의 목표를 향해 협력하는 법을 익히게 돕는다. 프로그램은 도입 활동으로 시작되며, 참가자들은 원형으로 둘러앉아 연극 게임, 드럼 연주, 노래, 움직임 활동 등을 통해 익숙한 패턴을 형성하고 더 깊은 예술적 작업으로 나아간다. 각 집단은 참가자들의 특성과 역동성을 고려해 최종 공연 준비에 맞게 유연하게 조정할 수 있는 구조화된 계획을 가진다. 이를 통해 참가자들은 과정에 몰입하는 동시에 또래 집단 안에서 자신이 인정받고 목소리를 들을 수 있는 기회를 얻는다. 지원 스태프들은 청소년들과 공동 창작자로서 구조와 경계, 참여의 기회를 제공하며 함께 작업한다. 프로그램에는 무조건적인 돌봄과 안전한 경계를 지키는 기본 원칙이 깔려 있으며, 모든 예술 스태프는 청소년 발달과 EXYO 모델의 특정 원칙에 대한 교육을 받아 일

[그림 9-1] **무대에서 공연 중인 Express Yourself 프로그램 참가자들**

photo by Mike Dean. Courtesy of Express Yourself Milwaukee.

관성을 유지하고 신뢰를 형성할 수 있도록 한다.

협력적 팀 접근 방식은 참가자들의 개별적인 필요에 맞는 참여를 촉진하면서 집단 과정에 대한 연결감을 형성하도록 돕는다. EXYO는 참가자들이 겪는 고유한 도전 과제의 복잡성을 다루면서 내적 강점과 회복탄력성을 직접 체험할 기회를 제공하고, 자신과 또래, 진행자, 보호자 간에 긍정적인 관계를 형성할 수 있도록 한다. 매년 열리는 '대규모 공연'은 참가자들이 1년 동안 예술을 탐구하고 자신을 발견한 과정을 반영한다. 무대 장치, 음악, 춤, 영상, 대사 등 공연의 모든 요소는 스튜디오와 지역사회, 치료 및 교정 시설에서 작업한 청소년들의 수많은 기여로 이루어진다. 이 청소년들에게 있어 성공으로 축하받는 경험은 흔치 않은 새로운 일이다. 그들의 삶에 있는 어른들에게는 이 공연이 아이들을 특별한 행사에서 중요한 역할을 하는 존재로 바라보는 기회를 제공한다. 관객의 압도적인 지지와 격려는 참가자들에게 잊지 못할 경험이 된다. 특히 긍정적인 시선으로 주목받는 것에 익숙하지 않은 이 청소년들에게 EXYO는 문제나 병리적 관점으로 비판받는 대신 그들의 강점과 가능성을 축하받을 수 있는 공간을 마련해 준다. 그들은 예술적 완성도를 추구하는 작업에 참여하며, 예술 스태프와 초대 예술가들과 함께한 공연을 통해 자신과 타인에 대한 신뢰를 확장할 수 있는 영감을 얻는다.

Jimmy는 EXYO 프로그램 참가자의 좋은 예이다. 그는 지역사회의 여러 기관에서 온 청소년 그룹과 함께 EXYO 스튜디오에 참여하게 되었다. 그의 과거는 가족 내 정신 질환과 학급 친구들로부터의 괴롭힘으로 얼룩져 있었다. 게다가 가정환경은 일관성 없고 폭력이 난무했으며, 가족 간의 유대감이 단절된 상태였다. Jimmy 본인도 여러 차례 입원과 위탁 가정을 전전한 경험이 있었다.

처음에 Jimmy는 EXYO에 오는 것에 대해 매우 불안해하며 자신이 여기에 있어도 되는지 확신하지 못했다. 그는 방 안의 또래들을 계속 살피며 자신을 받아들여 주는지 경계했다. 한 EXYO 예술가는 집단이 형성되는 동안 그를 메인 책상으로 데려가 간단한 창작 활동을 시작하도록 권했고, 이후 집단 활동 준비를 돕도록 했다. 집단 회기 중 예술가는 Jimmy와 함께 원형으로 둘러앉아 도입 활동에 참여했다. Jimmy는 다른 사람들이 도입 활동에 참여하는 것을 지켜보다가, 점차 조심스럽게 활동에 동참하게 되었다. 도입 활동이 끝난 후 집단은 각자 시각 예술을 하기 위해 흩어졌다. Jimmy는 책상에서 자신의 자리를 잡고 예술 작업에 몰두했지만, 여전히 다른 사람들과 거리를 두고 또래들과 나란히 작업했다. 집단 활동은 원형으로 모여 부르는 노래와 간단한 춤으로 마무리되었다. Jimmy는 활동 도우미들과 가까이 있으면서 이 활동들을 따라 했고, 이제는 그들과 어느 정도 친숙해진 상태였다. 몇 주가 지나며 다양한 활동 방식이 소개되면서, Jimmy는 예술가 스태프의 지원에 덜 의존하게 되었고, 또래와 연결을 맺고 친구를 사귀기 시작했다. 연례 공연에서 Jimmy는 첫 회기에서 만든 작품을 포함한 무대 세트 제작에 참여했으며, 춤과 드럼 공연, 그리고 피날레에서 또래들과 함께 즐겁게 어울리며 적극적으로 참여했다. 수년간 EXYO는 지역 스튜디오와 정신건강 시설 모두에서 Jimmy에게 사회적 지지와 소속감을 제공하는 일관된 공간이 되었다. 이 프로그램의 일관성은 Jimmy의 개인적인 필요뿐만 아니라 그가 속한 공동체와 맥락을 아우르는 연결고리를 만들어 주었다.

EXYO와 같은 프로그램은 감각 기반의 동기화와 공동 조율, 예술 기반의 숙련도, 실제 연극 공연을 통해 표현예술의 치료적 효과를 지역사회로 직접 가져온다. 특히 참가자들이 함께 협력하는 법을 배우는 정상화된 환경 속에서 모든 예술을 활용해 '공동체 리듬'(van der Kolk, 2014)을 형성하는 가능성은 회복탄력성을 지원하는 모든 요인을 포괄적으로 담아낸다. 그러나 이처럼 치유 중심 접근을 기반으로 한 모델은 모든 사람에게 항상 제공되는 것은 아니며, 심리치료사가 자신들의 내담자들을 위해 이러한 프로그램에 접근할 수 없는 경우도 많다. 그럼에도 전통적인 클리닉 환경에서 일하는 사람들에게도 중요한 시사점이 있다. EXYO와 같은 프로그램이 제공하는 숙련과 성취의 경험은 예술이 지닌 신체적이고 체화된 특성이 회복탄력성의 중요한 요소임을 보여 준다. 이러한 요소는 어떤 심리치료 환경에서도 통합될 수 있다.

◇◇◇◇◇

회복탄력성은 신체를 통해 배운다

현재 회복탄력성을 강화하기 위한 대부분의 심리치료 전략은 여전히 '대화 중심'이거나 상향식 접근보다는 하향식 접근에 치중되어 있으며, 암묵적 경험보다는 인지적 변화를 강조하는 경향이 있다. 나는 수년간 현역 군인과 그 가족, 특히 아동과 청소년을 대상으로 한 회복탄력성 프로그램 개발에 주력해 왔다. 여러 군사 부문에서는 Seligman(2007)의 연구를 기반으로 회복탄력성 연구와 긍정심리학의 여러 원칙을 이러한 프로그램에 통합해 왔다. 자기효능감, 자신감, 긍정성, 희망을 심어 주는 데 기여하는 지원적이고 일관된 관계는 분명히 전 생애에 걸쳐 회복탄력성의 토대를 형성하는 핵심 요소이다. 낙관적인 자기 대화와 인지행동적 접근 또한 많은 사람에게 도움이 된다.

그러나 10년 동안 이러한 프로그램을 설계하고 개발하면서 깨달은 것은, 모든 사람이 대화를 통해 자신감, 숙련도, 또는 역량을 느끼게 할 수는 없다는 점이다. 이는 신체에서 느껴지는 체화된 감각이 함께 형성되어야 한다. 이 점에서 하향식 접근이 아닌, 비언어적이고 신체 기반인 표현예술이 회복탄력성을 지원하는 데 독특한 역할을 한다고 믿는다. 회복탄력성 사고방식의 다양한 요소를 마음으로 받아들이게 하는 것은 가능하지만, 내담자들에게 배운 것은 단순히 뇌의 변화를 통해 트라우마를 극복할 수 있는 것이 아니라는 점이다. 다시 말해, 개인이 "이건 단지 내가 생각하는 사고가 아니라 내 신체에서 느끼고 인지하는 감각이다."라고 말할 수 있을 때 나는 그들이 더 깊은 차원에서 회복탄력성을 실제로 느끼고 있음을 알 수 있다. 그때 비로소 그들의 신체는 말 그대로 역량, 숙련도, 자기효능감을 확신하게 된다. 나는 아동과 성인들이 트라우마 스트레스를 극복하기 시작하면서 이러한 변화를 목격했지만, 사실 이러한 깨달음은 내 개인적인 경험에서 비롯된 것이다. 그것은 숙련과 자기 강화의 독특한 체험을 통해 얻은 교훈이었다.

몇 년 전, 나는 한 번도 겪어 보지 못한 방식으로 나를 뒤흔든 일련의 트라우마적 사건을 경험했다. 안타깝게도 이러한 사건들의 영향은 아버지의 병과 갑작스러운 사망, 그리고 가족의 재정적 불안정 상황이 더해지며 더욱 심화되었다. 평소 활기차고 강인했던 아버지가 급격히 쇠약해지는 모습을 지켜보는 일은 나를 끊임없는 무력감 속으로 몰아넣었다. 나는 도움을 받기 위해 치료사를 찾아갔고, 동시에 몸을 움직이고 또 다른 공동체의 일부가 되기 위해 댄스 수업에 등록했다. 하지만 너무 많은 어려움에 완전히 압도된 상태에서, 나는 과거에 가졌던 자신감과 신뢰를 되찾기 위해 더 강력하고 극적인 무언가가 필요하다는 것을 깨달았다.

나는 완전히 새로운 방식으로 나 자신에게 도전하기 위해 무엇인가를 하고자 했다. 그래서 작은 비행기를 조종하는 법을 배우기로 결심했다. 많은 사람이 지상 수천 피트 위를 나는 것에 두려움을 느끼지만, 나에게 비행은 항상 긍정적인 이미지를 떠올리게 했다. 나는 상업 항공기를 타는 것을 늘 즐겼고, 난기류를 만날 때조차도 두려워하지 않았다. 또한 소형 프로펠러 비행기를 타고 외딴 활주로로 여행하는 경험을 매우 좋아했다. 어린 시절 나는 비행기와 지상 위 높은 곳에 있다는 생각에 매료되었다. 사실 아버지는 우리를 가까운 공항으로 데려가 이착륙 장면을 구경하게 해 주곤 했다. 보안 규제가 강화되기 이전에는 공항 터미널 안으로 들어가 관측 데크에 앉아 항공 교통을 지켜볼 수 있었다. 공항 안으로 들어가지 않을 때는 아버지가 활주로 끝에 차를 세워 주셨다. 우리는 대형 비행기가 머리 위로 착륙하는 진동을 실제로 느끼고, 비행기가 게이트로 이동하는 모습을 가까이에서 볼 수 있었다. 어머니는 Amelia Earhart의 자서전과 당시 우주 비행을 했던 우주비행사들의 전기를 읽어 주며 내 비행에 대한 꿈을 더욱 키워 주었다.

작은 비행기를 조종하는 법을 배우는 것은 처음에는 정말 큰 도전이었다. 내가 이 도전을 시작했을 때 이미 젊지 않았고, 솔직히 아무도 내가 끝까지 해낼 것이라고 생각하지 않았을 것이다. 하지만 나는 포기하지 않고 계기판 사용법, 비행 계획 작성, 호출 부호 확인, 항공기 사전·사후 점검 등 기본 기술을 익히고, 비행 시뮬레이터에서 수많은 연습을 했다. 특히 반복적인 터치 앤드 고(Touch-and-Go) 훈련(이륙 후 바로 착륙, 그리고 즉시 재이륙하는 훈련)을 통해 숙련된 비행사가 되기 위해 필요한 기술과 집중력을 배웠다. 활주로에 최종 접근하는 과정에서 활주로에 너무 빠르게 접근했을 때 간혹 강한 지적을 받기도 했지만, 비행 교관이 내 능력에 점점 더 신뢰를 갖게 되는 것을 느낄 수 있었다. 혼자 비행하는 자격을 얻기 위해 필요한 단독 비행을 마치는 데 다른 사람들보다 시간이 조금 더 걸렸을 수도 있다. 그러나 결국 나는 자신 있게 스스로를 비행사라고 부를 수 있게 되었다.

여기에는 엄청난 집중력을 요구하는 시간이 많이 필요했다. 이는 완전한 주의를 필요로 하는 마음챙김의 일종으로 비행 중에는 다른 어떤 것도 생각할 수 없게 만들었다. 비행기가 이륙 과정을 거쳐 고도를 높이며 하늘로 떠오를 때 깊은 집중력과 함께 강한 자신감을 느꼈다. 그리고 비행의 가장 어려운 부분인 착륙을 성공적으로 해내며 비행기를 활주로에 정확히 안착시킬 때 성취감과 숙련의 감각이 함께했다. 많은 사람이 내가 배운 복잡한 기술적 요소와 비행 조작들이 내 회복탄력성을 키우는 데 도움을 줬을 것이라 생각할지도 모른다. 하지만 돌이켜 보면, 그것은 내 안에서 변화를 일으킨 요소 중 일부일 뿐이었다. 내가 느낀 새로운 회복탄력성은 내면에서 체득한 유능함에서 비롯된 것이었다. 모든 조종사가 그렇듯 나도 비행 중, 이륙, 접근, 착륙 과정에서 비행기의 '감각'을 이해하는 것이 얼마나 중요한지 배웠다. 물론 계기판, 관제탑의 지시, 그리고 기술적 지식은 필수적이었다. 하지만 비행에는 그 이상이 있었다. 조종사는 몸으로 '잘되고 있다.'는 느낌이나 '어딘가 이상하다.'는 직감을 느낄 수 있다. 이런 신체적 감각은 계기나 관제탑에서 얻을 수 없는 추가적인 정보를 제공하며, 순간적으로 필요한 행동을 취할 자신감을 주었다.

명확히 말하자면, 나는 트라우마를 극복하고 회복탄력성을 되찾기 위해 모두가 이처럼 극적인 방법을 선택해야 한다고 주장하는 것이 아니다. 하지만 이 경험에서 배운 원칙들은 우리가 기술이나 활동을 익히며 느끼는 유능함을 통해 회복탄력성을 키워 가는 과정을 이해하는 데 도움을 줬다. 표현예술과 놀이가 숙련의 실제 경험을 포함하고 있기 때문에 이는 단순히 내면화된 유능함을 지원하는 것을 넘어 성취감과 자신감을 느끼게 하는 데 필요한 감각 기반의 순간들을 제공한다.

이 책의 앞 장들에서 설명한 관계 형성, 자기 조절 능력 강화, 그리고 내면화된 안전감 구축을 위한 전략들은 회복탄력성을 다루는 데 있어 필수적인 기초가 된다. 표현예술은 이러한 회복탄력성을 지원하기 위해 여러 방식으로 활용될 수 있다. 이는 대화 중심의 접근법보다 하향식 과정을 활용하며, 자연스럽게 신체를 기반으로 한 유능감과 성취감을 느낄 수 있게 한다.

◇◇◇◇◇

회복탄력성을 위한 준비: 놀고 웃을 수 있는 능력 되찾기

표현예술이 상상력과 창의적인 과정을 포함하고 있지만, 음악과 소리, 움직임, 연극적 재연 혹은 미술 재료를 활용한 놀이 능력은 자기 표현의 핵심이다. 내가 트라우마를 경험한 사람들과 함께 일했던 대부분의 시간 동안, 자발적으로 놀이에 참여하는 그들의 능력은 종종 손상되어 있었다. 특히 어린 시절 만성적인 학대와 역경을 겪은 이들에게서 이러한 경향이 두드러졌다. 이 책에서 여러 차례 이야기한 Christa를 떠올려 보자. 그녀는 대인관계 폭력을 반복적으로 경험한 탓에 치료사인 나와 또는 동생과 함께 마음껏 놀이를 즐기는 것이 어려웠다. 발달성 트라우마를 겪은 아이들과 청소년의 경우, 자유롭게 노는 능력이 종종 사라지거나 왜곡된다. 이는 혼란스럽고 만족감을 주지 못하는 정체된 외상 후 놀이로 나타난다. 여러 차례 역경을 겪으며 살아온 성인들 또한 기쁨을 느끼거나 유머를 즐기거나, 억압 없이 놀이를 즐기는 것이 더 이상 가능하지 않다고 믿게 된다. 이들은 놀이를 게으름의 상징이나 단순히 '시간 낭비'로 여기는 생각을 내면화했을 수도 있다.

아동이든 성인이든 표현예술을 통해 나와 함께 놀고 웃을 수 있는 순간은 비록 짧더라도 회복뿐만 아니라 개인의 회복탄력성이 나타나는 중요한 기준 중 하나다. 치료적 태도를 통해 부드럽게 유쾌한 분위기를 전달할 수도 있지만, 임상 환경에서도 놀이적인 분위기를 조성할 수 있는 다양한 방법이 있다. 솔직히 말하자면, 나는 자격증 있는 놀이치료사는 아니기 때문에 놀이치료실에서 흔히 볼 수 있는 장난감이나 소품이 사무실에 많지는 않다. 하지만 나는 수년간 여러 공간에서 내담자들을 만나오면서 항상 벽에 몇 가지 놀이적이고 유머러스한 이미지를 선택해 걸어 두곤 했다. 특히 내가 아이들을 위한 쉼터에서 일할 때부터 함께해 온 포스터가 하나 있다. 욕조 안에서 거품 목욕을 하며 샤워캡을 쓴 세 마리 불독이 있는 사진이다. 어린 내담자들에게 사무실을 소개할 때면 종종 이 포스터 앞에서 멈춰 서서, 아이가 호기심을 보이면 이렇게 묻는다. "이 바보 같은 불독들이 샤워캡을 쓰고 거품 목욕을 하고 있는 걸 어떻게 생각해? 이런 걸 본 적 있어?" 보통 첫 상담에서는 큰 반응이 없지만, 시간이 지나 관계가 형성되면 결국 저 욕조 속 세 마리 불독이 웃음이나 재미있는 반응을 이끌어 내곤 한다.

내 책상 위에 눈에 띄게 걸려 있는 또 다른 이미지는 기차역에서 티베트 승려들이 만든 커다란 모래 만다라 위를 춤추며 건너가는 한 어린아이의 사진이다. 모래 만다라는 신성한 상징으로 정교하고 세심한 작업을 통해 여러 날에 걸쳐 만들어진다. 춤추는 어린아이의 사진은 익살스럽지만, 그 뒤에 담긴 이야기는 깊은 울림과 감동을 준다. 티베트 승려들은 며칠 동안 모래 그림 작업을 했고, 작업은 이제 절반쯤 완료된 상태였다. 그런데 어느 날, 승려들이 자리를 비운 사이, 아이가 만다라 주위를 둘러싸고 있던 줄 밑으로 들어가 모래 위에서 춤을 추기 시작했다. 그 결과, 지금까지 완성된 모든 작업이 망가지고 말았다. 하지만 승려들은 이 광경을 보고 크게 웃음을 터뜨렸다. 그리고 미소를 지으며 아무렇지 않게 처음부터 작업을 다시 시작했다. 이 사진과 이야기에 대해 말할 때 많은 내담자가 이해하게 되는 메시지는 비극의 한가운데서도 웃는 것이 괜찮다는 것이다.

또한 회복탄력성, 놀이와 유머 같은 이야기들은 어려움과 함께 공존할 수 있다는 것을 보여 준다.

유머, 특히 웃음은 공식적으로 표현예술치료의 범주에 포함되지는 않지만, 수십 년간 내 치료 과정에서 큰 부분을 차지해 왔다. 나는 주로 신중하게 선택한 이야기와 움직임이나 기타 활동 중 부드럽게 유쾌함을 더하는 방식으로 유머가 민감하게 스며들도록 노력한다. 웃음, 특히 다른 사람들과 함께 유머를 경험할 때 나오는 깊은 복부 웃음은 그 자체로 신체에 중요한 영향을 미친다. 유머는 스트레스 호르몬의 수준을 낮추고 뇌의 보상 시스템을 활성화하는 다양한 생리적 시스템을 자극한다는 연구 결과도 있다(Savage, Lujan, Thipparthi, & DiCarlo, 2017). 웃음은 신체를 실제로 흔드는 강렬한 경험으로 Levine이 말한 '트라우마를 털어 낸다.'는 개념을 떠올리게 한다. 표현예술치료에서는 이러한 경험을 통해 회복과 회복탄력성을 키우는 과정을 다루기에 특히 자연스러운 방법이 된다.

이전 장들에서는 심리치료 관계를 형성하는 데 있어 놀이의 중요성을 강조해 왔다. 여러 차례의 성폭행을 겪고 동료 병사의 죽음을 목격했던 생존자 Katja의 경우, 심리적·신체적으로 강인하고 숙련된 사람으로서의 자기 역량을 되찾는 일은 치료 회기에서 안전하게 나와 함께 놀 수 있게 되기 전까지 불가능했다. Katja의 사례에서는 자기 조절적인 음악을 통해 놀이의 감각을 경험하는 것이 그녀가 공황 발작을 처음으로 성공적으로 다스린 중요한 순간을 제공했다. 이는 그녀가 자신의 역량과 자기효능감을 깨닫는 전환점이 되었다. 트라우마를 겪은 아이들, 특히 여러 번의 힘든 경험을 겪은 아이들에게 놀이 방법을 소개하고 자신의 몸에서 즐거움을 발견하게 하는 것은 몸이 내재적으로 유능함을 느끼도록 돕는 중요한 기초가 된다.

◇◇◇◇◇

조력자(Helpers)를 믿는 방법 배우기

〈Mr. Rogers〉〈Neighborhood〉로 유명한 Fred Rogers는 이렇게 말했다. "어릴 적, 뉴스에서 무서운 일들을 볼 때면 어머니가 이렇게 말씀하시곤 했어요. '도움을 주는 사람들을 찾아봐. 항상 누군가 돕고 있는 걸 볼 수 있을 거야.'" 연구에 따르면, 사회적 지지는 회복탄력성을 강화하는 데 중요한 요소라고 한다(Masten, 2011). 어린 시절 성인 보호자와의 안정적이고 긍정적인 애착을 경험한 사람들은 어려움이 닥쳤을 때 도움을 줄 사람이 있다는 믿음을 배우게 된다. 그리고 이 믿음은 트라우마를 겪는 동안 전 생애에 걸쳐 중요한 역할을 하는 것으로 드러난다.

2001년 9월 11일 테러 공격 이후 몇 주와 몇 달 동안, 아이들은 도움을 주는 어른에 대한 신뢰가 회복탄력성에 어떤 영향을 미치는지에 대해 많은 것을 배웠다. 당시 나는 뉴욕시 인근, 미국 중서부, 그리고 서부 해안 지역의 약 150명의 학생들을 인터뷰하며, 그들이 '무슨 일이 일어났는지'를 그림으로 표현하고, 사건 이후 경험한 것에 대해 이야기를 나눴다. 아이들의 그림과 트라우마 이야기는 놀라울 만큼 유사했고, 거의 항상 비행기에 의해 공격당하는 쌍둥이 빌딩의 이미지가 포함되어 있었다([그림 9-2], [그림 9-3] 참조). 다만, 그림에는 약간의 차이가 있었는데, 이는 주로 아이들이 사건 당일 어떤 유형의 미디어 이미지를 접했는지에 따라 달라졌다. 예를 들어, 대부분의 아이들은 단순히 빌딩이 비행기에 의해 공격당하는 모습을 그렸지만, 한 교실에서 만난 아이들은 텔레비전을 통해 사람들이 빌딩에서 떨어지는 장면을 본 뒤, 그것을 그림에 포함하기도 했다(Malchiodi, 2011, 2013).

인터뷰를 진행하는 동안 대부분의 경우 그림과 이야기 속에 소방관, 경찰관, 의료진

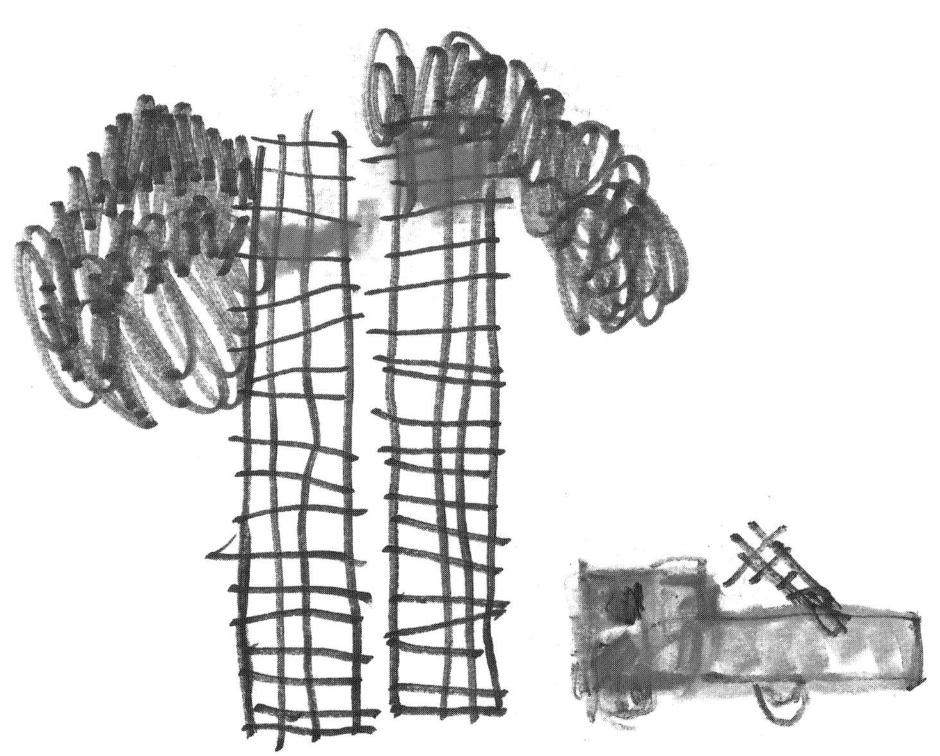

[그림 9-2] 2001년 9월 11일 쌍둥이 빌딩 참사를 그린 어린이의 그림

Cathy A. Malchiodi 컬렉션에서(저자의 허가 없이 복제할 수 없음)

[그림 9-3] 2001년 9월 11일 쌍둥이 빌딩 참사를 그린 어린이의 그림
Cathy A. Malchiodi 컬렉션에서(저자의 허가 없이 복제할 수 없음)

같은 '도움을 주는 어른들'이 등장한다는 점을 발견했다. 아이들과 대화하면서, 이는 어른들이 다치거나 위험에 처한 사람들을 돕고 보호하기 위해 존재한다는 믿음을 나타내는 것이라고 생각하게 되었다. 그들의 그림은 실제 재난을 묘사하는 동시에 도움의 손길이 존재한다는 메시지를 전달했다. 돌이켜 보면, 이것은 예술 기반의 증거로 볼 수 있으며, 사건을 직접 목격한 아이들 사이에서 외상 후 스트레스 반응이 낮은 비율로 나타난 것과 연관이 있을 수 있다. 이들 대부분은 안정감을 제공하는 보호자를 두고 있었으며, 이는 어른들이 돕고 있다는 믿음과 삶이 결국 정상으로 돌아올 것이라는 확신을 지지해 주었다. 테러 공격 이후 아이들이 특히 장기적인 외상 후 스트레스를 겪을 것이라는 정신건강 전문가들의 우려에도 불구하고, 재난에 가장 많이 노출된 아이들조차도 장기적으로는 비교적 잘 적응한 모습을 보였다.

2001년 테러 공격과는 대조적으로 2005년 8월 허리케인 카트리나가 뉴올리언스와 미국 멕시코만 연안 지역을 휩쓴 후 아이들이 자신의 경험을 묘사한 그림은 전혀 다른 이야기를 비언어적으로 전달했다. 2001년 9월 11일의 사건은 극적이고 광범위한 영향을 미쳤지만, 카트리나는 사건의 성격 때문에 다른 흔적을 남겼다. 아이들의 그림에는 구조 활동이나 돕는 사람들의 모습이 눈에 띄게 없었고, 대신 스스로 살아남으려는 시도와 치솟는 물, 위험한 포식자들이 묘사되었다([그림 9-4] 참조). 처음에는 말없이 표현된 이러한 장면들은 카트리나 이후 지원이 제때 이루어지지 않아 느껴진 버려짐, 무력감, 그리고 절망감을 정확히 담아냈다.

여러 차례의 트라우마를 겪고 그로 인해 부정적인 결과를 경험한 사람은 도움의 손길이 올 것이라는 믿음을 갖기가 쉽지 않다. 특히 사회적 불평등이라는 환경 속에서 트라우마를 경험하고, 도움을 받을 수 없는 상황에 놓였거나 인종차별과 불평등 같은 장벽을 겪은 이들에게는 구조에 대한 믿음이 더욱 멀게 느껴진다. 본질적으로 허리케인 카트리나의 경험은 많은 아이, 성인, 가족, 그리고 지역사회가 일상적으로 겪고 있는 사회적 문제들을 여실히 드러낸다. 일부 경우에는 상당한 장애물이 존재하더라도 사회적 지지를 다루는 것은 회복탄력성을 높이는 데 반드시 필요한 요소이다.

심리치료 관계는 제한적이지만 사회적 지지감을 형성하는 데 기여한다. Brooks(2010)는 이를 '카리스마 있는 어른'이라고 부르며, 역경 속에서도 희망과 긍정적인 결과가 가능하다는 생각을 심어 주는 존재라고 설명한다. 관계가 성공적일 때 사람들은 도움을 받을 수 있다는 사실을 기억하게 된다. 예를 들어, 제4장에서 언급된 Christa의 사례를 생각해 보자. 그녀는 수년 전 나와 함께 미술치료와 놀이치료를 받았던 경험을 기억하며, 우

[그림 9-4] 2005년 허리케인 카트리나의 여파를 그린 어린이의 그림
Cathy A. Malchiodi 컬렉션에서(저자의 허가 없이 복제할 수 없음)

리의 관계를 떠올렸다. 하지만 긍정적인 도움 관계가 상담실 밖에서도 지속되기 위해서는 추가적인 지원 시스템이 필수적이다. 다행히 표현예술은 이 점에서 독특한 장점을 가진다. 표현예술은 종종 집단에서 이루어지고, 병원이나 정신건강 기관을 넘어 지역사회로 확장되기 때문이다. 내 경험에 따르면, 지역사회로 다시 연결되는 것은 트라우마 회복뿐만 아니라 회복탄력성을 키우는 데 중요한 요소이다. 이 장에서 앞서 설명한 EXYO 같은 프로그램은 의미 있는 사회적 지지를 확장하는 동시에, 치료적 예술을 통해 자기효능감을 키울 수 있는 기회를 제공하는 효과적인 방법이다. 제10장에서는 성인을 위한 이와 비슷한 예술 기반 프로그램들을 다룬다. 이러한 기회가 모든 사람에게 제공되지 않을 수 있지만, 표현예술 모임은 가장 좋은 대안 중 하나다. 특히 참여자 간의 상호작용이 포함된 연극적 재연, 합창이나 음악 연주, 집단 운동 또는 예술 창작 같은 활동을 포함한 모임이 더욱 효과적이다.

다음 절에서 설명하듯이, 아동과 보호자 간의 관계를 강화하는 것은 긍정적인 애착과 강점 중심의 경험을 지원하는 또 다른 방법이다. 트라우마를 겪은 아이들과 작업할 때 심리치료사들이 활용하고 조정할 수 있는 여러 가지 표현예술 전략이 소개되며, 특히 회복탄력성을 중심으로 한 접근법에 보호자를 포함시키는 방법도 설명된다.

◇◇◇◇◇

세 가지 C: Calm(침착함), Connection(연결성), Confidence(자신감)

아이들과 작업할 때 나는 회복탄력성을 지원하기 위해 널리 사용되는 접근법으로 세 가지 축을 통합하여 이루어진 모델을 중심으로 예술 기반 개입을 진행한다. 이를 나는 "침착함, 연결성, 자신감"이라고 부른다(Malchiodi, 2015a, 2019). 침착함은 모든 치료의 기본 목표로 개인이 자가 조절 능력을 배우고, 불안한 상황에서도 안전함을 느끼며 스트레스를 줄이는 기술을 개발하도록 돕는 것을 의미한다. 연결성은 모든 강점 기반 개입에서 가장 중요한 요소로 사회적 지지와 긍정적인 애착이 어린 시절은 물론 평생 동안 회복탄력성의 중심이 된다. 이는 치료사와 아동, 또는 보호자와 아동 사이의 조절 전략을 활용하기 때문에 '공동 조절'이라고도 할 수 있다. 마지막으로 자신감은 내적 통제감을 지원하고, 도전에 성공적으로 대처할 수 있다는 믿음을 형성하는 유능감과 관련된다. 이 세 가지 영역과 트라우마에 초점을 맞춘 표현예술치료의 적용 방법은, 급성 트라우마를 경험한 한 아동 내담자의 사례를 통해 자세히 설명된다. 이 사례에서는 회복탄력성을 강화하는 이 전략들을 활용한 접근법이 치료에 포함되었다.

사례 예시: 급성 트라우마를 겪은 후 회복을 지원하는 방법

9세 소녀 Kaitlyn은 집 뒷마당에서 놀다가 개에게 물리는 사고를 당했다. 그녀가 그네에서 놀고 있던 중 갑자기 돌아다니던 큰 개가 이유 없이 뒤에서 그녀를 공격했다. 개는 먼저 그녀의 등을 물고 그네에서 6m 정도 떨어진 곳까지 끌고 갔으며, Kaitlyn은 도움을 요청하며 비명을 질렀다. 이웃 주민과 Kaitlyn의 어머니가 달려왔을 때 개는 이미 그녀의 몸 여러 부위를 물고 있었다. 또 다른 이웃이 현장으로 달려와 총으로 개를 사살했으며, 이 일은 Kaitlyn과 그녀의 어머니가 바로 옆에서 보는 가운데 일어났다. 몇 분 후 구급차, 소방차, 경찰차가 현장에 도착했다. Kaitlyn은 들것에 실려 어머니와 함께 구급차로 가까운 병원으로 급히 이송되었다. 가장 가까운 병원이 24km 떨어져 있었기 때문에 이송 과정은 모녀에게 더욱 긴장되고 두려운 경험이었다. 약 30분 후 Kaitlyn은 응급실에 도착해 상처 치료를 위한 수술을 받았다. 여러 군데 개에게 물려 상태는 심각했지만, 당일 저녁에는 안정된 상태를 보였으며 통증과 감염 가능성에 대비해 약물이 투여되었다.

Kaitlyn은 건강이 완전히 회복할 것으로 보였지만, 상처 치료를 위해 몇 주간 병원에 머물러야 했다. 내가 처음 Kaitlyn을 만난 것은 그녀가 병원에 입원한 지 3일째 되는 날로 병실에서 그녀와 어머니를 함께 만났다. 부상과 치료의 특성상 처음 만났을 때 Kaitlyn은 베개로 몸을 받치고 반쯤 고정된 자세로 누워 있어야 했다. 평소 신체적으로 활동적인 아이였던 그녀에게 이 상황은 분명히 불편하고 스트레스가 많은 상태였다. 게다가 Kaitlyn은 자신을 도와주려는 의사와 간호사들의 의도를 이해하고 있음에도 불구하고, 잦은 의료 절차에 대한 두려움까지 겹쳐 심리적으로 더욱 괴로워하고 있었다.

Kaitlyn의 어머니는 사고와 입원 이전에 딸이 '내성적'인 성향이 있었으며, 교사나 다른 어른들에게 도움을 요청하거나 의지하려 하지 않는 경향이 있었다고 말했다. 학교 상담사는 Kaitlyn의 행동이 '다소 지나치게 억제된' 면이 있으며, 스트레스를 받을 때 과잉 행동을 보이기보다는 더 움츠러드는 경향이 있다고 이야기한 적이 있다고 덧붙였다.

내가 Kaitlyn이 힘들 때 감정을 어떻게 표현하는지 물었을 때 어머니는 딸이 종종 "괜찮아요."라고 말하거나, 많은 경우 "모르겠어요."라고 대답한다고 했다. 또한 어머니는 자신의 이혼 이후 딸이 자발적으로 의사소통하는 빈도가 줄어들고, 분노, 슬픔, 걱정 같은 감정을 표현하는 데 어려움을 겪고 있는 것 같다고 말했다. 더불어 Kaitlyn은 종종 '타인을 만족시키는 행동'을 보이며, 자신의 필요보다 어머니나 다른 가족 구성원의 요구와 감정에 더 신경 쓰는 모습을 보였다고 덧붙였다.

초기 회기

내가 소아과 병동에서 Kaitlyn을 처음 만났을 때 병원 생활, 다양한 의료 절차, 그리고 신체적 구속 상태가 그녀에게 매우 불편하고 괴로운 상황임이 명백했다. 그러나 Kaitlyn은 자신의 고통과 좌절을 공개적으로 표현하기보다는 조용히 움츠러든 채 상황에 대응하고 있었다. 나는 이를 방어 기제로 보기보다는 비정상적인 상황에 대한 적응 방식으로 존중하며, 그녀가 자신의 감정과 경험을 직접적으로 표현하기보다는 외부 대상(예: 인형이나 만화 캐릭터를 통해)으로 전환하여 표현하도록 했다. 동시에 Kaitlyn의 회복탄력성을 강화하기 위해서는 그녀가 스트레스와 걱정에 대해 자신의 몸이 어떻게 반응하는지를 알아차릴 수 있도록 돕고, 어머니와의 긍정적인 애착을 강화하며, 성취감을 느낄 수 있는 경험을 제공하는 것이 필수적이었다.

다음 회기에서 Kaitlyn은 내가 병실로 가져간 가족 인형 세트와 미술 도구를 사용해 자유 놀이를 시작할 수 있었다. 인형 놀이가 진행되던 중, 나는 Kaitlyn에게 인형 중 하나의 목소리를 대신해 줄 수 있는지 물었고, 만약 가능하다면 인형이 무슨 말을 할 것 같은지 물었다. Kaitlyn은 잠시 고민하더니 갑자기 여자아이 인형을 집어 들고 말했다. "이 아이는 뭔가 아주 나쁜 짓을 했어요……. 왜냐하면, 그렇지 않으면 왜 이런 나쁜 일이 다 일어나겠어요?" 이어 그녀는 자발적으로 "항상 기분이 나빴어요. 왜냐하면 엄마랑 아빠가 계속 같이 살지 못한 건 자기 때문이라고 생각했거든요."라고 덧붙였다. 내가 이에 대해 조금 더 이야기해 줄 수 있는지 묻자, 그녀는 이렇게 말했다. "이 아이는 오븐에서 와플을 태우거나 화장실을 엉망으로 만드는 그런 일을 했어요. 그러니까 나쁜 일이 이 아이한테 생긴 거예요." Kaitlyn은 개에게 공격당한 사건뿐만 아니라 부모님의 이혼에 대해서도 분명히 자기 비난을 하고 있었다. 입원으로 인한 스트레스에 더해 그녀는 이전 경험들에 대한 수많은 걱정을 하고 그것들을 끊임없이 되새기고 있었다.

Kaitlyn이 내가 병실로 가져간 밝은 색상의 그림 도구들에 관심을 보이기에, 나는 그녀에게 인형 중 하나를 그려 보고 싶지 않냐고 물었다. Kaitlyn은 망설임 없이 펜 세트와 종이를 집어 들고 어머니의 그림을 그렸다. 그리고 '엄마는 최고야'라고 쓰고, 어머니가 좋아하는 스포츠 팀에 대한 언급도 덧붙였다([그림 9-5] 참조). 그녀의 그림과 열정적인 태도를 보아 Kaitlyn이 어머니를 사랑하고 심지어 존경하고 있다는 것이 분명했다. 그녀는 어머니를 긍정적으로 묘사했으며, 개의 공격으로부터 자신을 구하지 못한 것에 대해 어머니를 비난하지 않았다.

Kaitlyn이 입원한 첫 주 동안 나는 그녀의 어머니와 따로 두 차례 만날 기회가 있었다. Kaitlyn의 어머니는 개의 공격과 딸의 부상, 그리고 이후 몇 달 동안 계속될 통원 치료에 대해 당연히 큰 충격과 고통을 느끼고 있었다. 어머니와의 대화에서 나는 그녀가 자신에 대해 다소 비관적인 태도를 보인다는 것을 알아챘다. 그녀는 "내 인생은 항상 일이 잘 안 풀리는 것 같아요."라거나 "가끔은 내가 사랑받을 가치가 없다고 느껴요."라고 말하며, Kaitlyn의 아버지와의 이혼을 언급하기도 했다. Kaitlyn과 마찬가지로 어머니도 자신감이 부족했고 이번 사건에 대해 스스로를 탓하고 있었다. 그녀는 "개가 Kaitlyn을 공격했을 때 내가 얼마나 형편없는 엄마인지, 정말 한심하고 실패한 사람이라고 생각했어요. 이 일이 일어났을 때 내가 더 나은 부모가 되지 못해서 딸이 날 미워할지도 모른다고 생각했어요."라고 말했다. Kaitlyn의 인형 놀이에서 보인 반응들을 고려할 때 어머니와 딸

[그림 9-5] **"엄마가 최고야." Kaitlyn 작**
Cathy A. Malchiodi 컬렉션에서(저자의 허가 없이 복제할 수 없음)

모두 일어난 모든 '나쁜 일'에 대해 자신들이 책임이 있다고 느끼고 있었으며, 어머니는 부모로서 자신을 실패자라고 여기는 것이 분명했다.

Kaitlyn의 동의를 얻어 그녀가 어머니를 그린 그림을 보여 주었을 때 어머니는 깜짝 놀랐다. 어머니는 개에게 공격당한 이후에도 딸이 자신을 '최고의 엄마'라고 생각하고 있다는 것을 믿을 수 없다고 말했다. 그럼에도 불구하고 그림을 본 뒤 어머니는 눈에 띄게 안도하는 모습이었다. 나는 Kaitlyn이 동의한다면, 이 그림을 병실에 걸어 두고 퇴원 후에는 집에서 어머니와 딸이 자주 볼 수 있는 눈에 띄는 장소에 두어 두 사람의 관계를 긍정적으로 상기시킬 수 있는 방법으로 활용할 것을 제안했다. 이 단순한 그림은 예술 표현의 내재적 가치를 잘 보여 주는 사례이다. 이 경우, 간단한 그림이 감각적이고 시각적인 상징으로 작용하여 회기 사이에도 긍정적인 반응을 이끌어 낼 수 있는 역할을 했다.

Kaitlyn의 심리사회적 필요, 부상 후 회복, 그리고 그로 인한 트라우마 반응을 다루는 데 다양한 문제들이 있었지만, 다음 절에서는 표현예술치료 접근법이 Kaitlyn과 그녀의 어머니의 회복탄력성을 지원하기 위해 어떻게 활용되었는지를 설명한다. 간단히 말해,

이 전략은 자기 조절 능력과 스트레스 감소를 향상시키고, 부모와 자녀 간의 긍정적인 연결을 강화하며, 표현예술과 놀이를 통해 성취감을 높이는 것을 포함한다. 특정한 세 가지 중재 영역이 논의되지만, 대부분의 회기는 회복탄력성을 핵심 목표로 하여 자기 조절, 연결, 성취감이라는 치료 목표를 통합적으로 다루었다.

침착함: 자기 조절 지원하기

제5장에서는 자기 조절을 핵심 강점으로 설명했는데(Perry, 2015), 이는 좌절감이나 어려움 속에서도 스스로를 진정시키고 기분을 나아지게 할 수 있는 내적 기술의 집합을 포함한다. 자기 조절은 감정적, 인지적, 사회적, 신체적 수준에서 경험을 관리하는 능력도 포함한다. 자기 조절이 어려운 일부 아이들은 방해 행동을 보이며 과잉행동으로 간주되지만, Kaitlyn처럼 어떤 아이들은 내면의 불안을 조용히 견디며, 스스로를 고립시키고 부정적인 생각에 갇히는 모습을 보이기도 한다.

일반적으로 회복탄력성이 높은 사람들은 효과적인 자기 조절 능력을 갖추고 있다. 즉, 압박 속에서도 평정을 유지하며 새로운 도전에 유연하게 대처할 수 있다. 자기 조절은 연습을 통해 습득할 수 있는 기술이기 때문에 아이들과 성인 모두 트라우마 이후 스트레스를 관리하고 새로운 스트레스 상황을 성공적으로 극복할 수 있는 능력을 키울 수 있다. 표현예술 경험 자체가 자기 조절을 도울 수 있는데, 이는 활동이 창작자에게 진정되고 몰입할 수 있는 것으로 인식될 때 가능하다. 특정 예술 기반 개입의 반복적이고 감각적인 특성은 스트레스를 완화하고 긴장 이완 반응을 촉진하는 데 도움을 줄 수 있다.

트라우마 반응으로 어려움을 겪는 아이들과 보호자들에게 회복탄력성을 강화하는 첫걸음은 스트레스를 줄이고 효과적으로 자기 조절을 할 수 있는 방법을 초기 단계부터 소개하는 것이다. Kaitlyn과 같은 입원 아동을 대상으로 하는 표현예술치료의 주요 목표는 불안과 좌절감을 줄이고, 안정감과 통제감을 높일 수 있는 방법을 제공하는 데 있다(Malchiodi, 2013). 대부분의 병원에서는 아동지원 전문가(child life specialist)라고 불리는 전문직 종사자들이 자기 조절을 돕는 예술과 놀이 개입을 제공한다. Kaitlyn의 경우, 아동지원팀은 주사기, 붕대, 장난감, 소품 등을 활용한 의료 놀이를 통해 의료 절차를 이해할 수 있도록 도왔다. 내 역할은 예술과 놀이를 활용한 추가적인 개입과 자기 조절을 지원하는 관련 방법을 제공하는 것이었다. 특히 내가 중점을 둔 목표는 입원 치료가 끝난 후 Kaitlyn과 그녀의 어머니가 집에서도 실천할 수 있는 전략을 개발하는 것이었다. 부모나 보호자를 자기 조절 지원에 참여시키는 것은 이 기술을 강화하는 데 핵심적인데, 이는 보호자가 전반적인 성공에 중요한 역할을 하기 때문이다.

처음에 나는 Kaitlyn에게 화가 나거나 불안할 때 스스로 진정할 수 있도록 어린아이도 쉽게 따라 할 수 있는 호흡 방법을 가르쳤다. 우리는 '잠자는 곰처럼 깊게 숨쉬기' '꿀벌처럼 윙윙거리기' '사자처럼 으르렁거리기' 같은 복식 호흡 연습을 함께 했다. 병원에 처음 입원했을 때 Kaitlyn은 침대에서만 지내야 했지만, 나는 그녀가 가능한 한 부드럽게 움직일 수 있는 방법을 고민하며, 혹시 발생할 수 있는 '경직 반응'을 완화하기 위해 노력했다. 나는 Kaitlyn에게 카드보드로 나비를 만드는 방법을 가르쳐 주었고, 이를 통해 기분이 상할 때 손가락 끝에 나비를 균형 있게 올려놓아 주의를 다른 곳으로 돌릴 수 있게 했다(Malchiodi, 2014b 참조). 이 활동은 침대에서 손과 팔을 움직이는 데도 도움이 되었다. 또한 몇몇 회기에 Kaitlyn의 어머니를 참여시키는 것이 중요했기 때문에 나는 두 사람에게 '탱글(복잡하게 얽힌 선) 두들(낙서)'을 만드는 방법도 가르쳤다. 이는 다양한 친숙하고 쉬운 디자인과 패턴을 컬러 펜으로 그려 보는 간단한 작업으로 즐겁고 긴장을 푸는 활동으로 여겨지는 '젠탱글' 기법(Krahula, 2012)을 기반으로 했다. Kaitlyn과 그녀의 어머니가 각자 다양한 디자인을 실험해 본 뒤 나는 한 장의 종이에 두 사람의 손을 겹쳐 윤곽을 따라 그리고, 그 안의 공간을 원하는 선과 도형으로 채우는 공동 작업을 제안했다(비슷한 예는 제6장 참조). 이 활동은 단순히 편안하게 그림을 그리는 기회를 제공하는 것을 넘어, 부모와 자녀 간의 연결감을 상징적으로 표현하는 의미 있는 작업으로 두 사람 모두 즐겁게 참여했다.

Kaitlyn은 손의 윤곽을 따라 그렸던 경험을 바탕으로 다음 개별 회기에서 또 다른 그림을 그리기 시작했다. 그녀는 종이에 자신의 손을 다시 따라 그리고 싶다고 말했고, 갑자기 나에게 '개의 얼굴을 그리는 방법'을 보여 주고 싶다고 해서 놀랐다. 그녀는 조심스럽고 조용히 그림을 색칠한 뒤, 마지막에 연필을 요청해 개 목줄에 체인을 그려 넣었다([그림 9-6] 참조). 내가 그림에 대해 설명해 줄 수 있냐고 물었을 때 그녀는 조용히 이렇게 말했다. "개들은 묶여 있어야 해요. 안 그러면 여기저기 뛰어다니면서 사람들을 다치게 할 수 있거든요. 이 개는 튼튼한 체인을 가지고 있어요." (그녀는 그림 속 체인을 가리키며 말했다.) 나는 그녀가 자신을 다치게 한 개와의 경험에 대해 더 이야기하도록 강요하지 않았다. 대신 이렇게 말했다. "때로는 개가 묶여 있지 않아서 다른 사람들의 마당으로 들어오기도 해. 그런데 이런 일이 생기고 그 개가 누군가를 다치게 했다면, 다친 사람이 잘못한 건 아니야. 네가 그림 속 개에게 체인을 그려 넣은 건 정말 똑똑한 생각인 것 같아." Kaitlyn이 개 공격이 자신의 잘못이 아니라는 사실을 진심으로 믿기까지는 여러 회기가

[그림 9-6] Kaitlyn이 그린 목줄을 맨 강아지 그림
Cathy A. Malchiodi 컬렉션에서(저자의 허가 없이 복제할 수 없음)

필요했지만, 내가 그녀가 상상 속 체인으로 개를 통제하는 방법을 언급했을 때 그녀는 약간 미소를 띠며 고개를 끄덕였다.

이 시점에서 나는 Kaitlyn과 그녀의 어머니가 부정적인 사건이 발생할 때 자동적으로 자기 비난을 하며 부정적인 생각에 갇히는 모습을 보이기도 하는 것을 고려해 추가적인 자기 조절 전략으로 '생각 잡기'(제6장 참조; Seligman, 2007) 개념을 도입했다. 두 사람이 자기 조절 능력을 갖추고 스트레스 반응을 줄이기 위해서는 부정적인 감정을 유발하는 생각을 식별하고(생각 잡기), 이러한 감정이 몸에서 어떻게 느껴지는지 이해하도록 돕는 것이 중요했다. 나는 Kaitlyn과 그녀의 어머니가 신체에 영향을 미치는 고통스러운 감각을 인식할 수 있도록 과정을 조정했다. 단순한 신체 윤곽 그림을 활용해 두 사람에게 "걱정되는 생각을 찾아보세요."라고 요청하며, 그 걱정이 몸의 어디에 있는지, 그리고 그것이 어떤 모습인지 색깔, 모양, 선 등으로 표현해 달라고 했다. 특히 Kaitlyn의 어머니는 감정이나 신체 감각에서 시작하기보다는 생각과 언어로 시작하는 하향식 접근법에 잘 반응했기 때문에 이 방식은 그녀에게 특히 효과적이었다. 몇 차례의 회기를 통해 이 활동은 아이와 부모 모두가 자신이 부정적인 생각에 빠졌을 때를 인식하고, 그 감정을 신체적으로 어떻게 느끼는지 파악하는 데 도움을 주었다. 이를 통해 두 사람은 자기 조절 활동을 적용해 '생각을 잡아내고' 스트레스 반응을 줄일 수 있는 기회를 얻게 되었다.

연결성: 공동 조절과 애착 강화

안정적이고 양육적인 부모나 보호자의 존재는 아이들에게 회복탄력성을 심어 주고 지원하는 데 기본적인 요소로 널리 받아들여져 있다. Kaitlyn은 개에게 물린 사건 동안 어머니에게 버림받았다고 느끼지는 않았지만, 어머니는 개가 딸을 다치게 하는 것을 신속히 막지 못했다는 점에 대해 큰 괴로움을 표현했다. 이러한 이유로 부모와 자녀 간의 긍정적이고 안정적인 애착을 강화하는 데 중점을 둔 회기를 구성하는 것이 매우 중요했다. 또한 표현예술과 놀이를 활용해 Kaitlyn의 어머니가 회기 중간 또는 치료 종료 후에도 딸과 효과적으로 소통하고 함께 활동할 수 있는 방법을 모델링하는 역할을 했다.

예술과 놀이를 기반으로 한 활동을 통해 긍정적인 연결로 회복탄력성을 지원할 때 **조율**이라는 개념은 개입의 핵심 요소가 된다. 잘 조율된 보호자는 자녀가 느끼고 경험하는 것을 감지하고, 비언어적 의사소통을 인식하며, 언어적, 신체적 접촉 등 다양한 방식으로 적절하게 반응해 아이들의 불안을 줄일 수 있다. 좋은 조율은 두 사람이 서로의 감정을 이해하고 공감하는 반사적 일치 경험과도 관련이 있다(Siegel, 2012). 이는 스트레스에 대한 유연한 대처와 긍정적인 애착을 촉진하며, 이러한 경험들은 회복탄력성을 키우는 데 중요한 역할을 한다.

예술 기반 개입은 부모와 자녀 간의 조율과 반사적 일치 경험을 강화하기 위해 다양한 방식으로 적용될 수 있다. 이러한 전략 중 일부는 부모와 자녀 사이에 미러링, 리듬, 동기화를 포함한 간단한 움직임 활동을 활용하여 연결감뿐만 아니라 공동 조절을 강화한다. Kaitlyn이 다시 자유롭게 움직일 수 있게 되고 의사로부터 자유로운 활동을 해도 된다는 허가를 받은 후 나는 그녀와 어머니에게 공동 조절을 위한 7분 운동법을 가르쳤다. 이 운동은 감각 통합 기법을 응용 및 수정한 것으로 각 회기의 도입에 함께 연습했다. 운동에는 코끼리 발 구르기(무릎을 가능한 한 높이 들어 행진하듯 걷기), 치타 달리기(아프리카에서 가장 빠른 동물처럼 제자리에서 최대한 빠르게 달리기), 곰 걸음(손과 발을 바닥에 대고 오른쪽과 왼쪽으로 무게를 이동하며 걷기), 불가사리 점프(팔과 다리를 넓게 펼치며 가능한 한 빠르게 팔 벌려뛰기)와 같은 동작이 포함되었다. 이러한 활동은 단순하면서도 부모와 자녀가 함께 즐기며 신체적으로 동기화될 수 있는 효과적인 방법이었다.

두 사람 중심의 예술 및 놀이치료는 부모와 자녀가 시각, 촉각, 움직임, 리듬, 청각 등 다양한 감각 채널을 통해 서로를 경험할 수 있도록 돕는 훌륭한 상호작용 촉진 방법이다. 예를 들어 '양방향 낙서 그리기'는 두 사람이 예술 활동을 구조화하는 간단한 방법으로 부모와 자녀가 함께 큰 종이에 크레용, 펠트펜 또는 유화 초크파스텔로 낙서를 그리는 활동이다. 나는 종종 이 활동을 게임처럼 진행하는데, 부모와 자녀가 번갈아 가며 낙서를 주도하는 역할을 맡아 종이 위에서 낙서를 이어 가도록 한다. 예를 들어, 아이가 낙서를 주도하는 역할을 맡으면, 부모는 아이의 낙서를 따라 마커나 초크파스텔로 선을 그린다. 또한 나는 그들에게 양손 그림 그리기(제7장)도 소개했는데, 이는 회기 중 그들이 가장 즐겼던 예술 활동 중 하나가 되었다. 활동에 리듬감을 더하기 위해 나는 Kaitlyn과 그녀의 어머니가 양손으로 그림을 그리는 동안 들을 수 있는 다양한 노래로 구성된 음악 목록을 만들도록 도왔다. 그 결과, 양손 그림 그리기는 회기가 없는 동안에도 집에서 화이트보드와 펠트펜을 사용해 부모와 아이가 자주 함께하는 활동이 되었다.

Kaitlyn이 '난화 게임'을 너무 유치하게 느끼는 것 같아 보였을 때 나는 그녀와 어머니가 트라우마 회복과 관련된 주제에 초점을 맞춘 예술 및 놀이 활동에 함께 참여하도록 제안했다. 한 회기에서 나는 그들에게 작은 장난감 동물(이 경우 고무 오리 두 마리)을 위해 행복하고, 보살핌을 받고 있으며, 안전하다고 느낄 수 있는 환경이나 세상을 모래 상자에 함께 만들어 보자고 요청했다. 이 접근법은 개의 공격으로 인해 손상된 안전감에 대해 이야기하고, 앞으로 또 다른 힘든 일이 발생했을 때 '안전함을 느끼기' 위해 어떤 조치를 취할 수 있을지에 대해 대화를 나누기 위한 목적이었다. 또한 이 활동은 두 사람이 이미 가지고 있지만 스스로는 인식하지 못했던 회복탄력성 기술을 돌아볼 수 있는 기회를 제공했다. 이 회기를 통해 Kaitlyn과 그녀의 어머니는 마침내 안전, 편안함, 그리고 돌봄이 그들에게 어떤 의미인지 이야기할 수 있었다. 특히 이 경험은 Kaitlyn의 어머니가 딸에게 일관된 안심과 감정에 대한 인정이 필요할 때 이를 보다 효과적으로 제공할 수 있는 방법을 깨닫는 데 도움을 주었다.

결국 보호자와 아이 사이의 연결을 강화하는 데 중요한 것은 특정한 예술 기반 활동 자체가 아니라, 긍정적인 애착을 형성하고 회복탄력성을 높이기 위해 함께하는 그 과정이다. 나는 Kaitlyn과 그녀의 어머니에게 상호작용의 중요성을 강조하며, 강조하며, 협동적인 예술 활동과 평행한 개별 예술 활동(같은 회기에서 각자 작업하는 활동)을 포함한 간단하면서도 다양한 창의적 활동을 소개했다. 협동 작업을 통해 부모와 자녀는 함께 문제를 해결하고 대처 전략을 개발하는 능력을 강화할 수 있었다. 또한 같은 회기에서 각자 작업하면서 서로의 개인적인 관점을 표현하고 공유할 수 있었다. 간단히 말해, 자신의 예술 작품에 대해 이야기를 나누는 과정은 개인의 세계관을 인정할 뿐만 아니라, 창의적이고 놀이적인 경험을 통해 눈 맞춤, 언어적 · 비언어적 의사소통을 통해 조율과 반사적 일치 경험을 촉진한다.

자신감: 유능감 향상을 위한 길잡이 강화하기

자신감은 회복탄력성을 강화하고 회복시키는 데 여러 가지 의미를 가진다. 본질적으로 이는 급성 트라우마(Kaitlyn의 사례처럼), 상실, 또는 여러 부정적인 경험에도 불구하고 아이들이 느끼는 유능감, 안전감, 신뢰, 그리고 긍정적인 애착을 의미한다. 종종 자존감이 자신감의 핵심으로 여겨지지만, 실제로 가장 중요한 것은 유능감이다. 궁극적으로 자신감을 키우는 목표는 아이들이 자신을 정확하게 인식하도록 돕는 것이다. 이렇게 함으로써 자신들의 잘못이 아닌 부정적인 사건이 발생했을 때도 아이들이 스스로를 유능하고 가치 있는 존재로 느낄 수 있게 된다.

Kaitlyn과 그녀의 어머니 같은 부모-자녀 2인 관계에서 현재와 미래의 스트레스나 위기에 대처하기 위한 개인적인 자원을 파악하고 이를 강화하는 것은 매우 중요하다. 제5장에서 언급했듯이 이스라엘 트라우마치료센터(2014)는 테러와 전쟁 생존자들을 위한 지속적인 트라우마 개입 프로그램의 일환으로 BRI(회복탄력성 구축 개입) 모델을 개발했다. 이 모델은 아이들과 부모가 회복탄력성을 키울 수 있도록 돕는 프로그램으로 스트레스가 많은 상황에도 적응할 수 있도록 변형이 가능하다. BRI 모델에서는 아이들이 폭격이나 생명을 위협하는 상황을 표현하면서 자신의 강점을 강조하도록 권장된다. 이 프로그램의 예술 기반 회복탄력성 강화 활동 중 하나는 아이들이 로켓 폭격에 대처할 장치를 발명하도록 유도하는 것이다. 아이들은 미사일을 빨아들여 우주로 보내는 장치를 상상하거나, 미사일 탐지에서 벗어날 수 있는 안전한 장소를 발명한다. 이 활동의 목표는 아이들이 적극적이고 실질적인 참여를 통해 개인적인 역량을 감각적으로 경험하고 강화하도록 돕는 것이다.

나는 Kaitlyn과 그녀의 어머니와 함께 비슷한 접근법을 사용하여 '무슨 일이 있었는지'에 대해 이야기할 수 있도록 도왔다. 동시에 예술 도구를 활용해 개의 공격 이후 무엇을 배웠는지 탐구하도록 요청했다. 트라우마를 겪은 사람들에게 사건에 대한 기억과 감정을 표현할 기회를 제공하는 것은 중요하지만, 그 경험이 자신에게 어떤 새로운 것을 배우거나 발견하게 했는지도 함께 물어보는 것 역시 중요하다. 그렇지 않으면 내담자는 트라우마의 감각적인 측면에만 갇혀 자신이 위기나 상실 이후 어떻게 생존하고 성장했는지를 인식하지 못할 수 있다. Kaitlyn과 그녀의 어머니는 공동 회기와 개별 회기에서 창의적으로 다양한 아이디어를 쏟아 냈다. 특히 그들은 또 다른 예기치 못한 일이 발생할 경우에 대비한 행동 계획의 필요성을 강조했다. 이는 결국 그들의 실제 행동 계획을 이미지로 구성한 콜라주로 발전했다. 콜라주에는 Kaitlyn의 어머니가 집에서 그녀를 쉽게 볼 수 있도록 그네를 더 가까운 곳으로 옮기기로 한 결정이 포함되었다. 또 Kaitlyn이 신호를 보내거나, 그녀의 표현대로 '동물을 쫓아 버리기 위해' 사용할 수 있는 호루라기를 추가했다. 어머니는 교회와 사람들의 이미지를 추가하며, 교회와 이웃의 도움으로 더 큰 사회적 지지 네트워크를 구축하는 것이 자신의 회복탄력성을 향상시키는 데 도움이 될 것이라고 결정했다. 어머니는 이렇게 말했다. "그래야 Kaitlyn을 위해 더 강한 엄마가 될 수 있을 것 같아요."

Kaitlyn과 그녀의 어머니는 대부분의 회기에서 다양한 움직임과 몸짓을 활용해 감정과 신체적 경험을 표현하는 것을 특히 즐겼다. 나는 회복탄력성을 지원하기 위해 그들에게 힘과 자신감을 전달할 수 있는 포즈를 취해 보라고 요청했다. 때로는 간단한 요가 자세인 타다사나(Tadasana, 산 자세; 제6장 참조)를 연습하며 그러한 감정을 불러일으키기도 했다. 또 다른 회기에서는 이를 더 놀이처럼 만들어 슈퍼우먼이나 원더우먼 같은 인기 캐릭터의 '슈퍼히어로 가면'을 제작했다. Kaitlyn과 그녀의 어머니는 이 가면을 쓰고 다양한 포즈를 취하며 불안, 슬픔, 죄책감을 무력화시킬 수 있는 특별한 능력을 가졌다고 상상했다. 나는 그들의 포즈를 사진으로 찍어 인쇄했고, 이를 통해 강하고 자신감 있는 자세를 취한 자신을 이미지로 남길 수 있었다. 결국 나는 자원 지지 경험(Levine, 2015)을 포함시켜, 트라우마 스트레스와 관련된 어려운 감정과 강점 기반의 긍정적 감정 사이를 움직임이나 몸짓을 통해 번갈아 가며 느껴 보는 방법을 도입했다. 이 과정은 Kaitlyn과 그녀의 어머니의 치료에서 중요한 전환점이 되었다. 그들은 마침내 스트레스, 불안, 슬픔을 느낄 때 자신의 몸이 어떻게 반응하는지를 인식하기 시작했고, 압도될 때 '힘의 자세'를 통해 자신감을 강화할 수 있음을 깨닫게 되었다.

이러한 움직임 중심 활동과 유사한 예술 기반 활동의 핵심은 대화에서 벗어나 감각을 통해 자기효능감, 개인적 자원, 그리고 대처 전략을 직접 경험하도록 돕는 것이다. 단순히 치료 후의 행동 계획을 대화로만 정리할 수도 있었겠지만, 행동 중심의 전략은 치료 과정을 더 즐겁게 만들어 줄 뿐만 아니라, 참여자들에게 성취감을 느낄 수 있는 감각적 경험을 제공한다. Kaitlyn과 그녀의 어머니는 집으로 가져가 눈에 잘 보이는 곳에 두기 위한 구체적인 이미지를 함께 만들었다. 이는 그들이 세운 계획과 앞으로의 도전에 대처하기 위해 개발한 자원을 상기시켜 주는 역할을 했다.

종결과 졸업: 세 가지 C를 요약하고 돌아보기

마지막 회기에서 Kaitlyn, 그녀의 어머니와 나는 예술과 놀이 활동을 통해 '침착함, 연결성, 자신감'이라는 회복탄력성 목표를 되새겼다. 이 회기들은 또한 Kaitlyn이 트라우마 이야기를 새롭게 쓰거나 재구성하며 사건을 새로운 방식으로 경험할 기회를 제공했다(Malchiodi, 2012a; 자세한 내용은 제10장 참조). 나는 내러티브 접근법이 전반적인 표현 예술과 놀이치료 개입에 통합될 때 회복탄력성 기반 작업에 훌륭한 보완이 된다고 생각한다. 이는 이야기하기를 치료 종료 과정에 자연스럽게 포함시킬 수 있기 때문이다. 삶을 변화시키는 트라우마를 경험한 아이들에게 특히 유용한 이야기 중 하나는 나비의 생애주기를 다룬 것이다. 이 이야기는 위기 이후 시간이 흐르며 변화가 찾아오는 과정을 보여 주기 위해 애벌레가 나비로 변하는 비유를 사용한다. 카드보드로 만든 나비, 애벌레 인형, 그리고 종이봉투로 만든 '번데기'를 소품으로 사용해 다음과 같은 이야기를 전달할 수 있다(Goffney, 2002에서 각색). 나는 이 이야기를 Kaitlyn을 위해 수정하여 병원과 외래 치료에서 우리가 함께한 작업을 특별한 이야기로 들려주고 싶다고 설명했다.

> 너는 나비가 어디에서 오는지 알고 있니? 나비는 처음에 알로 시작해서 애벌레가 된 후 나비로 변해. 힘든 경험을 겪는 건 마치 나비가 태어나는 과정과 비슷하단다. 나비가 세상에서 자유롭게 날 준비를 하기 전에, 많은 변화를 겪어야 하지. 이 모든 변화가 일어나는 동안, 애벌레는 번데기 안에서 안전하게 지내게 돼." (여기서 소품으로 사용한 낡은 장갑 손가락으로 만든 애벌레를 종이봉투 번데기 안에 넣는다.)
>
> 우리가 힘든 시간을 겪을 때는 정말 무섭게 느껴질 수 있어. 가끔은 번데기 속에서 잠시 머무르는 것이 기분을 나아지게 하는 유일한 방법일 때도 있단다. 너도 번데기 속에서 여러 가지 다른 생각과 감정에 대해 많은 것을 배웠지. 시간이 지나면서 처음처럼 번데기가 필요하지 않게 되었어. 결국 우리 모두는 날개를 펼치고 다시 날고 싶어 하게 돼. (애벌레가 번데기에서 나와 나비로 변하는 모습을 보여 준다.)
>
> 너의 나비는 번데기 안에 있는 동안 새로운 것들을 많이 배웠단다. 그중에는 무언가 속상한 일이 생겼을 때 기분을 나아지게 할 수 있는 방법들도 포함되어 있지.

내가 이야기를 조금 더 이어 가려던 순간, Kaitlyn이 잠시 멈추고 번데기에서 또 다른 나비를 만들고 싶다고 말했다. 이야기에서 사용했던 첫 번째 나비는 자기 조절 활동의 일부로 손가락 끝에 카드보드 나비를 균형 있게 올리는 연습에서 사용했던 것이었다. Kaitlyn은 갈색 종이봉투 번데기에서 두 번째 나비가 나오길 원했다. 새로 만든 나비에 '엄마'라는 단어를 적으며, 어머니를 이야기의 중요한 부분으로 포함시키고 싶다고 했다. 그래서 우리는 두 나비가 하나의 번데기에서 나와 함께 나는 내용을 포함해 이야기를 다시 쓰기로 했다. 그 후 Kaitlyn과 어머니와 함께한 마지막 회기에서는 Kaitlyn이 나비의 생애 주기를 연기하며 자신과 어머니를 각각 상징하는 두 마리 나비를 등장시켰다. Kaitlyn과 그녀의 어머니는 여전히 극복해야 할 과제가 남아 있었지만, 두 사람의 관계가 강하다는 것과 Kaitlyn이 병원에 오게 만든 초기 트라우마 사건을 함께 극복해 냈다는 것이 분명했다.

마지막 회기에서 나는 『달을 향해 날아라(Shoot for the Moon)』(Humphrey, 2011)라는

[그림 9-7] Kaitlyn이 자신의 강아지를 갖고 싶다는 소망을 담은 그림

Cathy A. Malchiodi 컬렉션에서(저자의 허가 없이 복제할 수 없음)

어린이 동화를 전략적으로 소개했다. 이 이야기는 실제 강아지 Rudy가 주인에게 인생과 회복탄력성에 대한 중요한 교훈을 가르쳐 준 이야기를 담고 있다. Rudy는 "자신의 그림자를 두려워하지 마라." "스스로를 확장해라." "그냥 받아들이고 나아가라." 같은 간단한 메시지를 통해 역경에서 회복하는 방법을 제시한다. Kaitlyn이 여전히 극복하지 못한 부분 중 하나는 개에 대한 두려움이었다. 이는 그녀가 겪은 일로 인해 충분히 이해할 수 있는 반응이었다. 그녀는 자신을 다치게 한 개를 '정말, 정말 나쁜 개'라고 생각했지만, 한편으로는 언젠가 자신만의 개를 갖고 싶어 하기도 했다. Rudy의 이야기는 변화를 믿을 수 있도록 독자에게 용기를 북돋는 메시지를 담고 있어 Kaitlyn, 그녀의 어머니, 그리고 내가 미래에 대해 이야기하며 희망과 자신감을 키우는 전략을 논의하는 데 도움이 되었다. 이 이야기는 마지막 회기에서 일종의 '가상 치료견' 역할을 했으며, 회기는 Kaitlyn이 자신과 자신의 강아지를 함께 그린 그림([그림 9-7] 참조)으로 마무리되었다.

자기연민: 마음챙김으로 회복력 강화하기

Kaitlyn과 그녀의 어머니에게 자기 조절, 연결, 그리고 유능감을 강화하기 위해 소개한 대부분의 활동은 과거를 되새기거나 미래를 걱정하기보다는 현재의 순간에 집중하는 것의 중요성을 강조했다. 표현예술은 자연스럽게 마음챙김을 실천하도록 도와주기 때문에 지금-여기에 주의를 집중하게 한다. 즉, 그림을 그리거나, 소리나 음악을 만들거나, 동작을 동기화하며 움직일 때 사람은 그 활동이나 과정 자체에 온전히 집중하며 현재에 머물게 된다.

앞서 설명했듯이, 마음챙김은 과거나 미래에 대한 기억이나 고민이 아닌 지금 이 순간에 일어나는 일에 대해 의식적으로 주의를 기울이는 것을 말한다. 과거와 미래에 대한 집착은 종종 불안과 고통을 초래할 수 있다. 그러나 현재의 순간, 특히 순간순간 느껴지는 내적 경험과 생각에 집중하면 두려움에 기반한 반응과 인지에서 벗어나 의식적인 선택, 유연성, 그리고 행동의 가능성을 열 수 있다. Hanh(2011)은 이렇게 말했다. "마음챙김을 위한 충분한 에너지가 있을 때 어떤 감정이든 깊이 들여다보고 그 감정의 진정한 본질을 발견할 수 있습니다. 그렇게 할 수 있다면, 그 감정을 변화시킬 수 있을 것입니다." 나는 이것이 회복탄력성을 향상시키는 잠재적인 행동과 변화가 나타날 수 있도록 하는 필수적인 경험이라고 생각한다. 실제로 트라우마를 경험한 사람들은 자신에게는 같은 친절을 베풀기 어려운 반면, 다른 사람들에게는 공감, 호기심, 위로를 더 쉽게 표현하는 경향이 있다(Fisher, 2017).

명확히 말해, 동정심, 특히 자기연민을 키우는 것은 트라우마 회복에서 중요한 요소이며, 어쩌면 필수적인 부분일 수 있다. 이는 경험 자체보다는 그 경험을 겪은 사람에게 초점을 맞추어 트라우마를 겪은 개인에게 친절하고 따뜻한 인식을 가져오는 것을 목표로 한다. 이 과정은 본질적으로 개인 안에 내재된 내면의 돌봄자를 호출하는 것과 같다. 마음챙김과 마찬가지로 자기연민을 실천하는 목표는 부정적인 상태에서 벗어나 보다 개방적이고 수용적인 자세로 전환하는 데 있다. 이를 통해 새로운 행동이 가능해지고, 변화의 길이 열리게 된다.

자기연민 분야의 주요 연구자인 Kristen Neff(2019)는 이를 다음과 같이 요약한다.

> 자기 자신에게 연민을 베푸는 것은 다른 사람에게 연민을 베푸는 것과 크게 다르지 않다. 우선 연민을 느끼는 경험이 어떤 느낌인지 생각해 보자. 첫째, 다른 사람에게 연민을 느끼기 위해서는 그들이 고통받고 있다는 사실을 알아차려야 한다. 길거리의 노숙자를 무심코 지나친다면, 그의 어려움을 헤아리며 연민을 느낄 수 없다. 둘째, 연민은 다른 사람의 고통에 마음이 움직여 그들의 고통에 반응하는 것을 포함한다. '연민'이라는 단어 자체가 '함께 고통받는다.'는 의미를 내포하고 있다. 이런 마음이 들 때 우리는 따뜻함, 배려, 그리고 고통받는 사람을 도와주고자 하는 욕구를 느낀다. 연민을 베푼다는 것은 또한 다른 사람이 실패하거나 실수를 저질렀을 때 그들을 심하게 판단하기보다는 이해와 친절을 베푸는 것을 의미한다. 마지막으로 다른 사람에게 연민을 느낀다는 것은 단순한 동정심을 넘어, 고통, 실패, 그리고 불완전함이 모든 인간이 공유하는 경험이라는 사실을 깨닫는 것이다. "나 또한 운명이 달랐다면 그 자리에 있을 수 있었을 것이다."

회복탄력성과 마찬가지로 자기연민은 개인의 사회문화적 맥락뿐만 아니라, 폭행과 같은 경험을 포함한 트라우마 이력에 대한 관심을 요구한다. 트라우마 이력은 종종 개인이 죄책감과 수치심을 느끼게 하여 자기 자신에게 연민을 느낄 수 있는 능력을 방해한다. 그래서 나는 표현예술과 놀이를 활용해 자기연민을 개발할 때 '단회성' 전략이라고 부르는 방법을 사용한다. 제5장에서 설명한 간단한 예로는 고무 오리를 돌보고 이를 위해 안전한 장소를 만드는 활동이 있다. 이 장의 초반에 언급한 Toby와 같은 사례에서 이 활동은 그녀가 다수의 성폭행 경험으로 인한 수치심과 죄책감 때문에 스스로에게 허용하지 못했던 연민의 감각을 경험할 수 있는 방법이 되었다. 이후 치료 과정에서 Toby는 집단 표현예술치료를 통해 연민을 내면화하기 시작했다. 이 과정에서 그녀는 음악, 미술, 이야기, 움직임을 통해 다른 사람들에게 연민과 공감을 표현할 수 있었고, 동시에 다른 사람들로부터 이를 경험했다. 집단 작업은 유사한 감정, 생각, 인식을 공유함으로써 혼자가 아니라는 것을 깨닫게 해 주며, 자기연민을 키우는 인간의 공통성을 나누는 방법이 된다. 이는 Thich Nhat Hanh(2011)이 자기연민의 핵심으로 언급한 상호연결성의 경험과 연결된다.

자기연민 경험은 중요한 생리적 변화와도 관련이 있다. 연구에 따르면, 자기연민은 옥시토신 분비를 강력하게 유도할 수 있으며, 이는 신뢰, 평온, 안전, 관대함, 그리고 연결감을 느끼는 데 깊이 관련되어 있다. 반면, 자기비판은 정반대의 결과를 가져오며, 대개 스트레스 호르몬인 코르티솔 수치를 증가시키는 경향이 있다. 자기연민을 통해 긍정적인 감정을 만들어 내는 것은 실제로 코르티솔 수치를 감소시키는 효과가 있다. Rockliff와 그녀의 동료들(2011)은 참가자들에게 연민을 받고 이를 몸으로 느끼는 장면을 상상하도록 요청했다. 참가자들은 매 분마다 자신이 큰 연민이나 사랑 가득한 마음을 받고 있다고 느껴 보라고 지시받았다. 이러한 상상을 한 참가자들의 코르티솔 수치는 대조군보다 낮았다. 연구는 사람들이 더 안전하다고 느낄수록 환경에 대해 더 개방적이고 유연하게 반응할 수 있음을 보여 주었다. 이러한 효과는 자극에 따라 심박수가 얼마나 변하는지에서 나타난다. 연민을 받을 때 참가자들의 심장은 방어적이지 않은 상태로 변화했다. 최근 연구에서는 MDMA(methylenedioxy-N-methylamphetamine, 흔히 엑스터시로 알려짐.)를 심리치료와 결합하여 사용하는 것이 심각한 외상 후 스트레스 장애(PTSD)를 치료하기 위한 자기연민 기반의 구조적 경험을 지원하는 효과적인 방법으로 나타나고 있다(Mithoefer et al., 2019).

◇◇◇◇◇

자기연민의 발달을 돕기 위한 표현예술

현재까지 표현예술 접근법 중 자기연민의 개발과 그것이 트라우마 스트레스를 다루는 데 미치는 역할을 구체적으로 목표로 한 사례는 많지 않다. 제6장에서 설명된 포커싱 예술치료(Rappaport, 2009)는 시각 예술을 주된 요소로 사용하면서 '포커싱 태도'를 통해 의도적으로 자기연민을 키우는 접근법이다. Rappaport(2009)에 따르면, Rome은 포커싱 태도를 '불교의 덕목 중 하나인 자애(maître), 즉 자신을 향한 사랑과 친절과 유사하다.'

고 정의하며, '자기 자신과 친구가 되는 강력하고 때로는 마법 같은 방법'이라고 묘사했다(p. 63). 이 태도의 기초는 열린 마음의 특성에 있으며, 이는 친절한 호기심을 실천하는 것을 가르친다. 즉, '친근하고, 수용하며, 함께하는 태도'(Rappaport, 2009, p. 199)를 통해 무조건적인 존재감과 감정의 평정심을 배우는 것이다. 포커싱 접근법에서는 이러한 실천이 자신의 순간순간 느껴지는 감각을 받아들이는 방법을 배우는 기초가 되며, 이는 신체가 경험하는 트라우마 스트레스에 대한 연민을 키우는 데 핵심적인 요소이다.

포커싱 태도는 모든 표현예술을 통해 실천하고 전달할 수 있지만, 예술 표현을 통해 가장 쉽게 보여질 수 있다. 자기 조절을 위해 개인이 편안하게 느끼는 이완 프로토콜을 사용하면, 친절함, 수용, 그리고 연민을 구현하는 누군가나 무언가에 대한 인식을 자연스럽게 끌어낼 수 있다. 나는 여기서도 "단회성" 접근법을 자주 사용하는데, 이를 통해 개인에게 반려동물이나 동물, 실제 혹은 상상의 아이, 또는 도움이 필요한 사람에게 친절과 수용, 연민을 주는 모습을 상상하도록 요청한다. 그런 다음, 이 특성이 자신의 몸에서 어떻게 느껴지는지 인식하는 것이 목표이다. 이 단계에서 나는 그 사람이 색깔, 선, 모양, 혹은 간단한 표시를 사용하여 자신의 신체 윤곽에 이 경험이 느껴지는 위치를 표현해 보도록 유도한다. Rappaport(2015)는 이러한 느껴지는 감각에 대한 이미지가 떠오른다면, 이를 종이 위에 그림으로 그리거나 콜라주 또는 오브제를 만들어 표현할 수 있다고 제안한다.

모든 사람이 자기연민을 경험하는 방식이 조금씩 다르기 때문에 나는 여러 접근법을 수정하고 이를 움직임이나 시각 예술과 결합했다. 이러한 접근법은 많은 사람에게 더 효과적으로 느껴지는데, 이는 심리치료사의 도움을 통해 접근하기 쉽고, 간단하게 익힐 수 있다고 인식되기 때문이다. 또한 나는 다음 절에서 설명할 여러 경험을 회기 사이에 실천할 수 있는 자기연민 과제를 제안하곤 한다. 이러한 경험은 긍정적인 활동이기 때문에 EMDR(안구운동 둔감화 및 재처리)을 회기에 활용하는 전문가들이 긍정적 내재화 기법을 통해 이러한 활동을 내담자의 마음속에 깊이 새기도록 돕는 데 사용할 수 있다.

가슴에 손 얹기(마음을 보듬어 주기)

Levine(2015)의 소매틱 경험(Somatic Experiencing)은 트라우마를 겪은 개인의 회복탄력성을 강화하는 데 강력한 접근법을 제공한다. 이 방법들은 종종 자기연민의 원칙을 포함하고 있다. Levine이 제안한 방법 중 하나는 부드럽게 호흡하며 가슴 위에 손을 얹고 따뜻한 연민을 느끼는 것이다. 이 연습은 누군가(친구, 배우자, 스승)로부터 소중히 여겨졌던 기억이나, 누군가를 향한 특별한 순간의 사랑과 배려를 떠올리는 것과 결합할 수 있다. 목표는 이러한 감정을 몸으로 느끼고 몇 분간 그 상태를 유지하는 것이다. 만약 도움이 된다면, 나는 종종 내담자들에게 신체 윤곽 그림에 색, 모양, 선, 혹은 간단한 마크를 사용해 이러한 감각이 어떤 느낌인지 시각적으로 표현해 보도록 요청한다. 이렇게 만들어진 이미지는 다른 시간에 따뜻한 연민의 감각을 다시 불러일으킬 수 있는 참고 자료로 사용할 수 있다.

자비로운 방문자 받기

나는 연민을 경험하는 한 가지 방법으로 '상상 속의 자비로운 방문자'라는 개념을 종종 소개한다. 이 방문자는 개인이 실제로 알고 있는 사람일 수도 있지만, 많은 경우에는 사랑이 넘치고 지혜롭고 배려심 있으며 공감 능력을 지닌 상상의 존재로 설정된다. 이러한 존재를 떠올리기 어려워하는 사람들에게는 자비로운 존재의 특징을 정의하는 데 도움이 되는 약간의 지도가 필요할 수 있다. Rappaport(2009)의 포커싱 태도를 표현하는 예술기반 전략과 유사하게, 나는 내담자들이 이러한 방문자를 실제 카드보드 인형으로 만들어 보도록 한다. 이렇게 하면 세부적인 특징을 구체화할 수 있을 뿐만 아니라 이야기 만들기, 특히 역할극과 재연에 활용할 수 있다. 연극적 재연 속에서 방문자와 자신의 걱정이나 괴로움을 공유하고, 무조건적으로 이해받고 수용되는 경험을 하며, 격려나 지지를 담은 말을 듣는 상상을 포함할 수 있다.

이 경험을 통해 내가 끌어내고자 하는 것은 트라우마 스트레스의 영향으로 기능이 약화되었을 수 있는 개인의 자가 돌봄 체계이다. 이 접근법은 회복탄력성을 중심으로 하지만, 효과적으로 작동할 경우 개인에게 진정 효과를 제공하며, 괴로움을 완화하는 데 도움을 줄 수 있는 자원 이미지를 형성할 수 있다.

사랑할 수 없는 것까지 사랑의 손길 확장하기

연민 어린 사랑(loving-kindness)은 불교에서 자애(metta)라고도 알려져 있으며, 고통과 고난을 겪는 순간에도 마음과 가슴을 열 수 있는 방법으로 정의된다. 자애는 모든 감각 있는 존재들에게 우리가 그들에 대해 어떤 생각이나 감정을 가지고 있든 상관없이 그들의 안녕을 기원하는 실천의 일부이다. 여기에는 자기 자신에게도 같은 연민과 사랑을 확장하는 것이 포함된다. 다음과 같은 구절이나 이와 유사한 표현들을 되뇌는 전통이 자애(meta) 안에 있다.

- 내가(당신이) 해로움으로부터 안전하기를.
- 내가(당신이) 행복하기를.
- 내가(당신이) 건강하기를.
- 내가(당신이) 평안하고 안락한 삶을 살기를.

이 구절들은 필요에 따라 반복해서 사용하여 효과를 높이거나, 자신 안에서 어렵거나 사랑받기 힘든 부분에 직접 연민을 표현하도록 변형할 수 있다. 예를 들어, 개인적인 수치심이 지배적인 감정이라면, "내 수치심이 위로와 평안을 찾기를"과 같은 구절을 사용할 수 있다. 나는 때때로 이러한 치유적인 구절의 반복을 자기 조절을 돕는 신체 움직임과 결합한다. 예를 들어, 손을 맞잡고 부드럽게 앞뒤로 흔들거나, 나비 포옹(팔을 교차시켜 왼손을 오른쪽 어깨에, 오른손을 왼쪽 어깨에 올린 상태에서 천천히 흔드는 동작)을 포함할 수 있다. 개인들이 이 실천을 계속하다 보면, 자신만의 표현으로 구절을 자연스럽게 수정해 현재의 '사랑받기 힘든' 부분에 초점을 맞추고, 이 구절을 보완할 수 있는 자신만의 움직임을 찾아내는 경우가 많다.

경외심을 실천하기

표현예술은 내가 알고 있는 것 중 '경외심(awe)'이라는 현상을 경험하기에 가장 좋은 방법 중 하나이다. 경외심은 특별히 흔하지 않은 경험으로 종종 신비롭게 느껴지며 말로 표현하기 어려운 것으로 여겨진다. 내게 경외심은 우리가 진정으로 살아 있음을 깨닫게 해 주는 신체적 감각 중 하나라고 할 수 있다. 경외심은 다양한 출처에서 비롯된다. 예를 들어, 아이의 탄생, 오로라 같은 자연현상, 대양, 산봉우리, 거대한 삼나무 같은 자연 요소나, 만리장성, 타지마할 같은 인간이 만든 건축물에서 오는 것이다. 경외심을 불러일으키는 것이 무엇이든, 이는 종종 우리를 감사하고 겸허하게 만들며, 순간적으로 자신으로부터 시선을 돌려 더 크고 초월적인 무언가를 경험하게 한다. 경외심은 또한 우리가 자신을 더 긍정적으로 인식하도록 돕고, 세계관을 확장시키는 데 기여할 수 있다(Bai et al., 2017). 더불어 이는 신체의 염증을 줄이는 것과도 연관이 있다(Stellar et al., 2015). 스스로에게 정기적이고 깊이 있는 경외심을 경험할 기회를 주는 것은 순간적으로 우리를 자기 자신보다 더 큰 무언가와 연결시키며, 자연스럽게 괴로움에서 벗어나도록 돕는다.

치료 중 개인들과 경외심에 대해 이야기할 때 나는 종종 David Bowie의 〈Starman〉 마지막 부분에서 들리는 특정 기타 리프를 들을 때마다 겪는 경험을 공유한다. 이 음악을 들을 때마다 강렬한 초월감과 기쁨이 솟아오르며, 내 몸이 전율하는 것을 느낀다. 음악은 많은 사람이 경외심을 느끼는 방법 중 하나이며, 특정 음악이 이러한 감정을 불러일으킨다는 것을 알게 되면 경외심을 정기적으로 경험하기에 비교적 쉬운 방법이 된다. 시각 예술, 음악, 춤, 연극 공연 같은 예술은 일부 사람들에게 경외심을 불러일으킬 수 있다. 이런 이유로 일부 의사들은 환자들에게 박물관 방문이나 자연과의 만남(공원과 정원, 숲속 산책)을 처방하기도 한다. 강렬한 경험은 아니지만, 심지어 사진이나 이미지를 통해서도 경외심을 어느 정도 느낄 수 있다.

'경외심을 연습'을 하는 시간을 더 길게 가지는 것은, 이미지나 감각 기반의 경외심을 불러일으키는 경험을 지속적으로 접하면서, 몸이 이러한 감각을 더 잘 기억하고 필요할 때 쉽게 끌어낼 수 있도록 돕는 것을 목표로 한다. 이는 회복탄력성을 강화하는 감각을 더 깊이 체득하게 만드는 과정이다. 음악, 연극적 재연 또는 이미지 등을 통해 경외심의 감각과 그것의 체화된 경험은 EMDR(안구운동 둔감화 및 재처리)에서 사용되는 긍정적 내재화 기법(Shapiro, 2018)을 활용하여 뇌와 몸 안에서 더 강화될 수 있다.

◇◇◇◇◇

문화적 실천으로서의 자기연민

자기연민이라는 개념은 문화적으로 기반을 둔 영적 실천과 신념에서 비롯되었지만, 심리치료에 적용될 때는 종종 이러한 근원을 간과하며 트라우마 기반 접근법 내에서 다뤄지게 된다. 이로 인해 마음챙김에 기반한 자기연민의 본래 의미를 잃는 경우가 있다. 물론 이를 실천에 적용하기 위해 필요한 깊이 있는 이해를 배우는 한 가지 방법은 규칙적으로 마음챙김을 실천하는 것이다. 이는 명상, 다양한 마음챙김 루틴, 혹은 요가와 같은 형태로 이루어질 수 있다. 그러나 이러한 원칙을 삶에서 실천하며 살아가는 사람들로부터 배우는 것은 표현예술을 통해 이 개념을 의미 있게 통합하는 데 필요한 더 깊은 통찰을 얻는 데 큰 도움이 되었다.

다르마 창의적 예술치료 프로그램

다르마(Dharma) 창의적 예술치료 프로그램(DCAT)은 태국에서 활동하는 트라우마 기반 표현예술 실천가이자 예술가인 Kotchakorn Voraakhom과 Prim Pisolaybutra가 운영한다. 이 독특한 프로그램은 불교의 다르마 실천을 바탕으로 하며, 이를 그림 그리기, 페인팅, 점토 조형 등 다양한 자기 표현 방법과 결합했다. 이 접근법의 핵심은 명상, 의식적 기도, 자기연민과 같은 다르마 원칙에 있다. 이 프로그램은 특히 말기 질환을 겪고 있는 개인을 위해 설계되었다. 목표는 이들이 현재의 순간에 충실히 살도록 돕고, 죽음이 존재의 무상함을 반영한다는 다르마의 기본 믿음을 깨달으며 이를 실천하도록 하는 것이다. 아침과 저녁의 독송, 다르마 설법 듣기, 자연을 활용한 활동 등 불교적 요소들이 치료 환경의 중요한 부분을 이루고 있다.

DCAT의 효과는 불교적 원칙을 집단 상호작용의 틀 안에 통합한 데에서 부분적으로 기인한다. Voraakhom, Pisolaybutra와 그들의 연구팀은 회복탄력성을 지원하고 삶의 마지막에 겪는 트라우마를 다루기 위해 문화적으로 공감할 수 있는 표현예술을 변형하여 자기연민을 실천하는 방법을 연구했다. 여기에는 다음과 같은 요소들이 포함된다.

감사의 몸짓과 손짓

간단한 신체 움직임은 감정을 전달하는 방법으로 강조되며, 특히 감사의 표현과 다른 참가자들로부터의 지지를 받아들이는 방법으로 사용된다. 여기에는 집단 구성원들을 향한 간단한 비언어적 제스처와 손동작을 통해 반성의 시간을 가지는 스태프의 참여도 포함된다. 감사와 수용을 암묵적으로 표현함으로써 참가자들은 이러한 형태의 연민을 자신의 몸에서 직접 느끼는 경험을 할 수 있다.

점토로 말하기

명상 후 참가자들에게 서로 다른 질감을 가진 점토 세 조각이 주어진다. 이들은 양손으로 점토를 만지며 각 질감(부드러움, 중간, 단단함)에 대해 느끼는 감정을 되새기도록 요청받는다. 그런 다음 점토를 마치 새로운 친구처럼 다루고 주무르며 친근하게 느껴 보도록 한다. 이후 참가자들은 다음 순서에 따라 점토를 이용해 세 가지 주제를 형상화한다. 즉 (1) 자신을 상징하는 것, (2) 그리워하거나 지금 떠올리는 사람, (3) 간절히 바라는 선물이다. 이 과정을 공유하면서 참가자들은 서로의 이야기를 깊이 경청하도록 격려받고,

자신에게 가장 필요한 선물을 통해 스스로에게 친절함을 표현할 기회를 갖게 된다.

후-흥-멈

'후(Hoo)–훙(Hung)–멈(Mum)'은 몸의 세 부분에서 생성되는 소리이다. '후'는 머리에서 나오는 소리, '훙'은 코에서 나는 소리, '멈'은 가슴에서 나오는 소리를 의미한다. 참가자들은 각 소리를 발음하며 몸의 다른 부위에서 생성되는 진동을 느끼고, 이를 일종의 신체 명상으로 인식하며 집중하도록 요청받는다. 그 후 참가자들은 자신에게 의미 있는 단어를 선택해 종이에 적고, 마음속에 그 단어를 떠올리며 '후–훙–멈'을 반복하도록 한다. 이 과정에서 참가자들은 마음속의 의미 있는 단어와 몸에서 느껴지는 리드미컬한 진동을 연결하며 새로운 의미를 형성한다. 특히 질병으로 인해 신체 트라우마를 겪은 사람들에게 이 활동은 치료로 인해 영향을 받거나 기능이 제한된 신체 부위에 자기연민을 표현하는 방법으로 조정될 수 있다.

이 세 가지 접근법은 태국의 문화적 맥락에 잘 맞지만, 어떤 개인이든 자기연민을 이해하고 실천할 수 있도록 적절히 변형될 수 있다. 다른 표현적 방법을 적용할 때와 마찬가지로 예술 기반 전략을 연민과 같은 개념과 통합할 때는 이를 개인이나 집단의 맥락적 틀 안에서 자연스럽게 이해될 수 있도록 하는 것이 중요하다.

◇◇◇◇◇

세대 간 회복탄력성

제2장에서 세대 간 트라우마(부정적 결과가 세대를 넘어 전해지는 현상)와 역사적 트라우마(특정 집단이나 문화를 대상으로 한 억압과 잔학 행위가 세대를 통해 전해지는 현상) 개념이 트라우마 기반 치료에서 중요한 요소로 제시되었다. 특히 세대 간 트라우마가 개인, 가족, 그리고 공동체에 미치는 영향을 탐구하는 데 초점이 맞춰졌다. 트라우마가 세대를 넘어 전해지는 과정을 연구할 때 취약성에 대한 논의가 주를 이루었지만, 회복탄력성의 세대 간 전승이라는 개념도 불가피하게 등장했다(Jackson, Jackson, & Jackson, 2018; Southwick, Bonanno, Masten, Panter-Brick, & Yehuda, 2014). 또한 트라우마 기반 치료사로서 트라우마 반응을 정상적이고 적응적이며, 때로는 창의적인 역경 및 생존에 대한 대응으로 본다면, 이러한 반응 자체가 회복탄력성의 증거가 될 수 있다.

많은 사람이, 특히 발달 트라우마를 겪었거나 반복적인 대인 폭력을 경험한 사람들은 자신들의 세대 간 역사 속에서 회복탄력성의 흔적을 찾기 어려워할 수 있다. 나 또한 나의 원가족에서 형성된 주요 이야기들을 돌아보면서, 두 가지 뚜렷이 다른 서사를 물려받았다는 사실을 깨닫게 되었다. 하나는 분명히 세대 간 트라우마와 관련된 이야기로 외가에서 비롯되었다. 이 이야기의 세부적인 내용을 정확히 알지는 못했지만, 뒤돌아보니 이는 학대, 중독, 질병, 그리고 상실을 포함한 여러 역경들로 이루어진 서사임을 알 수 있었다. 어린 시절부터 나는 이러한 트라우마적 이야기의 흔적을 점차 인식하기 시작했다. 특히 어머니에게서 그러한 흔적을 강하게 느꼈으며, 외할머니와 고모, 삼촌들에게서도 말로 표현하기 어려운 슬픔과 절망을 품고 있음을 알아차렸다.

친가의 이야기는 외가 쪽과는 매우 다른 내러티브를 담고 있었지만, 여기에도 많은 역경과 어려움의 이야기가 포함되어 있었다. 그러나 이 이야기들에 대한 내 체화된 감각은 외가의 서사와는 매우 다르게 다가왔다. 1920년대, 10살이던 아버지는 이탈리아에서 미국으로 건너가 20세기 초에 미국으로 이주한 Malchiodi 가족과 함께 살게 되었다. 아버지의 부모님은 미국에 정착한 친척들에게 한 명의 자녀를 보내 함께 살게 하라는 요청을 받았고, 이는 네 남매 중 적어도 한 명이 이탈리아의 작은 마을 Grondone에서의 빈곤한 농촌 생활보다 더 나은 삶을 살 기회를 얻는 것으로 여겨졌다. 조부모님은 어떤 아이를 보내야 할지 결정해야 하는 어려운 상황에 처했다. 문화적 전통 때문에 맏아들인 삼촌 Nicola는 부모를 돌볼 책임이 있어 이주할 수 없었다. 고모 Vittorina는 유일한 딸이었고 당시 나이가 너무 어려 성별, 나이, 그리고 부모와 가까이 머물러야 한다는 기대 때문에 선택되지 않았다. 결국 쌍둥이 남매인 아버지 James와 삼촌 Louis 중 한 명을 보내야 했다. 고심 끝에 쌍둥이를 헤어지게 하는 결정을 내리고, 아버지가 뉴욕 브루클린에서 숙모, 그녀의 남편, 그리고 그들의 자녀들과 함께 살도록 보내졌다.

이러한 분리는 조부모님에게 분명히 트라우마였을 것이지만, 아버지는 그 결정 덕분에 삶에서 큰 성취를 이루었다. 어린 시절, 나는 분리로 인해 아버지가 얻은 기회에 대한 긍정적인 이야기들만 들을 수 있었다. 예를 들어, 제철소에서 노동자로 일했던 경험이나 어머니와 가족을 위해 집을 지을 수 있었던 이야기가 그것이다. 부모와의 분리는 분명 어려운 일이었지만, 아버지는 이를 인생을 변화시키는 한 개인의 내러티브로 재구성했다. 그는 개인적, 경제적으로 발전할 수 있는 기회를 얻었다고 여겼으며, 이는 가족이 살던 이탈리아의 작은 마을에서는 결코 가능하지 않았을 일이었다. 내가 청소년기에 접어들 무렵, 나는 내가 원하는 이야기와 나의 미래가 어떤 모습이어야 하는지 분명히 알고 있었다. 아버지의 이야기는 회복탄력성의 상징이었으며, 이를 통해 나는 이웃 환경, 성별, 그리고 사회경제적 영향력의 한계를 넘어서는 개인적 내러티브를 그릴 수 있다는 영감을 얻었다.

모든 사람이 가족의 회복탄력성을 이렇게 받아들일 수 있는 행운을 누리는 것은 아니지만, 세대 간 또는 역사적 트라우마를 경험한 가족을 포함하여 모든 가족 안에는 어느 정도 회복탄력성이 존재한다고 믿는다. 심리치료 과정에서의 도전은 이러한 세대 간 회복탄력성 서사의 일부를 이루는 작은 회복의 실마리를 찾아내고, 이를 활용해 트라우마 이야기를 점진적으로 완화하고 재구성하는 것이다. 다음 절에서는 내담자들과 함께 세대 간 회복탄력성을 탐구하기 위해 조정할 수 있는 표현예술 접근법을 설명한다.

창의적 가계도와 회복탄력성 있는 가족사

대부분의 심리치료사들은 개인의 원가족에 대한 가계도를 구성하는 방법에 익숙하다(McGoldrick, Gerson, & Petry, 2008). 표현예술치료사들은 이 과정을 조금 다른 방식으로 접근하는데, 다양한 예술 기반의 방법을 통합하여 진행한다. Schroder(2015)는 치료사들이 다양한 매체와 접근 방식을 활용해 내담자들이 시각적 가계도를 만들 수 있도록 돕는 여러 방법을 탐구했다. 그녀가 언급한 것처럼 이 과정은 내담자가 은유적인 단어를 통해 가족사와 관계의 여러 층을 포괄적으로 보여 주는 데 도움이 되는 시각적인 과정이다. Gil, McGoldrick, 그리고 동료들(2008)은 놀이치료의 변형을 제시하며, 모래 상자 안의 장난감 피규어가 가진 삼차원적 특성을 활용한다. "피규어의 상징적인 특성은 그것들을 가상의 형식으로 미처 인식되지 않은 가족의 특성과 패턴을 드러내는 매력적인 도구로 만든다……. 내담자가 감정이나 성격 특성을 객체에 투사할 때 이 과정은 개인적인 문제를 인식하고 이해하거나 다루기 시작할 수 있는 충분히 안전한 거리를 만들어 준다."(p. 261)

나의 멘토이자 가족 예술 치료사인 Shirley Riley(2004)는 가계도를 만드는 과정에 표현예술을 통합하는 것의 중요성을 확신시켜 주었다. Riley는 예술이 특히 가족의 신념 체계를 이해하는 데 어떻게 도움이 되었는지 자주 이야기하며, "가계도의 자유로운 형태와 감정적 애착을 나타내는 색의 사용은 그들의 개인적인 진술을 풍부하게 했고, 관계와 관련된 많은 사람에게 생명을 불어넣었다. 복잡한 관계와 문화적 함의를 볼 때 나는 그들의 세계관에 더 잘 들어갈 수 있었다."고 말했다(p. 37). Riley는 또한 가족들이 창의적 가계도를 실제로 구현하는 데 즉흥적 기법이 어떻게 도움이 될 수 있는지 이해하는 필요성을 강조했으며, 그 몸의 자세를 활용하여 가족의 주된 이야기를 재구성할 수 있는 방법에 대해서도 이야기했다. Gil의 피규어와 유사하게, Riley는 마르지 않는 색 점토를 이용해 가족 구성원과 세대를 재창조하는 것이 효과적인 방법이라고 제안했다. 점토 물체는 변형 가능하고 움직일 수 있는 특성 덕분에 치료사와 개인은 가족 구성원을 나타내는 조각들을 적극적으로 재조정하며 다양한 구성, 관계, 동적 요소를 수정하고 가족 역사에 새로운 요소를 추가하여 내러티브를 바꿀 수 있다.

현재의 트라우마 스트레스와 관련된 가족의 세대 간 특성을 이해하기 위해 가계도 만드는 것을 도울 수 있고, 만약 회복탄력성이 트라우마를 겪은 가족사 속에서도 존재한다는 점을 받아들인다면, 또다른 접근법이 있다. Pipher(2019)는 이러한 유형의 가족 이야기가 가지는 가치에 대해 상세히 설명하며, 이야기가 역경에 맞서나가는 모험, 강점을 바탕으로 한 기억, 역경을 이겨 낸 생존, 특별한 능력, 심지어 비극 속에서도 유머를 찾는 이야기일 수 있다고 하였다. 하지만 트라우마를 겪은 사람들이 가족사에서, 종종 트라우마로 가득 차 보이는 기억들 속에서 회복탄력성의 단서를 찾는 것은 쉽지 않은 일이다. 이 장의 초반에 소개된 Toby는 자신의 가족사 속에서 회복탄력성 개념을 받아들이는 데 어려움을 겪었던 사람 중 하나였다. Toby는 가족 구성원들로부터 여러 차례의 신체적, 성적 학대를 당한 발달 트라우마를 경험했으며, 이후 교회 내 성직자에게도 학대를 당했다. 생존을 위해 Toby는 15세에 집을 떠났고, 자신이 자립할 수 있게 되어 의학 전문 분야에서 대학 학위를 마칠 때까지 위탁 가정에서 자랐다. 젊은 성인이 되었을 무렵, Toby는 심각한 공황 발작과 해리 증상을 겪기 시작했고, 결국 나의 치료실에 오게 되어 장기적인 트라우마 치료를 받게 되었다.

많은 사람처럼, Toby는 치료를 지속적으로 받으면서 고통스러운 트라우마 반응을 겪고, 직업을 유지하며, 매일을 살아가는 데 필요한 강점 기반의 기술을 그녀에게 주었던 특별한 사람을 떠올리기 어려워했다. 이러한 경우, 적절하다고 판단되면 나는 때때로 개인적인 예를 들어 사람들이 자신만의 가계도에 회복탄력성의 이야기가 포함되어 있다고 상상할 수 있도록 돕는다. 나는 친할머니에 대해 이야기하며, 그녀를 만난 적은 없지만, 이탈리아에 살았고 내가 그녀를 만나러 갈 수 있는 나이가 되기 전에 돌아가셨다는 이야기를 공유한다. 실제로 그녀를 만나지 못했다고 해서 그녀가 어떤 사람이었을지, 그리고 그녀가 내 성격이나 세계관에 어떤 영향을 미쳤을지 상상하는 데 어려움이 있지는 않았다. 나는 그녀가 네 명의 자녀를 키우면서 출산 중에 쌍둥이를 잃고, 여섯 살 된 아들을 사고로 잃었다는 이야기를 들었다. 여러 자녀를 잃고, 불편한 환경 속 이탈리아 작은 마을에서 살아야 했던 그녀는 정말 강한 여성일 것 같았다. 이런 몇 가지 이야기들은 내게 삶의 어려운 순간을 견디는 힘의 원천이 되었고, 회복탄력성이 내 '가족 나무'의 일부라는 믿음을 주었다.

Toby와 내가 그녀의 가족사를 탐구하던 중, 극적인 한 부분이 드러났다. 그녀의 조상들 중 일부가 체로키(Cherokee) 부족 출신이었다는 사실이다. 체로키 부족에게는 세대를 이어 내려오는 가슴 아픈 역사, 즉 '눈물의 길(Trail of Tears)'이라는 이야기가 전해진다. 이는 1830년부터 시작된 강제 이주로 인해 원주민들이 조상의 땅을 떠나야 했던 비극적인 사건이다. 그녀는 조상들이 생존을 위해 어떤 어려움을 겪었을지에 대한 구체적인 이야기는 알지 못했지만, 어느 한 회기에서 우리는 그 가능성을 추측하며 인터넷 검색을 통해 체로키 부족과 그들이 겪은 참혹한 사건들에 대한 더 많은 정보를 찾아보았다.

그다음 주, Toby가 정기 상담을 위해 나를 찾아왔을 때 그녀는 자신의 그림 저널 중 하나를 가지고 와서 나에게 보여 줬다. 그녀는 강제 이주 경로와 '눈물의 길(Trail of Tears)'의 이동 경로를 포함한 이미지를 활용해 만든 콜라주를 보여 주었다. 또한 그녀는 이 콜라주에 대해 자신의 저널에 쓴 글을 읽어 주었다. "갑자기 나라는 사람이 어떤 방식으로 만들어졌고 어떻게 여기까지 와서 당신과 함께 작업하게 되었는지에 대해 모든 것, 모든 사람과 연결된 듯한 느낌이 들었어요. 제 조상들이 겪어야 했던 '눈물의 길'에 대해 이제는 많이 읽어 보았습니다. 그들은 자신들의 땅에서 강제로 쫓겨났죠. 한편으로는, 나 역시 학대 속에서 더 큰 상처를 피하기 위해 나만의 '눈물의 길'을 걸어야 했던 것 같아요. 하지만 제 조상들은 결국 해냈습니다. 아마 그 힘이 제가 오늘날까지 살아남을 수 있었던 이유가 아닐까 생각해요."

이 이야기를 표현하기 위해 우리는 그림 도구나 콜라주를 활용한 전형적인 창의적 가계도 대신, 원주민 문화에서 중요한 의미를 가진 재료인 호리병박([그림 9-8] 참조)을 사용하기로 했다. 호리병박은 Toby에게 세대 간 회복탄력성을 물려준 조상들을 상징하는 도구로 사용되었다. 작은 호리병박 안에는 그녀가 물려받았다고 믿는 용기와 강인함을 상징하는 여러 가지로 채색된 씨앗과 자연물들이 담겼다. 강렬하고 세계관을 바꿀 만큼 깊은 이야기를 통해 드러나는 회복탄력성을 표현할 때 이를 특별하게 만드는 작업은 새로운 강인함의 내러티브를 발견한 개인을 기리는 의식의 일부가 된다.

이 이야기를 탐구하고 호리병박 안의 내용을 살펴보는 과정을 몇 차례의 회기에 걸쳐 계속하면서, Toby와 나는 각 존재들이 어떤 말이나 자세를 통해 전달할지 즉흥적으로 표현하는 연습을 했다. (이는 이전 절에서 설명한 강인함의 자세와 유사한 방식이다.) 이러한

[그림 9-8] **장식된 박을 통해 표현된 Toby의 세대 간 회복탄력성**
Cathy A. Malchiodi 컬렉션에서(저자의 허가 없이 복제할 수 없음)

표현적 탐구의 목표는, 그녀의 가족사가 여러 세대에 걸쳐 겪어 온 트라우마 중심의 내러티브에서 벗어나 용기, 인내, 희망과 같은 형태의 회복탄력성을 포함한 이야기로 점차 초점을 전환하도록 돕는 것이었다. 이런 연극적 재연, 즉흥 표현, 강인함의 자세는 이야기 나누기와 함께 Toby가 새로운 회복탄력성의 내러티브를 체화하는 데 도움을 주었다. 이를 통해 그녀는 학대와 관련된 고통스러운 감각을 상쇄하고 자신의 몸에서 그 강인함을 불러일으킬 수 있는 능력을 키우기 시작했다.

사실 개인은 자신이 생존하고 결국 번영할 수 있게 해 준 요소들이 무엇인지 정확히 알 수는 없다. 세대 간 회복탄력성이라는 개념은 단지 이론에 불과하지만, 일부 내담자와 함께 탐구하기에 유용한 주제가 될 수 있다. Toby는 회복탄력성과 관련된 구체적인 가족 구성원을 식별할 수는 없었지만, 그녀의 문화적 조상을 되돌아보며 그 유산과 자신의 역경 극복 능력 사이에 연결점을 발견할 수 있었다. 자신의 깨달음을 시각적 이미지로 표현하고, 세대 간 회복탄력성 이야기를 실행해 보는 과정은 Toby가 강인함과 효능감을 받아들이고 체화하기 시작하는 데 도움을 주었다.

◇◇◇◇◇

결론

회복탄력성은 트라우마 회복 과정에서 분명히 중요한 요소이다. 역경이 개인의 유능감과 자신감을 저해한다면, 자기효능감과 미래에 대한 희망을 강화하는 전략에 초점을 맞추는 것이 필요하다. 그러나 사회적 불평등과 기타 장애물 등 여러 요인이 회복탄력성을 구축하는 데 어려움을 준다. 그럼에도 예술 기반 전략을 활용해 아동, 성인, 가족이 이를 행동 중심적으로 표현하고 탐구하도록 돕는 것은 심리치료적 변화에 있어 많은 가능성을 제공한다. 이러한 가능성은 단순히 자기효능감에 대한 인지적 신념을 변화시키는 데 그치지 않고, 감각적 경험을 통해 능숙함과 자신감에 대한 체화된 감각을 형성하는 데도 기여한다.

어떤 형태로든 회복탄력성을 지원하고 강화하는 것은 트라우마 이후 자신의 삶에 대한 새로운 서사를 상상할 수 있는 능력에 기반한다. 이는 매우 중요한 단계로 고통스러운 서사를 변화시킬 수 없으면 트라우마 회복의 마지막 단계인 삶에 새로운 의미를 부여하는 과정을 완성하지 못한 것이 된다. 이는 이 책의 마지막 장에서 다룰 주제이기도 하다.

제10장

의미 만들기: 뇌와 신체를 통한 삶의 새로운 방향 모색

삶의 경험에 의미를 부여하는 것은 인간 존재의 본질적인 부분이며, 이는 트라우마 회복 과정에서도 핵심적인 역할을 한다. 깊은 심리적 트라우마를 경험한 사람들은 이전에 삶에서 중요했던 것들이 흔들리고 무너지는 혼란을 겪는다. 트라우마 회복이란, 과거의 경험에 새로운 의미를 부여하고, 이를 통해 새로운 이해와 세계관을 구축하는 과정을 의미한다. 이 과정은 복합적이거나 심각한 사건을 여러 차례 겪은 사람들에게 특히 어려운 목표처럼 보일 수 있다. 그러나 트라우마로 인해 파편화된 자아를 건강하게 재구성하고, 자신의 삶의 이야기를 새롭게 정의하기 위해서는 반드시 거쳐야 하는 과정이다.

트라우마 이후의 의미 부여와 관련하여 가장 자주 언급되는 인물은 Viktor Frankl일 것이다. 그는 제2차 세계대전 중 강제수용소에서의 경험을 담아 쓴 저서 『죽음의 수용소에서(Man's Search for Meaning)』(1963)에서 이를 상세히 다뤘다. Frankl은 생존을 위한 동기로, 자신의 음식을 나누고 다른 수감자들에게 정서적 위안을 제공하며, 같은 수용소에 갇혀 있던 아내와 가족에 대한 사랑을 떠올리는 데 집중했다. 그러나 비극적으로 전쟁이 끝날 무렵 그의 가족 대부분이 목숨을 잃었다. Frankl은 또한 극도로 불리한 환경에서 왜 어떤 사람들은 생존하고 다른 사람들은 그렇지 못한가에 대한 책을 언젠가는 꼭 쓰겠다는 목표를 가지고 있었다.

> 우리는 절망적인 상황에 직면하거나 피할 수 없는 운명과 마주했을 때에도 삶의 의미를 발견할 수 있다는 사실을 결코 잊어서는 안 된다. 중요한 것은 인간만이 지닌 최고의 가능

성을 증명하는 것이다. 이는 개인적인 비극을 승리로 바꾸고, 자신의 고난을 인간적인 성취로 전환하는 능력이다. (Frankl, 1963, p. 135)

Frankl은 개인이 사건과 삶에 대한 의미를 발견하는 것이 희망과 회복탄력성을 가져다준다고 결론지었다. 그는 로고테라피(logotherapy) 개념에서 삶의 의미를 찾는 두 가지 방법을 제시한다. (1) 새로운 것을 창조하는 것이고 (2) 다른 사람들의 고유한 개성과 독특한 존재를 깊이 경험하는 것이다. 이 원칙들은 표현예술치료의 근본적인 개념과도 일치한다. 새로운 것을 창조하는 것은 표현예술치료의 핵심적인 실천이자 치료의 중심이며, 창조된 작품은 심리치료사, 집단, 또는 공동체와 공유하고 그들의 인정을 통해 더 깊은 의미를 갖게 되기 때문이다. 이는 개인의 치유와 성장에 중요한 역할을 한다.

Frankl의 개념 외에도, 표현예술치료에는 독특한 세 번째 의미 부여 요소가 있다. 대화 기반 치료는 새로운 의미를 전달하는 한 가지 방법이지만, 진정으로 변화를 이루기 위해서는 개인이 이를 체감적이면서 정서적인 수준에서 경험해야 한다. 새로운 내러티브를 언어화하는 것은 회복 과정에서 필요한 부분일 수 있지만, 단순히 대화를 통해 사람들이 트라우마적 사건을 의미 있는 경험으로 만들 수는 없다고 본다. 그 이유는 두 가지이다. 첫째, 모든 이야기는 언어적 표현이 되기 전에 비언어적 표현으로 시작되며, 이는 의미 부여의 토대가 된다(Damasio, 1999). 둘째, 이러한 이야기들은 표현예술에서 발견되는 체성 감각적, 정동-지각적, 그리고 인지-상징적 소통이라는 다층적 과정을 통해 생성된다. 이는 제3장에서 설명된 ETC(Expressive Therapies Continuum)의 세 가지 수준을 반영하는 것이다.

트라우마 이후 새로운 내러티브를 발견하고 받아들이는 것은 회복과 통합의 과정에서 개인이 직면하는 가장 어려운 도전 중 하나이다. 심리치료사에게도 이를 돕는 일은 쉽지 않다. 내면화된 이야기는 매우 고착되어 있을 수 있으며, 오랫동안 붙어 있던 진단적 라벨이나 레이블이 그 사람의 정체성의 일부로 자리 잡았을 가능성이 크기 때문이다. 또한 뇌와 마음, 신체는 트라우마 스트레스와 그것에 관련된 기억들이 만들어 내는 감각 기억에 익숙해져 있다. 이러한 감각적 반응은 너무나 익숙한 나머지 아이러니하게도 이를 놓아 주고 더 건강한 반응으로 대체하는 것이 어렵다고 느낀다.

이러한 이유로 이전 장에서 설명한 관계 형성, 조절, 안전, 신체 인식, 회복탄력성 같은 실천들이 대부분의 사람들에게 새로운 삶의 내러티브를 만들어 가기 위해 필수적이다. 회복 과정의 단계에서 똑같이 중요한 것은 뇌, 몸, 타인과의 관계에서 놀이와 즐거움의 감각을 되찾는 것이다. 이는 기쁨과 생동감을 느끼는 신체적 감각을 다시 활성화하고, 표현예술을 통해 상상력을 회복하는 과정을 포함한다. 또한 다른 사람들과의 재연결은 온전함을 찾는 데 중요한 요소이다. 왜냐하면 새로운 의미는 궁극적으로 타인과의 관계와 공동체 안에서 창조되기 때문이다. 이 세 가지 회복적 기능—감각의 재활성화, 상상력의 회복, 관계의 재연결이 이 장에서 강조되는 핵심 원칙들이다.

표현예술이 의미 구성에 어떻게 도움이 되는지 더 자세히 설명하기 위해, 이 책을 쓸 때 나의 생각을 이끌어 준 네 명의 저자, 즉 Lenore Terr, Judith Herman, Peter Levine, Bessel van der Kolk의 작업으로 다시 돌아가고자 한다. 이들은 표현예술이 어떻게 트라우마를 치유하고 궁극적으로 트라우마를 겪은 개인들이 새로운 내러티브를 형성하여 온전함을 회복하도록 돕는지 설명하는 핵심 요소를 제시한다. 이 핵심 요소에는 (1) 변화를 일으키는 순간들을 지원하기, (2) 트라우마로 얼룩진 이야기를 변화시키기, (3) 공동체와 다시 연결되기, (4) 몸의 감각을 재활성화하기, (5) 새로운 이야기를 상상하기가 포함된다.

◇◇◇◇◇

변화를 일으키는 순간들을 지원하기

내가 처음으로 미술 및 놀이치료사로 활동했을 때, Lenore Terr는 단순히 트라우마 반응의 원인을 파악하는 것뿐만 아니라 실제로 변화를 일으키는 순간을 이해하는 데 필요한 것이 무엇인지 가르쳐 주었다. 그녀는 아동과의 작업에서 변화를 촉진하는 무언가가 항상 존재한다고 믿었다. 이는 오랜 시간에 걸쳐 일어날 수도 있고, 때로는 한순간에 일어날 수도 있다. 이러한 변화의 순간은 개인의 삶에서 뚜렷하게 느껴지고 인식될 수 있는 전환점이 된다. Terr(2008)는 치료사가 변화를 일으키기 위해 어떤 작업을 했는지 인식할 수 있지만, 많은 경우 단 하나의 중요한 사건이나 일련의 개입으로 인해 발생한 '마법 같은 변화의 순간'을 직감적으로 이해하는 데 그칠 수 있다고 설명했다.

심리치료 과정 중 어느 시점에서 우리는 아동이나 성인의 긍정적인 정서적 변화를 시각적으로 목격하거나, 트라우마 이후 새로운 의미를 발견하는 과정에 있는 개인의 내러티브가 변화하는 것을 들을 수 있다. 표현예술에서는 이러한 변화를 표현예술 자체의 특성과 관련된 독특한 순간으로 경험할 수 있다. 나는 누군가가 이전 회기에서는 보이지 않았던 새로운 움직임, 유머 감각, 생동감 있는 에너지를 가지고 내 사무실에 들어오는 것을 볼 때가 있다. 때로는 내담자가 희망적이거나 흥미로운 내용을 담고 있는 글이나 시각적 저널을 들뜬 마음으로 보여 주는 순간에 변화가 나타난다. 또 어떤 경우에는 예술 표현에서 새로운 상징이 등장하거나, 북을 칠 때 더 단호한 리듬이 들리거나, 모래 상자에서 피규어 구성이 신선하고 새롭게 배치되는 것을 목격하기도 한다. 이러한 표현들이 나타나는 데 보편적인 이유는 없지만, Terr가 언급했던 변화의 전환점이나 '마법 같은 순간'은 새로운 자기 확신, 긍정적인 정서, 전달되는 내용의 변화를 통해 분명히 드러난다.

대부분의 사람들이 표현예술치료 과정을 거치면서, 움직임, 음악적 요소, 이미지 제작, 놀이, 창의적 글쓰기, 또는 연극과 같은 한 가지 이상의 예술 형식이 의사 소통의 일상적인 부분이 되곤 한다. 예를 들어, 일부 사람들은 창의적 글쓰기, 시각적 저널링, 그림 그리기, 요가, 태극권, 노래 부르기 또는 기타 활동을 일상적인 삶의 일부로 받아들인다. 이들은 스트레스를 줄이기 위한 자기조절 방법으로 매체를 활용하거나, 한 가지 이상의 예술 형태를 통해 자신을 돌보는 지속적인 자기 관리의 실천으로 이를 이어가길 원할 수도 있다. 그러나 때로는 특정한 표현예술 형태가 변화와 경험을 가져와 예술에 대한 더욱 깊이 있고 지속적인 몰입으로 이어지기도 한다. 이는 새로운 정체성을 형성하게 하고, 나아가 존재에 대한 새로운 의미를 찾는 계기가 되기도 한다.

사례 예시. Ray: 예술을 통해 새로운 정체성 만들기

Ray는 2005년 이라크 팔루자 포위전 동안 복무했던 37세의 전투 참전용사로, 외상 후 스트레스와 우울증 때문에 스스로 클리닉을 찾았다. 신경학적 평가를 받은 결과, 클리닉의 의사들은 그의 기분 장애, 스트레스 반응, 일부 기억 문제의 원인이 부분적으로 외상성 뇌 손상 때문이라고 판단했다. 그러나 Ray 자신은 군에 입대하기 전부터 우울증을 겪었으며, 머리 부상을 당하기 전부터 그의 어려움이 시작되었을 가능성이 있다고 믿었다. 그는 자신의 고통이 청소년기까지 거슬러 올라갈 수도 있다고 생각하고 있었다.

우울한 기분 탓에 Ray는 표현예술에 몰입하는 데 상당한 어려움을 겪었지만, 나와의 약속은 꾸준히 지켰다. 내담자가 표현적 방법에서 진전을 이루지 못하고 막힐 때, 나는 종종 그들의 삶에 이미 존재하고 자연스럽게 활용하는 표현 활동이 무엇인지 탐색하도록 돕는다. Ray 역시 나를 찾은 많은 군인처럼 초등학교 때 그림을 그리거나 노래를 부른 것 외에는 별다른 표현 활동을 한 적이 없다고 확신했다. 그러나 세 번째 회기에서 그는 내 질문에 답이 될 만한 기억을 떠올리며 이렇게 말했다. "글쎄요, 예전에 나무를 깎곤 했어요. 아시잖아요, 막대기를 가져다 주머니칼로 깎는 거요." 이 기억을 더 깊이 탐색하면서 Ray는 대부분의 경우 이 활동이 베트남전 참전용사였던 아버지와 함께 뒷마당에서 이루어졌다고 말했다. 이 활동은 Ray에게 매우 즐거운 기억으로 남아 있었다. 그는 이 시간을 설명하며, 자신의 트라우마, 우울증, 알코올 중독 때문에 자주 거리를 두던 아버지였지만, 이때에는 아버지와 가깝게 느꼈던 소중한 순간이었다고 말했다.

클리닉 규정상 주머니칼과 같은 무기로 분류될 수 있는 물품을 반입할 수 없었기 때문에, 나는 Ray와 함께 몇 차례 집에서 상담을 진행하기로 했고, 그의 아버지가 함께 참석해 나무를 깎는 과정을 보여 줄 수 있는지 요청했다. Ray와 그의 아버지 모두 나에게 나무를 깎는 데 적합한 재료를 고르는 방법과 기본적인 기술을 즐겁게 가르쳐 주었다. 우리는 집 뒷마당에서 함께 앉아 이 작업을 진행했다. Ray와 그의 아버지가 주머니칼로 나무 조각을 다루는 방법을 가르쳐 주는 과정에서 그들은 단순히 기술을 설명하는 것을 넘어 그들 관계에 담긴 깊은 이야기와 함께 트라우마로 인한 스트레스와 우울증에 대한 경험을 공유하기 시작했다. 나무 조각이나 막대를 반복적으로 깎는 움직임이 마치 말문을 열어 주는 역할을 한 듯, 중요한 기억과 이야기가 자연스럽게 흘러나왔다. 이러한 회상의 순간들은 두 사람의 관계적 유대를 강화할 뿐만 아니라, 군 복무 중 겪은 트라우마와 전투 기억을 가진 두 참전용사가 각자의 삶에서 변화를 경험하는 시간을 공유하게 만들었다.

회기 중 긍정적인 결과가 많이 나타났지만, Ray에게 또 다른 중요한 변화가 일어나기 시작했다. 그는 자신을 유능한 나무 조각가로 보기 시작했고, 내가 그만의 독특한 스타일을 가진 예술가로서 발전해 가고 있다고 말했을 때 놀랍게도 Ray는 내 칭찬을 진지하게 받아들이고 조각에 대해 더 배우고 싶다며 도와줄 전문가를 찾는 방법을 함께 모색해 달라고 요청했다. 그는 여전히 나와의 심리치료를 이어 가며 우울증 문제를 해결하기 위해 정신과에 방문했지만, 동시에 참전용사들에게 무료로 제공되는 지역 대학의 미술 강좌를 수강할 수 있는 방법을 찾아 예술 공부를 시작하게 되었다.

몇 달 후, 우리의 상담이 끝난 뒤 한 이웃이 나에게 "군 참전용사가 새로운 나무 조각 사업을 위해 쓰러지거나 죽어가는 나무를 찾고 있다."고 말했다는 이야기를 전했다. 그 사람이 Ray라는 사실은 놀랍지 않았다. 그는 이미 인근 지역에서 대규모 조각 작품 두 점을 완성했다. 그 지역은 강풍으로 인해 많은 나무가 쓰러지거나 뿌리째 뽑힌 상태였다. Ray는 남은 나무의 줄기와 그루터기를 사실적인 동물 조각으로 만들었고, 이는 집주인들과 이웃들에게 큰 기쁨을 주었다. 이제 그 지역 거리에는 쓰러진 나무 대신 아름다운

예술 작품들이 자리하게 된 것이다. Ray는 또한 몇 명의 참전용사를 조수로 고용했고, 자신이 다니는 교회에서 매주 나무 조각 강좌를 진행하고 있었다. 그는 뒷마당에서 시작된 나무 깎기 회기를 바탕으로 자신의 삶의 이야기를 새롭게 썼으며, 그 안에는 이제 예술성, 창의성, 그리고 목적이 뚜렷이 자리하고 있었다. 비록 여전히 우울증 치료를 위한 약물 처방을 위해 정기적으로 병원을 방문했지만, 그의 삶의 중심은 분명히 그가 사랑하는 일을 하고, 더 크고 의미 있는 방식으로 사회에 기여할 기회를 찾는 데 있었다.

Ray의 경우, 예술가가 되어 부서지고 조각난 나무들을 아름답고 예술적 가치를 지닌 작품으로 조각하게 했고, 이를 통해 그의 삶의 이야기를 깊고 의미 있는 방향으로 변화시킬 수 있었다. 표현예술치료 회기에 참여한 모든 사람이 예술가로 거듭나는 것은 아니지만, 내 경험상 놀랍게도 상당히 많은 사람이 어떤 형태로든 예술가로서 성숙해 나가게 된다. Terr가 언급한 '마법 같은 변화의 순간'에는 공통된 중요한 요소가 있다. 그것은 바로 트라우마로 얼룩진 이야기를 새로운 치유의 의미를 지닌 삶의 이야기로 변화시키는 데 도움을 준다는 것이다.

◇◇◇◇◇

트라우마로 얼룩진 이야기를 변화시키기

트라우마 생존자를 위한 회복적 의미 형성 과정을 설명한 여러 저자들 중 Judith Herman(1992)은 트라우마 생존자들에게 이 과정을 가능하게 하는 심리치료의 구성 요소들을 가장 명확하게 정의했다. 그녀의 3단계 모델의 마지막 단계에서 핵심은 새로운 자아감, 미래에 대한 세계관, 그리고 관계와 환경의 맥락 속에서 자신을 재정의하는 것이다. 이 단계에서 트라우마로 인한 스트레스 경험은 더 이상 삶을 조직하는 원칙이나 중심축이 아니게 된다. 즉, 트라우마는 더 이상 그 개인을 규정짓는 유일한 이야기가 아니게 된다. 많은 치료사가 이 과정을 '회복'이라고 부르지만, 이는 사실 '통합'의 경험에 가깝다. 이는 트라우마 경험에 대한 감정과 생각이 완전히 사라진다는 의미가 아니라, 그 감정과 생각, 감각들이 더 이상 삶을 지배하지 않는 상태를 의미한다. 이는 곧 자기 자신과의 화해를 뜻한다. Herman은 이 시점에서 개인은 '자신이 되고자 하는 사람이 되는 것이 과제'라고 언급한다. 이 과정에서 개인은 트라우마 이전에 자신이 소중히 여겼던 측면, 트라우마 자체의 경험, 회복 과정에서 얻은 자원을 활용한다(p. 202). 결국 이 단계는 새로운 의미 형성을 가능하게 하는 필수적인 통합이 이루어지는 과정이라 할 수 있다.

1990년대에 처음으로 Herman의 3단계 모델을 읽은 이후, 나는 개인을 이해하는 데 있어서 심리치료의 목표로 회복적 의미 형성의 개념적 틀을 포함시켜 왔다. 대화 기반 치료는 트라우마로 가득 찬 이야기를 변화시키는 데 효과적인 방법을 제공한다. 그러나 말로 표현하는 것이 어려운 사람들에게는 표현예술이 언어를 넘어설 수 있는 길을 열어 주거나, 언어적 내러티브 자극하기 위한 필수적인 촉매제가 될 수 있다. 예술 기반 접근법을 통해 의미 형성을 지원하려면, 트라우마로 얼룩진 이야기를 재구성하고, 트라우마로 인해 단절된 삶의 이야기를 되찾을 수 있도록 기반을 마련하는 것이 무엇보다 중요하다.

내러티브치료와 내담자의 스토리텔링 권리

사람들이 자신의 이야기를 표현하고 변형하도록 돕는 방법은 다양하지만, 나는 내러티브치료가 표현예술과 깊게 연관이 있는 접근법이라고 생각한다. 내러티브치료는 개인의 삶의 이야기를 통해 직접적으로 의미를 형성하는 과정에 초점을 맞춘다(White & Epston, 1990). 표현예술처럼, 이 접근법은 문제를 외재화하는 과정을 포함한다. 대부분의 치료사들은 '문제가 사람 자체가 아니라, 문제 그 자체다.'라는 핵심 신념에 익숙할 것이다(White & Epston, 1990). 즉, 고통스러운 경험을 개인의 내면화된 정체성에서 분리하는 것이 내러티브치료적 접근의 핵심이다. 이 접근법의 궁극적인 목표는 문제로 가득 찬 지배적인 이야기를 개인 전체의 작은 부분으로 보도록 돕고, 개인이 문화, 맥락, 삶의 총체적 경험에 있어 다면적인 존재임을 인식하게 하는 것이다(Denborough, 2016; White & Epston, 1990). 내가 내러티브치료에서 특히 가치 있게 여기는 점은 다른 사람들이 개인에 대해 갖고 있는 자신이 자신에 대해 이야기하는 방식에 영향을 미칠 수 있다는 기본 전제에 있다. 섬세한 배려와 지원을 통해, 시간이 지나면서 삶의 이야기를 재구성하고 새롭게 정의할수 있다.

내러티브치료 접근법은 개인이 트라우마로 가득 찬 이야기를 수정할 준비가 되었을 때 특히 중요하다. Herman이 말한 것처럼, 이러한 이야기는 회복의의 마지막 단계에서 변화되어야 한다고 했다. 트라우마 내러티브는 종종 다른 사람에 의해 대신 쓰여진 것처럼 보이며, 제8장에서 설명한 바와 같이, 트라우마로 인해 고착화된 '개인적 논리'의 형태로 깊이 내재되어 있는 경우가 많다. 내가 설명한 다른 실제적 방법들과 마찬가지로 변화를 목표로 이야기하는 과정에서는, 특히 평생 동안 축적된 트라우마적 사건들을 다룰 때, 특별한 지원이 필요하다. 이런 경우 내러티브 치료사인 David Denborough(2016)

가 개발한 '이야기할 권리에 관한 지침(Charter of Storytelling Rights)'은 개인이 자기 삶의 이야기를 창조하고, 그 의미를 되찾고 재구성할 권리가 있음을 전달하는 중요한 방법 중 하나이다.

> **제1조.** 모든 사람은 자신의 경험과 문제를 자신의 언어와 방식으로 정의할 권리가 있다.
>
> **제2조.** 모든 사람은 자신이 겪어 온 일들과 타인과의 관계를 바탕으로 자신의 삶을 이해받을 권리가 있다.
>
> **제3조.** 모든 사람은 어려움을 극복하고 자신의 삶을 되찾는 과정에 중요한 타인을 초대할 권리가 있다.
>
> **제4조.** 모든 사람은 트라우마와 불공정으로 인해 발생한 문제를 자신에게 결함이 있는 것처럼 내재화하지 않을 권리가 있다.
>
> **제5조.** 모든 사람은 어려운 시기에 대한 자신의 반응을 인정받을 권리가 있다. 아무도 어려움을 수동적으로 받아들이지 않는다. 사람들은 항상 반응하고, 불공정에 저항한다.
>
> **제6조.** 모든 사람은 어려움을 극복하는 과정에서 사용한 자신의 기술과 지식이 존중받고, 인정받으며, 소중히 여겨질 권리가 있다.
>
> **제7조.** 모든 사람은 어려운 시기를 통해 얻은 배움이 비슷한 상황에 있는 다른 이들에게 도움을 줄 수 있다는 것을 알고, 이를 직접 경험할 권리가 있다. (p. 9)

Denborough의 지침은 트라우마 기반 치료와 깊이 연결되어 있을 뿐만 아니라, 개인을 스토리텔러로서 존중하며 그들의 문화적, 맥락적 경험을 중시하는 치유 중심 참여 개념을 강조한다. 이 지침은 환경, 사회 정의, 트라우마 스트레스에 영향을 미치는 기타 요소들을 포함해, 트라우마 내러티브 속에서 개인이 스스로를 정의할 권리를 확립하는 중요성을 담고 있다. 또한 이 이야기를 수정하는 과정에서 개인의 독특한 문화적, 맥락적 도전 과제들을 고려함으로써 단기적 변화뿐만 아니라 장기적인 변화와 결과에 영향을 미치는 역량을 반영하고 있다.

표현예술을 통한 내러티브의 변형

대부분의 표현예술치료 회기에서 나는 사람들의 트라우마가 담긴 이야기가 움직임, 음악, 이미지, 재연, 놀이 같은 다양한 방법으로 표현되는 것을 목격하거나 직접 그 이야기를 듣는다. Herman이 이야기하기의 중요성을 설명한 글을 처음 읽었을 때, 나는 그녀의 관점을 예술 기반 치료의 관점에서 이해했다. 예술 기반 치료에서는 이야기가 단순히 말로 전해지는 것이 아니라, 비언어적이고 감각적이며 감정적인 표현을 통해 더욱 깊고 풍부하게 전달될 수 있다. 대부분의 경우, 내가 사람들에게 이야기하고 이를 변형할 수 있는 방법으로 표현예술을 소개할 때, 그 방식은 각 개인에 따라 달라진다. 이는 각 개인이 매체에 다르게 반응하기 때문이다. 하지만 이야기 전달에 특히 적합한 두 가지 매체가 있다. 하나는 이 장의 후반부에서 다룰 연극적 재연이다. 다른 하나는 시각 예술로, 상징과 시간의 흐름을 통해 이야기를 전달하는 자연스러운 방식이다. 만약 시각 예술이 트라우마 내러티브를 변형하는 목적을 가지고 소개된다면, 현재를 넘어서 성장이나 미래를 상상할 수 있는 가능성을 암시하는 적절한 은유를 사용하는 것이 유용하다. 이를 위한 접근법은 다양하지만, 다음은 내러티브 치료 틀 안에서 그리고 어린이, 성인, 가족과 함께 효과적으로 활용할 수 있는 예술 기반 전략 중 하나이다.

힘의 나무/생명의 나무

나무는 시간이 지남에 따라 성장하고 변화하는 과정을 보여 주는 상징이기 때문에 변화를 이끄는 이야기를 전달하고 싶을 때 종종 이 은유를 회기에서 사용한다. 처음 이 방법을 사용하게 된 것은 군인의 자녀들과 그들의 부모를 대상으로 한 작업이었다. 이 작업은 회복탄력성을 중심으로 한 주제를 탐구하고, 가족의 강점에 각자가 어떻게 기여하는지를 살펴보기 위한 방법이었다. 이 나무를 '생명력 있는 존재'로 만들기 위해 나는 큰 갈색 종이봉투를 활용하여 입체적인 나무를 만드는 방법을 소개했다([그림 10-1] 참조). 이 종이봉투는 쉽게 조작할 수 있어 나무의 줄기와 가지를 만들기에 적합하다. 이 과정은 콜라주(종이, 잡지 이미지, 텍스트 또는 기타 재료)로 나무를 장식하는 방법을 결정하는 과정도 포함한다. 특히 군 관련 환경에서 여러 가족 집단을 동시에 만날 때가 많기 때문에 종종 "뿌리는 가족에게 힘을 주는 사람이나 요소를 나타낸다고 생각해 보세요. 그 뿌리에 어떤 이미지를 추가해 이를 표현할 수 있을까요?" 또는 "가지들은 가족이 뿌리 덕분에 이룬 일들이라고 상상해 보세요. 나무의 잎사귀나 열매가 그 이야기를 이미지나 단어로 표현할 수 있다고 상상해 보세요."라는 질문을 던질 수 있다. 또 한 가지 추가로 묻는 질문은 "만약 당신의 잎과 열매가 다른 사람에게 남길 유산, 메시지, 또는 선행에 대해 이야기를 할 수 있다면, 그것은 어떤 모습일까요?"이다. 만약 한 가족과 작업을 진행할 경우, 참가자들

[그림 10-1] 종이봉투로 만든 가족의 '힘의 나무'

이 나무를 만드는 동안 상황에 맞는 다른 질문들을 하며 이야기를 이어 가기도 한다.

이 과정을 처음 도입했을 때, 참가자들이 나무 이미지를 통해 들려준 이야기는 단순히 갈색 종이봉투를 활용해 나무를 만들어 가족의 강점에 관한 이야기를 만드는 것 이상의 결과를 가져온다는 것을 빠르게 깨달았다. 나무라는 비유는 과거(뿌리), 현재(줄기와 가지), 미래(나무에서 자라거나 변화하고 있는 것)에 대해 생각하게 만드는 경향이 있다. 다시 말해, 나무는 많은 개인과 가족에게 시간의 흐름을 반영하며 시작, 현재의 경험, 그리고 미래의 가능성을 담은 일종의 삶의 이야기로 발전한다.

사례 예시. Tim: 가족 폭력에 대한 이야기 바꾸기

Tim은 군인 부모를 둔 9세 소년이다. Tim의 아버지는 최소 다섯 번의 해외 파병을 다녀왔으며, 그중 세 번은 실제 전투를 경험했다. 최근 Tim의 부모님은 Tim의 아버지가 어머니에게 폭력을 행사하면서 별거에 들어갔다. 한 사건에서는 Tim의 어머니가 심각한 부상을 입어 응급실로 실려 가야 했다. Tim은 스트레스와 가정 내 폭력을 겪고 있는 군인 가족을 지원하기 위해 설계된 아동 회복탄력성 향상 집단에 소개되었다. 또한 Tim의 어머니는 그가 과거에 예술과 놀이 기반 활동에 긍정적으로 반응했기 때문에 나와의 개별 치료를 요청했다. 처음 Tim을 만났을 때, 그는 '또 맞을까 봐' 걱정했고, 그의 선생님은 Tim이 학교에서 점점 더 위축되고 불안해하고 있다고 보고했다. 소아과 의사 역시 Tim의 상태를 걱정하며, 그의 나이에 비해 혈압이 비정상적으로 높았고 이를 가정에서 겪는 스트레스 때문이라고 했다. 비슷한 상황의 다른 아이들처럼 Tim은 주변 환경에 지나치게 민감하게 반응했고, 작은 자극에도 쉽게 놀라는 경향이 있었다. 그는 또한 수면장애를 겪고 있었다.

나는 Tim에게 아동 집단 회기와 개별 표현예술 회기를 통해 다양한 안전 및 자기 조절 실천 방법을 소개했다. 회복탄력성 집단과 개별 회기를 몇 주 동안 진행한 후, Tim의 허락을 받아 다음 세 번의 회기에 그의 어머니도 참석하도록 안내했다. 한 회기에서 나는 Tim과 그의 어머니에게 '강인함의 나무'를 함께 만들어 보는 것이 흥미로울 수 있다고 제안하며, 뿌리, 줄기, 가지, 잎으로 이야기를 전하는 비유적인 과정을 설명했다. 그들은 갈색 종이봉투를 사용해 큰 나무를 빠르게 함께 만들었고, 가정 폭력 상황에서 그들을 지원해 준 Tim의 조부모에 대한 이야기를 나누며, 나무의 뿌리 부분에 조부모를 나타내는 이미지를 추가했다. 또한 서로에 대해 긍정적인 단어와 문구를 적은 알록달록한 잎과 사과를 더했다. 그중 특히 눈에 띄는 것은 Tim이 커다란 글씨로 '용감한 엄마'라고 적은 큰 잎사귀였다. 내가 Tim에게 어머니의 용감함에 대해 특별히 하고 싶은 말이 있는지 물었을 때, 그는 곧바로 이렇게 말했다. "아빠가 무서울 때 엄마가 날 안전하게 지켜 줬어요. 우리나라를 위해 싸울 때 아빠도 용감하지만, 엄마도 아빠만큼이나 용감해요." 이 말을 들은 Tim의 어머니는 눈물을 흘리기 시작하며 말했다. "나만 용감했던 건 아니야. 지난 2년 동안 남편이 나를 때릴 때, Tim도 정말 용감했어. 나는 Tim의 엄마라는 사실이 너무 자랑스러워."

이러한 감정은 모자 모두가 공유하고 있었지만, 그 순간까지 명확히 표현된 적은 없었다. 이는 매우 강렬하고 치유적인 순간이었기에, 나는 그들에게 용기에 관한 이야기를 다시 말해 달라고 부탁하며, 이를 짧은 이야기 형태로 적어 주겠다고 제안했다. 그들이 내용을 신중히 되풀이하는 동안, 나는 이야기를 더욱 구체적으로 설명해 달라고 요청하며 이야기를 '풍부하게 만드는' 작업을 진행했다. 이는 이야기치료에서 흔히 사용하는 접근법이다. 또한 그들이 용기를 느꼈던 경험을 자세, 몸짓, 움직임으로 표현하게 하여 그들의 이야기에 감각적인 경험을 더 풍부하게 만들었다. 이는 용기와 강인함의 경험을 신체적으로 느껴 보고 연습하도록 돕는 과정이었다. 이런 방식으로 나는 그들이 치유감을 느끼고, 신체적 감각을 통해 강인함, 숙련된 감각, 자기효능감을 체화하는 데 기여할 수 있도록 도왔다(추가 논의는 다음 절에서 다룬다).

다행히도 이 회기는 Tim의 부모를 위한 더 깊은 치유 과정의 시작점이 되었고, 새로운 내러티브를 만들어 가는 계기가 되었다. 그의 부모는 결국 군 기지에서 운영하는 부부 관계 회복 프로그램에 참여했다. Tim의 아버지는 분노 조절 치료와 폭력의 원인이 된 외상 후 스트레스 반응(Post-traumatic Stress reaction: PTSR) 치료를 시작했다. 수개월간의 집중적인 노력 끝에 부부는 다시 함께하기로 했다. Tim의 아버지는 미국 내 근무로 재배치되었고, 이는 여러 차례의 파병으로 인한 가족의 스트레스를 덜게 해 주었다. Tim은 여전히 군인 자녀들을 위한 모임에 참여하며 도움을 받았고, 학습에 약간의 어려움은 남아 있었지만, 그의 선생님과 의사는 Tim이 전반적으로 덜 불안해하고 더 외향적으로 변했다고 보고했다.

대인 폭력과 관련된 사례는 다루기가 결코 쉽지 않다. 특히 치료사가 회복적인 내러티브를 이끌어내고자 할 때 더욱 그렇다. 덜위치 센터 (Dulwich Centre)의 내러티브 치료사들은 유사한 작업인 '생명의 나무'를 활용하며, 폭력과 관련된 작업에서 독특한 은유를 추가했다(Denborough, 2016). 이 '생명의 나무'는 '강인함의 나무'처럼 뿌리, 땅, 가지, 잎,

열매로 구성되어 있다. Denborough는 나무 뿌리 부분에 '퇴비'의 개념을 적용하는 것에 대해 설명하는데, 이는 돌봄을 제공해야 할 사람에게 신체적, 성적 폭력을 당한 개인과 작업할 때 특히 중요한 방법이다. 폭력적인 보호자가 자신의 뿌리 일부인 경우, 나무 밑동에 있는 퇴비 더미는 종종 '썩은 것들'로 여겨지는 것을 나무가 생존할 수 있도록 돕는 비료로 전환하는 방법을 상징한다. 이 비유가 모든 사람에게 적용되거나 이해될 수 있는 것은 아니다. 중요한 것은 일어 잦은 파병으로 인한 가족의 스트레스를 덜게 해 주었다. 난 일을 재구성할 수 있는 이야기를 이끌어 내고, 트라우마로 가득 찬 서사를 대체할 수 있는 의미 있는 이야기를 만들어 낼 역량을 지원하는 것이다.

◇◇◇◇◇

공동체와 다시 연결되기

이 책 전반에 걸쳐, 특히 제4장에서 강조했듯이, 관계는 트라우마 회복과 치유의 중심 요소이다. 이상적으로는, 표현예술치료의 심리치료적 관계가 변화의 순간을 가능하게 하는 기반을 마련하며, 내담자에게 암묵적인 안전감, 자기조절 능력, 그리고 회복탄력성을 제공한다. 그러나 트라우마로 인한 스트레스 기억을 뇌와 몸에서 효과적으로 다루고 변화시키는 데 있어 또 다른 중요한 관계적 경험이 있다. 그것은 바로 타인과 환경에 대한 관계를 새로운 방식으로 재구성하는 것이다.

Ray가 작업 예술가로 성장한 이야기는 Herman이 설명한 회복의 세 번째 단계인 새로운 방식으로 공동체에 재결합하는 것을 보여 주는 한 사례이다. Ray에게 있어 표현예술은 그의 회복 과정을 심리치료적 관계와 치료 공간을 넘어 개인적인 변화와 성장 영역으로 확장시켰다. 그는 스스로 자신의 건강을 돌보고 삶의 질을 장기적으로 높이기 위한 행동을 시작했다. 공동체에 다시 참여하거나 새로운 공동체의 일원이 되는 것은 새로운 의미를 찾는 데 중요한 요소이며, 많은 트라우마 전문가가 동의하듯 트라우마를 극복하고 삶에 통합하는 과정에서도 핵심적인 부분이다. Ray의 사례는 또한 활동적이고 과제 중심적(task focused)이며 감정 중심적(emotion focused)인 대처 전략을 사용한 사례로, 이와 같은 접근법을 사용한 사람들이 대체로 더 나은 결과를 얻고 장기적으로는 더 큰 개선을 경험한다는 가능성을 보여 준다. 제9장에서 다뤘던 Toby의 사례는 15년 동안 대인 간 폭력을 여러 번 경험했음에도 불구하고 회복탄력성을 보여 준 또 다른 예이다. 그녀는 예술 기반 표현에 대한 열정과 더불어 그녀의 미국 원주민인 배경에서 세대 간 회복력을 탐구하며, 회복 과정에 적극적으로 참여했다. 그녀의 원주민 뿌리는 그녀를 유사한 역사적 경험을 공유하는 생존자들의 더 큰 공동체와 연결시켰고, 이를 통해 그녀는 다른 이들과 깊은 연대감을 느꼈다.

Herman은 트라우마를 통합하기 시작하는 단계에서 개인이 관계와 환경 속에서 자율성을 향한 명확한 단계를 밟아야 한다고 처음으로 제안한 사람 중 한 명이다. 이 단계에서 일부 개인은 역경 이후 의미를 형성하는 과정을 돕는 사명을 발견하기도 한다. Herman은 이를 '생존자의 사명'이라고 부르며, 이는 정치적, 영적, 혹은 사회적 정의의 차원을 통해 더 넓은 세상에서 의미를 변화시키고자 하는 욕구를 나타낸다. 이러한 맥락에서 더 큰 차원에서 무언가를 창조함으로써 구원을 찾을 수 있다. Herman이 언급한 개념은 우리가 오늘날 '외상 후 성장'(Calhoun & Tedeschi, 2013), 외상 후 성공, 또는 역경 성장이라고 부르는 것을 의미한다고 생각한다. 이는 트라우마 내러티브를 다시 써서 부정적 사건이 발생하기 전보다 더 높은 수준의 심리적 기능을 이끌어내는 이야기로 전환하는 과정이다.

표현예술치료의 목표 중 하나는 트라우마 기반 치료와 치유 중심 접근의 일환으로, 개인이 자신의 건강과 행복을 스스로 주도할 수 있는 능력을 갖춘 상태로 공동체에 복귀하도록 돕는 것이다. 또한 표현예술을 통해 외상 후 성장을 이루고, 자신뿐만 아니라 유사한 트라우마를 경험한 다른 생존자들을 위해 세상에 다시 참여하는 방법이 될 수 있다. 이러한 경험은 개인적인 회복을 넘어 사회적 행동이나 사회 정의로 확장되기도 한다. Herman이 언급했듯이, 비극적인 사건을 완전히 보상할 방법은 없더라도, 사명감이나 공동의 목적을 통해 이를 초월할 방법은 존재할 수 있다.

제2장에서 설명했듯이, 표현예술은 부분적으로 과거에 다양한 사회 문제와 정의 실현을 위해 활동하던 실천가들의 노력과 비전에서 시작되었다. 그 결과, 공동체의 활동이 중요한 부분이 되었고, 예술을 치료적으로 활용하여 지역사회와 문화 중심 집단에 적용하는 데 기여했다. 이러한 역사적 배경은 오늘날에도 계속 이어지고 있으며, 특히 트라우마 회복의 관점에서 표현예술이 다른 치료적 접근법과 차별화되는 중요한 특징이라고 볼 수 있다. 다음은 이와 같은 프로그램 중 하나를 설명하는 사례이다. 이 프로그램에서는 군인들을 예술 스튜디오로 초대해 전투와 군 복무로 인해 받은 영향을 치유하고 극복할 수 있도록 돕는 것을 목표로 한다.

예술을 통해 지역사회에 복귀하는 참전 용사들

군인들 사이에서 트라우마 스트레스를 다루는 것에 있어서는 아직 갈 길이 멀지만, 치료공간 밖에서 회복을 돕기 위한 움직임은 점차 확대되고 있다. 많은 경우, 이러한 노력은 참전 용사들에 의해 주도되어 왔다. 전투 참전용사들은 자기 표현과 재활을 위한 예술 프로그램을 발전시켜 온 오랜 역사를 가지고 있다. 미국에서는 1981년, 베트남전에 참전했던 군인들이 국립 베트남 참전용사 박물관(National Vietnam Veterans Museum)을 설립했다. 이곳에는 전쟁에 참전했던 이들이 제작한 예술 작품들이 전시되어 있다. 이 전시 작품들은 전쟁의 역사적 사건과 경험을 보여 줄 뿐만 아니라, 예술이 전투와 인간의 승리, 고통에 대한 감정을 전달할 수 있는 방법임을 참전용사들 스스로가 발견했음을 증명해 준다.

이라크와 아프가니스탄에서의 최근 전쟁에 참전한 군인들은 예술을 통해 자신들의 기억을 기록하고, 감정을 표현하며, 전쟁의 본질에 대해 공연 형식으로 의견을 전달하고 있다. 이러한 프로그램 중 하나가 Combat Paper Project(CPP; www.combat-paper.org)이다. 이 프로그램은 이라크전 참전용사인 Drew Cameron과 종이 제작 예술가 Drew Matott에 의해 설립되었고, 군인들에게 치유와 변화에 대한 경험을 제공하기 위해 만들어졌다. Cameron은 자신의 복무를 마친 후 자신의 경험을 정리하고 마음의 평화를 찾을 필요성을 느꼈으며, 군인들의 이야기를 세상에 알리는 것이 중요하다고 믿었다. CPP는 군인들이 오랫동안 옷장, 상자, 다락방에 보관하며 감정적으로 얽혀 있던 군복을 활용한다. 이 군복들은 종종 복종, 전투, 인정받지 못한 희생을 떠올리게 한다. 프로젝트 참여자들은 이 군복을 잘게 자르고 갈아 종이로 만들고, 이를 예술 작업, 그림, 글쓰기, 또는 개인 저널에 사용한다([그림 10-2], [그림 10-3] 참조). 프로젝트에 참여한 군인들은 자신의 작품을 전시하거나 대중 앞에서 자신의 이야기를 나누며, 창작 글쓰기와 공연을 결합해 극적인 방식으로 표현하기도 한다. 이 과정은 전쟁의 경험을 예술로 승화시키고, 군인을 예술가로 변화시키는 힘을 가진다.

CPP는 참전용사들이 트라우마와 관련된 반복적인 기억을 마주하면서 공동체로 다시 돌아갈 수 있도록 돕는 많은 프로그램 중 하나이다. 클리닉과 병원에서 심리치료를 제공하지만, 많은 군인에게는 이런 종류의 공동체 기반, 군인이 운영하는 프로그램이 외상 후 스트레스와 전쟁에서 겪은 도덕적 갈등으로 인한 부정적인 인식을 극복하는 데 중요한 역할을 한다.

이 프로그램은 예술 중심 접근법의 대표적인 사례 중 하나로, Herman이 제안한 사명

[그림 10-2] Drew Cameron(군 복무 경력자이자 CPP 공동 설립자)의 종이 예술 작품 예시

Cathy A. Malchiodi (2012c). Copyright© The Guilford Press. Reprinted by permission.

[그림 10-3] Donna Perdue(군 복무 경력자이자 CPP 참가자)의 종이 예술 작품 예시

의 개념과 연결된다. 이는 단순히 자신과 다른 이들을 돕는 것뿐만 아니라, 트라우마 경험에 대한 인식을 높이는 데 목적이 있다. (이 장 후반부에서는 드라마와 연극에 중점을 둔 참전용사 프로그램의 또 다른 사례를 소개한다.)

◇◇◇◇◇

신체 재감각화 하기

이 책 전반에서 강조했듯이, Levine(1997, 2015)은 신체가 자세, 몸짓, 움직임, 호흡, 기타 신체적 반응을 통해 트라우마의 기억을 전달한다고 주장한다. 모든 사람이 표현예술치료 회기에서 자신의 경험을 말로 표현하지는 않지만, 그들의 몸은 항상 그들이 겪은 트라우마 스트레스의 이야기를 전하고 있다. 이 신체적 이야기는 그들이 치료실에 들어오는 방식, 의자에 앉는 자세, 나와의 신체적 상호작용, 내가 "색깔, 모양, 선, 또는 표시들로 당신의 몸이 그 감정이나 감각을 어디에 담고 있는지 보여 주세요."라고 요청할 때 그리는 바디스캔 작업(Body-scan drawings)에서 표현된다. Levine에 따르면, 이러한 신체적 이야기는 사람들이 언어를 통해 말하는 이야기만큼이나 중요하다. 시간이 지나면서 그들의 이야기가 변화함에 따라 그들이 몸을 사용하는 방식과 움직임에서도 이러한 변화를 관찰할 수 있다. 언어는 의미 형성의 인지적 경험을 전달하지만, 이보다 깊은 수준의 신체적 표현은 중요한 변화를 담은 이야기를 전달한다. 이와 비슷하게, Ogden과 Fisher(2015)는 신체적 감각과 움직임이 끊임없이 의미를 형성하는 원천이라고 주장한다. Tronick과 Reck(2009)도 이를 지지하며 다음과 같이 말한다.

> "의미는 우리가 쉽게 의미의 형태로 여기는 언어적, 상징적, 추상적인 영역에서부터, 신체적, 생리적, 행동적, 감정적 구조와 과정처럼 의미의 형태, 행동 혹은 실현으로 개념화하기 어려운 것들까지 포함된다." (p. 88)

신체의 재감각화는 기존의 트라우마 치료 방법에서 간과되고 있는 중요한 부분이다. 트라우마 기억에 대한 부정적인 반응을 줄이기 위해 제시되는 많은 방법들, 예를 들어 '기억 재결합'과 같은 인기 있는 치료법들도 신체의 감각적 경험을 충분히 다루지 못한다. 제8장에서 설명했듯이, 트라우마 내러티브는 단순히 뇌 속에 저장된 명료한 이야기 형태로 존재하는 것이 아니다. 이는 감각적이고 정서적인 요소를 포함하는 내적 감각 경험으로 존재한다. 또한, 회복을 돕는 새로운 이야기가 만들어지려면, 안전감을 느끼고, 스스로 감정을 조절하며, 몸을 건강하고 즐거운 방식으로 경험하는 것이 중요한 기반이 된다. 개인에 따라 이러한 이야기는 움직임, 소리, 연기, 이미지 또는 여러 표현예술을 결합한 형태로 표현될 수 있다. 예를 들어, 이전 장에서 소개한 군인 Katja의 경우, 우리는 움직임과 음악 재생목록을 통해 새로운 이야기를 만들어 갔다. 이 음악은 결국 그녀의 몸에 '좋은 리듬'을 심어 주었다. 이러한 변화가 일어나면, Katja와 같은 사람들은 점점 더 자연스럽고 즐겁게 행동하며, 다시 자신의 생동감을 편안하게 느끼는 모습을 보인다. 그러나 트라우마를 경험한 많은 사람에게 이러한 변화를 이루는 것은 쉽지 않다. 이는 오랜 시간 지속된 믿음과 감정적 고통, 수치심, 죄책감 등이 몸이 즐거움을 느끼는 능력을 방해하기 때문이다. 다음 사례에서는 한 개인이 이러한 어려움에 직면하면서 앞선 장에서 다룬 여러 방법을 통해 자신의 몸에 생동감을 되찾아가는 과정을 보여 준다.

사례 예시. Anthony: 몸의 생명력 되찾기

Anthony는 27세의 육군 의무병으로, 불안과 분노 같은 과도한 반응과 대인관계 문제를 포함한 외상 후 스트레스 증상 때문에 나에게 의뢰되었다. 그는 이미 다른 심리학자와 함께 EMDR(안구운동 둔감화 및 재처리)과 대화 기반 치료를 최소 세 번 진행했지만, 그 치료사가 개인적인 건강 문제로 더 이상 치료를 이어 갈 수 없게 되었다. Anthony는 EMDR 치료가 자신에게 효과가 있다고 느꼈고, 추가적인 도움을 받기 위해 클리닉에 의뢰되었다.

간단한 병력을 듣고 서로 알아 가는 과정에서 Anthony가 한 말이 나를 깊이 울렸다. 그는 이렇게 말했다. "어떻게 내 기억이 이렇게 생생할수 있을까요? 내 몸은 살아 있지 않은것 같은데 말이죠. 나는 내 불안을 통제할 수 없는데. 내 몸은 텅 비고 생명력이 없는 것처럼 느껴져요." 그 후 Anthony는 자신의 몸 윤곽 그림을 완성했는데([그림 10-4] 참조), 이는 신체 감각을 잘 느끼지 못하는 사람들이 종종 자신의 감각과 단절된 상태를 표현하는 방식이었다. 비록 내가 이런 작업에 대한 비공식적인 임상 관찰만을 수집했지만, 점점 더 많은 연구가 이런 심리적 무감각이 주로 신체 중앙부, 특히 가슴 부위를 텅 빈 공간처럼 느끼게 한다는 것을 보여 주고 있다(Nummenmaa et al., 2018).

EMDR에 익숙한 사람이라면, 회기에서 주로 특정 기억을 중심으로 다룬다는 것을 알 것이다. 이 기억은 보통 관련된 이미지, 부정적인 믿음, 신체 감각과 함께 다뤄진다. 나

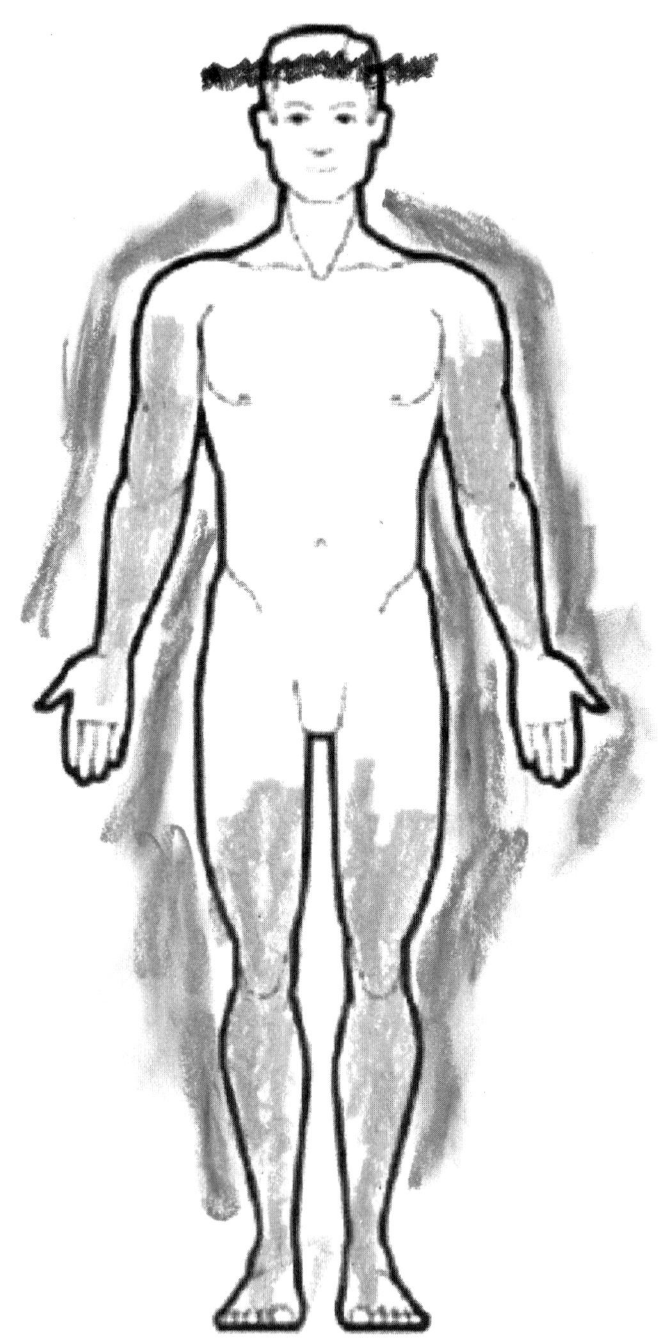

[그림 10-4] Anthony의 '공허하고 생기 없는' 신체 윤곽 그림
Cathy A. Malchiodi 컬렉션에서(저자의 허가 없이 복제할 수 없음)

는 Anthony에게 이전 회기에서 무엇을 다뤘는지 물었고, 그는 주로 5년간의 결혼 생활 끝에 이혼한 기억에 초점을 맞췄다고 답했다. 이혼은 Anthony에게 큰 스트레스의 원인이었고, 결혼이 끝나면서 다른 인간관계도 많이 잃었다고 했다. 대화를 이어 가며, 나는 Anthony가 얼마나 긴장된 상태인지 점점 더 느낄 수 있었다. 그의 뻣뻣한 자세와 빠른 말투가 이를 잘 보여 줬다. 내가 그 기억을 계속 다루고 싶어 하는지, 아니면 다른 기억을 다뤄야 할지 물었을 때, Anthony의 대답은 또 한 번 나를 놀라게 했다. 그는 이렇게 말했다. "이번에는 IED(즉석 폭발 장치) 폭발 사건을 다뤄야 할 것 같아요." 이 순간 나는 어떤 이유에서든 Anthony가 이 기억을 이전 상담사와의 치료에서는 꺼내지 않았다는 것을 깨달았다. 그가 이 사건에 대해 처음으로 세부적인 이야기를 시작하자 그의 몸이 점점 더 긴장되고 불안해지는 것을 명확히 관찰할 수 있었다.

간단히 말해 그 폭발 사고는 여러 폭발 장치와 연이어 발생한 불운한 상황이 겹쳐 일어난 예외적인 사건으로, 여러 명의 군인이 목숨을 잃었다. 내가 Anthony에게 그때 가장 생생하게 기억나는 순간이 무엇인지 물었을 때, 그는 당시 근무 중이던 의사가 "군인들이 다 죽었다."라고 말한 것을 듣던 순간이라고 답했다. 이어서 그에게 지금 자신에 대해 느끼는 부정적인 생각을 한 단어로 표현해 달라고 요청하자, 그는 망설임 없이 이렇게 말했다. "무능하다. 우리가 더 빨랐어야 했어. 우리가 임무를 망쳤고, 그래서 사람들이 죽었어." 이 순간 우리는 잠시 멈추고, 내가 다시 Anthony에게 신체 윤곽 그림을 사용해 현재 느끼는 감각을 표현해 달라고 요청했다. 처음의 그림과 비슷하게 Anthony는 이번에는 날카롭게 찌르는 듯한 감각을 신체 윤곽선의 바깥쪽 전체에 표시했다([그림 10-5] 참조). EMDR 치료에서는 내담자에게 긍정적인 믿음, 즉 자신에 대해 가지고 싶어 하는 생각을 나타내는 문장을 요청하기도 한다. Anthony는 오랜 고민 끝에 이렇게 말했다. "나는 유능하며 그 순간 최선을 다했다." 하지만 곧이어 덧붙였다. "하지만 나는 이 남자들을 지키지 못했어." 그는 이 긍정적인 믿음을 받아들이는 데 어려움을 느꼈지만, 결국 이 문장에 동의하며 지금으로서는 이를 받아들이는 것이 불가능하게 느껴진다고 말했다.

눈 움직임을 사용해 부정적인 감각을 둔감화하는 과정을 통해 Anthony는 자신이 당시 상황에서 할 수 있는 최선을 다했다는 사실을 조금 더 수월하게 받아들일 수 있었다. 그는 긴장과 불안이 줄어든 것을 느꼈다고 보고했지만, 여전히 슬픔이 남아 있다고 말했다. "여전히 내 안에 무감각함이 남아 있어요. 그날 좋은 사람들이 죽었어요." Anthony에게 이 기억과 연관된 신체 감각과 분리시키도록 유도한다는 것은 트라우마를 다루기 위한 첫 번째 중요한 단계였다. 하지만 감각을 단순히 없앤다고 해서 신체가 새로운 서

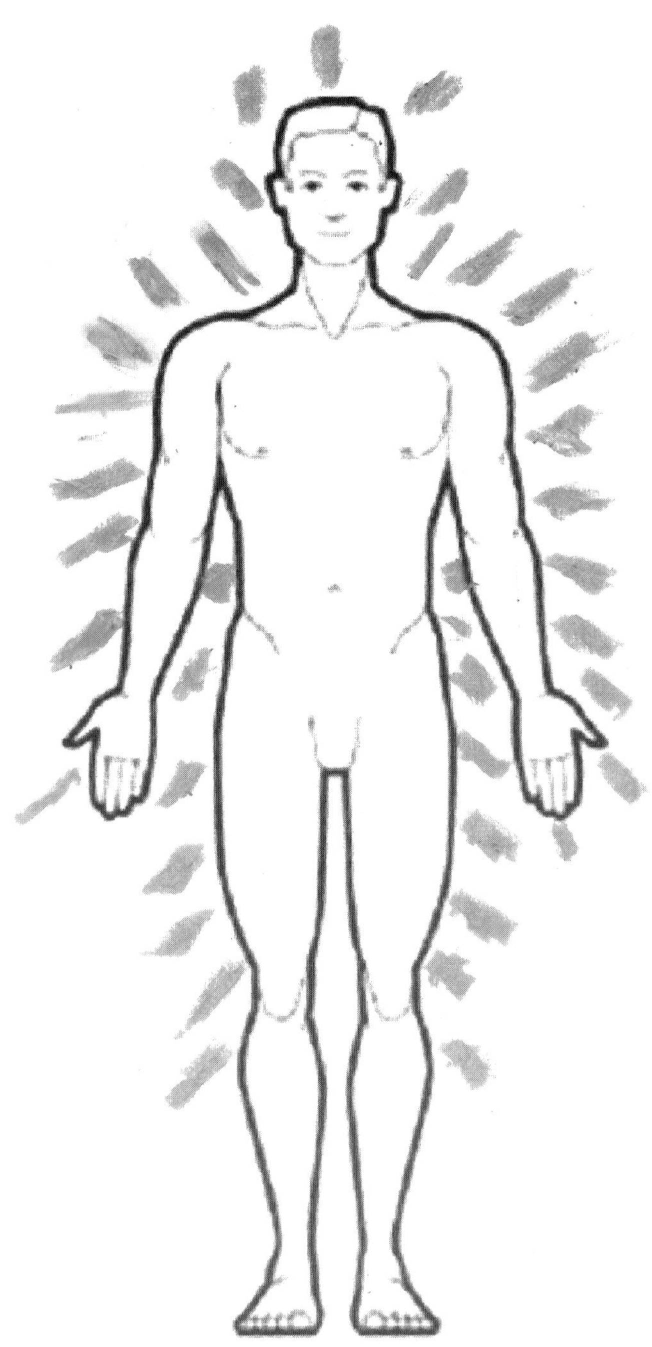

[그림 10-5] Anthony의 신체 윤곽 주변에 느껴지는 '찌르는 듯한 감각'

Cathy A. Malchiodi 컬렉션에서(저자의 허가 없이 복제할 수 없음)

사를 필요로 한다는 점까지 해결되지는 않는다. Anthony의 경우, 감각과 감정에 대해 무감각해진 상태가 그의 주된 신체적 서사가 되어 있었다. 그는 자신의 불안과 분노를 해소하는 이야기를 할 수 있었지만, 여전히 내면이 텅 비고 공허하며 타인과의 사회적 교류가 어렵게 느껴졌다. 이전 회기에서 내가 Anthony에게 소개했던 두 가지 접근법이 그의 감각을 되살리는 과정에 특히 도움이 되었다. 자기연민 연습(제9장)과 트라우마 민감적 마음챙김(제6장)을 통해 Anthony는 순간순간 자신의 감각을 받아들이는 법을 배우기 시작했다. 이를 통해 그는 단순히 병사들의 죽음을 슬퍼하기 시작했을 뿐만 아니라, 자신의 몸 안에서 감각과 감정을 천천히 그리고 신중하게 다시 느끼며 받아들이는 과정으로 나아갈 수 있었다.

나는 Anthony에게 몸에 건강한 초점을 유지하기 위해 무술, 태극권, 또는 요가 같은 신체 활동을 시작해 보라고 추천했다. 이런 활동은 종종 군인들에게 특히 효과적인데, 그들은 군 복무를 위해 몸 단련해 왔지만, 이런 활동을 통해 신체를 새로운 방식으로 경험할 수 있는 기회를 통해 추가적인 도움을 받을 수 있다. Anthony는 비크람 요가(일명 핫요가, 고온의 방에서 동작을 수행하는 요가 수업)에 참여하기로 결정했다. 그는 자기연민 연습과 결합하여 자신의 몸이 슬픔을 받아들이고 애도 과정을 시작할 수 있도록 천천히 허용할 수 있었다. 이를 통해 그는 새로운 신체 내러티브를 발견했고, 이것은 그에게 유능감, 즐거움, 그리고 타인과의 만족스러운 관계를 형성하는 데 도움을 주었다. 트라우마 생존자들처럼 자신의 몸으로 돌아가는 과정은 단순히 심리치료실이나 클리닉에서의 치료를 넘어설 때 더욱 효과적이다. 방법이 무엇이든 천천히 '생동감'의 감각을 되찾는 것은 치유의 과정이며, 이는 결국 새로운 자아 감각을 형성하는 데 중요한 역할을 한다.

◇◇◇◇◇

새로운 내러티브를 상상하기

트라우마 이후 의미를 찾는 과정에서 상상력은 표현예술치료와 가장 밀접하게 연결된 개념 중 하나이다. 상상력의 핵심은 생각의 유연성이다. 이 유연성을 통해 사람들은 새로운 아이디어와 시각을 만들어 내고, 앞으로의 더 나은 가능성과 결과를 그려 볼 수 있다. 이런 과정은 예술적 접근법의 핵심이 된다. 특히 상상력은 의미를 만들어 가는 과정에서 매우 중요하다. 이미 일어난 일을 넘어서 더 나은 미래를 상상할 수 있는 능력이 회복에 꼭 필요하기 때문이다. 이 장에서 소개된 다양한 의미 형성 방법들은 모두 새로운 결과를 상상하고 구상할 수 있는 능력에 어느 정도 기반하고 있다.

상상력은 트라우마 이후 새로운 의미를 만들어 가는 데 필수적이다. 그러나 나는 트라우마를 겪은 아이들과 성인들과의 작업에서 상상력이 어떤 역할을 하는지 종종 고민하게 된다. 이는 스트레스가 내부적으로 이미지, 감각, 또는 아이디어를 생성하는 능력에 미치는 영향 때문이다. 만약 상상력이 제대로 작동하지 않는다면, 의미 형성 과정이 지연되거나 방해받을 수 있다. 이는 van der Kolk의 군 참전용사들에 대한 연구가 뒷받침한다(van der Kolk, 1994, 1996, 2014; van der Kolk & Ducey, 1989). 그의 연구에 따르면, 절반 이상의 참전용사들은 로르샤흐 테스트(Rorschach test)를 볼 때 외상 경험이 생생하게 떠오르는 경험을 했다. 더욱 흥미로운 점은 약 25%의 사람들이 이미지에서 아무것도 보지 못하고 단순히 잉크 얼룩으로만 인식했다는 것이다. 일반적으로 이런 자극에 대한 반응은 상상력을 활용하여 이미지를 바탕으로 이야기를 만들어 의미를 찾는 것이다. van der Kolk(2014)는 트라우마를 겪은 사람들이 일상 경험에 트라우마를 덧씌우는 경향이 더 강할 수 있으며, 트라우마가 상상력에 어떤 방식으로든 영향을 미친다고 설명했다. 이는 내가 트라우마 스트레스가 심한 아이들과 성인들에게서 관찰한 현상을 잘 설명해 준다. 이들은 상상력을 사용해 놀이를 하거나, 움직이거나, 그림을 그리거나, 역할극을 하는 데 어려움을 겪고 있었다.

개인적인 경험과 아이들과 성인들과의 작업을 통해 나는 '상상 놀이'가 자기 자신에 대한 부정적인 이야기를 바꾸는 데 중요한 요소라고 믿는다. 나는 내 삶에서 여러 어려움을 겪으면서도 다른 결과나 상황을 상상하며 극복해 왔다. 어렸을 때도 예술과 놀이를 통해, 그리고 부모님의 격려를 받아 제한된 상황 너머를 상상했던 기억이 있다. 누구든지 인생의 어려운 순간에서 벗어나기 위해서는 여행, 모험, 사랑 등 자신을 '기분 좋게' 만들어 줄 수 있는 즐거운 사건을 상상할 수 있어야 한다. 내가 상상했던 시나리오들이 하루아침에 내 기분이나 신체적 고통을 기적적으로 변화시키지는 않았다. 하지만 상상력을 통해 나는 점차 상실이나 좌절을 넘어설 수 있는 무언가를 믿게 되었다. 내가 표현했던 예술적 활동들(시각 예술, 움직임, 즉흥 연기, 또는 공연)은 새로운 경험을 상상하는 순간들이었고, 이는 대체로 궁극적인 변화를 이끌어 내는 계기가 되었다.

이 책의 서두에서 언급했듯이, 표현예술치료의 효과는 종종 개인의 상상력에 대한 역량에 달려 있다. McNiff(2004)는 "예술은 창의적 상상력의 치유적 힘을 활성화함으로써 치유를 제공한다. 하지만 우리는 창의적 상상력의 지능에 대해 거의 알지 못하며, 이 주제는 오랫동안 간과되거나 심지어 폄하되었다."라고 제안한다(p. 221). 다행히도 최근에는 상상력이 단순히 인지 능력뿐만 아니라 공감, 호기심, 목적 의식, 자신감, 미래에 대한 비전, 의미 형성과 같은 사회적 · 정서적 기술에도 필수적인 역량으로 자리 잡고 있다는 인식이 확산되고 있다(Kaufman, 2013a, 2013b; Kaufman et al., 2015). 또한 DMN(default mode network)에 관한 새로운 연구 증거도 나오고 있다. 이 네트워크는 뇌의 중간선을 따라 전두엽과 두정엽, 그리고 측두엽과 두정엽에 걸쳐 분포된 시스템으로, 상상력을 발휘하는 데 중요한 역할을 한다고 한다. 표현예술의 관점에서 흥미로운 점은 이 시스템이 상상력 있는 생각을 만들어 내고 창의적인 반응을 촉진하는 능력을 지원하는 것으로 보인다는 것이다(Beaty et al., 2014; Beaty, Benedek, Kaufman, & Silvia, 2015).

표현예술을 통해 트라우마 통합을 이야기할 때, 이는 궁극적으로 예술 기반 경험을 통해 새로운 이야기를 상상함으로써 다시 온전한 자신으로 돌아갈 가능성을 말한다. 이는 단순히 의미를 찾는 것을 넘어 개인으로서의 나 자신, 그리고 관계와 환경 속에서의 새로운 자아 개념을 상상하는 과정이다. 트라우마를 겪은 사람들에게 상상력을 활용하려면, 심리치료사는 표현예술을 통해 세상을 위협적인 장소로 보게 만드는 내면화된 경험과 트라우마 스트레스를 유발하는 환경적 신호로부터 주의를 적극적으로 돌릴 수 있도록 도울 수 있다. 초기 미술치료사 중 한 명인 Friedl Dicker-Brandeis의 이야기는 상상력이 얼마나 중요한지 보여 준다. 그녀는 가장 불리한 조건에서도 수백 명의 아이들의 삶에 변화를 가져온 사례로, 상상력의 힘을 잘 증명하고 있다.

역경에 대한 해독제로서의 상상력

몇 년 전, 나는 제2차 세계대전 중 나치 친위대에 의해 건설된 혼합 강제 수용소이자 빈민가인 테레지엔슈타트(Theresienstadt)에서 아이들이 그린 독특한 그림들과 그들의 선생님이자 예술가인 Friedl Dicker-Brandeis의 이야기를 연구할 기회가 생겼다. Friedl은 1898년 비엔나에서 태어나 바우하우스(Weimar Bauhaus)에서 Johannes Itten과 Paul Klee 같은 저명한 예술가들에게 예술을 배웠다. 바우하우스 철학은 단순히 디자인을 넘어 공감의 미학을 담고 있었다. Friedl 같은 학생들은 그림이나 페인팅을 통해 단순히 대상을 묘사하는 것에 그치지 않고, 그 대상과 하나가 되고, 그것을 안팎으로 바라보며 공감하는 법을 배우도록 지도받았다. 이 철학은 Friedl의 작품 세계에 큰 영향을 미쳤으며, 나아가 그녀가 테레지엔슈타트에서 아이들에게 예술을 가르치는 방식에도 깊은 영향을 주었다.

1942년, Friedl Dicker-Brandeis와 그녀의 남편 Pavel Brandeis는 체코슬로바키아에

살고 있던 중 테레지엔슈타트로 강제 추방되었다. Friedl이 추방될 당시, 50kg의 제한된 수하물 중 대부분을 예술 재료로 채웠다는 사실을 알게 되어 놀라움을 금할 수 없었다. 다른 사람들은 생존에 필요한 물품을 챙기는 데 집중했던 반면, Friedl은 분명히 다른 의도를 가지고 있었다. 수백 명의 트라우마를 겪은 아이들에게 예술을 가르치기 위해 필요한 물품을 준비했던 것이다. 수용소에서 Friedl은 집과 공동체, 익숙했던 생활을 빼앗기고 부모와 가족으로부터 강제로 떨어져 나온 600명 이상의 아이들을 만났다. 이들은 매우 열악한 환경에서 살았고, 사람들로 꽉 찬 좁은 주거 공간에 배치되었다. 남녀가 분리되면서 형제자매조차 함께 지낼 수 없게 되었다. 가족과의 분리는 굶주림과 질병으로 인한 고통과 더해져 아이들에게 큰 트라우마를 안겨 주었다.

테레지엔슈타트의 잔혹함을 담은 이야기와 기록을 검토하면서 나는 Friedl Dicker-Brandeis가 아이들에게 단순히 목표나 극복 방법만을 제시한 것이 아니었다는 것을 깨달았다. 그녀는 의도적으로 아이들에게 상상력의 힘을 심어 주어 일상적인 삶의 잔혹함을 견딜 수 있도록 도왔다. Friedl은 예술이 고통, 두려움, 불확실함을 치유하는 하나의 방법이 될 수 있음을 깨달았고, 어린 학생들에게 바우하우스 철학의 방식으로 창작할 것을 격려했다. Friedl은 콜라주, 수채화, 드로잉을 활용해 아이들에게 꽃, 사람, 정물 같은 대상을 단순히 겉모습만 보지 말고, 그 대상이나 사람의 감정을 깊이 느끼며 몰입하는 법을 가르쳤다. 아이들이 만들어 낸 수십 점의 작품을 보며, 나는 그녀의 목표가 단순히 아이들의 상상력을 자극하는 데 그치지 않았음을 깨달았다. 그녀는 아이들이 테레지엔슈타트의 벽을 넘어 존재하는 더 넓은 세상을 상상하고, 그 세상을 마음속에 품도록 이끌고자 했던 것이다.

홀로코스트 당시 수용소에 갇혀 있던 많은 이가 그랬듯이, Friedl은 남편이 테레지엔슈타트에서 다른 곳으로 추방되는 모습을 지켜보았다. 그녀는 남편을 따라가기 위해 자발적으로 다음 수송 명단에 이름을 올렸다. 1944년 10월 6일, Friedl과 약 60명의 학생들은 수송 번호 EO 167을 통해 아우슈비츠-비르케나우로 보내졌다. 그곳에서 대부분은 도착 직후 살해되거나, 얼마 지나지 않아 질병과 굶주림으로 목숨을 잃었다. 아이들이 만든 예술 작품과 Friedl이 남긴 몇 점의 그림은 여전히 내게 강렬한 전율을 느끼게 한다. Friedl은 사람들이 언젠가 이 작품들을 보게 되길 바라는 마음으로, 약 4,500점의 작품을 두 개의 가방에 담아 아우슈비츠로 떠나기 전 숨겨 두었다. 그녀는 자신이 만든 작품에는 대부분 서명하지 않았지만, 아이들에게는 자신의 작품에 이름과 나이를 적도록 했다.

Friedl이 아이들과 함께한 작업에서 상상력이 중요한 역할을 했음을 강조하면서도, 그녀가 각 예술 작품에 정체성을 부여하기 위해 신중하게 접근한 점은 Herman이 강조한 개인의 목소리와 공동체와의 재결합과도 깊은 공감을 이룬다. 이 작품들을 만든 대부분의 아이들은 나치에 의해 희생되었지만, 나는 살아남은 몇몇 생존자들과 만나 그들이 기억하는 Friedl에 대한 이야기를 들을 수 있었다. 당시 70대였던 이 생존자들의 공통된 의견은 간단하지만 깊은 의미를 담고 있었다. 그들은 Friedl이 테레지엔슈타트를 둘러싼 일상의 공포를 표현하게 하기보다는, 예술을 통해 삶의 아름다움을 몸소 느끼게끔 이끌어 주었다고 믿었다. 나는 이 생존자들이 가장 비참하고 억압적이며 극단적인 상황 속에서도 상상력과 창작을 통해 아름다움을 다시 만들어 내는 경험이 그들을 지탱해 주었으리라 확신한다. 생존자인 Eva Dorian은 Friedl에 대해 이렇게 말했다. "그녀가 우리에게 바랐던 것은 단순히 그림을 그리는 일이 아니었어요. 그것은 다양한 감정을 표현하고, 두려움에서 벗어나도록 돕는 것이었죠. 그녀의 수업은 단순한 수업이 아니라, 자유로운 명상에 대한 가르침이었어요."(Wix, 2009, p. 154)

예술과 상상력을 통한 긍정적 변화

Friedl Dicker-Brandeis의 이야기는 극도로 힘들고 어려운 상황에서도 상상력이 얼마나 강력한 힘이 될 수 있는지를 보여 주는 극적인 사례이다. 그녀가 아이들과 함께한 작업은 예술 분야의 연구를 통해 확인된 원칙을 잘 보여 준다. 전통적으로 미술치료에서는 예술 활동을 통해 자기표현으로 부정적인 감정을 발산하는 방법이 사용되어 왔다(Kramer, 1993). 그러나 치유적 능력을 가진 새로운 이야기를 만들어 내는 데 있어, 이런 접근이 최적의 전략은 아닐 수 있다. 연구에 따르면, 부정적인 것을 그리는 것은 상상력을 효과적으로 잘 활용하는 방법은 아닐 수 있다는 점이 밝혀졌다. 오히려 그림을 통해 부정적인 감정에서 벗어나 다른 것에 집중하는 것이 기분을 조절하는 데 더 효과적이다(Drake & Winner, 2012). 예를 들어, '행복한 그림 그리기'는 부정적인 생각에 머무르지 않고 다른 곳으로 주의를 돌리는 과정에서 기분 회복에 더 효과적이다. 단순히 부정적인 감정을 발산하거나 시간이 지나기를 기다리는 것보다 더 나은 결과를 가져온다. 또한 그림 그리기는 글쓰기에 비해 즉각적으로 기분을 회복하는 데 더 효과적인 방법으로 나타났으며, 두 활동 모두 부정적인 감정을 발산하기보다는 다른 것에 집중하는 방식을 통해 기분 회복에 더 효과적이었다(Drake, Coleman, & Winner, 2011).

예술 기반 접근법을 사용할 때, 우리가 내담자들에게 '기억에 남도록' 하고자 하는 인지, 감정, 그리고 신체적 경험은 트라우마 이후 새로운 이야기를 상상하도록 돕는 데 있어 핵심적이다. 다시 말해, 내담자가 결국 고통에서 벗어날 수 있도록 돕지 못한다면, 그들에게 남는 것은 기쁨, 자신감, 희망과 같은 긍정적인 변화를 이끌지 못하는 생각, 감정, 감각뿐일 것이다. 이러한 원칙은 감각운동 심리치료(sensorimotor psychotherapy)를 포함한 신체 기반 접근법에서도 강조된다(Ogden & Fisher, 2015). 이러한 접근법은 내담자와 치료사 간의 놀이를 통한 상호작용을 통해 긍정적인 감정과 새로운 이야기를 만들어 가는 능력을 키우는 데 초점을 맞춘다. 표현예술에서는 특히 연극적 재연이 주목할 만한 방법이다. 이 방법은 새로운 치유적 이야기를 상상할 수 있는 다양한 경로를 통합하는 접근법이다.

연극적 재연과 퍼포먼스를 통한 치유와 변화

연극적 재연은 표현예술의 한 형태로, 공연과 같은 행동을 통해 치유를 돕는 방법이다. 이는 다층적이고 행동 지향적인 과정을 통해 다양한 표현 방식을 활용한다. 즉흥 연기, 역할극, 대본 읽기, 무대 공연 등 다양한 형태로 이루어질 수 있으며, 일반적으로 움직임, 소리, 시각적 경험, 이야기 전달을 통합한다. 상상 놀이와 상상력은 드라마의 핵심 요소이며, 배우 집단의 일원으로 참여할 때는 타인과의 관계를 형성할 수 있고, 환경 속에서 내 몸의 위치를 느끼는 고유수용감각도 경험하게 된다. 가장 중요한 점은, 연극적 재연은 사람들이 상상 속 역할과 새로운 정체성을 통해 위험을 감수하며 새로운 시도를 하게 만든다는 것이다. 이 과정은 단순히 언어로 새로운 이야기를 실험하는 데 그치지 않고, 특정 캐릭터를 몸으로 표현함으로써 이를 가능하게 한다. 만약 관객이 참여한다면, 관객의 존재와 반응은 연기하는 사람들과 보는 사람들 모두에게 목격 받는 경험이라는 중요한 의미를 더해 준다. Bloom(2005)은 트라우마 이후 의미를 찾아가는 과정에서 이러한 도전의 중요성을 다음과 같이 설명한다.

> 트라우마를 겪은 사람은 마치 마음속 극장에 사로잡힌 듯 끊임없이 괴로워한다. 그는 침투해 오는 이미지, 감정, 감각을 통제할 수 없다. 이러한 경험은 원치 않게 의식 속으로 떠오르며, 생생하고도 두려운 모습으로 자신을 괴롭힌다. 이는 자신을 무력하게 느끼게 하고, 스스로를 다시 피해자로 만드는 악순환을 초래하며, 심지어는 다른 사람에게도 피해를 줄 수 있다. 트라우마 당시 자신이나 다른 사람을 보호하기 위해 취했던 모든 노력은 실

> 패로 끝났고, 그는 실패한 행동에 대한 이미지, 즉 그때 할 수 있었던 행동들에 대한 집착에 시달린다. 이러한 집착은 그의 마음속에서 끊임없이 되풀이된다. (p. xvi)

표현치료를 지지하는 Bloom은 드라마치료가 트라우마 스트레스가 초래하는 복잡한 정신적, 신체적, 영적 문제를 다루는 한 가지 방법이 될 수 있다고 언급한다. 이러한 문제들은 약물이나 인지적 개입만으로는 쉽게 해결되지 않는다. 유사하게 Landy(2005)는 역할극과 이야기 전달의 맥락에서 극적 연기를 설명하며 이를 '인간 삶의 이중성'으로 표현한다. 역할을 연기할 때, 개인은 자신의 역할과 상상 속 역할을 동시에 연기하며 하나 이상의 정체성을 경험해야 한다. 이러한 역동적인 과정은 사람들이 다양한 관점을 자연스럽게 경험하고 연기할 수 있도록 한다.

Johnson(2009b)은 드라마와 연극이 트라우마 경험의 공동체적 측면을 통합하는 데 필요한 기본 구조와 목적을 가지고 있다고 제안했다. 이러한 주장은 연극이 대중과 소통하는 수단으로 꾸준히 사용되어 온 전통에서 뒷받침된다. 연극은 의식을 고취시키고, '공적인 고백'을 가능하게 하며, 재난의 생존자로서 또는 그 통과의례로서 자신을 드러내는 형태로 활용되어 왔다. 앞서 설명한 예술 프로그램과 마찬가지로, 참전용사, 장애를 가진 사람들, 정신 질환을 겪는 사람들이 대중 앞에서 공연하며 자신들의 삶과 관련된 주제와 문제를 다루는 오랜 전통이 있다. 이에 대해 Emunah와 Johnson(1983)은 다음과 같이 언급했다.

> 이러한 자기 고백적 공연에서는 자기 이미지의 변환이 더욱 두드러지게 나타난다. 배우들의 자기 고백은 대중이 흔히 가지고 있는 정신 질환 환자에 대한 잘못된 이미지에 영향을 미친다. 대중은 정신 질환이 자신과 무관하고 기괴하다는 선입견을 가질 때가 많지만, 공연을 통해 이러한 오해가 해소된다. 이 과정에서 관객과 배우 사이에 유대감이 형성된다. 자신을 이질적으로 여겨 왔던 집단 구성원들에게 관객이 그들의 고통에 공감하며 동일시하는 경험은 소외 대신 더 큰 공동체에 속해 있다는 소속감을 안겨 준다. 작은 집단의 일원이었던 자아는 이제 더 넓은 세상의 일부로 확장된다. (p. 238)

앞서 언급했듯이 연극적 재연의 독특한 점은 관객의 존재, 즉 목격의 요소이다. 표현예술치료 회기에서는 심리치료사가 관객 역할을 맡는다. 하지만 많은 경우, 목격은 집단이나 공동체에 의해 이루어진다. 연극적 재연은 여러 사람이 역할을 맡아 상호작용하고 다른 이들에게 반응하는 과정을 포함한다. 만약 표현예술 집단과 함께 작업해 본 적이 있다면, 창의적인 에너지가 참여자들 사이에서 어떻게 불꽃처럼 번져 새로운 아이디어와 표현을 자극하는지 경험해 봤을 것이다. 이 과정은 특히 생각이나 감정을 쉽게 표현하지 못하는 트라우마 생존자들에게 유용하다. 드라마를 통해 느끼는 근접성과 상호작용은 자연스럽게 새로운 아이디어와 통찰을 이끌어 낸다. 그래서 이러한 집단 작업은 감정을 언어로 표현하는 데 어려움을 겪는 감정표현불능증(alexithymia)과 같은 상태를 가진 사람들, 혹은 다른 이들의 공통된 경험과 이야기를 들으며 도움을 받을 수 있는 사람들에게 특히 효과적이다.

많은 표현예술 프로그램이 상상력을 통한 회복의 경로로서 연극의 가치를 활용하지만, DE-CRUIT 프로그램은 트라우마를 겪은 개인들과의 작업에서 심리치료사들이 적용할 수 있는 중요한 원칙들을 잘 보여 준다. 이 프로그램은 트라우마 스트레스를 다룰 때 연극이 표현예술의 형태로 강력한 도구가 될수 있으며, 효과적인 이유를 뒷받침하는 성공 사례와 긍정적인 연구 결과를 보여 주고 있다. 이 프로그램은 인간의 상상력 능력을 심리치료의 중요한 요소로 삼고(Ali & Wolfert, 2019), 연극적 기법을 통해 변화를 이끌어내는 것을 기본으로 한다.

DE-CRUIT: 군대의 외상성 스트레스 회복

DE-CRUIT 프로그램은 군인들의 외상 후 스트레스를 지원하는 임무의 일환으로 공연예술 퇴역군인 센터(VCPA)에서 개발되었다. 이 프로그램은 내가 치료에서 만나는 많은 군인에게서 겪은 경험을 바탕으로 만들어졌다. 즉, 외상 후 스트레스 장애(PTSD)나 기분장애와 같은 전형적인 진단 기준을 넘어서는 증상과 행동을 다룬다. 이 프로그램은 군복무와 관련된 상황을 고려하고, 훈련을 통해 젊은 성인들이 어떻게 전투에 적합하도록 '각인'되는지를 살펴본다. 전투에서 기능을 수행하기 위해 그들은 점차적으로 폭력에 둔감해지며, 집에 돌아온 후에도 많은 군인은 전사로서 반응을 계속하는데, 이는 전투 훈련을 되돌리는 자원이 거의 없기 때문이다. 따라서 특정 사건들이 트라우마 스트레스의 원인이 되고, 참전용사들은 민간 사회로의 재적응에서 큰 어려움을 겪게된다.

DE-CRUIT 프로그램은 고전적인 배우 훈련의 원칙을 바탕으로 구성되며, 여기에는 구어적 시를 낭송하거나 낭독과 공연을 위한 호흡 및 발음 기법이 포함된다. 또한 외상 후 스트레스 치료를 위해 이야기 치료와 인지 치료와 같은 실증적으로 입증된 심리치료 방법을 통합한다(Ali & Wolfert, 2016). 이 프로그램은 외상에 관한 독백을 작성하여 집단이 이를 공연하는 활동을 포함하며, 셰익스피어의 시를 사용하여 퇴역 군인들이 외상을 표현하고 공유하며 처리할 수 있도록 돕는다(Ali, Wolfert, Lam, & Rahman, 2018).

DE-CRUIT 프로그램은 매우 정교한 과정으로, 의미를 부여하고 상상력을 활용하는 치유적 경험을 통해 성공을 거두고 있다. 이 표현예술 프로그램이 심리치료에서 연기 기법을 어떻게 활용하는지 이해하기 위한 두 가지 핵심 과정을(Ali et al., 2018) 설명한다.

미적 거리감: 감정적 거리두기

미적 거리는 연극치료에서 중요한 치료적 요소이며, Landy가 설명한 '인간 삶의 이중성'의 일부이다. 이는 Landy가 말한 '과도하게 가까움(under distancing, 감정적으로 과도한 반응)'과 '과도한 거리감(over distancing, 감정에서의 분리)' 사이에 존재하는 감정적 표현을 의미한다. 최적의 미적 거리는 개인이 연기를 통해 이야기와 공감하면서도 그것에 의해 압도되지 않는 거리이다. 이 개념은 제5장에서 제시된 인내의 창 모델과 유사하다. 이는 개인이 약간 도전적인 상태에 있지만, 과도하게 자극적이거나 너무 무기력한 상태에 빠지지 않도록 유지하는 틀을 제공한다.

DE-CRUIT 프로그램에서 참가자들은 셰익스피어의 작품을 사용하여 감정적으로 거리두기를 한다. 이로 인해 사용되는 말은 참가자들이 직접 말하는 것이 아니라, 셰익스피어의 대사를 통해 표현된다. 독백은 프로그램의 독특한 방식으로 선택되며, 참가자들의 트라우마 경험을 반영한다. 또한 자신이 경험한 이야기를 다른 퇴역 군인들이 공연하는 것을 보고 들으면서, 이 공연은 친구와 가족들이 지켜보는 앞에서 다른 형태의 거리감을 제공한다. 이러한 모든 원칙들은 DE-CRUIT의 주요 구성 요소일 뿐만 아니라, 표현예술치료의 틀 안에서 이루어지는 모든 형태의 드라마적 연기의 기본적인 구성 요소가 된다.

모방 유도

모방 유도(mimetic induction)는 "긍정적인 심리적 변화를 일으키기 위해 연극무대를 사용하는 것"으로, "내담자의 실제 세계와 유사한 가상의 세계에 몰입함으로써, 그들의 행동, 반응 및 실제 생활에서의 행동을 모방하고 드러내며 궁극적으로 변화를 일으키는" 과정을 의미한다(Ali & Wolfert, 2016, p. 60). 이는 드라마와 연극의 접근법 중 하나로 개인이 자신을 이야기 속 인물에 투영하면서 자기 자신을 돌아볼 수 있게 하는 것이다(Oatley, 2016). 예를 들어, 셰익스피어의 연극은 그 작품을 읽거나 공연을 보는 사람들에게 강한 감정을 불러일으킬 수 있는 동시에, 현재의 현실과는 다른 가상의 세계를 제시하며 공감을 이끌어 낸다.

미적 거리와 모방적 유도는 치유적인 이야기를 지원할 수 있는 중요한 과정이다. 나는 치유 이야기를 만들고 회복을 돕기 위해 연기와 공연 형태의 드라마가 강력한 표현예술의 한 형태로 유용하다고 추천하지만, 모든 심리치료사가 DE-CRUIT 프로그램과 같은 연기 원칙을 외상 경험이 있는 개인에게 적용하는 것이 실용적이지는 않을 수 있다. 그럼에도 불구하고, 대부분의 사람들에게 적용할 수 있는 것은 연극적 재연의 핵심 개념인 즉흥 연기(improvisation)이다.

즉흥 연기와 상상력

즉흥 연기는 연기, 춤, 노래, 악기 연주, 이미지 창작 등에서 자발성을 발휘하는 실천이며, 순간적으로 반응하는 능력이다. 즉흥 연기는 본질적으로 움직이는 직관의 형태라고 할 수 있다(Nachmanovitz, 1991). 미술을 전공한 나는 학업 과정 중 부전공으로 공연 예술을 배웠다. 이 과정에서 대부분의 훈련이 즉흥 연기였으며, 이는 특정한 준비나 대본 없이 이루어지는 공연 예술 기법이다. 종종 '애드리브(adlib)' '귀로 듣고 연기하기(play it by ear)' 또는 '즉석에서 만들어 내기(Making it up as we go along)'이라고 불린다. 나는 이러한 즉흥 연기 기술이 다양한 분야에 적용될 수 있음을 알게 되었으며, 특히 표현예술에서 상상력을 북돋우는 데 유용하게 사용될 수 있었다. 가족 미술치료사인 Shirley Riley(2004)는 나중에 심리치료사들이 즉흥 연기에 참여해야 하는 중요한 이유를 가르쳐 주었다. Riley는 수십 년 동안 전문 배우들과 함께 연기 및 즉흥 연기 수업에 참여했고, 이 경험을 부부와 가족들을 대상으로 한 작업에 적용했다. 특히 그녀는 무대 공연과 즉흥 연기가 심리치료사로서 순간적으로 더 효과적으로 반응할 수 있도록 도와준다고 믿었다. 이는 내담자와 함께 작업할 때 창의적인 해결책을 개발하고, 자발성을 증진시키는 데 중요한 역할을 한다. 내담자와의 즉흥 연기는 또한 종종 '브레인스토밍'이라고 불리는 상상적 사고의 시작을 의미한다. 이 과정에서는 아이디어나 해결책이 실용성에 관계없이 자유롭게 표현된다. 핵심은 개인이 새로운 사고방식과 실천 방법을 발명하고, 새로운 방식으로 행동하거나 즉흥적으로 '행동'하고 '이야기'를 수정하는 방법을 찾도록 돕는 것이다. Riley가 말했듯이, 이는 이제 '방해가 되는 것들'을 수정하는 과정이기도 하다.

외상 경험이 있는 사람들에게는 자발적인 창의성에 대한 신뢰를 갖는 것이 어려울 수 있다. 특히 초기 상담에서는 즉흥 연기가 위협적으로 느껴질 수 있다. 과도한 각성이나 해리 상태 때문에 순간적으로 반응하는 것이 어려운 경우가 많으며, 감각 자극에 민감한 사람들에게는 경직 반응과 비슷한 반응을 일으킬 수도 있다. 다행히도 판단을 보류하면 표현예술과 놀이 기반 활동은 Csikszentmihalyi(2014)가 말하는 '몰입(flow)' 상태를 경험할 수 있는 기회를 제공한다. 몰입은 그 순간의 '행동'에서 즐거움을 얻고, 시간과 공간에 대한 감각을 잃어버리는 참여의 상태를 의미한다.

나의 초기 멘토이자 게슈탈트 미술치료사인 Janie Rhyne은 심리치료에서 표현예술에 적용할 수 있는 간단한 즉흥 연기 접근법을 가르쳐 주었다. Rhyne은 학생들에게 큰 종이 위에 초크파스텔이나 목탄을 이용해 대담한 선과 형태를 그린 후 이 이미지를 다른 예술 형태인 움직임, 소리, 음악 또는 공연으로 반응하도록 했다. 그 목표는 자발적으로 행동하고, 다른 예술 형식을 통해 이미지 속 선과 형태를 반영하고 확대하면서 즉흥적으로 표현하는 방법을 배우는 것이었다.

이러한 유형의 연습을 해 본 적이 없거나 적용해 본 적이 없다면, 큰 종이(최소 18″× 24″)에 선, 형태, 색상 또는 표시를 사용해 몇 개의 즉흥적인 초크파스텔 이미지를 만들어 보길 권장한다. 이미지를 만들 때는 팔과 어깨 전체를 사용하여 그리도록 하고, 양손을 사용해서 이미지를 그려도 좋다(쌍방향 그리기, 제7장 참조). 그중 하나의 이미지를 선택하여 바닥에 놓거나 벽에 고정한다. 만든 이미지를 분석하려고 하기보다는, 그 이미지를 마음챙김의 방식으로 그저 바라보며 그 안에 있어 본다. 다음에 무엇을 할지 정하지 않고 그저 그 이미지에 집중해 본다. 이미지에 반응하는 방법으로 음악이나 소리, 공연을 선택할 수도 있지만, 가장 쉬운 시작은 몸을 움직이는 것이다. 이미지를 보며 몸을 움직여 본다. 선, 형태, 색상 등을 영감 삼아 움직여 본다. 간단한 제스처를 만들어도 좋다. 예를 들어, 세로로 된 선을 그린 경우 두 팔을 하늘로 뻗으며 반응할 수 있다. 만약 하나의 제스처가 잘 맞다고 느껴지면, 그 제스처를 반복해서 계속하며 리듬으로 발전시켜 볼 수 있다. 그렇지 않으면 그저 이미지를 바라보며 몇 분간 몸을 움직여 본다.

이 연습을 내담자와 함께 사용할 때는 움직이기만 해도 실패하는 것은 없고, 모든 즉흥 연기는 동등하다는 점을 강조하는 것이 중요하다. 이 즉흥 연기 접근법은 표현예술치료 상담에서 사용할 수 있지만, 안전과 자기 조절이 잘 이루어진 집단 내에서 더욱 효과적일 수 있다. 집단에서는 이 과정을 변형하여 도입할 수 있으며, 다른 참가자가 한 사람의 움직임에 대해 움직임이나 소리 또는 공연으로 반응하도록 초대할 수 있다. 다시 말해, 그 참가자는 제스처를 사용하여 반응함으로써 감정을 전달하거나 상대방을 지지하는 방식으로 반응할 수 있다.

◇◇◇◇◇

놀이 및 연극적 재연: 아동의 변화 촉진하기

미술 교육을 통해 상상력에 대해 많은 것을 배웠지만, 내가 배운 대부분은 유치원 교사로서 일한 1년 동안의 경험에서 얻은 것이다. 어린아이와 함께 일하는 것은 상상력의 발현과 가상 행동의 가치를 직접 목격할 수 있는 훌륭한 훈련의 장이다. 3세에서 4세 사이의 대부분의 아이들은 놀이, 창의적인 활동, 이야기 만들기를 통해 상상력을 발달시키고 탐구한다. 나는 어린아이들이 통제 없이 가상 놀이를 하고, 움직이고, 춤추는 모습을 자주 보았다. 예를 들어 "호랑이가 되는 법을 보여 줄게. 호랑이가 되는 건 아주 쉬워." 또는 "이제 내 바지에서 두 가지 일이 일어나고 있어." 같은 말을 대담하게 나누는 모습을 보았다. "방금 원형 네모를 만들었어!" 같은 말은 긍정적이고 안정적인 애착을 경험한 어린아이들이 어떻게 쉽게 상상력을 발휘하는지, 그리고 성인을 도와주는 사람, 교사, 양육자로 신뢰하는지를 잘 보여 준다.

제8장에서 나는 Josh가 사고를 목격한 외상에 대한 내러티브를 반복적이고 정체된 이야기에서 회복적인 이야기로 변화시키는 데 표현예술 전략들이 어떻게 도움이 되었는지 설명했다. Josh는 안정적인 애착과 그를 돕는 다른 요인들 덕분에 회복의 여러 단계를 비교적 빠르게 지나가며 새로운 결과를 상상할 수 있었다. 그러나 내가 표현예술치료에서 만나는 대부분의 아이들은 더 어려운 상황에 처해 있다. 내가 발달적 트라우마를 겪고 반복적인 대인 간 폭력을 경험한 아이들과 작업을 시작했을 때 상상력의 표현 방식에서 뚜렷한 차이를 보게 되었다. 예를 들어, 일부 아이들은 장난감이나 미술 재료, 드럼, 인형과 상호작용하는 방법을 전혀 알지 못했다. 이는 그들이 어린 시절에 그런 경험을 하지 못했기 때문이며, 성인 보호자의 도움을 받지 못했기 때문이다. 많은 아이가 보복이나 처벌에 대한 두려움으로 인해 자유롭게 놀거나 미술 활동에 참여하기를 어려워했다. 나는 곧 이러한 아이들이 내가 제안하는 회복과 행복을 돕는 활동에 참여하는 것이 매우 힘든 일임을 깨달았다. 그들의 상상력이 본질적으로 억압되고 제한되어 있었기 때문이다.

이러한 어려움에도 불구하고, 드라마와 가상 놀이를 활용하는 것은 내 경험상 트라우마 내러티브에 갇혀 있는 아이들이나 '변화의 마법 같은 순간'을 필요로 하는 아이들에게 가장 효과적인 방법이었다. 이는 Terr가 그녀의 심리치료 작업에서 강조한 바로 그 순간이었다. 드라마적 연기와 아이들에 관한 한 놀이와 드라마는 분리될 수 없다. 연기와 놀이 또한 떼어 낼 수 없으며, 트라우마를 경험한 아이들과 작업할 때 이 두 가지는 본질적으로 밀접한 관계를 맺고 있다. 놀이와 드라마는 아이들이 다양한 역할을 맡아 자신을 표현하고, 심리적 거리를 두며 가상 놀이에 참여할 수 있게 하며, 타인을 의인화할 기회를 제공한다. 무엇보다도, 새로운 상황을 상상할 수 있도록 도와준다. 이러한 접근법은 어린 내담자들이 자신의 삶에서 의미를 이해하고, 궁극적으로 그 의미를 변형시키는 데 필요한 변화를 지원하는 매우 중요한 접근법이었다.

이 책에서 내가 설명한 가장 어려운 아동 내담자 사례 중 일부는 가정 폭력을 목격한 아이들이다. 이 아이들은 부모가 통제를 받고 폭행당하는 끔찍한 장면을 직접 목격하게 된다. 폭행은 종종 구타, 밀치기, 고함 지르기 등을 포함하며, 칼이나 총과 같은 무기를 보는 경우도 있다. 부모가 다치는 모습을 지켜보는 것은 아이들에게 최소한 두 가지 주요한 이야기를 남긴다. 하나는 아이들이 부모를 보호하고 싶어 한다는 것이고, 다른 하나는 부모로부터 폭력에 의해 보호받고 싶다는 것이다. 부모와 배우자 간의 다툼이 보고되면, 집을 떠나 안전한 집이나 쉼터와 같은 공동체 시설로 가는 경우도 생긴다.

대인관계 폭력을 목격하거나 그것을 겪은 아이들은 종종 평생 동안 도움이 필요하지만, 놀이, 특히 드라마적 연기를 통해 안도감을 찾을 수 있는 기회가 있다. 이러한 접근법은 행동 중심의 특성 덕분에 아이들에게 큰 도움이 된다. 또한 이 접근법은 이 장에서 다룬 것처럼 다양한 감각을 활용하는 방식으로 의미를 형성할 수 있는 기회를 제공한다.

사례 예시.
Daniel: 폭력적인 가정에서 자란 아동의 상상력과 의미 만들기 지지하기

내가 처음 Daniel을 만난 것은 그가 6살이었을 때였다. 그는 내가 매주 몇 차례 개별 상담을 진행하던 가정 폭력 쉼터에서 만났다. 그날 밤, Theresa와 그녀의 아들 Daniel은 이웃의 긴급신고로 경찰의 도움을 받아 쉼터에 들어오게 되었다. 이웃은 Theresa와 그녀의 아들이 심각한 위험에 처해 있다고 판단했다. 쉼터에 도착한 후, Theresa는 남편에게 여러 차례 신체적 폭행을 당했지만, 남편이 "아들 앞에서 나를 죽일 것"이라는 두려움 때문에 신고하지 못했다고 털어놓았다. Theresa는 또한 Daniel이 대부분의 폭행을 목격했으며, 자주 "구석에 앉아 통제할 수 없이 울었다."고 말했다.

Daniel과의 첫 번째 회기에서 그는 아버지가 어머니에게 폭력을 휘두르는 장면을 목격한 많은 기억을 가지고 있다는 것이 분명히 드러났다. 내가 폭력을 목격한 아이들과 작업한 경험과 달리 Daniel은 어머니가 폭행당하는 장면을 그림으로 생생하게 보여 주었다. 하지만 그는 그 경험에 대한 구체적인 상황을 말로 표현하는 데는 매우 주저했다. 당시 나는 그가 목격한 끔찍한 장면 때문에 말을 잃은 상태에 있다고 추측했다. 내가 Daniel과 만났던 몇 차례의 회기 동안, 그는 마치 숨고 싶거나 보이지 않게 되기를 간절히 바라는 사람처럼 두려움에 가득 찬 자세로 얼어붙어 있었다.

안타깝게도, 많은 쉼터 보호소 프로그램에서 흔히 볼 수 있는 경우와 마찬가지로, Daniel과 그의 어머니는 안전과 추가적인 치료를 위해 장기 치료를 제공하는 시설로 옮기면서 우리의 만남은 짧게 끝나고 말았다. 2년 후, 많은 가정 폭력 생존자와 마찬가지로 Theresa는 더 심각한 신체적 폭행을 당해 입원 치료가 필요해진 상황에서 다시 Daniel과 함께 쉼터로 돌아왔다. 그 기간 동안 Daniel은 어머니가 충분히 회복하여 다시 그를 돌볼 수 있을 때까지 위탁 가정에 맡겨졌다. 쉼터에 머무르는 동안, 나는 Daniel과 매주 세 번의 상담을 진행할 기회를 가졌다. 이 시점에서 나의 주요 목표는 그가 자기조절과 공동으로 조절하는 기술을 배우기 시작하도록 돕고, 어머니와 함께 이러한 연습을 진행하며, 그와 긍정적인 관계를 형성하는 것이었다.

첫 번째 회기에서 나는 2년 전 처음 만났을 때의 그 작은 소년을 다시 보았다. 그의 자세와 움직임은 그가 몸에서 느끼는 불안감을 그대로 전달하고 있었다. 8살이 된 Daniel은 여전히 어머니에게 의지하며 미술과 놀이 방으로 왔다. Theresa가 떠나자 그는 방 구석에 머리와 어깨를 앞으로 구부린 채로 앉았다. 그가 나와 눈을 마주치기까지는 시간이 조금 걸렸고, 처음 몇 분 동안은 눈을 마주쳤을 때도 조심스럽고 두려운 모습이었다. 그는 2년 전 내가 보았던 것과 비슷한 그림을 계속 그렸다. 그 그림들은 가정 폭력, 특히 어머니에 대한 위협을 묘사하고 있었다. 그러나 다행히도 몇 차례 회기가 지나자 Daniel은 점차 나와 놀이 방에 더 편안해지기 시작했고, 가끔은 자리에 앉은 채로 놀잇감과 재료들을 탐색하기도 했다.

이 시점에서 나는 Daniel에게 그림 그리기보다 좀 더 상호작용적이고 역동적인 활동에 참여하도록 유도하기 위해 모형과 물건을 모래 상자에 놓고 작업하도록 도왔다. 내가 그에게 모래 상자에서 만든 장면에 대해 이야기해 달라고 부탁했을 때, 그는 대체로 희망이나 탈출이 없는 위험에 관한 이야기만 했다. 내가 도움이나 보호를 받을 수 있는 방법을 제시했을 때도 Daniel은 그런 결과를 상상할 수 없었다. 이는 Daniel이 위협을 받을 때, 특히 집에서 목격한 사건들에 대해 어떻게 행동해야 할지 계획을 세우지 못하고 있다는 것을 보여 준다. 그의 주요한 이야기 패턴은 구석에 숨어 움직이거나 도망칠 수 없고, 보이지 않으려 애쓰는 모습이었다. 폭력을 목격한 사람들, 특히 어린이들에서는 경직 반응이 일반적이긴 하지만, 이는 자기효능감을 높이고 외상 후 스트레스 반응을 줄이기 위해 바뀌어야 할 신체적인 반응이다. 두려움이나 위험에 대처하는 새로운 방법을 배우고, 움직일 수 없는 상황에서 벗어나는 방법을 익히기 위해 Daniel과 같은 아이들은 실제로 다른 반응을 연습해야 한다.

가정 폭력 쉼터에서 일하는 치료사들은 일반적으로 변화의 효과를 낼 수 있는 시간이 제한적이다. 그래서 그들은 단기적으로 최대한 효과를 낼 수 있는 개입 방법을 고려해야 한다. 가면 만들기는 가장 내성적이거나 두려워하는 아이들조차 빠르게 참여시킬 수 있는 전략 중 하나이다. 가면은 종이 접시에서부터 갈색 종이봉투까지 다양한 재료로 만들 수 있지만, 나는 미리 만들어진 종이 마셰(máché) 가면을 사용하는 것을 선호한다. 이 가면은 실제처럼 생겼고 장식하기에 매력적이며, 드라마적 연기를 위해 착용하기 매우 쉽다.

연극은 집단내에서 더 큰 효과를 얻을 수 있지만, 대부분의 심리치료사는 한 명과 개인 세션을 진행한다. 그래서 부족한 상호작용을 보완하기 위해 나는 종종 연극의 일부분이 되기도 한다. Playback Theatre(Gil & Dias, 2014)와 같은 접근법의 전통에 따라 나는 치료실 내에 무대를 만들려고 노력한다. 이것은 단순히 커튼 봉이나 책장 같은 높은 물건 위에 화려한 천이나 직물을 덮어 '드라마'가 펼쳐질 공간을 구분하는 것일 수 있다. 또한 플레이백씨어터(Playback Theatre)의 전통을 따르며, 나는 공연의 시작을 알리고, 어린 '배우'를 무대에 초대하며, 공연이 끝난 후 마무리 멘트를 하는 진행자 역할을 하기도 한다. 또한 나는 아이가 이야기한 내용을 즉흥적으로 재연하기도 한다. 이는 내러티브 치료사가 이야기를 다시 들려주고, 그 정확성에 대해 피드백을 받는 방식과 유사하다.

개인이 전개하는 이야기를 그대로 따라가는 것 외에도, Daniel과 같은 어린 내담자와 함께 사용할 수 있는 몇 가지 간단한 기법들이 있다.

미러링(반영)

미러링은 신체를 기반으로 한 반응 방식으로 아이들의 연기를 확인하고 긍정하는 중요한 방법이다. 일반적인 집단 접근법 중 하나는 아이들이 원을 이루어 서고, 각자가 차례대로 나와 주제를 바탕으로 제스처나 움직임을 만드는 것이다. 그런 다음, 전체 집단원은 그 움직임을 따라 하며 미러링을 한다. 각 움직임에 소리나 단어를 추가할 수 있으며, 집단은 그 소리나 단어도 다시 개별 아이에게 미러링할 수 있다. 이러한 접근법은 집단에서 더 효과적이지만, 개인 상담에서는 치료사가 직접 움직임을 미러링하고 소리나 단어를 반복하는 방식으로 진행할 수 있다. Daniel과 같은 아이들에게 이 방법의 핵심은 암묵적인 의사소통을 통해 수용을 강화하고 '보여지는' 경험을 제공하는 것이다.

자세를 취하다

'자세를 취하다.'는 말 그대로의 의미이다. 아이들에게 공간을 돌아다니며 움직이게 하고, 치료사는 '행복'이나 '걱정'과 같은 단어를 부르며 참가자들에게 그 자리에 멈추라고 요청한다. 그러면 아이들은 멈춰서 그 단어에 맞는 자세나 제스처를 취한다. 치료사는 이 활동을 변형하여 참가자들에게 그 단어 또는 감정을 표현하면서 공간을 돌아다니게 할 수 있다. 이때 치료사는 피드백을 제공할 수 있다. 예를 들어, "많은 아이가 머리를 높이 들고 팔을 흔들고 있네요." 또는 "어떤 아이들은 어깨가 처져서 아주 천천히 걷고 있네요."라고 말할 수 있다.

Daniel의 경우 이 간단한 활동은 우리가 함께 꾸민 '슈퍼히어로' 종이 마셰 가면을 쓰면서 그에게 중요한 전환점을 맞이한 순간이었다. 그 가면은 그의 참여에 큰 변화를 일으켰고, 내가 다양한 자세를 제시할 때마다 그는 점점 더 생동감 있게 반응했다. 가면을 쓰고 (우리는 천으로 망토를 만들고, 막대기는 '레이저 총'이 되었다), 그는 어느 정도 거리감을 느끼면서도 가면 뒤에 숨은 채 다양한 상황을 즉흥적으로 연기할 수 있었다. 이는 그가 본능적으로 숨고 싶어 했던 경직 반응에서 벗어나 행동하고 효능감을 느끼는 중요한 첫 걸음이었다.

크게, 더 크게, 아주 크게

Gil과 Dias(2014)는 Playback Theater를 감각과 감정에 집중하는 간단한 드라마치료의 예로 소개한다. 이 기법은 세 명의 '배우'가 나란히 서고, 치료사나 다른 집단 구성원이 감정을 말하면 각 배우가 나와 그 감정을 표현하는 방식이다. 배우들은 움직임과 제스처를 통해 감정을 점점 더 강하게 표현하며, 때때로 움직임 대신 고정된 포즈를 취할 수도 있다. Playback Theater에서는 관객이 항상 배우들의 노력에 열정적으로 박수를 보낸다. 다른 접근법들과 마찬가지로 이 방법은 다른 사람들이 감정을 이해하고 받아들이도록 돕는 것을 목표로 한다. 나는 이 과정을 Daniel과 함께 작업할 때 그가 유일한 참가자였기 때문에 이를 조금 변형해서 사용했다. 앞서 설명한 것처럼 나는 그의 공연을 위해 치료실에 특별한 커튼을 이용해 무대를 만들었고, 그는 '크게, 더 크게, 아주 크게'이라는 단어와 감정을 연기했다. 나는 발표자이자 관객 역할을 하며 그의 공연에 열정적으로 박수를 보냈고, 때때로 '다시 공연해 보라.'거나 '추가 커튼콜을 하고 절을 해 보라.'고 요청하기도 했다. 어린이들과 함께하는 드라마 연기에서 치료사는 이야기와 공연을 활기차게 하고 풍부하게 만드는 지원 역할이나 사회자 역할을 하면서 무대의 일부가 된다.

놀이, 특히 드라마 연기의 형태로 이야기를 다룰 때 나는 아이들이 자신의 연기와 즉흥연기를 어떻게 하는지 직접 보고 경험할 수 있도록 짧은 영화를 만들려고 한다. 예전에는 디지털카메라를 사용했지만, 지금은 태블릿 기술 덕분에 즉시 재생할 수 있다. Daniel에게 이 경험은 그의 이야기를 무력감에서 자신감을 갖고 힘을 얻는 이야기로 변화시키는 데 또 다른 효과적인 전략이었다. 동영상 재생을 통해 자신의 모습을 보는 것만으로도, 그리고 나중에 마스크를 쓰고 초능력을 발휘하는 자신의 모습을 보는 것만으로도 그는 더 자신감 있고 당당하게 움직이고 제스처를 취하는 새로운 방법을 배우기 시작했다.

Daniel이 어린 시절 목격한 일을 의미 있게 만들어 가는 과정은 아마 시간이 더 걸리겠지만, 그는 단기적으로 자신의 이야기를 일부 변화시킬 수 있었다. Daniel에게 있어 간단한 드라마 기법을 사용하는 것은 새로운 움직임 방식을 연기하는 능력을 키우는 데 도움이 되었고, 그로 인해 자신감을 더 얻을 수 있는 새로운 이야기를 '연기'할 수 있었다. 불행하게도 부모에 대한 폭력을 목격한 아이들은 보호 서비스나 위탁 가정에도 불구하고 종종 반복적으로 대인 폭력에 노출된다. 내 궁극적인 목표는 Daniel이 내부적으로 안전감을 느끼도록 돕는 것이었지만, 나는 또한 드라마와 놀이를 수행적 변화의 형태로 사용하여 그가 미래에 직면할 수 있는 고통스러운 상황에서 자기효능감을 지원하려 했다.

◇◇◇◇◇

상상력이 트라우마를 희망과 치유로 재구성한다

Daniel과 같은 사람들이 상상력을 통해 새로운 방식으로 존재하는 모습을 보는 것은 모든 치료사에게 개인적인 만족감을 주는 순간이다. 아이나 어른이 회기 중 첫 번째 상상력의 불꽃을 보이며 회복적인 이야기를 만들어 낼 때, 깊은 만족감을 느끼지 않을 수 없다. 외상과 함께한 수십 년의 경험 동안, 나는 변화하는 이야기를 듣는 것뿐만 아니라 회복과 치유를 의미하는 표현 작업을 목격하는 데서도 지속적인 영향을 받았다.

이 장과 이 책을 마무리하며, 나는 한 사람의 이야기를 나누고자 한다. 그 사람의 의미 만들기 과정은 심리치료 맥락에서 표현예술이 얼마나 진정으로 회복적일 수 있는지를 나에게 가르쳐 주었다. 이 이야기는 표현예술이 어떻게 의미 만들기의 중심 요소가 되어, 말로는 전달할 수 없는 것을 넘어서서 작용할 수 있는지를 보여 준다. 또한 치료사가 한 개인의 트라우마와 역경에 직면하는 전 과정을 목격하는 것은 흔치 않은 일이다. 이러한 만남들은 자기성찰의 가장 어려운 순간들을 통해 이루어지며, 우리의 작업에서 가장 깊은 순간들을 형성한다. 이 특별한 사람과 함께 작업하는 것은 '좋은 사람에게 나쁜 일이 일어날 때'에도 인간의 정신은 결국 승리하며 의미를 만들 수 있다는 것을 의심 없이 보여 주었다. 이 마지막 예시는 표현예술이 변화의 중요한 순간에서 자신의 이야기를 표현하는 회복적 경험에서 궁극적으로 상상을 통해 비극을 희망과 치유로 재구성하는 역할을 한다는 것을 증명한다.

사례 예시. Shannon: 압도적인 삶의 사건들 속에서 의미 만들기

45세의 나이에 Shannon은 난소암 진단을 받았다. 그녀는 성인 시절 대부분을 철인 3종 경기에 참가하며, 스스로를 '건강광'이라고 칭할 만큼 식단과 건강에 매우 신경 쓰는 사람이었다. 또한 그녀는 성인 암 치료 병동에서 일하는 의사 보조로, 대학 병원에서 의사들을 보조하며 근무했다. 의료 배경 덕분에 Shannon은 난소암 진단이 의미하는 바와 그로 인한 도전 과제들에 대해 매우 잘 알고 있었다. 그중에는 신체적으로 힘들고 종종 독성이 있는 치료를 통해 암을 제거해야 한다는 것도 포함되어 있었다. 처음 몇 차례의 회기에서 Shannon은 자신의 치료의 일환으로 예술 만들기, 창작 글쓰기, 음악 등을 포함하고 싶다고 설명했다. 그녀는 농담처럼 자신의 병을 '암 따위'라고 부르며, 화학요법의 쇠약해지는 부작용과 방사선 치료로 인한 피로로 힘든 몇 달을 보내는 동안에도 긍정적인 태도를 유지하려 했다. 처음부터 Shannon은 질병을 치료하는 것뿐만 아니라, 질병이 정신과 신체에 미치는 사회적, 정서적, 영적 영향을 탐구하는 데 모든 방법을 동원하겠다고 결심했다. 그 방법에는 표현예술치료도 포함되었다.

내가 만나는 많은 사람처럼 Shannon은 자신이 특별히 창의적인 사람이라고 생각한 적이 없었다. 하지만 그녀는 자신의 진단, 의학적 치료, 약물, 그리고 삶의 변화에 대처하는 방법으로 예술, 글쓰기, 음악을 통해 자신을 표현할 준비가 되어 있다고 말했다. 비록 Shannon은 PTSD 진단을 받지 않았지만, 암에 대한 그녀의 과도한 반응은 외상 후 스트레스와 일치했으며, 그녀가 관찰한 바에 의하면, 그녀의 몸은 매일 '균형을 잃은 느낌'을 계속해서 받았다. 내가 이 신체적인 느낌을 가장 잘 설명할 수 있는 한 단어를 묻자 Shannon은 망설이지 않고 '불안정하다'라고 답했다. 그녀는 "내 몸이 엉망이고 예측할 수 없다는 느낌이 든다."고 말했다. 그녀의 질병에 대한 압도적인 감정을 다루기 위해 의자 요가와 트라우마에 민감한 마음챙김을 사용했다. 또한 우리는 마음을 진정시키는 효과가 있는 부드러운 소리의 차크라 드럼을 사용했다. 이 연습은 Shannon이 집에서도 자신의 드럼을 사용해 계속 이어 갔다. 나는 그녀가 음악을 통해 최고의 경험을 할 수 있도록 대학 병원에서 음악치료사가 추가 상담을 제공하도록 조정했다. 이 회기는 그녀의 근무 시간 동안 더 많은 이완과 자기조절 경험을 제공했다.

세 번째 회기에서 Shannon은 자신의 몸에서 스트레스를 유발하고 불안정함을 느끼게 하는 감정들을 마주할 만큼 편안함을 느꼈다. 그녀가 처음으로 만든 이미지 중 하나([그림 10-6] 참조)는 이러한 불안정감을 느끼는 것에 대한 분노를 표현한 그림이었다. 그녀는 처음으로 자신이 깊은 분노를 느끼고, 자신의 난소암에 대한 의료 지식에도 불구하고 질병에 대해 자신을 비난하고 의문을 품었다. Shannon은 이 분노를 가장 가까운 가족이나 친구들에게 표현하는 것에 대해 부끄러움을 느꼈지만, 그림과 글을 통해 자신의 감정을 객관적으로 바라볼 수 있는 방법을 찾았다. 우리가 그 분노가 몸의 어디에서 느껴지는지 탐색하면서 Shannon은 그 감정이 주로 '머리와 가슴'에 집중되어 있다는 것을 깨달았다. 그것은 '인생에서 처음으로 환자가 된' 좌절감을 강박적으로 느끼는 위치였다.

[그림 10-6] Shannon의 분노에 대한 체화된 감각

Cathy A. Malchiodi 컬렉션에서(저자의 허가 없이 복제할 수 없음)

[그림 10-7] Shannon의 우울을 표현한 그림
Cathy A. Malchiodi 컬렉션에서(저자의 허가 없이 복제할 수 없음)

내가 그녀에게 이 감정을 계속 느끼고, 그것이 어디로 가거나 변할 수 있을지 지켜보자고 제안했을 때 Shannon은 빠르게 우울증이 점점 커지는 것을 느꼈다고 인정했다([그림 10-7] 참조). 이는 그녀가 병원 동료들까지 포함하여 다른 사람들에게 숨기고 있던 상태였다. 분노와 달리, 이 경험은 그녀의 '배' 깊숙이 자리 잡고 있었으며, 가장 가까운 사람들조차 보지 못하도록 숨겨져 있었고 명확한 경계 속에서 보호받고 있었다. 우리가 그런 신체적 경험들과 그 그림의 특징을 계속 탐구하면서 Shannon은 이 그림의 선들이 자신의 분노와 어떻게 연결되는지, 그리고 본질적으로 위기인 질병의 도전과 관련된 신체의 또 다른 '이야기'의 일부임을 쉽게 이해할 수 있었다.

수술과 화학요법, 방사선 치료를 받은 지 1년 후 Shannon의 암은 완치 상태에 접어

들었다. 그녀는 다시 마라톤을 시작하고, 직장에서 더 많은 책임을 맡게 되었다. 검사 결과 암의 흔적이 없다는 진단에 자신의 예후에 대해 더 많은 희망을 가지게 되었다. Shannon은 나와 계속 작업하며, 자신이 경험한 표현예술을 다른 암 환자들과 나누기로 결심했다. 그녀는 초기 회기에서 만든 간단한 감정 그림과 일기 내용을 바탕으로 큰 그림과 회화 시리즈를 만들었고, 이는 결국 지역 Gilda's Club(암 환자와 그 가족을 위한 지역사회 프로그램)에서 전시되었다. 그곳에서 그녀는 자신의 일기 내용을 읽으며 환자로서의 경험을 나누기도 했다. 이는 Herman이 설명한 '공동체로의 재결합'을 잘 보여 주지만, 동시에 Herman이 『트라우마(Trauma and Recovery)』에서 주장한 것처럼, 트라우마 사건에 대한 이야기를 반드시 해야 한다는 점을 반영하고 있다. 어떤 폭행이나 폭력 사건처럼 암도 몸에 영향을 미친 학대의 결과이며, Shannon은 예술과 일기를 통해 그 이야기를 공개적으로 전하고 있었다.

[그림 10-8] Shannon이 표현한 '생과 사의 경계'

Cathy A. Malchiodi 컬렉션에서(저자의 허가 없이 복제할 수 없음)

불행히도 Shannon의 완치는 오래가지 못했다. 1년도 되지 않아 그녀의 암은 간과 폐에 수술이 불가능한 4기 형태로 재발했다. 13년을 함께한 남편은 더 이상 말기 암에 걸린 아내와 결혼을 유지하고 싶지 않다며 이혼을 신청했다. Shannon은 나에게 "이제 정말 바닥을 친 것 같다."고 설명하며, 이혼과 자신의 예후로 인한 극심한 슬픔과 불안, 우울증을 겪었다. 그녀는 가족과 친구들, 그리고 Gilda's Club 커뮤니티의 큰 사회적 지원을 받았지만, 이 시기는 그녀에게 가장 힘든 시간이었다. 우리의 상담은 그녀의 암 진행 상황, 주요 관계의 상실에 대한 충격과 외상, 그리고 Shannon이 말한 '삶과 죽음의 싸움'에 집중했다([그림 10-8] 참조). 나는 이 대화들이 나에게도 존재적인 힘을 주었다고 인정한다. 우리는 모두가 언젠가는 마주하게 되는 가장 근본적인 질문들, 즉 사후 세계의 가능성, 죽음 후에도 살아 있는 영혼이나 정신이 있는지, 죽어 가는 과정이 어떤 것일지에 대해 탐구했다. 또한 이제 불가능해진 '치유'와 '회복'의 차이에 대해서도 이야기했다. '회복'은 평화와 온전함을 찾는 가능성에 관한 것이었다. 이 주제를 다루면서 놀랍게도 Shannon은 암과 남편의 이혼에 대해 남아 있는 분노와 슬픔에서 평화를 찾겠다는 결심을 더욱 굳건히 했다.

Shannon의 몸이 점점 더 쇠약해지면서 내 치료실에 오는 것이 너무 힘들어졌다. 그래서 나는 그녀의 집으로 방문하게 되었다. 마지막 회기들에 그녀가 더 이상 참여할 수 없게 되기 전에 나는 Shannon이 자신의 글과 일기를 정리하고 그것을 담을 화려한 파일을 만들도록 도왔다. 우리는 계속 대화를 나누며 함께 작업을 진행했다. 이전 회기에서 그녀가 연습했던 외상에 민감한 마음챙김은 이제 자기연민에 초점을 맞추었고, Shannon은 자신을 위한 '내면의 사랑'을 표현하는 예술 작업을 계속했다. 이는 제9장에서 설명된 다르마(Dharma) 실천과 유사했다. 마지막 예술 표현으로 작은 혼합 매체 콜라주인 'Buddha Blossom'은 Shannon이 말기 질병과 그로 인한 상실을 통해 다시 의미를 부여한 모든 것을 담아냈다([그림 10-9] 참조). 중앙에 있는 밝은색의 꽃은 그녀의 암 세포가 몸을 잠식하는 모습을 나타내는 배경 위에 놓였다. 이 이미지와 관련하여, Shannon은 Galway Kinnell(1980)의 시 'Saint Francis and the Sow'에서 다음 구절을 인용했다.

> "그 존재의 아름다움을 다시 가르치기 위해
> 꽃의 이마에 손을 얹고
> 그것을 말과 손길로 다시 이야기하며
> 그것은 다시 피어날 때까지 아름답다, 자기 축복에서 피어나는 것처럼" (p. 9)

[그림 10-9] **불꽃**
Cathy A. Malchiodi 컬렉션에서(저자의 허가 없이 복제할 수 없음)

이 간단한 예술 작품과 인용문을 통해, 나는 Shannon이 더 이상 의료 환자가 아니라, 암의 잔혹함 속에서도 의미와 아름다움을 발견한 영혼 그 자체가 되어 가는 모습을 지켜보았다. Shannon이 회기 동안 만든 모든 예술 작품은 가족과 친구들에게 남겨졌지만, 그녀는 우리 작업의 기억으로 이 이미지를 나에게 주고 싶어 했다. 나는 이 작품을 내 치료실 벽에 걸어 두었다. 이는 죽음을 맞이하는 순간에도 의미를 만들어 가는 예시로서 특별한 작품이다. 이 이미지는 내 눈앞에서 몸, 마음, 영혼으로 부처로 변해 간 특별한 사람과의 만남을 기념하는 의미를 담고 있다.

Shannon의 이야기는 책을 마무리하는 데 있어 가슴 아픈 이야기처럼 보일 수 있지만, 그녀의 이야기는 풍부하고 다양한 의미를 가진 이야기이다. 이 이야기는 표현예술치료사로서 나의 작업에서 계속해서 영향을 미치고 있다. 이 이야기는 예술 기반 접근법의 본질과 그것이 외상뿐만 아니라 마음, 몸, 영혼을 포함한 여러 차원에서 개인을 회복시키는 역할을 잘 보여 준다. 모든 내담자가 생에서 가장 깊고 결정적인 순간을 맞이할 때 이런 깊은 변화를 경험하는 것은 아니며, 그들이 Shannon처럼 그렇게 우아하게 변화를 경험할 수도 없다. 또한 모든 외상 생존자가 특히 말할 수 없이 영향을 미치는 복잡한 사건을 겪은 사람들처럼 Shannon이 경험한 것과 같은 수준의 회복을 이루지 못할 수도 있다. 그러나 그녀는 그 어떤 이야기의 결말이 어떻게 되든 온전해지는 것이 무엇인지에 대한 깊은 의미를 우아하게 가르쳐 주었다.

결국 내가 수없이 많은 시간을 보내며 목격한 경험은 바로 온전해지는 과정이다. 이는 사람들이 예술을 통해 소통하는 위험을 감수하고, 이 책에서 설명된 방법들을 사용하여 점차 자신을 완전하게 만들어 가는 과정이다. 물론 내담자들이 온전함을 찾을 수 있도록 돕는 방법은 여러 가지가 있으며, 표현예술치료는 그중 하나에 불과하다. 이 접근법은 두 가지 다른 영역을 연결하기 때문에 명확하게 분류하기 어려운 방식이다. 하나는 트라우마의 해결을 위한 경험적으로 검증된 방법을 갖춘 심리치료이고, 다른 하나는 아직 많은 치료사에게 연구단계에 있는 최신 데이터를 바탕으로 한 표현예술이다. 하지만 표현예술은 상상하고 새로운 이야기를 창조하는 능력이 단지 드러나는 것에 그치지 않고, 사람들이 더 온전하게 살고, 트라우마에서 회복하고 치유하는 본질을 되찾을 수 있도록 돕는 몇 안 되는 방법 중 하나이다.

참고자료

◇◇◇◇◇

아동과 트라우마

에이스 커넥션(ACEs Connection)

ACEs 및 트라우마에 대한 정보를 다루는 가장 활발한 커뮤니티 중 하나이다.

www.acesconnection.com

에이스 투 하이 뉴스(ACEs Too High News)

ACEs에 관한 정보 및 연구 관련된 최신 뉴스를 정기적으로 업데이트하는 사이트이다.

https://acestoohigh.com

질병통제예방센터(Centers for Disease Control and Prevention: CDC)

해당 기관의 사이트는 아동 학대 및 방임, 가정 문제, 노년기 건강과 복지에 대한 대규모 조사 중 하나인 CDC-카이저 퍼머넌트(Kaiser Permanente, 미국의 통합 관리 의료 컨소시엄) ACE 연구의 발전 과정을 설명한다.

www.cdc.gov/violenceprevention/childabuseandneglect/acestudy/index.html

국립아동트라우마스트레스네트워크(National Child Traumatic Stress Network: NCTSN)

NCTSN은 미국 전역의 트라우마를 겪은 아동과 그 가족, 지역사회를 위한 서비스 접근성을 향상시키고 치료 수준을 높이는 것을 사명으로 하는 미국 단체이다. 해당 기관의 사이트에서는 트라우마 아동을 위한 효과적인 치료법과 모범 사례, 아동 트라우마에 대한 평가 도구와 방법 검토, 트라우마에 대한 훈련과 교육을 위한 내용 등 다양한 정보를 제공한다.

www.nctsn.org

신경순차적 네트워크(The Neurosequential Network®)

신경순차적 치료 모델은 발달에 민감하고, 신경생물학적인 접근을 통해 임상 문제 해결을 지원한다. Bruce D.Perry 박사가 개발한 이 모델은 특정 치료 기법이나 개입이 아니다. 이는 신경발달과 외상학의 핵심 원칙을 통합하여 아동, 가족 그리고 그들이 살고 있는 지역사회와의 협력에 정보를 제공하는 접근 방식이다.

www.neurosequential.com

◇◇◇◇◇

성인과 트라우마

미국심리학협회(American Psychological Association: APA)

APA는 트라우마를 겪은 내담자들을 위한 가이드를 제공한다.

www.apa.org/topics/trauma

국제트라우마 및 해리연구학회(International Society for the Study of Trauma and Dissociation: ISSTD)

ISSTD는 만성 트라우마와 해리의 유병률(발생률)과 결과에 대한 임상적, 과학적, 사회적 이해를 증진한다.

www.isst-d.org

국제외상성스트레스연구학회(International Society for Traumatic Stress Studies: ISTSS)

ISTSS는 트라우마의 영향에 대한 정보를 공유하고 외상성 스트레스 요인과 그로 인한 즉각적이고 장기적인 결과를 완화하기 위한 정책, 프로그램, 서비스 이니셔티브에 대한 지식의 발견 및 전파에 전념하고 있다.

www.istss.org

시드란연구소(Sidran Institute)

시드란은 트라우마 전문 치료 센터, 치료사, 지원 그룹, 독서 자료 등을 안내하여 사람들이 부정적인 경험에 대처하고 치유할 수 있도록 돕는다.

www.sidran.org

◇◇◇◇◇

표현예술과 트라우마

오늘날 심리학의 예술과 건강(Arts and Health on Psychology Today)

표현 예술, 창의적 예술치료, 건강 관리에서의 예술, 심리치료 및 트라우마 관련 주제에 대한 다양한 기사를 볼 수 있다.

www.psychologytoday.com/us/blog/arts-and-health

놀이치료협회(Association for Play Therapy: APT)

APT는 1982년에 설립된 국가 전문 협회로, 발달적으로 적절한 경우 놀이를 통한 치료적 힘을 탐구하고 적용하여 내담자, 특히 아동과 의사소통하고 치료하는 데 관심이 있는 정신 건강 전문가들 간의 연락을 촉진한다.

www.a4pt.org

디크루트(DE-CRUIT)

디크루트는 군인들이 군 복무에서 민간 생활로 전환하는 데 도움을 주기 위해 군인들이 만든 통합적인 공연 예술 기반 치료 프로그램이다.

www.decruit.org

EXYO(Express Yourself, 자신을 표현하라)

EXYO는 젊은이들이 예술에 몰입할 수 있는 프로그램을 제공하여 자신을 표현하는 강력한 도구를 발견하고 내면의 힘을 찾아 타인과의 관계를 심화할 수 있도록 돕는다.

www.exyo.org

플로렌스 케인(Florence Cane)

미술 교육자로서 Florence Cane의 혁신적인 작업은 양면 드로잉 및 기타 감각 기반 미술 표현 방법의 기초에 기여했다.

https://everyoneanartist.weebly.com/florence-cane.html

포커싱과 표현예술연구소(Focusing and Expressive Arts Institute®: FOAT)

FOAT는 Laury Rappaport가 개발한 마음챙김 기반 접근법으로, 저명한 심리학자이자 철학자인 Eugene Gendlin의 포커싱(초점 맞추기) 심리치유법을 표현 예술과 통합한 것이다.

www.focusingarts.com

가이드 드로잉(Guided Drawing, Clay Field®, and Sensorimotor Art Therapy)

클레이 필드, 감각운동 미술 치료 Cornelia Elbrecht의 작업과 예술 기반 양손 그리기 과정관련 교육을 자세히 알아볼 수 있다.

www.sensorimotorarttherapy.com

국제표현예술치료협회(International Expressive Arts Therapy Association®: IEATA)

IEATA는 1994년에 설립된 비영리 전문 단체로, 창의적 정신을 격려한다. 이 단체는 표현예술치료사, 예술가, 교육자, 컨설턴트 그리고 개인 및 지역사회의 성장과 변화를 위해 통합적이고 복합적인 예술 과정을 사용하는 다른 사람들을 지원한다. IEATA는 또한 공인 표현예술치료사(REAT)와 공인 표현예술 컨설턴트 교육자(REACE)가 되기 위한 자격증 과정을 제공한다.

www.ieata.org

인간중심 표현예술치료(Person-Centered Expressive Arts Therapy)

Natalie Rogers의 역사와 업적, 그녀의 작업에 대해 알아볼 수 있다.

www.personcenteredexpressivearts.com

치료놀이(Theraplay)

치료놀이는 애착, 자존감, 타인에 대한 신뢰, 즐거운 참여를 구축하고 강화하기 위한 아동 및 가족치료이다. 회기는 아동과 부모 또는 보호자 사이에 정서적인 유대감을 형성하여 자신을 가치 있고 사랑스러운 존재로, 관계를 긍정적이고 보람 있게 여기는 시각으로 변화시킨다.
www.theraplay.org/index.php

트라우마 기반치료 및 표현예술치료 연구소(Trauma-Informed Practice and Expressive Arts Therapy Institute)
이 기관은 트라우마 정보를 적용한 표현예술치료에 대한, 즉 움직임, 음악, 스토리텔링, 극적인 재현, 예술작품 제작 및 마음챙김 연습을 결합하는 통합적 접근법을 제공하는 자료와 교육을 제공한다. 또한 미국 및 전 세계의 정신건강 전문가와 표현예술 지도사를 대상으로 한 자격증 프로그램을 통해 교육을 제공한다.
www.trauma-informedpractice.com

◇◇◇◇◇

트라우마에 대한 신체적 접근법

미국무용치료협회(American Dance Therapy Association: ADTA)
ADTA는 1966년 무용/동작치료사라는 새로운 직업을 지원하기 위해 설립되었으며 무용/동작치료사의 실습과 교육을 돕는 데 전념하고 있다.
https://adta.org

감각운동심리치료연구소(Sensorimotor Psychotherapy Institute)
감각운동심리치료연구소에서는 신체치료, 신경과학, 애착 이론, 인지적 접근법, 하코미 방법에서 비롯된 감각운동 심리치료 교육을 제공한다.
www.sensorimotorpsychotherapy.org/about.html

소매틱 익스피리언싱(Somatic Experiencing: SE)
SE는 Peter Levine이 개발한 트라우마 및 기타 스트레스 장애의 치유를 위한 신체 중심 접근법이다. 이 접근법은 외상 후 스트레스와 정서적 및 초기발달 애착 트라우마의 상처를 변화시키는 데 핵심적인 외상성 충격을 완화한다.
https://traumahealing.org

◇◇◇◇◇

마음챙김

마음챙김 기반 스트레스 감소(Mindfulness-Based Stress Reduction: MBSR)

MBSR의 역사, 학술 기사 및 연구에 대한 정보는 매사추세츠 대학교 웹사이트에서 확인할 수 있다.

www.umassmed.edu/cfm/mindfulness-based-programs/mbsr-courses/about-mbsr/history-of-mbsr

마음챙김 명상(Mindfulness Meditations)

구체적인 마음챙김 방법에 대한 소개는 Jack Kornfield의 웹사이트를 참조할 수 있다.

https://jackkornfield.com/meditations

부록 1A. 신체 윤곽 템플릿: 성인용

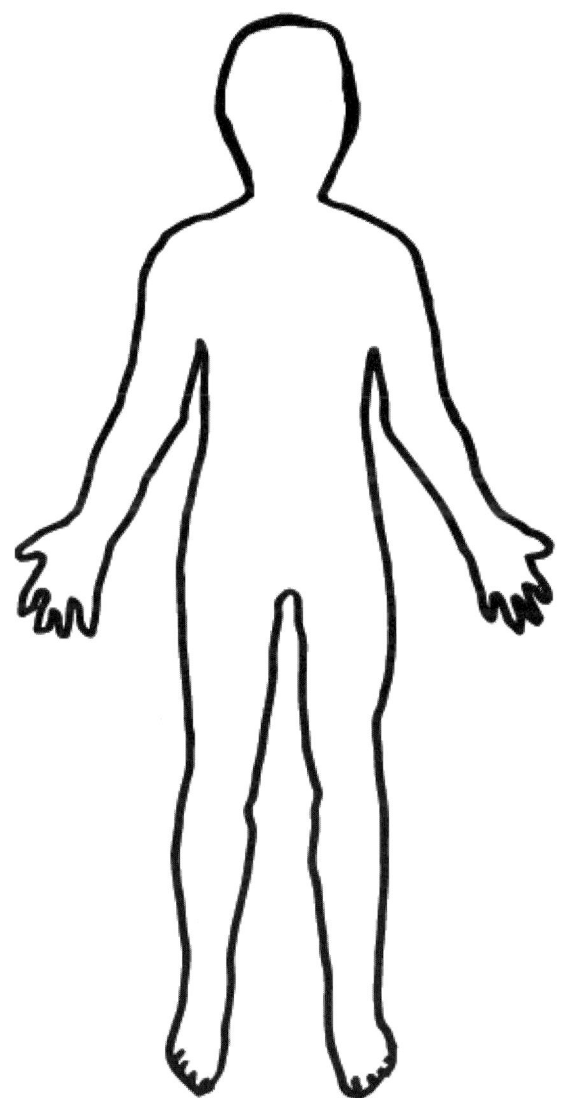

부록 1B. 신체 윤곽 템플릿: 아동용

부록 2. 두뇌 템플릿: 측면 보기

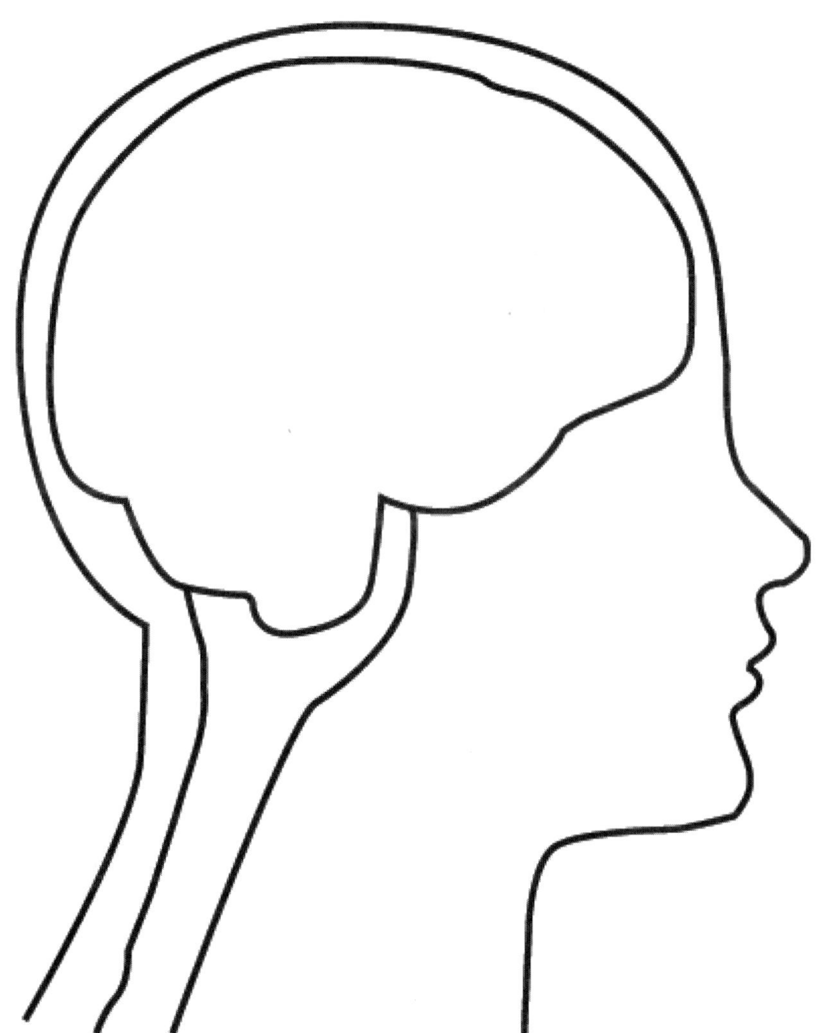

부록 3. 두뇌 템플릿: 두 개의 반구

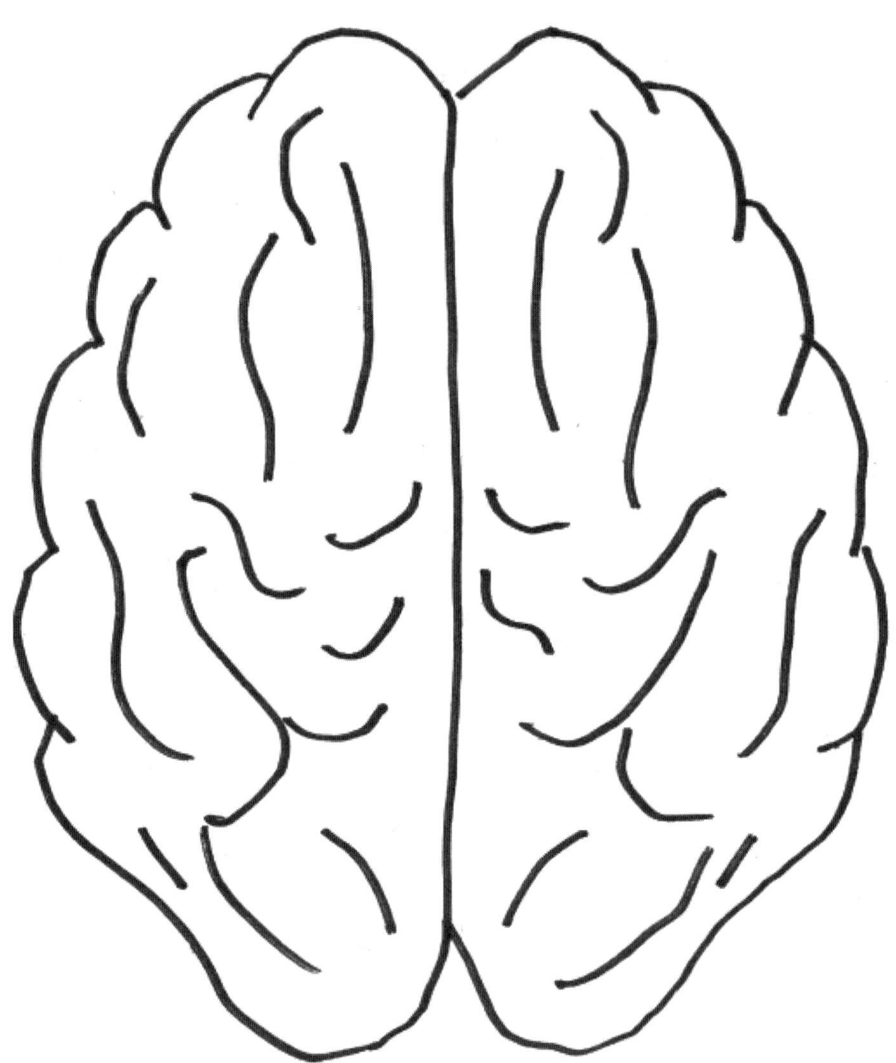

부록 4. 호흡 안내를 위한 지침

다음 호흡법은 구조적이고 리드미컬한 호흡 패턴이 자율신경계(ANS)를 진정시키는 데 핵심적이라는 광범위한 증거에 기반한 것이다. 이러한 호흡법은 외상성 스트레스를 겪는 아동과 성인의 기분을 개선하고 스트레스를 줄이는 데 도움이 되는 경우가 많다.

여기에는 가장 인기 있는 의도적인 호흡 루틴 세 가지를 소개했다. 한 가지 호흡법이 모든 사람에게 효과적인 것은 아니므로 각기 다른 방법을 시도해 보는 것이 중요하다. 호흡 안내를 시작하기 전에, 가능하면 발이 바닥에 평평하게 닿는 편안한 의자에 똑바로 앉아 있는지 확인해야 한다. 호흡은 항상 다음과 같이 해야 한다.

숨을 들이쉬고 내쉴 때 편안해야 한다. 심호흡을 할 필요는 없다. 이 지침을 사용할 때는 항상 호흡하는 사람이 편안하다고 느끼는 만큼 가능한 깊게 숨을 쉬도록 요청해야 한다. 이 장에 포함된 도형은 호흡 수를 세는 시각적 보조 도구로 사용할 수 있으며, 특히 아동에게는 손가락으로 도형을 따라가며 호흡 연습을 하는 것이 도움이 된다.

◇◇◇◇◇

사각형 호흡

상자 호흡 또는 네모 호흡이라고도 하는 사각형 호흡은 리드미컬한 호흡을 연습할 때 사용하는 기법이다. 병원에서 표준으로 사용되는 이 기법은 쉽게 익힐 수 있으며, 특히 고통이나 불안 또는 공황을 겪고 있는 사람에 유용하다.

1. 천천히 입으로 숨을 내쉬며 폐에서 산소를 모두 빼내세요.
2. 네 번을 세면서 코로 천천히 깊게 숨을 들이마십니다. 편안하다면 폐가 완전히 가득 차고 공기가 복부로 이동하는 것처럼 느껴질 때까지 한 번에 조금씩 공기가 폐를 채우는 것을 느껴 보세요.
3. 그런 다음 숨을 멈추고 천천히 4를 한 번 더 셉니다.
4. 네 번을 세는 동안 천천히 입으로 숨을 내쉬며 폐와 복부에서 공기를 내뱉습니다. 편안하다면 폐에서 공기가 빠져나가는 느낌에 주의를 기울여 보세요.
5. 다시 천천히 4를 세면서 숨을 멈춥니다.
6. 이 과정을 여러 번 반복합니다.

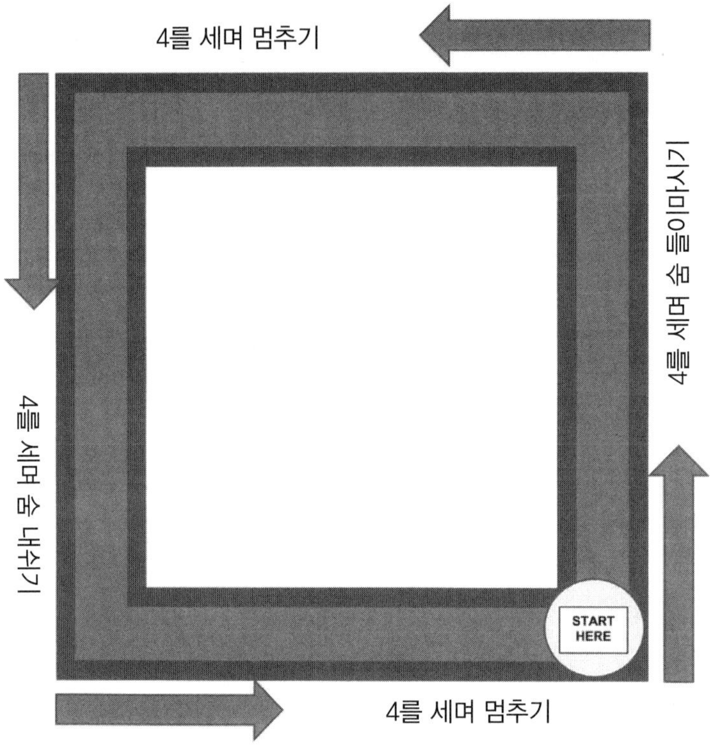

4를 세며 멈추기

4를 세며 숨 내쉬기

4를 세며 숨 들이마시기

START HERE

4를 세며 멈추기

◇◇◇◇◇

별 호흡

리드미컬한 호흡을 연습하는 또 다른 방법인 별 호흡은 오각형 별을 가이드로 사용한다. 아이들은 별의 모양 때문에 이 기법을 좋아하며, 숨을 들이마시고, 멈췄다가 내쉬면서 손가락으로 별의 측면을 따라가는 것을 즐긴다. 성인도 함께 사용할 수 있다.

1. 천천히 입으로 숨을 내쉬며 폐 속의 산소를 모두 빼내세요.
2. 손가락으로 별의 한 지점의 '숨 들이마시기' 측면을 따라갑니다. 4까지 세면서 천천히 깊게 코로 숨을 들이마십니다(또는 내담자에게 가장 편한 횟수를 정하도록 하세요). 폐가 완전히 가득 차고 공기가 복부로 이동하는 것처럼 느껴질 때까지 한 번에 조금씩 공기가 폐를 채우는 것을 느껴 보세요.
3. 그런 다음, 별의 끝에서 숨을 멈추고 천천히 4를 셉니다(또는 내담자와 협의된 숫자).
4. 손가락으로 별의 '숨쉬기' 쪽을 따라 같은 횟수만큼 숨을 들이마시고, 같은 횟수만큼 입으로 천천히 숨을 내쉬며 폐와 복부에서 공기를 내뱉습니다. 편안하다면 폐에서 공기가 빠져나가는 느낌에 주의를 기울여 보세요.
5. 다시 숨을 멈추고 별의 끝에서 같은 속도로 천천히 셉니다.
6. 숨을 들이마시고 내쉬기를 5번 완료할 때까지 이 과정을 반복합니다.

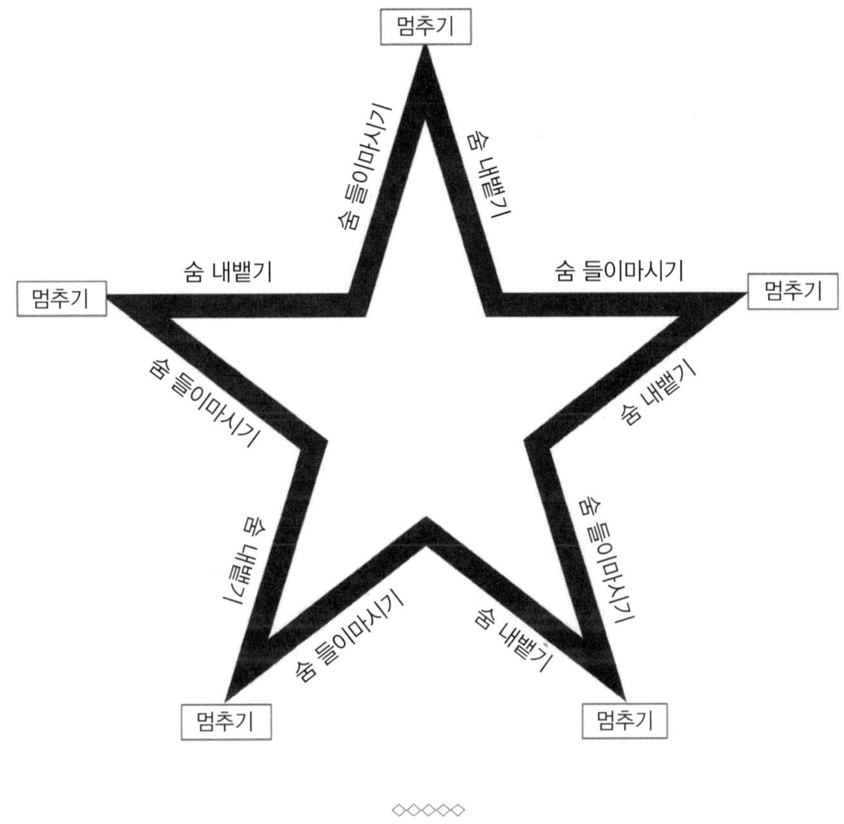

◇◇◇◇◇

8자 호흡

8자 호흡은 리드미컬한 호흡을 효과적으로 연습할 수 있는 세 번째 패턴이다. 나는 이 기법을 수정하여 '불균형한 8자'를 만들어 특정 호흡 패턴을 지원하고 가르치도록 했다. 이 특별한 버전은 숨을 들이마시고 내쉴 때 손가락으로 이미지를 따라가는 것을 좋아하는 아동에게 유용하다.

이 호흡 패턴은 매우 효과적이므로 성인에게도 소개해 볼만 하다.

1. 천천히 입으로 숨을 내쉬며 폐에서 산소를 모두 빼내세요.
2. 다이어그램의 중간 지점(여기서 시작)에서 시작하여 숨을 들이마시면서 손가락으로 다이어그램의 오른쪽을 4까지 세면서 따라갑니다. 코로 깊게 숨을 들이마시고 폐를 가득 채우는 공기를 느껴 보세요.
3. 숨을 내쉬면서 손가락으로 다이어그램의 중간 지점을 가로질러 왼쪽을 8까지 세는 동작을 계속합니다. 입으로 숨을 내쉬며 폐와 복부의 공기를 내뱉습니다.
4. 이 과정을 네 번 더 반복합니다.

숨을 4번 들이쉬고 8번 내쉬는 이 호흡 패턴은 미주신경계와 ANS를 진정시키는 것으로 알려져 있다.

일반적으로 5회(약 1분간 구조화된 호흡) 반복하면 효과가 있지만, 일부 사람들은 몇 분만 연습해도 효과를 볼 수 있다.

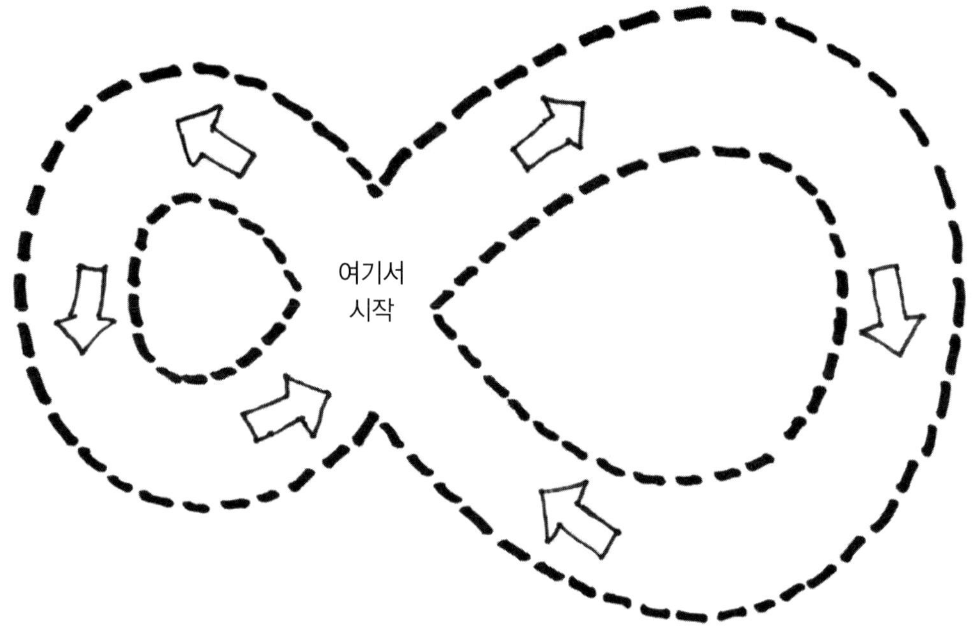

부록 5. 바디매핑 제작 활동 예시안

바디매핑은 일반적으로 페인팅을 포함하지만 파스텔, 콜라주 장식을 사용할 수 있습니다.

신체 지도의 어느 곳이든 다음을 포함시키세요.

- 개인적인 구호, 좌우명, 인용문 또는 말
- 개인의 상징, 나를 지지해 준 사람 및 단체(각각을 어떤 상징 혹은 핸드 프린팅으로 표상화 가능)
- 당신이 타인과 공유하고 싶은 메시지

여기에 발을 따라 그리고, 발에 맞는 색을 고르고, 색칠하세요.

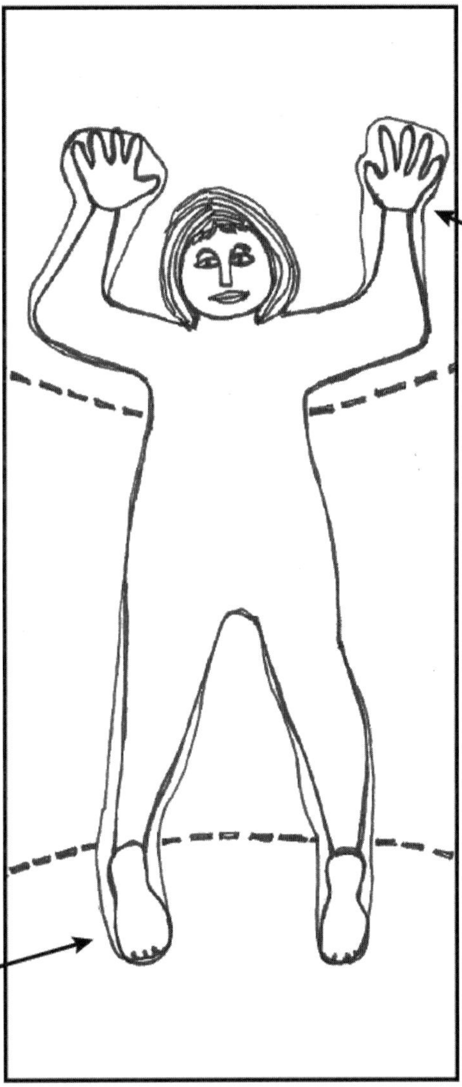

"내가 향하고자 하는 곳이 어디인가" (당신의 바디매핑 상단 1/3)

여기서 손을 추적하고, 손에 맞는 색을 고르고, 손을 색칠하세요.

삶에서 극복했거나 극복하는 과정에 있는 도전, 사건 또는 장애물들을 표현할 표식, 상징 또는 이미지를 몸에 표현합니다. (회복탄력성을 나타내는 표식)

"나의 여정" 또는 "나는 어디로부터 왔는가"(당신의 바디매핑 하단의 1/3)

이 가이드를 끝냈다면, 당신의 바디매핑을 완성하기 위해 필요한 것을 하세요. 공백을 채우거나, 요소를 추가하거나, 부분을 강조할 수 있습니다.

부록 6. 바디매핑 템플릿

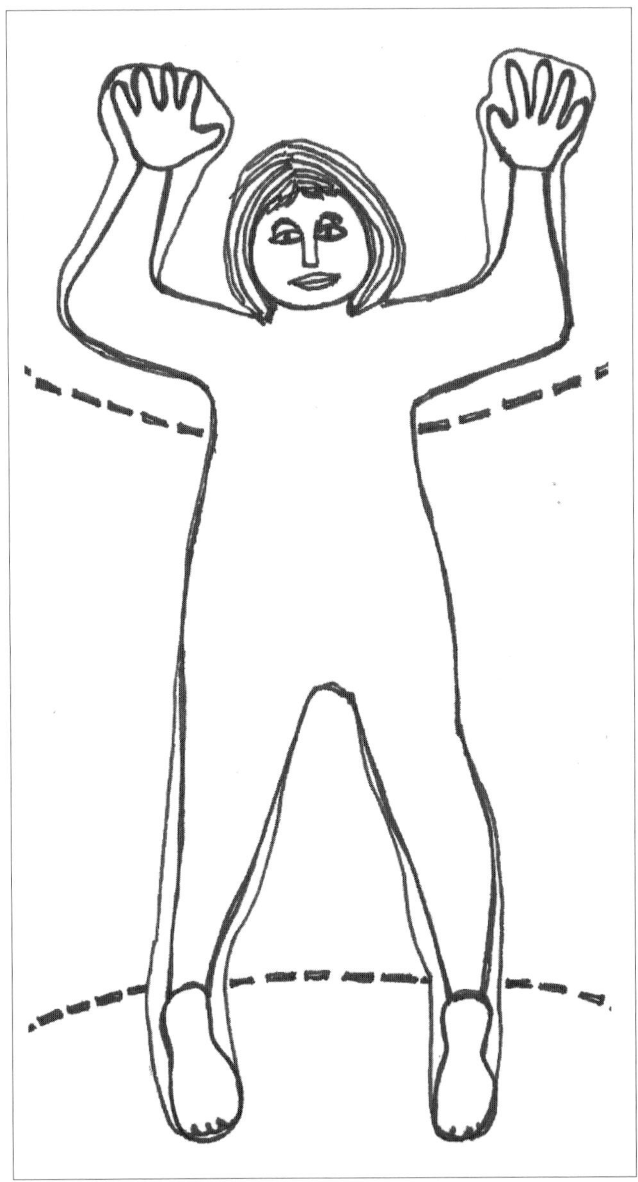

참고문헌

Adichie, C. (2009, July). The danger of a single story. Retrieved from *www.ted.com/talks/chimamanda_adichie_the_danger_of_a_single_story?language=en.*

Adler, A. (2002). *The collected works of Alfred Adler* (Vol. 1). Bellingham: Alfred Adler Institute of Northwestern Washington.

Ali, A., & Wolfert, S. (2016). Theatre as a treatment for posttraumatic stress in military veterans: Exploring the psychotherapeutic potential of mimetic induction. *The Arts in Psychotherapy, 50,* 58-65.

Ali, A., & Wolfert, S. (2019). Treating trauma through the imagination: Therapeutic effects of simulation and mimetic induction. In L. Green & K. Obozoh (Eds.), *We've been too patient: Voices from radial mental health* (pp. 163-169). Berkeley, CA: North Atlantic Books.

Ali, A., Wolfert, S., Lam, I., Fahmy, P., & Chaudhry, A. (2018). Psychotherapeutic processes in recovery from military and pre-military trauma in veterans: The effects of theatre as a mental health treatment. *Journal of Applied Arts and Health, 9*(3), 337-350.

Ali, A., Wolfert, S., Lam, I., & Rahman, T. (2018). Intersecting modes of aesthetic distance and mimetic induction in therapeutic process: Examining a theatre-based treatment for military-related traumatic stress. *Drama Therapy Review, 4*(2), 153-165.

All-Party Parliamentary Group on Arts, Health and Wellbeing. (2017). Creative health: The arts for health and wellbeing. Retrieved from *www.artshealthandwellbeing.org.uk/appg-inquiry/Publications/Creative_Health_Inquiry_Report_2017.pdf.*

Allen, J. G., Fonagy, P., & Bateman, A. W. (2008). *Mentalizing in clinical practice*. Arlington, VA: American Psychiatric Publishing.

American Dance Therapy Association. (2019). What is dance/movement therapy? Retrieved from *https://adta.org/faqs.*

American Music Therapy Association. (2019). What is music therapy? Retrieved from *www.musictherapy.org/about/musictherapy.*

American Psychiatric Association. (2013). *Diagnostic and statistical manual of mental disorders* (5th ed.). Arlington, VA: Author.

Anthony, E., & Cohler, B. (Eds.). (1987). *The invulnerable child*. New York: Guilford Press.

Arom, E. (2017, June 29). Saved by art: How one man's skill got him through even Nazi camps and the difficult years that followed. *Jewish Journal*. Retrievedfrom *https://jewishjournal.com/*

culture/221086/saved-art-one-mans-skillgot-seven-nazi-camps-difficult-years-followed.

Arrien, A. (2013). *The four-fold way*. New York: Harper.

Atkinson, J. (2003). *Trauma trails, recreating song lines: The transgenerational effects of trauma in indigenous Australia*. Brisbane, Australia: Gnibi Papers.

Ayres, J. (1976). *Sensory integration and learning disorders*. Torrance, CA: Western Psychological Services.

Badenoch, B. (2008). *Becoming a brain-wise therapist*. New York: Norton.

Badenoch, B. (2018). *The heart of trauma: Healing the embodied brain in the context of relationships*. New York: Norton.

Bai, Y., Maruskin, L., Chen, S., Amie, M., Stellar, J., McNeil, G., et al. (2017). Awe, the diminished self, and collective engagement: Universals and cultural variations in the small self. *Journal of Personality and Social Psychology, 113*(2), 185-209.

Bateman, A., & Fonagy, P. (2006). Mentalizing and borderline personality disorder. In J. G. Allen & P. Fonagy (Eds.), *The handbook of mentalization-based treatment* (pp. 185-200). Hoboken, NJ: Wiley.

Bayles, D., & Orland, T. (2001). *Art and fear: observations on the perils (and rewards) of artmaking*. Santa Cruz, CA: Image Continuum Press.

Beaty, R. E., Benedek, M., Kaufman, S. B., & Silvia, P. J. (2015). Default and executive network coupling supports creative idea production. *Nature Scientific Reports, 5*, 10964.

Beaty, R. E., Benedek, M., Wilkins, R. W., Jauk, E., Fink, A., et al. (2014). Creativity and the default network: A functional connectivity analysis of the creative brain at rest. *Neuropsychologia, 64*, 92-98.

Bennink, F. (2014). *Posttraumatic success: Positive psychology and solution-focused strategies to help clients survive and thrive*. New York: Norton.

Benson, H., & Kipper, M. (2000). *The relaxation response*. New York: Harper.

Bloom, S. (2005). Foreword. In A. M. Weber & C. Haen (Eds.), *Clinical applications of drama therapy in child and adolescent treatment* (pp. xv-xviii). New York: Brunner-Routledge.

Bloom, S. (2016). Advancing a national cradle-to-grave-to-cradle public health agenda, *Journal of Trauma and Dissociation, 17*(4), 383-396.

Bonanno, G. A. (2004). Loss, trauma, and human resilience: Have we underestimated the human capacity to thrive after extremely aversive events? *American Psychologist, 59*(1), 20-28.

Bonanno, G. A. (2009). *The other side of sadness: What the new science of bereavement tells us about life after loss*. New York: Basic Books.

Botton, A. D., & Armstrong, J. (2013). *Art as therapy*. London: Phaidon Press.

Bowlby, J. (1988). *A secure base: Parent-child attachment and healthy human development*. New York: Basic Books.

Bräuninger, I. (2012). The efficacy of dance movement therapy group on improvement of quality of life: A randomized controlled trial. *The Arts in Psychotherapy, 39*(4), 296-303.

Braveheart, M. Y. H. (2003). The historical trauma response among natives and its relationship with substance abuse: A Lakota illustration. *Journal of Psychoactive Drugs, 35*(1), 7-13.

Brett-MacLean, P. (2009). Body mapping: Embodying the self while living with HIV/AIDS. *Canadian Medical Association Journal, 19*(7), 140-141.

Bronson, H., Vaudreuil, R., & Bradt, J. (2018). Music therapy treatment of active duty military: An overview of intensive outpatient and longitudinal care programs. *Music Therapy Perspectives, 36*(2), 195-206.

Brooks, R. (2010). The power of mindsets: A personal journey to nurture dignity, hope and resilience in children. In D. Crenshaw (Ed.), *Reverence in healing: Honoring strengths without trivializing suffering* (pp. 19-40). Lanham, MD: Jason Aronson.

Brooks, R., & Goldstein, R. (2015). The power of mindsets: Guideposts for a resilience-based treatment approach. In D. A. Crenshaw, R. Brooks, & S. Goldstein (Eds.), *Play therapy interventions to enhance resilience* (pp. 3-31). New York: Guilford Press.

Bruscia, K. (1998). *Defining music therapy*. Philadelphia: Barcelona. Calhoun, L. G., & Tedeschi, R. G. (2013). *Posttraumatic growth in clinical practice*. New York: Routledge.

Campbell, J. (2011). *The power of myth*. New York: Anchor.

Cane, F. (1951). *The artist in each of us*. London: Thames and Hudson.

Cannon, W. B. (1932). *The wisdom of the body*. New York: Norton.

Carlson, L., Speca, M., Patel, K., & Goodey, E. (2004). Mindfulness-based stress reduction in relation to quality of life, mood, symptoms of stress and levels of cortisol, dehydroepiandrosterone sulfate (DHEAS) and melatonin in breast and prostate cancer outpatients. *Psychoneuroendocrinology, 29*(4), 448-474.

Centers for Disease Control and Prevention. (2019). Adverse childhood experiences. Retrieved from www.cdc.gov/violenceprevention/childabuseandneglect/*acestudy/index.html*.

Chapman, L. (2014). *Neurobiologically informed trauma therapy with children and dolescents: Understanding mechanisms of change*. New York: Norton.

Cloitre, M., Stolbach, B. C., Herman, J. L., van der Kolk, B., Pynoos, R., Wang, J., et al. (2009). A developmental approach to complex PTSD: Childhood and adult cumulative trauma as predictors of symptom complexity. *Journal of Traumatic Stress, 22,* 399-408.

Cohen, J. A., Deblinger, E., & Mannarino, A. (2017). Trauma-focused cognitive behavioral therapy for children and families. *Psychotherapy Research, 28*(1), 47-57.

Collingwood, J. (2018). The power of music to reduce stress. *Psych Central*. Retrieved July 24, 2019, from *https://psychcentral.com/lib/the-power-ofmusic-to-reduce-stress*.

Crawford, A. (2010). If the body keeps the score: Mapping the dissociated body in trauma narrative, intervention, and theory. *University of Toronto Quarterly, 79*(2), 702-719.

Creative Forces. (2018). *Summary report from the Creative Forces Clinical Research Summit*. Washington, DC: National Endowment for the Arts.

Crenshaw, D. A. (2006). *Evocative strategies in child and adolescent psychotherapy*. Lanham, MD: Jason Aronson.

Crenshaw, D. A. (2008). *Therapeutic engagement of children and adolescents: Play, symbol, drawing and storytelling strategies*. New York: Jason Aronson.

Crenshaw, D. A., & Stewart, A. L. (Eds.). (2016). *Play therapy: A comprehensive guide to theory and practice*. New York: Guilford Press.

Csikszentmihalyi, M. (2014). *Flow and the foundations of positive psychology*. New York: Springer.

Dalebroux, A., Goldstein, T. R., & Winner, E. (2008). Short-term mood repair through art-making: Positive emotion is more effective than venting. *Motivation and Emotion, 32,* 288-295.

Damasio, A. (1999). *The feeling of what happens: Body and emotion in the making of consciousness*. Fort Worth, TX: Harcourt College.

Dayton, T., & Moreno, J. (2004). *The living stage: A step-by-step guide to psychodrama, sociometry and group psychotherapy*. Deerfield Beach, FL: Health Communications.

Denborough, D. (2016). *Retelling the stories of our lives*. New York: Norton.

Devine, C. (2008). The moon, the stars, and a scar: Body mapping stories of women living with HIV/

AIDS. *Border Crossings, 27*, 58-65. Retrieved from *www.catie.ca/pdf/bodymaps/BC_105_BodyMapping.pdf*.

Dieterich-Hartwell, R. (2017). Dance/movement therapy in the treatment of post-traumatic stress: A reference model. *The Arts in Psychotherapy, 54*, 38-46.

Diliberto-Macaluso, K. A., & Stubblefield, B. L. (2015). The use of painting for short-term mood and arousal improvement. *Psychology of Aesthetics, Creativity, and the Arts, 9*(3), 228-234.

Dissanayake, E. (1995). *What is art for?* Seattle: University of Washington Press.

Drake, J. E., Coleman, K., & Winner, E. (2011). Short-term mood repair through art: Effects of medium and strategy. *Art Therapy, 28*(1), 26-30.

Drake, J., & Hodge, A. (2015). Drawing versus writing: The role of preference in regulating short-term affect. *Art Therapy, 32*(1), 27-33.

Drake, J. E., & Winner, E. (2012). Confronting sadness through art-making: Distraction is more beneficial than venting. *Psychology of Aesthetics, Creativity, and the Arts, 6*, 251-261.

Elbrecht, C. (2014). Being touched through touch: Trauma treatment through haptic perception at the Clay Field: A sensorimotor art therapy. *International Journal of Art Therapy 19*(1), 19-30.

Elbrecht, C. (2015). The clay field and developmental trauma in children. In C. A. Malchiodi (Ed.), *Creative interventions with traumatized children* (2nd ed., pp. 191-212). New York: Guilford Press.

Elbrecht, C. (2018). *Healing trauma with guided drawing*. Berkeley, CA: North Atlantic Books.

Ellis, A., & Dryden, W. (1987). *The practice of rational-emotive therapy (RET)*. New York: Springer.

Emerson, D. (2015). *Trauma-sensitive yoga in therapy: Bringing the body into treatment*. New York: Norton.

Emerson, D., Sharma, R., Chaudhry, S., & Turner, J. (2009). Trauma-sensitive yoga: Principles, practice, and research. *International Journal of Yoga Therapy, 19*(1), 123-128.

Emunah, R., & Johnson, D. R. (1983). The impact of theatrical performance on the self-images of psychiatric patients. *The Arts in Psychotherapy, 10*(4), 233-239.

Estrella, K. (2006). Expressive therapy: An integrated arts approach. In C. A. Malchiodi (Ed.), *Expressive therapies* (pp. 183-209). New York: Guilford Press.

Etcherling, L. (2017). *Crisis intervention*. San Diego, CA: Cognella Academic.

Fancourt, D., Perkins, R., Asceno, S., Carvalho, L., Steptoe, A., & Williamon, A. (2016). Effects of group drumming interventions on anxiety, depression, social resilience and inflammatory immune response among mental health service users. Retrieved from *https://doi.org/10.1371/journal.pone.0151136*.

Feldenkrais, M. (2010). *Embodied wisdom: The collected papers of Moshe Feldenkrais*. Berkeley, CA: North Atlantic Books.

Felitti, V. J., Anda, R. F., Nordenberg, D., Williamson, D. F., Spitz, A. M., Edwards, V., et al. (1998). Relationship of childhood abuse and household dysfunction to many of the leading causes of death in adults: The Adverse Childhood Experiences (ACE) Study. *American Journal of Preventive Medicine, 14*(4), 245-258.

Fisher, J. (2017). *Healing the fragmented selves of trauma survivors*. New York: Routledge.

Fivush, R., Sales, J., & Bohanek, J. (2008). Meaning making in mothers' and children's narratives of emotional events. *Memory, 16*, 579-594.

Foa, E. B., Keane, T. M., Friedman, M. J., & Cohen, J. A. (Eds.). (2009). *Effective treatments for PTSD: Practice guidelines from the International Society for Traumatic Stress Studies* (2nd ed.). New York: Guilford Press.

Forgeard, M. J. C. (2013). Perceiving benefits after

adversity: The relationship between self-reported posttraumatic growth and creativity. *Psychology of Aesthetics, Creativity, and the Arts, 7*(3), 245-264.

Frankl, V. (1997). *Man's search for meaning: An introduction to logotherapy*. Boston: Beacon Press. (Original work published 1963)

Freud, S. (1954). Beyond the pleasure principle. In J. Strachey (Ed. & Trans.), *Standard edition of the complete psychological works of Sigmund Freud* (Vol. 3). London: Hogarth Press. (Original work published 1920)

Gallese, V., Eagle, M., & Migone, P. (2007). Intentional attunement: Mirror neurons and the neural underpinnings of interpersonal relations. *Journal of the American Psychoanalytic Association, 55*, 131-176.

Gardner, H. (1993). *Multiple intelligences: The theory in practice*. New York: Basic Books.

Gardstrom, S., & Sorel, S. (2016). Music therapy methods. In B. L. Wheeler (Ed.), *Music therapy handbook* (pp. 116-127). New York: Guilford Press.

Gaskill, R. L., & Perry, B. D. (2014). The neurobiological power of play: Using the neurosequential model of therapeutics to guide play in the healing process. In C. A. Malchiodi & D. A. Crenshaw (Eds.), *Creative arts and play therapy: Creative arts and play therapy for attachment problems* (pp. 178-194). New York: Guilford Press.

Gaskill, R. L., & Perry, B. D. (2017). A neurosequential therapeutics approach to guided play, play therapy, and activities for children who won't talk. In C. A. Malchiodi & D. A. Crenshaw (Eds.), *What to do when children clam up in psychotherapy: Interventions to facilitate communication* (pp. 38-66). New York: Guilford Press.

Gastaldo, D., Magalhaes, L., Carrasco, C., & Davy, C. (2012). Body-map storytelling as research: Methodological considerations for telling the stories of undocumented workers through body mapping. Retrieved from *www.migrationhealth.ca/undocumented-workers-ontario/body-mapping*.

Gendlin, E. T. (1982). *Focusing*. New York: Bantam Books.

Gendlin, E. T. (1996). *Focusing-oriented psychotherapy: A manual of the xperiential method*. New York: Guilford Press.

Gerity, L. (Ed.). (2000). *Art as therapy: Collected papers*. London: Jessica Kingsley.

Ghetti, C. M., & Whitehead-Pleaux, A. M. (2015). Sounds of strength: Music therapy for hospitalized children at risk of traumatization. In C. A. Malchiodi (Ed.), *Creative interventions for traumatized children* (pp. 324-341). New York: Guilford Press.

Gil, E. (2010). *Working with children to heal interpersonal trauma: The power of play*. New York: Guilford Press.

Gil, E. (2011). *Helping abused and traumatized children: Integrating directive and nondirective approaches*. New York: Guilford Press.

Gil, E. (2016). *Play in family therapy* (2nd ed.). New York: Guilford Press.

Gil, E. (2017). *Posttraumatic play in children: What clinicians need to know*. New York: Guilford Press.

Gil, E., & Dias, T. (2014). The integration of drama therapy and play therapy in attachment work with traumatized children. In C. A. Malchiodi & D. A. Crenshaw (Eds.), *Creative arts and play therapy for attachment problems* (pp. 100-120). New York: Guilford Press.

Ginwright, S. (2018, May 31). The future of healing: Shifting from trauma informed care to healing centered engagement. Retrieved from https://medium.com/@ *ginwright/the-future-of-healing-shifting-from-trauma-informed-care-to-healing-centered-engagement-634f557ce69c*.

Goffney, D. (2002). Seasons of grief: Helping

children grow through loss. In J. Loewy & A. Hara (Eds.), *Caring for the caregiver: The use of music therapy in grief and trauma* (pp. 54-26). Silver Spring, MD: American Music Therapy Association.

Goleman, D. (2012). *Emotional intelligence: Why it can matter more than IQ*. New York: Bantam.

Graves-Alcorn, S., & Kagin, C. (2017). *Implementing the expressive therapies continuum: A guide for clinical practice*. New York: Routledge.

Gray, A. E. (2015). Dance/movement therapy with refugee and survivor children: A healing pathway is a creative process. In C. A. Malchiodi (Ed.), *Creative interventions with traumatized children* (2nd ed., pp. 169-212). New York: Guilford Press.

Gray, A. E., & Porges, S. (2017). Polyvagal-informed dance/movement therapy with children who shut down: Restoring core rhythmicity. In C. A. Malchiodi & D. A. Crenshaw (Eds.), *What to do when children clam up in psychotherapy: Interventions to facilitate communication* (pp. 102-136). New York: Guilford Press.

Greenberg, M. S., & van der Kolk, B. (1987). Retrieval and integration of traumatic memories with the "painting cure." In B. A. van der Kolk (Ed.), *Psychological trauma* (pp. 191-215). Washington, DC: American Psychiatric Press.

Gross, J., & Haynes, H. (1998). Drawing facilitates children's verbal reports of emotionally laden events. *Journal of Experimental Psychology, 4*, 163-179.

Guber, T. (2005). *Yoga pretzels*. Cambridge, MA: Barefoot Books.

Haen, C. (2015). Vanquishing monsters: Group drama therapy for treating trauma. In C. A. Malchiodi (Ed.), *Creative interventions with traumatized children* (2nd ed., pp. 235-257). New York: Guilford Press.

Halprin, D. (2003). *The expressive body in life, art, and therapy: Working with movement, metaphor and meaning*. London: Jessica Kingsley.

Hanh, T. N. (2011). *Planting seeds: Practicing mindfulness with children*. Berkeley, CA: Parallax Press.

Harel-Shalev, A., Huss, E., Daphna-Tekoah, S., & Cwikel, J. (2017). Drawing (on) women' s military experiences and narratives-Israeli women soldiers' challenges in the military environment. *Gender, Place and Culture: A Journal of Feminist Geography, 24*(4), 499-514.

Hass-Cohen, N., Bokoch, N., Findlay, J., & Witting, A. (2018). A four-drawing art therapy trauma and resiliency protocol study. *The Arts in Psychotherapy, 61*, 44-56.

Heinonen, T., Halonen, D., & Krahn, E. (2018). *Expressive arts for social work and social change*. New York: Oxford University Press.

Heller, L., & LaPierre, A. (2012). *Healing developmental trauma*. Berkeley, CA: North Atlantic Books.

Herman, J. (1992). *Trauma and recovery*. New York: Basic Books.

Hill, A., & Ardau, A. (2013). The politics of drawing: Children, evidence, and the Darfur conflict. *International Political Sociology, 7*(4), 369-387.

Hillman, J. (2013). *The essential James Hillman: A blue fire*. New York: Routledge.

Hinz, L. (2009). *Expressive therapies continuum: A framework for using art in therapy*. New York: Routledge.

Hölzel, B., Carmody, J., Vangel, M., Congleton, C., Yerramsetti, M., Gard, T., et al. (2011). Mindfulness practice leads to increases in regional brain gray matter density. *Psychiatry Research: Neuroimaging, 191*(1), 36.

Humphrey, C. (2011). *Shoot for the moon: Lessons on life from a dog named Rudy*. San Francisco: Chronicle Books.

Huppert, F. A., & Johnson, D. M. (2010). A controlled trial of mindfulness training in schools: The importance of practice for an impact on well-being. *Journal of Positive Psychology, 5*, 264-274.

Interlandi, J. (2014). A revolutionary approach to treating PTSD. Retrieved from *www.nytimes.com/2014/05/25/magazine/a-revolutionary-approach-to-treating-ptsd.html*.

Israel Center for the Treatment of Psychotrauma. (2014). Building resilience intervention (BRI). Retrieved July 3, 2014, from www.traumaweb.org/content. *asp?PageId=477&lang=En*.

Jackson, L., Jackson, Z., & Jackson, F. (2018). Intergenerational resilience in response to the stress and trauma of enslavement and chronic exposure to institutionalized racism. *Journal of Clinical Epigenetics, 4,* 15.

James, B. (1989). *Treating traumatized children: New insights and creative interventions*. Lexington, MA: Lexington Books.

Johnson, D. R. (2009a). Commentary: Examining underlying paradigms in the creative arts therapies of trauma. *The Arts in Psychotherapy, 36*(2), 114-120.

Johnson, D. R. (2009b). *Current approaches in drama therapy*. Springfield, IL: Charles C Thomas.

Johnson, D. R., Lahad, M., & Gray, A. E. (2009). Creative arts therapies for adults. In E. B. Foa, T. M. Keane, M. J. Friedman, & J. A. Cohen (Eds.), *Effective treatments for PTSD: Practice guidelines from the International Society for Traumatic Stress Studies* (2nd ed., pp. 470-490). New York: Guilford Press.

Jones, J., Walker, S., Drass, J. M., & Kaimal, G. (2018). Art therapy interventions for active duty military service members with post-traumatic stress disorder and traumatic brain injury. *International Journal of Art Therapy, 23*(2), 70-85.

Joseph, S., & Linley, P. A. (2008). Psychological assessment of growth following adversity: A review. In S. Joseph & P. A. Linley (Eds.), *Trauma, recovery, and growth: Positive psychological perspectives on posttraumatic stress* (pp. 21-38). Hoboken, NJ: Wiley.

Jung, C. G. (1989). *Memories, dreams, reflections*. New York: HarperCollins.

Jung, C. G. (2009). *The red book* (S. Shamdasani, Ed.). New York: Norton.

Kabat-Zinn, J. (2013). *Full catastrophic living: How to cope with stress, pain and loss using mindfulness meditation*. New York: Bantam.

Kabat-Zinn, J., Lipworth, L., & Burney, R. (1985). The clinical use of mindfulness meditation for the self-regulation of chronic pain. *Journal of Behavioral Medicine, 8*(2), 163-190.

Kagin, S., & Lusebrink, V. (1978). The expressive therapies continuum. *The Arts in Psychotherapy, 5,* 171-180.

Kaimal, G., Ayaz, H., Herres, J. M., Makwana, B., Dieterich-Hartwell, R. M., Kaiser, D. H., et al. (2017). fNIRS assessment of reward perception based on visual self expression: Coloring, doodling and free drawing. *The Arts in Psychotherapy, 55,* 85-92.

Kandel, E. (2012). *The age of insight: The quest to understand the unconscious in art, mind, and brain, from Vienna 1900 to the present*. New York: Random House.

Kaufman, S. B. (2013a). Opening up openness to experience: A four-factor model and relations to creative achievement in the arts and sciences. *Journal of Creative Behavior, 47,* 233-255.

Kaufman, S. B. (2013b). *Ungifted: Intelligence redefined*. New York: Basic Books. Kaufman, S. B., Quilty, L. C., Grazioplene, R. G., Hirsh, J. B., Gray, J. R., Peterson,

J. B., et al. (2015). Openness to experience and intellect differentially predict creative achievement in the arts and sciences. *Journal of Personality, 84*(2), 248-258.

Kestly, T. A. (2014). *The interpersonal neurobiology of play: Brain-building interventions for emotional well-being*. New York: Norton.

Kinnell, G. (1980). Saint Francis and the sow. In *Mortal acts, mortal words* (p. 9). Boston: Houghton Mifflin.

Knill, P., Barba, N., & Fuchs, M. (1995). *Minstrels of soul: Intermodal expressive therapy*. Toronto:

Palmiston Press.

Knill, P., Barba, H., & Fuchs, M. (2004). *Principles and practices of expressive arts therapy*. London: Jessica Kingsley.

Kossak, M. (2008). Attunement and free jazz. In *Voices: A world forum for music therapy* [online]. Retrieved from *https://voices.no/index.php/voices/article/view/1784/1545*.

Kossak, M. (2015). *Attunement in expressive arts therapy: Toward an understanding of embodied empathy*. Springfield, IL: Charles C Thomas.

Krahula, B. (2012). *One Zentangle a day*. Minneapolis, MN: Quarry Books.

Kramer, E. (1986). The art therapist's third hand: Reflections on art, art therapy and society at large. *American Journal of Art Therapy, 24,* 71-86.

Kramer, E. (1993). *Art as therapy with children*. Chicago: Magnolia Street.

Kross, E., Bruehlman-Senecal, E., Park, J., Burson, A., Dougherty, A., Shablack, H., et al. (2014). Self-talk as a regulatory mechanism: How you do it matters. *Journal of Personality and Social Psychology, 106*(2), 304-324.

Kruk, K. A., Aravich, P. F., Deaver, S. P., & deBeus, K. (2014). Comparison of brain activity during drawing and clay sculpting: A preliminary qEEG study. *Art Therapy, 31*(2), 52-60.

Lambert, K. (2010). *Lifting depression. A neuroscientist's hands-on approach to activating your brain's healing power*. New York: Basic Books.

LaMothe, K. (2015). *Why we dance: A philosophy of bodily becoming*. New York: Columbia University Press.

Lamott, A. (1994). *Bird by bird: Some instructions on writing and life*. New York: Anchor.

Landgarten, H. (1981). *Clinical art therapy*. New York: Brunner Mazel.

Landis-Shack, N., Heinz, A. J., & Bonn-Miller, M. O. (2017). Music therapy for posttraumatic stress in adults: A theoretical review. *Psychomusicology: Music, Mind, and Brain, 27*(4), 334-342.

Landy, R. (2005). *Drama therapy: Concepts, theories and practices* (2nd ed.). London: Jessica Kingsley.

Lanius, R., Bluhm, R. L., Coupland, N. J., Hegadoren, K. M., Rowe, B., & Theberge, J. (2005). Functional connectivity of dissociative responses in posttraumatic stress disorder: A functional magnetic resonance imaging investigation. *Biological Psychiatry, 57*(8), 873-884.

Leavy, P. (2009). *Method meets art: Art-based research practice* (2nd ed.). New York: Guilford Press.

LeDoux, J. (2015). *Anxious: Using the brain to understand and treat fear and anxiety*. New York: Viking.

Lev-Weisel, R., & Liraz, R. (2007). Drawings versus narratives: Drawing as a tool to encourage verbalization in children whose fathers are drug abusers. *Clinical Child Psychology and Psychiatry, 12*(1), 65-75.

Levine, E., & Levine, S. (Eds.). (2011). *Art in action: Expressive arts therapy and social change*. London: Jessica Kingsley.

Levine, P. (1997). *Waking the tiger: Healing trauma*. Berkeley, CA: North Atlantic Books.

Levine, P. (2015). *Trauma and memory: Brain and body in a search for the living past: A practical guide for understanding and working with traumatic memory*. Berkeley, CA: North Atlantic Books.

Levine, S. (1992). *Poesis: The language of psychology and the speech of the soul*. Toronto: Palmerston Press.

Levitan, D. (2006). *This is your brain on music: The science of a human obsession*. New York: Plume/Penguin.

Linehan, M. M. (2014). *DBT skills training manual* (2nd ed.). New York: Guilford Press.

Loumeau-May, L., Seibel-Nicol, E., Hamilton, M. P., & Malchiodi, C. A., (2015). In C. A. Malchiodi (Ed.), *Creative interventions with traumatized children* (2nd ed., pp. 94-125). New York: Guilford Press.

Lowen, A. (2012). *The voice of the body*. Burlington, VT: Alexander Lowen Foundation.

Lusebrink, V. (1990). *Imagery and visual expression in therapy*. New York: Plenum Press.

Lusebrink, V. (2010). Assessment and therapeutic application of the expressive therapies continuum: Implications for brain structures and functions. *Art Therapy: Journal of the American Art Therapy Association, 27*(4), 168-177.

MacGregor, N. H. (2009). Mapping the body: Tracing the personal and the political dimensions of HIV/AIDs in Khayelitsha, South Africa. *Anthropology and Medicine, 16*(1), 85-95.

Macy, R., Macy, D., Gross, S., & Brighton, P. (2003). Healing in familiar settings: Support for children and youth in the classroom and community. *New Directions for Youth Development, 98,* 51-79.

Malchiodi, C. A. (1990). *Breaking the silence: Art therapy with children from violent homes*. New York: Brunner Mazel.

Malchiodi, C. A. (1997). *Breaking the silence: Art therapy with children from violent homes* (2nd ed). New York: Taylor & Francis.

Malchiodi, C. A. (1998). *Understanding children's drawings*. New York: Guilford Press.

Malchiodi, C. A. (2003). Art therapy and the brain. In C. A. Malchiodi (Ed.), *Handbook of art therapy* (pp. 17-26). New York: Guilford Press.

Malchiodi, C. A. (2006). Expressive therapies: History, theory and practice. In C. A. Malchiodi (Ed.), *Expressive therapies* (pp. 1-15). New York: Guilford Press.

Malchiodi, C. A. (2007). *The art therapy sourcebook*. New York: McGraw-Hill.

Malchiodi, C. A. (2008, September 26). Telling without talking: Breaking the silence of domestic violence. Retrieved from *www.psychologytoday.com/us/blog/arts-and-health/200809/telling-without-talking-breaking-the-silence-domestic-violence*.

Malchiodi, C. A. (2011). Trauma-informed art therapy. Retrieved January 31, 2011, from *www.cathymalchiodi.com*.

Malchiodi, C. A. (2012a). Art therapy and the brain. In C. A. Malchiodi (Ed.), *Handbook of art therapy* (2nd ed., pp. 17-25). New York: Guilford Press.

Malchiodi, C. A. (2012b). Expressive arts therapy and multi-modal approaches. In C. A. Malchiodi (Ed.), *Handbook of art therapy* (2nd ed., pp. 130-140). New York: Guilford Press.

Malchiodi, C. A. (Ed.). (2012c). *Handbook of art therapy* (2nd ed.). New York: Guilford Press.

Malchiodi, C. A. (2012d). Trauma-informed art therapy and sexual abuse. In P. Goodyear-Brown (Ed.), *Handbook of child sexual abuse* (pp. 341-354). Hoboken, NJ: Wiley.

Malchiodi, C. A. (2013). Introduction to art therapy in health care settings. In C. A. Malchiodi (Ed.), *Art therapy and health care* (pp. 1-12). New York: Guilford Press.

Malchiodi, C. A. (2014a). Art therapy, attachment and parent-child dyads. In C. A. Malchiodi & D. A. Crenshaw (Eds.), *Creative arts and play therapy for attachment problems* (pp. 52-66). New York: Guilford Press.

Malchiodi, C. A. (2014b). Creative arts therapy approaches to attachment issues. In C. A. Malchiodi & D. A. Crenshaw (Eds.), *Creative arts and play therapy for attachment problems* (pp. 3-18). New York: Guilford Press.

Malchiodi, C. A. (2015a). Calm, connection and confidence: Using art therapy to enhance resilience in traumatized children. In D. A. Crenshaw, R. Brooks, & S. Goldstein (Eds.), *Play therapy interventions to enhance resilience* (pp. 126-145). New York: Guilford Press.

Malchiodi, C. A. (2015b). Creative interventions and childhood trauma. In C. A. Malchiodi (Ed.), *Creative interventions with traumatized children* (2nd ed., pp. 3-21). New York: Guilford Press.

Malchiodi, C. A. (2015c). Neurobiology, creative

interventions, and childhood trauma. In C. A. Malchiodi (Ed.), *Creative interventions with traumatized children* (2nd ed., pp. 3-23). New York: Guilford Press.

Malchiodi, C. A. (2016, December 29). Creativity and emotional well-being: Recent research. Retrieved from www.psychologytoday.com/us/blog/artsand-health/201612/creativity-and-emotional-well-being-recent-research.

Malchiodi, C. A. (2018). Creative arts therapies and arts-based research. In. P. Leavy (Ed.), *Handbook of arts-based research* (pp. 68-87). New York: Guilford Press.

Malchiodi, C. A. (2019). Kindling the spark: The healing power of expressive arts. *Psychotherapy Networker, 43*(2), 40-45.

Malchiodi, C. A., & Crenshaw, D. A. (Eds.). (2014). *Creative arts and play therapy for attachment problems*. New York: Guilford Press.

Malchiodi. C. A., & Crenshaw, D. A. (Eds.). (2017). *What to do when children clam up in psychotherapy: Interventions to facilitate communication*. New York: Guilford Press.

Marks-Tarlow, T. (2018). *Play and creativity in psychotherapy*. New York: Norton.

Martin, L., Oepen, R., Bauer, K., Nottensteiner, A., Mergheim, K., Gruber, H., et al. (2018). Creative arts interventions for stress management and prevention: A systematic review. *Behavioral Sciences (Basel, Switzerland), 8*(2), E28.

Marvasti, J. (1997). Eriksonian play therapy. In K. O' Connor & L. Braverman (Eds.), *Play therapy theory and practice* (pp. 285-309). New York: Wiley.

Masten, A. (2001). Ordinary magic: Resilience process in development. *American Psychologist, 56*, 227-228.

Maté, G. (2011). *When the body says no: The cost of hidden stress*. Toronto: Vintage Canada.

May, R. (1994). *The courage to create*. New York: Norton.

McGilchrist, I. (2009). *The master and his emissary: The divided brain and the making of the Western world*. New Haven, CT: Yale University Press.

McGoldrick, M., Gerson, R., & Petry, S. (2008). *Genograms: Assessment and intervention* (3rd ed.). New York: Norton.

McNiff, S. (2004). *Art heals: How creativity cures the soul*. Boston: Shambhala.

McNiff, S. (2009). *Integrating the arts in therapy: History, theory and practice*. Springfield, IL: Charles C Thomas.

Meichenbaum, D. (2004). *Stress inoculation training*. New York: Prentice Hall.

Mercer, A., Warson, E., & Zhao, J. (2010). Visual journaling: An intervention to influence stress, anxiety and affect levels in medical students. *The Arts in Psychotherapy, 37* (2), 143-148.

Meyburgh, T. (2006). *The body remembers: Body mapping and narratives of physical trauma*. Unpublished master's thesis, University of Pretoria, Pretoria, South Africa.

Mithoefer, M. C., Feduccia, A. A., Jerome, L., Mithoefer, A., Wagner, M., Walsh, Z., et al. (2019). MDMA-assisted psychotherapy for treatment of PTSD: Study design and rationale for phase 3 trials based on pooled analysis of six phase 2 randomized controlled trials. *Psychopharmacology, 236*(9), 273-274.

Monti, D. A., Peterson, C., Kunkel, E. J., Hauck, W. W., Pequignot, E., Rhodes, L., et al. (2006). A randomized, controlled trial of mindfulness-based art therapy (MBAT) for women with cancer. *Psycho-Oncology, 15*, 363-373.

Moore, K. (2013). A systematic review on the neural effects of music on emotion regulation: Implications for music therapy practice. *Journal of Music Therapy, 50*(3), 198-242.

Moser, J. S., Dougherty, A., Mattson, W. I., Katz, B., Moran, T. P., Guevarra, D., et al. (2017). Third-person self-talk facilitates emotion regulation without engaging cognitive control: Converging evidence from ERP and fMRI. *Scientific Reports, 7*(1), 4519.

Nachmanovitz, S. (1991). *Free play: Improvisation in life and art*. New York: Putnam.

National Association for Poetry Therapy. (2019). History of NAPT. Retrieved from *https://poetrytherapy.org/index.php/about-napt/history-of-napt*.

National Center for Trauma-Informed Care. (2019). Purpose and mission statement. Retrieved from *https://tash.org/nctic*.

National Drama Therapy Association. (2019). What is drama therapy? Retrieved from *www.nadta.org/what-is-drama-therapy.html*.

National Organization for Arts in Health. (2019). About NOAH. Retrieved from *https://thenoah.net/about*.

Neff, K. D. (2012). The science of self-compassion. In C. Germer & R. D. Siegel (Eds.), *Wisdom and compassion in psychotherapy: Deepening mindfulness in clinical practice* (pp. 79-92). New York: Guilford Press.

Neff, K. D. (2019). Definition of self-compassion. Retrieved from *https://self-compassion.org/the-three-elements-of-self-compassion-2*.

Nummenmaa, L., Hari, R., Hietanen, J. K., & Glerean, E. (2018). Maps of subjective feelings. *Proceedings of the National Academy of Sciences of the USA, 115*(37), 9198-9203.

Oaklander, V. (2015). *Windows to our children: A Gestalt therapy approach to children and adolescents*. Highland, NY: Gestalt Journal Press.

Oatley, K. (2016). Imagination, inference, intimacy: The psychology of pride and prejudice. *Review of General Psychology, 20*(3), 236-244.

Ogden, P., & Fisher, J. (2015). *Sensorimotor psychotherapy: Interventions for trauma and attachment*. New York: Norton.

Ogden, P., Minton, K., & Pain, C. (2006). *Trauma and the body: A sensorimotor approach to psychotherapy*. New York: Norton.

Panskepp, J. (2004). *Affective neuroscience: The foundations of human and animal emotions*. New York: Oxford University Press.

Payne, P., Levine, P., & Crane-Godreau, M. (2015). Somatic experiencing: Using interoception and proprioception as core elements of trauma therapy. *Frontiers in Psychology, 6*, 93.

Pelletier, C. (2004). The effect of music on decreasing arousal due to stress: A meta-analysis. *Journal of Music Therapy, 41*(3), 192-214.

Pennebaker, J. W., & Chung, C. K. (2011). Expressive writing and its links to mental and physical health. In H. S. Friedman (Ed.), *Oxford handbook of health psychology* (pp. 417-437). New York: Oxford University Press.

Pennebaker, J. W., & Smyth, J. M. (2016). *Opening up by writing it down: How expressive writing improves health and eases emotional pain* (3rd ed.). New York: Guilford Press.

Perry, B. (2006). The neurosequential model of therapeutics: Applying principles of neuroscience to clinical work with traumatized and maltreated children. In N. B. Webb (Ed.), *Working with traumatized youth in child welfare* (pp. 27-52). New York: Guilford Press.

Perry, B. (2009). Examining child maltreatment through a neurodevelopmental lens. *Journal of Trauma and Loss, 14*, 240-255.

Perry, B. D. (2015). Foreword. In C. A. Malchiodi (Ed.), *Creative interventions with traumatized children* (2nd ed., pp. ix-xi). New York: Guilford Press.

Perry, B. D., & Szalavitz, M. (2017). *The boy who was raised as a dog*. New York: Basic Books.

Piaget, J., & Inhelder, B. (1969). *The psychology of the child*. New York: Basic Books.

Pipher, M. (2019). *Women rowing north: Navigating life's currents and flourishing as we age*. New York: Bloomsbury.

Porges, S. (2004). Neuroception: A subconscious system for detecting threats and safety. *ZERO TO THREE, 24*(5), 19-24.

Porges, S. (2010). Music therapy and trauma: Insights from the polyvagal theory. In K. Stewart (Ed.),

Music therapy and trauma: Bridging theory and clinical practice (pp. 3-15). New York: Satchnote Press.

Porges, S. (2012). *The polyvagal theory*. New York: Norton.

Progoff, I. (1992). *At a journal workshop: Writing to access the power of the unconscious and evoke creative ability*. New York: Tarcher Perigee.

Pynoos, R., & Eth, S. (1986). Witness to violence: The child interview. *Journal of the American Academy of Child Psychiatry, 25*, 306-319.

Rakoff, V., Sigal, J. J., & Epstein, N. B. (1966). Children and families of concentration camp survivors. *Canada's Mental Health, 14*, 24-26.

Rappaport, L. (2009). *Focusing-oriented art therapy*. London: Jessica Kingsley.

Rappaport, L. (Ed.). (2013). *Mindfulness and the arts therapies: Theory and practice*. London: Jessica Kingsley.

Rappaport, L. (2015). Focusing-oriented expressive arts therapy and mindfulness with children and adolescents experiencing trauma. In C. A. Malchiodi (Ed.), *Creative interventions with traumatized children* (2nd ed., pp. 301-323). New York: Guilford Press.

Reich, W. (1994). *Beyond psychology: Letters and journals 1934-1939*. New York: Farrar Straus & Giroux.

Repke, M. A. (2018). How does nature exposure make people healthier?: Evidence for the role of impulsivity and expanded space perception. *PLOS ONE, 13*(8), e0202246.

Reynolds, D., & Reason, M. (Eds.). (2012). *Kinesthetic empathy in creative and cultural practices*. Bristol, UK: Intellect.

Rhodes, A., Spinazzola, J., & van der Kolk, B. A. (2016). Yoga for adult women with chronic PTSD: A long-term follow-up study. *Journal of Alternative and Complementary Medicine, 22*(3), 189-196.

Rhyne, J. (1973). *The Gestalt art therapy experience*. Pacific Grove, CA: Brooks/Cole.

Riley, S. (2004). *Integrative approaches to family art therapy*. Chicago: Magnolia Street.

Rockliff, H., Karl, A., McEwan, K., Gilbert, J., Matos, M., & Gilbert, P. (2011). Effects of intranasal oxytocin on "compassion focused imagery." *Emotion, 11*(6), 1388-1396.

Rogers, C. (2012). *On becoming a person: A therapist's view of psychotherapy*. Boston: Houghton Mifflin.

Rogers, N. (1993). *The creative connection: Expressive arts as healing*. Palo Alto, CA: Science & Behavior Books.

Rolf, I. (1990). *Rolfing and physical reality*. New York: Simon & Schuster.

Rothschild, B. (2000). *The body remembers*. New York: Norton.

Rothschild, B. (2011). *Trauma essentials: The go-to guide*. New York: Norton.

Sacks, O. (2007). *Musicophilia: Tales of music and the brain*. New York: Random House.

Sänger, J., Müller, V., & Lindenberger, U. (2012). Intra- and interbrain synchronization and network properties when playing guitar in duets. *Frontiers in Human Neuroscience, 6*, 312.

Savage, B., Lujan, H., Thipparthi, R., & DiCarlo, S. (2017). Humor, laughter, learning, and health: A brief review. *Advances in Physiology Education, 41*(3), 341-347.

Schäfer, T., Sedlmeier, P., Städtler, C., & Huron, D. (2013). The psychological functions of music listening. *Frontiers in Psychology, 4*, 511.

Schore, A. (2003). *Affect regulation and the repair of the self*. New York: Norton.

Schore, J. R., & Schore, A. N. (2008). Modern attachment theory: The central role of affect regulation in development and treatment. *Clinical Social Work Journal, 36*(1), 9-20.

Schroder, D. (2015). *Exploring and developing the use of art-based genograms in family of origin therapy*. Springfield, IL: Charles C Thomas.

Seligman, M. (2007). *The optimistic child*. Boston: Houghton Mifflin.

Selye, H. (1976). *The stress of life*. New York: McGraw-Hill.

Shapiro, F. (2012). *Getting past your past*. New York: Rodale.

Shapiro, F. (2018). *Eye movement desensitization and reprocessing (EMDR) therapy: Basic principles, protocols, and procedures* (3rd ed.). New York: Guilford Press.

Shultis, C., & Gallagher, L. (2016). Medical music therapy for adults. In B. L. Wheeler (Ed.), *Music therapy handbook* (pp. 441-453). New York: Guilford Press.

Siegel, D. (2010). *Mindsight*. New York: Norton.

Siegel, D. (2011). *The whole-brain child: 12 revolutionary strategies to nurture your child's developing mind*. New York: Delacorte Press.

Siegel, D. (2012). *The developing mind: How relationships and the brain interact to shape who we are* (2nd ed.). New York: Guilford Press.

Siegel, D. (2014). *Brainstorm: The power and purpose of the teenage brain*. New York: Jeremy Tarcher/Penguin.

Siegel, D., & Hartzell, M. (2003). *Parenting from the inside out*. New York: Jeremy Tarcher/Penguin.

Sinha, J. W., & Rosenberg, L. B. (2013). A critical review of trauma interventions and religion among youth exposed to community violence. *Journal of Social Service Research, 39*(4), 436-454.

Solomon, J. (2002). *"Living with X": A body mapping journey in time of HIV and AIDS. Facilitator's Guide*. Johannesburg, South Africa: REPSSI.

Solomon, J. (2007). *"Living with X": A body mapping journey in time of HIV and AIDS. Facilitator's guide*. Johannesburg, South Africa: REPSSI.

Southwick, S. M., Bonanno, G. A., Masten, A. S., Panter-Brick, C., & Yehuda, R. (2014). Resilience definitions, theory, and challenges: Interdisciplinary perspectives. *European Journal of Psychotraumatology, 5*.

Spiegel, D., Malchiodi, C. A., Backos, A., & Collie, K. (2006). Art therapy for combat-related PTSD: Recommendations for research and practice. *Art Therapy, 23*(4), 157-164.

Spinazzola, J., van der Kolk, B. A., & Ford, J. D. (2018). When nowhere is safe: Interpersonal trauma and attachment adversity as antecedents of posttraumatic stress disorder and developmental trauma disorder. *Journal of Traumatic Stress, 5*, 631-642.

Steele, W., & Malchiodi, C. A. (2011). *Trauma-informed practices with children and adolescents*. New York: Routledge.

Steele, W., & Raider, M. (2001). *Structured sensory intervention for children, adolescents and parents: Strategies to alleviate trauma*. Lewiston, NY: Edwin Mellen Press.

Stellar, J. E., John-Henderson, N., Anderson, C. L., Gordon, A. McNeil, G. D., & Keltner, D. (2015). Positive affect and markers of inflammation: Discrete positive emotions predict lower levels of inflammatory cytokines. *Emotion, 15*(2), 129-133.

Substance Abuse and Mental Health Services Administration. (2019). Trauma-informed care in behavioral health services. Retrieved from *https://store.samhsa.gov/system/files/sma14-4816.pdf*.

Teicher, M. H. (2000). Wounds that won't heal: The neurobiology of child abuse. *Cerebrum, 2*(4), 50-62.

Terr, L. (1981). Forbidden games: Post-traumatic child's play. *Journal of the American Academy of Child Psychiatry, 20*, 741-760.

Terr, L. (1990). *Too scared to cry: Psychic trauma in childhood*. New York: Harper & Row.

Terr, L. (2008). *Magical moments of change: How psychotherapy turns kids around*. New York: Norton.

Thoma, M. V., La Marca, R., Brönnimann, R., Finkel, L., Ehlert, U., & Nater, U. M. (2013). The effect of music on the human stress response. *PLOS ONE, 8*(8), e70156.

Thomson, P., & Jaque, S. V. (2017). *Creativity and*

the performing artist. San Diego, CA: Academic Press.

Treleavan, D. (2018). *Trauma-sensitive mindfulness: Practices for safe and transformative healing*. New York: Norton.

Tronick, E. (2007). *The neurobehavioral and social-emotional development of infants and children*. New York: Norton.

Tronick, E., & Reck, C. (2009). Infants of depressed mothers. *Harvard Review of Psychiatry, 17*(2), 147-156.

Urhausen, M. T. (2015). Eye movement desensitization and reprocessing and art therapy with traumatized children. In C. A. Malchiodi (Ed.), *Creative interventions with traumatized children* (2nd ed., pp. 45-74). New York: Guilford Press.

van der Kolk, B. A. (1994). The body keeps the score: Memory and the evolving psychobiology of posttraumatic stress. *Harvard Review of Psychiatry, 1*(5), 253-265.

van der Kolk, B. A. (1996). The complexity of adaptation to trauma: Self-regulation, stimulus discrimination, and characterological development. In B. A. van der Kolk, A. C. McFarlane, & L. Weisaeth (Eds.), *Traumatic stress: The effects of overwhelming experience on mind, body, and society* (pp. 182-213). New York: Guilford Press.

van der Kolk, B. A. (2000). Posttraumatic stress disorder and the nature of trauma. *Dialogues in Clinical Neuroscience, 2*(1), 7-22.

van der Kolk, B. A. (2005). Developmental trauma disorder: Towards a rational diagnosis for children with complex trauma histories. *Psychiatric Annals, 35*, 401-408.

van der Kolk, B. A. (2006). Clinical applications of neuroscience research in PTSD. *Annals of the New York Academy of Science, 1071*(4), 277-293.

van der Kolk, B. A. (2014). *The body keeps the score*. New York: Penguin.

van der Kolk, B. A., & Ducey, C. P. (1989). The psychological processing of traumatic experience: Rorschach patterns in PTSD. *Journal of Traumatic Stress, 2*(3), 259-274.

van der Kolk, B. A., Stone, L., West, J., Rhodes, A., Emerson, D., Suvak, M., & Spinazzola, J. (2014). Yoga as an adjunctive treatment for posttraumatic stress disorder: A randomized controlled trial. *Journal Clinical Psychiatry, 75*(6), 550-565.

van der Kolk, B. A., Pelcovitz, D., Roth, S., Mandel, F., McFarlane, A., & Herman, J. L. (1996). Dissociation, somatization, and affect dysregulation: The complexity of adaptation to trauma. *American Journal of Psychiatry, 153*(7), 83-93.

Verfaille, M. (2016). *Mentalizing in the arts therapies*. New York: Routledge.

Voigt, V., Neufeld, F., Kaste, J., Bühner, M., Sckopke, P., Wuerstlein, R., et al. (2017). Clinically assessed posttraumatic stress in patients with breast cancer during the first year after diagnosis in the prospective, longitudinal, controlled COGNICARES study. *Psycho-Oncology, 26*, 74-80.

Wammes, J. D., Meade, M. E., & Fernandes, M. A. (2016). The drawing effect: Evidence for reliable and robust memory benefits in free recall. *Quarterly Journal of Experimental Psychology, 69*(9), 1752-1776.

Warson, E. (2013). Healing across cultures: Arts in health care with American Indian and Alaska Native cancer survivors. In C. A. Malchiodi (Ed.), *Art therapy and health care* (pp. 162-183). New York: Guilford Press.

Warson, E., & Lorance, J. (2013). Physiological measures in evidence-based art therapy research. In C. A. Malchiodi (Ed.), *Art therapy and health care* (pp. 363-375). New York: Guilford Press.

Wheeler, B. (Ed.). (2016). *Music therapy handbook*. New York: Guilford Press. White, M., & Epston, D. (1990). *Narrative means to therapeutic ends*.

New York: Norton.

Whitehouse, M. (1995). The Tao of the body. In D. H. Johnson (Ed.), *Bone, breath, and gesture: Practices of embodiment*. Berkeley, CA: North Atlantic Books & California Institute of Integral Studies.

Willard, C. (2010). *Child's mind: Mindfulness practices to help our children be more focused, calm and relaxed*. Berkeley, CA: Parallax Press.

Winner, E. (1982). *Invented worlds: The psychology of the arts*. Cambridge, MA: Harvard University Press.

Winnicott, D. (1971). *Playing and reality*. New York: Routledge.

Wix, L. (2009). Aesthetic empathy in teaching art to children: The work of Friedl Dicker-Brandeis in Terezin. *Art Therapy, 26*(4), 152-158.

Woodyard, C. (2011). Exploring the therapeutic effects of yoga and its ability to increase quality of life. *International Journal of Yoga, 4*(2), 49-54.

Wright, M. O. D., Masten, A. S., & Narayan, A. J. (2013). Resilience processes in development: Four waves of research on positive adaptation in the context of adversity. In S. Goldstein & R. B. Brooks (Eds.), *Handbook of resilience in children* (2nd ed., pp. 15-37). New York: Springer.

Wylie, M. S. (2004). The limits of talk. *Psychotherapy Networker, 28*(1), 30-46.

Yehuda, R., & Bierer, M. (2007). Transgenerational transmission of cortisol and PTSD risk. *Progress in Brain Research, 167*, 121-135.

Yehuda, R., & Lehrner, A. (2018). Intergenerational transmission of trauma effects: Putative role of epigenetic mechanism. *World Psychiatry, 17*, 243-257.

찾아보기

저자 소개

Cathy A. Malchiodi

Cathy A. Malchiodi(PhD, ATR-BC, LPCC, LPAT, LPAT, REAT)는 트라우마 회복을 전문으로 하는 심리학자, 표현예술치료사, 미술치료사이다. 그녀는 의료, 교육, 지역사회 환경에서 정신건강 전문가를 양성하고 전 세계 재난구호 및 인도주의적 노력을 지원하는 '트라우마-기반 치료 및 표현예술치료연구소(Trauma-Informed Practices and Expressive Arts Therapy Institue)'의 설립자이자 전무이사이다. 그녀는 미국, 캐나다, 유럽, 중동, 아시아, 호주에서 500회 이상의 프레젠테이션을 진행했으며, 『아동의 그림 이해(Understanding Children's Drawings)』와 『트라우마 아동과의 창조적 개입(Creative Interventions with Traumatized Children)』을 포함한 수많은 기사와 서적을 출판했다. 그녀는 케네디센터와 워싱턴 DC로부터 'Very Special Arts상'을 수상했으며, 그 밖에도 탁월한 기여, 임상적 공헌, 평생의 업적으로 많은 상을 받았다. 그녀는 건강에서 예술이 차지하는 역할을 열렬히 옹호하며, 현재 PsychologyToday.com의 저자로 활동하고 있다.

역자 소개

임나영(Lim, Nayoung)

서양화와 심리학을 전공했고, 고려대학교 임상 및 상담심리전공으로 석사와 박사학위를 받았다. 미국에서 미술치료 석사 후 과정과 텍사스 오스틴 주립병원 보호감찰 및 폐쇄병동에서 미술치료 인턴을 했고, 국내 병원과 상담센터에서의 다양한 임상경험을 기반으로 미술치료 수련감독전문가, 예술놀이상담전문가, 건강심리전문가로 활동 중이다. 현재 AEDP(Accelerated Experiential Dynamic Psychotherapy) 치료사로서 신경심리, 트라우마, 재난구호, 위기개입, 중독분야에 관심을 갖고 있다. 미술치료 분야의 표준화된 투사적 그림검사 'EBDT정서행동 그림검사'를 개발하여 근거기반 미술치료의 효과 검증을 위해 노력하고 있다. (사)한국예술치료학회의 학회장으로서 예술치료의 미래에 대해 고민하고 있으며, 가천대학교 일반대학원 특수상담치료학과와 특수치료대학원 미술치료학 주임교수로 재직하며 후학들을 지도하고 있다.
저 · 역서로는 『DSM-5TR 기반 최신 미술심리진단 및 평가』와 『인간중심 미술치료의 실제』 『미술치료 윤리 이론과 실제』 『전생애 놀이치료』 등이 있다.

트라우마와 표현예술치료
: 뇌, 신체, 창조적 이미지를 잇는 회복의 여정

Trauma and Expressive Arts Therapy
: Brain, Body, and Imagination in the Healing Process

2025년 3월 5일 1판 1쇄 인쇄
2025년 3월 15일 1판 1쇄 발행

지은이 • Cathy A. Malchiodi
옮긴이 • 임나영
펴낸이 • 김진환
펴낸곳 • ㈜학지사
04031 서울특별시 마포구 양화로 15길 20 마인드월드빌딩
대표전화 • 02-330-5114 팩스 • 02-324-2345
등록번호 • 제313-2006-000265호

홈페이지 • http://www.hakjisa.co.kr
인스타그램 • https://www.instagram.com/hakjisabook

ISBN 978-89-997-3380-2 93180

정가 32,000원

역자와의 협약으로 인지는 생략합니다.
파본은 구입처에서 교환해 드립니다.